LA POLÍTICA COMO PASIÓN

EL LEHENDAKARI JOSÉ ANTONIO AGUIRRE (1904-1960)

LUDGER MEES
(*Coordinador*)

LA POLÍTICA COMO PASIÓN

EL LEHENDAKARI JOSÉ ANTONIO AGUIRRE (1904-1960)

AUTORES

LUDGER MEES
JOSÉ LUIS DE LA GRANJA
SANTIAGO DE PABLO
JOSÉ ANTONIO RODRÍGUEZ RANZ

tecnos

Diseño de cubierta:
La Salita Gráfica

Ilustración de cubierta:
Motivo: Tarjeta postal de Paco Ribera
Fuente: Sabino Arana Fundazioa

Créditos fotográficos:
Agencia EFE
Archivo Municipal Vitoria-Gasteiz
Kontxa Intxausti Peña
Sabino Arana Fundazioa
Universidad de Deusto

Reservados todos los derechos. El contenido de esta obra está protegido por la Ley, que establece penas de prisión y/o multas, además de las correspondientes indemnizaciones por daños y perjuicios, para quienes reprodujeren, plagiaren, distribuyeren o comunicaren públicamente, en todo o en parte, una obra literaria, artística o científica, o su transformación, interpretación o ejecución artística, fijada en cualquier tipo de soporte o comunicada a través de cualquier medio, sin la preceptiva autorización.

© LUDGER MEES, JOSÉ LUIS DE LA GRANJA, SANTIAGO DE PABLO
y JOSÉ ANTONIO RODRÍGUEZ RANZ, 2014
© EDITORIAL TECNOS (GRUPO ANAYA, S. A.), 2014
Juan Ignacio Luca de Tena, 15 - 28027 Madrid
ISBN: 978-84-309-6184-9
Depósito Legal: M. 12.980-2014

Printed in Spain

Aguirre, con sus maneras nuevas y su dinamismo, destrozó el concepto clásico del hombre político. [...] entró en la política con aires nuevos, deportivos, más a tono en todo el mundo con una época que mandó las levitas al ropero y sobre prestigios auténticos o postizos impuso la eficacia.

Francisco Javier Landaburu, diputado del PNV y vicelehendakari del Gobierno vasco en el exilio, 1961.

Aguirre conserva su optimismo de joven feliz, para el que la vida tuvo siempre una buena sonrisa. [...] Oírle, regocija y conforta. Quizás sus manos lleven a la región de los sueños, donde lo irreal toma engañosos caracteres, pero aun por tales senderos el espíritu alborozado y tranquilizado busca, y a veces halla, la razón de lo que debe y puede ser.

Diego Martínez Barrio, presidente de las Cortes y de la República española en el exilio, 1946.

Un vascongado de alma noble y limpia y de auténtico espíritu cristiano cualesquiera fuesen sus errores y equivocaciones políticas.

José María Areilza, alcalde falangista de Bilbao en la Guerra Civil, embajador de Franco y ministro en la Transición, 1974.

Todos los vascos hemos perdido a nuestro Presidente. Yo he perdido, además, al amigo, amigo con el cual había llegado a esa situación, máxima prueba de la amistad, en la cual pueden mantenerse posiciones coincidentes o discrepantes, conformarse o discutir, y discutir acaloradamente, sin dejar de ser amigo.

Manuel Irujo, diputado del PNV y ministro de la República en la Guerra Civil y el exilio, 1960.

Su simpatía personal, ciertamente arrolladora y su ingénita bondad hacíanle ganar el respeto cuando no era posible la adhesión. [...] Pero la fuerza mágica de José Antonio Aguirre era su inquebrantable optimismo. [...] ¿Cómo reemplazar a José Antonio? Nadie en el Partido Nacionalista Vasco, ni en los demás partidos de la región, reúne sus dotes excepcionales. Todos acaban de sufrir una pérdida irreparable.

Indalecio Prieto, diputado del PSOE y ministro en la República y la Guerra Civil, 1960.

Nuestra amistad no ha sido siempre dulce. ¡Qué va! Pero sí hermosa, pues, como con la tormenta, ¡había que escuchar los truenos después de los rayos! El olor de después del chaparrón nos atraía de nuevo. Y, Dios mío, ¡qué hermosos eran aquellos abrazos!

Telesforo Monzón, diputado del PNV, consejero en los Gobiernos de Aguirre y futuro dirigente de Herri Batasuna, 1960.

ÍNDICE

PRÓLOGO .... *Pág.* 11

I. UNA VOZ NUEVA, UNA VOZ JOVEN (1904-1931)

CAPÍTULO I. MADERA DE LÍDER 21
   I. RAÍCES GUIPUZCOANAS EN EL CASCO VIEJO DE BILBAO 21
   II. EL COLEGIO DE ORDUÑA: FORMACIÓN PARA LAS ÉLITES 26
   III. UN JOVEN UNIVERSITARIO DE FAMILIA BIEN 29
   IV. ABOGADO EN EJERCICIO Y CONSEJERO DE CHOCOLATES BILBAÍNOS S.A. 42
   V. CATÓLICO PRACTICANTE, CATÓLICO MILITANTE 44

CAPÍTULO II. NACIONALISTA VASCO 57
   I. JUVENTUD, ORTODOXIA Y MODERNIDAD 57
   II. UN NUEVO TIEMPO: ALCALDE DE GETXO 75

II. EL LÍDER DE LA AUTONOMÍA VASCA EN LA II REPÚBLICA (1931-1936)

CAPÍTULO III. POR LA RELIGIÓN Y LA AUTONOMÍA: LA REVELACIÓN DE UN LÍDER CARISMÁTICO (1931-1933) 91
   I. ¿*NUEVA COVADONGA* O *GIBRALTAR VATICANISTA*? 91
   II. EL NAUFRAGIO DEL ESTATUTO DE ESTELLA 115
   III. EL *ULSTER VASCO*: NAVARRA Y EL ESTATUTO 133
   IV. *REPUBLICANIZAR EUSKADI* 156
   V. DOBLE ÉXITO EN LAS URNAS 173

CAPÍTULO IV. LA CONSOLIDACIÓN DEL LIDERAZGO (1933-1936) 188
   I. EL BLOQUEO PARLAMENTARIO DEL ESTATUTO 188
   II. GIRO A LA IZQUIERDA 204
   III. *SOLOS CONTRA DOS BLOQUES* 227
   IV. A POR EL ESTATUTO CON EL FRENTE POPULAR 252

III. LEHENDAKARI EN TIEMPOS DE GUERRA (1936-1939)

CAPÍTULO V. AL FRENTE DEL PRIMER GOBIERNO VASCO (1936-1937). 281
   I. ¿DESAPARECIDO EN COMBATE? 281
   II. PRESIDENTE DE UN ESTADO VASCO EN CIERNES 291
   III. COMBATIENDO CON EL FRENTE EN CALMA 305
   IV. INASEQUIBLE AL DESALIENTO 328

CAPÍTULO VI.   ENTRE SANTOÑA, BARCELONA Y PARÍS (1937-1939)   354
   I. SALVAR AL SOLDADO VASCO   355
   II. UN LEHENDAKARI LEJOS DE SU TIERRA   371

IV. EL IMPOSIBLE RETORNO:
POLÍTICAS DEL EXILIO (1939-1960)

CAPÍTULO VII.   LA DERROTA COMO OPORTUNIDAD (1939-1945)   399
   I. UN PELIGROSO GESTO DE SOLIDARIDAD VASCO-CATALANA   400
   II. EL SUEÑO DE LA PUREZA NACIONAL   406
   III. DESPISTANDO A LA GESTAPO   427
   IV. GOBERNANDO DESDE LA GRAN MANZANA   442
   V. TODOS JUNTOS: CALMANDO A IRUJO Y TRANSACCIONANDO CON LOS SOCIALISTAS   455

CAPÍTULO VIII.   LA OTRA POSGUERRA: BREVE HISTORIA DE UNA ESPERANZA (1945-1950)   469
   I. ¿LAZOS CON LOS ESPAÑOLES? REFLOTANDO LA REPÚBLICA   472
   II. DE LA MANO DE PRIETO: LA QUIMERA DE LOS MONÁRQUICOS DEMOCRÁTICOS   502
   III. UNA DIALÉCTICA COMPLICADA: ENTRE LA RESISTENCIA EN EL INTERIOR Y LA ACCIÓN DIPLOMÁTICA   517
   IV. UNA IDEA FUERZA Y SUS PROBLEMAS: LA ENTENTE DE LOS NACIONALISTAS PERIFÉRICOS   541

CAPÍTULO IX.   LA REBELDÍA CONTRA EL OCASO (1951-1960)   555
   I. ATRAPADOS POR LA GUERRA FRÍA   557
   II. CONTRA MOLINOS DE VIENTO: PENSAR EUROPA   570
   III. CONSTRUIR EUROPA   577
   IV. UN ÚLTIMO GRITO DE REBELDÍA   585
   V. EL «HOMBRE-MITO» Y SU DECLIVE   590

EPÍLOGO   621
ARCHIVOS, BIBLIOTECAS Y CENTROS DOCUMENTALES   635
BIBLIOGRAFÍA   637
SIGLAS   647
ÍNDICE ONOMÁSTICO   649

PRÓLOGO

> La vida de José Antonio se había extinguido para que comenzara la de su recuerdo como símbolo, enseña, mito. José Antonio entraba en la historia.

Estas palabras, redactadas por el líder nacionalista navarro Manuel Irujo pocos días después del fallecimiento de su «mejor amigo», el lehendakari José Antonio Aguirre, no necesitan muchos comentarios. Reflejan muy bien, por un lado, el impacto emocional que la repentina muerte de su amigo le había causado. Por otra parte, dan fe del gran significado histórico que Irujo atribuyó a la persona de Aguirre y a su labor política. Desde la perspectiva que permite la distancia en el tiempo, no hay duda de que esta valoración del dirigente navarro no resultó ni errada ni exagerada. Hoy, más de medio siglo después de la desaparición del primer lehendakari vasco, puede afirmarse, sin riesgo de caer en grandilocuencias poco realistas, que Aguirre fue el político vasco más influyente, carismático y popular del siglo XX. Indalecio Prieto, el líder socialista bilbaíno y eterno rival político, y, sin embargo, amigo de Aguirre, fue también influyente y carismático, pero su influencia y carisma apenas trascendían los límites del movimiento socialista (y republicano), mientras la proyección de Aguirre penetraba también en otros campos ideológicos más allá del nacionalismo vasco. Aguirre casi no tenía enemigos políticos (salvo, obviamente, entre los sectores franquistas), mientras que Prieto tenía bastantes, y algunos, encarnizados. Y, además, Aguirre logró algo que antes de él ningún otro nacionalista vasco había conseguido: el respeto y, a menudo, la admiración de muchos políticos españoles e internacionales. Y es que el primer presidente vasco no sólo fue un gran líder del nacionalismo vasco, sino un hombre de Estado muy reputado que, durante los duros años del exilio, incluso pudo convertirse en el primer nacionalista vasco que presidiera un Gobierno español. Por todo ello, no sólo es imposible entender buena parte de la historia contemporánea vasca sin conocer la *vita* política de José Antonio Aguirre. También una parte importante del pasado de España, e incluso de Europa, se encuentra estrechamente vinculada al impacto de la actividad política desplegada a lo largo de tres décadas por el dirigente vasco en contextos muy diversos, como fueron el de la negociación del primer Estatuto de autonomía de Euskadi, la lucha por la recuperación de la democracia en España tras la Guerra Civil o los primeros pasos para la realización del gran proyecto de la unificación europea.

Dando por descontada, por tanto, la enorme relevancia histórica de este dirigente vasco, y a la vista de que su memoria sigue viva hoy en día tanto por los monumentos y calles dedicados a Aguirre en el espacio público como gracias a los múltiples homenajes para recordar su figura, resulta sorprendente constatar que esta vigencia de la memoria contrasta con el escaso conocimiento de la vida y obra de Aguirre. Da la impresión de que lo que se recuerda y homenajea es más el símbolo, e incluso el mito, que la huella dejada por un líder político de carne y hueso, con todos sus aciertos, pero también con sus defectos y sus errores. De hecho, resulta increíble pero es cierto: pese al notable éxito del género biográfico acreditado por las cifras de ventas en los últimos años, a día de hoy Aguirre no cuenta con una biografía que abarque la totalidad de su vida política desde el rigor científico. Existen buenos estudios parciales y se han publicado diferentes libros de homenaje con material fotográfico de especial interés. La biografía que aquí presentamos pretende colmar este vacío y ofrecer el primer estudio completo de la vida política del presidente Aguirre, abarcando todos los periodos desde su prehistoria familiar hasta su muerte en 1960. Antes de entrar en materia, empero, conviene facilitar a los lectores algunas informaciones sobre la gestación de esta obra, así como sobre determinados aspectos formales.

Cabe señalar, en primer lugar, que el texto que publicamos es el fruto de una larga investigación que se inició hace casi una década. En el año 2010, el encargo de redactar una biografía de José Antonio Aguirre, que los autores recibieron por parte de la *Comisión Agirre Lehendakaria 50*, fue el último y decisivo empujón para acelerar la investigación y, a continuación, la redacción del manuscrito. Dicha comisión fue una entidad creada *ad hoc* en 2010 para reunir en su seno a instituciones públicas (Gobierno vasco, Diputaciones, Ayuntamientos de Bilbao, Getxo y San Juan de Luz), otras entidades importantes, relacionadas de alguna manera con Aguirre y su memoria (Athletic Club de Bilbao, Partido Nacionalista Vasco, Sabino Arana Fundazioa, Universidades vascas), así como a familiares y expertos. Esta comisión, en la que estaban presentes casi todas las sensibilidades políticas vascas, organizó, financió y gestionó una larga lista de actividades con ocasión del cincuentenario de la muerte de Aguirre, y una de estas actividades consistió en la invitación a escribir este libro.

Tratándose del resultado de un intenso proceso de investigación, cuyos frutos se han ido recogiendo durante una década, no ha de extrañar que durante el tiempo que media entre el comienzo y el fin de la investigación la ubicación de algunos fondos documentales haya cambiado. El resultado es que, a veces, también las signaturas señaladas en las notas a pie de página pueden no coincidir con las actuales. Como era absolutamente imposible averiguar en todos y cada uno de los casos las nuevas signaturas de los documentos en cuestión, se ha optado por mantener las signaturas originales. Así, por dar tan sólo un ejemplo, que se repite con cierta frecuencia, entre los fondos citados del Archivo del Nacionalismo figura todavía el de «Gobierno de Euskadi», pese a que este fondo fue transferido al Centro de Patrimonio Documental de Euskadi (Irargi) para acabar más tarde en el Archivo Histórico de Euskadi, inaugurado en enero de 2014.

En el complejo tema de la grafía se ha optado por una solución coherente, pero flexible. Así, en los topónimos y nombres se ha priorizado la grafía oficial actual en lengua vasca, pero en los documentos citados se ha respetado la grafía original de la época.

Con el fin de facilitar la lectura, el libro se ha organizado en cuatro partes cronológicas que abordan las sucesivas etapas de la vida de Aguirre: su infancia y juventud, la II República, la Guerra Civil y el exilio. Con el mismo objetivo hemos procurado también limitar las notas a pie de página lo más posible, citando tan sólo las fuentes utilizadas, así como en algunos casos las referencias bibliográficas que consideramos imprescindibles. La lista bibliográfica que figura al final del libro facilitará la necesaria orientación para lecturas convenientes si se quiere profundizar en la temática analizada.

Éste no es un libro colectivo al uso. Si bien cada uno de los autores se ha encargado de preparar y redactar una de las partes de la biografía, cada uno de estos textos ha pasado por un debate entre todos los componentes del grupo, en el que se aportaban críticas y sugerencias para la mejora de los textos. De esta forma, cada capítulo ha sido revisado varias veces hasta conseguir el visto bueno de todos y cada uno de los investigadores. Por ello, no se personaliza la autoría de las cuatro grandes partes, que deben ser leídas como aportaciones consensuadas por el grupo. Este procedimiento lógicamente no impide la pervivencia de los matices de estilo y redacción que cada uno de los autores ha querido imprimir a la primera versión de *su* texto. Estos matices se han mantenido, siempre y cuando no dificultaban el principal objetivo estilístico del libro: presentar una obra no excesivamente académica, es decir, una biografía de fácil y amena lectura para un público amplio.

El historiador que hoy en día se decide a escribir una biografía debe enfrentarse a dos grandes riesgos: el primero es el de enamorarse demasiado del biografiado (o llegar a odiarlo); y el segundo, el de caer en la vieja trampa historicista de sobrestimar la importancia de los grandes personajes en el proceso histórico. La primera e imprescindible condición para afrontar estos problemas es ser consciente de los mismos. Los autores de esta biografía no negamos que, en líneas generales, la valoración que nos merece la vida política del primer lehendakari vasco sea altamente positiva, pero esta valoración no resultaba posible sin un análisis crítico y desapasionado también de las equivocaciones y de los defectos de Aguirre. Consideramos, por tanto, que nuestra meta debía consistir en deconstruir el mito de Aguirre para poder presentar al político real, con sus *pros* y sus *contras*. Y este político no era, ni mucho menos, un personaje todopoderoso, un héroe omnipotente, sino un dirigente atrapado en un contexto político, cultural y social muchas veces muy adverso, como la Guerra Civil, la II Guerra Mundial y el largo exilio. Como se podrá observar durante la lectura de las páginas siguientes, en ocasiones nos hemos tenido que alejar algo del relato directamente ligado a la persona de Aguirre y sus vivencias, precisamente con el fin de reconstruir las principales líneas de estas estructuras contextuales, en medio de las que actuaba el lehendakari y que tantas veces ponían unos claros límites a la fuerza de su creatividad humana. Reconstruyendo así las complejas relaciones entre su capacidad creativa como líder carismático, por una parte, y sus limitaciones impuestas por las circunstancias históricas, por otra, a lo largo de las páginas de este libro irá aflorando la imagen de un dirigente que vivía la política como pasión en el doble sentido que suele tener esta palabra: Aguirre sentía la política con una devoción y una emoción muy intensas, pero también la padeció.

Este prólogo no debe concluir sin unas palabras de agradecimiento a todas aquellas personas que han hecho posible la realización de este libro. La lista es larga y nos es imposible detallar aquí los nombres de todas las personas o entidades que han contribuido a que este proyecto de investigación finalmente haya llegado a buen puerto. Por ello, junto con este agradecimiento colectivo, vayan aquí tan sólo algunas menciones individualizadas. Gracias, en primer lugar, a los responsables de la *Comisión Agirre Lehendakaria 50* por confiar en nosotros y encomendarnos una tarea tan importante y compleja como la confección de esta biografía. Nuestro agradecimiento también para los directores y empleados de los múltiples archivos, bibliotecas y hemerotecas consultados a lo largo de los años, sobre todo al personal y a los responsables del Archivo del Nacionalismo y de Sabino Arana Fundazioa. Sin su generosa ayuda y paciencia durante las incontables horas que hemos pasado escrutando miles de documentos inéditos, este libro no hubiera sido posible. Agradecemos a la doctora Virginia López de Maturana su polifacética ayuda en la confección del texto final y en la elaboración del índice onomástico. También nos gustaría dar las gracias a Kontxa Intxausti Peña por su generosidad al habernos cedido unas fotos, hasta ahora inéditas, del funeral de Aguirre, fotos que son unas auténticas joyas. Y, finalmente, nuestro profundo reconocimiento va también a la editorial Tecnos y su director, quien, sin dudar un solo instante, ha confiado en el interés y la calidad del libro, priorizando en todo momento el criterio de la relevancia de su contenido ante cualquier consideración de tipo meramente mercantilista, lo que no deja de ser todo un hito en los tiempos de crisis que corren.

I
UNA VOZ NUEVA, UNA VOZ JOVEN
(1904-1931)

La primera etapa de la vida de José Antonio Aguirre transcurre entre el 6 de marzo de 1904 —fecha de su nacimiento en Bilbao— y el 14 de abril de 1931 —día en que fue elegido alcalde de Getxo—. Son 27 años que discurren entre la normalidad en la vida de un niño/joven y las particularidades propias de la forja de un futuro líder.

La normalidad de la vida de un hijo de una familia acomodada, asentada sobre la prosperidad de su negocio chocolatero. La normalidad de un niño/adolescente que, siguiendo los usos y costumbres de las élites de la época, estudia en régimen de internado en el colegio jesuita de Nuestra Señora de la Antigua en Orduña. La normalidad de un universitario de familia bien que cursa su carrera de Derecho en Deusto y disfruta de la vida —deporte, música, amigos, amigas, vacaciones, excursiones, viajes…—. La normalidad de un joven abogado que trabaja en su bufete y es miembro del Consejo de Administración de Chocolates Bilbaínos S.A., la otrora empresa familiar convertida en sociedad anónima.

Y junto a esta normalidad, comienza ya a aflorar la pasión política, a conformarse las bases de su liderazgo y a imprimirse en su ADN las dos principales señas de su identidad: su religiosidad y su ser nacionalista vasco.

Aguirre es un católico practicante y un católico militante; un hombre de fe que proyecta su religiosidad más allá de la esfera íntima y del rito y el culto. La religión tendrá para él una indudable dimensión política y social. Por ello, y desde esta convicción, Aguirre presidirá la Unión Provincial de Juventudes Católicas de Bizkaia y se comprometerá en la difusión y aplicación de la doctrina social de la Iglesia.

Y en el plano político, se va forjando el líder. Durante los últimos años de la Dictadura de Primo de Rivera, Aguirre se perfila como un valor en alza en el seno de la comunidad nacionalista, como un nacionalista vasco joven, ortodoxo y moderno a la vez, y como un hombre de consenso. Es el Aguirre que muy pronto liderará políticamente el PNV y Euskadi durante las tres próximas décadas. Sus raíces se encuentran aquí: entre 1904 y 1931.

CAPÍTULO I

MADERA DE LÍDER

I. RAÍCES GUIPUZCOANAS EN EL CASCO VIEJO DE BILBAO

En la Villa de Bilbao, Señorío de Vizcaya, Obispado de Vitoria, a seis de Marzo de mil novecientos cuatro, yo, el infrascrito Presbítero D. José María García y Galdácano, Coadjutor de la Iglesia parroquial de los Santos Juanes de esta Villa, con licencia expresa del Cura ecónomo que también suscribe [Telesforo de Olartecoechea], bauticé solemnemente un niño a quien puse por nombre José Antonio Víctor. Es hijo legítimo de D. Teodoro Aguirre, Abogado, natural de Vergara, y de D.ª Bernardina Lecube, natural de Motrico, ambos en la provincia de Guipúzcoa, vecinos de esta Villa y feligreses de esta parroquia. Nació según declaración del padre a la una de la madrugada del día de hoy en la calle Cruz n.º 6, piso 4.º Son sus abuelos paternos D. José Antonio Aguirre, natural de Anzuola, provincia de Guipúzcoa, y D.ª Petra Arando, natural de dicho Vergara; y los maternos don José Manuel Lecube y D.ª Facunda Aramburu, naturales de dicho Motrico. Fueron sus padrinos D. José Antonio Aguirre, abuelo paterno, y en su nombre D. Pablo Aguirre, de dicho Vergara, y D.ª Facunda Aramburu, abuela materna, a quienes advertí el parentesco espiritual y obligaciones que contrajeron el poderdante y la madrina[1].

Es la transcripción literal de la certificación bautismal de José Antonio Aguirre. Su árbol genealógico nos lleva a Gipuzkoa, concretamente a dos zonas de este territorio: Antzuola-Bergara y Mutriku.

La rama de Antzuola hunde sus raíces por lo menos en el siglo XVII, donde Gabriel de Aguirre, nacido en Antzuola en 1610, casa con Catalina de Bizkalaza, también de Antzuola. Más tarde

---

[1] Certificación emitida por José María Bustinza y Lecue, cura ecónomo de la parroquia de los Santos Juanes de Bilbao, de la transcripción literal de la «certificación bautismal de D. José Antonio Víctor Aguirre y Lecube en el Libro 21, fol. 215, n.º 57». Archivo del Nacionalismo (AN), DP (Donaciones Particulares)-589-5.

encontraremos a las últimas generaciones de ascendientes de José Antonio afincados en la «casería de Echenagusia y sus pertenecidos», un lugar y un nombre de grata evocación para José Antonio Aguirre, quien firmará sus artículos en el diario *Euzkadi* con el seudónimo «Etxenausi».

El 3 de agosto de 1866 «D. Telesforo Monzón enajenó a su vez a don José Antonio Aguirre por escritura otorgada también ante dicho notario en tres de agosto inmediato la referida casa número 6 de la calle San Pedro y su parte de plazuela propia»[2]. Este José Antonio Aguirre Aguirrezabal es el abuelo paterno de José Antonio Aguirre, y esta casa número 6 de la calle San Pedro de Bergara será el domicilio familiar de los Aguirre en Bergara.

José Antonio Aguirre Aguirrezabal había nacido en Antzuola —en el caserío Etxenagusia— el 22 de octubre de 1828. Se casó en primeras nupcias con Josefa Mendizabal Mendizabal, con quien tuvo tres hijos: Romualda, Gorgonio y Nicolás. Fallecida su esposa Josefa, tras el parto de su tercer hijo, José Antonio Aguirre Aguirrezabal se casó en segundas nupcias con Petra Barrenechea-Arando Garitano, natural de Bergara, con quien a su vez tuvo también tres hijos: Pablo, Eustaquia y Teodoro, este último el padre de nuestro biografiado José Antonio Aguirre. Petra Barrenechea-Arando será la *amama kuttuna* (abuela predilecta) del pequeño José Antonio, no en vano éste pasará una parte de las vacaciones de su infancia en la casa familiar de sus abuelos paternos en el número 6 de la calle San Pedro de Bergara.

Los padrones municipales y las matrículas industriales de Bergara del último cuarto del siglo XIX nos etiquetan a José Antonio Aguirre Aguirrezabal como «propietario de fincas, comerciante y confitero», en referencia estas dos últimas al comercio de ultramarinos y confitería artesanal que la familia Aguirre regentaba en la misma calle San Pedro. Será esta pequeña confitería el núcleo de los futuros y prósperos negocios familiares en torno al chocolate, negocios vitales en el devenir de la familia Aguirre y en su futuro posicionamiento en la sociedad bilbaína/vizcaína.

José Antonio Aguirre Aguirrezabal era un hombre de negocios y emprendedor. En 1888 —tenía entonces 60 años— decidió dar un nuevo impulso a su pequeño negocio chocolatero y, al igual que otros confiteros del alto Urola, como los Aranzadi y Unamuno, dar el salto a la capital vizcaína. Confluyeron para ello dos hechos: el

---

[2] Archivo Municipal de Bergara, 01 C/651-10.

desarrollo económico y crecimiento del Bilbao de fin de siglo y de su *hinterland*, y la generalización del chocolate —todavía no en tabletas y bombones— como alimento de consumo popular. A finales del siglo XIX, las condiciones favorables del contexto y la iniciativa empresarial del abuelo paterno de José Antonio hicieron, pues, posible sentar las bases de un negocio familiar que con el tiempo se transformaría en una sociedad anónima, en una empresa innovadora y boyante y en una marca de chocolates de referencia.

El 5 de mayo de 1888 el Ayuntamiento de Bilbao autorizaba a José Antonio Aguirre Aguirrezabal «a usar barrenos en el desmonte [...] de un terreno de su propiedad, sito en el barrio del Tívoli, detrás de la fábrica de cerveza establecida, frente a las escuelas»[3]. Unos meses más tarde, el 11 de agosto, el industrial guipuzcoano solicitaba «se le conceda el correspondiente permiso y apruebe el adjunto plano [para] construir una fábrica de chocolate en el barrio del Tíboli, a fueras del ensanche», permiso que, previo informe favorable del arquitecto jefe, le sería concedido por el Ayuntamiento en su sesión de 8 de septiembre de 1888. La nueva fábrica se ubicaría en la calle Tívoli, a las afueras de Bilbao —en la muga entre Bilbao y Begoña—, lugar donde se instalaban las factorías que por su tamaño y utilización de máquinas de vapor podían ocasionar molestias a los vecinos[4]. Además de la fábrica del Tívoli, José Antonio Aguirre abrió una pequeña tienda o sucursal en la calle Artecalle 50. La familia Aguirre sentaba las bases de su próspero negocio chocolatero en Bilbao.

---

[3] Los trabajos debieron acometerse de inmediato, aunque no en los términos fijados en la licencia, según se desprende del escrito presentado el día 17 de mayo por «Eusebio de Ugalde, vecino de esta villa y dueño de la fábrica de licores y cerveza radicante en la calle de Tívoli [denunciando] que el destajista encargado del desmonte de los terrenos contiguos a la fábrica está disparando barrenos a cualquier hora del día, algunos de éstos a la distancia de dos metros del edificio, con siete pies de profundidad y carga correspondiente, causando por este motivo averías, tales como movimientos de tabiques, roturas en los tejados y chimeneas, habiendo tenido que suspender los trabajos en uno de los alambiques». En su respuesta al Sr. Ugalde, el Ayuntamiento se reafirmó en que «el permiso concedido a D. José Antonio de Aguirre para el disparo de barrenos prescribía, entre otras condiciones, que éstos no tendrían más de 0,60 metros de profundidad y que se habían de disparar precisamente al anochecer y antes de las siete de la mañana». Archivo Foral de Bizkaia (AFB), Bilbao, Cuarta 0141/023.

[4] AFB, Bilbao, Cuarta 0071/031. En 1902 la fábrica contaba con «cinco molinos refinadores, dos trituradoras y varias lustradoras movidas por una máquina de vapor». AFB, Bilbao, Quinta 0130/018. Por su parte, un acta de inspección, fechada el 21 de marzo de 1911, describe en estos términos la maquinaria de la fábrica de chocolates «movida [ya] con motor mecánico: [...] una máquina de afinar la pasta con 3 cilindros [...] una máquina mezcladora [...] cuatro piedras [...] una máquina para descascarar cacao [...] un molino de canela». AFB, Bilbao, Primera 0459/039.

En 1907 murió José Antonio Aguirre Aguirrezabal, abuelo de nuestro biografiado y *alma mater* de la primera etapa del negocio chocolatero familiar de los Aguirre. La administración y gestión del mismo pasará a manos de su esposa Petra Barrenechea-Arando y de los dos hijos varones de ambos, Pablo y Teodoro.

Teodoro Aguirre Barrenechea-Arando era el hijo menor del matrimonio Aguirre/Barrenechea-Arando. Había nacido en la casa familiar de Bergara el 7 de mayo de 1872. Se licenció en Derecho en Salamanca[5], tras cursar Derecho y Filosofía y Letras en la Universidad de Deusto. En 1896 lo encontramos ya ejerciendo de abogado en diversas causas. Un año más tarde, en 1897, fue nombrado por la Sala de Gobierno de la Audiencia Territorial de Burgos habilitado y auxiliar del escribano del Juzgado de Primera Instancia de Bilbao Antonio Sancho Paricio[6]. En 1902 ejercerá como pasante y colaborador de Daniel Irujo en la causa abierta contra Sabino Arana por tratar de enviar un telegrama al presidente de los Estados Unidos Theodore Roosevelt felicitándole por el reconocimiento de la independencia de Cuba. El telegrama fue interceptado por las autoridades españolas, y el fundador del PNV procesado y encarcelado. La defensa de Sabino Arana estuvo a cargo del letrado Daniel Irujo, padre del futuro diputado y ministro *jeltzale* Manuel Irujo, y en ella colaboró el joven abogado Teodoro Aguirre. Un año más tarde éste asistiría al funeral de Sabino Arana.

Teodoro Aguirre contrajo matrimonio en 1902 con Bernardina Lekube Aranburu, natural de Mutriku, e hija de José Manuel Lekube Lizarzaburu y Facunda Aranburu Sorazu, ambos también naturales de Mutriku, segunda cuna geográfica guipuzcoana de José Antonio Aguirre. El matrimonio Aguirre Lekube tuvo diez hijos: José Antonio Víctor (1904), Ignacio (1906), Juan María (1908), María Teresa (1909), María Encarnación (1911), Tomás (1912), María Cruz (1914), Teodoro (1916), Iñaki (1918) y Ángel (1920). José Antonio fue, pues, el mayor de diez hermanos. Hasta el traslado de la residencia familiar a Algorta, los Aguirre Lekube vivieron en el Casco Viejo bilbaíno, en la calle La Cruz número 6-4.º, y en la calle Sendeja, también en el número 6. En el primero de estos domicilios, en pleno corazón del Casco Viejo y junto a la iglesia de los Santos Juanes, vendría al mundo el 6 de marzo de 1904 José Antonio Aguirre Lekube.

---

[5] Según consta en su expediente académico, Teodoro Aguirre obtuvo el título de licenciado en Derecho el 9 de noviembre de 1894, con una calificación final de aprobado. El curso 1894-1895 cursó, asimismo, estudios de doctorado. AN, DP-589-5.
[6] AFB, JCR 4589/30.

En el hogar de los Aguirre Lekube se respiraban dos sentimientos: una profunda religiosidad y un arraigado sentimiento vasquista/nacionalista/euskaldun, sentimientos que el pequeño José Antonio mamaría desde su más tierna infancia. Teodoro y Bernardina eran personas de fe y religiosidad practicante. El rosario diario en familia era práctica habitual y reflejo del ambiente en el que se crió y educó José Antonio. Su padre fue nombrado el 22 de marzo de 1909 vocal de la Junta de la Santa Casa de Misericordia[7] y en el momento de su fallecimiento era presidente de la Adoración Nocturna de Bilbao.

Teodoro Aguirre fue también un hombre de vasquismo arraigado, militante destacado del PNV y euskaldun. Fue elegido primer delegado municipal del PNV en Bilbao en el proceso de reorganización del partido que tuvo lugar en 1904, tras la muerte de Sabino Arana en Pedernales el 25 de noviembre de 1903, a los 38 años de edad. El 12 de junio de 1904, *Patria*, órgano oficial del PNV, publicaba un decreto organizativo del nuevo delegado general, Ángel Zabala[8], en el que se exhortaba a todos los nacionalistas en ciudades y pueblos con más de diez militantes a elegir por votación a un «delegado municipal», que debería dirigir el partido a nivel local durante cuatro años. Teodoro Aguirre sería elegido delegado municipal de Bilbao sólo unos meses después de que naciera su primogénito José Antonio.

Dos años más tarde, en enero de 1906, encontramos al padre de José Antonio acompañando a su «antiguo amigo» Engracio Aranzadi (*Kizkitza*), *factótum* del nacionalismo vasco en Gipuzkoa, en el momento del ingreso de éste en la cárcel de Larrínaga. Aranzadi pasó

---

[7] En el momento del nombramiento de Teodoro Aguirre como vocal, la Junta de la Santa Casa de Misericordia, además de por el alcalde —presidente nato—, el arcipreste —vicepresidente nato— y dos diputados provinciales —vocales natos—, estaba integrada por lo más granado de la burguesía bilbaína. Eran vocales de la Junta, entre otros: Fernando María de Ybarra —consejero de Altos Hornos y del Banco de Vizcaya, presidente de Hidroeléctrica Ibérica y futuro presidente del Partido Conservador—, Oscar Rochelt —apoderado de la Casa Rochelt y consejero del Banco de Bilbao—, José María de Olábarri —miembro de una distinguida familia ligada al desarrollo industrial y siderúrgico, propietaria del palacio del Campo Volantín—, Luis Briñas Mac-Mahón —futuro primer Medalla de Oro de la Villa de Bilbao, reconocimiento instituido en 1929—, el marqués de Casa-Torre... El nombramiento de Teodoro Aguirre como miembro de esa Junta, y los nombres, personalidades y abolengo de sus vocales son un buen indicador, no sólo de la religiosidad del padre de José Antonio, sino también del ascenso social de los Aguirre y de su capacidad de relación y plena integración en el seno de la burguesía bilbaína. AFB, Bilbao, Segunda 0295/033. La Adoración Nocturna estaba también considerada como una asociación católica de élite.

[8] Ángel Zabala, *Kondaño*, había sido nombrado su sucesor por Sabino Arana dos meses antes de su muerte. Zabala, seguidor de primera hora de Sabino, era un hombre fiel a la ortodoxia y declarado antievolucionista, es decir, enemigo de la «evolución españolista» de Arana en 1902-1903.

dos meses en prisión por la publicación del artículo «Nuestra ofrenda» en *Patria*, con motivo del segundo aniversario del fallecimiento de Sabino Arana[9].

El padre de José Antonio no fue, pues, un mero simpatizante del nacionalismo vasco, sino un militante cualificado, elegido para el desempeño de cargos directivos y bien relacionado con los prohombres del partido. Teodoro Aguirre fue, asimismo, socio del Centro Vasco de Bilbao y socio de número —con el número 528 y la calificación especial de fundador— de la Sociedad de Estudios Vascos-Eusko Ikaskuntza.

El euskera fue el idioma materno de José Antonio y la lengua natural en el hogar de los Aguirre Lekube. Teniendo en cuenta este contexto, José Antonio fue escolarizado a los cuatro años en las inmediaciones del domicilio familiar en una *ikastola* existente en la Plaza Nueva del Casco Viejo bilbaíno, regentada por la *andereño* Florencia Gogenuri Ibargüen. A los 10 años el pequeño José Antonio iniciaría una nueva etapa en sus estudios, ahora fuera de casa y en régimen de internado en el Colegio de Segunda Enseñanza de Nuestra Señora de la Antigua en Orduña.

II. EL COLEGIO DE ORDUÑA: FORMACIÓN PARA LAS ÉLITES

> Ilmo. Señor Director del Instituto General y Técnico de Vitoria.
>
> Don José Antonio Aguirre y Lecube, natural de Bilbao, provincia de Vizcaya, de 10 años de edad, a V.S. con la mayor consideración, expone:
>
> Que habiendo hecho los estudios que comprende la primera enseñanza Ruega a V.S. se digne admitirle al examen que debe preceder para ingresar en la segunda.
>
> Favor que espera merecer de V.S. cuya vida guarde Dios muchos años. Vitoria, 1.º de mayo de 1914[10].

José Antonio Aguirre aprobó el examen de acceso a la segunda enseñanza, etapa que cursaría en el colegio de Nuestra Señora de la Antigua que los jesuitas regentaban en Orduña, donde habían estudiado también Luis y Sabino Arana. Era éste el colegio de referencia de la élite vizcaína, una élite que entendía la formación como una de

---

[9] Aranzadi, Engracio: *Ereintza. Siembra de nacionalismo vasco 1894-1912*, Ed. Vasca, Zarautz, 1935, pp. 185-186 y 213.
[10] AN, DP-589-5.

las claves de posicionamiento y ascenso en la escala social[11]. Orduña fue clave en la formación académica reglada y en la formación integral personal de José Antonio Aguirre, no en vano pasó allí en régimen de internado una gran parte de su adolescencia[12]. Entró a los diez años, en el curso 1914-1915, y salió a los dieciséis, finalizado el curso 1919-1920.

Sin ser el primero de la clase, José Antonio fue un buen estudiante, con mayores aptitudes para las letras y las humanidades que para las matemáticas. Su expediente está salpicado de sobresalientes, notables y algunos aprobados, y en él no figura ningún suspenso.

Siendo como era un colegio religioso regentado por la Compañía de Jesús, la formación espiritual formaba parte del núcleo duro del proyecto educativo de Orduña, además de impregnar la vida del colegio. Misas, comuniones generales, rosarios, ceremonias de entronización del Sagrado Corazón y otras celebraciones religiosas formaban parte natural de la agenda de alumnos, profesores y comunidad de jesuitas de Nuestra Señora de la Antigua. Una vez al año los alumnos hacían también Ejercicios Espirituales —«Algunos nuevos preguntan que ¿qué es eso? Yo les he dicho que son una especie de jabón antiséptico para quitar las manchas del alma»[13]—. El colegio promovía también el asociacionismo religioso. José Antonio Aguirre se inició en él aquí en Orduña, donde llegaría a ser miembro de la Congregación de la Inmaculada Concepción de María Santísima y de San Luis Gonzaga, celador del Apostolado de la Oración y presidente de la Asociación de Misiones. Sobre este fértil sustrato abonado en Orduña desarrollaría el joven José Antonio en los años veinte su intensa actividad en el seno de los movimientos católicos juveniles de Bizkaia.

---

[11] El 40 por 100 de los alumnos de Orduña procedían de Bilbao y un 20 por 100 del resto de Bizkaia. Prácticamente, pues, dos de cada tres alumnos de la Antigua eran vizcaínos. El resto procedían de territorios limítrofes —Santander, Álava, Gipuzkoa y Logroño—, especialmente de Cantabria. La presencia de alumnos de otras regiones era prácticamente residual. Carmelita Soto, Salvador: *Colegio de los Padres Jesuitas de Orduña «Nuestra Señora de la Antigua». Segunda Etapa 1767-1932*, Memoria de Licenciatura, Universidad de Deusto, Facultad de Filosofía y Letras, Bilbao, 1975.

[12] He aquí la descripción de un día cualquiera en el colegio de Orduña: «El día comenzaba para los colegiales a las seis de la mañana. Seguido oían la santa misa y después de una hora de estudio pasaban al desayuno prolongado por una recreación de un cuarto de hora. A la una comían. Las clases de la mañana duraban de nueve menos cuarto a una, interrumpidas por una recreación de media hora. La tarde quedaba distribuida con un estudio y una clase en medio de dos recreaciones; después de la segunda, otra hora de estudio, terminando con la cena a las ocho y media, acostándose a las nueve y cuarto». Carmelita, *Colegio*, p. 37.

[13] *Colegio de Segunda Enseñanza de Nuestra Señora de la Antigua en Orduña. Anuario y solemne distribución de premios merecidos en el curso de 1919-1920*, Bilbao, 1920, p. 6.

No todo era estudio, recogimiento y oración. Juegos, fiestas, sobremesas y veladas literario-musicales, cine, la «olimpiada orduñesa»… todo ello formaba también parte del proyecto de formación integral[14] del colegio de Orduña y de la vida de José Antonio. La música fue uno de sus *hobbies* más queridos. En Orduña tuvo oportunidad de cultivar una afición que le venía desde casa —sus padres eran grandes aficionados— y que le acompañaría durante el resto de su vida. Fue miembro de la banda del colegio, donde aprendió a tocar el violín y el fiscornio. Finalizada su etapa en Orduña, siguió recibiendo clases de violín, fue barítono solista del coro de Algorta y melómano entusiasta, apasionado de la ópera italiana, socio de la Filarmónica y abonado de la Orquesta Sinfónica de Bilbao.

El colegio de Nuestra Señora de la Antigua en Orduña no sólo contribuyó a formar un buen estudiante, un buen músico y, como veremos, un buen deportista. También descubrió y modeló a un joven que a los 16 años tenía ya madera de líder y especiales dotes para la oratoria. La crónica del curso 1919-1920 refleja en estos términos las cualidades oratorias de Aguirre:

> Lunes, 19. Santo del R. P. Provincial […]. El Sr. Aguirre J. A. felicitó al R. P. Provincial en un breve y hermoso discurso […]. El Sr. Aguirre en altisonante discurso, verdadero tejido literario, recamado de delicados pensamientos de felicitación y bienvenida […]. Academia de Historia Natural. El día 5 de marzo a las dos de la tarde, tuvo lugar en el salón de actos del Colegio, artísticamente adornado al efecto, la Academia de Historia Natural sobre «Los habitantes de mar». Presidía el acto el R. P. Rector Fernando Ansoleaga, el alcalde de la ciudad D. Luis Llaguno y el claustro de profesores del Colegio […]. D. José A. de Aguirre, con gesto tribunicio, elegante dicción, en ocasiones de extraordinario plasticismo, con entusiasmo comunicativo y espontáneo, e insinuante simpatía logró bien pronto penetrar en el ánimo de los oyentes […]. Allí verían ustedes riqueza de matices, maravillosas descripciones, sorprendentes diapositivas, llenas de relieve y colorido; y todo ello, animado por los conjuros de una dicción ingenua, familiar y altamente comunicativa. El orador recibió una verdadera ovación[15].

Los reconocimientos, premios y diplomas que José Antonio Aguirre recibió al finalizar su último curso constituyen un buen reflejo de su per-

---

[14] La formación integral como seña de identidad del colegio se significaba en los siguientes términos: «Pese a la afluencia de peticiones de ingreso, los Padres no sobrecargaban las clases: preferían mantener a los estudiantes con holgura (un promedio de 30 a 35 por aula), dándoles una formación integral. A ello contribuía, los sábados, la organización de lecturas literarias y de revistas, la correspondencia epistolar y el deporte (fútbol, patinaje con trampolín y saltos, juego de pelota, etc.) practicado por todos los alumnos del colegio sin selectividad». Carmelita, *Colegio*, p. 35.

[15] *Colegio de Segunda*, p. 16.

sonalidad tras su estancia de seis años en Orduña: fue nombrado subbrigadier de alumnos, recibió el segundo premio en buena conducta y aplicación, diploma en las asignaturas de Historia Literaria —con sobresaliente—, Fisiología e Higiene —también con sobresaliente— y Dibujo —con notable—, y varios premios y accésit en violín, banda y canto.

En junio de 1920 finalizaba el curso y con él su estancia de seis años en Orduña. José Antonio Aguirre escribía en estos términos su «¡Adiós!»:

> Nos vamos. ¡Qué de recuerdos dejamos en Orduña! Hemos tenido buenos y malos ratos, días tristes y días alegres; cada clase, cada estudio, cada carpeta, cada columna, es un recuerdo para nosotros y en ellos hemos sentido el despertar de nuestro corazón que se abría a la vida. Llenos de entusiasmo avanzamos con paso decidido a la conquista del porvenir, que se nos presenta velado por los más risueños celajes. ¡La vida es nuestra! Compañeros de todos los años, ¡adiós! Juntos hemos vivido días de todos los colores; hoy nos separamos tal vez para siempre. Andando los años, si nos encontramos en alguna encrucijada de la vida, volveremos los ojos a los días de la niñez y repasaremos los nombres de nuestros condiscípulos y contaremos su variada fortuna, sus triunfos y sus laureles; dedicaremos un recuerdo y una oración a los que hayan caído y frases de aliento a los que sigan luchando. Hablaremos de nuestros inspectores, de nuestros profesores, de las trampas que empleábamos para evitar un castigo, decir una lección sin saberla; hablaremos de nuestro Colegio y a él volveremos los ojos creyendo encontrar las mismas caras sonrientes, las mismas ilusiones en aquellas cabezas juveniles, oír el timbre de voces conocidas, que ya se habrán apagado... ¡Adiós, Colegio de la Antigua, donde hemos vivido horas felices, que ya pasaron para no volver! ¡Adiós! José A. de Aguirre[16].

El 21 de junio de 1920 obtenía el título de bachiller. Con 16 años el joven Aguirre iniciaba una nueva etapa en su vida.

III. UN JOVEN UNIVERSITARIO DE FAMILIA BIEN

A su regreso definitivo del colegio de Orduña, Aguirre pudo experimentar que algunas cosas habían cambiado en su entorno más próximo. La primera, el domicilio familiar, aunque ciertamente este cambio lo había podido vivir ya en sus estancias en casa durante las vacaciones —Navidades, Semana Santa y verano— en su etapa de estudiante en Orduña. Aguirre no volvió, pues, al piso familiar en el número 6 de la calle Sendeja, del Casco Viejo bilbaíno, del que había

---

[16] *Colegio de Segunda*, p. 33.

salido a los 10 años, sino a la nueva casa que su padre Teodoro Aguirre había hecho construir en Algorta y a la que la familia Aguirre Lekube se había trasladado en 1915. El municipio de Getxo (Neguri y Las Arenas, especialmente, aunque también Algorta) se había convertido en zona residencial para una buena parte de la élite y la burguesía bilbaínas. Getxo ofrecía mar, aire puro, calidad de vida, estatus y relaciones sociales. La nueva, amplia y hermosa casa de los Aguirre Lekube en Algorta —construida en el solar de una casa anterior comprada por Teodoro Aguirre en 1913 y derribada para construir la nueva— estaba situada en una zona céntrica, en la confluencia de la plaza San Ignacio y la calle Miramar, y en el momento de su construcción tenía dos alturas y un bajo, que albergaban varias viviendas.

También el propio José Antonio había cambiado durante su estancia en Orduña. El niño de 10 años que fue a Orduña era ya un joven de 16, dispuesto, como decía en su «Adiós», a «conquistar el porvenir». Un desarrollo personal y vital que tuvo, no obstante, una cruz: la involución en su dominio y uso del euskera. El ambiente de la capital en primera instancia, y su escolarización en castellano, tanto en Orduña como posteriormente en su etapa universitaria en Deusto, se tradujeron en una notable merma de sus competencias lingüísticas en la que había sido su lengua materna: el euskera. Telesforo Monzón, bergarés y amigo desde la infancia de José Antonio, describía en estos términos este retroceso y las dificultades de Aguirre para expresarse en euskera:

> Batetik, ezin uka: odolean eta belarrian zekarrela Agirre'k, sortze sortzetik, euskera. Guraso euskaldunak izan zituen. Eta etxeko neskamek ere, euskeraz egin bide zioten aurtzaroan. Aren Bergara'ko izeba, zer esanik ez: euskaldun garbia. Eta onen etxean egiten zituzten Agirre anai-arrebak, udaran eta, egonaldi naiz labur naiz luzekoagoak. Argatik diot, odolean eta belarrian zekarrela Joxe Antonio'k euskera. Alare, nik Agirre ezagutu nuenean, mutikoak biok, erdi aztua zuen asaben izkera. Itz batzu esango zituen jatorki esanak. Geixeago ere bai, bearba. Bergara'n eta, alegintzen zan zekiana agertzen. Baiñan ez dut uste euskeraz bear bezela mintzatzeko gauza zanik gure orduko mutikoa. Nik ez nuen orduan Joxe Antonio askotan ikusten. Sanpedrotan etortzen zen Bergara'ra. Eta oroitzen naizenaz, beintzat, agurrak-eta euskeraz egin ondotik, erdera ibiltzen genuen gero beti gure berriketetan. Auxe, bai, ba dut gogoan: nik Agirre'ri entzundako itz apurrok, euskalkutsu eta erriko usain aundikoak izaten zirala beti. Bergara'ko euskerari artuak. Soldautza egin eta gero, artean oiño abertzale egin gabea neu, gogoan dut nola entzun nuen bein: Joxe Antonio Agirre euskeraz ikasten ari zela (Ez dakit nun, norkin eta nola). Geroxeago, etorri zitzaigun belarrietara: Agirrek nola

esan zuen Bergara'n, katoliko-ekintzaren alde egindako itzaldi batean, auxe: urrengo itzaldia ez zuela erderaz egingo. Euskeraz egingo zuela[17].

Sus convicciones y su decisión le llevaron, pues, a hacer un esfuerzo de recuperación de su lengua materna, esfuerzo que se saldó con éxito, y que permitiría a Aguirre hablar y escribir con fluidez en euskera.

1920 fue también un año decisivo para la familia Aguirre Lekube y para sus negocios. El principal —y triste— hito fue la muerte de su padre Teodoro Aguirre, cuando contaba con tan sólo 47 años de edad. El joven Aguirre se encontró a los 16 años huérfano de padre, con una madre viuda y siendo el mayor de diez hermanos; en el seno, eso sí, de una familia acomodada y con un nutrido servicio doméstico.

El negocio familiar, cuyo *alma mater* había sido su abuelo José Antonio Aguirre Aguirrezabal, y a la muerte de éste su padre Teodoro —ahora también fallecido—, se encontraba también en 1920 en un decisivo punto de inflexión. El 10 de julio de 1920 se constituía la sociedad Chocolates Bilbaínos S.A., resultado de la fusión de cuatro negocios chocolateros: Caracas, Chocolates Aguirre, La Dulzura y Martina Zuricalday. Los negocios chocolateros y confiteros familiares tradicionales se situaban así en una nueva división empresarial, productiva y competitiva, vía la constitución de una sociedad anónima y la creación de una empresa más fuerte y más moderna.

En el contexto de desarrollo económico de los años 1910/1920, los responsables de las cuatro casas fundadoras, dotados de una gran visión y espíritu empresarial, cayeron muy pronto en la cuenta de que ser competitivos y dar respuesta a las demandas del mercado, interno y

---

[17] Monzón Olaso, Telesforo: «Agirre eta euskera», *Alderdi*, 168, marzo 1961, pp. 6-7: «Por una parte es innegable que Aguirre había mamado el euskera desde la cuna, lo llevaba en la sangre y en el oído. Sus padres eran vascoparlantes. Y en su niñez, las criadas de la casa le hablaban también en euskera. Y qué decir de su tía de Bergara: vascoparlante total. Y era en casa de ésta donde los hermanos Aguirre pasaban el verano, en temporadas a veces largas y a veces más cortas. Por eso digo que José Antonio llevaba el euskera en la sangre y en el oído. A pesar de ello, cuando yo le conocí, chavales los dos, tenía ya medio olvidado el idioma de sus antepasados. Era capaz de decir algunas palabras, y bien dichas. Incluso más. En Bergara se esforzaba en practicar lo que sabía. Pero no creo que nuestro chaval de entonces fuera capaz de hablar correctamente en euskera. Yo por entonces no le veía mucho. Solía venir a Bergara por San Pedro. Y por lo que recuerdo, tras unas primeras palabras en euskera, solíamos pasar luego siempre al castellano. Ahora, esto sí que recuerdo: las pocas palabras que yo le oía en euskera, lo eran siempre en un euskera limpio y popular, en el euskera de Bergara. Recuerdo también que, después de la mili, cuando todavía yo no era nacionalista, una vez escuché que José Antonio Aguirre estaba aprendiendo euskera (no sé dónde, con quién ni cómo); y más tarde, que el propio Aguirre había dicho en Bergara, en un acto de las juventudes católicas, que la próxima conferencia no sería ya en castellano, sino en euskera» (Traducción de los autores).

externo, real y potencial —una incipiente sociedad de consumo valoraba especialmente productos como el chocolate, aun no siendo de primera necesidad—, exigía un redimensionamiento de sus negocios familiares tradicionales, nueva y moderna maquinaria y nuevos sistemas de producción y gestión. En esta tesitura las cuatro empresas familiares mencionadas optaron por la unión y la innovación como estrategias de competitividad y desarrollo de sus proyectos empresariales.

La sociedad anónima Chocolates Bilbaínos fue constituida el 10 de julio de 1920, mediante escritura pública otorgada ante el notario Emilio Catarineu Agudo, con un capital de 1.000.000 de pesetas, representado por 2.000 acciones de 500 pesetas cada una. A cada una de las cuatro casas fundadoras le fueron adjudicadas 500 acciones, es decir, cada parte suscribió el 25 por 100 del capital. Fueron asimismo emitidas otras 2.000 acciones, a 500 pesetas cada una, las cuales fueron también suscritas a partes iguales en los mismos términos que la suscripción del capital[18].

Fueron nombrados vocales delegados del Consejo de Administración José Trabudua —representante de la casa fundadora Chocolates Caracas, razón social Angulo y Trabudua— y Ramón Bayo, hijo de Martina Zuricalday. El primero fue asimismo director gerente de la nueva compañía y el segundo director financiero. Actuó como secretario del Consejo, Policarpo Ibáñez, representante de Chocolates La Dulzura, razón social P. Menchaca y Compañía. En representación de Chocolates Aguirre —razón social Viuda de José Antonio Aguirre—, el capital y las acciones fueron suscritos por Petra Barrenechea Arando, madre de Teodoro Aguirre y abuela paterna de nuestro biografiado. Dado que para el momento en que fue constituida la nueva sociedad anónima su hijo Teodoro había ya fallecido, Petra estuvo representada en el Consejo por su otro hijo, Pablo Aguirre Barrenechea Arando, tío soltero de José Antonio.

Aunque la sociedad anónima Chocolates Bilbaínos fue constituida en julio de 1920, las bases de fusión habían sido ya acordadas y estipuladas en documento privado desde 1918. Los tres años siguientes se dedicaron a la ejecución de todos los trámites necesarios, a la construcción de una nueva fábrica en un edificio de nueva planta —en los men-

---

[18] Las dos mil acciones representativas del capital —1.000.000 de pesetas— fueron adjudicadas de la siguiente manera: Petra Barrenechea-Arando: 500 acciones (250.000 pesetas); Martina Zuricalday: 500 acciones (250.000 pesetas); José Trabudua: 250 acciones (125.000 pesetas); Dalmacio Angulo: 250 acciones (125.000 pesetas); Pedro Menchaca: 250 acciones (125.000 pesetas); Policarpo Ibáñez: 250 acciones (125.000 pesetas). AFB, Administrativo, Hacienda, Utilidades, caja 453.

cionados terrenos propiedad de la familia Aguirre en la calle Tívoli— y a la adquisición de la nueva maquinaria. El 17 de enero de 1921, José Trabudua, en su calidad de gerente de Chocolates Bilbaínos, se dirigía a la corporación municipal comunicando que «hallándose ya adelantadas las obras del edificio perteneciente a esta Sociedad con fachada a la calle del Tívoli y debiendo procederse a la instalación de la parte industrial incluyo por duplicado el plano de detalle con especificación de las máquinas [...] debiendo advertirle que toda la construcción se halla ejecutada en hormigón armado», y solicitando «la oportuna autorización para la referida instalación». El 21 de febrero un decreto de Alcaldía concedía «el permiso necesario para instalar en la calle Tívoli la industria de elaboración del chocolate»[19].

Para finales de 1921 la nueva empresa y su proyecto de fabricar «toda clase de chocolates en paquetes, tabletas, bombones y demás productos derivados» eran ya una realidad en marcha. Las cuatro firmas matrices habían cedido todos sus derechos sobre patentes, marcas, moldes, diseños, sellos e inscripciones a la nueva sociedad. Los nuevos productos —en especial las tabletas de chocolate Chobil— comenzaron rápidamente a ganar cuota de mercado y a ser valorados por su finura y calidad. Se habían sentado las bases de un próspero negocio.

En 1920, a su regreso del colegio de Orduña, el joven José Antonio se encontró, como hemos visto, con un panorama no fácil. Su padre Teodoro había muerto tan sólo unos meses antes, y él era el mayor de diez hermanos. La empresa familiar estaba justo en aquellos momentos embarcada en un nuevo y gran proyecto —una fusión, una sociedad anónima y una nueva empresa—, lo que lógicamente generaría también cierta incertidumbre —en muy poco tiempo despejada— sobre el futuro y la sostenibilidad de la principal fuente de renta familiar.

José Antonio asumió la responsabilidad de hermano mayor, eso sí, sin renunciar a su proyecto vital más inmediato: estudiar Derecho en la Universidad de Deusto. Durante los próximos cinco años, entre 1920 y 1925, la vida del joven Aguirre fue la de un joven universitario de una familia bien, una vida que pivotaba sobre dos ejes: el estudio y el ocio.

Entre los 16 y los 21 años Aguirre fue un estudiante universitario responsable y aplicado en sus estudios. Al margen de su carrera, sus «preocupaciones» eran las de un joven burgués de su edad: deporte, música, amigos, amigas, vacaciones, excursiones, viajes. Las obligaciones —más allá de los estudios—, las preocupaciones, el trabajo… ya vendrían después; ahora era el momento de estudiar y disfrutar de la vida.

---

[19] AFB, Bilbao, Fomento 0242/646.

José Antonio Aguirre comenzó a estudiar su carrera universitaria de Derecho en septiembre de 1920. Y lo hizo en la Universidad de Deusto, más propiamente, en el Colegio de Estudios Superiores de Deusto[20], regido, al igual que el colegio de Orduña, por la Compañía de Jesús. El Colegio de Estudios Superiores, consagrado a los Sagrados Corazones de Jesús y María, había abierto sus puertas en 1886, y pretendía satisfacer las necesidades formativas de una parte de la élite bilbaína, vizcaína y española, y dar respuesta a la demanda de titulados superiores (hombres de empresa, economistas, abogados, ingenieros, arquitectos) generada por la industrialización y el desarrollo económico y financiero de Bilbao, Bizkaia y otras zonas del Estado. Los jesuitas buscaban asimismo extender la formación de inspiración religiosa —circunscrita hasta entonces a la enseñanza primaria y secundaria— también a la etapa universitaria, con el objetivo de consolidar en la juventud los principios y valores inculcados en la escuela religiosa en sus años de formación básica.

El Colegio de Estudios Superiores de Deusto tenía tres «Facultades»: la de Filosofía, la de Derecho y la de Ciencias, esta última preparatorio para los alumnos que aspiraban a ingresar en las Escuelas Superiores de Arquitectura de Madrid y Barcelona, y de Ingeniería de Bilbao, Madrid y Barcelona. En 1916 se crearía, asimismo, la Universidad Comercial o Facultad de Ciencias Económicas y Empresariales.

Los estudiantes del Colegio de Estudios Superiores de Deusto estaban en realidad oficialmente matriculados en la Universidad cabecera del distrito universitario al que pertenecía Bizkaia, en este caso la Facultad de Derecho de la Universidad Literaria de Valladolid. Los exámenes finales de cada curso tenían asimismo lugar en esta ciudad castellana.

El joven Aguirre fue un buen estudiante universitario. En la correspondencia que entre julio de 1923 y enero de 1925 mantuvo con José Verdes, antiguo compañero de colegio en Orduña y buen amigo de José Antonio, las referencias a los estudios son numerosas:

> «Yo hago vida de bastante retiro, pues después de la Universidad vengo a casa a estudiar» (08-XI-1923); «Un gordo tomo de Civil 4.º me espera abierto para que le dirija mi cameladora mirada» (14-XII-1923); «Mañana comenzaremos de nuevo las clases y como sólo queda un mes para los exámenes hay que arrear de firme, pues cualquier descuido este año me podría costar caro en el dichoso Derecho Penal» (19-IV-1924).

---

[20] Una Real Orden de 16 de agosto de 1876 prohibía usar el nombre de Universidad a los establecimientos libres de formación superior y reservaba este título a los establecimientos oficiales.

Y en relación con la reválida del curso 1923-1924 en Valladolid, escribirá a su «más fiel amigo»:

> Comprendo tu enfado, pero sabrás que ante los exámenes de Deusto y Valladolid que he sufrido (y de los cuales he salido airoso como de costumbre), mi ánimo no estaba ciertamente dispuesto ni encontraba tiempo para escribir cartas [...]. Tres días hace que llegué de Valladolid, habiendo estado fuera de la Patria durante 10 días. Como te digo más arriba, he salido bien, con dos notables y dos aprobados. Te extrañarán mis notas tan bajas este año, y sin embargo te diré que son las que están en 4.º lugar de méritos en mi clase, lo cual te indicará la escabechina que ha habido en Valladolid. Sin embargo, te he de decir que Angulo, Uriarte y Sagasti, conmigo los 4 inseparables desde Orduña, hemos aprobado; la Virgen premia nuestro trabajo y constancia (10-VI-1924)[21].

Su expediente corrobora este buen hacer de José Antonio durante su etapa universitaria en el Colegio de Estudios Superiores de Deusto y en sus exámenes finales en Valladolid. En un total de 16 asignaturas oficialmente calificadas entre los cursos 1920-1921 y 1924-1925, el joven Aguirre obtuvo cinco sobresalientes, siete notables y cuatro aprobados. Un sobresaliente en Procedimientos judiciales puso fin a su etapa de estudiante universitario[22].

Junto a José Antonio Aguirre se licenciaron en Derecho ese curso de 1925: Miguel Castells y Adriaensens (Valencia) —premio extraordinario de licenciatura—, Juan Alemany y Vich (Mahón), José María Angulo y Martínez (Medina de Pomar), Manuel Arteche y Echezuria (Busturia), Ernesto Landaburu y Arenaza, Pedro Massanet y Sampol (Palma de Mallorca), Alfonso Merry del Val y Alzola (Bilbao), Francisco Javier Pradera y Ortega (San Sebastián), Carlos Sagastizabal y Ortueta (Durango), José Manuel Uriarte y Eleizgaray (Azpei-

---

[21] Cartas de José Antonio Aguirre a José Verdes, AN, DP-1.191-4. Obsérvese, cómo incluso en esta correspondencia de temática académica entre dos jóvenes amigos, afloran ya las dos señas de identidad que conformarán la personalidad de José Antonio Aguirre: su nacionalismo —«... habiendo estado fuera de la Patria...»— y su religiosidad —«... la Virgen premia nuestro trabajo y constancia»—.

[22] Según reza la hoja de estudios expedida por la Secretaría General de la Universidad Literaria de Valladolid, el alumno de la Facultad de Derecho «José Antonio Aguirre y Lecube» obtuvo las siguientes calificaciones:

« Asignaturas	Curso	Notas
Estudios preparatorios		
Lógica fundamental	1920-1921	Notable
Lengua y literatura españolas	1920-1921	Aprobado
Historia de España	1920-1921	Sobresaliente

tia), Nicolás Vicario y Calvo (Bilbao), José Luis Zamanillo y González-Camino (Santander) y José María Zavala y Alcíbar (Tolosa)[23]. En la orla de esta promoción de 1925 figuran asimismo el rector, R.P. Antonio Sagarmínaga, y los profesores P. Enrique Gómez de la Torre (Derecho Mercantil), P. José Nemesio Güenechea (Derecho Administrativo), R.P. Luis Izaga (Derecho Político) y Pedro Apalategui (Derecho Procesal).

Entre los 16 y los 21 años, Aguirre se dedicó al estudio durante el curso escolar y al ocio y disfrute en la época estival. La correspondencia que mantuvo con su amigo José Verdes, a la que se ha hecho referencia en el apartado precedente, constituye el mejor de los testimonios de las «preocupaciones» y de la vida agradable y placentera del joven Aguirre, especialmente en sus vacaciones en Bergara —en la casa de sus abuelos en la calle San Pedro, 6— y en la costa guipuzcoana y vizcaína.

El 15 de julio de 1923 escribía desde su casa en Algorta:

> Aquí la gente, como siempre, pensando en las batuecas. Patxi parece que tiene algo por Plencia, pues hay allí una chica que empieza a sorberle el seso. Así sea, ¡ojalá! Ayer me la enseñó, pues estuvimos en Portalena merendando y luego en el casino de Plencia donde todos los días hay bai-

» Asignaturas	Curso	Notas
Licenciatura		
Elementos de Derecho natural	1921-1922	Notable
Instituciones de Derecho romano	1921-1922	Sobresaliente
Economía política	1921-1922	Sobresaliente
Historia general del Derecho español	1921-1922	Aprobado
Instituciones de Derecho canónico	1922-1923	Notable
Derecho político español comparado con el extº.	1922-1923	Notable
Derecho civil español, común y foral (1.er cº.)	1922-1923	Notable
Derecho administrativo	1923-1924	Aprobado
Elementos de Hacienda pública	1922-1923	Sobresaliente
Derecho penal	1923-1924	Aprobado
Derecho civil español, común y foral (2.º cº.)	1923-1924	Notable
Procedimientos judiciales	1924-1925	Sobresaliente
Derecho internacional público	1923-1924	Notable».

AN, DP-589-5.

[23] Entre los compañeros de promoción de Aguirre figuran algunos futuros destacados miembros de la derecha política española, tales como: Alfonso Merry del Val —diplomático, miembro de la Secretaría Particular de Alfonso XIII y embajador en la época franquista—, Francisco Javier Pradera —hijo del líder tradicionalista y dirigente del Bloque Nacional Víctor Pradera— y José Luis Zamanillo —diputado tradicionalista en la II República y procurador a Cortes en los años sesenta—. Por su parte, José María Angulo, Carlos Sagastizabal, José Manuel Uriarte y José Antonio Aguirre conformaban el grupo «de los 4 inseparables desde Orduña», al que se refería José Antonio en sus cartas a José Verdes.

le y orquesta. Nosotros, como comprenderás, en la puerta [...]. Esta noche cantamos los del orfeón en Santurce [...]. Por la mañana solemos ir a la playa, pero también la encontramos muy aburrida[24].

Ese mismo verano José Antonio pasaría unos días en Mutriku y Deba. Y un año más tarde, a principios del verano de 1924, describiría su estancia en Bergara en los siguientes términos:

> Después de haber concluido felizmente mis exámenes, me tienes aquí en Bergara haciendo vida de hombre «desengañado de la vida» (¡Por Alcoy!). Por la mañana, después de la misa y desayuno, cojo la pala y las pelotas y al frontón a desarrollar un poco los bíceps. A las 12 como y después hasta las 4 ½ leo los periódicos y escribo alguna carta a casa y ésta a ti. Salgo después con mi maletín y me dirijo al campo de football donde estoy un par de horitas corriendo y dando al balón. Practico el triple salto y los lanzamientos. A las 7 ceno. Voy al rosario de la parroquia, donde también canto, y después de esto doy un paseo con los amigos que han salido del trabajo y a las 10 ½ a la cama hasta las 9. ¿Qué te parece? Hermosa vida me dirás y en verdad así es. Pero algo me falta y ese algo ya sabes lo que es: «mi mujercita»[25]. Y puesto en camino, voy a hablarte de ella [...] nos cuesta un calvario el vernos. Generalmente suelen ser las salidas de misa, lugar de entrevista, pero tienen el inconveniente de que yo me duermo muy a menudo más de lo debido y... pasa la calandria. Sin embargo, hemos conseguido vernos «sólos» [sic] tres veces y la verdad creo que es conveniente esto, pues cuantas más dificultades encontramos noto que nos queremos más [...]. El día último que hablamos después de misa de 9, calcula que estuvimos de charla hasta las 10, y durante este tiempo nos pasaron cosas muy bonitas [...]. Te digo Pepe que es de los días en que más satisfecho he quedado con ella, porque demostró quererme no sólo de palabra, sino también en la obra, de hecho. Una sola cosa he sentido al venir a Bergara y es que no la he despedido [...] y lo que es más triste ella marchará a Labastida hoy o mañana, hasta septiembre seguramente.

De regreso de Bergara a su casa de Algorta, José Antonio seguiría disfrutando de un placentero verano, aun cuando reconocerá a su amigo Verdes:

> [...] sabes que mi «hermosa dama» está en Labastida [y] me encuentro viudo según frase de Conchita Araluze [...]. Y, sin embargo, hay también

---

[24] La correspondencia entre José Antonio Aguirre y José Verdes en: AN, DP-1.191-4.

[25] Unos meses antes, el 11 de febrero, un enamorado José Antonio describía en estos términos una despedida: «Por la tarde había dicho a los chicos que me quedaría estudiando y que iría a Bilbao a la noche, pero como al día siguiente marchaba ella a Pau, mi estudio fue un hermoso paseo por el muelle y una hora de estación hasta que me marché a Bilbao a las 6. ¡Qué tarde!, ¡qué hora de estación!, ¡qué despedida!». En su correspondencia Aguirre se referirá a este primer amor juvenil como Marutxi(a) y Carmen.

> tiempo para [...] excursiones de lo más hermosas. Excursiones se han hecho varias. En una fuimos 24 y en la otra fueron 28 entre chicos y chicas [...] dándote los nombres de ellos y ellas verás qué hermosamente vamos a pasarlo. De algunas te extrañará, pero como han crecido son ya unas señoras [...]. Ya ves que hay materia donde elegir, de donde puedes deducir que se puede divertir la gente [...]. Además, para que resulte a satisfacción de todos, tenemos un gramófono-maleta portátil por lo tanto y que se coloca en cualquier lado. Lo hemos alquilado por 30 pts. para todo el verano. Como ves ya es hora que nuestra cuadrilla haya salido de su aburrimiento habitual y vaya por otros caminos [...]. Ahora preparamos con toda esta gente una excursión magna a Bakio, para todo el día y a comer en una casa clásica de allí. ¿Qué te parece la idea? Además chicos y chicas todo a escote, para que no haya primadas. La idea ha sido acogida con entusiasmo entre todos y Dios mediante se celebrará el acontecimiento. Nos saldrá a un pico, pero, ¿para qué mejor que para esto el dinero?

Tal y como reflejan estas cartas, en la vida del joven Aguirre, tanto durante el curso como en vacaciones, el deporte desempeñó un papel fundamental. José Antonio era un joven de complexión fuerte y atlética, estatura media baja, aficionado y practicante de muy diversas modalidades deportivas. En el ya reseñado verano del 24, él mismo describe en estos términos su actividad polideportiva, primero en Bergara y luego en Algorta:

> Pasado mañana celebramos aquí la gran fiesta de S. Pedro. Habrá grandes fiestas religiosas, y entre las profanas un gran partido de foot-ball entre el equipo local Alkartasuna = Amistad y el Avión de Donostia. Como supondrás, yo jugaré con el equipo bergarés. Hay gran animación, y uno lo pasa bien esos días [...]. Vamos pasando un hermoso verano dedicándonos de lleno al sport. Sabrás que tenemos constituida una sociedad por nombre «Itxaropena» que significa «Esperanza». Tenemos dos traineras magníficas, una la de Orio, por nombre «Oriotarra» y la otra cuyo nombre desconozco porque está fondeada en el Euskalduna y que es de lo mejor que se conoce en cuestión de traineras. La «Oriotarra» es en la que nosotros bogamos. Si vieses nuestras manos quedarías asustado. Además nos entrenamos con todo entusiasmo en la natación pues nos presentaremos a los campeonatos de este verano y dentro de unos días a la vuelta al Abra en 8 etapas con un día de descanso en medio [...]. Aparte del remo y natación, vamos a organizar también un gran campeonato de pelota a mano, aparte de algunas pruebas de atletismo. Como ves este verano vamos a sacar unos brazos de mil demonios y unos pechos de bronce con tantas cosas.

Esta inclinación natural de José Antonio hacia el deporte, en el caso del fútbol tornaría en pasión. En la *britanizada* sociedad bilbaína de principios del siglo XX[26], el fútbol era un deporte de élites y al mismo tiempo y cada vez más un espectáculo de «masas» y también un sentimiento de identificación y pertenencia. Es probable que José Antonio de niño diera sus primeras patadas a un balón en el Casco Viejo donde vivía o en los descampados del Tívoli, donde estaba radicada la empresa familiar de chocolates. Lo que sí es cierto es que José Antonio comenzó a jugar y se aficionó al fútbol en el colegio de Orduña y más tarde en la Universidad de Deusto. Orduña y Deusto fueron cuna del fútbol escolar y universitario peninsular y cantera tanto del Athletic y de los equipos vizcaínos como de los equipos de élite del fútbol español.

El deporte, en general, y el fútbol en particular, eran para los jesuitas un componente básico de su proyecto de formación integral de la persona. A partir de la máxima latina *mens sana in corpore sano*, la educación física y la formación espiritual eran conceptualizadas como las dos caras de una misma moneda, en la que la salud y el mejor estado del cuerpo conllevaban una sana alegría del corazón y una mejor disposición al cultivo del saber y la inteligencia. El fútbol era asimismo asociado a valores como el honor, la nobleza, la deportividad, la disciplina, el trabajo en equipo o el respeto a compañeros y adversarios, además de servir de válvula de escape a la energía, la fogosidad y las tensiones de aquellos jóvenes adolescentes que convivían en régimen de internado. Y como resultado, los jóvenes de Orduña eran mejores futbolistas y más técnicos que el común de los chavales de su edad. Orduña era también una «escuela de fútbol».

Y José Antonio jugó al fútbol; jugó en Orduña y en Deusto, jugó como diversión de manera ocasional en varios equipos y jugó también en el Athletic entre 1921 y 1925. Su ficha federativa data del 1 de octubre de 1921, fecha en la que José Antonio sería inscrito por el Athletic en la Real Federación Española de Foot-ball, como jugador de la serie A, adscrito a la Federación Regional Norte.

Dicen las crónicas que el joven José Antonio —tenía tan sólo 17 años cuando el 27 de noviembre de 1921 hizo su debut oficial con el primer equipo en un partido del Campeonato Regional Norte contra la Sociedad Deportiva Deusto— era un jugador serio y disciplinado,

---

[26] En palabras de Turuzeta, «lo que sí podemos establecer es que el deporte surgido en Gran Bretaña tuvo en nuestra tierra cuatro grupos o agentes que coadyuvaron a su implantación a finales del siglo XIX: las tripulaciones de los barcos ingleses; los jóvenes vizcaínos que cursaban estudios o se formaban en el Reino Unido, los técnicos o empleados británicos residentes en Bizkaia y *last but not least* los alumnos del Colegio de Orduña y de la "Universidad" de Deusto». Turuzeta, Jon: *El Athletic Club. Origen de una leyenda o cuando el león era aún cachorro*, Txertoa, Donostia, 2012, p. 44.

de gran fortaleza física, capacidad de trabajo, visión de juego, disparo potente y un buen toque de balón. Su posición natural en el campo era la de interior derecho, aunque las más de las veces fue alineado como interior izquierdo. Por aquel entonces la delantera del Athletic tenía tres Aguirres, por lo que éstos eran conocidos por sus motes: G. Aguirre, «el de Begoña»; Aguirrezabala, «Txirri»; y José Antonio Aguirre, «chocolates» o «el del chocolate».

Tal y como señala Carlos Aiestaran, «los años veinte no fueron los más fructíferos en la historia del Athletic Club y éste, durante la época en la que fue jugador José Antonio Aguirre, no fue un equipo sobresaliente, aun contando con jugadores en sus filas de gran calidad». Entre 1921 y 1925 el Athletic fue campeón regional dos veces —en 1923 y 1924—, pero únicamente obtuvo un título a nivel estatal: la Copa de España de 1923. «José Antonio —continúa Aiestaran— no fue un asiduo en el equipo titular en competiciones oficiales —Campeonato Regional y Copa de España—, pero debe subrayarse que, si añadimos su participación con el primer equipo en encuentros amistosos, se alineó en una cincuentena de partidos, número nada desdeñable para un jugador que no pudo considerarse de primera fila»[27].

El debate sobre la profesionalización del fútbol había llegado también y con intensidad a Bizkaia. En sus orígenes, el fútbol y también otras disciplinas, habían sido deportes practicados por la élite, y por tanto amateurs, que respondían además a una filosofía de vida saludable y desarrollo personal físico e intelectual. Los años veinte son años de transición entre este modelo y un modelo alternativo, modelo que va a suponer la democratización y popularización del fútbol, pero también, en el caso de los equipos de primer nivel, su profesionalización y su práctica en términos de pura y dura competición y espectáculo de masas[28].

---

[27] Aiestaran, Carlos: *José Antonio Aguirre y Lecube. El fútbol: su faceta desconocida*, Diputación Foral de Bizkaia, Bilbo, 2010, p. 15.

[28] Las posiciones de José María Acha —presidente de la Federación Vizcaína de Foot-ball— y de *Tellagorri* —seudónimo del escritor y periodista algorteño José Olivares Larrondo, quien fue delantero centro del Arenas de Getxo, director del diario deportivo nacionalista *Excelsior* y en noviembre de 1930 uno de los fundadores de Acción Nacionalista Vasca—, que transcribimos a continuación, constituyen un buen reflejo del intenso debate que en torno a la profesionalización del fútbol se dio en los años veinte:

«Que el directivo sea profesional, tenga su sueldo por regentar y organizar el equipo y atender y cuidar de él en todos los momentos; por seguir, velar y organizar la vida privada de todos y cada uno de los jugadores y sus entrenamientos y forma, [por cuidar] del sinnúmero de detalles que tan precisos son en un club que quiera practicar un foot-ball real y efectivo, y que hoy tan desatendidos y olvidados están en las sociedades, empeñadas en creer tontamente que todo esto puede hacerse por un amateur […] Que

El joven Aguirre es un buen exponente de esta transición y de esta dialéctica entre modelos. Perteneció a la última generación amateur del Athletic. Procedía de la mejor cantera, el colegio de Orduña, pertenecía a la élite, podía permitirse jugar al fútbol, y lo hacía por afición. José Antonio juega por afición, por diversión. El fútbol, y por extensión el deporte, es una parte consustancial a su ser joven, ni menos, ni más. Y por ello estará también presente en su correspondencia y en sus confidencias con su amigo José Verdes. El 14 de diciembre de 1923 le contaba:

> Foot-ball. ¿Qué te parecen las dos palizas al Barcelona por 5-2 y 6-0? ¿Qué tal, eh? ¿Qué dicen por ahí? Tenemos este año un equipito que ni te haces idea. Seguramente ganaremos el campeonato peninsular y de «regiones». Ahora en Navidad es posible que juegue yo algunos partidos, pues así me lo han prometido, y el «ingles» [sic] [en referencia al entrenador Mr. Pentland] quiere cogerme por su cuenta estas vacaciones. En fin, entre el inglés y la «française» [su novia Marutxi, estudiante en un colegio francés en Pau] me van a moler (¡Dios me oiga!).

Y un año más tarde, el 10 de enero de 1925:

> El Athletic ha comenzado sus grandes triunfos y parece que este año jugaré en el 1.er equipo, pero como el amor ocupa todas nuestras cartas no hay sitio para el foot-ball[29].

José Antonio Aguirre jugó sus últimos partidos en el Athletic durante los primeros meses de la temporada 1925-1926. Su último partido oficial lo disputó el 18 de octubre de 1925 en San Mamés. Fue un

---

el jugador sea profesional y cobre por los servicios que con su juego preste a su club y los beneficios y utilidades que le proporcione; por estar sometido al mismo en todo momento para cuanto se relacione con el juego; [...] por cuidarse y vivir como se le ordene [...]. Todo esto entiendo yo que es profesionalismo y esto es lo que creo que hay que reglamentar, en beneficio de los clubs, porque solamente de ellos, de su consistencia y fortaleza puede venir la mejor organización del foot-ball nacional y la mejor calidad del juego...». *Euzkadi*, 6-V-1926.

«Pero no se vaya a creer que por el hecho de que un equipo de foot-ball, formado por once muchachos que al oír el tintineo de unas monedas han llegado a una ciudad de un millón de habitantes, haya conseguido para esa ciudad un campeonato, limitándose el resto de la población a admirar en sucesivas tardes de agua y frío las proezas de esos jugadores mercenarios, se ha logrado algo. Nada; eso no significa nada, absolutamente nada, por lo menos en el aspecto deportivo. Y como el foot-ball se ha convertido en eso exclusivamente y como parece que lleva camino de ahogar toda otra clase de aficiones deportivas, creemos se hace preciso derivar la afición hacia otra clase de ejercicios deportivos, procurando hacer practicantes del deporte y no espectadores, que han de morir prematuramente de trastornos cardíacos o de pulmonías». *Euzkadi*, 12-IV-1928.

[29] AN, DP-1.191-4.

partido del Campeonato Regional en el que el Athletic se enfrentó al Acero Club de Olabeaga. El partido finalizó con victoria del Athletic por 2-0. Aguirre marcó el segundo gol rojiblanco. Su último partido con la camiseta del Athletic fue el día de la Inmaculada de 1925. El Athletic y Osasuna se enfrentaron en un partido amistoso, que los primeros ganaron por 5-1. Tras adelantarse Osasuna, Aguirre lograría el 1-1. Fue su último gol con la camiseta del Athletic.

Habían pasado cuatro años y unos días desde su debut el 27 de noviembre de 1921. Aguirre colgaba las botas con sólo 21 años. Unos meses antes había acabado su carrera de Derecho y se había incorporado al servicio militar en el arma de Caballería, en el Regimiento de Cazadores de Calatrava n.º 30 de Alcalá de Henares, en un escuadrón destacado en el cuartel de Garellano de Bilbao[30]. Tras acabar la mili, Aguirre no se volvería a incorporar al Athletic. El fútbol había sido un divertimento de juventud, y Aguirre iniciaba ahora una nueva etapa en su vida. Una nueva etapa con nuevos horizontes y nuevas prioridades: el trabajo, su activa participación en el movimiento juvenil católico de Bizkaia y, más tarde, su militancia en Juventud Vasca. El fútbol pasaba a la historia.

IV. ABOGADO EN EJERCICIO Y CONSEJERO DE CHOCOLATES BILBAÍNOS S.A.

El 15 de octubre de 1926 José Antonio Aguirre se licenciaba del servicio militar. El 12 de febrero de 1927 se inscribía en el Ilustre Colegio de Abogados de la Invicta Villa de Bilbao. Estas dos fechas marcan el comienzo de la nueva etapa vital de Aguirre, en la que los estudios dieron paso a la actividad laboral.

Sus primeros pasos como abogado los dio ejerciendo como meritorio en el bufete de Nazario de Oleaga y Esteban Bilbao, prestigiosos abogados y destacadas personalidades de la derecha tradicionalista, el segundo de los cuales en aquellas fechas era además presidente de la Junta Provincial de Acción Católica de Bizkaia, miembro de la Asociación Nacional Católica de Propagandistas y presidente de la Diputación vizcaína. Muy pronto, no obstante, en 1928, Aguirre abriría —junto con su compañero Antonio Berretea-

---

[30] El curso 1923-1924 Aguirre y muchos de sus compañeros habían asistido ya como alumnos en la propia Universidad a clases en la «Escuela Militar, autorizada oficialmente por el Excmo. Sr. Capitán General de la 6.ª Región». *Colegio de Estudios Superiores. Deusto-Bilbao. Catálogo de los alumnos. 1923-1924. Año XXXVIII del Colegio.*

ga— su propio despacho en el piso 1.º del número 2 de la calle Iturribide, frente a las calzadas de Begoña y la plaza del Instituto, y muy próximo a la sede de la Audiencia Provincial de Bilbao, sita por aquel entonces en la calle María Muñoz. Tras abandonar Berreteaga el ejercicio de la abogacía, Aguirre permaneció solo en el bufete hasta la incorporación al mismo a principios de 1931 de Julián Ruiz de Aguirre y Manuel Zabala Aqueche, titulados el 19 de noviembre de 1930 y 11 de noviembre de 1929, respectivamente, y colegiados el 26 de enero de 1931.

La actividad laboral de José Antonio Aguirre durante estos años no se limitó al ejercicio de su profesión de abogado y la dirección de su bufete. Aguirre participó también en el negocio de Chocolates Bilbaínos, sociedad anónima en la que, recordemos, la familia Aguirre tenía el 25 por 100 del capital y del accionariado, y que venía a constituir la principal fuente de la renta familiar. En el momento de constitución de la sociedad, en 1920, las acciones de la familia Aguirre fueron suscritas por la abuela paterna de José Antonio, Petra Barrenechea-Arando, actuando como representante de la familia en el Consejo de Administración su hijo Pablo, a la sazón tío de José Antonio.

En 1930 una nueva generación tomó las riendas de la participación de la familia Aguirre en Chocolates Bilbaínos S.A. José Antonio y su hermano Juan Mari —con 26 y 22 años, respectivamente— entraron a formar parte del Consejo de Administración de la sociedad. Juan Mari, además, fue nombrado gerente. Ciertamente, José Antonio no participó en el día a día de la empresa, pero, ciertamente también, en su calidad de consejero fue un miembro activo de su dirección[31].

---

[31] Así, y aunque trasciende del marco cronológico de este capítulo, no podemos menos de mencionar el rol de *alma mater* que Aguirre desempeñó en 1934 como inspirador del nuevo Reglamento de la empresa, Reglamento que se inscribe además en el marco de una reestructuración integral que afectó tanto a la modernización productiva y tecnológica como al modelo de negocio y gestión. El nuevo Reglamento suponía *de facto* la aplicación a una empresa —su propia empresa— de su ideario social, basado en la doctrina social de la Iglesia, trazada en las encíclicas *Rerum Novarum* y *Quadragesimo Anno* de los papas León XIII y Pío XI. El nuevo Reglamento no fue una imposición del ya diputado *jelkide*, sino que fue impulsado, consensuado y aprobado por unanimidad por el Consejo de Administración y negociado con la representación de los trabajadores. Venía a suponer, *avant la lettre* de la legislación social, un repertorio de principios e ideas socialmente avanzadas y un corpus de derechos, beneficios y medidas en orden a dignificar las condiciones laborales y vitales de los trabajadores y su participación corresponsable en el devenir de la empresa. Así, el Reglamento instituyó el salario familiar —mejoras salariales por matrimonio e hijos—, la jornada laboral de ocho horas, las vacaciones —un permiso anual retribuido de una semana—, la asistencia médica y farmacéutica gratuita, la remuneración de las bajas por enfermedad o accidente, el seguro de accidentes y de retiro

Miembro de una familia acomodada de Bilbao-Algorta, abogado en ejercicio, consejero de la sociedad anónima Chocolates Bilbaínos…, José Antonio Aguirre parecía estar en disposición de labrarse un brillante futuro profesional. Pero el joven Aguirre se sentía «predestinado» a otra cosa; tenía, sin duda, vocación de hombre público. Una vocación que por aquellos años ejercería en dos de las dimensiones más profundas y conformadoras de su personalidad: la religiosa, participando activamente y liderando el movimiento juvenil católico de Bizkaia, y la nacional vasca, en su calidad de miembro de la Junta Directiva de Juventud Vasca e impulsor del proceso de reunificación del nacionalismo vasco.

V. CATÓLICO PRACTICANTE, CATÓLICO MILITANTE

A los 21 años, el joven y vitalista Aguirre era una persona de profundas convicciones religiosas. La religión no era para él un simple atributo, era una seña de identidad y un soplo vital impreso en su ADN al calor de la educación familiar y de su formación en el colegio de los jesuitas de Orduña y en la Universidad de Deusto.

El joven Aguirre encauzó su religiosidad a través de dos expresiones del asociacionismo católico: los Luises y la Asociación Católica Nacional de Propagandistas.

Los Luises eran congregaciones marianas masculinas, asociaciones católicas de jóvenes varones mayores de 16 años. Profesaban una devoción singular a la Virgen y a San Luis Gonzaga, jesuita italiano (1568-1591), patrono de la juventud cristiana, a quienes estaban consagradas las congregaciones. El fin de éstas era hacer de los congregantes «cristianos de verdad […] mediante la consagración total y perpetua de los mismos a la Santísima Virgen en la Congregación y viviendo según sus reglas».

Las congregaciones de Luises estaban inspiradas por la Compañía de Jesús y habitualmente dirigidas por jesuitas, aunque a la altura de 1920 habían trascendido del universo estrictamente jesuita. R.P. je-

---

obrero, el permiso por matrimonio —una semana—, maternidad —dos meses, uno anterior y otro posterior al parto— y lactancia —una hora al día—, etc., etc. Su artículo 15 estableció además un principio socialmente «revolucionario» que afectaba al núcleo duro del modelo de negocio capitalista, cual era el de la participación de los trabajadores en el beneficio de la empresa «en cuantía igual a la del Capital [y cuyo] cálculo se hará teniendo en cuenta la suma total anual del jornal de cada operario, suma que rendirá el mismo dividendo o interés que el que perciba y rinda el capital». *Reglamento de las bases de trabajo de la Sociedad Anónima «Chocolates Bilbaínos»*, Verdes, Bilbao [1934].

suitas (Juan Lojendio, Marcelino Ereño y José María Lacoume) dirigieron las congregaciones de Luises de Bilbao, Vitoria y Pamplona, respectivamente. No así la de San Sebastián, que fue dirigida por el sacerdote secular Rafael Ugalde. Tampoco habían sido jesuitas los antecesores del P. Lacoume en la dirección de la congregación de Pamplona: el sacerdote y director del seminario pamplonés Cipriano Olaso y el canónigo Alejo Eleta.

La vida cristiana del congregante pivotaba en torno a dos ejes: la espiritualidad y el apostolado. La espiritualidad presentaba a su vez una doble dimensión: una íntima y personal, y otra comunitaria, derivada esta última de la práctica religiosa y el culto público. El congregante era asimismo «apóstol del Reino de Dios» en la tierra, con la misión de «salvar y santificar» no sólo a sí mismo, sino también a los demás, y procurar el bien común. Esta dimensión apostólica de las congregaciones de Luises se reflejaba asimismo en la realización de obras de caridad y misericordia.

La práctica religiosa de los congregantes era intensa, e incluía oración, examen de conciencia, hacer una vez al año los Ejercicios Espirituales de San Ignacio, confesión, comunión, misas, rosarios, novenas... Una vez al año los congregantes del País Vasco y Navarra se reunían en peregrinación en algún santuario (Loiola, Arantzazu, Estibaliz…). Misa, desfile con banderas y estandartes, comida y un acto artístico-literario o un mitin jalonaban invariablemente el programa de unas jornadas que rezumaban espiritualidad, fiesta y estrechamiento de lazos entre congregantes de distintas procedencias.

La dinámica ordinaria de las congregaciones incluía asimismo cursillos, conferencias, mítines... Las más grandes constituyeron además academias o círculos de estudios sobre doctrina cristiana, apologética, encíclicas, doctrina social de la Iglesia… La observancia y salvaguarda de la moral pública se convirtió también en quehacer y caballo de batalla de las congregaciones de Luises. En los propios Estatutos de la Federación Vasco-Navarra de Congregaciones Marianas —a la que nos referiremos próximamente—, unos Estatutos breves de once artículos y apenas dos páginas y media, y en el marco del «programa religioso-social que conjuntamente han de desarrollar durante el año las Congregaciones federadas, sin mengua de sus fines propios», se hace referencia explícita a «las campañas más apremiantes v.g. contra la blasfemia, la pornografía, espectáculos inmorales, lecturas perniciosas, desarregladas costumbres»[32].

---

[32] «Estatutos de la Federación Vasco-Navarra de Congregaciones Marianas», Archivo Histórico Provincial-Loiola (AHP-L), Luises.

En la misma línea, en la Asamblea General celebrada en Lourdes el 25 de julio de 1925, con motivo de una peregrinación organizada por la Federación, tras denunciar los «estragos que las lecturas pornográficas están produciendo», se acordó llevar a cabo una campaña contra la pornografía «y ampliarla contra otros vicios, como la inmoralidad en los modos de vestir de las mujeres, de bañarse en algunas playas y contra la blasfemia y la embriaguez [y] formar en las Congregaciones bibliotecas ambulantes para contrarrestar en cuanto a los jóvenes Luises los malos efectos de la novela pornográfica»[33].

Unos años más tarde, el 20 de enero de 1930, la Junta Suprema de la Federación aprobaba el proyecto de Secretariado de Cines Católicos presentado por la Congregación de San Sebastián, Secretariado a quien se atribuye la misión de «dar cuenta a las Congregaciones federadas del valor moral de las películas sobre todo de última temporada, y de cuales resultasen susceptibles de adaptación para nuestros salones, mediante determinados cortes»[34]. El mismo Aguirre fue miembro de la Junta de la Asociación pro cine cristiano de Bilbao.

Junto a su carácter genuinamente religioso —espiritual y apostólico—, las sedes de los Luises eran también centros de cultura, recreo y esparcimiento, donde los congregantes, y en ocasiones sus familias, podían dedicarse a la lectura, visionar una película, disfrutar de la representación de un cuadro artístico o de una velada literario-musical, jugar al billar o al ping-pong...

Las congregaciones de Luises de Gipuzkoa, Bizkaia, Álava y Navarra constituyeron en 1919 la Federación Vasco-Navarra de Congregaciones de la Inmaculada y San Luis Gonzaga. Tal y como reza el artículo 1.º de sus Estatutos, «la Federación Vasco-Navarra estará integrada por las Congregaciones Marianas de Bilbao, Pamplona, San Sebastián y Vitoria y las demás congregaciones marianas canónicamente erigidas o que en adelante se erigieren en las cuatro provincias vascongadas y que voluntariamente se adhieran a la Federación»[35]. El acto de constitución tuvo lugar en el santuario de Loiola el 31 de julio de 1919. En el mismo fue aprobada también la edición de una revista mensual, *Junior*, con carácter de órgano oficial de la Federación, y se adoptó la salve gregoriana como himno de las

---

[33] *Libro de Actas de la Junta Suprema de la Federación Vasco-Navarra de Congregaciones de la Inmaculada y San Luis Gonzaga* (AHP-L), Luises.
[34] Ibíd.
[35] «Estatutos de la Federación Vasco-Navarra de Congregaciones Marianas» (AHP-L), Luises.

congregaciones. El Reglamento sería aprobado por la Junta Suprema de la Federación en sesión celebrada en Pamplona el 15 de septiembre de 1923, y ratificado en la ya mencionada Asamblea General de Lourdes el 25 de julio de 1925.

El 18 de febrero de 1921 la Junta Suprema de la Federación Vasco-Navarra de Congregaciones de la Inmaculada y San Luis Gonzaga había decidido ya adherirse a la Confederación Nacional de Congregaciones Marianas de España. La adhesión fue inicialmente condicionada a la aceptación por parte de la Confederación de las bases de constitución de la Federación, aceptación que oficializó la adhesión.

Los Luises constituían la gran referencia del asociacionismo religioso juvenil en el País Vasco. A finales de la década de los veinte, la Federación Vasco-Navarra agrupaba ya a 155 congregaciones y 25.785 congregantes, unas cifras que hacían del País Vasco el núcleo mariano más importante de España[36]. Toda nueva iniciativa de asociacionismo católico juvenil debía contar necesariamente con las congregaciones marianas, y muy especialmente en el País Vasco. La constitución y desarrollo de la Juventud Católica Española fue un muy ilustrativo exponente de esta dialéctica.

La Juventud Católica Española (JCE) se constituyó en marzo de 1924, bajo la dirección y en el marco de Acción Católica. Nació con el objetivo de unir a todas las fuerzas católicas juveniles y de constituir un nuevo marco de articulación de la juventud católica a nivel nacional, con una dirección unificada y un propósito de frente único y unidad de acción. La JCE celebró su primer Congreso Nacional en febrero de 1927. Fue dirigida por Ángel Herrera Oria y José María Valiente, y contaba entre sus figuras más destacadas con José María Gil Robles y Alberto Martín Artajo, futuros líderes de la derecha española en la II República.

JCE era una asociación confesional que nació bajo los auspicios de la jerarquía eclesiástica y con una explícita declaración de obediencia y adhesión a la Santa Sede y al Papa Pío XI, al nuncio apos-

---

[36] Una estadística de 1927 cifraba en 108 el número de congregaciones en el ámbito territorial de la Federación: ¡65! en Gipuzkoa, 20 en Navarra, 13 en Álava y sólo 10 en Bizkaia. *Junior, Órgano de la Federación Vasco-Navarra de Congregaciones Marianas.* Año IX, 80, junio de 1927. Dos años más tarde, las cifras oficiales dadas a conocer con motivo del mencionado Congreso Mariano de Sevilla elevan estas cifras a 155 congregaciones y 25.785 congregantes, de ellos más de la mitad —14.550— en Gipuzkoa, de un total de 529 congregaciones y 80.470 congregantes en el conjunto del Estado. El asociacionismo juvenil mariano del País Vasco llegó a representar, pues, un tercio del conjunto del asociacionismo mariano español. *Junior, Órgano de la Federación Vasco-Navarra de Congregaciones Marianas.* Número extraordinario dedicado al Congreso Mariano Hispano-Americano de Sevilla. Año XI, 101, mayo de 1929.

tólico en Madrid, Federico Tedeschini, y al Episcopado español y al cardenal primado, Enrique Reig Casanova.

El marco de actuación de la JCE será el apostolado seglar juvenil, no tanto en su dimensión espiritual de profesión de la fe, práctica religiosa o formación espiritual de los jóvenes católicos —ámbitos de acción más propios de las congregaciones vinculadas a las diversas órdenes religiosas—, sino como conquista/reconquista de las juventudes católicas desmovilizadas y de las juventudes religiosamente indiferentes y laicas, con el objetivo de conectarlas a un proyecto y a un estilo de vida acordes con los principios de la religión católica y los valores católicos tradicionales, y evitar su captación por ideologías y organizaciones no católicas. Todo ello en el marco de la España de los años veinte, en la que la pervivencia de la unión altar-trono garantizada por la Dictadura, no ocultaba la creciente pérdida de influencia social de la Iglesia y la realidad de una sociedad española en incipiente proceso de secularización, en la que la religión comenzaba a circunscribirse cada vez más a la esfera privada e íntima de la persona.

El proyecto de formación cristiana integral que propugnaba la JCE tenía una indudable dimensión aplicada: formar y movilizar a los jóvenes católicos —en el presente y para su futuro— en acción cívica cristiana, es decir, en defensa de «los derechos de Dios y de la Iglesia»[37]. Éstos se identificaban con un orden social y moral acorde a la religión católica y la doctrina de la Iglesia y garante de sus pilares básicos —familia, educación religiosa, confesionalidad del Estado—, y en contra de la legislación y las prácticas sociales atentatorias contra esos principios.

Esta dimensión política de la acción cívica cristiana tendría su explicitación en el documento dirigido el 27 de febrero de 1930 —a sólo un mes de la caída de Primo de Rivera— por el cardenal arzobispo de Toledo y director pontificio de Acción Católica en España, Pedro Segura y Sáenz, a las Juntas Nacional, Centrales y Diocesanas de Acción Católica, en el que, tras subrayar la «gravedad de la hora presente en España», establece «lo que no pueden hacer los católicos españoles», «lo que pueden hacer los católicos españoles» y lo que «deben hacer los católicos españoles», y fija como «deber primordial de todos los católicos intervenir activamente en la política»[38].

Las bases estatutarias (1924) de la Juventud Católica Española establecieron la parroquia como pilar básico de organización de la

---
[37] *Boletín de la Juventud Católica Española*, 1, 10-IV-1927.
[38] *Boletín Oficial del Obispado de Vitoria*, Año LXVI, 7, 15-III-1930.

nueva estructura y referente de articulación para la juventud. En concreto, la base 2.ª señalaba:

> La Juventud Católica Española se compone del conjunto de las Asociaciones juveniles católicas extendidas por toda España y adheridas estatutariamente a la Confederación general. El núcleo fundamental de la Juventud Católica Española es el Centro parroquial de la Juventud. Los Centros parroquiales de una misma población se asociarán en una Unión local... Las uniones locales federándose constituirán agrupaciones más amplias de carácter diocesano. Las Uniones diocesanas se confederarán en Uniones de carácter archidiocesano... Todas las Uniones archidiocesanas o regionales se reunirán en la Confederación General de la Juventud Católica Española. Las Asociaciones juveniles actualmente existentes o que se funden en lo sucesivo, sean de fines estrictamente religiosos o de fines sociales o profesionales, podrán entrar a formar parte de la Juventud Católica Española, aunque no tengan carácter parroquial, siempre que acepten los presentes Estatutos y se adhieran conforme a ellos a la unión diocesana o provincial correspondiente[39].

La nueva propuesta de organización, el carácter nuclear atribuido en la misma a las juventudes parroquiales y el rol orgánicamente secundario al que se relegaba a las asociaciones ya existentes, despertó reservas, recelos y honda preocupación en estas últimas, sobre todo en el seno de las congregaciones marianas —como hemos visto, referente principal del asociacionismo juvenil católico en España y especialmente en el País Vasco—, temerosas de que el desarrollo de la nueva JCE supusiera *de facto* una absorción de sus organizaciones. Las congregaciones marianas, sin negarse a hacer causa común con la JCE en sus fines compartidos, defenderán, no obstante, su independencia orgánica, el cumplimiento de sus fines propios y la observancia de sus reglamentos.

Así, ya en su sesión de 18 de enero de 1925, en la Junta Suprema de la Federación Vasco Navarra de Congregaciones de la Inmaculada y San Luis Gonzaga «se cambiaron impresiones sobre la actitud que a las Congregaciones Marianas convendría tomar ante la campaña actual para la fundación de las Juventudes Católicas. Bilbao y Vitoria expresaron el temor de que dicha campaña restara a las Congregaciones alguna libertad de acción [...]. Pamplona opinó que sería muy problemática la realización de las proyectadas juventudes en esta región [...]. San Sebastián propuso que esta Federación se ofreciera a las autoridades eclesiásticas para realizar por sí misma en esta

---

[39] «Organización de la Juventud Católica Española», *Razón y Fe*, 10-II-1927.

región el programa de las Juventudes Católicas. Por todo, no se tomó ningún acuerdo sobre este asunto»[40].

El asunto volvió a retomarse unos meses más tarde, ahora en el marco de la Asamblea General de la Federación, y bajo el epígrafe «relaciones de las Congregaciones Marianas con la Federación de Estudiantes Católicos y con las Juventudes Católicas». La Asamblea aprobó la siguiente resolución:

> La Federación de Congregaciones Vasco-Navarras mantendrá con las Juventudes Católicas las relaciones estrechas y cordiales que de los altos fines de ambas organizaciones se han de derivar. Ayudará a la creación de nuevos núcleos allí en donde no los haya [y] formaría [sic], conservando su autonomía propia y vida exuberante y plena, al Frente Único que de todos los jóvenes católicos trata de constituir la Juventud Católica para la defensa de los intereses de la Iglesia[41].

Éste será, pues, el marco de relación entre la Federación de Congregaciones Marianas y las Juventudes Católicas en el País Vasco y Navarra: adhesión formal de la Federación a la JCE, predisposición a la colaboración y a la unidad de acción, y plena autonomía orgánica y funcional por parte de las Congregaciones. Un marco que permitió afianzar el liderazgo de los Luises como referente del asociacionismo juvenil católico en el país, al tiempo que hizo también posible el desarrollo, especialmente en Bizkaia, de nuevos núcleos de Juventud Católica de base parroquial.

Este desarrollo de núcleos juveniles parroquiales y la necesidad de dotar —según lo estatuido en su I Congreso Nacional— a la Juventud Católica de estructuras unitarias de ámbito diocesano —estructuras en las que debía participar también la representación de las asociaciones juveniles vinculadas a órdenes religiosas, especialmente de las Congregaciones Marianas— hizo que el tema cobrase nuevamente actualidad en 1929. Así, en su sesión de 7 de enero, celebrada en Vitoria, la Junta Suprema de la Federación acordó visitar al prelado. Trasladados al palacio episcopal, y «respecto de las relaciones con la Juventud Católica, [el obispo, a la sazón, Mateo Múgica[42]] después de encarecernos que las sostuviésemos cordiales y sinceras como siempre, añadió que en la Diócesis entendía que esta Federación con sus 125 congregaciones y más de 25.000 congregantes ejem-

---

[40] *Libro de Actas de la Junta Suprema de la Federación Vasco-Navarra de Congregaciones de la Inmaculada y San Luis Gonzaga* (AHP-L), Luises.
[41] Ibíd.
[42] La diócesis de Vitoria abarcaba los territorios de Álava, Bizkaia y Gipuzkoa.

plarmente organizados, era la verdadera y genuina Juventud Católica, siendo su voluntad que de ningún modo se mermasen ni sus atribuciones y campañas ni sus extensas filas, sino que se acrecentasen incesantemente, secundando así cuantas campañas emprendiese la Juventud Católica, pero siempre como miembros de las respectivas Congregaciones»[43]. Unas palabras que, sin duda, sonaron a música celestial en los oídos de los miembros de la Junta Suprema de la Federación de Luises, que vieron así reforzadas sus tesis. No serían, no obstante, ni las últimas palabras ni las definitivamente oficializadas.

La insistencia de la Juventud Católica de base parroquial y unitaria en constituir las Juntas diocesanas —en las que como hemos indicado debían participar también las juventudes marianas, amén de otras juventudes minoritarias como la franciscana, la carmelitana o la antoniana— hizo que el tema volviese a ser tratado en la Junta Suprema de la Federación el 2 de febrero. El P. Juan Lojendio, director de los Luises de Bilbao, con el objetivo de «coordinar los intereses de ambas juventudes, la católica y la mariana» defendió la siguiente propuesta:

> Formar una Junta diocesana compuesta de un número fijo de directores y presidentes de entidades juveniles, que pudieran ser v.g. tres por cada grupo de juventudes dirigidas por el clero secular, otras tres por las dirigidas por la Compañía de Jesús y otras tantas por las diversas Órdenes religiosas. El director de la Congregación de San Sebastián reparó que, en cuanto a Guipúzcoa se refiere, tenía tratado con el Presidente de la Juventud Católica Española que, dado el hecho de que en esta provincia se hallan federadas más de noventa Congregaciones de Luises, con una vida federativa notoria en los últimos diez años, en contacto continuo y ejemplar con la Junta Provincial de esta Federación, convenía respetar este estado de Juventudes, procurando unir a la Federación las dos únicas Juventudes no federadas hasta ahora por no ser de Luises, aunque sí marianas, como también si alguna más surgiere en lo sucesivo.

La Junta aprobó la propuesta del padre Lojendio y que éste hiciese traslado de la misma al obispo de la diócesis, incluida la excepcionalidad referente a Gipuzkoa.

La celebración entre los días 18 a 21 de abril de 1929 de la Asamblea de Acción Católica de Bizkaia, presidida por el obispo Mateo Múgica, constituyó una nueva vuelta de tuerca en la sutil presión para dotar de una estructura diocesana a la Juventud Católica y

---

[43] *Libro de Actas de la Junta Suprema de la Federación Vasco-Navarra de Congregaciones de la Inmaculada y San Luis Gonzaga* (AHP-L), Luises.

constituir su Junta diocesana. En el marco de la Asamblea tuvo lugar el día de las Juventudes Católicas de Bizkaia, que reunió a «más de quinientos jóvenes», representantes y miembros de todas las asociaciones juveniles católicas del territorio, tanto marianas y vinculadas a otras órdenes religiosas como de base parroquial. En la Asamblea intervino José Antonio Aguirre, en calidad de miembro de los Luises de Bilbao y en ese momento especialmente como presidente de la Juventud Católica de base parroquial de Bizkaia, quien elevó «una importantísima consulta al venerable señor Obispo de la diócesis solicitando normas sobre la organización que ha de darse a la Unión Diocesana de Juventudes Católicas»[44].

La decisión definitiva se adoptó en una reunión celebrada el 2 de julio y convocada por el obispo de la diócesis «para estudiar y concertar una concordia entre las diversas clases de Juventudes [porque] no los queremos en partidas sueltas ni en pequeños ejércitos; por el contrario, los queremos ver agrupados, sin perder su autonomía ni desatender a sus fines peculiares, alrededor de una bandera y a las órdenes de un general. Los queremos ver libres de dudas y de recelos y hasta de rivalidades y emulaciones no santas»[45]. Participaron en la reunión los PP. jesuitas Juan Lojendio y Marcelino Ereño, directores de las congregaciones marianas de Bilbao y Vitoria; el presbítero Rafael Ugalde, director de la de San Sebastián; Pedro Azcunaga, párroco de San Nicolás de Bilbao —cuna de una pujante juventud parroquial—, en representación de la Juventud Católica de Bizkaia; José Gabriel Múgica, presbítero y director de la juventud parroquial del Buen Pastor de San Sebastián, y Marcelino Oreja, miembro de la Asociación Católica Nacional de Propagandistas. Las bases para la unión fueron aprobadas por unanimidad y elevadas por la autoridad episcopal a «Reglamento de la Unión de Juventudes Católicas de la diócesis de Vitoria».

La salomónica decisión permitió «unir» en un frente único las asociaciones de jóvenes católicos de la diócesis («art. 1.º La Unión de Juventudes Católicas de la Diócesis de Vitoria se constituirá con las Juventudes Católicas Parroquiales, Congregaciones Marianas, Franciscanas, del Carmelo y Praga y demás asociaciones juveniles de carácter análogo actualmente existentes o que se funden en lo sucesivo en la diócesis de Vitoria. Tiene por fin reunir y coordinar la actividad de esas Organizaciones en orden a la Acción Católica»)

---

[44] «Los actos de ayer de la Asamblea de Acción Católica», *Euzkadi*, 20-IV-1929.
[45] «Circular núm. 49. Unión Diocesana de Juventudes Católicas». *Boletín Oficial del Obispado de Vitoria*, Año LXV, 20, 15-IX-1929.

y garantizar la vida propia de las asociaciones confederadas («La Unión respetará la autonomía propia de cada uno de los Centros así como los particulares vínculos o entidades que puedan ligar a las Congregaciones o Juventudes de idéntica condición, en tanto no obsten a la existencia de la misma Unión»[46]). Era éste un requisito especialmente importante en el caso de las congregaciones marianas, dado su carácter ampliamente mayoritario y organización federada. Las organizaciones juveniles ligadas a órdenes religiosas no podían quedarse al margen de una dinámica unitaria más amplia y general y desobedecer al obispo, pero tampoco podían quedar disueltas en una unión impuesta que diluyese sus señas de identidad y dilapidase su patrimonio y su capital religioso, especialmente en el caso de las congregaciones marianas. La fórmula de equilibrio finalmente adoptada permitía, *a priori* por lo menos, garantizar los objetivos e intereses de todas las partes.

La Unión se dotó asimismo de una estructura y un gobierno de ámbito diocesano y provincial unitario y al mismo tiempo respetuoso con su organización «confederal»: Asambleas, Consejos y Comisiones Ejecutivas diocesanas y provinciales, bajo la dirección de un consiliario diocesano y la autoridad suprema del obispo de la diócesis.

Finalmente, y teniendo en cuenta la situación excepcional de Gipuzkoa planteada por la organización mariana, el Reglamento, en un artículo adicional, establecía que, «atendiendo a las circunstancias de la provincia de Guipúzcoa en la que la Federación de Congregaciones Marianas cuenta con la inmensa mayoría de los núcleos juveniles y mientras a juicio del Rvdmo. Prelado estas circunstancias no se modifiquen, el Consejo Provincial de aquella provincia será el mismo que rige la Federación Vasco-Navarra de Congregaciones Marianas»[47].

El descrito en las páginas precedentes es el *humus* en el que vive su religiosidad el joven Aguirre. Los Luises son su primer y natural entorno, dada su formación en el colegio de jesuitas de Orduña y en la Universidad de Deusto. Aguirre mantiene una intensa relación con los PP. Juan Lojendio y Jorge Aguirre S.J., directores de las congregaciones marianas de Bilbao y Durango respectivamente.

Aguirre tiene también madera de líder, lo que le llevará hasta la Asociación Católica Nacional de Propagandistas, selecto núcleo de élite —de origen también jesuítico— de la Acción Católica española y de su rama juvenil masculina. En junio de 1928, Aguirre recibió la

---

[46] «Reglamento de la Unión de Juventudes Católicas de la diócesis de Vitoria», *Boletín Oficial del Obispado de Vitoria*, Año LXV, 20, 15-IX-1929.
[47] Ibíd.

insignia que le acreditaba como numerario de la asociación, lo que evidencia su relevancia en el seno de la misma y el reconocimiento público de su actividad como propagandista. En su sede bilbaína mantuvo una estrecha relación con Marcelino Oreja Elósegui —futuro diputado tradicionalista a Cortes por Bizkaia, asesinado en Mondragón en octubre de 1934—, mentor con el propio Aguirre de las Juventudes Católicas de Bizkaia.

Aguirre desarrolló su militancia religiosa preferentemente en el seno de las Juventudes Católicas de Bizkaia. Eso sí, sin renunciar en ningún momento a su filiación de congregante de los Luises de Bilbao, y es más, haciendo de puente entre las organizaciones católicas juveniles de Bizkaia. Aguirre personifica a la perfección la fórmula salomónica de equilibrio finalmente adoptada para la articulación de dichas organizaciones. Su nombramiento como presidente de Juventud Católica supone, sin duda, amén de su valía y méritos personales, un reconocimiento explícito de la aportación de los Luises y otras congregaciones vinculadas a órdenes religiosas al movimiento católico juvenil de Bizkaia[48]. Y supone al mismo tiempo el impulso a una nueva dinámica que también Aguirre personifica a la perfección. Porque, ciertamente, su personalidad, su compromiso y su vivencia del hecho religioso trascienden de la espiritualidad *ad intra* y piadosa propia de las congregaciones vinculadas a órdenes religiosas y conectan a la perfección con la dimensión «política» de la acción cívico-cristiana propugnada, como hemos visto, por la Juventud Católica. Aguirre focalizó su apostolado religioso en la propuesta de la Juventud Católica, sin necesidad de dividir su alma y conciliando este apostolado con su vinculación mariana. Un apostolado territorialmente circunscrito *de facto* a Bizkaia, entorno natural para la acción de un joven católico bilbaíno, congregante de los Luises y militante nacionalista vasco.

Entre 1925 y 1930 la causa de la Juventud Católica de Bizkaia fue, pues, la causa de José Antonio Aguirre. Mítines, conferencias, círculos de estudios... jalonarán una intensa actividad que muy pronto comenzó a dar sus frutos en forma de grupos juveniles parroquiales organizados en la Juventud Católica de Bizkaia. El primero de ellos en Burceña, una parroquia de Barakaldo, industrial y sin ninguna otra organización juvenil católica mariana o vinculada a otras órde-

---

[48] Aun siendo mayoritaria en el seno de las congregaciones vinculadas a órdenes religiosas, no hemos de olvidar, no obstante, que la implantación de los Luises en Bizkaia era limitada: de un total de 155 congregaciones en el ámbito de la Federación Vasco-Navarra, el número de las radicadas en este territorio apenas superaba la decena.

nes religiosas. Le siguieron las juventudes católicas de las parroquias bilbaínas de San Nicolás de Bari, San Francisco de Asís, Santos Juanes y San Antón, la juventud católica de la Casa Social Parroquial de Las Arenas, los grupos parroquiales de Santurtzi, Lutxana, Gatika, Igorre, Portugalete, Galdames, Sestao, Zornotza… Esta dinámica llevó a la constitución en 1927 de la Juventud Católica de Bizkaia. José Antonio Aguirre fue nombrado presidente de su Junta Provincial, cargo que desempeñaría hasta 1930. El sacerdote Jesús Orbe, con quien Aguirre colaboró estrechamente, sería su consiliario.

Tal y como ha quedado referido anteriormente, en esta su calidad de adalid y presidente de la Junta Provincial de la Juventud Católica de Bizkaia intervendría Aguirre, junto al presidente de la Juventud Católica Española, José María Valiente, en el Día de las Juventudes Católicas celebrado en abril de 1929, en el marco de la Asamblea de Acción Católica de Bizkaia. El diario *Euzkadi* glosaba en estos términos el final de su intervención:

> Narró con vibrantes palabras llenas de emoción y profundo sentido religioso la campaña que por los pueblos se ha emprendido, dedicando especial atención a la fiesta celebrada en Burceña. Terminó el señor Aguirre expresando el acatamiento y sumisión absoluta a la autoridad del señor Obispo y poniéndose enteramente a su disposición[49].

El radio de acción del apostolado católico de Aguirre se circunscribió básicamente a Bizkaia. Aguirre mantuvo una cordial relación con los dirigentes de la Juventud Católica Española —y futuros líderes de la CEDA— Ángel Herrera Oria, José María Valiente, José María Gil Robles…, pero no participó en sus órganos de dirección. Intervino, eso sí, en el I Congreso Nacional de la JCE, donde actuó de secretario de su sección 5.ª

En la sección 2.ª del mismo, presidida por el obispo de Ávila, se registró una intervención de un miembro de las juventudes católicas bilbaínas, que el diario *Euzkadi* reproducía en euskera en los siguientes términos:

> Katolikotar Gastediyak euki eban batzarraren bigarren atalian, Avilako Gotzaña buru zala, orko bilbotar gaste bat gogor aurka yagi zan España izen ipiñi Gastediyari; eta eskatu eban aldatu bihar zala onetara: «Juventud Católica» bakarrik, edo geyenez ezarri ganera «nacional», baña ez ipinteko «española». Zarraparria orduan izan zan; katalanak, orkuak, gallego eta balentziano batzuk aren aldez urten eben, eta danak

---

[49] «Los actos de ayer de la Asamblea de Acción Católica», *Euzkadi*, 20-IV-1929.

gastiak ziran lez, bero eta sutsu itz-egiteben. Nork ixildu eragin arei? Azkenian baketu ziran gustiyak Gotzaña'ren itz batzuk entzunda gero. Erabagi zan ez ukututeko Gastediyari ipiñi eutsoen izena[50].

Muy probablemente, el católico y nacionalista vasco José Antonio Aguirre hubiera aprobado esta proposición. No es menos cierto, no obstante, que en un contexto como el de la Dictadura de Primo de Rivera, Aguirre optó por un escenario posibilista para su apostolado religioso: acción directa en Bizkaia, marco general suprapartidista y de ámbito español, aunque no propiamente «españolista», y sumisión a los dictados de la jerarquía eclesiástica.

La caída de la Dictadura y los posibles futuros escenarios modificaron el *statu quo*. Al apostolado religioso se uniría la actividad política como prioridad. El hecho religioso no quedó relegado a un segundo plano en la vida de Aguirre, pero sí en su actividad ordinaria. La política sería ahora la vía con mayúsculas, la vía para la construcción nacional y la vía para la defensa de sus ideales religiosos.

---

[50] «Madrid'tik», *Euzkadi*, 3-III-1927: «En la sesión de la sección 2.ª del Congreso de la Juventud Católica, presidida por el obispo de Ávila, un joven bilbaíno intervino en duros términos criticando que en la denominación de la Juventud Católica se incluyese el término Española, y solicitando que la denominación fuese la de Juventud Católica, sin más, o a lo sumo la de Juventud Católica Nacional, pero no Española. La propuesta generó un intenso y acalorado debate, siendo apoyada por algunos congresistas catalanes, vascos, gallegos y valencianos. La intervención del obispo puso fin al debate, decidiéndose mantener el nombre original de Juventud Católica Española» (Traducción de los autores).

CAPÍTULO II

NACIONALISTA VASCO

I. JUVENTUD, ORTODOXIA Y MODERNIDAD

La política no era una compañera de viaje nueva para Aguirre. La había mamado desde la cuna; no en vano, José Antonio nació y creció en el seno de una familia nacionalista. Su padre, Teodoro, como hemos visto, llegó incluso a ejercer importantes responsabilidades en la reorganización del PNV en Bilbao tras la muerte de Sabino Arana. El joven Aguirre, abogado en ejercicio, miembro del Consejo de Administración y representante de los intereses de la familia Aguirre en la empresa Chocolates Bilbaínos S.A., socio de la Filarmónica y de la Orquesta Sinfónica de Bilbao, líder del movimiento juvenil católico de Bizkaia... es también un joven nacionalista vasco. Su correspondencia con José Verdes, a la que se ha hecho anteriormente referencia, ofrece un testimonio especialmente gráfico de este su ser nacionalista: Aguirre encabezará muchas de sus cartas personales a su amigo Pepe Verdes con el lema sabiniano «JEL» (*Jaungoikoa eta Lege Zarra*, «Dios y Ley Vieja»). Todo un símbolo de la savia nacionalista que corría por las venas del joven Aguirre. Desde esta su identidad nacionalista participará activamente en el renacimiento cultural y político en el período final de la Dictadura.

El 13 de septiembre de 1923, un golpe de Estado devino en la implantación de un nuevo régimen en España: la Dictadura del general Miguel Primo de Rivera. El nuevo régimen supuso un cambio sustancial en el *statu quo* del nacionalismo vasco, el cual durante siete años se vio abocado a una situación de hibernación ideológica, política y organizacional. En esta tesitura el nacionalismo vasco optó por reorientar su actividad, refugiarse en la cultura e impulsar un intenso renacimiento cultural.

Ahora bien, ni la actitud de la Dictadura ni la reacción ante ella fueron las mismas en el caso de las dos ramas en las que desde 1921 se hallaba escindido el movimiento: la moderada Comunión Nacionalista Vasca (CNV) y el radical Partido Nacionalista Vasco (PNV) aberriano. Ante lo inexorable de la situación y el contexto de falta de libertad, la Comunión optó por el *stand by* y adoptó una estrategia de resignación, repliegue y acomodación a las circunstancias, que se tradujo en el cese de su actividad política y en una situación general de letargo, inactividad y atonía. Su diario *Euzkadi* siguió publicándose, eso sí, con el subtítulo de diario independiente y sometido, como todas las publicaciones, a la censura previa.

Diferente fue la actitud de la Dictadura hacia el PNV y también la respuesta de éste. El PNV fue declarado ilegal por el decreto antiseparatista de 18 de septiembre de 1923, sus centros —batzokis, juventudes y demás sociedades aberrianas— clausurados, sus periódicos, suspendidos, y algunos de sus principales dirigentes, encarcelados, desterrados o abocados al exilio —entre ellos su presidente Elías Gallastegi, Manuel Egillor (director de *Aberri*, órgano oficial del partido), Telesforo Uribe-Echevarría, Francisco Gaztañaga, Luis Areitioaurtena o el presidente de la agrupación de Bilbao del sindicato nacionalista Solidaridad de Obreros Vascos, Manuel Robles Aranguiz—. La respuesta a la represión por parte del PNV fue la resistencia activa y en varios frentes: la participación en diversas conspiraciones contra la Dictadura, el incremento de las relaciones exteriores y los intentos de internacionalización del problema vasco —propiciado por el exilio de sus dirigentes—, el activismo clandestino de grupos de militantes —panfletos, octavillas, pintadas, colocación de *ikurriñas*, concentraciones...—. Una resistencia ciertamente activa, aunque en la mayoría de los casos, testimonial y simbólica, y de alcance práctico limitado.

Desde sus diferentes actitudes generales frente a la Dictadura, el PNV y la CNV confluyeron, no obstante, en el activismo cultural. Desde el refugio de la cultura propiciaron un fructífero renacimiento cultural exento de etiqueta política y de signo vasquista, más allá de las fronteras del propio universo nacionalista. El hilo argumental de su estrategia podría resumirse en los siguientes términos: la cultura es la base para crear conciencia y espíritu nacional; aprovechemos la tolerancia de la Dictadura hacia la cultura para, por medio de la acción cultural, sembrar y cultivar conciencia nacional, en la convicción de que en un futuro contexto de libertad esa siembra tendrá frutos, y esa conciencia nacional inoculada a través de la cultura tendrá su traducción en la construcción de la nación política. El renacimiento cultural adquiría así una indudable dimensión política.

Este renacimiento cultural tuvo múltiples expresiones (literatura, poesía, teatro, danza, música, pintura, asociacionismo cultural, producción editorial, fiestas vascas, días del euskera...) y se apoyó —aunque no exclusivamente— en la red de organizaciones satélites que hasta 1923 había ido conformando la comunidad nacionalista. No se trata aquí de hacer un recopilatorio exhaustivo de las mismas, objetivo que desborda el planteamiento de esta biografía[1]. Sí, no obstante, de mencionar dos de las iniciativas en las que directa o indirectamente participó Aguirre, en su condición de socio de la Juventud Vasca aberriana, a la que Aguirre se incorporó en los difíciles años de la Dictadura[2].

La primera de ellas es la edición de la revista mensual *Euzkerea*, cuyo primer número vio la luz el 15 de enero de 1929. En su editorial, se afirmaba:

> A esto viene «Euzkerea». A sostener la escuela euzkeralógica moderna única e invulnerable, que Arana-Goiri, en el nombre del Renacimiento del idioma, firmísimamente estatuyó. «Euzkerea» hará labor euzkeralógica en euzkera y castellano; hará labor euzkeragráfica literaria intensa, escogida con el esmero mayor. Las firmas de colaboración, que desde este primer número comienzan a honrar sus columnas, serán para el lector la mejor garantía del acierto que plenamente confiamos ha de acompañar —J.l. [Jaungoikoa lagun / Dios mediante]— a toda su labor[3].

Pasado un año, en su número de febrero de 1930, dimitido ya Primo de Rivera, *Euzkerea*, en un editorial en la que se reafirmaba en sus principios, apuntaba, no obstante, al fin político último de su acción cultural:

> Como discípulos de Arana Goiri'tar Sabin nos presentamos —ha hecho el año— ante la faz de Euzkadi, proclamando con entera claridad que veníamos, con la revista *Euzkerea*, a defender la escuela euzkeralógica fundada por aquel gran vivificador de todo el Renacentismo vasco. No podíamos entonces hacer más; pero tampoco nos parecía que debíamos hacer menos [...]. Y si bien por aquellos días, del aspecto primordial de la

---

[1] Un resumen, en el capítulo 4.3, «El refugio de la cultura», en Pablo, Santiago de; Mees, Ludger y Rodríguez Ranz, José Antonio: *El péndulo patriótico. Historia del Partido Nacionalista Vasco. I: 1895-1936*, Crítica, Barcelona, 1999, pp. 184-195.

[2] El 25 de octubre de 1930 José Antonio Aguirre impartió una conferencia —conferencia a la que nos referiremos más adelante— en los locales de Juventud Vasca de Bilbao. En su presentación del ponente, el presidente de Juventud Vasca, Ceferino Jemein, se refirió a «cómo José Antonio Aguirre se hizo socio de Juventud Vasca en los días de la persecución y de la clausura, cuando otros nos abandonaban». *Bizkattarra*, 31-X-1930.

[3] *Euzkerea*, 15-I-1929.

afirmación básica del Renacentismo aranista no podía hablarse [...], en cambio, su escuela euzkeralógica teníamos libertad para defender [...]. Hoy queremos hacer esta reafirmación de la razón de ser de *Euzkerea*, porque nos parece que el momento es oportunísimo. El momento es efectivamente de revoltijo extra y de posibilidades insospechadas intra; al menos así lo ve nuestro inagotable optimismo. Y viéndolo así, ya nos parece que tardamos demasiado en proclamar a los cuatro vientos, o a los tres, o a los que sea posible, que habiendo nacido *Euzkerea* renacentista enragé en euzkeralogía, arana-goirista sin titubeos ni distingos habrá de manifestarse en adelante, en cuantos aspectos renacentistas sea posible tratar a la luz del día y a la luz de las linotipias, hasta abarcar el Renacentismo integral[4].

La segunda de las iniciativas fue la constitución en diciembre de 1929 de la Sociedad Pizkundia-Renacimiento, «entidad ajena a toda significación política» domiciliada en el Hotel Carlton de Bilbao e integrada por «músicos, pintores, literatos, euskeltzales y folkloristas». En palabras de la memoria de Juventud Vasca de 1930, Pizkundia-Renacimiento se constituye con el «alma de la clausurada J.V. [hallándose] integrada con elementos activos de la misma»[5]. Una de las principales aportaciones de Pizkundia-Renacimiento fue «Oldargi», un nuevo concepto de modalidad escénica con representaciones, cuadros y escenas que incorporaban teatro, música y danza y que supuso una innovación en las artes escénicas tradicionales del País Vasco. Las primeras representaciones, con la participación activa en el escenario de más de 150 personas bajo la dirección de Manuel de la Sota —presidente, a su vez, de Pizkundia-Renacimiento—, tuvieron lugar los días 8, 9, 10 y 11 de febrero de ese año en el Teatro Campos Elíseos de Bilbao, y se saldaron con un rotundo éxito.

Unos días antes, el 28 de enero de 1930, había dimitido Primo de Rivera, quien sería sustituido por el general Dámaso Berenguer. Se abriría así un período de transición en el que la ilusa pretensión de volver sin más al régimen constitucional de la Restauración acabaría finalmente en la proclamación de la II República en abril de 1931. La caída de Primo de Rivera abría la perspectiva de un nuevo tiempo, también para el nacionalismo vasco, dividido, desorganizado y en hibernación, que debía enfrentarse a los retos de su reconstrucción política y orgánica y de capitalizar políticamente la intensa acción cultural desarrollada.

---

[4] *Euzkerea*, 15-II-1930.
[5] *Euzkerea*, 15-I-1930; *Bizkattarra*, 27-XII-1930.

«¡Unión!, ¡unión!, ¡unión!», se proclamaba a los cuatro vientos y desde todos los frentes. Una unión que el contexto también propiciaba. La propia experiencia de la Dictadura, la desactivación de los debates ideológico-políticos y la participación conjunta en la acción cultural contribuyeron a amortiguar diferencias y a favorecer una unión que en el horizonte se vislumbraba, además, como el mejor de los avales para afrontar el futuro. El éxito del proyecto exigía la unión.

Unión, ¿a qué precio? El desiderátum era unánime, y las dificultades evidentes. Un grupo de *mendigoizales* (montañeros), en un artículo titulado «Unión», publicado en *Euzkerea* el 15 de marzo de 1930, expresaba en estos términos la significación y alcance de la unión:

> Volvamos a la unidad de pensamiento, contenida en el lema sabiniano: Jaun-Goikua eta Lagi-Zarra. Pero entendámonos: a la unidad del lema y a la unidad de su interpretación; a la unidad literal y espiritual de ese lema. Que Jaun-Goikua sea para todos la misma confesión de fe religiosa; que Lagi-Zarra signifique para todos la misma aspiración patriótico-política[6].

A tenor de la diversidad de posicionamientos y opiniones publicadas, y aun soplando vientos favorables para la unión, hacer operativa la misma no iba a resultar nada sencillo. José Antonio Aguirre participó activamente en el proceso en su condición de vocal de la directiva de Juventud Vasca, miembro del Consejo de Administración de Euzko Pizkundia, sociedad editora del diario *Euzkadi*, y miembro del Comité Técnico de Prensa nombrado por el PNV y la Comunión para arbitrar una solución de compromiso al contencioso de la prensa nacionalista, amén de por su carácter de líder emergente de una nueva generación que se incorporaba al proyecto sin el bagaje/lastre de las diferencias del pasado.

Las dificultades objetivas del proceso quedaron evidenciadas en el hecho de que entre febrero y noviembre de 1930 coexistieron dos estrategias de unión: una, la oficial, protagonizada por las autoridades del PNV y la CNV —que culminaría en la Asamblea de reunificación de los dos partidos celebrada en Bergara el 16 de noviembre de 1930—, y otra, la protagonizada por un sector de procedencia comunionista, que utilizará su control del diario *Euzkadi* para proponer una vía reformista alternativa a la oficial, y que culminará en la creación de un nuevo partido, Acción Nacionalista Vasca (ANV).

---

[6] *Euzkerea*, 15-III-1930.

La iniciativa la tomó el PNV, quien antes de finales de febrero de 1930 redactó y remitió a las autoridades de la CNV una propuesta de bases para la unión. La Comunión redactó también sus propias bases. Ambos partidos nombraron sendas Comisiones Negociadoras, las cuales para el 29 de abril alcanzaron un acuerdo de bases para la unión, a expensas de diversos flecos y un escollo por entonces insalvable referido al control de la prensa nacionalista. El acuerdo ratificaba la doctrina aranista, adoptaba el nombre de Partido Nacionalista Vasco para el nuevo partido reunificado y establecía como manifiesto-programa y esquema de organización los aprobados en la Asamblea Nacional de Zumárraga de 21 de diciembre de 1914. Alcanzado el acuerdo básico, las Comisiones Negociadoras siguieron trabajando, ahora con el apoyo de una Comisión Asesora que, no obstante, a la altura de julio-agosto de 1930 no había conseguido desbloquear el escollo de consensuar unas bases de fusión para la prensa.

Paralelamente a este proceso, se desarrolló otro alternativo auspiciado desde las páginas del diario *Euzkadi*, órgano oficial de CNV, que —como acabamos de explicar— estaba, a su vez, en pleno proceso negociador con el PNV, con quien había alcanzado ya un acuerdo básico, a expensas del tema de la prensa. El proceso fue pilotado por el presidente del Consejo de Administración del periódico, José Ignacio Arana, y por Anacleto Ortueta, máximo accionista de las sociedades Euzko Pizkundia y Tipográfica General, editoras de *Euzkadi* y del diario vespertino *La Tarde*, de Bilbao[7].

El 15 de junio, el diario *Euzkadi* manifestaba en su portada su deseo de «pulsar la opinión de los nacionalistas vascos en orden a la futura actuación del Nacionalismo [y] abrir [para ello] una encuesta de carácter plebiscitario y amplio significado, a la que libremente concurran los vascos todos que rinden tributo a la personalidad racial del país [...]. Lo que se persigue simplemente es provocar un plebiscito en el que cristalice la opinión de los nacionalistas todos respecto de ciertos problemas de máximo y actual interés, sirviendo después aquella opinión, que tendrá ya carácter colectivo, de pauta y

---

[7] Durante la Dictadura las acciones habían sido entregadas en depósito por la CNV a los tres miembros del Consejo de Administración de dichas sociedades: Anacleto Ortueta (55 de 100), Javier Gortazar y Gustavo Scheifler. Reclamada su devolución en varias ocasiones por el EBB de Comunión, Ortueta se negó repetidamente a ello, lo que le convirtió en el máximo accionista, con capacidad de ejercer un control directo sobre el diario *Euzkadi*, que, tal y como se demostró en este proceso, quedaba *de facto* sometido más a su criterio y al del presidente del Consejo de Administración, el también revisionista José Ignacio Arana, que al de las autoridades de Comunión.

norma a futuras determinaciones [...]. Abrimos la encuesta como primer paso del camino a recorrer. Concurrir, pues, a ella, es laborar por la causa del nacionalismo, que es tanto como decir por la causa de la patria».

Las preguntas de la encuesta eran las siguientes:

> 1.ª ¿Cree usted necesario que el Nacionalismo vasco proceda a una revisión de valores y, en su caso, a un público pronunciamiento que condense sus aspiraciones y programa?
> 2.ª ¿Juzga usted conveniente que, paralelamente con ese pronunciamiento, se lleve a efecto una nueva organización de las fuerzas nacionalistas?
> 3.ª ¿Estima usted necesario la celebración de una Asamblea de amplio significado como medio de que puedan tener realidad los apartados anteriores?
> 4.ª ¿Considera usted oportuna la designación de un Comité provisional integrado por un número igual [5] de representantes de Araba, Gipuzkoa, Nabarra y Bizkaya, al que se le confiera la labor preparatoria y de organización de la Asamblea?
> 5.ª ¿Cree usted acertado otorgar a ese Comité provisional facultades de ponencia a los efectos de que formule un proyecto en relación con los dos primeros extremos o apartados, sometiéndolo a deliberación de la Asamblea?
> 6.ª ¿Qué cinco personas de destacado nacionalismo designa usted para formar parte del Comité aludido?[8].

La idea, en el fondo de la cual subyacía el revisionismo ideológico de sus promotores y su oposición a la reafirmación de la doctrina aranista como base ideológica del futuro partido reunificado, suscitó una fuerte reacción en el PNV, cuyo EBB la tildó como «extemporánea, inoportuna [y de una] gravedad inusitada. No podemos creer —añadía— que a una encuesta de tal naturaleza se haya lanzado *Euzkadi* con el conocimiento y aprobación de las autoridades de la Comunión Nacionalista Vasca, precisamente después de haberse llegado a un acuerdo entre las comisiones representativas de la Comunión y del Partido respecto a las bases de la unión doctrinal [...]. Claro es que también nos parece absurda la hipótesis de que *Euzkadi*, por su cuenta y razón, organice este plebiscito desorientador al que ahora ni nunca puede concedérsele oportunidad, a no ser ignorando que el Nacionalismo Vasco nació con sus aspiraciones y programa perfectamente definidos e intangibles [...]. La encuesta es incompatible con la inalterabilidad de las doctrinas nacionalistas de Arana-

---

[8] *Euzkadi*, 15-VI-1930.

Goiri'tar Sabin». En su comunicado, el EBB del PNV se dirigía también a su homólogo de la CNV advirtiéndole de que «tal encuesta, caso de ser autorizada por ese Euzkadi Buru Batzar, crearía una dificultad insuperable para que pudiesen continuar en cualquier momento las gestiones de unión, interrumpidas en el asunto *prensa nacionalista*»[9].

En el seno de Comunión había división de opiniones, aunque una mayoría parecía respaldar la posición de sus dirigentes, quienes continuaban con el proceso oficial de fusión.

El día 6 de agosto, y también en portada, el diario *Euzkadi* publicaba los resultados del plebiscito. Se recibieron un total de 3.995 boletines de participación, aunque el número de votos válidos emitidos se estimó en 2.989. En las seis preguntas formuladas el número de respuestas afirmativas superó siempre el 95 por 100. En respuesta a la pregunta sexta, resultaron electos como miembros del Comité provisional encargado de la redacción de la ponencia y organización de la Asamblea de «refundación» del nacionalismo vasco: por Bizkaia: Ignacio Rotaetxe, Ramón de la Sota y Aburto, José Ignacio Arana, Luis Urrengoechea y Ramón Bikuña; por Gipuzkoa: Miguel Urreta, Avelino Barriola, José María Agirre, José Izagirre e Isaac López Mendizabal; por Álava: Pablo Fernández de Troconiz, Enrique Eguren, José María Belaustegigoitia, Francisco Agirre Basterra y José Ramón Ramírez de Olano; y por Navarra: Fortunato Agirre, Manuel Aranzadi, Pablo Artxanko, Leopoldo Garmendia y Francisco Lorda.

La situación a mediados de agosto no invitaba precisamente al optimismo, con dos procesos de unión paralelos y confrontados: uno —el propiciado por los órganos oficiales del PNV y la CNV y apoyado mayoritariamente por sus bases— seguía encallado en el tema del control de la prensa, aunque, ciertamente, ofrecía ya el resultado de un consenso en la reafirmación de las bases doctrinales aranistas como anclaje ideológico del futuro partido reunificado; otro, el vehiculizado a través del plebiscito del diario *Euzkadi*, ofrecía el aval de 3.000 encuestas y 20 nombres para la conformación de un Comité con amplios poderes para la redacción de una ponencia y organización de una Asamblea fundacional. Habían transcurrido siete meses desde la caída de Primo de Rivera y, a la luz de la situación, la ansiada y necesaria unión parecía cada día más lejos. El nacionalismo vasco necesitaba con urgencia prepararse para el nuevo contexto post-

---
[9] *Euzkerea*, 15-VII-1930.

Dictadura y sentar las bases para su reconstrucción política y orgánica.

Fue el PNV quien, tras el verano, movió ficha, con el objetivo de poner fin a la situación de *stand by* de la reunificación (acuerdo en las bases doctrinales y desacuerdo y bloqueo en las bases de fusión para la prensa). El 16 de septiembre, el EBB aberriano lanzó una convocatoria a su propia militancia y al EBB y a la militancia de la CNV para la celebración el 5 de octubre en Bergara de una «Asamblea General Nacionalista [...] para en ella hacer la unión de los nacionalistas de la Comunión N.V. y del Partido N.V., y de cuantos quieran unirse bajo la bandera sabiniana de Jaun-Goikua eta Lagi-Zara»[10].

La Asamblea fue desconvocada y no llegó a celebrarse, aunque surtió el deseado efecto de desbloqueo en la negociación entre el PNV y la CNV. El 1 de noviembre, la Comunión reunía su Asamblea Nacional en Bergara, la cual aprobó por aclamación las bases de unión firmadas por las Comisiones Negociadoras del PNV y la CNV el 29 de abril. Reunidos esa misma tarde los Consejos Supremos del Partido y de la Comunión, acordaron fijar para el 16 de noviembre la fecha de celebración de la Asamblea de reunificación y nombrar un Comité Técnico de Prensa integrado por Federico Zabala, Manuel Sainz de Taramona y José Antonio Aguirre.

Las juventudes de ambos partidos (la Juventud Vasca de Bilbao, vinculada al PNV, y de la que era socio Aguirre, y la Juventud Nacionalista de Bilbao, vinculada a Comunión) habían puesto también su granito de arena, activando dinámicas de unidad —la celebración conjunta del día de San Ignacio se saldó con un gran éxito— y posicionándose unánimemente a favor de la unión, en los términos establecidos en las bases firmadas el 29 de abril, y desautorizando el proceso revisionista impulsado desde las páginas de *Euzkadi*. Porque, ciertamente, mientras el PNV y la CNV daban sus últimos pasos hacia la unión, el proceso paralelo desencadenado por el plebiscito del diario *Euzkadi* seguía también su curso.

El día 14 de septiembre se reunió por primera vez el denominado Comité de los 20, es decir, las personas elegidas por los 2.989 lectores de *Euzkadi* en la última pregunta del plebiscito. Los representantes navarros —muy probablemente inducidos por los promotores del movimiento, los vizcaínos José Ignacio Arana y Luis Urrengoechea— presentaron el borrador de una ponencia que *de facto* suponía la refundación del nacionalismo sobre presupuestos ideológicos no sabi-

---

[10] *Euzkerea*, 15-IX-1930.

nianos. En su segunda y última reunión, el Comité de los 20 aprobó con una mayoría de 10 votos —los cinco navarros, tres alaveses y dos vizcaínos— una ponencia basada en el texto presentado por la representación navarra el 14 de septiembre. La división en el seno del Comité era un hecho, desmarcándose de la ponencia, además de dos representantes alaveses, los dirigentes vizcaínos de Comunión Ramón de la Sota Aburto —que ni siquiera acudió a ninguna de las reuniones del Comité—, Ignacio Rotaetxe y Ramón Bikuña, y los cinco representantes guipuzcoanos, quienes fijaron su posición en los siguientes términos:

> Los suscribientes nombrados en el plebiscito del diario *Euzkadi*, declaramos: Que nuestra convicción y sentimientos nacionalistas siguen siendo puramente sabinianos [...]. Que, por tanto, damos por buenas las bases de unión doctrinal aprobadas el 29 de abril último por representaciones del Partido y de la Comunión Nacionalistas Vascos. Con ello entendemos cumplida la misión que nos confirió el expresado plebiscito y declaramos puesta nuestra voluntad al servicio de aquella fusión bajo el lema «Jaungoikoa eta Lege Zarra»[11].

La división en dos bloques quedaba así consumada. Dos bloques que no eran los mismos que en febrero de 1930: PNV/Aberri y Comunión. Ahora, en noviembre de 1930, tras el desarrollo de los dos procesos de fusión referidos en las páginas precedentes, la división quedaba establecida entre un sector ampliamente mayoritario, conformado por el PNV y la Comunión, cuya fusión se llevaría a efecto el 16 de noviembre en base a la reafirmación de la doctrina aranista, y un sector revisionista minoritario que apostó por renovar el nacionalismo vasco sobre presupuestos ideológicos no aranistas y que desembocaría en la creación de Acción Nacionalista Vasca.

El día 16 de noviembre se reunía en el salón de *Euzko Batzokija* de Bergara la Asamblea conjunta de apoderados y delegados de la CNV y del PNV, bajo la presidencia de los Consejos Supremos de ambas agrupaciones. En sus bases doctrinales el reunificado Partido Nacionalista Vasco proclamaba:

> Lema del nacionalismo vasco: *Jaun-Goikua eta Lagi-Zarra.*
> *Jaun-Goikua.* Primera: El Nacionalismo Vasco proclama la Religión Católica como única verdadera y acata la doctrina y jurisdicción de la Santa Iglesia Católica, Apostólica, Romana.
> Segunda: Euzkadi, como cada uno de los seis exEstados históricos o Regiones autónomas que le componen, será Católica, Apostólica, Roma-

---

[11] *Bizkattarra*, 31-X-1930.

na en todas las manifestaciones de su vida interna y en sus relaciones con las demás Naciones, Pueblos y Estados.

Lagi-Zarra. Tercera: Euzkadi, es la nación y patria de los vascos.

Cuarta: Euzkadi, la nación vasca, por derecho natural, por derecho histórico, por conveniencia suprema y por su propia voluntad, debe ser dueña absoluta de sus propios destinos para regirse a sí misma, dentro de la ley natural.

Quinta: El Nacionalismo Vasco proclama este derecho y se propone darle realidad, atendiendo desde ahora, en lo posible, y plenamente cuando Euzkadi sea dueña de sus destinos:

a) A la necesidad primordial de conservar y robustecer la raza vasca, base esencial de la nacionalidad;

b) a la conservación, difusión y depuración del idioma vasco, signo preeminente [*sic*] de nuestra nacionalidad;

c) al restablecimiento de los buenos usos y costumbres tradicionales, combatiendo los exóticos que desvirtúen dañosamente nuestro carácter y personalidad.

Sexta: Reconstitución substancial de los exEstados históricos vascos, Araba, Bizkaya, Gipuzkoa, Nabarra, Laburdi y Zuberoa y su Confederación en Euzkadi, sin mengua de la particular autonomía de cada uno de ellos[12].

En relación con el manifiesto-programa y el esquema de organización del nuevo PNV, la Asamblea acordó asumir los aprobados en la Asamblea Nacional de Zumárraga de 21 de diciembre de 1914. En las bases aprobadas en Bergara, tras explicitar que «la interpretación legal de este manifiesto-programa compete a las autoridades nacionalistas vascas correspondientes», se añade: «Como norma de actuación y por táctica política, se podrán propugnar como aspiraciones de momento y siempre que supongan algún avance en el camino reivindicador, soluciones concretas congruentes con la aspiración final del Nacionalismo Vasco, bien como resultado de nuevas formas constitucionales de los Estados dominantes, bien como reivindicaciones forales o de carácter histórico del Pueblo Vasco»; adenda en sintonía con los postulados de Comunión y que dejaba una puerta abierta a la estrategia posibilista y pragmática que desarrollará el PNV durante la II República.

En cuanto a la prensa, *in extremis* se llegó a una solución de compromiso, según la cual el control de la misma correspondía al Conse-

---

[12] «Asamblea conjunta celebrada en Euzko-Batzokija de Bergara el día 16 de noviembre de 1930 para sellar la unión de la Comunión Nacionalista Vasca y del Partido Nacionalista Vasco. Acta». El acta está firmada por Errotaetxe'tar Iñaki, presidente del EBB de Comunión Nacionalista Vasca, y por Jemein'tar Keperin, presidente del EBB del Partido Nacionalista Vasco. AN, PNV-202-19.

jo Regional respectivo, aunque se reconocía al EBB capacidad de intervención en el nombramiento de los directores, amén de la facultad de «velar por la pureza de la doctrina y dirección política general del Partido en toda Euzkadi»[13].

La Asamblea aprobó por aclamación las bases doctrinales y las bases de prensa, «quedando con ello sellada la unión de la Comunión Nacionalista Vasca y del Partido Nacionalista Vasco, con la cual reanuda su vida aquel Partido Nacionalista Vasco fundado por Arana-Goiri'tar Sabin, con su propia doctrina y lema».

La unión llevaba implícita, no obstante, una nueva división en el seno del nacionalismo vasco, la protagonizada por el sector revisionista que había impulsado el plebiscito del diario *Euzkadi*, liderado por Anacleto Ortueta, Luis Urrengoechea y José Ignacio y José Domingo Arana. El 30 de noviembre, día de San Andrés, veía la luz el Manifiesto fundacional de un nuevo partido político, Acción Nacionalista Vasca, manifiesto que recoge casi literalmente las ideas de las ponencias navarra y mayoritaria del Comité de los 20: nacionalismo no sabiniano, supresión del lema JEL, liberalismo y apertura a una política de alianzas pragmática con partidos españoles no centralistas. Nacía así el primer partido no aranista en el seno del nacionalismo vasco.

¿Cómo vivió José Antonio Aguirre ambos procesos: el de unificación entre el PNV y la CNV y el proceso paralelo que derivó finalmente en la creación de ANV? Durante el año 1930, Aguirre participó activamente tanto en la acción cultural como en el proceso político de reunificación, y lo hizo desde su condición de militante nacionalista, vocal de la Juventud Vasca de Bilbao, miembro del Consejo de Administración del diario *Euzkadi* y representante reconocido y valorado de una joven generación liberada de los lastres del pasado y llamada a liderar el nacionalismo vasco en el nuevo contexto político.

El estatus de Aguirre era, ciertamente, especial. Su condición de miembro destacado de la Juventud Vasca aberriana no fue óbice para su nombramiento como consejero del diario *Euzkadi,* órgano oficial de la CNV, lo cual, *a priori,* pudiera parecer contradictorio. Aguirre emergía ya como una figura política al alza y como un hombre de

---

[13] El pleito de la prensa se trasladaría ahora a la relación PNV-ANV, ya que Anacleto Ortueta, uno de los fundadores de ANV, seguía teniendo en su poder el 55 por 100 de las acciones de Euzko Pizkundia y Tipográfica General, sociedades editoras del diario *Euzkadi*. Un análisis del pleito, que tuvo numerosas vicisitudes y al que puso fin una sentencia del Tribunal Supremo de 1933, en De Pablo, Mees y Rodríguez Ranz, *El péndulo*, I, pp. 184-195.

consenso en el seno del nacionalismo vasco. El proceso de unificación reafirmó e incrementó su prestigio, su influencia y su liderazgo sobre el conjunto del movimiento.

El 11 de mayo de 1930 la ya legalmente reconstituida Juventud Vasca de Bilbao, vinculada al PNV aberriano, celebraba Asamblea General para aprobar su reglamento y nombrar la junta directiva. José Antonio Aguirre fue elegido vocal de esta potente y activa organización nacionalista bilbaína, presidida por Ceferino Jemein. La Juventud Vasca de Bilbao fue uno de los principales activos en el apoyo al proceso de reunificación PNV-CNV sobre bases doctrinales aranistas y uno de los principales azotes del revisionismo ideológico y del plebiscito propuesto desde las páginas del diario *Euzkadi*.

Dos meses antes, el 6 de marzo de 1930, Aguirre había sido nombrado miembro del Consejo de Administración de Euzko Pizkundea, sociedad editora del diario *Euzkadi*. En una Junta General de accionistas celebrada al efecto, fue aprobada una modificación de Estatutos en los artículos relativos a la composición del Consejo de Administración con el objetivo de ampliar de tres a diez el número de consejeros. La Junta acordó la reelección de Jesús Rodríguez Villachica y Gustavo Scheifler, y designar como nuevos consejeros a Jesús María Leizaola, Gorgonio de Renteria, Pedro Elgoibar, José Domingo Arana, Julián Arrien, Marino Gamboa y José Antonio Aguirre. El Consejo seguiría presidido por José Ignacio Arana[14].

El plebiscito y el proceso revisionista auspiciado por el diario *Euzkadi* no contaron ni con el apoyo de la Comunión Nacionalista Vasca —inmersa en el proceso de reunificación con el PNV—, del cual *Euzkadi* era su órgano oficial, ni con el respaldo del Consejo de Administración de, por lo menos, una de sus sociedades editoras, Euzko Pizkundea, del que Aguirre era miembro. Se debió más al impulso de su presidente José Ignacio Arana y al de quien era depositario de la mayoría de las acciones, Anacleto Ortueta.

---

[14] El nombramiento como consejero llevaba aparejado además el derecho a voz y voto de los consejeros no accionistas en las Juntas Generales. Ello significaba que Ortueta perdía la mayoría absoluta y el control del diario *Euzkadi*. En la Junta, Ortueta «manifestó que como depositario que es de las acciones que posee no puede estar conforme con que se mermen atribuciones y derechos a las acciones de la Compañía». No obstante esta su posición crítica, no utilizó el derecho a veto a la propuesta de modificación de los Estatutos que le garantizaba su todavía mayoría absoluta en la Junta General del 6 de marzo, cedió la representación de sus acciones al señor Rotaetxe y se ausentó de la Junta previamente a la votación. Ortueta, no obstante, seguía ostentando la mayoría absoluta y el control de la otra sociedad editora del diario *Euzkadi* —Tipográfica General— y la mayoría relativa en la Junta General de Euzko Pizkundea, amén de que el Consejo de Administración de esta sociedad estaba presidido por el también revisionista José Ignacio Arana.

En el mes de octubre, Aguirre mantuvo una agria controversia pública en las páginas del diario *Euzkadi* con José Domingo Arana, revisionista, uno de los promotores del plebiscito y miembro como Aguirre del Consejo de Administración de Euzko Pizkundea. Aguirre dejó bien clara su total identificación con la ortodoxia y su oposición a cualquier planteamiento revisionista, su alineamiento con los posicionamientos de Juventud Vasca, y su defensa del proyecto de reunificación PNV-CNV sobre bases doctrinales aranistas:

> El nacionalismo debe cumplir con todo entusiasmo el contenido maravilloso de su lema Jaungoikua eta Lagi-zarra [...]. Éste sí es un programa completo, éste sí es un ideario que convence [...]. ¡Que Jaungoikua ilumine a nuestros dirigentes para que la Asamblea próxima que se prepara sea abrazo y unión de hermanos, indestructible y fuerte, como indestructible es nuestro lema de Jaungoikua eta Lagi zarra en que ha de descansar![15].

Tal y como se ha mencionado anteriormente, el 1 de noviembre Aguirre sería nombrado también por el PNV y la CNV como miembro del Comité Técnico de Prensa que ultimó la solución de compromiso recogida en las Bases de Prensa del Acta de Bergara, que a la postre hizo posible sellar la unión entre las dos organizaciones. El 15 de noviembre, en una conferencia pronunciada en Euzko-Etxea de San Sebastián, Aguirre terminaba su intervención haciendo votos para que «con la ayuda de Jaungoikoa» la Asamblea del día siguiente en Bergara fuese un éxito[16]. Un éxito que contaría con la presencia y participación del propio Aguirre.

Durante los últimos meses de 1930 y los primeros de 1931, Aguirre fue uno de los oradores de moda en el nacionalismo vasco. Pocos actos importantes se celebraban sin su presencia. *Euzko etxeas*, *batzokis*, juventudes... todos querían oír a Aguirre. Juventud, oratoria, fogosidad, carisma, amplia cultura, convicciones profundas, amor a la Patria, compromiso con el PNV, ilusión, futuro... eso era Aguirre y lo que Aguirre proyectaba en el momento crucial de la reconstrucción del nacionalismo en un contexto en el que se podían atisbar los albores de un nuevo régimen. Ceferino Jemein, presidente de Juventud Vasca de Bilbao, en la presentación que hizo de Aguirre con motivo de una conferencia de éste, celebrada el 25 de octubre de 1930, afirmaba:

---

[15] *Euzkadi*, 8-X-1930. Toda la polémica en: *Euzkadi*, 2-7-12 y 17-X-1930.
[16] *Euzkadi*, 16-XI-1930.

José Antonio de Aguirre pertenece a esa nueva generación de jóvenes de la *postguerra*, en quienes tenemos puestas tantas esperanzas. De estos jóvenes que, precisamente en los años de la Dictadura que pretendían ahogar el Nacionalismo, se forjaron el yunque del Ideal patrio, concentrando en sus almas generosas todo el amor de la Patria, que entonces no nos era dado expresar [...]. Escuchad ahora su palabra porque es una voz nueva, una voz joven y llena de optimismo.

Y en referencia a un mitin celebrado en Soraluze (Placencia), el cronista afirmará: «Soraluze aldian itz egin eban atzo Aguirre'tar Joseba Andoni jaunak eta mundu guztia zoratuta lotu zan aren berba ederrekaz»[17].

Las referencias de prensa de estas intervenciones constituyen un buen reflejo del pensamiento de Aguirre en esa época. Aguirre es un ortodoxo joven y moderno, de sustrato ideológico sabiniano, fiel a los principios y a la doctrina aranista condensada en los lemas *Jaungoikoa eta Lagizarra* (JEL) y *Gu Euzkadirentzat eta Euzkadi Jaungoikoarentzat* (GETEJ: *Nosotros para Euzkadi y Euzkadi para Dios*). De ahí su natural alineamiento con la Juventud Vasca y con el proceso de fusión PNV-CNV y su crítica al revisionismo ideológico subyacente en el proceso y en el plebiscito impulsado desde las páginas de *Euzkadi*.

Para Aguirre, Sabino Arana era *el Maestro, el enviado de Dios, el Salvador, el Mártir*. «Jaungoikoa velaba por Euskadi que tanto siempre le ha servido y suscitó entre nosotros al enviado, al hombre de la inteligencia de sabio y corazón de mártir que entregó una y otra al servicio de la Patria, removiendo las cenizas apagadas en los corazones vascos y lanzando como Cristo al resucitar a Lázaro aquel "jagi ta abil" [levántate y anda] que hizo estremecer a los que, olvidados de la cortedad de las cosas de aquí abajo, se entregaban al triunfo alegrando a los que como los patriarcas de Canaan esperaban al Mesías prometido»[18], afirmará en la mencionada conferencia pronunciada en Juventud Vasca de Bilbao el 25 de octubre de 1930. Y unos meses más tarde describirá en estos términos al fundador del PNV:

> Sabino fue un espíritu de una solidez magnífica. Toda su vida aparece sublimada al soplo de un ideal que es norma de su vida. Ese estudio moral y psicológico del Maestro no se ha hecho todavía. Cuando de él se trata, sobran los lirismos que nada dicen porque deben dejar paso a la medita-

---

[17] *Bizkattarra*, 31-X-1930; *Euzkadi*, 27-XI-1930: «Ayer habló el señor José Antonio Aguirre en Soraluze y todo el mundo quedó maravillado con su oratoria» (Traducción de los autores).

[18] *Bizkattarra*, 31-X-1930.

ción de su vida ejemplar y a la exacta interpretación de su mente afortunada. Todo es ilación en el Maestro. Responde como máquina perfecta a un sistema completo grabado en su corazón. Y cuando convencido de la verdad quiere consagrarse a ella enteramente, se retira y medita al pie del Crucificado, símbolo perfecto del bien y de la justicia y allí jura adoptando en su juramento la forma ignaciana del renunciamiento completo en aras del ideal, y cuando en Larrazabal lanza a la Patria el programa de salvación, eleva sus ojos y entrega su corazón «a Dios de Bizkaya eterno señor» y le ofrece todo cuanto es y tiene... y lo cumple. El «tomad Señor y recibid...» ignaciano es aplicado por Sabino a Dios y a la Patria y surge esplendoroso de este magnífico sacrificio meditado el lema de la Raza, Jaungoikoa eta Lagizarra, concreción de aquella fórmula, a mi juicio sublime, y compendio filosófico exacto de todo cuanto el Nacionalismo contiene, que es el «Gu Euzkadirentzat eta Euzkadi Jaungoikoarentzat». Éste es el Maestro. En estos pasajes de amor y de renunciamiento, no por deseos de grandeza ni de caudillaje, sino por motivos de amor y de justicia está retratado el espíritu de Sabino[19].

Y será Sabino Arana, en palabras del propio Aguirre, la fuente de su ser nacionalista. A la pregunta «¿Por qué somos nacionalistas?», tema de la conferencia que pronunció en Euzko Etxea de San Sebastián el 15 de noviembre de 1930, Aguirre responderá: «En la doctrina del Maestro fundo mi sentir nacionalista»[20]. Devoción emocional y también racional hacia el fundador e identificación plena con su lema: *Jaungoikua eta Lagizarra*.

Jaungoikua, primer término del lema, alfa y omega en la vida personal, comunitaria y nacional. «Yo sueño con una sociedad regida por las normas de Cristo en todos los órdenes, compatible con el progreso y la modernidad». Y añadirá:

> El cristianismo, sabio conjunto de normas divinas, doctrina de consuelo y esperanza y, al mismo tiempo, código perfectísimo de normas y preceptos prácticos para la vida cotidiana, es indiscutiblemente la solución de los problemas de todos los órdenes que nos inquietan [...]. Solución acabada y exacta porque, precisamente, por haber huido de ellos, la política ha perdido su verdadera cualidad de ciencia del gobierno de los pueblos para convertirse en instrumento de ambición y servilismo. Las pasiones humanas —principalmente el egoísmo y la codicia— azuzadas por falsos principios sociales han convertido las relaciones del campo del trabajo en fermento de odios. La misma Religión, en cuanto a los actos de los hombres encargados de difundirla, se ha visto adulterada, precisamente, por el abandono de los inmutables y eternos principios de toda la economía cristiana.

---

[19] Carta de José Antonio Aguirre a Elías Gallastegi, Bilbao, 20-II-1931. AN, DP-589-5.
[20] *Euzkadi*, 16-XI-1930.

Y en aplicación a Euskadi, ésta será su propuesta:

> *a*) Nuestra Euzkadi necesita una pauta fija de principios verdaderos, que, interpretando su alma y su sentir, sean solución de los problemas de toda índole (religiosos, sociales, políticos, etc.) que puedan suscitarse en su seno. *b*) Por historia, por tradición, por voluntad manifestada y por su certeza objetiva y capacidad solucionadora, estos principios no son otros que los contenidos en las doctrinas y normas de la Religión Católica, Apostólica, Romana, que han modelado el alma de la Patria, con el respeto a otros criterios contenidos en esa misma doctrina. Éstos, además, son los principios rectores de nuestra causa nacional. *c*) Su exposición debe ser clara y moderna, adaptada a los tiempos, que recoja las palpitaciones del espíritu moderno y sepa rociarlos y substanciarlos de la savia eterna, de la doctrina que no cambia. Lo nuevo sirviendo de ropaje a lo viejo, remozando la doctrina de lo inmutable con el vestido de lo actual. ¡Empresa difícil, pero de seguro y eficaz éxito para quien lo consiga! En una palabra, savia cristiana, ropaje moderno[21].

¡Savia cristiana, ropaje moderno! Éste es el *claim* que sintetiza y refleja la religiosidad de Aguirre, y un ejemplo de su ortodoxia joven y moderna que hunde sus raíces en los principios y al mismo tiempo proyecta sus frutos hacia lo nuevo.

Desde esta filosofía, Aguirre proyectará su religiosidad también al terreno de la justicia social. «Sobre las espaldas de la raza y, más concretamente sobre Bilbao, cerebro actual de la misma, pesa el enorme débito de haber olvidado la justicia social y la Religión que la encarnaba, y cuyas normas decían seguir»[22], denunciará crítico Aguirre. Frente a los totalitarismos marxista y fascista en los que el individuo queda reducido a las razones de clase y Estado, y frente al liberalismo-capitalismo basado en el binomio individuo-mercado, Aguirre comenzará a transitar por la tercera vía de la democracia cristiana y la doctrina social de la Iglesia. En los albores de este transitar, Aguirre impulsará los Círculos de Estudios en Juventud Vasca, especialmente el de material social.

Los Círculos de Estudios eran una metodología de acción propia del movimiento católico europeo y una práctica de formación muy extendida en el ámbito de la Asociación Católica Nacional de Propagandistas, con vistas a la formación de élites para la dirección de masas. En sendos artículos publicados en *Bizkattarra* y *Euzkadi* en octubre-noviembre de 1930, Aguirre plantea en estos términos su aplicación en Euskadi, en general, y en el seno de la juventud, en particular:

---
[21] Carta de José Antonio Aguirre a Elías Gallastegi, Bilbao, 20-II-1931. AN, DP-589-5.
[22] Ibíd.

> Los Círculos de Estudios, reuniones de pocos, pero bien dispuestos, de gente modesta, pero sacrificada, de jóvenes entusiastas que sienten la viva inquietud del conocimiento […]. El Círculo de Estudios no es un centro de conferencias, ni tampoco una cátedra […]. El Círculo de Estudios es una escuela de formación, es un laboratorio de preparación de hombres para la labor que cada uno ha de realizar según sus aficiones […]. El primer fin de todo círculo es informar y formar hombres. En ellos se debe exigir un adiestramiento en el hablar, en la pluma y en saber propagar sus ideas. [Y concluye] El nacionalismo vasco ha de triunfar, no por los gritos y algaradas, sino por la ciencia y la superioridad de sus hombres[23].

Unos días después de la publicación de estos artículos, el Consejo de la Unión Provincial de Juventudes Católicas de Bizkaia, presidido por Aguirre, aprobaba la constitución «en los grupos en que sea posible, de Círculos de Estudios especiales, destinados a conocer la doctrina social de la Iglesia, principalmente la que se refiere al problema obrero, tal como se contiene en la Rerum Novarum», y la creación de un «Secretariado Social [para] el estudio de la situación obrera en Bizkaya y la elaboración de planes de estudios para los Círculos»[24].

Su concepción de la segunda parte del lema —*Lagizarra*— nos muestra al mismo Aguirre, con una ortodoxia trufada por la apertura hacia lo nuevo:

> Queremos vivir porque tenemos derecho a vivir. Además, fuimos libres y queremos resucitar nuestra historia. Y he aquí de nuevo el eterno contraste: queremos vivir como fuimos, adaptando aquella libertad a estos tiempos. La verdad es una, por eso queremos vivir hoy como ayer, y al ser la verdad progreso, queremos vivir hoy como hoy debemos vivir […]. He aquí, en nuestra historia, la adaptación de lo nuevo a lo inmutable viejo, tal como hoy debemos practicarla, conservando siempre lo substancial, lo significante, lo eterno[25].

Pasado en libertad, presente sojuzgado, futuro en libertad; así resume Aguirre la historia de Euskadi. Y para alcanzar ese futuro nuevamente en libertad, no se trataría tanto de restaurar la Ley Vieja en su literalidad, cuanto de dotarse de la fórmula que permita a Euskadi en cada tiempo histórico ejercer su soberanía y el derecho de autodeterminación:

---

[23] «Los Círculos de Estudios», *Bizkattarra*, 31-X-1930; «Círculos de Estudios», *Euzkadi*, 20-XI-1930.
[24] *Euzkadi*, 10-XII-1930.
[25] Carta de José Antonio Aguirre a Elías Gallastegi. AN, DP-589-5.

Hay que ir formando ambiente para evitar que nos sigan sojuzgando leyes extrañas, y cuando hayamos todos recobrado la autodeterminación de la patria vasca, entonces seremos felices, como lo fuimos ayer y como lo seremos mañana [...]. Lagi-Zarra: qué concreción maravillosa de nuestra aspiración en orden a la libertad de Euzkadi, fórmula de soberanía que nos dará la ley acomodada a los tiempos[26].

Éste es José Antonio Aguirre: sabiniano, de razón y corazón; ortodoxo, cuando ortodoxia no es sinónimo de inmovilismo sino de lealtad al lema, a los principios, a lo sustantivo; joven y moderno, cuando juventud y modernidad significan adaptación, presente y apertura al cambio. En muy pocos meses cambiará el régimen, cambiará la situación del nacionalismo vasco y cambiará la vida de José Antonio Aguirre. El nuevo tiempo irá también moldeando su persona y su figura. Soplan ya los aires de la II República.

II. UN NUEVO TIEMPO: ALCALDE DE GETXO

A finales de 1930 y durante los meses previos al advenimiento de la República, José Antonio Aguirre siguió desplegando una intensísima actividad. Líder de las Juventudes Católicas de Bizkaia e infatigable orador y activista en pro de la causa del nacionalismo vasco, el joven Aguirre debía compatibilizar estas *aficiones* y *devociones* con el ejercicio de su actividad profesional en su bufete de abogado y con su participación en el Consejo de Administración de Chocolates Bilbaínos S.A.

En el frente católico, la celebración el 14 de diciembre de 1930 de la Asamblea General de Acción Católica de Bizkaia supuso un significativo hito. En el marco de esta celebración, la semana previa tuvieron lugar la reunión del Consejo de la Unión Provincial de Juventudes Católicas de Bizkaia —el día 9— y la Asamblea General de las Juventudes Católicas de Bizkaia —el día 12—; ambos dos (Consejo y Asamblea) presididos por Aguirre. Finalmente, el día 14 tendría lugar la Asamblea General de Acción Católica de Bizkaia, presidida por el obispo de Vitoria, Mateo Múgica Urrestarazu.

En el plano político, su actividad durante estos meses fue también desbordante. El joven Aguirre se había convertido en uno de los estandartes de una nueva y emergente generación[27] en el seno del nacio-

---

[26] *Euzkadi*, 13-I-1931; *Bizkattarra*, 21-III-1931.
[27] Frente a hipotéticos cantos de sirena de ruptura intergeneracional, Aguirre defenderá la solidaridad entre generaciones. En un discurso pronunciado el 18 de marzo de

nalismo vasco y en uno de los principales activos del nuevo PNV reunificado. Orador fogoso y brillante, Aguirre transmitía ilusión, entusiasmo, convicción y esperanza; tanto es así, que todos los nacionalistas querían tenerlo en la tribuna de su agrupación o municipio. Bergara, Leioa, Elorrio, Mondragón, Ondarroa, Bilbao, Getxo... fueron durante estos primeros meses de 1931 testigos del carisma y del áurea que comenzaba a rodear a José Antonio. Sirva como muestra un botón: los términos en los que el corresponsal del diario *Euzkadi* en Ondarroa describía la inusitada expectación creada por el anuncio de la participación de Aguirre en un acto político que se iba a celebrar en la localidad:

> Existe un interés extraordinario por escuchar a José Antonio de Agirre en esta representación en Ondarroa. Le aseguramos un éxito, pues conocemos de sobra sus dotes de orador, así como sus vastos conocimientos ideológicos. El solo anuncio de que este propagandista tomará parte en el acto ha levantado una expectación no igualada por ningún otro orador jelkide. Estamos seguros de que corresponderá con creces a esta justificada expectación que existe en torno a su presentación[28].

Orador brillante... y articulista prolijo. Ni siquiera durante este tiempo de especial actividad descuidó Aguirre su faceta de articulista. En marzo-abril de 1931 destaca la serie de artículos que «Etxenausi» dedicó en *Euzkadi* y *Bizkattarra* a la universidad vasca. «Somos la única nación en el mundo civilizado que tiene cerradas las fuentes del saber. Porque la cultura que se nos obliga a adquirir no es cultura, como hemos visto, y mucho menos es nuestra». Aguirre abogará por una «Universidad vasca, libre y moderna [...] porque la educación es ciencia que enseña al hombre los caminos de su perfección para el servicio de Dios y de la Patria». Y añadirá: «Si conseguimos nuestra Universidad hemos conseguido nuestra cultura y con ella la salvación de nuestro pueblo»[29].

1931 con motivo del aniversario de la apertura de los nuevos locales de Juventud Vasca en la calle Bidebarrieta de Bilbao, Aguirre se referiría al tema en los siguientes y concluyentes términos: «Dos generaciones, fundidas en un solo programa y en un solo ideal [...]. Todos tienen una grave misión: la juventud preparándose y obedeciendo, las personas de edad aconsejando y dirigiendo [...]. Dedica unas frases a la disciplina del Partido que entre los jóvenes debe ser rígida. Democráticamente elegimos nuestras autoridades, pues bien, ellas son nuestras, y a ellas deben obediencia leal y sincera». *Euzkadi*, 19-III-1931; *Bizkattarra*, 21-III-1931.

[28] *Euzkadi*, 11-III-1931.

[29] «La Universidad Vasca. Recuerdos y esperanzas», *Euzkadi*, 7-III-1931; «¡Universitarios vascos, a la brecha!», *Bizkattarra*, 14-III-1931; «Euzkadi sin Universidad», *Bizkattarra*, 4-IV-1931.

Durante los días previos a la jornada electoral del 12 de abril se intensificaron la campaña y los actos públicos. En el caso del PNV en Bizkaia, el mitin central tuvo lugar el domingo 5 de abril. «El grandioso mitin del Euskalduna. Una multitud rebosante y un entusiasmo indescriptible fueron las características de este primer acto de afirmación nacionalista», titulaba el martes día 7 *Euzkadi* en primera página y a seis columnas. En el acto intervinieron cinco oradores (Manuel Egillor, Enrique Orueta, León Urritza, José Antonio Aguirre y Alexander Gallastegi); la fotografía de portada —a cuatro columnas— fue para dos de ellos: Enrique Orueta y José Antonio Aguirre.

En su intervención, Aguirre insistió en por qué el PNV iba solo a la lucha electoral: «No podemos ir con las derechas —afirmó—, porque algunos de los que figuran en ese sector hicieron objeto de vilipendio nuestras cosas más sagradas[30] [...]. Combatió también briosamente a las izquierdas, en cuyo programa ocupa un lugar muy preferente la idea laica [...]. Continuó. Decidme, ¿con ésos queréis que vayamos?... Y miles de voces coincidieron con una negación rotunda: ¡No! No vamos solos —afirmó—; vamos con JEL, que representa la esencia más pura de nuestra raza». Y en relación con la disyuntiva Monarquía-República, Aguirre afirmaría con rotundidad: «Nosotros, los nacionalistas vascos, entiéndase de una vez, no somos ni republicanos ni monárquicos españoles, somos simplemente nacionalistas vascos».

Bilbao, el conjunto de Bizkaia, y de un modo particular Getxo, conformaron el entorno vital próximo de José Antonio Aguirre, también en los primeros meses de 1931. En Bilbao tenía Aguirre su bufete, su empresa chocolatera, y en Bilbao estaban las sedes de Juventud Vasca, del PNV, del diario *Euzkadi* y de Juventud Católica. Y en Bilbao estaban la Filarmónica y la Sociedad Bilbaína. En Bilbao se desarrollaba buena parte del día a día del joven Aguirre.

Pero Getxo —y Algorta— serían siempre especiales en la vida de Aguirre[31]. Allí tenía su casa, su familia y una parte de sus amigos. Aguirre participó activamente en la organización de la juventud católica y en la actividad de la Casa Social parroquial de Las Arenas, y,

---

[30] Su crítica a las derechas tuvo asimismo una expresa connotación socioeconómica: «Algunos elementos derechistas creen que el orden no es sino la salvaguardia de sus bolsillos bien repletos. Y el orador —Aguirre— afirmó que el orden no podía ser la resultante de un estado de cosas que permite que el diez por ciento viva espléndidamente y los noventa restantes pasen por toda clase de privaciones».

[31] Una monografía *ad hoc* sobre la relación Aguirre-Getxo, en Delgado, Ander: *José Antonio de Aguirre y Getxo*, Ayuntamiento de Getxo, Getxo, 2010.

como no, también en la reorganización del partido en la localidad tras la Asamblea de Bergara y en la comisión gestora para la apertura de un *batzoki* en el distrito de Algorta. Aguirre no fue elegido miembro de la primera Junta Municipal constituida en Algorta durante los primeros días de diciembre de 1930, pero su influencia en la organización nacionalista era notoria. Así, y aun no siendo miembro de la Junta, en la primera sesión de ésta presentó la siguiente propuesta: «Que se amnistiase y recordase con agrado a los nacionalistas que, por causas que no es preciso mencionar, se vieron obligados —ésta es la palabra— a formar parte de la Unión Patriótica, de funesta recordación [propuesta que] fue aceptada con el mayor entusiasmo»[32]. Una propuesta que, por otra parte, constituye un fiel reflejo de la generosidad política de Aguirre. Él se había incorporado a Juventud Vasca en los tiempos difíciles de la Dictadura, cuando otros nacionalistas optaron por alternativas más cómodas. Y ahora, cuando desde algunos sectores del PNV se pedía mano dura contra aquellos nacionalistas «colaboradores» con la Dictadura, Aguirre, legitimado por su trayectoria, solicitaba la amnistía para ellos. Todo un símbolo de su personalidad y de su manera de hacer política.

La influencia de Aguirre en el seno del nacionalismo getxotarra se tradujo en su inclusión en la candidatura del PNV en el distrito de Algorta. Getxo elegía un total de 21 concejales: 6 en el distrito de Santa María, 6 en el de Algorta y 9 en el de Las Arenas.

El comportamiento del electorado, en general y también en Getxo, era una incógnita, dado lo enrarecido del contexto político, la previsible crisis de los monárquicos, la incertidumbre en torno a la fuerza electoral real del nacionalismo y la izquierda, y la orientación del voto joven, no en vano eran muchos los jóvenes —entre ellos Aguirre— que tras la Dictadura iban a poder emitir su voto por vez primera. A ello en Getxo se unía, además, el notable incremento del censo electoral, fruto del crecimiento demográfico —en diez años la población de Getxo había crecido casi un 50 por 100, pasando de 10.901 habitantes en 1920 a 15.295 en 1930—.

El 12 de abril de 1931 se saldó en Getxo con una jornada tranquila, una alta participación —en torno al 77 por 100— y un aplastante triunfo de las candidaturas del Partido Nacionalista Vasco en los tres distritos del municipio. El PNV obtuvo 15 de los 21 concejales —entre ellos José Antonio Aguirre—, los monárquicos tres, y uno ANV, el PSOE y los republicanos —estas tres últimas fuerzas políticas con-

---

[32] *Euzkadi*, 9-XII-1930.

curriendo en coalición—. Por primera vez el PNV era la fuerza política más votada en Getxo.

El 14 de abril se precipitaron los acontecimientos. En Eibar, y también en otras ciudades, entre ellas Bilbao, fue proclamada la República. Conocidos estos hechos, en Getxo 17 de los 21 concejales electos —no asistieron los tres monárquicos y tampoco, por imposibilidad, el *jelkide* Eduardo Aburto— se reunieron a las ocho de la tarde en el Ayuntamiento. El alcalde en funciones presentó su dimisión y los nuevos concejales tomaron posesión de sus cargos. José Antonio Aguirre fue elegido alcalde de Getxo, por unanimidad.

¿Por qué fue elegido el joven Aguirre alcalde? No lo sabemos, a ciencia cierta. *A priori*, y antes de los acontecimientos del día 14, todo apuntaba a la elección de algún veterano y reconocido militante de la localidad —quizás Pedro Larrondo—. Pero, finalmente, el elegido fue José Antonio. En la decisión de las autoridades del partido debieron pesar, sin duda, el nuevo contexto y razones de carácter supramunicipal. No se trataba sólo de elegir el mejor alcalde para Getxo. Para el PNV, la potencialidad, el liderazgo y la proyección pública de Aguirre, junto al aval de la legitimidad democrática de los nuevos ayuntamientos, constituían el mejor de los activos para encarar el nuevo tiempo. Un nuevo tiempo que iba exigir una nueva forma de hacer política, y también plantear nuevas dinámicas y nuevas oportunidades, que, en gran medida, sólo iban a poder ser gestionadas por una nueva generación, nuevas personas y nuevos líderes. José Antonio Aguirre encarnaba a la perfección ese nuevo tiempo.

Se iniciaba así una nueva etapa en la historia de España, de Euskadi y del PNV. También en la historia y en la vida del nuevo alcalde de Getxo: José Antonio Aguirre.

José Antonio Aguirre, con tan solo unos meses, en brazos de sus padres Teodoro Aguirre y Bernardina Lekube (1904). © Sabino Arana Fundazioa.

José Antonio Aguirre el día de su primera comunión (19
© Sabino Arana Fundazioa.

José Antonio Aguirre en bicicleta en las
inmediaciones del domicilio familiar
en Algorta (Getxo).
© Sabino Arana Fundazioa.

Grupo de alumnos del colegio jesuita de Orduña, donde Aguirre cursó en régimen de internado sus estudios de segunda enseñanza entre los diez y los dieciséis años. José Antonio Aguirre es el tercero por la derecha de la fila superior.
© Sabino Arana Fundazioa.

Vista general de la fábrica Chocolates Aguirre, sita en Bilbao —travesía del Tívoli—, y propiedad de la familia Aguirre (1914).
© Sabino Arana Fundazioa.

Equipo del Athletic en el que el joven José Antonio jugó entre 1921 y 1925. Aguirre es el quinto, empezando por la izquierda.
© Sabino Arana Fundazioa.

Caricatura de José Antonio Aguirre como jugador del Athletic.
© Sabino Arana Fundazioa.

José Antonio Aguirre y varios amigos disfrazados de moros en la ciudad de Toledo (años 20).
© Sabino Arana Fundazioa.

Orla de la promoción de 1925 de la Facultad de Derecho de la Universidad de Deusto.
José Antonio Aguirre figura en la fila central, el segundo por la derecha.
© Universidad de Deusto.

II
EL LIDER DE LA AUTONOMÍA VASCA EN LA II REPÚBLICA (1931-1936)

José Antonio Aguirre fue «el líder de la autonomía» (Javier Landaburu) y «principalísimo motor de los trabajos pro-Estatuto vasco» (José Horn), «haciéndole merecer que por ello se le llame Padre del Estatuto» (Jesús María Leizaola). «Ya cuando empezó el problema del Estatuto el líder auténtico era José Antonio» (Manuel Irujo)[1].

Esta cita, tomada de cuatro diputados del PNV que fueron compañeros de José Antonio Aguirre en las Cortes republicanas, refleja muy bien el destacado papel que representó en los años de la II República española: Aguirre fue el líder de la autonomía vasca, el promotor del Estatuto. Su logro fue el objetivo prioritario del nacionalismo vasco de 1931 a 1936, aunque no lo considerase su meta final sino más bien una meta volante. Ciertamente, Aguirre no fue el único impulsor de la autonomía vasca; hubo, además, otros políticos relevantes que contribuyeron decisivamente a su aprobación, como el también *jeltzale* Manuel Irujo y el socialista Indalecio Prieto. Los tres fueron los principales artífices del Estatuto de 1936 y los padres fundadores de la Euskadi autónoma en la Guerra Civil.

Prieto e Irujo, nacidos a finales del siglo XIX, habían desempeñado ya cargos públicos en la Monarquía de la Restauración, mientras que Aguirre, nacido en 1904, apenas tenía 27 años cuando se instauró la II República el 14 de abril de 1931, año en el que fue elegido alcalde de Getxo y diputado por Navarra. Si Manuel Azaña, ministro de la Guerra y presidente del Gobierno, fue el político revelación en la España de 1931 y el que mejor encarnó el nuevo régimen republicano, no cabe duda de que José Antonio Aguirre fue el equivalente en la Euskadi de 1931: el joven líder que surgió y se consolidó en el País Vasco del quinquenio republicano.

No en vano encabezó una nueva generación nacionalista, a la que denominamos *la generación de Aguirre o de 1936*, por ser el año más

---

[1] Aguirre, José Antonio de: *Obras completas*, Sendoa, Donostia, 1981, tomo I, p. 7, y *Entre la libertad y la revolución 1930-1935. La verdad de un lustro en el País Vasco* [1935], Geu, Bilbao, 1976, p. X. VVAA: *Conversaciones sobre José Antonio Aguirre*, Idatz Ekintza, Bilbao, 1983, pp. 13, 159 y 163. Ibarzabal, Eugenio: *Manuel de Irujo*, Erein, San Sebastián, 1977, p. 92.

trascendental de su trayectoria vital, si bien la mayoría de sus miembros, al haber nacido en torno a 1900, irrumpieron en la vida pública en la coyuntura de 1930-1931. A nuestro juicio, dicha generación, que abarca desde Manuel Irujo hasta Javier Landaburu, ha sido la más importante en la historia del nacionalismo vasco por la relevancia de sus dirigentes, por haber conseguido el Estatuto y el Gobierno vasco, manteniendo éste en el dilatado exilio durante la Dictadura de Franco, y por haber democratizado al PNV, conduciéndolo desde el integrismo religioso hasta la democracia cristiana. Para ello resultó crucial la II República y fue clave la figura de José Antonio Aguirre[2].

Tales son las coordenadas históricas que configuran esta etapa fundamental de su biografía: la etapa de la forja de su liderazgo carismático, de la lucha por la autonomía vasca, eje de su acción política y parlamentaria[3], de la asunción de un catolicismo social más moderno y de la democratización de su partido. Todo ello lo llevó a cabo siendo alcalde y, sobre todo, diputado en las tres legislaturas de las Cortes republicanas, emanadas de las elecciones de 1931, 1933 y 1936. La biografía de Aguirre refleja en buena medida la historia de Euskadi en la II República.

---

[2] Granja, José Luis de la: «La generación de Aguirre y la renovación del nacionalismo vasco», en Mees, Ludger y Núñez Seixas, Xosé M. (coords.): *Nacidos para mandar. Liderazgo, política y poder. Perspectivas comparadas*, Tecnos, Madrid, 2012, pp. 61-77.

[3] Así lo corrobora su libro de memorias *Entre la libertad y la revolución*, escrito y publicado en 1935, que es un testimonio histórico básico para conocer su trayectoria política inicial y, por ende, la vida política vasca durante la República.

CAPÍTULO III

POR LA RELIGIÓN Y LA AUTONOMÍA: LA REVELACIÓN DE UN LÍDER CARISMÁTICO (1931-1933)

> Vivo entregado al servicio de mi Religión y mi Patria, que hoy estimo vinculados al Estatuto como bien próximo y posiblemente fácil de obtener (José Antonio Aguirre)[4].

I. ¿*NUEVA COVADONGA* O *GIBRALTAR VATICANISTA*?

El 14 de abril de 1931, dos días después de las elecciones municipales, fue proclamada la II República española: primero, de madrugada, por el Ayuntamiento republicano-socialista de Eibar, y después, por la tarde, en numerosas ciudades de todo el país de forma pacífica y entre la alegría del pueblo, que salió en masa a celebrarla en las calles y en los Ayuntamientos. Ese mismo día, en el que súbitamente cambió la forma de Estado en España, empezó en Euskadi *la era del Estatuto*, como la denominó el liberal José Orueta[5]. Una era que se prolongó a lo largo de todo el quinquenio republicano, pues no se consumó hasta la aprobación del primer Estatuto vasco de autonomía el 1 de octubre de 1936, iniciada ya la Guerra Civil. Y seis días después, la elección de José Antonio Aguirre como lehendakari del primer Gobierno vasco de la historia supuso la consagración de su liderazgo indiscutible, que se inició precisamente el mismo 14 de abril de 1931 con su nombramiento como alcalde de Getxo. Entre ambas fechas transcurrió el complejo proceso autonómico vasco,

---

[4] Carta de José Antonio Aguirre a Ángel de Bolegi, 12-II-1932, en el Centro Documental de la Memoria Histórica (CDMH), Sección Político-Social (PS), serie Barcelona, carpeta 286.

[5] Orueta, José de: *Fueros y autonomía. Proceso del Estatuto vasco (1905-1933)*, Nueva Editorial, San Sebastián, s.a. (1934), p. 170.

cuyo principal y constante protagonista fue Aguirre. Por tanto, su liderazgo se construyó y se afirmó al compás de dicho proceso, no cabiendo entender el uno sin el otro; de ahí que Aguirre fuese no sólo el líder del PNV, sino también el líder de la autonomía vasca durante la II República, como con clarividencia percibió Javier Landaburu en el umbral de una biografía que quedó truncada por su temprana muerte en 1963[6]:

> Agirre había llevado personalmente desde que inició la campaña autonómica, primero como alcalde de Getxo y luego como diputado, el peso de tan ardua labor. Fue el verdadero líder de la autonomía vasca y ello le dio ocasión de manifestar su gran talento de organizador y su gran capacidad de trabajo. Consagró todos los momentos de aquella intensa etapa de su vida a la dirección de la campaña estatutista. Fue una época de dinamismo vertiginoso para todos los que de ello nos ocupábamos y mucho más para él. Hubo dificultades enormes, contrariedades amargas, obstrucciones burdas o sutiles. La República, así la veía Agirre, nos ofrecía una ocasión única de recorrer rápida y provechosamente una etapa decisiva para la restauración, aunque fuese parcial, pero no era despreciable, de la personalidad nacional vasca. Era la primera vez en la historia que la parte peninsular de Euzkadi podía tener expresión conjunta y ser reconocida legalmente.

Muchos testigos y protagonistas de la época, sobre todo nacionalistas pero también de otras ideologías, coinciden en resaltar el liderazgo asumido por Aguirre recién instaurada la República. Valga, como botón de muestra, el testimonio del lingüista Koldo Mitxelena, que entonces era un joven *jeltzale*: Aguirre «aparece a los ojos de la gente como una especie de guía y primer inspirador de la política vasca. [...] Fue un liderazgo aceptado por todos e, incluso, públicamente por [el carlista José Luis] Oriol»[7]. Asimismo, hay acuerdo en señalar en que lo encauzó inicialmente como alcalde de Getxo, cargo que le sirvió para impulsar y encabezar el movimiento municipalista pro Estatuto, que culminó el 14 de junio de 1931 en la Asamblea de Ayuntamientos celebrada en Estella, donde ratificó su liderazgo, según reconoció la prensa *jelkide*, para la cual Aguirre fue el «*alma mater* de este movimiento», «alma y nervio de la Asamblea de Estella»[8]. En este sentido, nos parece acertada esta opinión de su hermano Juan Mari: «La Alcaldía de Getxo fue su "trampolín" para

---

[6] VVAA, *Conversaciones*, p. 163.
[7] Ibarzabal, Eugenio: *Koldo Mitxelena*, Erein, San Sebastián, 1977, pp. 36-37.
[8] *Euzkerea*, 15-VI-1931, y *Euzkadi*, 25-VI-1931.

lanzarse de lleno a la política»[9]. Veamos cómo discurrió su vida en los dos primeros meses de la República, cuando desarrolló una actividad frenética, que le llevó a recorrer más de catorce mil kilómetros, según su propia confesión[10].

A primera hora de la tarde del martes 14 de abril se conoce en Bilbao la proclamación de la II República en Eibar, Barcelona y otras ciudades, de la que da cuenta una edición especial del diario vespertino *La Tarde*, vinculado al PNV y tirado en el mismo taller de su órgano oficial *Euzkadi*, sito en el Casco Viejo bilbaíno. Allí se encuentra José Antonio Aguirre, en el despacho del director del *Euzkadi*, Pantaleón Ramírez de Olano, junto con los dirigentes *jelkides* Jesús María Leizaola, Juan Antonio Careaga y Ramón Azkue. Les llega la noticia de que Francesc Macià, el líder de la Esquerra Republicana de Cataluña (ERC), triunfador en las elecciones, ha proclamado «la República catalana dentro de una confederación ibérica» en el Ayuntamiento de Barcelona. Asimismo, ven que en el Arenal bilbaíno se ha formado una manifestación con banderas republicanas, dispuesta a marchar hacia la cercana Casa Consistorial de la villa para proclamar la República. Su advenimiento es una sorpresa para todos, más aún para el PNV, la única fuerza política relevante que no ha querido posicionarse ante el dilema «con el rey o contra el rey» del socialista Indalecio Prieto, que ha transformado unos simples comicios municipales en un auténtico plebiscito «Monarquía o República». Como se ha visto, el PNV se ha mantenido neutral en esa coyuntura de transición en España, por considerarlo un pleito ajeno; de ahí que no haya asistido al Pacto de San Sebastián en 1930, ni se haya sumado al Bloque antimonárquico, al que se ha aliado ANV, la izquierda nacionalista recién escindida y muy enfrentada entonces al PNV. Por eso, a diferencia del catalanismo de izquierdas, que pactó con los dirigentes republicanos españoles en San Sebastián la autonomía de Cataluña como contrapartida a su apoyo al proceso revolucionario, el PNV no ha hecho nada por la traída de la República, que no esperaba y más bien temía por el laicismo republicano[11].

A pesar de ello, su reacción es inmediata y es obra de los dirigentes *jelkides* vizcaínos, en especial de Aguirre, quien toma la iniciativa de imitar el ejemplo catalanista y de promover el movimiento municipa-

---

[9] *José Antonio de Aguirre. Lehen lehendakaria – primer lehendakari*, Ayuntamiento de Bilbao, Bilbao, 2003, p. 21.
[10] Aguirre, *Entre la libertad*, p. 49.
[11] Granja, José Luis de la: *Nacionalismo y II República en el País Vasco* [1986], Siglo XXI, Madrid, 2008, capítulo 1.

lista. Ello implica un cambio radical en la actitud del PNV ante la República, pasando de ignorarla a acatarla y propugnando una República vasca dentro de una República española federal o confederal. Tal cambio se refleja, en primer lugar, en el texto leído por sus concejales en los Ayuntamientos vizcaínos[12]:

> Los concejales elegidos por el pueblo nacionalista vasco declaramos:
> Que reconociendo como demócratas la manifestación popular de España en pro de la República, y afirmando ser ésta un hecho desde el domingo último doce de Abril de mil novecientos treinta y uno, saludamos en esa voluntad a la naciente República española, y en relación al País Vasco proclamamos:
> La personalidad vasca integral de Euzkadi de aquende el Pirineo y, en particular, la personalidad histórica y demócrata de Bizkaya, y sentamos en consecuencia, su derecho a la propia gobernación y a convocar sus Juntas Generales, con todas sus genuinas facultades, mediante la reunión inmediata de los delegados de todos los Ayuntamientos recién elegidos.
> Saludamos, pues, a la República española y aclamamos a nuestra República vasca.

Este escrito, que supuso el comienzo de dicho movimiento, fue leído por Juan Abando, el jefe de la minoría *jelkide* en el Ayuntamiento de Bilbao, en la tarde del 14 de abril, y al día siguiente por José Antonio Aguirre como alcalde de Getxo[13]. Aunque en la candidatura del PNV figuraba como un concejal más, por el distrito de Algorta en el que residía, el repentino cambio del régimen político acaecido en España hizo que el BBB optase por Aguirre para la alcaldía, para que desde ella liderase el movimiento municipalista que el PNV fraguó rápidamente. En ello, como hemos visto, pudo influir la juventud de José Antonio Aguirre y, sobre todo, su intensa actividad a favor del proceso de reunificación del PNV en 1930 y en la campaña electoral de abril de 1931. La mayoría abrumadora de su partido en esta importante localidad vizcaína, al conseguir 15 de los 21 concejales, le permitió a Aguirre que sus primeros actos como alcalde tuviesen una neta impronta nacionalista: unos, de carácter simbólico, como izar la *ikurriña* (que entonces era la bandera del PNV) en el balcón de la Casa Consistorial, junto a la bandera republicana tricolor, y sustituir el nombre de la plaza de Alfonso XIII por el de Sabino Arana; otros, de marcado calado político, como poner en marcha la

---

[12] Escrito con el sello del Bizkai-Buru-Batzar (BBB, Consejo Regional vizcaíno del PNV), fechado el 14 de abril de 1931 y conservado en el CDMH, PS Bilbao, 259.

[13] *Euzkadi, El Liberal, La Gaceta del Norte* y *La Tarde*, 15-IV-1931. Aguirre, *Entre la libertad*, pp. 5-6.

campaña municipal para constituir la República vasca mediante la convocatoria de las antiguas Juntas Generales en Gernika. Esta acción externa fue con diferencia la principal desarrollada por Aguirre como alcalde de Getxo, quedando relegada como secundaria su labor interna, según reconoció el concejal *jelkide* Miguel Garteiz[14]:

> Fue un Alcalde brillante y popular, que se esforzó al máximo por hacer el bien de este pueblo pero no llevó a cabo actos administrativos destacados por dos importantes razones. En primer lugar, ocupó el cargo durante relativamente poco tiempo, de 1931 a 1933; la otra causa fue que inmediatamente se implicó en el cargo de diputado a Cortes, siendo dicho trabajo mucho más importante para nuestro país. Hay que considerar además que la gran labor realizada por el Ayuntamiento de Getxo en la campaña proestatuto, que culminó en Estella en una verdadera explosión de vasquismo, vino sin duda alguna marcada por la inigualable figura de José Antonio de Agirre.

En sus memorias, Aguirre menciona «el ejemplo de Cataluña»: tal fue el camino emprendido por el PNV en 1931, mas no tuvo éxito. Si la República catalana de Macià sólo duró tres días, pero dio lugar a la Generalitat de Cataluña, al ser restablecida esta antigua institución como Gobierno provisional encargado de elaborar el Estatuto de autonomía, la República vasca no llegó a existir, ni fueron restauradas las Juntas forales de Gernika, ni hubo un ejecutivo preautonómico vasco, como solicitaron los nacionalistas al Gobierno provisional de Niceto Alcalá-Zamora. De nada sirvieron los viajes de sus dirigentes (sin Aguirre) a Barcelona y a Madrid para contactar con Macià y con varios ministros, Prieto entre ellos; ni sus declaraciones de adhesión a la República federal española, en la que querían integrar a Euskadi «en forma confederativa como derecho propio»[15]; ni tampoco sus frecuentes apelaciones al Pacto de San Sebastián, pese a su ausencia, y a la analogía entre Cataluña y Euskadi. Y es que se trataba de una *analogía falsa*, según resaltaron dos historiadores catalanes[16]. La resistencia a la Dictadura de Primo de Rivera y la lucha contra la Monarquía de Alfonso XIII había sido importante por par-

---

[14] VVAA, *Conversaciones*, p. 41. Se conoce bien su actuación como alcalde gracias al estudio de Delgado, Ander: *José Antonio de Agirre y Getxo*, Ayuntamiento de Getxo, Getxo, 2010.

[15] «El Partido Nacionalista Vasco ante el Gobierno Republicano», *Euzkadi*, 14-V-1931.

[16] Sallés, Anna y Ucelay Da Cal, E.: «L'analogia falsa: el nacionalisme basc davant de la República catalana i la Generalitat provisional, abril-julio de 1931», en González Portilla, Manuel; Maluquer de Motes, Jordi y Riquer Permanyer, Borja de (eds.): *Industrialización y nacionalismo. Análisis comparativos*, Universidad Autónoma de Barcelona, Bellaterra, 1985, pp. 443-470.

te del catalanismo de izquierdas, que era homologable a los partidos republicanos españoles, al contrario del católico PNV, la fuerza hegemónica del nacionalismo vasco. Además, existió otra diferencia sustancial entre ambos casos: el proyecto de Estatuto de Nuria fue elaborado por consenso de los partidos catalanes, cosa que no sucedió en 1931 en Vasconia debido a la profunda división entre las derechas y las izquierdas, que optaron por dos vías distintas hacia la autonomía: los Ayuntamientos, en su gran mayoría de derechas, y las Diputaciones provinciales, regentadas por Comisiones Gestoras de izquierdas, nombradas por los gobernadores civiles republicanos. Esta dualidad fue uno de los factores que contribuyó a la polarización política y al fracaso del proceso autonómico vasco en 1931.

En los primeros meses del nuevo régimen, la iniciativa de dicho proceso fue por completo del PNV, que no contó con los demás partidos, sino que enseguida promovió y dirigió el movimiento de alcaldes en pro del Estatuto, dado que la creación de la República vasca y la formación de un Gobierno provisional fueron inviables. Aunque Aguirre escribió que «el Nacionalismo no era el organizador de estas empresas, pero a él pertenecieron sus iniciadores», la historiografía ha demostrado que el PNV organizó la campaña municipalista. Como sostuvo Juan Pablo Fusi, «la dirección del movimiento correspondió en todo momento a los nacionalistas, al extremo que puede decirse que la campaña de los alcaldes fue una inteligente maniobra del nacionalismo para recuperar el liderazgo político del País Vasco que las históricas elecciones del 12 de abril de 1931 habían dejado en manos de la izquierda». Esta tesis fue corroborada después por las investigaciones de José Luis de la Granja y de Idoia Estornés; para esta autora, el movimiento de alcaldes fue una «organización periférica del PNV» y estuvo «teledirigido por los nacionalistas de *Jel* [*Jaungoikua eta Lagi-Zarra*, Dios y Ley Vieja, el lema del PNV] acaudillados por Aguirre», «alma del movimiento»[17]. En efecto, nuestro biografiado fue su gran protagonista de principio a fin, desde el 14 de abril hasta el 14 de junio, según reconocieron los mismos alcaldes al regalarle un bastón de mando tras la Asamblea de Estella. Veamos los principales jalones de esta primera etapa, en el transcurso de la cual José Antonio Aguirre se reveló como un líder de masas.

---

[17] Fusi, Juan Pablo: *El problema vasco en la II República*, Turner, Madrid, 1979, p. 65. Granja: *Nacionalismo*, capítulo 2. Estornés, Idoia: *La construcción de una nacionalidad vasca. El autonomismo de Eusko Ikaskuntza (1918-1931)*, Eusko Ikaskuntza, San Sebastián, 1990, II parte (citas en pp. 331, 337 y 462).

La movilización de los municipios fue obra del PNV de Bizkaia, donde había logrado sus mejores resultados y donde fue muy rápida en abril de 1931, mientras que en las otras provincias no tuvo lugar hasta mayo y estuvo influida por la candente cuestión religiosa. ¿Por qué el PNV optó por la vía municipal hacia la autonomía? Aguirre dio estos cuatro motivos: el municipio fue la base del régimen foral, los antecedentes estatutarios de 1917-1919, el Pacto de San Sebastián y su legitimidad democrática al ser entonces las únicas instituciones elegidas por el pueblo. El 16 de abril los alcaldes de Getxo, Elorrio, Bermeo y Mundaka, todos del PNV, convocaron una asamblea de Ayuntamientos vizcaínos para el día siguiente en Gernika con el fin de restaurar las Juntas Generales y proclamar la República vasca. Dicha asamblea no pudo celebrarse porque el Gobierno republicano la prohibió y el Ejército y la Guardia Civil impidieron el acceso a la villa foral a los numerosos alcaldes y concejales que acudieron. Aguirre lo consideró «un ataque injusto que diferenciaba en trato a catalanes y vascos»[18], pues ese mismo día tres ministros se desplazaron a Barcelona y llegaron a un acuerdo con Macià para restablecer la histórica Generalitat. Quedaba así patente que el Gobierno de Alcalá-Zamora negociaba con los catalanistas y reprimía a los *jelkides*, al no fiarse de su repentino republicanismo, y que para él no existía analogía entre Euskadi y Cataluña: la solución dada a ésta era excepcional y no iba a extenderse a ninguna otra región o nacionalidad.

La no celebración de la asamblea no fue obstáculo para que se aprobase en plena carretera el «Manifiesto de los apoderados vizcaínos», un solemne documento que concretaba las aspiraciones del PNV a través de sus alcaldes: el reconocimiento de la República vasca, a la que invitaban a adherirse a Álava, Gipuzkoa y Navarra; la constitución de «un Gobierno republicano vasco vinculado a la República Federal española», a la que saludaban; la garantía «a la Iglesia católica, como Corporación rectora de la religión de la mayoría de los vascos, [de] la libertad e independencia en su esfera»[19]. Esta mención a la Iglesia, al igual que la fórmula religiosa empleada al inicio del manifiesto («En nombre de Dios Todopoderoso»), no era baladí sino significativa, pues implicaba que el movimiento municipal iba a tener no sólo un carácter político, sino también un componente confesional, que contrastaba con el presumible laicismo de la II República española; por tanto, la reivindicación del autogobierno

---

[18] Aguirre, *Entre la libertad*, pp. 14-15 y 24-25.
[19] Su texto completo se encuentra en *Euzkadi*, 18-IV-1931, y en el libro citado de Aguirre, pp. 17-18.

vasco iba unida a la defensa de la Iglesia. No en vano, apenas dos días después de la instauración del régimen republicano, Engracio Aranzadi (*Kizkitza*), el principal ideólogo *jelkide* y editorialista del diario *Euzkadi*, llamaba a los católicos vascos a ingresar en el PNV para defender la religión, que había estado muy vinculada a la Monarquía española recién caída: «El Nacionalismo Vasco es hoy la bendición de Dios para los vascos. [...] para impedir el derrumbamiento de las instituciones católicas, [...] deben los católicos incorporarse a la única organización capaz de salvar a la familia vasca. Y ésta es la del Partido Nacionalista»[20]. Este llamamiento surtió efecto no sólo para engrosar las filas del PNV, sino también para expandir la campaña municipalista por la autonomía, sobre todo fuera de Bizkaia, donde el PNV era minoritario, al atraer a muchos alcaldes y concejales electos como monárquicos, tradicionalistas, independientes o simplemente católicos, que se sumaron al movimiento iniciado por el PNV y encabezado por Aguirre. Recuérdese que éste era presidente y destacado propagandista de la Juventud Católica de Bizkaia y defendía el mantenimiento del lema aranista *Dios y Ley Vieja*. Así pues, la autonomía y la religión van a entrelazarse conforme el movimiento de los alcaldes avance por el territorio de Vasconia en la primavera de 1931.

El documento de Gernika fue su pistoletazo de salida, pues inmediatamente los alcaldes de Getxo, Bermeo, Mundaka y Elorrio publicaron manifiestos invitando a los municipios de Gipuzkoa, Álava y Navarra a secundar la campaña iniciada por los vizcaínos, anunciando su deseo de «convocar en breve una magna Asamblea de los pueblos vascos» y defendiendo «el proyecto de constituir el Gobierno provisional de nuestro pueblo a base de los Municipios». El PNV los apoyó incondicionalmente, lanzó la consigna «A la libertad, por los municipios» y se puso «a las órdenes del gran movimiento nacional encarnado en la Cruzada emprendida por los Municipios vascos»[21]. Los demás partidos y los periódicos vascos se decantaron con respecto a este movimiento: los de derechas se adhirieron con mayor o menor entusiasmo, mientras que los de izquierdas recelaban o se oponían, como el influyente diario *El Liberal* de Bilbao, vinculado al líder socialista Indalecio Prieto. Según reconoció Aguirre[22], los alcaldes vieron necesaria la colaboración e incluso la dirección de la campaña

---

[20] *Kizkitza*, «La salvación por el nacionalismo», *Euzkadi*, 16-V-1931, mencionado elogiosamente por Aguirre, pp. 10-11.

[21] *Euzkadi*, 18, 19, 22, 25 y 26-IV-1931.

[22] Aguirre, *Entre la libertad*, pp. 27-40.

municipalista por parte de los alcaldes de las capitales, pero los de Bilbao y Donostia, los republicanos Ernesto Ercoreca y Fernando Sasiain (anfitrión del Pacto de San Sebastián), no aceptaron su ofrecimiento. La principal oposición de las izquierdas provino de las Comisiones Gestoras provinciales, compuestas de republicanos, socialistas y aeneuvistas. Cuando el 7 de mayo la Gestora de Gipuzkoa acordó crear una Comisión de Fueros, encargada de confeccionar un Estatuto de autonomía, la reacción del movimiento de alcaldes fue inmediata: al día siguiente desaprobaron que las Gestoras elaborasen el Estatuto y decidieron que éste fuese redactado por *Eusko Ikaskuntza*-Sociedad de Estudios Vascos (SEV) en apenas dos semanas, con el objetivo de que lo aprobase una magna asamblea de Ayuntamientos el 31 de mayo. Pero no fue hasta esta fecha cuando esta sociedad cultural de carácter suprapartidista, que se había dedicado al estudio de la autonomía vasca, concluyó el anteproyecto de Estatuto, por lo cual dicha asamblea tuvo que posponerse al 14 de junio.

Los acontecimientos se precipitaron en mayo. Entonces fue cuando el movimiento municipal, casi exclusivo de Bizkaia, se propagó con fuerza inusitada por Gipuzkoa, Álava y, sobre todo, Navarra, adonde viajaron con frecuencia Aguirre y los otros alcaldes *jelkides* promotores de él. Al mismo tiempo, estalló de forma virulenta la cuestión religiosa con la quema de conventos e iglesias en Madrid, Andalucía y Levante, y con la expulsión de España del obispo de Vitoria, Mateo Múgica, por su hostilidad al régimen republicano según el ministro de la Gobernación, Miguel Maura. Estos hechos tuvieron honda repercusión en la sociedad vasca, mayoritariamente católica, y fueron condenados por la prensa derechista. La *clave religiosa* contribuye a explicar el éxito alcanzado por la campaña municipalista en comarcas de Vasconia con escaso arraigo del nacionalismo, al producirse «la convergencia católica»[23]: la religión acercó al PNV y al tradicionalismo, que se agruparon en el movimiento de alcaldes, ligando estrechamente las cuestiones autonómica y religiosa. Así, por ejemplo, el manifiesto de los Ayuntamientos navarros de La Solana resaltaba como argumento a favor del Estatuto vasco «el respeto a nuestra Religión» con claridad meridiana: «Queremos tener las facultades necesarias para impedir que hordas salvajes pretendan repetir en él [el País Vasco-navarro] el lamentable y bochornoso espectáculo que ha avergonzado a España estos días pasados ante el

---

[23] La expresión es de Idoia Estornés, cuyo libro *La construcción de una nacionalidad vasca* es la mejor investigación sobre los primeros meses de la II República en Vasconia (II parte, pp. 342 ss.).

mundo civilizado; facultades que alcanzamos con el Estatuto Vasco». Y otro argumento esgrimido era la posible recuperación de los Fueros en el marco de la España federal: «Por vez primera desde 1839 vuelve a estar en nuestras manos la reconquista de los Fueros entonces abolidos»[24]. Por consiguiente, la religión y los Fueros, el catolicismo y el foralismo, unidos de nuevo como en el siglo XIX, constituyeron dos factores fundamentales en el desarrollo del movimiento municipal en mayo y junio de 1931. Sólo así cabe explicar que apoyase la autonomía vasca la gran mayoría de los Ayuntamientos navarros (unos 200), si bien muchos de ellos reclamaban la reintegración foral y partían de que la República española era un Estado federal. Sus manifiestos reflejan la confusión existente entre federalismo, autonomismo y foralismo, mezclando estos conceptos dispares y relacionándolos con la defensa de la religión católica por considerar que se hallaba en peligro en el nuevo régimen republicano. El propio Manuel Irujo, abogado y exdiputado foral de Navarra, los mezclaba en una carta al alcalde de Olite[25]:

> Éste es el momento de obtener la reintegración de los Fueros adaptados a la época, por medio del Estatuto, en el cual se unan las cuatro regiones vasconavarras que los perdieron en 1839, ya que, así lo ha prometido solemnemente el Gobierno Provisional, como consecuencia del carácter confederal [sic] de la república y del pacto de San Sebastián.

Dicha carta buscaba incorporar al movimiento en pro del Estatuto a los Ayuntamientos de la ribera del Ebro al sur de Navarra, la zona en la que menos apoyo tuvo la campaña municipalista, junto con las capitales de las cuatro provincias y las urbes industriales de la ría de Bilbao, que eran los feudos principales de las izquierdas. Se trataba de municipios muy poblados, pero eran muy pocos en comparación con los más de 400 que se adhirieron al «movimiento municipalista del País en favor de la reintegración foral encarnada en el Estatuto Vasco», tal y como lo denominaba el acta de la reunión del 27 de mayo en la que quedó constituido el Comité de alcaldes. Su composición demostraba la neta hegemonía del PNV, pues a él pertenecían 10 de sus 18 miembros, siendo los demás católicos independientes, tradicionalistas o antirrevolucionarios. Allí decidieron celebrar la magna asamblea de Ayuntamientos para aprobar el Estatuto el 14 de

---

[24] *Euzkadi*, 20 y 26-V-1931. Este diario del PNV reprodujo bastantes manifiestos de los alcaldes y los apoyó con fervor.

[25] Carta fechada en Estella el 17 de mayo de 1931 y conservada en el Archivo Municipal de Olite.

junio en Pamplona y designar una Comisión permanente, compuesta por los alcaldes de Getxo (el *jelkide* José Antonio Aguirre), Azpeitia (el tradicionalista Casto Orbegozo), Llodio (el católico independiente Lorenzo Zarandona) y Sangüesa (el *jelkide* Agustín Blanco), encargada de organizar dicha asamblea y entrevistarse con las cuatro Gestoras provinciales[26]. La entrevista tuvo lugar el 29 de mayo en Bilbao. En ella Aguirre expuso la posición de los Ayuntamientos e intentó que las Diputaciones aceptasen el anteproyecto de Estatuto que estaba ultimando la Sociedad de Estudios Vascos; pero las Comisiones Gestoras acordaron el nombramiento de ponencias encargadas de redactar el Estatuto, lo que dilataba el proceso. Fue entonces cuando se produjo la ruptura entre las Diputaciones de izquierdas, que actuaban a la defensiva, y los Ayuntamientos de derechas, que llevaban la iniciativa autonómica y querían disponer enseguida del Estatuto, antes de que se celebrasen las elecciones a Cortes Constituyentes, convocadas por el Gobierno de Alcalá-Zamora para el 28 de junio[27].

Cumpliendo el compromiso contraído con los alcaldes, el último día de mayo *Eusko Ikaskuntza* les entregó el anteproyecto de *Estatuto General del Estado Vasco*, más conocido como el Estatuto de la Sociedad de Estudios Vascos. De su texto —bien analizado por varios autores— basta señalar aquí su carácter foral y federal, tanto con respecto a la República española como en el interior de Vasconia, y la gran amplitud de las competencias atribuidas al Estado vasco. La única cuestión muy debatida en el seno de la SEV fue quién sería competente en las relaciones entre la Iglesia y el Estado. Al final quedaron reservadas a la República española, prevaleciendo el criterio del republicano Ramón Madariaga, el principal redactor de dicho Estatuto, contando con el apoyo de José Ignacio Arana, dirigente de ANV, partido liberal y aconfesional, a pesar de que la mayoría de los miembros de la Junta Permanente de la SEV eran católicos conservadores y preferían que dichas relaciones fuesen competencia del Estado vasco. Algunos tradicionalistas plantearon que «la Sociedad ofreciera las dos fórmulas opuestas», a lo que se opuso Madariaga argumentando que «esto sería no uno, sino dos

---

[26] Acta de la reunión, firmada por los 18 alcaldes del Comité, en *Euzkadi*, 28-V-1931. La relación detallada de ellos y de sus Ayuntamientos se encuentra en Estornés, *La construcción*, pp. 358-359.

[27] *Euzkadi* y *El Liberal*, 30-V-1931. Aguirre, *Entre la libertad*, pp. 45-48. Estornés, *La construcción*, pp. 371-376.

proyectos de Estatuto»[28]. Tal era la trascendencia de la cuestión religiosa, la más candente en esos momentos, que, según fuese regulada, el texto sería liberal o clerical, desde la perspectiva de las izquierdas. Sin duda, el hecho de que en este aspecto crucial la minoría liberal y republicana se impusiese a la mayoría católica, *jeltzale* y tradicionalista, obedeció a que todos eran conscientes de que la República laica no haría dejación de su soberanía en temas tan sensibles para ella como eran la relación con el Vaticano y el régimen de cultos; en efecto, así lo confirmaría meses después la Constitución de 1931.

Según Aguirre, a las cuatro de la madrugada del 1 de junio, los primeros ejemplares del Estatuto de la SEV salían impresos y eran entregados a los alcaldes que se lo habían encargado. En los días siguientes, su texto fue publicado íntegramente por los principales diarios vasco-navarros (salvo los alaveses) y el movimiento municipal desarrolló una intensísima campaña de propaganda por todo el país, como no se había conocido nunca hasta entonces, tal y como corroboran los datos proporcionados por el propio Aguirre[29]:

> Más de cuatro millones de pasquines, cinco mil carteles murales de modernísima concepción debidos a la inspiración de Txiki [el dibujante John Zabalo], varios millones de hojas volanderas que caían sobre los pueblos desde los automóviles y desde los aeroplanos, a más de la casi diaria comunicación de la Comisión de Alcaldes con los Ayuntamientos del País.

La vida del Estatuto de la SEV fue muy efímera (apenas duró una semana), pues enseguida derechas e izquierdas vascas lo enmendaron. Tuvo importancia por ser el padre de varios proyectos autonómicos; el más conocido de todos ellos fue el denominado *Estatuto de Estella*, «un hijo nacionalista y confesional del Estatuto General del Estado Vasco», según la acertada definición de Idoia Estornés[30]. Resumimos la secuencia de hechos que, en la primera quincena de junio de 1931, transformó el anteproyecto *liberal* de la SEV en el proyecto *clerical* de Estella. Nada más divulgarse aquel texto, las fuerzas polí-

---

[28] Acta de la «Sesión Extraordinaria de la Junta Permanente del día 31 de mayo de 1931, de aprobación del Estatuto de Autonomía», *Boletín de la Sociedad de Estudios Vascos*, 50, 1931, pp. 12-14.
[29] Aguirre, *Entre la libertad*, pp. 48-50. Dio las mismas cifras el periodista católico bilbaíno Domingo de Arrese en su crónica *El País Vasco y las Constituyentes de la Segunda República*, Madrid, 1932, pp. 13-14. En dicho libro, «la causa del Catolicismo aparece íntimamente ligada con las aspiraciones estatutistas», según escribió su autor a Aguirre (carta del 16-V-1932, en CDMH, PS Bilbao, 11).
[30] Estornés, *La construcción*, p. 445.

ticas y sociales se posicionaron sobre él: tan sólo dos pequeños partidos, ANV y el Republicano Autónomo de Madariaga, lo aprobaron en su integridad, mientras que los principales partidos de las derechas (el PNV y la Comunión Tradicionalista) y de las izquierdas (el PSOE y el Partido Radical-Socialista) introdujeron enmiendas sustanciales, que dieron como resultado dos proyectos antagónicos, con los cuales concurrieron a las elecciones a Cortes Constituyentes dos grandes coaliciones. Aunque hubo varias enmiendas importantes, la más significativa de todas, la que más contribuyó a la bipolarización de Vasconia en sendos bloques irreconciliables, uno católico y otro laico, fue esta célebre cláusula concordataria: las relaciones con la Iglesia serán facultad exclusiva del Estado vasco, «el cual negociará un concordato con la Santa Sede». Resulta paradójico que los mismos sectores políticos (*jeltzales* y tradicionalistas) que, por medio de sus alcaldes, habían encomendado la redacción del anteproyecto a la SEV y que en su Junta Permanente habían aceptado que las relaciones Iglesia-Estado fuesen competencia de la República española, pocos días después acordasen lo contrario, a sabiendas de que tal cambio desnaturalizaba el texto de la SEV y lo convertía en un Estatuto distinto, de imposible aprobación por las izquierdas vascas. Ya lo había vaticinado el presidente de *Eusko Ikaskuntza*, el carlista Julián Elorza, al escribir a Ángel Apraiz, el secretario general de la SEV, en mayo: «La cuestión religiosa dividirá al País, en estos momentos en que la unión era tan necesaria y se llevará a las próximas elecciones la bandera de derechas e izquierdas que trasciende ya incluso a la redacción del Estatuto»[31]. Empero, el mismo Elorza acabó apoyando la enmienda concordataria, lo cual motivó la sorpresa y la crítica del liberal José Orueta, uno de los redactores del Estatuto de la SEV[32]:

> Fue un mal paso y muy sensible, que ya trastornó a la opinión, puso en guardia a izquierdas y derechas dispuestos [*sic*] a una lucha estéril, ya que tenía fatalmente que suceder al final lo que sucedió, esto es, que no transigiendo el Gobierno o no había Estatuto o quedaba esa facultad al Estado.

¿Qué papel desempeñó José Antonio Aguirre en esta modificación sustancial del texto en materia religiosa? Él no se atribuyó ningún protagonismo en sus memorias (escritas cuatro años después en una coyuntura muy distinta), en las cuales relató los hitos sucesivos que

---

[31] Carta del 19-V-1931, en el Archivo de la Sociedad de Estudios Vascos, citada por Estornés, *La construcción*, p. 394.
[32] Orueta, *Fueros*, pp. 191-192.

convirtieron el anteproyecto de la SEV en el proyecto de Estella[33]. Ciertamente, los conoció y secundó las enmiendas introducidas por el PNV y aprobadas por los Ayuntamientos en la Asamblea de Azpeitia, a la que asistió, y en la de Estella, que presidió como alcalde de Getxo. La mencionada historiadora Estornés creyó ver en la cláusula del Concordato «una imposición de partido, en especial del sector Aguirre [del PNV], imposición dictada por la jerarquía eclesiástica»; pero no se conoce ninguna prueba documental que confirme esta hipótesis[34]. El objetivo de sustraer las relaciones con la Iglesia a la República española y otorgárselas al País Vasco era un deseo compartido por muchos católicos de distintas ideologías desde los sucesos anticlericales de mayo y manifestado por casi toda la prensa derechista, que criticó en este punto el texto aprobado por la SEV: así, *La Gaceta del Norte*, del influyente católico José María Urquijo; el diario monárquico *El Pueblo Vasco* de Bilbao, propiedad de la familia Ybarra; el fuerista *El Pueblo Vasco* de San Sebastián, dirigido por Rafael Picavea (*Alcíbar*); *La Constancia* de Juan Olazábal, el jefe del Partido Integrista; *El Pensamiento Navarro*, órgano oficial del carlismo; el navarrista *Diario de Navarra* de Raimundo García (*Garcilaso*) y los diarios *jeltzales Euzkadi*, *El Día* y *La Voz de Navarra*. Recordemos que el PNV se había reunificado en 1930 con unas bases doctrinales que ratificaban la vigencia del lema aranista *Dios y Ley Vieja* en estos términos inequívocos: «El Nacionalismo Vasco proclama la Religión Católica como única verdadera» y «Euzkadi [...] será Católica, Apostólica y Romana». En la primavera de 1931, Luis Arana, el hermano del fundador del PNV, publicó una serie de artículos en el diario *Euzkadi*, incluyendo la facultad de concordar con Roma entre las «reservadas para sí por Euzkadi», porque «somos cristianos, y vascos por añadidura», y criticando a la Sociedad de Estudios Vascos por conceder tal facultad al Estado español[35]. También otros destacados *jelkides*, como Engracio Aranzadi y Jesús María Leizaola, consideraban necesario disponer de dicha competencia. Esto resultaba coherente con la ideo-

---

[33] Aguirre, *Entre la libertad*, capítulo IV.

[34] Estornés, *La construcción*, p. 449, nota 14. En el libro *La Diócesis de Vitoria. 150 años de Historia (1862-2012)*, ESET/Obispado de Vitoria, Vitoria, 2013, p. 302, Santiago de Pablo indica que el obispo Mateo Múgica escribió al gobernador civil de Bizkaia desmintiendo que él mismo y los jesuitas fuesen los promotores del movimiento municipal, y que no se menciona el Estatuto de Estella en la documentación existente en el Archivo Histórico Diocesano de Vitoria, ni tampoco en la publicada del Archivo Secreto Vaticano.

[35] Artículos reunidos en el folleto *Euzkadi en demanda de su soberanía*, Bilbao, 1931: cf. en especial el titulado «Euzkadi sabrá hacer un Concordato con Roma» y publicado el 31 de mayo de 1931, el mismo día de la aprobación del Estatuto de la SEV.

logía clerical predominante en el PNV en 1931 y con su gran interés por atraerse a las masas católicas vascas, temerosas por la caída de la Monarquía católica y la llegada de la República laica, y susceptibles de adherirse a las fuerzas tradicionalistas que incluían en su lema el binomio *Dios y Fueros*. El PNV no iba a dejar la defensa de la Iglesia en manos del carlismo vasco-navarro renaciente y decidió introducir la autonomía religiosa en el proyecto, aunque suponía granjearse la hostilidad de los sectores republicano-socialistas y dificultaba considerablemente la aprobación del Estatuto vasco en las próximas Cortes Constituyentes. No cabe duda de que Aguirre asumió estos planteamientos en su triple condición de propagandista católico, dirigente nacionalista y líder del movimiento de alcaldes.

Aun sin descartar por completo la posibilidad de que la enmienda concordataria fuese sugerida al PNV por personalidades monárquicas, católicas o eclesiásticas, según sostuvieron algunos testigos de la época, lo cierto históricamente es que el PNV fue el primer partido que la aprobó el 7 de junio, tres días antes de la Comunión Tradicionalista (CT), junto con otras modificaciones importantes, como la que requería diez años de residencia en el País Vasco a los emigrantes de otras regiones para tener derechos políticos[36]. El hecho de que las enmiendas del PNV y la CT fuesen casi las mismas, como reconoció Aguirre, demostraba su cercanía ideológica en 1931. Asimismo, el que sus enmiendas fuesen aprobadas inmediatamente por los Ayuntamientos guipuzcoanos en Azpeitia y vasco-navarros en Estella ratifica la afirmación de que «el movimiento de los alcaldes estaba teledirigido por las autoridades jelkides y, en menor medida, tradicionalistas, sin cuyo apoyo incondicional no hubiese alcanzado una dimensión tan grande en los primeros meses de la República»[37].

Ambos partidos fueron unidos el 11 de junio a la Asamblea de Azpeitia, que Aguirre calificó de *magnífica* y de anticipo del entusias-

---

[36] *Euzkadi*, 9/11-VI-1931. Aguirre asistió como apoderado de Getxo a la Asamblea Nacional del PNV, celebrada en San Sebastián el 7 de junio, que aprobó cuatro enmiendas significativas al anteproyecto de la SEV, acentuando «la soberanía del Estado Vasco». Como declaración previa, dicha Asamblea ratificó «la aspiración invariable del P.N.V. a la independencia de Euzkadi», pero consideró que no había «llegado, desgraciadamente, el momento de llevar a la práctica aquella aspiración» [Acta en el Archivo del Nacionalismo (AN), Fondo PNV, caja 202, carpeta 20].

[37] Granja, *Nacionalismo*, p. 162, donde se citan los testimonios de Koldo Mitxelena (PNV), Justo Gárate (ANV) y Bernardo Estornés Lasa (PNV y SEV): el primero consideró la cláusula concordataria una maniobra de la Compañía de Jesús, mientras que los otros dos señalaron al monárquico Fernando Valle Lersundi, concejal de Deba, como el introductor de dicha enmienda; pero no hay documentos escritos que corroboren ambas opiniones.

mo que culminó tres días después en la de Estella. En Azpeitia se reunieron 81 de los 89 Ayuntamientos guipuzcoanos, si bien los ausentes representaban más del 40 por 100 de la población de la provincia, y aprobaron diez enmiendas al texto de la SEV, entre ellas la del Concordato, presentada por cuatro alcaldes *jelkides* y uno tradicionalista, plenamente conscientes de la trascendencia de esta modificación, según ponía de manifiesto su propuesta: «La fórmula contenida en el proyecto de Estatuto no satisface las aspiraciones del País Vasco, que al dejar al arbitrio del Poder central una cuestión tan vital como la de determinar las relaciones entre el Estado y la Iglesia, renunciaría a una autonomía mucho más importante que las demás que en el Estatuto se reclaman». Por tanto, consideraban que la facultad más importante del Estatuto era la autonomía religiosa. Dicha propuesta fue aprobada por aclamación y aplaudida calurosamente por los representantes municipales, al igual que el *brioso* discurso, «lleno de fervor vasquista», de Aguirre, según la crónica del diario *Euzkadi*[38]. Además, la entente cordial entre el PNV y la CT se plasmó en dos reivindicaciones acordadas en Azpeitia: la reintegración foral y la desaparición de las Gestoras provinciales. No en vano la reunión de Azpeitia fue una réplica a la Gestora de Gipuzkoa, que había convocado a los Ayuntamientos para el día 14. Cabe resaltar que la enmienda concordataria fue introducida y aprobada en Gipuzkoa, donde la relación entre ambos partidos era buena y su fuerza equilibrada, lo que propiciaba la formación de un bloque electoral católico, todo lo contrario de lo que sucedía en esos momentos en Navarra; de ahí que la magna asamblea de los municipios vasco-navarros no pudiese celebrarse en Pamplona, como habían anunciado los alcaldes, el 14 de junio.

Para ese día se había convocado en la misma capital un mitin de afirmación católica y fuerista, que contaba con el apoyo de los tradicionalistas y del *Diario de Navarra*, contrario al Estatuto vasco, y el gobernador civil de Navarra lo autorizó y suspendió la asamblea municipal. En sus memorias, Aguirre detalló sus múltiples gestiones políticas y religiosas (incluso visitas al obispo Tomás Muniz) para que tuviese lugar en Pamplona, y cómo, al no tener éxito, él mismo propuso trasladarla a Estella en una reunión de alcaldes y dirigentes del PNV, entre ellos el estellés Manuel Irujo, quien hizo rápidamente las gestiones necesarias para que se pudiese celebrar en su ciudad natal. Es una prueba más de la dirección del PNV sobre el movimiento mu-

---

[38] *Euzkadi*, 12-VI-1931.

nicipalista, así como del liderazgo político de Aguirre, que se consagró en la Asamblea de Estella, hasta el punto de ser calificado de «héroe de esta jornada»[39].

La campaña de propaganda iniciada en abril culminó el 14 de junio en Estella, adonde acudieron miles de personas con neto predominio de los nacionalistas, según reflejaban sus símbolos: la profusión de *ikurriñas*, el canto del himno *Euzko Abendaren Ereserkia*... Los actos principales fueron una misa en la plaza de los Fueros y la asamblea por la mañana y un mitin en la plaza de toros por la tarde. A dicha asamblea, celebrada en el Teatro Estellés, asistieron unos 300 Ayuntamientos y estuvieron representados 485 de los 549 Ayuntamientos de las cuatro provincias, pero los que faltaron, de mayoría izquierdista, sumaban casi la mitad de la población de Vasconia, al figurar entre ellos las cuatro capitales y municipios muy poblados. Aguirre, cabeza visible del movimiento de alcaldes, dirigió la asamblea, en la cual se ratificaron las enmiendas aprobadas en Azpeitia y se añadieron varias más, que acentuaban la soberanía vasca, suprimían los lazos con la República española, reforzaban el protagonismo de los Ayuntamientos y daban preferencia a Navarra. Además, a propuesta del representante *jelkide* de Bermeo, los municipios reunidos declararon que la aprobación de ese Estatuto no suponía renunciar a la reintegración foral plena mediante la derogación de las leyes de 1839 y 1841. Todo ello confirió un carácter confederal, partidista e instrumental al Estatuto de Estella, muy distinto del anteproyecto federal de la SEV, pues la autonomía era sólo una etapa en el camino hacia la restauración de los Fueros, meta del PNV y de la CT. Como escribió Idoia Estornés, «en Estella lo que se hace es remendar el texto de EI [*Eusko Ikaskuntza*] a gusto de carlistas, nacionalistas confesionales y derecha católica indeterminada. Nacionalismo y confesionalismo hacen reverdecer los laureles del viejo lema *Dios y Fueros*»[40]. Así lo confirmó el mitin de esa misma tarde, en especial el discurso emocionado de Aguirre, que fue aclamado por la muchedumbre enfervorizada[41], al afirmar que con el Estatuto recién apro-

---

[39] Expresión del alcalde de Sangüesa, Agustín Blanco (PNV), reproducida por *Euzkadi*, 16-VI-1931, que publicó una detallada crónica de la Asamblea de Estella, al igual que otros diarios vascos de ese día y los libros citados de Arrese, pp. 21-29, y Aguirre, pp. 66-83. Éste se volcó en elogios: «recuerdo imborrable», «espectáculo majestuoso», «memorable Asamblea»...

[40] Estornés, *La construcción*, p. 466.

[41] He aquí la impresión que causó a la joven Mari Zabala, su futura esposa: «Estuvo muy acertado y aquel día me sorprendió, porque me di cuenta de la capacidad que tenía para arrastrar a la gente. Tenía carisma con la gente, hablaba mucho y era muy simpático»

bado «hemos ratificado el espíritu de nuestro lema Jaungoikoa eta Lagi-zarra», al homenajear a Sabino Arana y al concluir con otro de los lemas del fundador del PNV: «Nosotros para Euzkadi y Euzkadi para Dios». Lemas compartidos por el tradicionalista Julián Elorza, el presidente de la SEV, quien, invocando a la Virgen del Puy, patrona de Estella, y a su fe católica, cerró el mitin con esta arenga: «Por nuestro lema inmortal: Dios y Fueros. Jaungoikoa eta Lege Zarrak. ¡Viva Navarra! ¡Gora Euzkadi!». Por consiguiente, la adhesión al Estatuto de Estella conllevaba la defensa de la religión católica y la reivindicación de los Fueros: tales fueron los factores aglutinantes de las derechas en junio de 1931. Un testigo presencial, el entonces joven monárquico José María Areilza, describió en sus memorias la diversidad de fuerzas unidas en el «acto de Estella, pintoresco, popular, ferviente»[42]:

> Carlistas y monárquicos fueron en conjunción estrecha con los nacionalistas a ese combate en que se buscaban también objetivos diferentes. Los unos trataban de encontrar aliados para acabar con la República; los otros, de poner un valladar a la marea antirreligiosa; los de más allá, de sumar adictos al propósito de la autonomía regional.

El éxito de esta asamblea convirtió a José Antonio Aguirre en el nuevo líder no sólo del PNV, sino de las derechas católicas vascas, cuya alianza política fue la principal consecuencia del Estatuto de Estella. Así lo prueba el hecho de que el EBB, «visto el feliz resultado de la Asamblea de Ayuntamientos», apoyase las candidaturas promovidas por el movimiento municipal «que defiendan íntegramente en las Cortes Constituyentes de España aquel Estatuto»[43]. De inmediato, la Comisión de alcaldes empezó sus gestiones para formar un bloque electoral cuyo programa fuese la defensa de los principios religiosos y de los postulados autonómicos contenidos en el Estatuto de Estella. La base de dicho bloque tenía que ser el PNV, según Aguirre, presidente de dicha comisión y figura clave en la gestación de la coalición católica. Como él mismo reconoció, la formación de esas

---

(VVAA, *Conversaciones*, p. 21); «tenía un gran encanto personal; sabía hablar y atraer, y la gente le quería. Era fundamentalmente un orador de mitin, especialmente brillante ante grandes multitudes» [Ibarzabal, Eugenio: *50 años de nacionalismo vasco 1928-1978 (a través de sus protagonistas)*, Ediciones Vascas, San Sebastián, 1978, p. 381]. Aguirre recordaba la Asamblea de Estella como una de las fechas más memorables de su vida (*Euzkadi*, 29-VI-1933).

[42] Areilza, José María de: *Así los he visto*, Planeta, Barcelona, 1974, p. 106.

[43] Decreto del Euzkadi-Buru-Batzarra (EBB, Consejo Nacional del PNV) en *Euzkadi*, 17-VI-1931.

candidaturas fue fácil en Bizkaia y Gipuzkoa, pero difícil en Navarra e imposible en Álava, a pesar de la activa intervención de influyentes sectores católicos, muy interesados en la unión de todas las derechas de Vasconia en una gran coalición defensora de la Iglesia ante la República española[44].

La hegemonía del PNV quedó patente en Bizkaia, dividida en dos circunscripciones: en la de la capital los cuatro candidatos eran *jelkides* y también dos de los tres que se presentaban en la de la provincia, en la cual figuraba Aguirre. El único no *jelkide* fue el tradicionalista Marcelino Oreja, amigo de Aguirre y, como él, destacado propagandista católico, que se definió así: vasco, fuerista, «católico a machamartillo y defensor y propagador de la doctrina de Cristo»[45]. En Gipuzkoa se dio un equilibrio de fuerzas, pues la candidatura de los alcaldes reunió al peneuvista Jesús María Leizaola, el tradicionalista Julio Urquijo (hermano de José María Urquijo, el fundador de *La Gaceta del Norte* y constante impulsor de la unión de los católicos), el canónigo de la catedral de Vitoria Antonio Pildain y el fuerista Rafael Picavea, independiente pero próximo al PNV, propietario de *El Pueblo Vasco* de San Sebastián. Dichos diarios y los del PNV propiciaron la configuración del bloque católico vasco en junio de 1931. Éste no se pudo formar en Álava por la negativa del tradicionalista José Luis Oriol a pactar con el PNV[46]. Miembro destacado de una de las principales familias capitalistas vizcaínas, pero afincado en Álava, Oriol lanzó su candidatura bajo el lema *Dios y Fueros* unos días antes de la asamblea de Ayuntamientos; tras ella apoyó el Estatuto de Estella, en defecto de la reintegración foral, mas no se avino a llegar a un acuerdo con la Comisión de alcaldes, por lo que ésta aceptó el candidato del PNV: el periodista alavés Pantaleón Ramírez de Olano, director del diario *Euzkadi*. Por tanto, se dio la contradicción de que dos católicos que propugnaban el mismo Estatuto competían entre sí. Esta división favoreció el triunfo del candidato republicano de las izquierdas unidas en Álava.

En el caso de Navarra, sí se logró el bloque católico, pero fue *in extremis*, apenas seis días antes de los comicios del 28 de junio. Allí las relaciones entre el PNV y las derechas tradicionalistas y navarris-

---

[44] Aguirre, *Entre la libertad*, pp. 85-91.
[45] *Euzkadi*, 24-VI-1931.
[46] Las coaliciones eran difíciles en Álava al no haber escaños a repartir: dada su escasa población, los electores sólo podían votar a un único candidato, aunque saliesen electos dos diputados por la provincia, según el sistema mayoritario con voto restringido imperante durante la II República.

tas eran malas y empeoraron gravemente tras las elecciones municipales parciales del 31 de mayo en Pamplona por la abstención del PNV en ellas: las derechas le culparon de su pérdida de la alcaldía, que pasó a los republicanos. Su rivalidad se concretó en la existencia de dos candidaturas antes de la Asamblea de Estella: la católico-fuerista y la *jelkide*, encabezada por el exdiputado Manuel Aranzadi. En ésta figuraba su primo Manuel Irujo, quien reflejó bien la situación política en una carta al presidente del PNV escrita al término de dicha asamblea el 14 de junio[47]:

> Aquí vamos a las elecciones forzados. Los momentos en Navarra son de una absurda política de derechas «Viva Cristo Rey, sin más contenido de doctrina ni de acción»; o de izquierdas «Viva la república, aunque eso no diga nada concreto». Y nosotros que no somos ni esas derechas, ni esas izquierdas, nos quedamos fuera del tren de opinión general. Por eso, lo probable va a ser que, las derechas obtengan la mayoría, las izquierdas la minoría, y nosotros nos quedemos sin nada.

Para asegurar que el PNV tuviese un diputado navarro que defendiese el Estatuto vasco en las Cortes, Irujo le propuso que Aranzadi se presentase a la vez por Navarra y por Bizkaia-provincia, el feudo del PNV. Esa doble candidatura acabó existiendo, pero no estuvo personificada por Aranzadi sino por Aguirre, quien aceptó presentarse también en la lista derechista, sustituyendo en ella al canónigo integrista Hilario Yaben, que era contrario al Estatuto vasco y partidario del Estatuto navarro. Los otros cuatro candidatos no variaron: fueron los carlistas Joaquín Beunza y Tomás Domínguez Arévalo, conde de Rodezno, y los católicos independientes Rafael Aizpún y Miguel Gortari, representantes de las fuerzas mayoritarias en Navarra. Su hegemonía quedó de manifiesto en que, para formar parte de ella, el PNV tuvo que asumir su veto a Aranzadi, la denominación de «candidatura católico-fuerista», en vez de «defensora del Estatuto Vasco», y esta fórmula de compromiso con los objetivos de dicha coalición: «La defensa de los altos intereses de la Iglesia, la plena reintegración foral y el Estatuto que Navarra apruebe». Así quedaba claro el orden de prelación para dichas fuerzas: primero la Iglesia, después los Fueros y, por último, el Estatuto que aprobase Navarra, que podía no ser el de Estella, dado que eran enemigos de él destacados tradicionalistas, como el exdiputado Víctor Pradera, y navarristas como Raimundo García, el director del influyente *Diario de Navarra*[48]. Aguirre afirmó que la Comisión de

---

[47] Carta de Manuel Irujo a Ramón Bikuña en CDMH, PS Bilbao, 194.
[48] *Diario de Navarra*, 20 y 24-VI-1931.

alcaldes aceptó esa fórmula en aras de «la unidad del País». En el seno del PNV, la solución adoptada supuso que el EBB de Bikuña se impuso al NBB de Aranzadi, el cual tuvo que publicar un decreto retirando su candidatura nacionalista y ordenando a sus afiliados que «apoyen como propia y en su totalidad, la candidatura de coalición [...] en la que figura el ilustre nacionalista don José Antonio de Agirre, alcalde de Getxo, representante de la Comisión Permanente de Ayuntamientos Vascos promovedores del movimiento municipalista pro Estatuto Vasco, alma y autor de ese movimiento»[49]. El 25 de junio, el órgano oficial del PNV informaba de las «laboriosas gestiones» habidas para vencer «las resistencias» de Aguirre a su ingreso en dicha coalición y la razón de él: «Agirre, alma y nervio de la Asamblea de Estella, representa en los actuales momentos el triunfo del Estatuto en Navarra». El PNV, muy débil en este territorio, era consciente de que sólo así podía conseguir un diputado por Navarra, aunque ello implicaba la postergación de su organización navarra y la defenestración de su dirigente Aranzadi, quien tampoco fue incluido en la lista de Bizkaia-provincia, con lo que no volvió a ser diputado[50]. ¿Quiénes intervinieron en esas «laboriosas gestiones»? Aunque las negociaciones se llevaron en secreto, Idoia Estornés sostiene que, en lo que denomina la «operación Aguirre» para unificar las derechas en Navarra, participó la plana mayor de la Acción Católica, que se reunió en Pamplona: su presidente Romá; Aguirre, presidente de las Juventudes Católicas de Bizkaia; José Sánchez Marco, presidente del Partido Integrista y de la Acción Católica de Navarra, y Luis María Vilallonga, fundador de las Juventudes Católicas y miembro de la Asociación Católica Nacional de Propagandistas, en contacto con el obispo de Pamplona, Tomás Muniz[51]. Está confirmada la decisiva intervención de Vilallon-

---

[49] Decreto del Napar-Buru-Batzar (NBB) en *Euzkadi*, 25/27-VI-31. Hasta el 23 de junio *Euzkadi* publicó la candidatura nacionalista por Navarra, junto con las candidaturas defensoras del Estatuto vasco por Bizkaia, Gipuzkoa y Álava.

[50] En septiembre de 1931, Manuel Aranzadi dimitió como presidente del NBB y vicepresidente del EBB, distanciándose del PNV. En enero de 1936, Irujo volvió a proponerle como candidato a diputado, esta vez por Gipuzkoa, sin éxito de nuevo. Y en julio de 1936, Aranzadi se dio de baja del PNV por discrepar de su posición pro republicana en la Guerra Civil.

[51] Estornés, *La construcción*, pp. 504-508. En el mismo sentido, Serrano, Ana María: «Las elecciones a Cortes Constituyentes de 1931 en Navarra», *Príncipe de Viana*, 188, 1989, pp. 693-700; Ferrer, Manuel: *Elecciones y partidos políticos en Navarra durante la Segunda República*, Gobierno de Navarra, Pamplona, 1992, pp. 282-287; y Dronda, Javier: *Con Cristo o contra Cristo. Religión y movilización antirrepublicana en Navarra (1931-1936)*, Txalaparta, Tafalla, 2013, p. 256: «Fue clave la mediación de miembros de la AC y del propio clero (el vicario Ezequiel Seminario, por encargo del obispo)». La movilización religiosa de la Acción Católica de Navarra fue enorme: en junio de 1931

ga, yerno del gran naviero nacionalista Ramón de la Sota Llano, en la incorporación de su amigo Aguirre a la candidatura católico-fuerista, pues Aguirre, Irujo y él mismo lo reconocieron[52]. Asimismo, es indudable que la religión fue el cimiento que sustentó la coalición de las derechas y solventó sus notorias divergencias políticas e ideológicas. En una conferencia que dio en el Centro Vasco de Pamplona el 19 de junio, mientras negociaba la lista por Navarra, Aguirre afirmó con rotundidad: «Dios debe presidir todos nuestros actos». En su único mitin electoral en Navarra, celebrado el 25 de junio en Estella, Aguirre coincidió con el conde de Rodezno y Sánchez Marco en la defensa de la religión y los Fueros. Y la víspera de las elecciones, el diario *Euzkadi* instaba a votar a los candidatos defensores del Estatuto de Estella para «salvar la religión», porque la suya era «la candidatura de la paz y del respeto a la Religión»[53].

En junio de 1931, la cuestión religiosa contribuyó decisivamente a la polarización de la sociedad vasca en dos grandes bloques, que enfrentaron a las derechas clericales con las izquierdas anticlericales en las elecciones a Cortes Constituyentes. La principal línea de ruptura (*cleavage*) fue la religión, y no la autonomía en sentido estricto. Al final se dio la paradoja de que el Estatuto de la SEV, encargado por las derechas, fue asumido íntegramente por una parte de las izquierdas, en especial el republicano Madariaga y ANV. Éstos lograron que las cuatro Comisiones Gestoras lo acabaran aprobando con algunas modificaciones, mucho menos importantes que las de Estella. En efecto, «este nuevo hijo [del Estatuto] de la SEV […] resultó ser el texto más cercano a la fuente de todos los elaborados hasta el momento»[54]. Esto sucedió el 21 de junio, justo una semana después

---

recogió más de cien mil firmas de protesta por la expulsión de España del cardenal Pedro Segura, el primado de Toledo, por el Gobierno de Alcalá-Zamora, teniendo en cuenta que la población de Navarra era de 350.000 habitantes. También protestó la Junta de Acción Católica de Bizkaia, en la que figuraba Aguirre al lado de destacados *jeltzales* (José Horn y Federico Zabala Allende), tradicionalistas (Esteban Bilbao y Marcelino Oreja) y católicos independientes (José María Urquijo y Luis Vilallonga). *La Tarde*, 16-VI-1931.

[52] Aguirre, *Entre la libertad*, pp. 90-91. Irujo, «Breve biografía de Agirre», en VVAA, *Conversaciones*, p. 52. Vilallonga, Luis M., *El informe Vilallonga*, Víctor Pozanco, Barcelona, 1977, pp. 40-41, y carta publicada en la revista *Muga*, 5, 1980, pp. 95-96: A su requerimiento de incluir a un representante del PNV en la candidatura derechista, «aquellos políticos —los Rodezno, Beunza, Gortari y otros— me daban por respuesta: Aceptamos, con una condición, que el nacionalista sea José Antonio Aguirre». En esto pudo influir que era propagandista católico y muy popular tras la Asamblea de Estella. Vilallonga hizo también de mediador en Álava, entre Oriol y el PNV, pero no tuvo éxito.

[53] *Euzkadi*, 20 y 27-VI-1931. *La Voz de Navarra* y *Diario de Navarra*, 26-VI-1931.

[54] Estornés, *La construcción*, p. 492.

de la asamblea de Ayuntamientos y una semana antes de las elecciones; pero entonces el PNV no aceptaba más Estatuto que el de Estella. Así lo reconoció Aguirre, quien criticó la tardanza de las Gestoras en tomar esa decisión y la atribuyó a la labor desarrollada por Madariaga y dos gestores vizcaínos de ANV. En una asamblea municipal celebrada en Bilbao el 19 de junio, el mismo Aguirre afirmó con rotundidad: «Nosotros tenemos un Estatuto, es el de Estella», y se opuso al acuerdo de una veintena de Ayuntamientos vizcaínos, en su mayoría de izquierdas, que representaban a cerca de dos tercios de la población de la provincia, aprobando el texto de la SEV sin enmiendas y rechazando la Asamblea de Estella[55].

La breve campaña electoral dejó meridianamente claro que la diferencia esencial entre el Estatuto de las derechas y el de las izquierdas era la cláusula concordataria, que sirvió para aglutinar a las derechas y enfrentarlas con las izquierdas. Ella sola bastaba para que hubiese dos Estatutos sustancialmente distintos: el que la incluía y el que la excluía. Y así lo admitió el diario *Euzkadi* cuando escribió el mismo día de los comicios: «En qué estriba la distinción entre votar por el Estatuto de Estella o en contra de él: En que los vascos reserven para sí, sin entregarlo al Gobierno de Madrid, el derecho a celebrar un Concordato con la Iglesia católica». Con él los sectores más integristas, encabezados por el tradicionalismo, querían convertir a Navarra, y por ende a toda Vasconia, en *la nueva Covadonga*[56], mientras que para Prieto las derechas pretendían crear «un nuevo Gibraltar reaccionario y clerical» o «una seudorrepubliquita católica dirigida por los jesuitas de Loyola». Así lo manifestó en el mitin principal del Bloque republicano-socialista, celebrado en Bilbao el 26 de junio, en el que rechazó el Estatuto de Estella por ser contrario al Pacto de San Sebastián y criticó con acritud al PNV: los nacionalistas «no se dan cuenta de que el Estatuto vasco tiene que ser una obra de concordia y transigencia», primero dentro del País Vasco y después respecto de toda España, y que sin esa concordia «no es posible ningún Estatuto», habida cuenta de que los Estatutos de autonomía debían de ser aprobados por las Cortes republicanas. El órgano oficial del PNV consideró a Prieto enemigo del Estatuto y reafirmó el carácter confesional del proyecto de Estella: «El Estatuto es católico». En sus

---

[55] Aguirre, *Entre la libertad*, pp. 94-95. *Euzkadi* y *El Liberal*, 20-VI-1931. Estornés, *La construcción*, pp. 487-491.

[56] Esta expresión fue empleada por Manuel Senante, exdiputado por Azpeitia y dirigente del Partido Integrista, en el mitin celebrado en Pamplona el 14 de junio de 1931, y mencionada por Aguirre: «Entonces éramos la "Covadonga moderna"» (p. 129).

memorias, Aguirre escribió que las «expresiones acatólicas y anticatólicas» de Prieto denotaban «muy mal gusto» y «fueron producto de la mala fe»[57]. En esos momentos, ambos líderes eran enemigos políticos acérrimos; se hallaban muy lejos de imaginar que pocos años después acabarían siendo los padres del Estatuto vasco, que sería fruto de su entente cordial en 1936. La doble concordia, mencionada por Prieto en su discurso, era imprescindible entre el nacionalismo y las izquierdas para sacar adelante el Estatuto; pero en 1931 predominó la discordia entre ellos, sobre todo por la cuestión religiosa, reflejada en su célebre expresión *Gibraltar vaticanista*, referida al polémico Concordato del Estatuto de Estella, que hizo fortuna entonces y ha llegado hasta nuestros días[58].

El 28 de junio de 1931, la coalición de las derechas vascas logró quince diputados (seis *jeltzales*, cinco tradicionalistas y cuatro católicos independientes), frente a los nueve de la coalición de izquierdas (seis republicanos y tres socialistas), siendo Vasconia la única comunidad en la que resultaron derrotadas las fuerzas republicanas. Con el 56 por 100 de votos (todos varones, dado que las mujeres no pudieron votar hasta 1933), el Bloque católico había triunfado en las urnas, pero su victoria no fue abrumadora, pues el Bloque republicano-socialista había ganado en las cuatro capitales, los municipios más industriales vizcaínos y guipuzcoanos, la Rioja alavesa y la Ribera navarra, coincidiendo, por tanto, con los Ayuntamientos ausentes de la Asamblea de Estella. En suma, bipolarización de la opinión pública por la candente cuestión religiosa, y predominio, pero no hegemonía, de las derechas católicas caracterizaron a las elecciones constituyentes en Vasconia. En ellas Aguirre salió elegido en las dos circunscripciones por las que concurrió: Bizkaia-provincia (con 16.608 sufragios fue el más votado de la candidatura) y Navarra (con 46.419 fue el tercero, por detrás de los candidatos católicos independientes y por delante de los carlistas). Optó por conservar el escaño de Navarra, donde el PNV era débil, y renunciar al acta de Bizkaia-provincia, donde era el partido más fuerte, por lo que no tuvo dificultad en conseguir otro diputado al repetirse la elección el 4 de octubre de 1931: relegado otra vez Aranzadi, propuesto por los *jeltzales* navarros, fue elegido el dirigente sindical

---

[57] *El Liberal*, 27-VI-1931. *Euzkadi*, 28-VI-1931. Aguirre, *Entre la libertad*, pp. 93-94.

[58] Nada más ser elegido diputado por Bilbao, donde venció claramente, el ministro Prieto declaró: «España no puede tolerar que aquel territorio [el País Vasco-navarro] se convierta en un Gibraltar vaticanista», en *El Liberal*, 30-VI-1931. Esta expresión también fue citada por Aguirre (pp. 93 y 535).

Manuel Robles Aranguiz. Así, el PNV tuvo seis diputados en las Cortes Constituyentes: cuatro por Bizkaia, uno por Gipuzkoa y otro por Navarra.

Tras su victoria, el mismo Aguirre, el PNV y el movimiento de alcaldes otorgaron un *carácter plebiscitario* a estos comicios: «El gran plebiscito vasco. Euzkadi por el Estatuto de Estella», fue el titular a toda plana del diario *Euzkadi*[59]. Con tal argumento consideraron que no era necesario someterlo a referéndum, incumpliendo así uno de los requisitos acordados en el Pacto de San Sebastián. Se trataba de otra diferencia flagrante con Cataluña, cuyo proyecto de Nuria fue refrendado por el pueblo en agosto de 1931, antes de ser presentado a las Cortes Constituyentes. Eso no sucedió con el texto de Estella y era un motivo más para que estuviese condenado a morir en el Parlamento republicano, de neta mayoría laica y de izquierdas.

Visto en perspectiva histórica, la opción del PNV de Aguirre por el Estatuto y la coalición de Estella fue un arma de doble filo. Por un lado, le sirvió para atraer a sus filas a muchos católicos vascos, coadyuvando así a su enorme expansión en el primer bienio republicano y a su consolidación como un gran movimiento interclasista de masas, hasta llegar a ser el primer partido de Euskadi en 1933. Empero, por otro lado, su alianza con el carlismo, fuerza antisistema y antidemocrática que buscaba la subversión violenta del régimen republicano, contribuyó, en 1931, al absoluto fracaso del Estatuto vasco. Éste era el objetivo político prioritario del PNV en la República, al considerar inviables tanto la restauración de los Fueros, su meta oficial desde el manifiesto de 1906, como la independencia de Euskadi, su «aspiración invariable», según ratificó su Asamblea Nacional el 7 de junio de 1931, en el mismo momento en que aprobó las primeras enmiendas al anteproyecto de la Sociedad de Estudios Vascos, que acabaron por desnaturalizarlo y convertirlo en el proyecto de Estella, de imposible aprobación por las Cortes.

II. EL NAUFRAGIO DEL ESTATUTO DE ESTELLA

Justo una semana después de las elecciones, el 5 de julio, los quince diputados católicos se reunieron en un hotel de San Sebastián y acordaron formar un grupo parlamentario con la denominación de

---

[59] *Euzkadi*, 30-VI-1931. Aguirre, *Entre la libertad*, pp. 92, 96, 131 y 140. Declaración de los alcaldes de Sangüesa, Getxo, Azpeitia y Llodio, añadida como exposición de motivos al texto del Estatuto de Estella.

«minoría vasco-navarra». Este nombre, en vez de «minoría vasca», fue una nueva concesión del PNV a sus aliados, según admitió Aguirre, quien resumió el contenido del «Pacto del Hotel de Londres» así: «Defensa de los ideales religiosos, la reintegración foral plena y concretamente la defensa del Estatuto vasco como parte política mínima y común»[60]. Se trataba de la misma tríada de la candidatura católico-fuerista de Navarra, como señaló el jefe de la minoría, Joaquín Beunza, en su primer discurso en las Cortes Constituyentes, pronunciado el 29 de julio. De nuevo el Estatuto figuraba en último lugar, detrás de la religión y los Fueros, y sin especificar que era el de Estella, pues aún faltaba su ratificación por la mayoría de los Ayuntamientos navarros, hecho que tuvo lugar en una asamblea celebrada en Pamplona el 10 de agosto. Desde entonces el objetivo parlamentario de dicha minoría fue defender el proyecto de Estella, sobre todo su Concordato vasco: tal era la «sustancial diferencia» entre el Estatuto de las derechas y el de las izquierdas, aprobado por las Comisiones Gestoras, según un manifiesto de varios alcaldes navarros (entre ellos el *jeltzale* de Sangüesa), que identificaban a la coalición vencedora en los comicios con el lema de «Dios, Fueros y Orden social»[61]. El mismo Beunza reconoció que se habían aliado gentes de distintas ideologías: monárquicos, tradicionalistas y nacionalistas. Estos últimos se consideraban *antimonárquicos*, como se definió Aguirre al resaltar que el dilema de Monarquía o República no formaba parte del programa mínimo de la minoría, de la cual él fue designado secretario por ser el más joven de sus miembros.

Las nuevas Cortes republicanas iban a ser inauguradas el 14 de julio. Dos días antes la Comisión de alcaldes organizó en Gernika un acto de despedida a sus diputados, que fue, además, un homenaje al líder del movimiento municipal, José Antonio Aguirre, a quien el alcalde de la villa foral, Severo Altube, hizo entrega de un bastón de mando, costeado por suscripción popular. Dicho acto, que tuvo amplio eco mediático y repercusión política, representó la apoteosis de Aguirre, vitoreado de nuevo por la multitud, como un mes antes en Estella. Hubo otros aspectos comunes a ambos eventos: el predominio de los nacionalistas, con sus banderas, su himno y el desfile de 1.500 *mendigoizales* o montañeros (grupos de choque del PNV), la solemne misa de campaña en la plaza y el mitin político, si bien los discursos de los diputados fueron mucho más radicales, al calor de su reciente triunfo electoral y del entusiasmo de la muchedumbre con-

---

[60] Aguirre, *Entre la libertad*, pp. 96-98.
[61] *Euzkadi*, 5-VII-1931.

gregada (entre 30.000, según *Euzkadi*, y 50.000 almas, según Arrese y Aguirre)[62]. Este último fue muy elogiado, en especial por el carlista José Luis Oriol con estas palabras:

> Cuando en los momentos solemnes de la vida de un Pueblo creyente y lleno de fe, se pide, Dios concede, y Dios nos ha concedido, en estos momentos, algo esencial para iniciar nuestro camino, un hombre providencial que surgió en la coyuntura y vino a dar a este movimiento, un movimiento de raíz foral, un movimiento de substancia de raza, el movimiento de sus Ayuntamientos. Este hombre es Aguirre. Su nombre quedará aquí señalado con letras de oro sobre el Árbol de Guernica.

El canónigo Antonio Pildain (futuro obispo de Las Palmas) comparó a Aguirre con un líder católico irlandés del siglo XIX: «Somos la Irlanda de Occidente y ya tenemos nuestro O'Connell que nos levanta. ¡Aquí lo tenéis! Es inteligente, aguerrido y simpatiquísimo: ¡José Antonio de Aguirre!». Su discurso fue el más exaltado de todos y el más beligerante con la República, al afirmar:

> Lo que constituye la característica del Estatuto de Estella, [es] la facultad de que nosotros, los euzkeldunes, podamos concertar nuestro Concordato inmediata y directamente con la Santa Sede, con absoluta independencia.
> […] vamos a reivindicar esa facultad en el nombre de nuestra libertad racial y en el nombre de nuestra libertad religiosa, a reivindicarla en el nombre de nuestro culto, del culto católico, el único legítimo, el único santo, el único verdadero que existe en la tierra, porque […] no estamos dispuestos a dejar nuestro culto católico en manos del primer Poncio, más o menos pilateño, que venga a arrojar a puntapiés a nuestro Obispo [Mateo Múgica]; no estamos dispuestos a entregar nuestro culto en manos de esas hordas que incendian bárbaramente, más que africanamente, porque en esta ocasión, el África empieza en Madrid.

Por su parte, el conde de Rodezno, jefe del carlismo navarro, iba también presto a defender la religión, si era atacada en las Cortes, con este principio: «Nosotros no nos serviremos nunca de la religión para nuestros fines políticos, porque ello sería indigno, pero nos serviremos siempre de nuestra actuación política para la mayor gloria de la religión». Y empleó esta imagen marinera: «Cuando se va por el mar todo el mundo navega a gusto en barco hermoso, pero cuando el barco hace agua, todo el mundo toma también a gusto el

---

[62] *Euzkadi*, 14-VII-1931. Arrese, *El País Vasco*, pp. 40-50. Aguirre, *Entre la libertad*, pp. 99-108.

bote salvavidas», dejando claro que este último era Euskadi y España el barco que se iba a pique y había que abandonar. De ahí que Areilza recordase este mitin de Gernika así: «Oyendo aquel torrente oratorio, uno sacaba la impresión de que Aguirre era el autonomista moderado, mientras los otros eran capaces de llegar a las más delirantes secesiones en aras a sus fervores cristianos»[63]. Sin embargo, el discurso de Aguirre no tuvo nada de moderado, sino que se contagió del radicalismo de sus aliados, hasta el punto de que declaró su disposición a morir por Dios y por Euskadi:

> Y si se nos negara lo que con toda cordialidad vamos a exigir, entonces, pueblo vasco, en pie, porque ahora más que nunca está cerca de ti lo que pronto ha de ser una realidad. [...] Si mi patria olvidara a Dios, si mi patria hubiera de estar aplastada moralmente, yo renunciaría a mi patria; por el contrario, yo prefiero morir antes de verla esclava y deshecha.
> Prometo defender la religión, aun a costa del sacrificio de mi vida... Si no se nos concede todo lo que pedimos, implantaremos lo que no se nos quiere dar.

«¡Dispuestos a morir!»: tal fue el título del editorial del diario *Euzkadi* del 14 de julio en su primera plana, dedicada íntegramente al acto de Gernika. En él el portavoz del PNV planteaba «la trascendental importancia del momento histórico que vivimos» como un dilema a vida o muerte:

> ¿Quién se atreverá con unos hombres que están dispuestos a morir por su causa? O les conceden lo que piden o los matan. Si lo primero, la causa que defienden triunfa en el primer momento. Si les matan, su sangre y su vida, semilla de nuevos defensores, prepara el triunfo para fecha próxima.

Empero, no sucedió ninguna de las dos cosas: la minoría vasconavarra no logró su objetivo de aprobar el Estatuto de Estella y sus miembros no perecieron en el intento. Sus discursos de Gernika les granjearon la animadversión de la prensa de izquierdas, que les tildaba de «vasco-romanos», «cavernícolas» y «trogloditas», en especial al canónigo Pildain, considerado un «cura trabucaire» que predicaba una guerra de religión. El propio Aguirre reconoció que fueron recibidos «hostilmente en el recinto de las Cortes Constituyentes de la República», y utilizó esta metáfora: «Nosotros éramos un pequeño islote en el mar tempestuoso de las pasiones desbordadas fruto de

---

[63] Areilza, *Así los he visto*, p. 108.

una fulminante victoria»[64]. Las izquierdas laicas tenían una mayoría abrumadora en ellas, hasta el punto de que tan sólo una décima parte de los 470 diputados se identificaban como católicos, término que era sinónimo de monárquicos para la mayoría republicano-socialista. En el verano de 1931, ésta identificó a la minoría vasco-navarra y, por ende, su Estatuto de Estella con clericalismo y antirrepublicanismo. Ello supuso que estuviese prácticamente aislada en la Cámara, donde sólo contó con el apoyo de la minoría agraria de José María Gil Robles, con la cual compartía la defensa de la religión católica, pero de la que le separaba la cuestión autonómica por el centralismo castellanista de los agrarios. Aguirre soñó con «una triple alianza entre gallegos, catalanes y vascos, alianza que hubiera podido llegar a formar un bloque de 130 diputados, cifra bastante para asegurar el éxito de nuestros Estatutos». Pero la importante minoría catalana, liderada por la Esquerra de Lluís Companys, prefirió pactar con el Gobierno republicano-socialista para aprobar su Estatuto, ya plebiscitado y presentado en las Cortes; además, su laicismo le alejaba de los vasco-navarros. Por ello, con la excepción de los pocos diputados catalanistas católicos (Manuel Carrasco Formiguera y los tres de la Lliga de Francesc Cambó), las relaciones de los nacionalistas vascos con los catalanes fueron distantes en 1931, de lo que se lamentó Aguirre, quien tuvo una «pésima impresión» de la minoría catalana[65].

Además, llegó a calificar de *trágicas* las sesiones en las que él y sus compañeros de coalición defendieron el Estatuto de Estella en un Parlamento abiertamente hostil, por lo que su debut como diputado no fue nada sencillo. A ello contribuyó la situación de violencia política que se vivía entonces en el País Vasco, con un reguero de muertos y heridos en enfrentamientos entre grupos armados de derechas y de izquierdas, hasta el punto de que la prensa hablaba de un clima de guerra civil. No era ajeno a esto la conflictividad y efervescencia religiosa. Valga como ejemplo la repercusión que tuvieron las

---

[64] Aguirre, *Entre la libertad*, p. 109, y «El problema político moral de los vascos», en VVAA: *José Antonio de Aguirre y Lekube, 1904-1960*, Congreso de los Diputados, Madrid, 2010, pp. 183-184.
[65] *El Día*, 4-XI-1931, y *Euzkadi*, 12-XI-1931. Domingo de Arrese, secretario político de la minoría vasco-navarra, escribió: «Enlazada con Cataluña por análogas aspiraciones de autonomía, la Minoría Vasco-Navarra fue abandonada sistemáticamente por la Ezquerra [sic] Catalana, fiel a sus compromisos anticatólicos» (*El País Vasco*, p. 51). El 7 de noviembre de 1931, en una carta a Ramón Bikuña, presidente del PNV, el diputado Jesús María Leizaola le decía: «Nos quedamos solos porque de los catalanes ya sabemos que no nos ha de venir nada (de los diputados actuales)» (CDMH, PS Bilbao, 130).

supuestas apariciones de la Virgen en la aldea guipuzcoana de Ezkioga, adonde enseguida peregrinaron miles de fieles. Tal suceso, que fue denominado «la Virgen del Estatuto de Estella», llegó a ser debatido en las Cortes como un caso de conspiración contra la República, si bien el obispo de Vitoria rechazó los presuntos milagros y prohibió el culto en dicho lugar[66]. A mediados de agosto, en la frontera de Irún fue detenido Justo Echeguren, vicario general de Vitoria y futuro prelado de Oviedo, con documentos importantes del cardenal Segura destinados al obispo Múgica, que seguía desterrado en Francia. En protesta por ello, el 18 de agosto *La Gaceta del Norte* publicó un editorial titulado «Agotada la paciencia, debe ocupar su puesto la resistencia viril», en el que llamaba a la lucha armada contra la República: «La prudencia hoy deja ya de aconsejar el uso de la paciencia y manda empuñar las armas de la oposición varonil a la tremenda agresión de que está siendo víctima la Religión Católica en nuestro pueblo». Unos días más tarde, el fiscal procesó por un delito de inducción a la rebelión al autor del artículo, José María Urquijo, gran defensor de la unión de los católicos vascos en la coalición de Estella. La respuesta del Gobierno de Alcalá-Zamora fue contundente, pues suspendió temporalmente la publicación no sólo de ese diario católico bilbaíno, sino también de una docena de periódicos derechistas, entre ellos los diarios *jelkides Euzkadi*, *La Tarde* y *El Día* y el semanario *Bizkattarra*, órgano de la Juventud Vasca de Bilbao, que también hacía llamamientos a la violencia: «Euzkadi armará y organizará sus ejércitos [...] a la conquista de la independencia». Los ministros Prieto y Azaña justificaron tan dura medida contra dicha prensa por considerar que incitaba a la rebelión armada[67].

A finales de ese mes, la suspensión de los periódicos vasco-navarros fue objeto de un amplio y tenso debate parlamentario, en el transcurso del cual tuvo lugar el bautismo de fuego como diputado de José Antonio Aguirre, quien pronunció su primer discurso en las Cortes Constituyentes el 26 de agosto. Tres días antes, representantes de esos periódicos clausurados se habían reunido en Elizondo y habían acordado que Aguirre interpelase al Gobierno al respecto. El diputado por Navarra tuvo que contestar a un durísimo alegato del ministro de la Gobernación, Miguel Maura, quien responsabili-

---

[66] Cf. Christian, William A.: *Las visiones de Ezkioga. La Segunda República y el Reino de Cristo*, Ariel, Barcelona, 1997. Aguirre las mencionó de pasada en su libro de memorias (p. 129).

[67] Declaraciones de Prieto en *El Liberal*, 25-VIII-1931. Azaña, Manuel: *Memorias políticas y de guerra* [1968], Crítica, Barcelona, 1978, tomo I, pp. 117-118.

zó a la minoría vasco-navarra de la campaña de agitación popular —incluso de querer la guerra civil— con la finalidad de conseguir el Estatuto de Estella, «mezclando, en un contubernio que es casi sacrílego, la religión con la política» y «haciendo de la religión escabel para vuestros intereses materiales y políticos»[68]. En su discurso[69], Aguirre definió al PNV como un partido confesional, con un «catolicismo viril e integral», que aspiraba a la soberanía plena de Euskadi a través de la reintegración foral, derogando la ley de 1839, y lo situó por encima de la distinción entre derechas e izquierdas en estos términos:

> [...] si es que derecha es ser opuesto a los avances legítimos de la democracia en contra de los poderes absolutos, si esto es ser derecha, nosotros somos izquierda. Si por derecha se entiende la consubstancialidad de la Religión con un régimen cualquiera y no independencia absoluta de los poderes eclesiástico y civil en sus materias respectivas, entonces también somos izquierdas. Y si por derecha se entiende, en el orden social, oposición a los avances legítimos del proletariado, llegando incluso a la transformación absoluta del régimen presente, [...] también somos izquierda.
> Ahora bien, si por izquierda se entiende el ir contra la familia, contra los sagrados principios de la Iglesia católica, cuyas normas nosotros profesamos, entonces en esa fraseología, que estimo ridícula, somos derecha.

Además de pedir al Gobierno la reaparición de los periódicos suspendidos, Aguirre aprovechó su intervención para defender el Estatuto de Estella —rechazando que fuese clerical y negase las libertades individuales— y su Concordato con la Santa Sede, porque su grupo parlamentario representaba a la mayoría del País Vasco, que era «eminentemente religioso», hecho diferencial que debería ser respetado como minoría religiosa. Terminó su alocución señalando que el PNV, «a pesar de su radicalismo», recién implantada la República, había ofrecido su colaboración al Gobierno provisional, cosa que jamás hizo con ningún Gobierno de la Monarquía.

Al día siguiente, le contestó Prieto, en representación de los nueve diputados republicanos y socialistas vasco-navarros, recordándole que el PNV había tenido varios alcaldes de Bilbao nombrados por real orden de Gobiernos monárquicos. Inició su discurso con esta alusión personal al líder nacionalista:

---

[68] *Diario de Sesiones de las Cortes Constituyentes de la República Española*, Sucesores de Rivadeneyra, Madrid, 1933, pp. 569-572.

[69] Ibíd., pp. 593-596. Los discursos parlamentarios de Aguirre, publicados en el *Diario de Sesiones de las Cortes*, figuran reproducidos en el tomo I de sus *Obras completas* y en el libro citado *José Antonio de Aguirre y Lekube*.

> El Sr. Aguirre es muy joven, y [...] desconoce, por no haberla vivido, la historia del partido nacionalista, en el cual aparece hoy él como una primera figura, con una aureola de simpatía que está explicada por su juventud y por sus dotes; pero es muy difícil, Sr. Aguirre, saltar desde la línea delantera del Atlétic Club a la línea delantera de este equipo vasco-navarro que a S. S. le toca capitanear. No es lo mismo.

A continuación, Prieto fue muy crítico con el PNV por no haberse sumado al movimiento que trajo la República y por haberse coaligado en las elecciones constituyentes a los tradicionalistas, contando con el apoyo de monárquicos alfonsinos, sosteniendo que detrás de esas decisiones estaba el obispo de Vitoria. Y concluyó su discurso con esta sentencia condenatoria del Estatuto de Estella[70]:

> Los representantes republicanos y socialistas del país vasco-navarro en el Parlamento español defenderán [...] las aspiraciones autonómicas de aquel país; pero [...] no habrá ninguna aspiración autonómica, por grande que sea, que nos pueda impulsar a nosotros a pedir a las Cortes que conceda a las provincias Vascongadas y Navarra un Estatuto en forma tal que aquello sea un Gibraltar reaccionario y un reducto clerical en oposición con las ansias democráticas de toda España, que están plasmadas en la composición de estas Cortes Constituyentes.

Las intervenciones de Aguirre y de otros diputados católicos no lograron levantar la suspensión de la prensa vasco-navarra, que continuó en septiembre, mes en que tuvo lugar otro grave enfrentamiento armado entre republicanos y nacionalistas junto a la sede de Juventud Vasca de Bilbao. Ésta fue clausurada y fueron detenidos sus dirigentes (incluido su presidente, Elías Gallastegi), que protagonizaron la primera huelga de hambre de presos nacionalistas vascos. Los periódicos fueron reapareciendo paulatinamente, desde el diario *Euzkadi* el 25 de septiembre hasta *La Gaceta del Norte* el 27 de octubre. Su mentor, José María Urquijo (que fue encarcelado en enero de 1932 y absuelto dos meses después en el juicio), estaba volcado en su campaña para destruir la República, hasta el punto de auspiciar conspiraciones, según corroboró su biógrafo, que tuvo acceso a su archivo privado[71]:

> Desde su regreso de Roma, José María de Urquijo estaba dedicado por completo a la Acción Católica. [...] Su casa se había convertido en «un

---

[70] *Diario de Sesiones de las Cortes Constituyentes*, pp. 638-642.
[71] Robles, Cristóbal: *José María de Urquijo e Ybarra. Opinión, religión y poder*, CSIC, Madrid, 1997, capítulo 16 (cita en pp. 463-464).

centro de conspiración religiosa», donde convergían los hilos de la actividad católica. Todos estaban aportando dinero. Urquijo tomó la iniciativa, porque quiso dar ejemplo. Estaba en contacto permanente con el obispo de Vitoria y con el cardenal Segura.

Eran sus principales auxiliares Antonio González y Martínez Olaguibel y Luis Vilallonga. Con el primero preparaba cada día el número de La GN [*La Gaceta del Norte*].

Precisamente, el monárquico Vilallonga era íntimo amigo de Aguirre desde que fueron dirigentes de las Juventudes Católicas y, como tal, fue su acompañante o su representante en los contactos que mantuvo con conspiradores monárquicos en el verano de 1931 («con su febril actividad, con sus intrigas y con sus conspiraciones»), tal y como contó Aguirre en sus memorias, aunque sin citar sus nombres. El primero fue su entrevista con el general Luis Orgaz en Lekeitio, de la que ambos protagonistas dieron versiones encontradas sobre el autor de la iniciativa, atribuyéndosela mutuamente, y la finalidad de la misma: involucrar al PNV en una sublevación para derrocar el Gobierno y el Parlamento republicanos, según Aguirre, o entrenar a los grupos de *mendigoizales* que participarían en el alzamiento, según Orgaz, quien presenció un desfile de miles de *mendigoizales* en Deba el 30 de agosto, coincidiendo con un mitin *jeltzale* en el que participó Aguirre[72]. La causa de esas discrepancias radicó en que dicha entrevista fue fruto de una maniobra urdida por Urquijo, según el testimonio de Vilallonga, quien se refiere a él en estos términos[73]:

> Corría el verano de 1931. Un conspicuo vizcaíno, veterano maniobrero político, había sabido mover sus marionetas de tal modo que hacía fácilmente creer a un general monárquico, don Luis Orgaz, de una parte, y al joven dirigente vasco tan en auge, el diputado don José Antonio de Aguirre, que el primero apetecía verse con el segundo, y este, lo mismo, de aquel. Con lo cual era trazado un plan para un encuentro muy secreto,

---

[72] Aguirre, *Entre la libertad*, capítulo VIII, y *De Guernica a Nueva York pasando por Berlín* [1943], Ekin, Buenos Aires, 1944, pp. 342-343. La versión de Orgaz la dio a conocer el periodista monárquico Ramón Sierra Bustamante en su libro *Euzkadi. De Sabino Arana a José Antonio Aguirre. Notas para la Historia del nacionalismo vasco*, Editora Nacional, Madrid, 1941, pp. 126-130. El 1 de diciembre de 1932, Aguirre informó de sus contactos con Orgaz y otros conspiradores monárquicos a Manuel Azaña, entonces jefe del Gobierno, según escribió éste (*Diarios, 1932-1933. «Los cuadernos robados»*, Crítica, Barcelona, 1997, p. 80).

[73] Vilallonga, *El Informe*, p. 42. Aguirre confirmó la iniciativa de Urquijo en una carta a un amigo, que publicó Juan de Iturralde (Juan José Usabiaga) en su libro *La guerra de Franco, los vascos y la Iglesia*, San Sebastián, 1978, tomo I, pp. 36-37.

partiendo del dirigente nacionalista vasco la iniciativa de solicitar de mí el papel de ser su acompañante y testigo fehaciente, de lo que ocurriera en la reunión.

Sin duda, José María Urquijo era una de las «personas, de Bilbao principalmente, [que] tenían entabladas relaciones con los elementos militares y civiles que preparaban por aquel entonces un movimiento para derrocar violentamente, por el pronunciamiento u otro medio similar, el Gobierno Provisional de la República», según escribió Aguirre en su libro de 1935. En él mencionó otros dos encuentros, en San Sebastián y Hendaya, con dirigentes monárquicos y carlistas empeñados en derribar el régimen republicano. Sus nombres figuran en un escrito suyo de 1940, publicado recientemente[74]:

> La segunda entrevista, presidida por el Conde de las Torres, se refería a emisarios enviados oficial u oficiosamente, por el propio Monarca D. Alfonso XIII, que se encontraba a la sazón en Fontainebleau y que conocía el alcance de la entrevista celebrada con el general Orgaz.
> La tercera invitación, a la que no acudí, porque no me parecía bien [...] y a la que acudió un amigo mío y enviado de toda confianza [Luis Vilallonga], consistió en una reunión celebrada en territorio del Estado francés y en la que estuvieron presentes, entre otros, el Sr. Sainz Rodríguez, Ministro más tarde de Instrucción Pública del Gobierno del General Franco; el Conde de Rodezno [futuro ministro de Justicia del primer Gobierno de Franco en la Guerra Civil] y D. Rafael de Olazabal, miembro con el Sr. [Antonio] Goicoechea de la Comisión que durante el año 1934 pactó con el Duce, Benito Mussolini, la ayuda que en caso de alzamiento contra las instituciones republicanas, recibirían los elementos sublevados.
> En todas estas reuniones se ofrecían a los vascos, grandes promesas autonómicas, a cambio de la ayuda en hombres, que serían debidamente armados por los organizadores de la rebelión.

En sus memorias, Aguirre reprodujo íntegra la nota de su amigo Vilallonga sobre la reunión de Hendaya: les informó que lo que quería el PNV era la aprobación del Estatuto de Estella, mientras que el interés de los conspiradores monárquicos y tradicionalistas era conocer cuántos hombres armados podría ofrecer el nacionalismo vasco para un levantamiento, llegando a mencionar «la reposición de los Fueros» para atraerse al PNV. Aguirre concluyó su relato de esos contactos apuntando que su partido salvó al País Vasco de una *catástrofe sangrienta*: «Así se quiso arrastrar a nuestro pueblo a la tercera guerra civil [carlista]. El intento no cuajó en Euzkadi, gracias al

---

[74] Aguirre, «El problema político moral de los vascos», pp. 190-191.

nacionalismo vasco. Buscó nuevos horizontes y al año siguiente estalló en Madrid el día 10 de agosto de 1932 con aquel o parecido espíritu», en alusión al fallido golpe de Estado encabezado por el general José Sanjurjo contra la República, en el que colaboró Orgaz y contó con la connivencia de algunos tradicionalistas, entre ellos el conde de Rodezno. Para entonces, el PNV ya había roto su coalición con el carlismo; pero en 1931 no tuvo reparo en aliarse con él, aun siendo el mayor enemigo de la República, para defender a la Iglesia con el Concordato del Estatuto de Estella. Se dio así la paradoja de que en el seno de la minoría vasco-navarra convivieron durante un año conspiradores antirrepublicanos, como Rodezno, y nacionalistas que se declaraban antimonárquicos, como Aguirre. Más rotundo que éste fue su amigo Manuel Irujo cuando declaró en un mitin celebrado en Elizondo el 23 de agosto de 1931: «No hemos de tolerar que por nadie se pretenda tomarnos por conejillos de Indias para hacer experimentos de restauraciones monárquicas»[75].

Tras el conflictivo verano de 1931 en Vasconia, la suerte definitiva del Estatuto de Estella se decantó a finales de septiembre en Madrid. A la capital de España viajaron en un tren especial 420 alcaldes para entregárselo oficialmente al presidente del Gobierno republicano el 22 de septiembre. Previamente, al término de un banquete en el Hogar Vasco, Aguirre señaló que dicho Estatuto significaba «lo espiritual y lo temporal de nuestras aspiraciones» y mostró dos rasgos constantes de su biografía: el optimismo («tengo esperanzas de que el éxito más lisonjero nos ha de acompañar») y su confianza en la Providencia («Dios en el cielo [está] velando por nuestro pueblo»). Sin embargo, el acto de entrega del texto de Estella a Alcalá-Zamora supuso un jarro de agua fría, al recordar el presidente que faltaba el requisito del referéndum popular, previsto en el Pacto de San Sebastián y en el proyecto de Constitución que se estaba debatiendo en las Cortes, requisito que ya había cumplido Cataluña. Aguirre achacó a la existencia de las Comisiones Gestoras provinciales, opuestas a la mayoría de los Ayuntamientos, el que no se hubiese sometido a referéndum el Estatuto de Estella y consideró paliada su ausencia por el «carácter plebiscitario» dado a las elecciones de junio, que proporcionaron un

---

[75] Irujo, Manuel: *Nabarra libre, dentro de Euzkadi libre*, Pamplona, s.a. (1931), p. 11. El 3 de septiembre de 1931, Irujo escribió a Pedro Garmendia: «Nada de intentos monárquicos. Nada de cantos de sirena de los comités alfonsinos de Biarritz. Nada de Jaimes (e.p.d.) ni de Alfonsos, ni de Juanes», en referencia a los pretendientes de las dinastías carlista y alfonsina. «La monarquía no es valor alguno para nosotros, ni posibilidad actual, ni realidad futura. Es una entelequia que encubre oligarquías caducas.» (Archivo Manuel Irujo, bloque 1.º, carpeta 37). Aguirre, *Entre la libertad*, pp. 155-160 y 535.

triunfo neto a su coalición. Pero este argumento no convenció a Alcalá-Zamora, quien se limitó a recoger el proyecto de Estella, mientras que en agosto había presentado a las Cortes el Estatuto de Nuria como ponencia de su Gobierno. De nuevo quedó patente la falta de analogía entre los casos vasco y catalán en 1931. El secretario político de la minoría vasco-navarra constató que «no había sido muy cordial» la acogida al Estatuto de los alcaldes por parte del poder central. Ello no fue óbice para que el alcalde de Getxo calificase de «jornada gloriosa» el 22 de septiembre de 1931[76].

Apenas tres días después, el Estatuto de Estella naufragó en las Cortes, al aprobar éstas el artículo 1.º («La República constituye un Estado integral, compatible con la autonomía de los Municipios y las Regiones») y el título I de la Constitución sobre la «Organización Nacional», cuya consecuencia fue el final de dicho proyecto, tal y como opinó Prieto, su mayor enemigo, y reconoció Aguirre: «En esta sesión se taponó el Estatuto de Lizarra (Estella) en su facultad tantas veces mencionada de regular las relaciones de la Iglesia con el Estado». Se refería a la maratoniana sesión de la tarde y la noche del 25 de septiembre («toda una noche de agotadora lucha y de imborrable recuerdo»), en el transcurso de la cual la mayoría republicano-socialista rechazó todas las enmiendas presentadas por la minoría vasco-navarra, en especial las referidas al Concordato vasco, que fue «el punto de batalla», según Aguirre[77]. La Constitución estableció que la «relación entre las Iglesias [sic] y el Estado» fuese una competencia exclusiva de la República española (art. 14). Una de las enmiendas fue defendida por Aguirre, quien sostuvo que el Estatuto vasco era mucho más radical que el catalán y, aun así, sólo satisfacía una parte de las aspiraciones del nacionalismo vasco; al final de su intervención asumió la imposibilidad de que las Cortes aprobasen el Estatuto de Estella. Y es que la inconstitucionalidad afectaba no sólo a su esencia (el Concordato), sino también a su concepción estatal confederal (la II República no fue federal, a diferencia de la I en 1873), al procedimiento de elaboración (ausencia del referéndum) y a varias de sus competencias más importantes. (También era inconstitucional el anteproyecto de la SEV, por lo que no se intentó volver a él.)

---

[76] Arrese, *El País Vasco*, pp. 188-195. Aguirre, *Entre la libertad*, capítulo VII. Para Irujo, este viaje a Madrid «constituyó un auténtico fracaso» (Ibarzabal, *50 años de nacionalismo vasco*, p. 19).

[77] Aguirre, ibíd., capítulo IX. La opinión de Prieto fue reproducida por *El Liberal*, 26-IX-1931.

Ante «el taponamiento constitucional de la facultad concordataria», Aguirre sólo veía dos posiciones: «O aprovechar las posibilidades estimables en el orden autonómico que ofrecía la Ley o lanzarse a la rebelión violenta». Su grupo parlamentario, reunido en Madrid el 7 de octubre, descartó la violencia y optó por el posibilismo estatutario, al aceptar la «carta autonómica que las circunstancias permitan sin perjuicio de mantener el derecho de nuestro pueblo a la reivindicación plena de sus libertades forales»[78]. En consecuencia, sus diputados continuaron participando en el debate constitucional hasta su retirada de las Cortes el 15 de octubre, en protesta por la regulación de la cuestión religiosa en el artículo 3 («El Estado español no tiene religión oficial») y, sobre todo, en el polémico artículo 26, que implicaba la disolución de la Compañía de Jesús (por su voto de obediencia al Papado), prohibía la enseñanza y las actividades económicas a las órdenes religiosas, permitía la nacionalización de sus bienes y suprimía el presupuesto del clero a corto plazo. Sorprende que Aguirre apenas dedicase unas pocas líneas en su libro de 1935 a este acontecimiento, limitándose a explicar que el abandono parlamentario se debió al *sectarismo* de tal artículo, que vejaba la conciencia católica del País Vasco y perseguía a las órdenes religiosas. Aun siendo un destacado propagandista católico, no llegó a intervenir en la larga y nocturna sesión del 13 de octubre, que fue denominada «la noche triste» por Domingo Arrese, quien la narró minuciosamente en su crónica del año 1931[79]. Varios miembros de su grupo hablaron en defensa de la Iglesia, de sus congregaciones y, en particular, de la Compañía de Jesús, tan enraizada en Euskadi. Entre ellos, el más belicoso fue Antonio Pildain, que propugnó «el derecho a resistir a mano armada al que venga a imponerme una decisión injusta», y el que más sobresalió fue Jesús María Leizaola, que fue agredido por un diputado del Partido Radical, tras aprobarse el artículo 26 con 178 votos a favor y 59 en contra, ya en la madrugada del 14 de octubre, entre vivas a la República y vivas a la libertad. Este grave incidente fue descrito por el socialista Juan-Simeón Vidarte, secretario de las Cortes Constituyentes, en sus memorias así[80]:

> De la minoría vasco-navarra partieron gritos de «¡Muera la República!», y el diputado Carreres abofeteó a Leizaola, quien, precisamente, no era de los que lanzaban esos gritos. Ambos contendientes salieron furio-

---

[78] Aguirre, ibíd., pp. 179-181, y «El problema político moral de los vascos», pp. 186-187.
[79] Arrese, *El País Vasco*, pp. 209-270.
[80] Vidarte, Juan-Simeón: *Las Cortes Constituyentes de 1931-1933*, Grijalbo, Barcelona, 1976, pp. 217-218.

sos y Besteiro [el presidente de las Cortes] me encomendó que los llevara por separado a su despacho. Salí a buscarlos al salón de conferencias, donde continuaba el tumulto y los insultos entre los diputados. Me crucé con Aguirre y el canónigo Pildáin. Éste le decía al líder vasco, con gran exaltación: «¡No nos queda otro camino que la guerra civil!».

Fue, posiblemente, el día de mayor emoción de las Cortes Constituyentes.

Dicha sesión tuvo tres consecuencias inmediatas e importantes: la crisis del Gobierno por la dimisión de Alcalá-Zamora y Miguel Maura, la sustitución como presidente de Alcalá-Zamora por Azaña (gracias a su célebre discurso de la frase «España ha dejado de ser católica») y la retirada del Parlamento de 42 diputados católicos, en su mayoría de los grupos agrario y vasco-navarro, que explicaron su posición con rotundidad en un manifiesto: «La Constitución que va a aprobarse no puede ser nuestra. [...] Nosotros levantamos ya desde ahora, dentro de la ley, la bandera de su revisión. La Constitución política, nutrida de espíritu sectario, no existe para nosotros». Además, los quince de la minoría vasco-navarra publicaron otro manifiesto, en el que acusaban de sectarismo y de persecución religiosa a las Cortes republicanas, en las que les resultaba imposible realizar su propósito principal: la defensa de «los derechos circunstancialmente concretados en el Estatuto [...] de Estella, que significaban el espíritu religioso» y se expresaban en el lema «Dios y Fueros. Jaungoikoa eta Lege-Zarrak». Para el diario oficial del PNV, la Constitución de 1931 nacía «herida de muerte»; por su parte, Aguirre fue más lejos al declarar[81]:

> La Constitución está ya muerta desde el momento en que, por los artículos aprobados, es como una ley de excepción. Por ello nuestra obra, más que de modificación de artículos, ha de tender a la abolición total y absoluta de la misma. Y la que le suceda, si se desea que sea algo estable, ha de constituir una amplia y verdadera democracia cristiana.

De nuevo, en el otoño de 1931, se planteó una disyuntiva a la coalición de las derechas: la política maximalista del «todo o nada», anteponiendo la revisión de la Constitución, o la política pragmática, aceptando la vía constitucional hacia la autonomía que estaban impulsando las izquierdas vascas. El PNV optó por esta última, mientras que la Comunión Tradicionalista y sectores católicos vasco-navarros se sumaron a los agrarios de Gil Robles en la campaña de

---

[81] *Euzkadi*, 15/18-X-1931. Las declaraciones de Aguirre en *Euzkadi*, 12-XI-1931.

mítines revisionistas de la Constitución. Así, el 8 de noviembre los diputados *jelkides* no participaron en el mitin de Palencia, que dio lugar a graves disturbios de orden público. El *Diario de Navarra* criticó la ausencia de Aguirre, el único de los cinco diputados de la coalición por Navarra que no acudió a Palencia, en donde el carlista Beunza declaró: «Solos nos gobiernan unos cuantos masones, y yo digo que contra ellos son lícitos todos los medios si se emplean para impedir que traten de descristianizarnos»[82]. Como escribió con acierto el historiador Martin Blinkhorn, «la alianza [del carlismo] con el PNV perdió su principal razón de ser una vez que el objetivo de conseguir el Gibraltar clerical se fue haciendo inalcanzable [...] los nacionalistas vascos se comprometieron con la República con la esperanza de conseguir algún tipo de autonomía, un paso que como partido no daría nunca el carlismo»[83]. Desde entonces y hasta 1936, ambos partidos marcharon por sendas opuestas: la CT, preparando activamente la insurrección militar contra la República; el PNV, luchando por lograr un Estatuto vasco en el marco constitucional.

El primero de los *jelkides* que se decantó públicamente por esta opción autonómica fue Irujo, que no era diputado y se hallaba distanciado de las derechas navarras. En tres discursos pronunciados en agosto de 1931 señaló la trascendencia del Estatuto para Euskadi y, al mismo tiempo, su carácter instrumental para el PNV, partido que asumió esta concepción ambivalente de Irujo a lo largo del quinquenio republicano. Por un lado, afirma que «la existencia del Estatuto es tanto como la existencia de Euzkadi»; «el Estatuto es el reconocimiento de nuestra personalidad ante España y ante el mundo». Y, por otro lado, sostiene que «es el programa mínimo nacionalista. Es el primer paso hacia la soberanía plena de nuestra patria». Para dicho político navarro, lo esencial es que haya Estatuto de autonomía, aunque no sea el de Estella, ni quepa el Concordato vasco. Esta posición de Irujo acabó prevaleciendo en la dirección *jelkide* a finales de 1931[84].

El tradicional pragmatismo del PNV quedó de manifiesto en diciembre de ese año. El día 3, sus diputados visitaron a Alcalá-Zamora en su casa de Madrid y le comunicaron que habían decidido reinte-

---

[82] *Diario de Navarra*, 10-XI-1931.

[83] Blinkhorn, Martin: *Carlismo y contrarrevolución en España 1931-1939*, Crítica, Barcelona, 1979, pp. 105-106.

[84] Irujo, Manuel: *Navarra ante el Estatuto Vasco*, Estella, 1931; *Nabarra libre, dentro de Euzkadi libre*, Pamplona, s.a. (1931), y *La misión del nacionalismo*, I. López-Mendizabal, Tolosa, s.a. (1931). Cf. Granja, José Luis de la: «Manuel Irujo y la II República española (1931-1936)», en *El siglo de Euskadi. El nacionalismo vasco en la España del siglo XX*, Tecnos, Madrid, 2003, capítulo 11.

grarse al Parlamento para otorgarle sus sufragios en su elección a presidente de la República y «trabajar por el Estatuto Vasco, acomodándolo a todas las posibilidades de la Constitución». Además, esperaban que bajo su presidencia los preceptos constitucionales en el orden religioso se atemperarían a los sentimientos del País Vasco. Así lo explicaron el día 7 los diputados Horn, Aguirre y Leizaola al EBB, que estuvo de acuerdo en el procedimiento a seguir con el Estatuto[85]. Un día después, un decreto del Gobierno de Azaña reguló el proceso autonómico vasco. El día 9 las Cortes aprobaron la Constitución republicana, estando ausente del hemiciclo la minoría vasco-navarra. Ésta se reincorporó al día siguiente y se dividió en la investidura de Alcalá-Zamora: le apoyaron los seis diputados *jelkides* y los independientes Picavea y Pildain, mientras que se abstuvieron los cinco tradicionalistas y los monárquicos Aizpún y Gortari. Se trataba de una divergencia importante entre los dos grandes partidos católicos integrantes de la coalición. De ahí que los nacionalistas explicasen en una nota que «su voto implica la aceptación del régimen republicano, que no estiman incompatible con el Estatuto que propugnan». Era una declaración significativa: el PNV acataba la República y aceptaba un Estatuto emanado de la nueva Constitución, a pesar de que ésta hería sus sentimientos religiosos, según apuntaban sus parlamentarios en dicha nota. Además, su diario *Euzkadi* ofreció más motivos de su voto al católico Alcalá-Zamora: éste representaba un mal menor al ser el más moderado dentro del republicanismo español; la razón fundamental del PNV era «salvar a Euzkadi» y veía en el Estatuto «la salvación de muchas cosas, desde el orden material al más elevado, que sin él se perderían para siempre». El también periódico *jelkide La Voz de Navarra* salió en defensa de Aguirre, criticado otra vez por el *Diario de Navarra*. En 1935, Aguirre reafirmó que los *jelkides* votaron a Alcalá-Zamora «para demostrar nuestro republicanismo»[86].

El mismo día de la ratificación de la Ley Fundamental de la II República, la *Gaceta de Madrid* publicó un decreto del Gobierno de Azaña que establecía el procedimiento que debía seguir el Estatuto vasco hasta su aprobación por las Cortes, conforme a la normativa constitucional. Dicho decreto fue redactado por Prieto, aun no sien-

---

[85] Acta del EBB en el AN, PNV, 219-14.
[86] «Nuestros diputados. La razón de un voto» y «Las cosas, en su punto», *Euzkadi*, 12 y 15-XII-1931. *Diario de Navarra*, 12 y 13-XII-1931. Aguirre, *Entre la libertad*, pp. 225-226: él mismo consultó al vicario general de Vitoria, quien dejó el voto a la conciencia individual de cada uno de los diputados.

do el ministro competente[87]. Era una prueba de que las izquierdas vascas (republicanos, socialistas y ANV), con su máximo líder a la cabeza, querían la autonomía para Vasconia, tras el fracaso parlamentario del Estatuto de Estella. El decreto confirió la iniciativa autonómica a las Gestoras provinciales, pero el proyecto tenía que ser aprobado por la mayoría de los Ayuntamientos, por lo que debería ser consensuado entre fuerzas de izquierdas y de derechas, consenso que era absolutamente imprescindible para alcanzar el quórum exorbitante requerido por el artículo 12 de la Constitución para su aprobación en el referéndum popular: «Las dos terceras partes de los electores [no de los votantes] inscritos en el censo de la región». Con aquél se cerraba la primera —y fallida— etapa en el proceso autonómico vasco durante la República, al poner fin a la bipolarización de 1931, que había sido consecuencia de la política de bloques enfrentados por la cuestión religiosa y de la rivalidad entre las Gestoras de izquierdas y los Ayuntamientos de derechas. Al mismo tiempo, ese decreto abría la puerta a una nueva etapa: la del proyecto patrocinado por las Comisiones Gestoras de las Diputaciones provinciales.

Enseguida se produjo la división en el campo católico. Fenecido definitivamente el Estatuto de Estella, los sectores más derechistas y antirrepublicanos oscilaron entre la abstención de colaborar en la elaboración del nuevo proyecto —caso de la Comunión Tradicionalista— y la oposición frontal de los periódicos *La Constancia*, *Diario de Navarra* y *La Gaceta del Norte*, por prejuzgar que sería un Estatuto *ateo* y *amañado* por Prieto[88], cuando ni siquiera se sabía aún si habría un único Estatuto vasco-navarro o varios Estatutos provinciales, cuestión previa que no quiso resolver el decreto gubernamental. En cambio, la vía autonómica abierta por éste fue aceptada por el PNV y por la Comisión de alcaldes, que una vez más marchó concorde con el partido promotor del movimiento municipal de 1931 y que alcanzó pronto un acuerdo con las Gestoras. De nuevo fue Irujo quien marcó el camino a seguir al EBB y a sus diputados en sendas

---

[87] El Archivo de la Fundación Indalecio Prieto conserva el borrador mecanografiado de este decreto, de 8-XII-1931, con numerosas anotaciones manuscritas de Prieto, que prueban su autoría. Firmaron el decreto Manuel Azaña, jefe del Gobierno, y Santiago Casares Quiroga, ministro de la Gobernación.

[88] *La Gaceta del Norte*, 8-XII-1931: «Se habla de un amañado Estatuto elaborado por el señor Prieto [...] si nuestra enseñanza con él ha de ser laica [...] y nuestro culto sometido a las leyes de la Constitución atea [...] no lo queremos, porque el aceptarlo significaría por nuestra parte un cierto pacto y connivencia y colaboración y adhesión que repugna a nuestros sentimientos cristianos». Aguirre tildó de sectario este editorial, escrito por la pluma de Urquijo y debido a «su enemiga hacia el Sr. Prieto» (*Entre la libertad*, pp. 222-224).

cartas a Bikuña y a Aguirre, fechadas el 11 de diciembre, apenas dos días después de la publicación de dicho decreto[89]:

> Es preciso ir por el Estatuto [...]. Estatuto a cualquier precio [...]. Vamos al Estatuto. Vamos a que nuestros Diputados vayan al Estatuto. [...] No pongamos dificultades a las Gestoras.
> Mientras no llegue la revisión hay que vivir con esta Constitución. Y para vivir en Estatuto, no hay otro medio que acudir a las citaciones de las Gestoras [...]. Y acudir al plebiscito que convoquen las mismas Gestoras, para sacar en él, como se pueda, el 70 por 100 a fuerza de pucherazos o de milagros, pero sacarlo [...].
> Más Euzkadi y menos Palencia. Más vivir y menos soñar. Más Estatuto y menos revisión.

El estatutismo a ultranza de Irujo fue asumido por la dirección y los diputados *jelkides*, liderados por Aguirre. Éste hizo gala de su pragmatismo y llevó a cabo el primer viraje de su vida política, desde el radicalismo de sus discursos en el verano de 1931 hasta la moderación en diciembre, cuando prescindió del *taponado* Estatuto de Estella y aceptó una autonomía constitucional, aunque fuese inferior y la vehiculasen las hasta entonces denostadas Comisiones Gestoras, en aras de la unidad del país, que no había existido en 1931 debido a la enorme conflictividad político-religiosa entre las derechas y las izquierdas. Así, en sendas conferencias señaló la necesidad de ir todos juntos para conseguir lo máximo posible con el decreto del Gobierno de Azaña, y en enero de 1932 declaró: «Ya no hay Estatuto de las derechas ni Estatuto de las izquierdas». «Nosotros sólo queremos que se discuta nuestro Estatuto. Es el problema fundamental, el que más nos interesa». Como escribió en sus memorias, los diputados vascos defensores del Estatuto de Estella «no se encerraron en la torpe disyuntiva del todo o nada, sino que reaccionando dentro del campo de lo factible, acordaron luchar por la conquista del resto de las facultades autonómicas reconocidas por la Constitución»[90]. En los cinco años siguientes, José Antonio Aguirre se consagró en cuerpo y alma a esta misión de lograr la autonomía para Euskadi, dando continuas muestras de su posibilismo político y del optimismo que le acompañó a lo largo de toda su existencia; no en vano «representaba una filosofía de la vida», según el testimonio de su mujer[91].

---

[89] CDMH, PS Bilbao, 130, y PS Barcelona, 286.
[90] *Euzkadi*, 15-XII-1931, 6 y 9-I-1932. *El Sol*, 8-I-1932. Aguirre, *Entre la libertad*, p. 192.
[91] Ibarzabal, *50 años de nacionalismo vasco*, p. 381.

III. EL *ULSTER VASCO*: NAVARRA Y EL ESTATUTO

Al contrario de lo que había sucedido en la primavera de 1931, a partir de diciembre las Gestoras y la Comisión de alcaldes marcharon de común acuerdo en la elaboración del nuevo proyecto autonómico. Éste fue obra de una comisión integrada por cuatro gestores provinciales republicanos, tres representantes de los alcaldes (entre ellos, los diputados Aizpún y Basterrechea) y tres socialistas, con lo que las izquierdas tenían un neto predominio en ella, al igual que en la ponencia redactora, compuesta por dos republicanos, un socialista y un *jelkide* (el mismo Basterrechea). Aguirre no participó en su redacción, pero se volcó en su difusión, como miembro de la Junta de Propaganda del Estatuto en mayo y junio de 1932, aunque sin alcanzar su frenético activismo del año anterior. A pesar de la escasa representación de su partido en dicha comisión y de que la autonomía no era su meta, Aguirre atribuía suma importancia al Estatuto, «último clavo de salvación, recurso supremo para nuestra Patria». Elogió el proyecto de las Gestoras: «una gran obra», «admirable de redacción y contenido», aun considerándolo inferior al de Estella; pero tenía una ventaja: era «una obra de conciliación», y para su aprobación era necesario el entendimiento entre las fuerzas políticas. Así lo señaló la Comisión de alcaldes, presidida por él, cuando aceptó su texto en abril: «Se trataba de una transacción en aras de la concordia y mutua comprensión». Era lo que había faltado al Estatuto de Estella. En sus memorias dedicó un capítulo a comparar ambos proyectos y resaltó que el apartado titulado «Trabajo y propiedad» era aplicación de la doctrina social de la Iglesia, llegando a contar con el beneplácito del obispo de Vitoria en una carta que le escribió Múgica. Una doctrina que, como hemos visto anteriormente, el propio Aguirre aplicaba en la empresa familiar Chocolates Bilbaínos[92].

El 31 de enero de 1932, los Ayuntamientos de las cuatro provincias, reunidos en sus capitales respectivas, acordaron que el Estatuto sería único o vasco-navarro, de forma abrumadora en Álava, Bizkaia y Gipuzkoa, y con una clara mayoría en Navarra: lo apoyaron 160 Ayuntamientos navarros, que representaban al 64 por 100 de la población de la provincia, si bien la oposición al mismo se había incrementado notablemente. Comparando este resultado con el de la asamblea celebrada el 10 de agosto de 1931, en la que el Estatuto

---

[92] Cartas a José María Aguirre (el poeta *Lizardi*), 5-II-1932, y a Juan Unzalu, 23-III-1932, en CDMH, PS Barcelona, 286, y PS Bilbao, 10. *Euzkadi*, 1 y 17-V-1932. Aguirre, *Entre la libertad*, capítulo X.

único fue apoyado por 223 Ayuntamientos y el 89 por 100 de la población, se constata que una cuarta parte de los navarros había dejado de respaldarlo y optaba por el Estatuto navarro, por ningún Estatuto o por la abstención. Ello obedecía al cambio de táctica de la derecha (la no colaboración del carlismo) y a la oposición de una parte de la izquierda, encabezada por el diputado radical-socialista y alcalde de Santesteban, Emilio Azarola, partidario del Estatuto navarro, quien consiguió que los quórums constitucionales se contabilizasen por separado para Navarra: es decir, sería necesario que votasen a favor la mayoría de sus Ayuntamientos y dos tercios de sus electores para que aprobase el Estatuto único. Este exorbitante quórum no se había alcanzado ya en la asamblea del 31 de enero, con lo que se había abierto la puerta que posibilitaba la salida de Navarra del proceso autonómico vasco.

Ese día, José Antonio Aguirre asistió como alcalde de Getxo a la asamblea de Ayuntamientos vizcaínos y en su intervención pidió «una tregua en las luchas de carácter político [...] para laborar todos juntos y de común acuerdo por la consecución del más elevado ideal a que podemos aspirar en esta tierra vasca que nos sustenta a todos», en alusión a la autonomía[93]. Tal tregua no existió, sobre todo en el seno de las derechas católicas. Si *La Gaceta del Norte* optó por guardar silencio sobre el Estatuto durante la primera mitad de 1932 (silencio que le fue reprochado por Aguirre)[94], los integristas desarrollaron una intensa campaña contra el proyecto de las Gestoras desde sus diarios *La Constancia* (San Sebastián) y *El Siglo Futuro* (Madrid), haciendo hincapié en su carácter laico, hasta el punto de que el periódico de Juan Olazábal ofreció «gratificar con *5.000 pesetas* al que encuentre escrito una sola vez en el Estatuto el Santo nombre de Dios», y concluyó que «el engendro es opuesto al espíritu de Dios», por lo que el voto al Estatuto constituía una «gravísima ofensa a Dios». Tan virulenta acusación en materia religiosa era lo que más daño podía hacer a un partido confesional como el PNV, que se sintió obligado a responder desde su diario oficial mediante una larga serie de artículos en defensa del Estatuto escritos por su principal editorialista, Engracio Aranzadi (*Kizkitza*). Este destacado ideólogo *jelkide* llegó a culpar al jefe integrista Juan Olazábal de «la triste gloria del fracaso del Estatuto de unión vasca», debido a la retirada de Navarra en junio de 1932, a pesar de que en ella tuvo mucha mayor

---

[93] *El Liberal* y *Euzkadi*, 2-II-1932.
[94] Carta al director de *La Gaceta del Norte*, 17-V-1932, en CDMH, PS Bilbao, 11. Aguirre, *Entre la libertad*, pp. 261-262 y 307.

responsabilidad el *Diario de Navarra*, cuyas diatribas al proyecto de las Gestoras eran, a su vez, replicadas por *La Voz de Navarra*, órgano del PNV[95].

Así pues, la cuestión religiosa seguía incidiendo de forma negativa en el proceso autonómico, y en el bienio 1932-1933 lo hacía doblemente: por un lado, dividía a las fuerzas católicas y, por otro, continuaba enfrentando a las derechas con las izquierdas por la política laicista en desarrollo de la Constitución republicana. Así, en aplicación de su artículo 26, en enero de 1932 el gabinete de Azaña aprobó el decreto de disolución de la Compañía de Jesús, contra el cual la minoría vasco-navarra acordó formular una interpelación parlamentaria al Gobierno, publicar un manifiesto de protesta dirigido al País Vasco («nuestra patria es la patria de Loyola y de Javier») y rendir un homenaje a la Compañía de Jesús con asistencia de sus diputados, que enviaron sendos mensajes de condolencia al Papa y al prepósito general de la Orden[96]. Al mes siguiente, la incautación de sus bienes conllevó la clausura de la Universidad de Deusto, en cuya sede las izquierdas de Prieto propusieron instaurar la Universidad de Bilbao. A ello se opusieron los diputados Oreja y Aguirre, quien argumentó que era necesario contar con la ponencia redactora del Estatuto. Con éste esperaba crear la Universidad vasca, pero ni él ni su partido querían obtenerla mediante el despojo a los jesuitas de Deusto, en donde habían estudiado muchos *jeltzales*, incluido Aguirre[97].

La división de los católicos vasco-navarros a propósito de la autonomía llegó a alcanzar a su jerarquía eclesiástica, los obispos de Vitoria y Pamplona, a quienes recurrieron Aguirre e Irujo, respectivamente, con la finalidad de conseguir su respaldo al proyecto de Estatuto, teniendo éxito con el primero y fracasando con el segundo. Mateo Múgica y José Antonio Aguirre se conocían, al haber coincidido en actos de la Acción Católica, y se trataban como amigos en su correspondencia. Por eso, Aguirre decidió viajar a Francia para visitar al obispo, que vivió casi un año desterrado cerca de Poitiers, en diciembre de 1931, recién iniciada la campaña de sectores ultracatólicos contra el Estatuto *ateo*. Acompañado por el vicario Echeguren y el canónigo Pildain, Aguirre le explicó el problema («de importan-

---

[95] *La Constancia*, 18 y 22-V-1932, criticada por Aguirre en sus memorias, pp. 247-249. La cita de *Kizkitza* figura en su artículo «Análisis del españolismo tradicionalista», *Euzkadi*, 7-VII-1932.

[96] *Euzkadi*, 24 y 27/31-I-1932. Aguirre tildó de *inicuo* este decreto: «Nuestro pueblo, eminentemente católico, ha visto con visible disgusto tan sectaria como inmoral determinación» (carta a Francesc Cambó, 27-I-1932, en CDMH, PS Bilbao, 10).

[97] *Euzkadi*, 5, 9 y 11-II-1932. *El Liberal*, 9-II-1932.

cia singular entre nosotros por el arraigo de los principios católicos») y le convenció: Múgica dio órdenes a su vicario para que redactase «una nota o circular por la que fijara las normas que la Iglesia estimaba de necesario conocimiento por sus diocesanos, con el fin de que éstos pudieran proceder con seguridad de conciencia en asunto tan trascendental como el del Estatuto de autonomía de su País». Unos meses después, en una carta a Aguirre datada el 27 de abril de 1932, Múgica le manifestaba su opinión al respecto: «El Estatuto no es el ideal, sino peldaño para comenzar a subir [...]; creo que no han hecho mal en trabajar por lograr lo que se pueda por el momento para ir conquistando más tarde, si es posible, mayores beneficios para el País Vasco-navarro». El 1 de junio, en plena ofensiva integrista contra el proyecto de las Gestoras, Echeguren publicó en el *Boletín Oficial del Obispado de Vitoria* la nota que le había encargado su prelado, afirmando que las personas que «votaren el Estatuto vasconavarro no cometen por ello pecado alguno a pesar de que den por supuesto el hecho de la existencia de la actual Constitución laica española», y rogando a los católicos que «se abstengan de toda discusión pública, oral o escrita, acerca de *la licitud o ilicitud* de dicho voto, cuestión sagrada que sólo a la Iglesia compete resolver». Y una semana después, el mismo vicario escribió una carta al director de *La Constancia*, en la cual le prohibía publicar artículos en los que se sostuvieran cosas como éstas: «que votar el Estatuto era aprobar una Constitución atea o hacerse reo o cómplice de su laicismo», «inferir un agravio a Dios» o «no portarse como un buen hijo de la santa Iglesia». Estos documentos del vicario general de Vitoria fueron publicados por los diarios *jelkides Euzkadi* y *El Día* en junio de 1932. Siendo coherente con sus ideas expuestas a Aguirre, Mateo Múgica, reintegrado a su diócesis, emitió su voto favorable al Estatuto en el referéndum celebrado el 5 de noviembre de 1933[98].

La actitud del obispo de Pamplona, Tomás Muniz, sobre el Estatuto fue muy diferente a la de su homólogo de Vitoria, tal y como comprobó Manuel Irujo. Éste, en representación del NBB, le visitó en noviembre de 1931 para protestar por las declaraciones de sacerdotes navarros contra el PNV. No sirvió de nada su entrevista, pues más de medio año después, el 3 de junio de 1932, le escribió una carta en la que denunciaba la persecución que padecían los defensores del Estatuto por parte de «piadosos varones que, con la enseña de Cristo, pretenden arrojar sobre nosotros el sambenito de laicos, ateos y enemigos de la

---

[98] Aguirre, *Entre la libertad*, pp. 226-230 y 249-250. *El Día*, 19-VI-932. *Euzkadi*, 2 y 21-VI-1932 y 7-XI-1933.

Religión», llegando un párroco a declarar que Irujo se «dedicaba a predicar el Estatuto laico, sin Dios, ni Religión, llenando de laicismo los católicos valles y pueblos del país». Conociendo bien el enorme peso del clero en su tierra navarra, Irujo atribuía suma importancia al influjo de la jerarquía eclesiástica sobre los clérigos para sacar adelante el texto autonómico. Por ello, el 6 de febrero escribía al diputado *jelkide* Manuel Eguileor que, como Navarra estaba «dividida, fría, alejada del calor, de la vida, del entusiasmo por el Estatuto», «hay que hacer que Don Mateo Mujica [sic], desde Poitiers, se dirija a nuestro Obispo de Pamplona y le diga... lo que sea, algo que lo haga definirse y ayudarnos, con una orientación de palacio para algunos sacerdotes que, hoy como hace cinco siglos, miran demasiado a palacio». Nada consiguió, pues, al cabo de tres meses, se explayaba en una carta a su amigo Aguirre con este lenguaje mordaz: «Los párrocos tradicionalistas de aquí siguen haciendo el pollino de un modo despiadado. El obispo es un andaluz fulero, aparte del ministro de Dios que va dentro, del cual no se puede fiar un poco». A pesar de tan negativa opinión, dada su convicción de que el proyecto de las Gestoras iba a fracasar en la próxima asamblea de Ayuntamientos, Manuel Irujo escribió a Tomás Muniz la citada carta del 3 de junio, nada más conocer la nota de Justo Echeguren sobre la licitud del voto de los católicos al Estatuto, «para suplicarle que, al igual que ha sucedido en Vitoria, la única voz autorizada de la Iglesia, salga al paso de esas propagandas subversivas, inconvenientes y dañosas», en referencia a bastantes párrocos que insistían «a sus feligreses sobre la ilicitud del Estatuto laico». La escueta respuesta del obispo de Pamplona («Yo he puesto en manos de la Santa Sede las normas de mi conducta, como Prelado [...]. Por lo demás, que cada uno obre con arreglo a su conciencia; y si en ello tuviera dudas, que consulte con su confesor»), llevó al decepcionado Irujo a comentarla a la Comisión de Estatuto el 7 de junio en estos términos[99]:

> Por no tener aquí, no tenemos ni Obispo. Vean Vdes. que en nuestra Diócesis de Pamplona, hemos consultado al Papa, si es lícito votar el Estatuto; y mientras Roma no conteste, tenemos que consultarlo con nuestro respectivo confesor. Y claro está, que, si nos toca algún piadoso varón que antes de sacerdote es integrista, nos vamos con el Estatuto al fuego eterno.

En el primer semestre de 1932, la actitud antitética de los dos obispos de Vasconia reflejaba bien la diversa situación por la que atravesaba el Estatuto en las provincias vascongadas (integradas en la dió-

---
[99] Archivo Manuel Irujo, 1.º, 35 y 37. CDMH, PS Bilbao, 185.

cesis de Vitoria), donde era muy favorable, y en Navarra, donde la oposición al proyecto de las Gestoras iba *in crescendo* tanto entre las derechas como entre las izquierdas, sin que el PNV pudiese paliarlo por su debilidad política en el territorio foral, la crisis interna de su organización navarra y el grave problema económico de *La Voz de Navarra*, cuya exigua tirada no podía contrarrestar la campaña antiestatutaria del muy difundido *Diario de Navarra*. El talón de Aquiles del nacionalismo vasco era el Viejo Reino, sobre todo la Ribera del Ebro, denominada «nuestro Ulster» por Irujo: «Euzkadi, tiene su Ulster político en la Ribera Nabarra», comarca en donde el Estatuto era «una entelequia»[100]. Él y otros *jelkides* navarros, como Ramón Goñi, secretario del NBB, advirtieron de dicha situación adversa repetidas veces a Aguirre, pero éste, optimista empedernido, no dio importancia al grave peligro que se cernía sobre el Estatuto en Navarra, aun siendo diputado por esta circunscripción y viajando con frecuencia a ella desde el advenimiento de la República. Por eso, un historiador resaltó «el contraste existente entre el "optimismo bilbaíno", personificado por Aguirre, y el "pesimismo navarro", representado por Irujo». Así lo corroboran de forma fehaciente sus cartas y declaraciones, de las que entresacamos varios ejemplos significativos a continuación[101].

Entre enero y junio de 1932, Aguirre expresó, tanto privada como públicamente, en numerosas ocasiones su opinión optimista del proceso autonómico vasco, incluyendo a Navarra. Ya el 27 de enero le informaba al líder catalanista Cambó así: «Nuestra campaña en pro del Estatuto único vasco va por buen camino. Afortunadamente esta misma mañana he recibido halagadoras noticias de Navarra, [...] por parte de la derecha de este País no habrá dificultades. La incógnita está en la izquierda comprometida hoy con el Estatuto por conceptuarlo cosa suya, no en cuanto a su contenido y afecto que hacia él

---

[100] Archivo Manuel Irujo, 1.º, 35 y 37. CDMH, PS Barcelona, 286. También Aguirre hizo el paralelismo Navarra-Ulster, pero lo extendió a toda la provincia, al criticar a los enemigos del Estatuto vasco: «Rebatidos sus argumentos, se refugiaban en el Estatuto para Nabarra sola, separada de sus hermanas, como los Irlandeses del Ulster del resto de sus compatriotas» (*Entre la libertad*, p. 234).

[101] Granja, *Nacionalismo*, pp. 290-292. Existe una rica y copiosa documentación sobre este tema de Navarra en los Archivos de Manuel Irujo (San Sebastián), del Nacionalismo (Bilbao), del Centro Documental de la Memoria Histórica (Salamanca) y del Center for Basque Studies (Reno, Nevada, Estados Unidos). Parte de esa documentación fue publicada por Arbeloa, Víctor Manuel: «En torno al Estatuto Vasco-Navarro (Correspondencia Aguirre-Irujo)», *Príncipe de Viana*, 177, 1986, pp. 223-233, y «Notas sobre el PNV y el Estatuto Vasco-Navarro», *Príncipe de Viana*, 207, 1996, pp. 225-239; 222, 2001, pp. 199-210, y 250, 2010, pp. 539-550.

sientan sino más bien por estimarlo como un triunfo sobre la derecha que según ellos fracasó al presentar el Estatuto de Estella»[102]. Dos semanas más tarde había resuelto esa incógnita gracias al dirigente republicano y autonomista ferviente Ramón Madariaga, miembro de la Gestora de Bizkaia y de la comisión redactora del proyecto, cuando comunicaba su optimismo a Irujo: «Me avisa Madariaga que las cosas de Navarra cambian y que llegaremos a la Asamblea y Plebiscito en pleno éxito». «Esto va bien y no hay por qué desanimarse. AURRERA [ADELANTE]». Pero su amigo estellés le contesta escéptico el 13 de febrero: «No me convencen ni un poco las informaciones de Don Ramón Madariaga, que es una buena persona, pero al que se la pegan fácilmente. Los republicanos y socialistas de aquí, están cada día peor». El 5 de abril, Aguirre prosigue su correspondencia con Irujo: «Hemos marchado despacio pero las cosas van bien. Cada día veo más segura la aprobación del Estatuto porque en Madrid temen la colaboración catalana-vasca, la cual vamos a afirmarla esta semana con la lectura del Estatuto catalán y una reunión que para la campaña conjunta hemos de celebrar con ellos». En mayo, a las quejas del exdiputado foral navarro («Pasan los días y no empieza la campaña pro estatuto». «La ribera está *muy mal*»), el líder bilbaíno le replica: «De la Rivera [sic], ayer trajeron unos excursionistas buenas noticias. De todos modos hago más caso a Vd.». «Esto marcha, amigo Manuel. Dios está con nosotros y triunfaremos. La señal es que España comienza a dar bufidos». Como hará a menudo durante su vida, Aguirre aúna aquí su personalidad optimista y su fe en la Providencia[103].

Las noticias poco favorables, incluso contrarias, para el proyecto de las Gestoras no hacían mella en su ánimo. Así, el 24 de mayo la Comunión Tradicionalista hizo pública su decisión de dejar en libertad de voto a sus afiliados con relación a dicho proyecto, por

---

[102] CDMH, PS Bilbao, 10. La interesante correspondencia entre Aguirre y Cambó en la República, conservada en este Centro (PS Barcelona, 286), fue reproducida y comentada tanto por V. M. Arbeloa, en las revistas *Gaiak* (3, 1977, pp. 353-383) y *Príncipe de Viana* (179, 1986, pp. 761-780), como por A. Sallés y E. Ucelay Da Cal, en el libro citado *Industrialización y nacionalismo*, pp. 471-499.

[103] CDMH, PS Bilbao, 11. En esta misma carpeta hay una carta de Aguirre al P. Gregorio de Vera Idoate, en la que manifiesta su providencialismo sin ambages: «No hay fuerza humana capaz de detener a un pueblo que hechura de Dios quiere conservar, enaltecer y legar aquellas características que hacen que sea lo que es: distinto de los demás. Los hechos van dándonos la razón y la voluntad humana se inclina al fin ante la obra de la Providencia. Esta fe en Dios y Patria que mueve todas nuestras empresas es por sí sola tan grande que la esperanza en el triunfo podrá tenernos suspensos durante algún tiempo, pero al fin la realidad coronará nuestros afanes» (7-III-1932).

entender que no se avenía con el espíritu del régimen foral y contenía graves errores, pero admitía que «de la aprobación del Estatuto pudieran derivarse algunas, probablemente no muchas, ventajas autonómicas para el País»[104]. La CT era la principal fuerza política en Navarra, con lo que su apoyo era necesario para su aprobación; además, era el aliado del PNV en la minoría vasco-navarra, en la que contaba con cinco diputados. Nada más conocer esta actitud abstencionista del tradicionalismo, Aguirre dio su opinión en una entrevista publicada al día siguiente por *Euzkadi*, cuyo gran titular en toda la primera plana rezaba así: «Hacia el Estatuto Vasco. El plebiscito del 26 de junio será un triunfo. Tal es la firme creencia de don J. Antonio de Agirre». No se trataba de un alarde periodístico, sino de su rotunda afirmación: «La asamblea de Ayuntamientos será un éxito y el plebiscito un triunfo, no lo dude usted». Y ello a pesar de reconocer que «se abstendrán muchos [tradicionalistas] y con ello votarán en contra» del Estatuto. Pero era *optimista* en cuanto al apoyo de «los foralistas sinceros» de la CT, entre los que incluía a sus compañeros de minoría, en particular a Oreja y Beunza, anunciando que éste intervendría en defensa del Estatuto de Cataluña en las Cortes.

No fue así: el jefe de la minoría antepuso una reunión profesional en San Sebastián y no asistió al importante debate parlamentario del 27 de mayo, si bien declaró a la prensa su respaldo tanto al proyecto catalán como al vasco-navarro. Le sustituyó Aguirre, quien pronunció un discurso de defensa incondicional del Estatuto de Cataluña, que conllevaba al mismo tiempo la reivindicación del vasco, ofreció su colaboración a la minoría catalana, con la que tenía ideales comunes, y concluyó con estas palabras: «Catalanes, contad con nuestra adhesión sincera y entusiasta. Hoy se discute vuestro Estatuto, mañana estará aquí el nuestro; todo ello para bien de todos y de la República, que ha sabido, por primera vez en la Historia moderna de España, [...] abrir este cauce jurídico a la libertad». En comparación con 1931, su relación había mejorado mucho con los diputados de la Esquerra, mientras que se había distanciado de algunos agrarios, como Antonio Royo Villanova, por su fobia anticatalanista. En esa misma sesión presenció el crucial discurso de Manuel Azaña, como presidente del Gobierno, en defensa de la autonomía de Cataluña, que fue muy elogiado por Aguirre: «El señor Azaña pronunció un discurso magnífico en cuanto a

---

[104] *La Gaceta del Norte, La Constancia* y *El Pensamiento Navarro*, 24-V-1932. *Euzkadi*, 26-V-1932. Aguirre, *Entre la libertad*, pp. 252-255.

la forma, emitido con la tranquilidad y el ritmo de un gran estadista». A su juicio, suponía un cambio total en la estructura del Estado español y un paso definitivo hacia la aprobación de los Estatutos catalán y vasco[105].

Empero, para alcanzar ese estadio parlamentario, el proyecto de las Gestoras tenía aún que superar dos escollos de relieve: la asamblea de Ayuntamientos y el referéndum popular. Y se cayó al saltar el primer obstáculo el 19 de junio de 1932, tal y como había vaticinado con medio año de antelación Irujo, cuya visión pesimista tenía mucho más que ver con la realidad de Navarra que la optimista de Aguirre. Ya el 23 de enero, en una carta a éste y a otros tres dirigentes *jelkides*, el político de Estella presagiaba el fracaso: «Navarra [...] no va a aceptar el Estatuto Vasco. La izquierda está en contra en frente único [...]. Los tradicionalistas están así mismo en contra [...] izquierdas y derechas, sectarios todos, antivascos todos, oyen con indiferencia cuando no con prevención o con odio el Estatuto Vasco. [...] lo peor que nos pudiera suceder es, un Estatuto Vasco sin Navarra. Todo menos eso, que equivaldría a nuestra muerte civil. Ahora estamos los vascos divididos en dos Estados, y así, nos quedaríamos divididos en tres». Tras sus continuos avisos y quejas al PNV y su fallida gestión con el obispo de Pamplona, Irujo había perdido toda esperanza, según confesaba el 7 de junio a los miembros de la Comisión del Estatuto: «Acabo de telefonear a Vdes. mis deplorables impresiones acerca de la suerte del Estatuto en Navarra. [...] aquí hemos perdido ya el pleito. Es lamentable confesarlo, pero sería aún peor engañarse». No estaba en absoluto de acuerdo con él Aguirre, quien siguió convencido del éxito hasta el mismo día de la asamblea de Ayuntamientos, como dio a entender en sus memorias[106]:

> La lucha por el Estatuto había sido, desde su iniciación, dura y tenaz. Poco a poco iba ganando a los distintos sectores políticos. Nacionalistas, socialistas, republicanos, derechas y tradicionalistas auténticos lo apoyaban, así como la representación mayoritaria del País en las Cortes. La prensa españolista que favoreció a la Dictadura y el grupo íntegro-monárquico de ambas ramas estaban enfrente [...]. Don Indalecio Prieto y *La Gaceta del Norte* callaban.
>
> El País, en medio de un entusiasmo sin límites, aguardaba impaciente una de sus mayores pruebas históricas. El triunfo era casi seguro.

---

[105] *Diario de Sesiones de las Cortes Constituyentes*, pp. 5846-5848: discurso de Aguirre, 27-V-1932, reproducido por *Euzkadi*, 29-V-1932.

[106] CDMH, PS Barcelona, 286. Archivo Manuel Irujo, 1º, 37. Aguirre, *Entre la libertad*, pp. 262-263.

Sin embargo, algunos hechos acaecidos en las vísperas de la asamblea no eran nada halagüeños para su resultado en Navarra. Así, el 17 de junio, el Ayuntamiento de Pamplona votó en contra del proyecto de las Gestoras debido a la ausencia de varios concejales de izquierdas y al rechazo de los concejales de derechas, que lo tacharon de antiforal y separatista. Un día antes, el *Diario de Navarra* y *El Pensamiento Navarro* publicaban una carta del tradicionalista Víctor Pradera, que era un ataque furibundo a Aizpún y Gortari por su apoyo al texto en cuya redacción habían participado: «Hace un año fueron ustedes elegidos diputados a Cortes bajo la bandera de Dios y Fueros. En el Estatuto no está Dios [...]. En el Estatuto no están los Fueros [...]. Entonces, ¿qué queda del lema? Lo que no es Dios ni Fueros: ¡Euzkadi! La miserable intrusa que ha dividido irremediablemente a los vascos, la que intenta asesinar alevosamente los Fueros venerandos». La contraposición *Fueros sí, Estatuto no* fue clave en la campaña del *Diario de Navarra* y figuró en los carteles que jóvenes tradicionalistas colocaron profusamente en las carreteras navarras y en las calles pamplonesas, junto con otros que incidían en su supuesto laicismo: «No votéis el Estatuto laico y sin Dios», «El Estatuto dará instrucción laica a vuestros hijos».

Tal fue el ambiente que se encontró José Antonio Aguirre cuando arribó a Pamplona, en tren desde Madrid, la víspera de la asamblea. El 19 de junio de 1932, en el Teatro Gayarre se reunieron más de medio millar de representantes municipales, las cuatro Comisiones Gestoras provinciales y 11 de los 24 diputados vasco-navarros: los seis *jelkides*, tres republicanos y dos independientes. Eran significativas las ausencias de los tres diputados socialistas, si bien Prieto envió su adhesión; de Aizpún, pese a ser miembro de la comisión redactora, y, sobre todo, de los cinco tradicionalistas, incluso Beunza y Oreja, los más favorables al proyecto (Oriol optó por guardar silencio, mientras que Rodezno prefería el Estatuto navarro al único). Entonces se preguntó Aguirre: «¿dónde estaban nuestros compañeros?». Años después admitió su ingenuidad: «Sólo cuando comenzó la Asamblea, nos dimos cuenta de todo». En ese *todo* incluía tanto la *traición* de los diputados tradicionalistas, ausentes sin causa justificada, como el *boicot* del diputado republicano Azarola, «que tan triste papel demoledor representó en esta inolvidable Asamblea», al conseguir que los representantes navarros por separado mantuviesen una reunión previa. Aguirre lo aceptó y éste fue uno de los duros reproches que le hizo su amigo Irujo en una crítica carta que le escribió apenas una semana después: «¡Si aun en el acto de la Asamblea Vd. seguía creyendo que Navarra estaba bien, y por eso y sólo por eso accedió en mala hora a la reunión parcial que separaba a Navarra...!»[107].

Esta Asamblea de Pamplona fue la antítesis de la que tuvo lugar en Estella un año antes en la trayectoria política de Aguirre: si la de 1931 fue un éxito clamoroso, que le catapultó al liderazgo, la de 1932 constituyó un fracaso rotundo, «uno de los grandes disgustos que recibió en su vida, acaso el primer gran disgusto político que tuvo», según el testimonio de Mari Zabala[108]. Él mismo lo reconoció al calificarla varias veces de *catástrofe*: «la más terrible que pueda sufrir un pueblo», escribió en sus memorias, en las que consagró todo un capítulo a «la gran traición», como denominó a la Asamblea de Pamplona. Su desarrollo fue muy confuso, pues estuvo plagado de aplausos y abucheos, de interrupciones y protestas, debido sobre todo a las continuas intervenciones de Azarola, quien logró el objetivo que se planteó en la anterior asamblea municipal de enero: que Navarra no alcanzase el quórum constitucional necesario, esto es, que la mayoría de sus Ayuntamientos no aprobase el proyecto de las Gestoras. El resultado de la votación mostró el apoyo casi unánime de Bizkaia y Gipuzkoa, el respaldo mayoritario de Álava (si bien casi un tercio de sus Ayuntamientos se abstuvieron o votaron en contra) y el rechazo de Navarra: 109 a favor, 123 en contra y 35 abstenciones. Los Ayuntamientos favorables sólo representaban al 38 por 100 de la población de la provincia, muy lejos de las dos terceras partes de los electores, imprescindibles para ratificar el Estatuto en el plebiscito, cuya celebración estaba prevista para el 3 de julio. Es conocido que hubo irregularidades por parte de algunos apoderados, que cambiaron el voto de sus Ayuntamientos, aumentando las abstenciones y los votos contrarios al proyecto: así lo denunció *La Voz de Navarra* en 1932, lo apuntó Aguirre en su libro de 1935 (127 a favor y 115 en contra) y lo corroboró el historiador José María Jimeno Jurío en 1977[109]. Ahora bien, aunque hubiese sido favorable el resultado de la asamblea municipal, era de todo punto imposible que Navarra alcanzase el citado quórum de los dos ter-

---

[107] Aguirre, *Entre la libertad*, capítulo XII, y «El problema político moral de los vascos», pp. 192-197. Carta de Manuel Irujo a José Antonio Aguirre, 25-VI-1932, en CDMH, PS Bilbao, 190, y Archivo Manuel Irujo, 1.º, 37.

[108] Citado por Martín de Ugalde en su prólogo a las *Obras completas* de Aguirre, tomo I, p. 12. Después de la asamblea, jóvenes nacionalistas le hicieron pasar «un amargo rato» a Aguirre en el Centro Vasco de Pamplona (carta del sacerdote José Ariztimuño a José Antonio Aguirre, en CDMH, PS Bilbao, 10).

[109] *La Voz de Navarra*, 25-IX-1932. Aguirre, *Entre la libertad*, p. 287. Jimeno Jurío, José María, *Navarra jamás dijo no al Estatuto vasco*, Punto y Hora, Pamplona, 1977.

cios de los electores en el referéndum que se hubiese celebrado dos semanas más tarde, según resaltó el abogado Andrés María Irujo (hermano de Manuel) en una carta, fechada el 24 de junio de 1932, al diputado *jelkide* Eguileor: «Navarra no encontrará nunca el porcentaje bastante para su anexión al resto del País»[110]. Y esto hubiese implicado la muerte del proceso autonómico vasco, porque el mismo artículo 12 de la Constitución, que exigía tal quórum, añadía: «Si el plebiscito fuere negativo, no podrá renovarse la propuesta de autonomía hasta transcurridos cinco años». En cambio, la negativa de los Ayuntamientos navarros no impidió que el proceso continuase con un Estatuto para Álava, Gipuzkoa y Bizkaia, patrocinado de nuevo por sus Gestoras provinciales, tal y como afirmó el presidente de la vizcaína, el dirigente socialista Rufino Laiseca, al dar por concluida la Asamblea de Pamplona[111].

La defección de Navarra, «trágica para los destinos del pueblo vasco», «causó una profunda decepción y amargura. La traición había conseguido desviar su voluntad en aquella tarde de recuerdo imborrable», escribió Aguirre. Él, a pesar de que se enfrentó dialécticamente a las maniobras del radical-socialista Azarola en el transcurso de la reunión, consideró que los «responsables de la catástrofe» fueron los tradicionalistas, que habían sido envenenados por el «virus íntegro-monárquico», en referencia a la reciente incorporación de los integristas de Olazábal y algunos monárquicos alfonsinos a las filas de la CT, así como a la campaña sectaria de su prensa (*La Constancia* y *Diario de Navarra*). Y, en particular, responsabilizó a los diputados de su minoría, sobre todo a los navarros, que no acudieron a la asamblea y ni siquiera enviaron un telegrama de adhesión. Acabó acusando a los «dirigentes carlo-monárquicos de Iruña» de cometer un delito de lesa patria, de ser «hijos espirituales de Maroto el traidor»: «La traición del año 1932 [fue] más grave aún que aquella del año 1837 [1839] de los campos del convenio de Bergara», aludiendo al acuerdo entre los generales Espartero y Maroto que puso fin a la primera guerra carlista. Además, Aguirre relacionó dicha *traición* —palabra repetida en sus memorias— con el golpe de Estado que dio el general Sanjurjo en Sevilla y Madrid poco después: «El estallido del 10 de Agosto tuvo íntima relación con el

---

[110] CDMH, PS Bilbao, 11.

[111] *Acta de la asamblea celebrada por los Ayuntamientos Vasco-Navarros el día 19 de junio de 1932 para la discusión y aprobación del Estatuto*, Pamplona, 1932, reproducida por Arbeloa, Víctor Manuel: *Navarra ante los Estatutos. Introducción documental (1916-1932)*, ELSA, Pamplona, 1978, pp. 257-286. *Euzkadi*, 21-VI-1932.

resultado adverso de la Asamblea de Iruña». En las vísperas de ésta, según él, engañaron a gente sencilla de los pueblos navarros al convencerlos de que el próximo alzamiento acabaría con la República y pondría en el trono de España al anciano pretendiente carlista, don Alfonso Carlos, quien daría la reintegración foral a Navarra. Como prueba mencionó a un viejo apoderado del Pirineo que le dijo en dicha asamblea: «¿Para qué votar el Estatuto, Sr. Aguirre, si dentro de poco va a venir el Rey, y tendremos los fueros?»[112]. Empero, la intervención carlista en la *sanjurjada* fue insignificante, según Martin Blinkhorn, para quien «el Estatuto fue rechazado en Navarra no debido a una oposición sistemática de la dirección carlista, sino a una hostilidad convergente, en gran medida espontánea, de la izquierda y de la derecha»[113]. Tal fue también el análisis de Irujo sobre la votación de Navarra: «Carlistas, socialistas y republicanos han votado contra el Estatuto: Total 180.000. Nacionalistas y afines, y algunas personalidades destacadas de la mayor cultura entre los socialistas, republicanos y tradicionalistas, han votado el Estatuto: Total 140.000»[114].

La Asamblea de Pamplona tuvo consecuencias importantes para Aguirre y el PNV. La primera fue la ruptura de su coalición con la CT, que se concretó en la inmediata desaparición de la minoría vasco-navarra, según los diputados *jelkides*. La grave acusación de traición afectaba a los diputados tradicionalistas, que reaccionaron de distintas maneras: Oreja y Beunza lamentaron el resultado negativo, mientras que Rodezno se desligó de todo compromiso estatutario y Oriol declaró su oposición a un Estatuto vasco sin Navarra por considerarlo «perjudicial para Álava», dada su debilidad frente al poderío demográfico y económico de Bizkaia y Gipuzkoa. El rápido desmarque de Oriol fue duramente criticado por Aguirre. Éste calificó de *desagradable* la reunión de los diputados vasco-navarros con la Comisión de alcaldes, celebrada el 1 de agosto en Azpeitia, que supuso la disolución de hecho de la minoría (formalmente subsistió en las

---

[112] Aguirre, *Entre la libertad*, pp. 288-307, y «El problema político moral de los vascos», pp. 192-197. *Amayur*, 9-VII-1932.

[113] Blinkhorn, *Carlismo*, pp. 125-128 y 134-140, y «The Basque Ulster: Navarre and the Basque Autonomy Question under the Spanish Second Republic», *The Historical Journal*, XVII-3, 1974, pp. 595-613. La interpretación de Blinkhorn fue ratificada por la amplia historiografía posterior sobre este tema. Como había anunciado Irujo, la Ribera, con el Ayuntamiento de Tudela a la cabeza, votó en contra del Estatuto y era de mayoría republicano-socialista.

[114] Carta de Manuel Irujo al presidente de la Junta Municipal del PNV de Pasajes, 21-VI-1932, en la que sintetizó su visión crítica de la difícil situación de Navarra con respecto al Estatuto en 1931-1932 (Archivo Manuel Irujo, 1.º 37).

Cortes para no perder sus puestos en las comisiones parlamentarias), y se expresó así[115]:

> Los nacionalistas pertenecientes a la Minoría no necesitábamos formar grupo de ningún género con quienes desertaban del cumplimiento de sus deberes concretados en la defensa de un Estatuto de Autonomía [...].
> Para la defensa de nuestra fe, de nuestra religión, no necesitábamos formar grupo político de ningún género con nadie [...]. La defensa de la Iglesia católica, en lucha contra el sectarismo imperante, jamás fue abandonada por los Diputados nacionalistas.

Una segunda consecuencia fue la continuación del proceso autonómico vasco sin Navarra, pero dejando la puerta abierta a su reintegración. Esta decisión no era fácil para el PNV debido a la trascendencia que atribuía a la unidad territorial de Euskadi desde su fundación por Sabino Arana en 1895. En su adopción fue clave la opinión de Aguirre y los otros cinco diputados *jelkides*, quienes el 22 de junio presentaron al EBB un escrito en el que daban varios argumentos en defensa del Estatuto para Álava, Bizkaia y Gipuzkoa: no querían dejar la bandera autonómica en manos de las izquierdas, bien dispuestas a proseguir con él a través de las Gestoras, como señalaron al término de la Asamblea de Pamplona; abandonarlo contribuiría a aumentar el triunfo del «conglomerado Monárquico-Tradicionalista», convertido en el «bloque enemigo» que deseaba que no hubiese ningún Estatuto, y sería perjudicial para el PNV, para Euskadi y para la propia Navarra. Por todo ello, proponían al EBB estas dos conclusiones: que apoyase «todo Estatuto encaminado a lograr la mayor unidad de Euzkadi», intentando volver al llamado vasco-navarro, y que aceptase un Estatuto integrado por Bizkaia, Gipuzkoa y Álava, «siempre que en su articulado se consigne expresamente el derecho de Nabarra a incorporarse al resto del territorio vasco constituido autonómicamente». Ambas conclusiones fueron asumidas en su integridad ese mismo día por el EBB, presidido por Luis Arana, que las publicó enseguida como un decreto suyo en los diarios *jelkides*[116]. Era una prueba fehaciente del gran influjo que tenían los diputados, encabezados por Aguirre, sobre la dirección del PNV, hasta el punto de que ellos guiaron la ac-

---

[115] Aguirre, *Entre la libertad*, pp. 297-303. *Euzkadi*, 24 y 25-VI-1932, 2-VIII-1932. *Heraldo Alavés*, 27-VI-1932. Cartas de José Horn y de Domingo Arrese a José Antonio Aguirre, 24 y 26-VI-1932, en CDMH, PS Bilbao, 11.

[116] Escrito de los diputados y acta de la reunión del EBB en Bilbao, 22-VI-1932, en AN, PNV, 219-13 y 219-14. *Euzkadi, El Día*, y *La Voz de Navarra*, 23-VI-1932.

ción política del partido, con el Estatuto como objetivo primordial, a lo largo de la II República.

Sin embargo, no todos sus afiliados estuvieron conformes con tal decisión. Hubo algunos disidentes en Navarra, siendo de nuevo Manuel Irujo el principal. Nada más conocer el acuerdo del EBB, en el que participaron cuatro dirigentes navarros, escribió al NBB discrepando abiertamente de ese Estatuto de tres provincias, que consolidaría la separación de Navarra, y proponiendo continuar con el vasco-navarro, al «rectificar la cifra dada por acuerdos de los Ayuntamientos ausentes o que falsearon el mandato»[117]. Esto mismo le planteó de forma mucho más tajante a Aguirre en su carta citada del 25 de junio, en la que un desolado Irujo («permanente Jeremías») le criticaba su opción:

> El P.N.V., aceptando sugerencias de Vds. [los diputados], se ha convertido en actor principal del Estatuto «vascongado». Así lo dice E.B.B. y lo repite la prensa.
>
> [...] Vds. confeccionarán su Estatuto de tres, al cual unirán un artículo repleto de literatura afectiva para Navarra. Las Cortes cortarán ese artículo [...]. Y el Estatuto «vascongado» será la piedra angular que garantizará la separación perpetua de Euzkadi, en Vascongados y Navarros; o lo que sería aún peor, en «vascos» y «navarros».
>
> [...] ¿Que es mala situación la de ningún Estatuto? Ya lo sé; pero, es mucho peor la de dos Estatutos [el vasco y el navarro] y separación duradera, mientras dure la Constitución cuando menos.

Hombre realista, Irujo volvió a acertar con este vaticinio años más tarde. El nuevo proyecto de las Gestoras, plebiscitado en 1933, contenía una disposición adicional sobre la futura incorporación de Navarra, disposición que desapareció en el Estatuto aprobado por las Cortes en 1936. Ahora bien, Irujo era también un político pragmático, que pronto aceptó la *realpolitik* del PNV, bajo el liderazgo de Aguirre, para lograr el Estatuto de autonomía. Él mismo lo defendió como diputado desde 1933 hasta 1936 y acabó siendo el ministro del Estatuto vasco en el Gobierno de Largo Caballero durante la Guerra Civil.

No contestó —que sepamos— Aguirre a la amarga misiva de su amigo de Estella[118]; pero, sin duda, ésta fue un acicate para ocuparse con presteza e interés de la *cuestión navarra*, tanto en la continuación del proceso autonómico vasco como en el seno de su propio

---

[117] Carta del 24-VI-1932, en Archivo Manuel Irujo, 1.º, 37.

[118] Si contestó, tal carta no se encuentra entre la numerosa correspondencia de Aguirre que hemos consultado en los Archivos del Centro Documental de la Memoria Histórica, del Nacionalismo y de Manuel Irujo.

partido. Por un lado, explicó, de palabra y por escrito, la posición del PNV al presidente de la Comisión Gestora vizcaína, solicitando a las tres Gestoras provinciales la máxima celeridad en la tramitación del nuevo proyecto, que debería incluir una cláusula que posibilitara la posterior integración de Navarra[119]. Por otro lado, decidió intervenir personalmente para intentar resolver la grave situación económica que padecía la organización navarra del PNV, en especial su diario *La Voz de Navarra*, que se encontraba al borde del colapso financiero, atendiendo a las llamadas de auxilio que le transmitían *jelkides* navarros desde hacía meses[120]. Y atendiendo también a la consigna lanzada el 23 de junio por el diario *Euzkadi* al publicar la decisión tomada por la dirección del partido: «Salvar a Nabarra es nuestro anhelo [...]. Como Nabarra se perdería, quizás para siempre, sería abandonando el Estatuto». Unos días más tarde, Aguirre remitió una extensa carta al EBB, en la cual aludía a «la precaria situación económica» de *La Voz de Navarra* y a la necesidad de contar con «un buen periódico», proponía «una suscripción nacional pro Nabarra» y concluía así: «Ya está dada por ese Euzkadi-Buru-Batzar la norma a seguir en cuanto al problema concreto del Estatuto. Bien sabe Dios con cuánto entusiasmo hemos de luchar en su consecución» y «en la cruzada de amor que el Partido Nacionalista lleva por tierras de Nabarra para bien de Dios y de la patria».

Como en su reunión posterior a la Asamblea de Pamplona, el EBB de Luis Arana convocó a sus diputados, a quienes informó de

---

[119] *Euzkadi*, 25-VI-1932. Carta de José Antonio Aguirre a Rufino Laiseca, 24-VI-1932, leída en la reunión de las Gestoras de Álava, Bizkaia y Gipuzkoa, celebrada en Vitoria el 26-VI-1932, conservada en el Archivo del Territorio Histórico de Álava (D 1927-5) y citada por Pablo, Santiago de, *Álava y la autonomía vasca durante la Segunda República*, Diputación Foral de Álava, Vitoria-Gasteiz, 1985, p. 195. En dicha reunión se leyó también un escrito de ANV propugnando lo mismo que el PNV.

[120] Carta de Joseba Azkarate a José Antonio Aguirre, 5-IV-1932: «Nosotros, faltos de recursos, ni siquiera podemos sostener un periódico (*La Voz de Navarra*) el cual como usted sabe languidece. [...] Es pues necesario absolutamente que Bizkaya nos ayude económicamente. Es forzoso tengamos un buen diario [...] nuestra situación es angustiosa ya que ni el Secretariado del Partido podremos sostenerlo. [...] No dudo que usted comprenderá fácilmente que aquí lo que hace falta es dinero, como también lo comprenderán nuestras autoridades ¿podemos esperar de Bizkaya esa ayuda económica? Así lo esperamos y créame que si esa esperanza nuestra se convierte en realidad Navarra será pronto de Jel» (CDMH, PS Bilbao, 10). En esta carpeta hay otra carta a Aguirre, fechada el mismo día por Joseba Agerre, que fue director de *La Voz de Navarra* y presidente del NBB, pidiéndole urgentemente dinero, porque, si no llega pronto, «el periódico se hundirá irremisiblemente o pasará a otras manos, no nacionalistas o antinacionalistas quizás». En el mismo sentido, cf. la amplia correspondencia de Ramón Goñi en el Archivo Manuel Irujo y en el Center for Basque Studies de la Universidad de Reno.

su resolución de dar carácter oficial a la carta de Aguirre. En el transcurso de esta reunión, celebrada el 2 de julio, el propio Aguirre expuso los acuerdos a que habían llegado los diputados con varios asesores *jelkides* para llevar a cabo sus ideas, a saber: la apertura de una suscripción encabezada por las autoridades del partido y la creación de tres comisiones: una pro Navarra y Álava, otra para examinar la situación de *La Voz de Navarra* y otra para estudiar los métodos de la propaganda y de la recaudación de fondos, indicando incluso sus miembros. A renglón seguido, el EBB aprobó estas propuestas y decidió publicar al día siguiente el escrito de Aguirre, acompañado de un decreto en el que ordenaba a los cuatro Consejos Regionales del PNV abrir una suscripción «para recaudar fondos destinados a la propaganda nacionalista vasca en Nabarra», de cuya campaña se encargaría el NBB, hasta que dicho territorio comprenda que en «los grandes ideales del nacionalismo vasco […] tiene su salvación única en el grave trance a que la han conducido la acción de los partidos políticos exóticos». Además, anunciaba que una comisión se ocuparía de la propaganda en Álava por su «similar situación», adelantándose así a la *cuestión alavesa*, que se planteará más adelante en el proceso autonómico vasco, por la creciente oposición al Estatuto, auspiciada por el carlismo de Oriol desde la retirada de Navarra[121]. De nuevo se constata el peso relevante de Aguirre sobre el EBB, que asumía enseguida todas sus proposiciones, en esta ocasión no sólo sobre la política estatutista, sino también sobre la problemática del partido en Navarra, dada su condición de diputado por esta provincia, que había recibido quejas de afiliados y dirigentes navarros durante la primera mitad de 1932.

Inmediatamente, en Bilbao, en concreto en *Sabin Etxea* (la casa natal de Sabino Arana, convertida en la sede central del PNV desde marzo de 1932, coincidiendo con la celebración del primer *Aberri Eguna* o Día de la Patria Vasca), se constituyó la «Comisión pro-Nabarra y Araba», presidida por Ignacio Rotaetxe, expresidente del EBB, y compuesta por doce *jelkides*, casi todos vizcaínos. Su actividad fue muy intensa en el verano y el otoño de dicho año, y se centró en dos aspectos: el económico y el propagandístico. La suscripción tuvo éxito, pues superó la elevada cantidad de 150.000 pesetas, de las que 90.000 fueron entregadas a Navarra. «Dicho dinero fue absorbido en su práctica totalidad por *La Voz de Navarra*, sin que mejorara

---

[121] Acta de la reunión del EBB, 2-VII-1932, en AN, PNV, 219-13. «Una hermosa cruzada nacional pro Nabarra», *Euzkadi* y *El Día*, 3-VII-1932, *La Voz de Navarra*, 6-VII-1932, y *Amayur*, 9-VII-1932.

sensiblemente su desastrosa situación», como prueba que debiera más de 20.000 pesetas en 1934 y que al año siguiente Aguirre abogara por «una solución radical» para resolver el problema de la prensa del PNV en Navarra[122]. El hecho de que la sede y los miembros de esta comisión estuvieran en Bilbao, y que el control de los fondos recaudados se hallara en poder de los vizcaínos, motivó críticas acerbas al centralismo bilbaíno y al sucursalismo navarro por parte de personalidades como Ramón Goñi, Manuel Irujo y, sobre todo, Manuel Aranzadi, pese a haberse apartado de la política desde su dimisión en 1931[123]. Las tensiones entre *jelkides* vizcaínos y navarros continuaron a lo largo de la República y afectaron a las relaciones orgánicas entre el EBB, radicado en Bilbao, y el NBB, que protestaba por su postergación en el seno del partido.

Dentro de esa comisión, su promotor, José Antonio Aguirre, se volcó en la propaganda nacionalista en Navarra, tanto con artículos en la prensa como con discursos en mítines y fiestas, que le llevaron a recorrer bastantes pueblos navarros los fines de semana desde agosto hasta octubre de 1932. Acompañado habitualmente por Telesforo Monzón, Manuel Irujo y Mercedes Careaga, en sus intervenciones denunció con insistencia la traición de los carlistas que les engañaron en la Asamblea de Pamplona, defendió con ardor el Estatuto («es la unión de los vascos para los intereses que son comunes») y propugnó el lema JEL de Sabino Arana como síntesis de su nacionalismo, haciendo hincapié en su fe religiosa para desmentir las injurias vertidas contra él mismo y el PNV durante ese verano: «No hay que hacer caso a quienes dicen que el Partido Nacionalista Vasco está tildado de judaísmo. El verdadero contubernio es el de la masonería y el capitalismo, sin ideales, que

---

[122] Tápiz, José María: *El PNV durante la II República (organización interna, implantación territorial y bases sociales)*, Fundación Sabino Arana, Bilbao, 2001, pp. 95-98. Este autor concluye que el Consejo Regional de Bizkaia (BBB) «llegó a influir en las decisiones y organización del partido en otras regiones vascas, invadiendo sus competencias». El testimonio de Aguirre está en CDMH, Bilbao, 185. Documentación de dicha Comisión se encuentra en AN, PNV, 219-13, y en CDMH, Bilbao, 186 y 251.

[123] Carta de Manuel Aranzadi al presidente del NBB, Aníbal Urmeneta, 3-XI-1932: «protesto de esa subordinación de Nabarra a Bilbao». «Nabarra va a remolque de Bilbao. Mal digo; de un grupo de bilbaínos que se han empeñado [...] en convertirla en Sucursal». Seis días después, su primo Manuel Irujo se quejaba al NBB «de someter la propaganda y las cosas de Navarra a la dirección omnímoda de Bilbao —porque la Junta [de Propaganda] y el E.B.B. son de hecho Bilbao—», mientras que el NBB es un intermediario «que actúa no de Consejo Regional sino de oficina informante». Y estimaba su gestión «inconveniente para el nacionalismo en Navarra y para su primer paso, el Estatuto». Ambas cartas se conservan en CDMH, PS Barcelona, 286.

niegan la justicia social y vienen a ejercer la dictadura [...]. Nosotros, partimos de la libertad que viene de Dios», proclamó en su discurso en Tafalla[124]. A pesar del intenso esfuerzo propagandístico desarrollado por Aguirre y sus compañeros, esta campaña no colmó sus expectativas en Navarra, ni en la implantación del PNV, que siguió siendo reducida y sufrió varias crisis internas por la existencia de grupos rivales que se disputaban el control de la organización, ni tampoco en la reincorporación del territorio foral al proceso estatutario, que no se produjo. Esto no resulta extraño teniendo en cuenta la neta hegemonía política de las derechas navarras —cada vez más enemigas del nacionalismo vasco—, tal y como demostraron las elecciones legislativas de 1933 y 1936, en las cuales coparon los siete escaños de Navarra en las Cortes republicanas[125].

Al mismo tiempo que transcurría dicha campaña, las relaciones entre el PNV y la CT se deterioraron gravemente nada más romperse su coalición. A las acusaciones *jeltzales* de traición por el fracaso del Estatuto en Navarra, respondieron los tradicionalistas con la divulgación de un folleto que cuestionaba el catolicismo del PNV en general y de José Antonio Aguirre en particular. Éste lo mencionó en un mitin en Hondarribia a finales de julio de 1932: «Nada conseguirán los que nos llaman anticatólicos o acatólicos, los que escriben folletos que son una bajeza. [...] nos combaten llamándonos amigos del judaísmo y de la masonería»[126]. Se refería al controvertido folleto titulado *Nacionalismo-Comunismo-Judaísmo*, cuyo contenido quedaba de manifiesto desde su portada: sobre un fondo rojo figuraban esas tres palabras en letras mayúsculas y debajo de ellas la *ikurriña*, la hoz y el martillo, y el triángulo y el compás, símbolo de la masonería. Para más inri, en la bandera nacionalista vasca se había transmutado el orden de las cruces: la de Cristo estaba debajo de la cruz de san Andrés, símbolo de la independencia de Bizkaia según Sabino Arana —creador de la *ikurriña* en 1894—, que fue enemigo acérrimo del judaísmo y la masonería. En apenas

---

[124] Los escritos y discursos de Aguirre, dispersos en la prensa del PNV, figuran recopilados en Amézaga, Elías: *El primer Aguirre, escritos (1904-1936)*, Bilbao, Idatz Ekintza, 1988, tomo I, pp. 239-262, 271-280 y 287-312. Cf. Chueca, Josu, *El nacionalismo vasco en Navarra (1931-1936)*, Universidad del País Vasco, Bilbao, 1999, pp. 141-148.

[125] La Comisión de Álava obtuvo mejores resultados en la expansión del PNV por esta provincia, donde también hubo algunas protestas por el control económico desde Bizkaia, según Pablo, Santiago de: *En tierra de nadie. Los nacionalistas vascos en Álava*, Ikusager, Vitoria-Gasteiz, 2008, pp. 131-132.

[126] *El Día*, 26-VII-1932.

16 páginas y al precio de 30 céntimos de peseta, este folleto sostenía que su fin era evitar el desplazamiento de las fuerzas nacionalistas al campo comunista, porque el PNV «es hoy una fuerza utilizada, fomentada y dirigida por los enemigos de Jel», aludiendo tanto al «movimiento masónico-judío» como a la Internacional Comunista. Para ello, mezclaba en un auténtico popurrí textos del Papa Pío XI (su encíclica *Charitate Christi Compulsi*, que criticaba el «exagerado nacionalismo»), de los comunistas León Trotsky y Joaquín Maurín, de los periódicos *Acción Vasca* (órgano de ANV) y *Euzkadi*. Terminaba con otra cita del Papa («¡Por Dios o contra Dios!») y con este dilema rotundo: «*Abrid los ojos y escoged entre Su Santidad y Trostki* [sic]». Daba como prueba de las «concomitancias [del PNV] con los mayores enemigos de JEL» el voto de sus diputados a Alcalá-Zamora para presidente de la República en 1931. Tan sólo mencionaba a un nacionalista vasco, con estas palabras: «Vuestro ídolo de hoy, D. José Antonio Aguirre, con una inconsciencia propia de los pocos años, hace declaraciones democrático-liberales, que aparte su cursilería muy de moda hace cien años, tienen la virtud de descubrirnos, que también él, sufre el contagio general y va inspirado por los Sabios de Sión», citando a continuación unas declaraciones suyas al diario monárquico *ABC* de Madrid[127].

Ésta no fue la primera ni la última vez en que la extrema derecha puso en duda la religiosidad de Aguirre. Él mismo lo reconocía en una carta escrita en 1933: «Se nos ha llamado de todo desde anticristianos hasta masones». Ya en enero de 1932, las *margaritas* (mujeres carlistas) hicieron circular en Algorta —el pueblo donde residía— «rumores que ponían en duda, nada menos, que la conciencia católica» de Aguirre[128]. Y en plena Guerra Civil, el canónigo Rafael G. García de Castro (futuro arzobispo de Granada) escribió: «Se ha dicho que Aguirre está afiliado a la masonería, y hasta cuentan que se ha encontrado su mandil simbólico... No tengo documento ninguno acerca de este hecho». «Por eso, si de su profesión masónica no afirmamos una sola palabra, del partido nacionalista no podemos decir lo mismo. Sus contactos masónicos parecen indudables». Según el historiador navarro Jimeno Jurío, «en el escaparate de un céntrico establecimiento pamplonés fue expuesto en 1936 el mandil masónico

---

[127] *Nacionalismo-Comunismo-Judaísmo*, s.l., s.a. (Bilbao, 1932).
[128] Carta de José María Izaurieta a Federico Zabala, 23-I-1932, en AN, Fondo Federico Zabala Allende. Carta de José Antonio Aguirre a Celes Rodríguez, 22-V-1933, en CDMH, PS Bilbao, 11.

del Gran Oriente José Antonio de Agirre»[129]. A éste, un católico militante —como dejaba constancia a menudo en sus artículos y discursos—, que era absolutamente contrario al judaísmo y la masonería, tuvo que hacerle daño recibir tales injurias, que no pudo pasar por alto sin contestación; de ahí que las replicase en sus mítines, llevase el tema hasta el nuncio del Papa en Madrid y dedicase ocho páginas de sus memorias a dicho folleto: «Todo él era un ataque lleno de confusiones y de mala fe a la catolicidad del Partido Nacionalista, de sus dirigentes y de sus Diputados a Cortes»[130].

¿Quién fue el autor de este texto anónimo? Aunque se llegó a atribuir a un sacerdote guipuzcoano sin dar su nombre[131], no se sabe a ciencia cierta quién o quiénes lo redactaron. De lo que no hay duda, dado que figura en su última página, es que fue editado en la imprenta del diario monárquico bilbaíno *El Nervión*, propiedad del exdiputado conservador Juan Tomás Gandarias, siendo difundido por los tradicionalistas. Su venta, el domingo 17 de julio, a las puertas de las iglesias de Pamplona provocó la inmediata y airada protesta de la prensa *jelkide*, que lo atribuyó a afiliados de la CT. Su órgano oficial, *El Pensamiento Navarro*, negó que fuese suyo, pero estuvo de acuerdo con su contenido: «No es nuestro el folleto [...], pero no vemos en él nada que repugne a nuestra conciencia si hubiéramos de suscribirlo». Y el diario integrista *La Constancia* lo elogió y utilizó para volver a atacar al PNV.

---

[129] García de Castro, Rafael G.: *La tragedia espiritual de Vizcaya*, Prieto, Granada, 1938, pp. 300-301. Jimeno Jurío, *Navarra*, p. 141.

[130] Aguirre, *Entre la libertad*, pp. 308-316. En la República, Aguirre continuó siendo el presidente de la Juventud Católica de Bizkaia hasta febrero de 1933 y presidió la Agrupación Vasca de Acción Social Cristiana (AVASC), fundada en Bilbao en diciembre de 1931. En una muy extensa carta a Elías Gallastegi, Aguirre le explicó su concepción de la religión católica: «Yo sueño con una sociedad regida por las normas de Cristo en todos los órdenes, compatible con el progreso y la modernidad, sueño por el retorno al cristianismo primitivo que predicaba el insigne patriota, el cardenal Mercier». Y dejó patente su antisemitismo: «Nos encontramos, a mi juicio, ante dos fracasos [...]. El fracaso del egoísmo representado en la viciosa economía capitalista y el fracaso del socialismo, compendio y suma del materialismo de un siglo. Ambos, a mi juicio, manejados por una sola fuerza cuyo designio es el dominio del mundo: el judaísmo. Desde el último congreso sionista de Viena (1894) el mundo sigue el curso que le marcan los dominadores de la mercancía humana, los judíos». Tal afirmación se basaba en su lectura de los célebres, pero apócrifos, *Protocolos de los Sabios de Sión*, de los cuales, paradójicamente, se había contagiado el propio Aguirre, según el folleto *Nacionalismo-Comunismo-Judaísmo*. Esta importante carta, datada el 20 de febrero de 1931 (erróneamente: es de 1932, pues defiende a AVASC de la crítica de Gallastegi) y conservada en el Archivo de Salamanca (CDMH, PS Bilbao, 215), fue reproducida por Elías Amézaga (*El primer Aguirre*, tomo I, pp. 35-44) y glosada por Javier Tusell en su *Historia de la democracia cristiana en España* (EDICUSA, Madrid, 1974, tomo II, pp. 14-18).

[131] Iturralde, *La guerra de Franco*, tomo I, pp. 197-198.

El enfrentamiento de los dos grandes partidos confesionales era total, no sólo por los dardos que se lanzaban sus periódicos, sino también por las disputas e incluso choques violentos entre sus militantes[132].

La extrema gravedad de la acusación, que afectaba de lleno a la esencia católica del partido fundado por Sabino Arana con el lema *Dios y Ley Vieja*, dio lugar a una rápida y contundente reacción por parte del EBB, presidido entonces por su hermano Luis, de fervientes creencias religiosas. Así lo prueban las actas de sus reuniones, consagradas principalmente a este asunto desde finales de julio hasta finales de octubre de 1932, contando varias de ellas con la presencia de Aguirre[133]. El 21 de julio, sus miembros, que eran los presidentes de los cuatro Consejos Regionales del PNV, se reunieron en Vitoria y visitaron ese mismo día al obispo Múgica, desterrado en Bugedo (Burgos), y al prelado Muniz, en Pamplona, acordando enviarles a ambos una carta para que diesen su opinión por escrito sobre el contenido del citado folleto. Cinco días más tarde, Luis Arana les remitió la misma carta, defendiendo la catolicidad del PNV y pidiéndoles justicia frente a «las falsas y diabólicas imputaciones» del «infernal libelo». Al igual que había sucedido unos meses antes con la cuestión del Estatuto, la respuesta de estos obispos fue radicalmente distinta. En un escueto texto, el de Pamplona se limitó a inhibirse, después de que cinco censores le informasen de que «no hay en él motivo para que intervenga la autoridad eclesiástica». En cambio, en una amplia misiva, el de Vitoria reprodujo el dictamen de un censor, con la conclusión de que el opúsculo *Nacionalismo-Comunismo-Judaísmo* era «calumnioso para el Partido Nacionalista Vasco» y no tenía la aprobación eclesiástica, por lo que carecía de todo valor ante las conciencias católicas. Mateo Múgica hizo suyo este dictamen y desautorizó el folleto, que iba en contra de «*la necesaria unión de los católicos*», instando a que acabase la *guerra* entre partidos confesionales. Tanto el censor como el prelado de Vitoria consideraron injuriosas las alusiones en él «al Sr. Aguirre, cuyos profundos sentimientos religiosos y vida privada y pública cristianas Nos son bien conocidos», en palabras de Múgica.

---

[132] *El Pensamiento Navarro*, 24-VII-1932. *La Voz de Navarra*, 19/31-VII-1932. *Euzkadi*, 19/26-VII-1932 y 14-V-1933 (reprodujo su portada el 20-VII-1932). Dronda, *Con Cristo*, pp. 334-335. Jimeno Jurío, *Navarra*, pp. 137-141: En los locales de *El Pensamiento Navarro* «permanecían en 1936 los ejemplares no repartidos» del polémico folleto. Sobre él existe documentación interesante en el Archivo de Ramón Goñi (Reno).

[133] Las actas del EBB reproducen la correspondencia de Luis Arana con los obispos y el nuncio, así como el informe de Aguirre, que citamos a continuación (AN, PNV, 219-14). Algunos de estos documentos se custodian en CDMH, PS Bilbao, 259, y en la Fundación Sancho el Sabio, Fondo Luis Arana, 7/11.

En agosto, ante las diferentes opiniones de los obispos, el EBB decidió recurrir al nuncio del Vaticano, monseñor Federico Tedeschini, a quien escribió una carta en la que demandaba justicia para el PNV, evitando «el escándalo por la disparidad de criterios de nuestros señores Obispos de Vitoria y de Pamplona». Se la hizo llegar a través de los diputados Aguirre y Basterrechea, quienes fueron recibidos por el nuncio en Madrid el 1 de septiembre. El informe que Aguirre entregó al EBB reflejaba que su entrevista no había dado los frutos esperados. Tedeschini no vio contradicción entre las contestaciones de ambos prelados y consideró dificultoso que Roma se pronunciase sobre este asunto, «porque siendo difícil de separar lo político de lo religioso, la Iglesia se da cuenta de que definiendo el catolicismo de un Partido, favorece enormemente su difusión política frente a otros igualmente católicos». Les aconsejó que el PNV debía replicar con otro folleto, reafirmando su catolicismo, e invitar a que el folleto *Nacionalismo-Comunismo-Judaísmo* «sea firmado como es lo caballero y sea sometido a la censura eclesiástica, como es lo cristiano». A finales de septiembre, el EBB de Luis Arana visitó al nuncio en San Sebastián, donde pasaba unos días de vacaciones, y optó por hacer pública sólo la carta de Múgica, pero suprimiendo de ella las frases referidas al «benemérito Partido Tradicionalista» y a los intereses «generales y trascendentales de España». Así se lo comunicó a Tedeschini y a Múgica, quien no accedió a esa supresión, por lo que el PNV debería publicar su carta en su integridad. En vista de ello, en su reunión del 24 de octubre, el EBB acordó no difundirla, prevaleciendo el criterio de su presidente, según el cual el PNV no podía publicar «esos párrafos enaltecedores del Tradicionalismo español, es decir, del propio autor y propagador del libelo». En cambio, Policarpo Barrena, el presidente del Gipuzko-Buru-Batzar (GBB), opinaba que convenía divulgarla para atajar que curas y religiosos de Gipuzkoa siguiesen «proclamando las excelencias del folleto» y causando ingentes perjuicios al PNV.

Justo un año después, autorizado por el EBB, que ya no presidía Luis Arana, José Antonio Aguirre leyó íntegramente el dictamen de Mateo Múgica en la conferencia que pronunció en el Teatro Gayarre de Pamplona el 22 de octubre de 1933. En ella hizo balance de su actuación como diputado por Navarra, en defensa tanto del Estatuto como de la Iglesia, demostrando su catolicismo y sus arraigadas convicciones religiosas, para rebatir «el inicuo folleto». En los días siguientes, los diarios *jelkides* reprodujeron la carta del obispo de Vitoria, resaltando en sus titulares que *Nacionalismo-Comunismo-*

Judaísmo había sido condenado por la autoridad eclesiástica[134]. Sin duda, en la decisión final de publicarla influyó la proximidad del referéndum autonómico y de las elecciones a Cortes, que se celebraron en noviembre de 1933 y en las que Aguirre fue de nuevo candidato a diputado por Bizkaia-provincia y por Navarra; pero, a diferencia de las anteriores de 1931, el PNV se presentaba en solitario y competía por los sufragios de los católicos con sus antiguos aliados, que iban unidos en el bloque de derechas.

IV. REPUBLICANIZAR EUSKADI

En el verano de 1932, la defección de Navarra y las injurias de ese famoso opúsculo causaron la ruptura definitiva del nacionalismo con el carlismo. Ello no trajo aparejada una aproximación del PNV a los republicanos y socialistas, en aras de aprobar el nuevo proyecto autonómico, a pesar de que las Gestoras lo apoyaban y que hubo un momento muy propicio con la promulgación del Estatuto catalán el 15 de septiembre de 1932 en San Sebastián, en honor a la ciudad en la que se selló el pacto de 1930, origen de la autonomía de Cataluña en la II República. Fue una iniciativa de Indalecio Prieto, ministro de Obras Públicas en el Gobierno de Azaña, que reunió al presidente Alcalá-Zamora, consejeros de la Generalitat, diputados catalanes y vascos, gestores provinciales y alcaldes vascos. Con ella Prieto puso de nuevo en marcha el proceso autonómico, que se hallaba paralizado desde la fallida Asamblea de Ayuntamientos, y mostró ser el político clave para lograr el Estatuto en la República, tal y como reconoció el diputado —muy próximo al PNV— Rafael Picavea (*Alcíbar*). Según éste, la obtención del Estatuto vasco dependía de dos cosas: «De que consiguiesen los catalanes el suyo y de que quisiera Prieto, de verdad, que tuviésemos el nuestro. Habrá Estatuto, y lo habrá en el grado de autonomía que quiera darle este hombre, cuya influencia en el seno del Gobierno y en el Congreso de los Diputados será decisiva cuando llegue la hora»[135]. Ambas condiciones concurrían en septiembre de 1932 y, sin embargo, la aprobación del Estatuto se retrasó hasta 1936, cuando por fin se dio la entente cordial entre Prieto y Aguirre, ausente en los años anteriores. Entonces se cumplió el vaticinio de Picavea: el grado de la autonomía vasca fue el que quiso Prieto; pero su ejercicio por parte del Gobierno de Aguirre en la

---

[134] *La Voz de Navarra*, 24-X-1933. *Euzkadi*, 24 y 25-X-1933. *El Día*, 28-X-1933.
[135] *El Pueblo Vasco* (San Sebastián), 11-IX-1932, y *El Liberal*, 13-IX-1932.

Guerra Civil desbordó enormemente las competencias establecidas en el Estatuto de 1936, como se verá más adelante.

El EBB se congratuló de la ratificación por las Cortes del Estatuto de Cataluña, felicitó al presidente Macià y acordó engalanar sus *batzokis* izando la *ikurriña* y movilizar a sus afiliados ante el palacio de la Diputación de Gipuzkoa, donde tuvo lugar el solemne acto de su firma por el presidente de la República. Allí Prieto tuvo el gesto de entrelazar las banderas catalana y vasca en el balcón principal de la Diputación, que fue aclamado por la muchedumbre, siendo la primera vez que el líder socialista enarbolaba la bandera nacionalista, y las masas *jeltzales* le ovacionaban. Aguirre elogió este gesto de Prieto en sus memorias, en las que reprodujo su «magnífico discurso» ante 15 de los 24 diputados vasco-navarros, reunidos ese mismo día en San Sebastián, que representaban a las principales fuerzas políticas de derechas e izquierdas con la única excepción de la Comunión Tradicionalista: ninguno de sus cinco diputados asistió, al igual que habían hecho en la Asamblea de Pamplona, dejando así patente su desinterés o su oposición a los Estatutos de autonomía dentro del marco constitucional republicano y obra del Gobierno de Azaña. Prieto, en dicho discurso y en una carta al presidente de la Gestora de Bizkaia, fechada el 21 de septiembre y publicada por la prensa, señaló las pautas necesarias para el éxito del Estatuto vasco, a saber: que las Gestoras provinciales elaborasen un texto sencillo y conciso, semejante al catalán, sin descartar pero sin forzar la incorporación de Navarra, para que pudiese ser aprobado pronto por las Cortes Constituyentes; porque, si no se aprovechaba este momento favorable y se retrasaba su tramitación, el proyecto podría tener serias dificultades con la formación de otro Gobierno o con la disolución del Parlamento (de hecho, así sucedió con las Cortes siguientes, que bloquearon el Estatuto). La declaración netamente autonomista de Prieto tuvo amplia repercusión mediática y fue bien acogida por el PNV, aunque su diputado Eguileor rebatiese las críticas de Prieto a los errores políticos cometidos por los *jelkides* en 1930-1931. Sus seis diputados y Picavea hicieron un llamamiento a todos los Ayuntamientos, especialmente a los de Navarra, para que se sumasen al nuevo proyecto. El PNV admitía que el Estatuto vendría de la mano de las izquierdas de Prieto. Aguirre se preguntó por el motivo del cambio brusco de su rival, que había guardado silencio sobre el anterior proyecto de las Gestoras y no había acudido a la Asamblea de Pamplona, y vio la explicación en el Estatuto de Cataluña, al que Prieto había sido reticente. Su aprobación le hizo cambiar de actitud con respecto al de

Euskadi; de ahí su discurso del 15 de septiembre en San Sebastián, muy elogiado por Aguirre: «El nacionalismo vasco, su más importante adversario, vio con agrado esta postura decidida del Sr. Prieto en pro de la autonomía del País»[136].

Sin embargo, las esperanzas suscitadas por ella se marchitaron enseguida, porque el conato de acercamiento político entre el PNV y las izquierdas no sólo se frustró, sino que dio paso a una nueva y más intensa oleada de choques violentos entre ambas fuerzas, desde octubre de 1932 hasta julio de 1933, que ralentizó el proceso autonómico hasta casi paralizarlo. Y eso que no volvió a plantearse en serio el reenganche de Navarra, en el que continuaba creyendo Aguirre: «¿Del Estatuto qué? ¿Qué hará esa Nabarra de nuestros pecados? —le escribía a Irujo en marzo de 1933—. Estamos en un momento interesante y aunque el pueblo está dormido y como olvidado del asunto, si nuestro buen D. Ramón [Madariaga] consigue su propósito: dar validez a la Asamblea de Iruña mediante la conformidad de Nabarra y señalar sin más trámites la fecha del plebiscito, nuestra recompensa es suficiente y nuestro pueblo habrá renacido a una nueva era de vida». De nuevo, la realidad navarra era muy distinta de sus deseos, como le contestaba sin tapujos su amigo: «No creo una palabra de sus optimismos. En el Estatuto estamos cada vez peor. Aquí no se hace nada por nadie de nada. [...] Navarra no va al Estatuto. Aquí el Estatuto lo quieren solamente los nacionalistas. Y en estos, el optimismo no existe. Ésta es la verdad, desgraciadamente». No obstante, el propio Irujo veía una última posibilidad si la Gestora provincial creaba una ponencia con representantes de los partidos y éstos nombraban a los diputados Beunza, Ansó y Aizpún; porque, «si este paso no se da, podemos dar por fracaso en definitiva por esta fecha el Estatuto. Conste así, porque así es», concluía con rotundidad su misiva. Y así fue[137].

Ahora bien, lo que no podían pensar Aguirre e Irujo, máximos defensores del Estatuto vasco en la República, es que éste corría el peligro de fracasar también en Álava, Bizkaia y Gipuzkoa, como consecuencia de los graves enfrentamientos acaecidos entre los nacionalistas y los republicano-socialistas, cuyo consenso era impres-

---

[136] *El Liberal*, 14/18 y 23/25-IX-1932. *Euzkadi*, 13/16 y 24/25-IX-1932. Aguirre, *Entre la libertad*, pp. 317-338. Prieto, Indalecio, *Convulsiones de España*, Oasis, México, 1967, tomo I, p. 368.

[137] Cartas de Aguirre e Irujo, 3 y 21-III-1933, en CDMH, PS Bilbao, 11, y PS Barcelona, 286. Mariano Ansó fue diputado republicano por Navarra, favorable al Estatuto, y ministro del Gobierno de Negrín en la Guerra Civil.

cindible para que avanzase el proceso autonómico. Éste fue retomado el 18 de octubre de 1932 por las Gestoras, que propusieron a los partidos que nombrasen a sus representantes en la comisión redactora del nuevo proyecto. Así lo hicieron enseguida ANV y el PNV, que designó a tres diputados: Aguirre, Leizaola y Basterrechea. Esta decisión del EBB, reunido con los cuatro Consejos Regionales en pleno, corroboraba una vez más tanto la trascendencia política que atribuía al Estatuto como el control de la cuestión autonómica por sus parlamentarios. Éstos asistieron, como otras veces, a la reunión del EBB y defendieron la vía autonómica frente a algunas críticas surgidas en las Juntas Municipales de Abando-Bilbao, acordándose la máxima celeridad en la tramitación para que el plebiscito del Estatuto se celebrase en diciembre de dicho año. Pero fue imposible, porque los demás partidos no aceptaron la propuesta de las Gestoras: la CT volvió a negarse a participar en la elaboración del proyecto, mientras que el PSOE y el Partido Radical-Socialista opinaron que éste debía ser obra exclusiva de las Gestoras. Como éstas lo asumieron y no tenían miembros del PNV ni de las derechas, la redacción del texto quedó en las manos de los republicanos, los socialistas y ANV. De esta manera, las izquierdas consiguieron excluir al PNV, el partido de masas más interesado en el Estatuto, en el momento en que su dura confrontación se había iniciado ya en Bizkaia[138].

A pesar del empeño de los gestores de ANV por acelerarlo, el proceso autonómico iba a dilatarse en el tiempo. De ahí que pronto se quebrantase «la impresión optimista que antes tenían» los diputados, según manifestaron al BBB ya el 31 de octubre, tras haberse entrevistado tres días antes Aguirre y Basterrechea con el ministro Prieto en Madrid[139]. Al retraso contribuyeron las mismas Gestoras, que en diciembre enviaron un cuestionario de cuatro preguntas sobre el Estatuto a los partidos y a diversas entidades representativas del País Vasco, si bien sirvió para constatar el apoyo de los partidos a él, aunque con divergencias entre ellos sobre el contenido de la autonomía. La dirección del PNV, tras ser asesorada por sus diputados, respondió así: el Estatuto debía ser único, incluyendo a Navarra; tener forma estatal, similar al de Cataluña; contar con todas las competencias de éste y las previstas en la Constitución, y basar su Hacienda en el

---

[138] *El Liberal*, 19-X-1932. *Euzkadi*, 19 y 26-X-1932. Acta de la reunión del EBB en Vitoria el 24-X-1932, en AN, PNV, 219-14. Carta de Luis Arana a José Antonio Aguirre, 25-X-1932, en CDMH, PS Bilbao, 10. Aguirre, *Entre la libertad*, pp. 339-340.

[139] Acta de la reunión del BBB, presidido por Luis Arana, el 31-X-1932, en AN, PNV, 200-3.

Concierto económico en vigor, aumentado con nuevos recursos para el sostenimiento de los servicios que asumiría la región autónoma vasca. En el preámbulo de su escrito de respuesta al cuestionario de las Gestoras, el EBB señalaba que el PNV apoyaba el Estatuto como «allanamiento de camino para lograr nuestros ideales en Jel» y que contestaba por cortesía, «antes [de] que la hartura del desengaño culmine en nuestras filas y en nosotros, antes [de] que se desvanezca del todo una promesa de Estatuto que puede ser falaz para nosotros, pero no ventajosa para el opresor de nuestra Patria»[140]. Estas frases reflejaban el profundo malestar que el retraso del Estatuto estaba generando en el PNV, en cuyo seno rebrotaba su tradicional tendencia radical e independentista, que se expresaba ahora a través del semanario bilbaíno *Jagi-Jagi*, fundado en septiembre de 1932 y liderado por Elías Gallastegi (*Gudari*). Este exdirigente aberriano, que había dimitido de su cargo de secretario del BBB en junio, disentía de la política autonomista a ultranza desarrollada por los diputados y secundada por la dirección del PNV. Varios artículos publicados en su periódico motivaron las protestas de Aguirre y otros *jelkides* moderados al BBB[141].

Por fin, teniendo ya los resultados de su encuesta, a principios de 1933 las Comisiones Gestoras de Álava, Bizkaia y Gipuzkoa nombraron una ponencia para elaborar de nuevo el proyecto autonómico, compuesta por doce gestores: siete republicanos, cuatro socialistas y uno de ANV. A su vez, la mitad de ellos formaron una subponencia (con tres republicanos, dos socialistas y el de ANV), que entregó el nuevo texto a las Gestoras en marzo. Era casi idéntico al anterior de 1932, salvo la ausencia de Navarra, si bien una disposición adicional posibilitaba su incorporación si lo decidían los navarros, atendiendo

---

[140] *Euzkadi* y *El Liberal*, 8 y 9-XII-1932. Acta de la reunión del BBB, 14-XII-1932, en AN, PNV, 200-3. Carta de Luis Arana a José Antonio Aguirre, 19-XII-1932, en CDMH, PS Bilbao, 11. Escrito del EBB, 23-XII-1932, en AN, PNV, 220-6 y 519-1. Las respuestas de 23 entidades vizcaínas a las preguntas de las Gestoras se encuentran en CDMH, PS Bilbao, 245.

[141] El BBB tuvo que mediar en un largo pleito que enfrentó a Aguirre con Gallastegi sobre si el PNV debía apoyar o no a AVASC, la agrupación socialcristiana que presidía Aguirre y dirigían destacados *jelkides*, contando con la participación de monárquicos (Luis Vilallonga) y carlistas (Marcelino Oreja), con la misión de enseñar la doctrina social de la Iglesia a los obreros católicos, en especial a los afiliados a Solidaridad de Trabajadores Vascos, el sindicato afín al PNV. Al cabo de dos años de tensiones internas, Aguirre acabó logrando el respaldo del BBB a AVASC en 1934, tras abandonar el PNV Gallastegi y su grupo de *Jagi-Jagi*. Sobre AVASC, su Universidad Social Obrera Vasca y la enconada polémica Aguirre-Gallastegi, hay abundante documentación en el CDMH (PS Bilbao), el AN (PNV, 219-11) y el Archivo del canónigo Alberto Onaindia, muy amigo de Aguirre y colaborador de AVASC.

así a los deseos de los dos partidos nacionalistas. Éstos continuaban apoyando el Estatuto, pero criticaban con acritud a los socialistas y republicanos por el parón autonómico producido en la primavera de 1933, cuando alcanzó su punto culminante la violencia desatada entre el PNV y las izquierdas. Éstas temían una región autónoma vasca gobernada por el PNV, un partido contrario a la Constitución de 1931, por lo que preconizaban *republicanizar* Euskadi antes de aprobar el Estatuto. Así, en mayo de 1933, la Federación de centros republicanos de Gipuzkoa acordó votar en contra del Estatuto «mientras no se republicanice Vasconia». Un mes antes, en un mitin multitudinario en la plaza de toros de Bilbao, Prieto reiteró su criterio de 1931: la República nunca consentiría «una autonomía para mantener aquí el clericalismo y la reacción», y el Estatuto requería la concordia entre los partidos. Pero en 1933 no existía tal concordia, sino la discordia, una extrema conflictividad política y religiosa. Y no se llevó a cabo la tregua que proponían algunos republicanos vasquistas y los de ANV, quienes opinaban que la causa principal del clima de violencia era precisamente el retraso autonómico y que la única manera de pacificar Euskadi era la inmediata aprobación del Estatuto. Por su parte, Aguirre preguntaba dónde estaban los fervores autonomistas manifestados por Prieto en septiembre de 1932 en San Sebastián; pero no reprochaba las «lamentables tardanzas» a él, sino a sus correligionarios de Euskadi, que ya no le obedecían, considerando que esto suponía el definitivo fracaso político de Prieto en el País Vasco[142].

En el mitin mencionado de Bilbao, el presidente Azaña afirmó que la autonomía debía ser «una garantía y un remache de la libertad ya adquirida, nunca una mengua de las libertades constitucionales, nunca una desfiguración del espíritu de la República». En suma, para las izquierdas la autonomía vasca debía ser republicana, como era la catalana, gobernada por la Esquerra; pero las elecciones de 1931 habían demostrado que la mayoría de la sociedad vasca no era republicana. En octubre de 1932, el gabinete de Azaña nombró a cuatro políticos republicanos vasco-navarros al frente de los Gobiernos Civiles de las cuatro provincias. La política de *republicanización* de Euskadi llevada a cabo por Jesús Artola, gobernador de Gipuzkoa, y, sobre todo, por José María Amilibia, gobernador de Bizkaia, chocó inmediatamente con el PNV, que la tildó de «persecución al nacionalismo». Hay que tener en cuenta que Bizkaia era el feudo tanto del PNV como de las izquierdas; de ahí que fuese el territorio donde la

---

[142] *El Liberal*, 11-IV y 23-V-1932. Aguirre, *Entre la libertad*, pp. 342-344 y 362. Fusi, *El problema vasco*, pp. 93-101. Granja, *Nacionalismo*, pp. 392-400.

confrontación fue mayor y donde la violencia se convirtió en un mal endémico durante la República: «Aquí socialistas y nacionalistas eran como el diablo y el agua bendita; no se podían ver», según el testimonio posterior de Irujo[143]. De nada sirvieron las numerosas gestiones de Aguirre y otros diputados *jelkides* en sus visitas al gobernador Amilibia en Bilbao, en sus entrevistas, sus telegramas o sus cartas a los ministros Prieto y Casares Quiroga y al presidente Azaña. Éste respaldó a Amilibia y más tarde, con ocasión de su muerte en Vitoria a consecuencia de un accidente de automóvil en abril de 1933, lo elogió así[144]:

> Amilivia [sic] era un hombre joven y muy dispuesto. En Vizcaya hacía muy buena obra política. Acabó con el juego de balancín entre republicanos y monárquicos que hacía [el gobernador civil José] Calviño, y se puso a defender a los republicanos contra nacionalistas y monárquicos. Era la primera vez que se hacía eso en Vizcaya, donde la política parecía destinada a no salir de manos enemigas de la República. De Amilivia, enérgico, activo y con vocación, se hubiera podido sacar mucho provecho.

La opinión de Aguirre era totalmente distinta: «La persecución arreció sobremanera bajo el mandato del Sr. Amilibia quien decretó la suspensión de varios Ayuntamientos, clausuró Batzokis, encarceló a numerosos nacionalistas y multó con extraordinaria largueza por mínimos motivos. La persecución a la prensa nacionalista fue constante», con fuertes multas a *Euzkadi* y a *Jagi-Jagi*. Este semanario salía los sábados y sus ejemplares solían ser incautados por la policía, provocando trifulcas callejeras. Todo ello coadyuvó a la radicalización de un sector del PNV, que veía en la represión gubernamental una mística de *sacrificio*, e incluso de *martirio*, en su lucha por la independencia de Euskadi, su meta, desentendiéndose por completo del Estatuto de autonomía. La incidencia negativa sobre éste era evidente. En el último trimestre de 1932, el conflicto más grave tuvo lugar en el pueblo pesquero de Bermeo, en donde Amilibia suspendió de sus funciones primero al alcalde Florencio Basterrechea (hermano de Francisco, el diputado *jelkide* y también concejal bermeano) y después al Ayuntamiento nacionalista, reemplazándolo por una comisión gestora, tras un tiroteo que causó varios heridos graves. Entonces el concejal bilbaíno y diputado Julián Zugazagoitia, director del diario *El Socialista* (órgano oficial del PSOE), publicó el

---

[143] Ibarzabal, *50 años de nacionalismo vasco*, p. 16.
[144] Azaña, *Memorias políticas y de guerra*, tomo I, p. 609. Carta de José Antonio Aguirre a Manuel Azaña, 20-XII-1932, en CDMH, PS Bilbao, 11.

3 de noviembre un editorial titulado significativamente «El Estatuto vasco en trance de muerte»; en él responsabilizaba al PNV de lo sucedido: «Se interpone en el camino del Estatuto Bermeo. Bermeo, donde el nacionalismo quiere imponer su ley. Una ley municipal que parece dictada por señores feudales. No hay respeto para el disidente. Si el disidente es forastero, el odio y la persecución le acosan. En Bermeo [...] muere el Estatuto. [...] Se mancha de sangre el anteproyecto antes de que lo impriman las Comisiones gestoras». Este artículo de *El Socialista* tuvo honda repercusión y fue reproducido por periódicos vascos, tanto nacionalistas como de izquierdas; unos y otros ofrecían siempre versiones antagónicas de los choques armados entre ambos bandos en liza. La conclusión que dedujo el diario *Euzkadi* del editorial de Zugazagoitia fue que «los socialistas no quieren el Estatuto». De todo ello se hizo eco José Antonio Aguirre en sus memorias, en las cuales estableció un paralelismo entre la *traición* del tradicionalismo en la Asamblea de Pamplona y la *obstrucción* del socialismo al Estatuto, afirmando que estaban unidos «los polos opuestos de la política del País Vasco». Vinculando así a esos dos partidos enemigos del PNV, a su vez muy enfrentados entre sí, quizás Aguirre buscaba replicar al folleto que había relacionado a él y al PNV con el comunismo y la masonería[145].

En los meses siguientes persistió el duro enfrentamiento entre el PNV y el gobernador civil, que contaba con el apoyo de los republicanos y socialistas vizcaínos y sus portavoces: el diario *El Liberal*, de Prieto, y el semanario *La Lucha de Clases*. Los diputados *jelkides* —junto con los concejales bermeanos— interpusieron una querella contra Amilibia por prevaricación ante el Tribunal Supremo, pidieron su dimisión y participaron en un «gran mitin de afirmación nacionalista y de protesta contra la persecución», celebrado el 18 de diciembre en el frontón Euskalduna de Bilbao. Allí, ante miles de *jeltzales* que le ovacionaron, el discurso de Aguirre tuvo un contenido netamente radical: empezó saludando a los presos y perseguidos políticos, respaldó a los nacionalistas de Bermeo, sostuvo que se trataba de una «lucha de civilizaciones» entre dos pueblos, criticó a las izquierdas por ofrecer un Estatuto y no cumplir su promesa por miedo, y concluyó asegurando que «Amilibia pasará, pasarán los gober-

---

[145] *El Liberal* y *Euzkadi*, octubre-noviembre de 1932. Aguirre, *Entre la libertad*, pp. 340-346. Sobre los sucesos de Bermeo y su Ayuntamiento, cf. Delgado, Ander: *Bermeo en el siglo XX. Política y conflicto en un municipio pesquero vizcaíno (1912-1955)*, Eusko Ikaskuntza, Donostia, 1998, pp. 298-315. El Ayuntamiento nacionalista de Bermeo fue repuesto en julio de 1933.

nadores civiles, porque la libertad podrá venir a pedazos, podrá venir con un Estatuto, con una Federación, con una libertad de pueblos; podrá venir, quién sabe, de una vez; pero, como si fuera mañana, firmes y preparados desde hoy; siempre preparados, porque nadie sabe cuándo el dedo de Dios moverá los dados de la suerte»[146]. Así, una vez más, Aguirre expresaba su creencia en la Providencia como motor de la historia, la cual algún día ayudaría al pueblo vasco a alcanzar su libertad.

El 1 de enero de 1933, *Euzkadi* detallaba la «labor [desarrollada] en el año de las Bodas de oro» del nacionalismo vasco (1932), enumeraba sus múltiples actividades en Bizkaia y dedicaba un apartado a «nuestra aliada [*sic*], la persecución», que incluía una larga lista con los nombres de 162 «patriotas perseguidos» por supuestos delitos de imprenta, propaganda subversiva, desórdenes públicos, injurias a España, tenencia de armas, disparos y lesiones. Entre ellos había varios dirigentes e incluso el presidente del PNV, Luis Arana, por un decreto publicado en dicho diario. Éste añadía que numerosos *jelkides* habían sido agredidos y heridos, y uno «fue muerto alevosamente». Aguirre compartía esa idea de que la persecución al nacionalismo era su *aliada*, porque «el enardecimiento del pueblo alcanzaba mayores proporciones cuanto mayor era la lucha y la persecución». Esta tensa situación se agravó considerablemente en 1933, el año de mayor enfrentamiento entre los nacionalistas y los republicano-socialistas, hasta el punto de que a lo largo de él fueron encarcelados, detenidos y multados más de mil nacionalistas y fueron instruidos más de un centenar de procesos contra ellos en Bizkaia, según la *Memoria* del BBB[147]. La intensidad de la violencia política hizo que, como en el verano de 1931, se hablase en las Cortes de un «estado de guerra civil» en Euskadi, sobre todo en Bizkaia, donde los mítines celebrados los fines de semana solían traer aparejados tiroteos, con el resultado de bastantes heridos y algunos muertos, causados por los grupos de pistoleros que tenían la mayoría de los partidos. Unos y otros se culpaban mutuamente de ellos: si los nacionalistas los achacaban al *socialfascismo*, los republicanos y socialistas los atribuían al *fascismo bizkaitarra*. En 1933 —el año del ascenso de Hitler al poder en Alemania—, estaba en boga la palabra *fascismo* con un uso polivalente

---

[146] *Euzkadi*, 20 y 27-XII-1932.
[147] Euzko-Alderdi Jeltzalia Vizcaya: *Memoria presentada por B.-B.-B. a la Asamblea Regional Bizkaina*, Bilbao, 1934, reproducida por Leizaola, Jemein y Kareaga: *El nacionalismo vasco entre dos dictaduras 1930-1937*, Alderdi, Bilbao, 1986, apéndice 1.º Aguirre, *Entre la libertad*, p. 346.

y se hablaba del *peligro fascista* en España, a pesar de que había muy pocos fascistas auténticos (hasta octubre de ese año no se fundó la Falange, el principal partido del fascismo español con escasos afiliados en Euskadi). El propio Aguirre informó al BBB, en marzo de 1933, «acerca de la situación política respecto del fascio, contra lo cual conviene precaverse, manifestando que el Gobierno español ha tomado con mucho interés, esto del fascio»[148].

Como causas —o circunstancias— de esa violencia cabe mencionar la polarización política entre el PNV y las izquierdas, que se disputaban la hegemonía en Bizkaia, la ralentización del proceso autonómico y la conflictividad de índole religiosa. La confrontación afectó también a los símbolos, cuando los gobernadores civiles de Gipuzkoa y Bizkaia proscribieron que ondease la *ikurriña* en las Casas Consistoriales, como sucedía de hecho desde la instauración de la II República en los Ayuntamientos controlados por el PNV, para el que era «la bandera nacional vasca», según su reglamento de organización aprobado en enero de 1933. Dicha prohibición motivó la protesta del nuevo BBB, recién constituido en marzo, que lo consideró una maniobra política para «provocar una reacción en los Ayuntamientos afectados para justificar suspensiones con miras a las urnas»[149]. Desde entonces la exhibición de la *ikurriña* se convirtió en un motivo más de tensión y enfrentamiento entre el PNV y las autoridades republicanas, no sólo en los consistorios municipales, sino también en los *batzokis* y domicilios particulares. Así, en junio, la recomendación del BBB de que sus afiliados engalanasen los balcones con colgaduras nacionalistas con motivo de la fiesta del Sagrado Corazón de Jesús, tuvo como consecuencias la detención de varios de sus miembros y la imposición de numerosas multas por el nuevo go-

---

[148] Acta de la reunión del BBB, 22-III-1933, en AN, PNV, 200-4.

[149] Acta de la reunión de toma de posesión del nuevo BBB, 16-III-1933, en AN, PNV, 200-4. Su nota de protesta fue publicada por *Euzkadi*, 17-III-1933. Se dio la paradoja de que Luis Arana había dimitido de sus cargos de presidente del EBB y del BBB por su disconformidad con que la *ikurriña*, que él había creado con su hermano Sabino como la bandera de Bizkaia, fuese la de Euskadi, hasta el punto de que escribió: «Sería crimen de lesa patria la imposición de la bicrucífera para todo Euzkadi», en su *Formulario de los principios esenciales o básicos del primitivo nacionalismo vasco, contenidos en el lema «Jaun-Goikua eta Lagi-Zarra»* (Grijelmo, Abando-Bilbao, 1932, p. 65). Luis Arana disintió también de la igualdad de derechos de las mujeres, incluida en la nueva *Organización confederal del Partido Nacionalista Vasco* (Zabalgundia, Bilbao, 1933). Este reglamento fue obra principal de los ponentes Aguirre e Irujo, quienes contribuyeron a la democratización interna del partido, arrumbando a la vieja guardia aranista encabezada por el hermano del fundador. Cf. las cartas de Manuel Irujo a José Antonio Aguirre, 2-I y 22-II-1933, en CDMH, PS Barcelona, 286, y viceversa, 3-III-1933, en CDMH, PS Bilbao, 11.

bernador civil, el republicano Teótico Sevilla, incluso a tres de los seis diputados *jelkides*. Éstos hicieron público un escrito de protesta al gobernador, en el cual afirmaban que no era delito «exhibir la bandera de Euzkadi y exhibir los colores de esta» y le recordaban que el 15 de septiembre de 1932 en la Diputación de Gipuzkoa, por indicación del ministro Prieto, se había exhibido la *ikurriña* ante el presidente de la República, Alcalá-Zamora, quien había declarado su respeto a todas las banderas en una visita reciente a Bizkaia[150].

En este caso, la represión gubernativa tenía relación no tanto con la simbología nacionalista cuanto con la festividad que se celebraba. La agitación religiosa, constante en Vasconia desde el advenimiento de la República, se recrudeció en el primer semestre de 1933 debido a la discusión y aprobación de la ley de confesiones y congregaciones religiosas y a la decisión del Ayuntamiento de Bilbao de derruir el gran monumento al Sagrado Corazón de Jesús que se había erigido durante la Dictadura de Primo de Rivera. Tal decisión fue adoptada en febrero por la mayoría republicano-socialista, que lo consideraba un *trágala* de la Compañía de Jesús, con la oposición de los concejales nacionalistas y monárquicos, para los cuales su derribo representaba un *ultraje* a los católicos bilbaínos. Éstos protestaron airadamente con escritos, huelgas, manifestaciones y misas de desagravio. El PNV organizó un gran mitin en el frontón Euskalduna, con el eslogan «Euzkadi, por su fe y su honor», contando con cinco oradores; uno de ellos iba a ser Aguirre, pero fue sustituido por estar enfermo. El sacerdote nacionalista Policarpo Larrañaga le planteó el traslado del monumento de Bilbao a Getxo, donde seguía siendo alcalde Aguirre, y éste le contestó que «teníamos pensado proponerlo pero esperando el momento porque lo de Bilbao todavía está verde». Debía conocer la interposición de tres recursos judiciales (uno de ellos firmado por ocho exalcaldes monárquicos y *jelkides* bilbaínos), que lograron suspender la ejecución del acuerdo municipal y acabaron consiguiendo que dicho monumento permaneciese en su sitio, por sentencia del Tribunal Supremo en 1936[151].

En cambio, el medio centenar de diputados católicos no pudo evitar que las Cortes aprobasen la ley de congregaciones religiosas, que les prohibía ejercer la enseñanza y nacionalizaba una parte del patrimonio de la Iglesia, por lo que fue condenada por el episcopado es-

---

[150] Actas de las reuniones del BBB, 22 y 23-VI-1933, en AN, PNV, 200-4. *Euzkadi*, 23/29-VI-1933.
[151] Carta de José Antonio Aguirre a Policarpo Larrañaga, 8-III-1933, en CDMH, PS Bilbao, 11. *El Liberal* y *Euzkadi*, febrero de 1933. *Euzkadi*, 16-III y 20-V-1933, 9 y 28-I-1936.

pañol y por el Papa Pío XI en su encíclica *Dilectissima nobis*. Ya en enero de 1933, en una carta a un capuchino de Lekaroz, Aguirre escribía que «las Autoridades eclesiásticas nos han dado consejos a los Diputados sobre cómo ha de ser nuestra intervención parlamentaria [...] invocando la argumentación de la democracia, del derecho internacional y de la libertad conculcada huyendo a poder ser de plantear el problema en su aspecto dogmático y religioso». Y añadía: «Si las beatíficas derechas no se hubieran opuesto al Estatuto, hoy nos reiríamos de las leyes sectarias de Madrid». Idea que ratificó, tras la entrada en vigor de esa ley en junio, en otra carta a un sacerdote navarro[152]. Dada la trascendencia otorgada por el PNV a la cuestión religiosa, Aguirre intervino, al inicio del debate parlamentario en febrero, con un extenso discurso —plagado de interrupciones y protestas de diputados republicanos y socialistas—, en el cual siguió esos consejos eclesiásticos: rechazó la ley al considerarla «atentatoria a la conciencia religiosa de mi pueblo», a su libertad y a la democracia, por privar a la Iglesia de la enseñanza y de sus propiedades; citó tratados internacionales, llegó a igualarla con el proyecto de Instrucción pública del ministro fascista italiano Gentile y concluyó con estas palabras: «Es muy duro herir la conciencia religiosa de un pueblo como el nuestro, que tiene una fe acrisolada y en el cual el sentimiento religioso tiene tan hondas raíces»[153]. En sus escritos, Aguirre fue aún más virulento con la ley de congregaciones, descalificándola como *engendro* y «el atentado más grande al derecho de gentes»[154]. Al ser aprobada y promulgada, el PNV la condenó y sus diputados firmaron un escrito de protesta, junto con los demás diputados católicos, al igual que habían hecho con el artículo 26 de la Constitución, origen de dicha ley.

En esta coyuntura de intensa conflictividad político-religiosa y de estancamiento del proceso autonómico, Aguirre se radicalizó en sus intervenciones con ocasión del segundo *Aberri Eguna*, celebrado en

---

[152] Cartas al P. Miguel de Altzo, 12-I-1933, y a Eugenio Santisteban, 22-VI-1933, en CDMH, PS Bilbao, 11, y PS Barcelona, 286.

[153] *Diario de Sesiones de las Cortes Constituyentes*, pp. 11101-11106: discurso de Aguirre, 10-II-1933, reproducido íntegro al día siguiente por el diario *Euzkadi* y elogiado por Cambó en su carta a Aguirre del 15-II-1933 (CDMH, PS Barcelona, 286).

[154] CDMH, PS Bilbao, 11. En marzo de 1933, el PNV remitió un extenso memorándum a Pío XI sobre la situación religiosa del País Vasco en la República española, en el que se leía: «Esta Ley inicua que es un ultraje para la Iglesia de Cristo, es también un ultraje para el alma de Euzkadi, nuestra Patria, es una Ley de opresión que el pueblo vasco por abrumadora mayoría, casi por unanimidad, rechaza» (Documento del Archivo de Ramón Goñi, publicado por José Luis de la Granja en la *Revista Internacional de los Estudios Vascos*, XXXII-1, 1987, pp. 241-245).

San Sebastián el 16 de abril de 1933, en la festividad de la Pascua de Resurrección, como el primero del año anterior en Bilbao. Si éste se centró en el homenaje a los hermanos Luis y Sabino Arana, en conmemoración del cincuentenario de su descubrimiento del nacionalismo, el de San Sebastián tuvo por lema «Euzkadi-Europa», con el objetivo de impulsar la acción exterior del PNV en el ámbito continental y peninsular; de ahí que en el mitin multitudinario interviniesen el estonio de origen alemán Ewald Ammende, secretario del Congreso de Nacionalidades Europeas (del cual era miembro el PNV), el catalanista Francesc Maspons Anglasell y el diputado galleguista Ramón Otero Pedrayo, además de los *jelkides* Teodoro Ernandorena, Telesforo Monzón y José Antonio Aguirre, quien tuvo un protagonismo mucho mayor que en el primer *Aberri Eguna*. Su discurso tuvo un marcado acento independentista[155]:

> Aquí hay un pueblo oprimido, un pueblo esclavizado, al que no se le reconocen sus derechos naturales, cuya lengua está amordazada, cuyos sentimientos se están ultrajando [...]. Y este pueblo está ya en pie, camino de su independencia nacional, que un día habrá de llegar indefectiblemente.
> Hoy podemos decir que el Gobierno provisional de nuestra patria es el Partido Nacionalista Vasco, que viene preparándose ya para las funciones de gobierno y para asumir, en un momento dado, la soberanía del pueblo.
> Señores europeos: [...] Decid a Europa que Euzkadi está en pie. Y que pronto enviará Euzkadi sus Embajadas nacionales a los demás pueblos de la tierra.

Además, dentro de la «semana cultural vasca» organizada por el PNV en San Sebastián, el 22 de abril Aguirre pronunció una conferencia con el título significativo de *Los derechos de Euzkadi a su independencia*, que sintetizó así: «Euzkadi tiene derecho a la independencia por su historia, por su propia voluntad y por conveniencia suprema». En ella asumió plenamente la visión aranista de la historia vasca en clave independentista hasta «la fatídica fecha de 1839» (el año en que la ley del 25 de octubre confirmó los Fueros en el marco de la Monarquía constitucional española). Sostuvo que Euskadi era una nacionalidad perfecta que tenía derecho a ser libre, a constituir un Estado, y que los nacionalistas no se conformaban con el Estatuto, sino que querían seguir más adelante, porque «el Estatuto no es más que un medio, después del cual viene el resto que es la libertad ple-

---

[155] *Tierra Vasca*, *El Día* y *Euzkadi*, 18-IV-1933. Aguirre, *Entre la libertad*, pp. 347-350; en este libro prestó especial atención al primer *Aberri Eguna*, haciendo grandes elogios de Sabino Arana, «excelso restaurador de nuestra nacionalidad» (pp. 240-247).

na». Con estas palabras Aguirre expresó claramente la concepción gradual e instrumental de la autonomía que caracterizó al PNV durante la II República, aunando así el aranismo independentista en la ideología y la estrategia autonomista en la praxis política[156].

Al día siguiente de esta conferencia, el 23 de abril de 1933, se celebraron unas elecciones municipales parciales, que afectaban a pueblos pequeños y en las que por vez primera pudieron votar las mujeres, ejerciendo el derecho de sufragio reconocido en la Constitución de 1931. Su resultado supuso un gran triunfo para el PNV en Bizkaia y Gipuzkoa, donde consiguió el 60 por 100 de los concejales, y para las fuerzas católicas y tradicionalistas en Álava y Navarra, al mismo tiempo que un descalabro para la coalición gubernamental de republicanos de izquierda y socialistas, tanto en Vasconia como en el conjunto de España. Dicho resultado fue un anticipo de lo que sucedió en los comicios legislativos de noviembre de 1933. Aguirre lo interpretó como «una derrota formidable del señor Prieto» ante el «avance arrollador del nacionalismo vasco», demostrando que al PNV le había beneficiado la «insensata persecución» de los gobernadores civiles en los meses anteriores[157].

Una semana después de esas elecciones locales tuvo lugar un viaje a Bizkaia del presidente Alcalá-Zamora y del ministro Prieto, quienes del 30 de abril al 3 de mayo visitaron Bilbao, los centros industriales de su ría, la Casa de Juntas de Gernika y el puerto de Bermeo. La reacción del nacionalismo fue la antítesis de su anterior visita en septiembre de 1932: los elogios y clamores a ambos, al promulgar el Estatuto catalán en San Sebastián, fueron sustituidos por fuertes protestas y graves disturbios. Fueron recibidos con pintadas en las carreteras, con frases como «Euzkadi es la patria de los vascos», «Abajo las Comisiones Gestoras» y «Exigimos la independencia de Euzkadi», pintadas que dieron lugar a detenciones y multas a decenas de *jeltzales*; los numerosos presos nacionalistas, que estaban en la cárcel de Larrinaga en Bilbao, se pusieron en huelga de hambre; una manifestación de *emakumes* (mujeres afiliadas a *Emakume Abertzale Batza*, la pujante agrupación femenina del PNV) fue disuelta violentamente por los guardias de Asalto, resultando varias heridas o detenidas; en protesta por ello, el 4 de mayo, en Bilbao y las márgenes de

---

[156] El texto íntegro de esta conferencia de Aguirre se conserva en el CDMH, PS Bilbao, 259. Cf. Granja, José Luis de la: «El nacionalismo vasco entre la autonomía y la independencia», en *El nacionalismo vasco: un siglo de Historia* [1995], Tecnos, Madrid, 2002, capítulo 3, en especial pp. 118-133.

[157] *Euzkadi*, 25 y 29-IV-1933. Aguirre, *Entre la libertad*, p. 351.

su ría, el sindicato nacionalista *Eusko Langileen Alkartasuna*-Solidaridad de Trabajadores Vascos (ELA-STV) llevó a cabo una huelga general, que fue secundada por comunistas y sindicalistas, y considerada exitosa por el PNV y por el propio Aguirre, quien escribió al día siguiente: «El éxito de la huelga general de Bizkaya ha sido algo grandioso. Nuestro predominio es patente. Las masas exóticas españolistas han quedado asustadas. No ha habido posibilidad de reacción contra nosotros. Prieto ha sido hundido». Este dirigente socialista bilbaíno se había convertido en el enemigo a batir por el PNV, como en 1931, y continuaba siendo la auténtica *bête noire* del nacionalismo vasco, al igual que lo había sido en la Monarquía de la Restauración. Los seis diputados *jelkides* rechazaron la invitación a acompañar en su visita al árbol de Gernika a Alcalá-Zamora, a quien escribieron una carta, en la que criticaban a «gentes que se sienten satisfechas haciendo fracasar toda posibilidad de autonomía, y satisfechísimos ejerciendo una dictadura bochornosa a través de las Comisiones Gestoras antipopulares y antidemocráticas»[158]. De esta forma, responsabilizaban a los republicanos y socialistas, que regentaban las Diputaciones provinciales, de la paralización del proceso autonómico por la intensa confrontación existente, la cual se incrementó tras este viaje de Prieto y Alcalá-Zamora, al aumentar el número de nacionalistas detenidos y presos, que ya no eran sólo del PNV, sino también de ELA-STV e incluso de ANV, sobre todo en Barakaldo, donde hubo enfrentamientos armados entre aeneuvistas y socialistas en los primeros días de mayo.

Esta tensa situación no sólo no mejoró, sino que empeoró con el nuevo gobernador civil de Bizkaia, el radical-socialista Teótico Sevilla, pues, recién llegado a Bilbao, el domingo 14 de mayo se produjeron los hechos violentos más graves, que fueron conocidos como los *sucesos de Usansolo*: en un tiroteo, junto al *batzoki* de este barrio de Galdakao, murieron un niño de la organización infantil del PNV y una mujer radical-socialista, y hubo varios heridos. Una vez más, la prensa partidista dio versiones encontradas: para la nacionalista, los republicanos intentaron asaltar el centro social del PNV, mientras que para la izquierdista la agresión partió de dicho centro. El gobernador aceptó

---

[158] Carta de José Antonio Aguirre a Ramón Goñi, 5-V-1933, en CDMH, PS Barcelona, 286. Aguirre reprodujo la carta a Alcalá-Zamora y su contestación, 30-IV y 7-V-1933, en *Entre la libertad*, pp. 351-355. En ese viaje, Niceto Alcalá-Zamora apreció «un abismo de odio y discordia en la conciencia pública», debido al antagonismo entre los socialistas y los nacionalistas, que personificó en Prieto y Aguirre (*Memorias*, Planeta, Barcelona, 1977, p. 254). *Euzkadi* y *El Liberal* proporcionaron visiones muy distintas de su viaje y de su repercusión política.

esta versión de sus correligionarios y sancionó al PNV con la detención de 33 afiliados, la clausura del *batzoki* y la suspensión del alcalde *jelkide* de Galdakao. La gravedad de estos sucesos llegó a las Cortes, donde suscitó una bronca discusión entre los diputados vascos. El 18 de mayo, el radical-socialista Vicente Fatrás afirmó que «en Vizcaya está desarrollándose una verdadera guerra civil» y acusó a los nacionalistas de hacer una «guerra sin cuartel a los republicanos y a los socialistas». Este diputado por Bilbao fue respaldado por el ministro de la Gobernación, el republicano Santiago Casares Quiroga, quien estaba dispuesto a otorgar facultades excepcionales al gobernador civil para que no se repitiesen «esos hechos sangrientos que vienen ocurriendo domingo tras domingo y que han llegado a crear una situación insostenible». Una semana después, Aguirre les replicó: «La represión no la tememos y nos haréis con ella la mayor propaganda»; atribuyó la violencia política al incumplimiento de las promesas autonómicas por parte de las izquierdas y culpó a las Gestoras provinciales de que el Estatuto se encontrase atascado, mencionando el reciente acuerdo de los partidos republicanos de Gipuzkoa de votar contra el Estatuto. En sus memorias Aguirre achacó a Prieto tanto la *persecución* al nacionalismo como el estancamiento del proceso autonómico en la primera mitad de 1933[159].

De nada sirvió ese debate parlamentario, pues la confrontación persistió en Bizkaia y Gipuzkoa (donde fue encarcelado Telesforo Monzón, presidente del GBB), hasta el verano de dicho año, sin que cesase el pistolerismo de los grupos armados en el *hinterland* de Bilbao. Así, el domingo 9 de julio, tres *jelkides* cayeron heridos en un tiroteo en Sestao, hecho que provocó la protesta del PNV y ANV de Bizkaia, cuyas direcciones fueron detenidas. Esto motivó la celebración, en Bilbao el día 18, del primer mitin conjunto de ambos partidos nacionalistas, rivales hasta entonces, que se aproximaron en su lucha en pro del Estatuto de autonomía y en contra de los republicanos y socialistas y de los gobernadores civiles que los reprimían[160].

José Antonio Aguirre no pudo estar presente en dicho mitin por razones personales. El 8 de julio de 1933, coincidiendo con las vacaciones parlamentarias, había contraído matrimonio con María del Carmen

---

[159] *Diario de Sesiones de las Cortes Constituyentes*, pp. 13065-13068: discurso de Aguirre, 25-V-1933. Aguirre, *Entre la libertad*, pp. 355-362. *Euzkadi*, 16/27-V-1933. *El Liberal*, 16/19 y 23-V-1933. *Jagi-Jagi*, 20-V-1933. En octubre de 1933, Aguirre solicitó a la Audiencia de Bilbao la libertad provisional de ocho presos por los *sucesos de Usansolo*.

[160] *La Voz de Guipúzcoa*, 11-VII-1933. *Euzkadi* y *Tierra Vasca* (órgano de ANV), 11/20-VII-1933. CDMH, PS Bilbao, 156. Actas de las reuniones del BBB en julio de 1933, en AN, PNV, 200-4. Granja, *Nacionalismo*, pp. 347-350.

Zabala en la Basílica de Begoña en Bilbao y disfrutaba de su viaje de novios por varios países del norte de Europa. Mari —como él la llamaba— había nacido en Portugalete en 1906 y era hija de Constantino Zabala, capitán de barco y armador. Como ella misma declaró en 1982, nunca se afilió al PNV, ni siquiera a *Emakume Abertzale Batza*, ni participó en la actividad pública de su esposo: «Él nunca hablaba de política en casa». «Siempre permanecí en un segundo plano, y creo que así estaba bien. José Antonio tenía mucha personalidad y yo también. Yo mandaba en casa, pero no fuera. Cada uno a lo suyo»[161]. De las cartas de felicitación que recibió Aguirre con motivo de su boda, conocemos la de su amigo Mateo Múgica, el obispo de Vitoria, y la de Manuel Irujo, quien le escribió con humor: «De suicidarse, hay que hacerlo con gesto elegante. Puesto que Vd. no tiene remedio, cuanto antes mejor. Dentro de treinta años, habrá siquiera quince o veinte Aguirres disputándose la silueta de juventud y el brío de su padre»[162]. No fueron tantos, sino tres hijos, que nacieron en tres etapas y países distintos, como consecuencia de las vicisitudes que sufrió en el decenio siguiente: Aintzane, en Euskadi (Getxo) en 1935, a finales de la República; Joseba, ya en el exilio en Francia, en París en 1938, en plena Guerra Civil española; e Iñaki, en Estados Unidos en 1943, cuando la familia residía en Nueva York durante la II Guerra Mundial.

Su casamiento no fue el único cambio relevante que se produjo en la vida de Aguirre en el verano de 1933. Unos días antes de su boda, el 28 de junio, presentó su carta de dimisión como alcalde de Getxo, debido a que su actividad parlamentaria, con sus continuos viajes a Madrid, le impedía dedicar la atención necesaria al Ayuntamiento. De ahí que su labor municipal no fuese muy destacada a nivel interno; pero sí lo fue su proyección externa como líder del movimiento de alcaldes por la autonomía vasca desde abril de 1931. Si en esta fecha uno de sus primeros actos como alcalde fue poner el nombre de Sabino Arana a una plaza, uno de los últimos fue descubrir una lápida en memoria del fundador del PNV, a quien ensalzó como «uno de los hombres más grandes que ha tenido la raza vasca», dando así muestras de su aranismo. Al mismo tiempo, Aguirre fue homenajeado por los *jelkides* de Getxo, que le regalaron un bastón de mando. Aceptada su dimisión, a partir de agosto de 1933 continuó de concejal hasta marzo de 1936, cuando dejó definitivamente el Ayuntamiento al ser reelegido diputado a Cortes[163].

---
[161] VVAA, *Conversaciones*, pp. 19-21. Mari Zabala falleció en San Juan de Luz en 1987.
[162] Cartas de Manuel Irujo, 14-VI-1933, y de Mateo Múgica, 9-VII-1933, en CDMH, PS Bilbao, 10 y 11.
[163] Delgado, *José Antonio de Agirre y Getxo*, pp. 69-74. *Euzkadi*, 25-VI y 4-VII-1933.

Su viaje de novios le impidió participar en el importante *viaje triangular* de los nacionalistas gallegos, vascos y catalanes, en la última semana de julio y la primera quincena de agosto, en cuyo transcurso sellaron el Pacto de Compostela, origen de Galeuzca (neologismo creado en 1933 con las primeras letras de los nombres de sus tres países). Esta alianza tripartita fue definida por Manuel Irujo, que se volcó en ella, como «el organismo de coordinación de las actividades de Galicia, Euzkadi y Cataluña, dirigidas al logro de sus respectivos nacionalismos». Sus objetivos eran: a corto plazo, consolidar la autonomía catalana vigente y conseguir aprobar los Estatutos vasco y gallego; a largo plazo, convertir el *Estado integral* de la Constitución de 1931 en una República federal o confederal. Pero la vida de Galeuzca fue muy efímera, pues fracasó y desapareció a finales de 1933. Por eso, los diputados Aguirre, Monzón e Irujo le negaron cualquier trascendencia política en sus declaraciones, ante el Tribunal de Garantías Constitucionales en mayo de 1935, a favor del presidente Companys y sus consejeros de la Generalitat, en el juicio contra ellos por su rebelión en octubre de 1934. Aguirre fue más lejos al negar incluso la existencia del Pacto de Compostela, quizás porque desconociese su texto escrito en gallego (firmado en Santiago el 25 de julio de 1933 y mantenido en secreto), y al afirmar que se trató de un viaje de turismo de los nacionalistas por sus tres países, equivocándose en el orden de la ruta, que no concluyó en Bilbao sino en Barcelona. He aquí sus palabras[164]:

> El pacto de Compostela, que no fue tal pacto, fue una reunión de vascos, catalanes y gallegos de sentido autonomista.
> [...] no conozco ninguna reunión posterior a la de Compostela, que fue, además, una cosa de turismo más que nada, por cuanto primero fueron a Galicia, después a Barcelona y finalmente a Bilbao, con motivo de las fiestas de San Ignacio [31 de julio de 1933].

V. DOBLE ÉXITO EN LAS URNAS

El 14 de agosto de 1933, ya de regreso a Bilbao tras un mes de ausencia, José Antonio Aguirre visitó al BBB en *Sabin Etxea*, el mismo día de la reapertura de esta sede central del PNV, que había sido

---

[164] *Euzkadi*, 29-V-1935: «Entonces yo estaba de viaje de bodas. Sé sólo lo que dijeron los periódicos. La referencia que tengo es extraoficial». Sobre Galeuzca cf. Granja, *Nacionalismo*, pp. 375-385, y «La alianza de los nacionalismos periféricos: Galeuzca», en *El oasis vasco. El nacimiento de Euskadi en la República y la Guerra Civil*, Tecnos, Madrid, 2007, capítulo 10.

clausurada por el gobernador civil en vísperas de la festividad de San Ignacio, el 31 de julio. Aniversario de su fundación, el partido la celebró por todo lo alto con una solemne misa en Begoña y un gran alarde de folclore y deportes vascos en San Mamés, el campo de fútbol del Athletic de Bilbao, contando con la asistencia de los catalanistas y galleguistas de la comitiva de Galeuzca. Como se ha visto, Aguirre se reunía con frecuencia con los dirigentes *jelkides* para informarles de su actuación parlamentaria y tratar del momento político, sobre todo con respecto al Estatuto. Precisamente, unos días antes se había desbloqueado, por fin, la tramitación del proyecto de las Gestoras, al ser aprobado por los Ayuntamientos vascos.

En efecto, el 6 de agosto de 1933 tuvo lugar la Asamblea de Vitoria, catorce meses después de la Asamblea de Pamplona, a pesar de que el texto era prácticamente el mismo de 1932, salvo el caso de Navarra, cuya futura incorporación a la región autónoma vasca permitía una disposición adicional. Se dio la paradoja de que la reunión de los Ayuntamientos celebrada en Vitoria fue la única que tuvo eficacia práctica en el proceso autonómico vasco, y eso que no tuvo la repercusión política y mediática de las anteriores, pues careció del entusiasmo de la Asamblea de Estella y de la controversia de la Asamblea de Pamplona, siendo la antítesis de ambas. En pleno verano de 1933, la de Vitoria llegó sigilosamente: no hubo movilización de los partidos, ni apenas campaña de prensa, como prueba el hecho de que el diario *Euzkadi* se limitase a publicar una nota el mismo día de la asamblea, en la cual apuntaba que había puesto «sordina y freno» al júbilo por ser el proyecto de las Comisiones Gestoras, cuya personalidad no reconocía, y por «la experiencia de tantos desengaños como hemos sufrido en este camino del Estatuto»[165]. La ausencia de propaganda fue deliberada en el caso del PNV, cuyos diputados marcaron una vez más la pauta a seguir por sus dirigentes: «Los nacionalistas no debemos promover para esa Asamblea gran estrépito en la prensa, precisamente para que resulte eficaz», al mismo tiempo que sus Juntas Municipales debían dar instrucciones a sus concejales para que votasen a favor del proyecto, tal y como acordó el EBB[166]. Así pues, el PNV seguía apoyando incondi-

---

[165] *Euzkadi*, 6-VIII-1933. Tampoco hizo campaña *El Liberal* de Prieto. Como excepción, ANV, a través de su diario *Tierra Vasca*, apoyó el Estatuto en vísperas de la Asamblea de Vitoria, mientras que el carlista José Luis Oriol se opuso a él por medio de su periódico *Pensamiento Alavés*.

[166] Carta de los diputados Francisco Basterrechea y José Horn a José María Gárate, presidente del BBB, 20-VII-1933, en AN, PNV, 513-4. Acta de la reunión del EBB, presidido por Jesús Doxandabaratz, 30-VII-1933, en AN, PNV, 219-14.

cionalmente el Estatuto, pero esta vez optó por no manifestarlo de forma estentórea.

Al encontrarse todavía de viaje en el extranjero, Aguirre no pudo asistir a la Asamblea de Vitoria; pero, dada su trascendencia, dio cuenta detenida de ella en sus memorias, basándose en su acta oficial publicada[167]. «Se pretendió de nuevo por los agentes del Sr. Oriol [...] repetir la comedia y la traición de Iruña», escribió. Pero en esta ocasión fracasaron las maniobras de los enemigos del Estatuto, al rechazarse tanto el intento de celebrar una reunión separada de los Ayuntamientos alaveses como una enmienda a la totalidad de seis Ayuntamientos tradicionalistas, que propugnaban la restauración foral. En su lugar, fue aprobada esta enmienda grata al PNV: el régimen autonómico «no implica prescripción extintiva de los derechos históricos de Álava, Guipúzcoa y Vizcaya». La votación supuso la aprobación del texto por una muy amplia mayoría de Ayuntamientos, pero la casi unanimidad de los vizcaínos y guipuzcoanos contrastaba con el claro aumento de la oposición entre los 77 Ayuntamientos alaveses: 41 votaron a favor, 26 en contra y 10 se abstuvieron. Ello obedecía a la actitud contraria al Estatuto adoptada por el diputado Oriol y secundada por la organización tradicionalista Hermandad Alavesa[168].

La Asamblea de Vitoria fue eficaz, además, porque designó una denominada «Comisión de los dieciocho», a la que dotó de plenos poderes para organizar el referéndum autonómico. Integrada por nueve gestores provinciales y nueve representantes municipales, tenía una neta mayoría republicana (once) y un único miembro *jelkide*. Pero su composición y la fecha del plebiscito, previsto para el 15 de octubre, se vieron alteradas por los importantes cambios gubernamentales que se sucedieron en septiembre y octubre de 1933: el final del bienio republicano-socialista, al retirar Alcalá-Zamora su confianza a Azaña, la derrota parlamentaria de un efímero Gobierno de Alejandro Lerroux y la formación de un nuevo ejecutivo exclusivamente republicano, presidido por Diego Martínez Barrio, que disolvió las Cortes Constituyentes y convocó elecciones para el 19 de noviembre. Así, el Partido Radical de Lerroux y Martínez Barrio, ubicado en el centro político y muy enfrentado al PSOE, pasó a con-

---

[167] *Estatuto vasco. Acta de la Asamblea que para su aprobación celebraron los Ayuntamientos de Álava, Guipúzcoa y Vizcaya, en la ciudad de Vitoria, el día 6 de agosto de 1933*, Bilbao, 1933, resumida por Aguirre en *Entre la libertad*, pp. 363-381. *Euzkadi* y *El Liberal*, 8-VIII-1933. *Tierra Vasca*, 8/10-VIII-1933.

[168] De Pablo, *Álava*, pp. 209-216.

trolar la política española, así como la vasca a través de los nuevos gobernadores civiles, que reemplazaron la confrontación con el PNV por la colaboración con él. A su vez, la renovación de las Comisiones Gestoras implicó la salida de los socialistas y la entrada de los radicales, al igual que en la Comisión de los dieciocho. Estas nuevas Comisiones acordaron celebrar el plebiscito del Estatuto el 5 de noviembre, es decir, justo dos semanas antes de los comicios legislativos, y consiguieron que lo convocase para esa fecha el Gobierno de Martínez Barrio. Este lugarteniente de Lerroux no hizo caso a las presiones de los partidarios de retrasar el referéndum a después de las elecciones, que eran el carlismo de Oriol y el socialismo de Prieto, y sí tuvo en cuenta el deseo del nacionalismo de Aguirre de priorizar el Estatuto, hasta el punto de que condicionó la política de alianzas a su aprobación. Entonces se dio una entente cordial entre el PNV y el Partido Radical, cuyo interés común estribaba en derrotar a las izquierdas de Prieto en Bilbao, y ello era factible si el PNV rentabilizaba el previsible éxito del plebiscito en vísperas de dichas elecciones a Cortes. En aras de esto y de una posible coalición entre ambos partidos, el Gobierno de Martínez Barrio concedió tan importante baza política al PNV, a pesar de que los radicales de Lerroux no se caracterizaban por su autonomismo, pues se habían opuesto al Estatuto vasco en Navarra y en Álava[169].

En esos meses cruciales del otoño de 1933, el papel político de Aguirre fue decisivo, al retomar su liderazgo en la cuestión autonómica, que antepuso a todo lo demás, incluido el problema religioso, al contrario de 1931. En efecto, en octubre rechazó *de plano* «una alianza electoral de unión de fuerzas católicas en defensa de los derechos de la Iglesia», que le propuso José María Urquijo a cambio de hacer propaganda en *La Gaceta del Norte* para que las derechas apoyasen el Estatuto, cosa que al final hizo este diario bilbaíno sin lograr ninguna concesión *jelkide*. Como preveía que Urquijo y su amigo Luis Vilallonga, «escandalizados», acudirían al obispo de Vitoria, Aguirre le visitó, informando a Mateo Múgica de que el PNV no iría a las elecciones con nadie que rechazase el Estatuto y recomendándole que se inhibiese en «materias y pactos electorales». Así lo prometió el obispo, quien recordó públicamente que los católicos podían votar a favor del Estatuto, como de hecho hizo él mismo. Múgica prefería que se presentase de nuevo un bloque católico a las urnas; pero, en su

---

[169] Fusi, *El problema vasco*, pp. 102-105. Granja, *Nacionalismo*, pp. 402-406. Empleamos como sinónimos los términos *referéndum* y *plebiscito*; este último era el más habitual en la República, al figurar en el artículo 12 de la Constitución de 1931.

informe al Vaticano de 1933, temía que esa unión no fuera posible por la agria pelea existente entre carlistas y nacionalistas, que eran los principales partidos de los católicos vascos[170].

Aguirre no sólo ignoró «el frente anti-prietista», preconizado por Vilallonga para vencer a Prieto, sino que se entrevistó en Madrid con el líder socialista, a quien propuso «formar un bloque electoral a base de la defensa del Estatuto», siempre que éste fuese sometido a referéndum el 5 de noviembre. Pero Prieto consideró un error su celebración antes de las elecciones y desestimó por prematuro un pacto entre nacionalistas y socialistas, tras la *ferocidad* de su lucha en Bizkaia. Además, a diferencia de la dirección del PSOE, él mantuvo la coalición con los republicanos de izquierda, hasta el punto de que llevó en su candidatura por la circunscripción de Bilbao, su feudo, al expresidente Manuel Azaña y al exministro Marcelino Domingo, encarnando así la obra gubernamental del primer bienio republicano. Por consiguiente, Aguirre y Prieto volvieron a ser los grandes rivales electorales en Euskadi en noviembre de 1933, máxime después de que los socialistas vizcaínos decidiesen a última hora abstenerse de votar el Estatuto[171].

La común enemistad con Prieto propició un extraño maridaje entre dos partidos tan dispares ideológicamente hasta entonces, como eran el católico PNV y el laico Partido Radical, si bien se habían acercado políticamente al situarse en el centro en 1933. En octubre, Lerroux hizo saber a la dirección *jelkide* que deseaba apoyar el Estatuto sobre la base de un acuerdo electoral, proponiendo que, a cambio, el PNV apoyase a un candidato radical por Bilbao. Éste sería el empresario Horacio Echevarrieta —antiguo diputado republicano y mentor de Prieto en la Restauración—, que estaba arruinado y había vendido el periódico *El Liberal* a Prieto, con quien se había enemistado. El 26 de octubre, el BBB autorizó a Aguirre a entrevistarse con Lerroux. Dicha entrevista, que se celebró enseguida, fue resumida en un documento interno del PNV, basándose en las informaciones de sus exdiputados, en estos términos[172]:

---

[170] Informe de Aguirre al BBB en AN, PNV, 375-2. Aguirre, *Entre la libertad*, pp. 389-391. VVAA, *La minoría de cemento. El primer Estatuto vasco*, Alderdi, Bilbao, 1986, pp. 68-71. *Euzkadi*, 4 y 7-XI-1933. Pablo, Santiago de; Goñi Galarraga, Joseba y López de Maturana, Virginia: *La Diócesis de Vitoria*, pp. 324 y 333-334.

[171] Aguirre, *Entre la libertad*, pp. 387-389. Testimonio de Irujo en Ibarzabal, *50 años de nacionalismo vasco*, p. 16. VVAA, *La minoría de cemento*, p. 68.

[172] «Entrevistas de nuestros diputados con diversos sectores políticos», noviembre de 1933, y carta de Francisco Basterrechea a José María Gárate, presidente del BBB, 25-X-1933, en VVAA, *La minoría de cemento*, pp. 68-69 y 124-125. Esta negociación figura en

Personados en Madrid los Srs. Basterretxea, Horn y Agirre manifestándoles el Sr. Lerroux su entusiasmo por la candidatura [de] Etxebarrieta. El honor que [para] él supondría el que se apruebe el Estatuto bajo su gobierno y su deseo de que exista inteligencia en Bilbao para derrotar a Prieto.—Se acepta agradeciendo la sugestión que como proposición se lleva a las autoridades.
El día anterior se consigue que el Sr. Martínez Barrios [sic] [apruebe] el Decreto que ha servido para el plebiscito. Lo consiguen los Srs. Horn y Basterretxea.

El decreto de Martínez Barrio, aprobado el 29 de octubre, no permitió que los partidos tuviesen interventores que controlasen el desarrollo del referéndum, pero sí que los nombrasen diversas entidades: Ayuntamientos, Diputaciones, cámaras oficiales, colegios profesionales, asociaciones patronales y obreras. Ahora bien, como este decreto se publicó en la *Gaceta de Madrid* el 31 de octubre y el nombramiento de los interventores debía comunicarse con «cuatro días de anticipación a la fecha del plebiscito», es decir, el 1 de noviembre, tan sólo un día después de la promulgación del decreto, no había tiempo material para que dichas entidades fuesen convocadas, se reuniesen y nombrasen sus interventores. Esta imposibilidad la constató la UGT de Bizkaia, que envió un telegrama de protesta al presidente Martínez Barrio. Tal fue el motivo esgrimido por los presidentes de Acción Republicana, el Partido Radical Socialista Independiente y el PSOE de Bizkaia para abstenerse de participar en el plebiscito, por considerar que iba a ser una *farsa* y «la más enorme coacción al Cuerpo electoral de Vizcaya». Así lo denunció la prensa izquierdista de Bilbao: el semanario socialista *La Lucha de Clases* y el diario *El Liberal*, que vaticinó «que los censos se volcarán en favor del Estatuto», culpando de ello al Gobierno, que beneficiaba al PNV. Empero, una parte de los republicanos vizcaínos no estuvieron de acuerdo con esa decisión y lo votaron, al igual que hicieron las izquierdas guipuzcoanas y alavesas (a excepción de los comunistas, enemigos del «Estatuto de la contrarrevolución»). La posición abstencionista del prietismo bilbaíno pudo contribuir a que *La Gaceta del Norte* apoyase *in extremis* el Estatuto[173].

---

las actas de las reuniones del BBB en octubre de 1933 (AN, PNV, 200-4). En su reunión del 2-XI-1933, Aguirre informa de su entrevista con Lerroux y Martínez Barrio, «en lo que se refiere al plebiscito y a su no aplazamiento», y el BBB considera «de interés extraordinario el Estatuto en el camino de una soberanía plena de Euzkadi»; por eso, se ocupa de «conseguir el mayor éxito en el plebiscito».

[173] *La Lucha de Clases*, 2-XI-1933. *El Liberal*, 2 y 5-XI-1933. *La Gaceta del Norte*, 4-XI-1933. Aguirre, *Entre la libertad*, pp. 399-402, donde se reproduce el texto del decreto.

Al igual que en los dos años anteriores, Aguirre se consagró plenamente a la aprobación del Estatuto, realizando gestiones políticas en Madrid y el País Vasco, publicando artículos en el diario *Euzkadi* y pronunciando discursos en mítines, en el marco de la intensa campaña de propaganda desarrollada por el nacionalismo, sin duda el sector de opinión más interesado en la consecución de la autonomía, para la cual era imprescindible el éxito en el referéndum. Sus artículos —firmados con el seudónimo de *Etxenausi*— se centraron en criticar a Prieto y a los tradicionalistas. Éstos dejaron en libertad de voto a sus afiliados, debido a que sus dirigentes se hallaban divididos entre los favorables al Estatuto (Marcelino Oreja, Julián Elorza e Ignacio Pérez Arregui) y los opuestos a él (Juan Olazábal y José Luis Oriol), quienes en sus diarios lo atacaban por considerar que iba «contra Dios» y contra el Concierto económico vigente. Aguirre fue el único orador *jelkide* en el acto central de propaganda del Estatuto, celebrado en Vitoria el 29 de octubre, en el que le acompañaron varios republicanos, entre ellos Ernesto Ercoreca, alcalde de Bilbao, y Ramón Madariaga, el principal impulsor del proyecto de las Gestoras, además de un representante del Gobierno de Martínez Barrio. El discurso de Aguirre dejó patente la trascendencia que otorgaba al plebiscito: «El Estatuto vasco es empresa de vida o muerte para nuestro pueblo. Si queréis paz, votadlo; si queréis progreso, votadlo; pero si queréis destrucción, la lucha del hombre contra el hombre, la lucha fratricida de hermanos contra hermanos, id contra él». A su juicio, el Estatuto era «un punto común», que unía a hombres de distintas ideologías, porque —como resaltaba el órgano oficial del PNV— no era nacionalista, ni republicano, ni socialista, ni tradicionalista, sino «transaccional, acoplador de aspiraciones comunes» y «un programa común mínimo»[174].

El 5 de noviembre de 1933, la jornada del plebiscito transcurrió sin incidentes y con una participación elevadísima en Gipuzkoa y Bizkaia, resaltando la prensa la afluencia de mujeres, la gran mayoría de las cuales votaban por primera vez en su vida. En cambio, la participación fue escasa en Álava, y eso que el madrugador voto a favor del Estatuto emitido por el obispo Múgica en Vitoria, difundido por la radio, «influyó grandemente en el ánimo de las mujeres», según *Euzkadi*. Cuatro días después se llevó a cabo el escrutinio oficial en las Diputaciones: su resultado superó con creces el quórum constitucional de los dos tercios del censo electoral, al al-

---

[174] *Euzkadi*, 15/19, 25, 28 y 31-X-1933. Aguirre, *Entre la libertad*, pp. 392-397.

canzar los votos favorables el 84 por 100 de los electores vascos. La abrumadora votación de guipuzcoanos y vizcaínos compensó sobradamente la muy inferior de los alaveses, cuyo apoyo al Estatuto no llegó a la mitad de su electorado; pero, al ser la población de Álava muy reducida, no impidió rebasar dicho quórum, que se refería al conjunto de Euskadi. La débil votación de esta provincia se debió no sólo a causas políticas (la oposición de la CT de Oriol), sino también a factores geográficos, sociales y culturales: así, el norte votó claramente a favor del Estatuto, mientras que en el sur predominó la abstención e incluso el voto negativo en la Rioja alavesa. Como concluyó Santiago de Pablo, «no cabe afirmar que Álava rechazó el Estatuto Vasco», pues los sufragios favorables cuadruplicaron a los contrarios, pero «el entusiasmo alavés por la autonomía era escaso a finales de 1933»[175].

Resultado oficial del referéndum del Estatuto vasco (5 de noviembre de 1933)[176]

	Bizkaia (%)	Gipuzkoa (%)	Álava (%)	Total (%)
Censo electoral	267.456 (100)	166.635 (100)	56.056 (100)	490.147 (100)
Votantes	241.629 (90,3)	151.861 (91,1)	32.819 (58,5)	426.309 (87,0)
Votos a favor	236.564 (88,4)	149.177 (89,5)	26.015 (46,4)	411.756 (84,0)
Votos en contra	5.065 (1,9)	2.436 (1,5)	6.695 (11,9)	14.196 (2,9)
Nulos y blancos		248 (0,1)	109 (0,2)	357 (0,1)
Abstenciones	25.827 (9,7)	14.774 (8,9)	23.237 (41,5)	63.838 (13,0)

La reacción de los partidos por medio de sus órganos de prensa fue muy diferente ante este resultado. Para los nacionalistas, fue un «día histórico» el «espléndido triunfo» del Estatuto, que recibieron con entusiasmo y festejaron ondeando la *ikurriña* en sus centros y engalanando sus balcones. Así lo valoró Aguirre[177]:

> El día 5 de Noviembre [de 1933] fue la coronación de un esfuerzo magnífico realizado por nuestro pueblo a través de dos años y medio de difi-

---

[175] *Euzkadi* y *Tierra Vasca*, 7-XI-1933. De Pablo, *Álava*, pp. 230-247 (cita en p. 247).

[176] *El libro blanco del Gobierno Vasco*, Gobierno Vasco, París, 1956, p. 42. Llama mucho la atención que no figurase un solo voto nulo o en blanco en Bizkaia, donde votaron casi un cuarto de millón de personas, hecho que es de todo punto imposible, como demuestran las cifras de votos nulos y en blanco de Gipuzkoa y Álava, aun teniendo muchos menos votantes que Bizkaia.

[177] *Euzkadi* y *Tierra Vasca*, 7/10-XI-1933. Aguirre, *Entre la libertad*, pp. 403-404.

cultades y retrasos tan lamentables como dañosos. [...] quedará grabado para siempre en el corazón de todos los vascos y marcará una fecha de transcendencia singular en la historia futura del País.

Por el contrario, *La Lucha de Clases* denunció «el 'pucherazo' nacionalista-radical» y *El Liberal* opinó que a los nacionalistas se les había ido la mano por *exceso de celo* en el *fervor estatutista*, al aprovecharse de las facilidades otorgadas por el Gobierno de Martínez Barrio para volcar el censo, cumpliéndose su pronóstico ante la falta de intervención en el plebiscito y constatando que la abstención de buena parte de las izquierdas y de las derechas no nacionalistas no había tenido ningún reflejo en el resultado del plebiscito en Bizkaia[178]. Esto era cierto, dado que la participación del 90 por 100 del electorado fue superior en doce puntos a la registrada dos semanas más tarde en los comicios legislativos, a los cuales concurrieron todas las fuerzas políticas sin excepción.

El tema del fraude en el referéndum autonómico vasco fue debatido en febrero de 1934 en las Cortes, donde afirmaron su existencia los diputados derechistas Antonio Goicoechea y José Luis Oriol, mientras que lo negaron los *jelkides* Landaburu y Aguirre, al igual que Martínez Barrio, entonces ministro de Gobernación en el ejecutivo de Lerroux. Empero, algunos nacionalistas sí admitieron la comisión de fraudes; tal fue el caso de un militante del PNV que en enero de 1934 escribió a Aguirre en estos términos inequívocos[179]:

> El día pasado ha hecho Vd., algunas declaraciones acerca de la escrupulosidad con que se votó el Estatuto Vasco, pues bien, nacionalista yo de toda mi vida, y enterado más o menos de las cosas de nuestro partido, debo salir al paso, para rogarle prudencia en afirmaciones de esa índole, ya que bien sabemos los nacionalistas que en la citada votación hubo cosas muy feas que bien poco honran a nuestro partido. De aquí se deduce, que no podemos estar muy orgullosos del resultado obtenido.

---

[178] *El Liberal*, 7 y 8-XI-1933. *La Lucha de Clases*, 9-XI-1933.
[179] Carta de A. Gaztelurrutia a José Antonio Aguirre, 19-I-1934, en CDMH, PS Barcelona, 286. En la documentación interna del PNV sobre la preparación del plebiscito en bastantes municipios vizcaínos se encuentran indicios de posibles irregularidades en algunos de ellos (AN, PNV, 95-6 y 514-7). En octubre de 1933, la consigna que dio el BBB a sus Juntas Municipales fue que procurasen que fuesen nacionalistas los miembros de las mesas plebiscitarias (ibíd., 514-5). Ya un año antes, en junio de 1932, la Junta Regional de Elecciones del PNV proponía al BBB sobre el referéndum del Estatuto: «Se procurará que las Mesas se constituyan en su totalidad por nacionalistas o al menos por estatutistas [*sic*]» (ibíd., 375-2).

Esto fue confirmado muchos años después por el testimonio de dirigentes *jeltzales* que eran jóvenes en la República. Así, el vizcaíno Jesús Solaun —destacado miembro del BBB y del EBB en la Guerra Civil y el exilio— reconoció en 1979 que «sin las facilidades aportadas por Martínez Barrio [...] hubiéramos hallado dificultades para cumplir la draconiana condición que exigía el voto favorable del 66,6 por 100 del censo electoral. La actuación de Martínez Barrio no la olvidaremos jamás». Y el guipuzcoano Eusebio Zubillaga —miembro del GBB durante el franquismo— declaró en 1985 que en su pueblo, Errenteria, «los fallecidos se levantaron de sus sepulcros y votaron» en el plebiscito, organizado desde el *batzoki*, contando con la connivencia de los republicanos, y que lo sucedido allí no fue un caso aislado, sino general en Gipuzkoa y Bizkaia, debido a que creían que esa era la única manera de superar el quórum constitucional necesario para la aprobación del Estatuto[180]. Ciertamente, ese quórum tan exorbitante, por referirse a los electores y no a los votantes (las abstenciones se computaban como si fuesen votos negativos), era muy difícil de alcanzar sin recurrir a procedimientos fraudulentos, que se dieron también en los otros dos plebiscitos celebrados en la República: el catalán de 1931 y el gallego de 1936. En el caso vasco, su uso fue propiciado por la ausencia de interventores y por el enorme interés del nacionalismo en sacar adelante el Estatuto, por el que había luchado constantemente desde la instauración del régimen republicano en abril de 1931. Una participación tan alta como ésta de Bizkaia y Gipuzkoa nunca se había conseguido, ni se ha vuelto a registrar en Euskadi hasta nuestros días.

El éxito del referéndum autonómico fue una baza política fundamental para la victoria del PNV en las elecciones del 19 de noviembre de 1933, hasta el punto de lograr el mayor número de diputados a Cortes que ha tenido en toda su dilatada historia: doce. Estos comicios fueron radicalmente diferentes de los celebrados en junio de 1931: la bipolarización fue sustituida por la multilateralidad, dada la abundancia y diversidad de candidaturas, como consecuencia de la ruptura del PNV con las derechas y la división de las izquierdas, si bien ésta se mitigó en Bizkaia al mantener Prieto su coalición con los republicanos de Azaña y Domingo, dando lugar a una lucha triangular, que prefiguraba la triangulación electoral de 1936[181].

---

[180] Testimonio de Jesús Solaun en la revista *Muga*, 1, 1979, p. 47, y de Eusebio Zubillaga en Granja, *Nacionalismo*, p. 416.

[181] Sobre las elecciones a Cortes en la República, cf. Granja, *Nacionalismo*. Pablo, Santiago de: *La Segunda República en Álava. Elecciones, partidos y vida política*, Univer-

El PNV capitalizó no sólo el Estatuto, sino también su defensa de la Iglesia entre el amplio electorado católico vasco. Además, su triunfo en las urnas fue fiel reflejo de su espectacular crecimiento orgánico durante el primer bienio republicano, que fue parejo al de su sindicato afín ELA-STV (con varios dirigentes y asesores en su candidatura), su agrupación femenina, sus juventudes y los numerosos grupos sociales, culturales y deportivos que giraban en su órbita. Todos ellos conformaban una extensa comunidad nacionalista interclasista, nucleada por el PNV y unida por la doctrina aranista y la religión católica. En un mitin, Aguirre lo definió así: «El PNV no es un partido como otro cualquiera, sino que es el pueblo que camina hacia la libertad. El nacionalismo vasco es la patria vasca en marcha»[182]. Estas elecciones mostraron también el ascenso de la nueva generación, que en 1933 se había hecho con las riendas del partido y se encargaba de democratizarlo y modernizarlo, según dejaba patente la presencia en sus listas de los jóvenes Juan Antonio Careaga, Jesús María Leizaola, Telesforo Monzón, Juan Antonio Irazusta y Javier Landaburu, liderados por Aguirre e Irujo. No en vano ambos eran los únicos candidatos *jelkides* que se presentaban por dos circunscripciones, como forma de asegurar su elección como diputados: al ser previsible que no saldrían por Navarra, el talón de Aquiles del PNV, Aguirre repetía por Bizkaia-provincia e Irujo concurría también por Gipuzkoa.

Centrándonos en la participación de Aguirre en la campaña electoral, constatamos la situación tan dispar que afrontó en Bizkaia y Navarra. En este territorio, al no votar en el plebiscito, ya a finales de octubre se formaron las candidaturas de las derechas y del PNV: muy enfrentadas, rivalizaban en la cuestión religiosa para atraerse a los católicos navarros. Por eso, Aguirre, en la conferencia que impartió en Pamplona el 22 de octubre, resaltó su fe e hizo público el rechazo del obispo de Vitoria al libelo *Nacionalismo-Comunismo-Judaísmo*, como vimos, omitiendo la inhibición del obispo de Pamplona. A éste recurrieron de nuevo los *jeltzales*, protestando por los ataques de las

---

sidad del País Vasco, Bilbao, 1989. Ferrer, *Elecciones*. Rodríguez Ranz, José Antonio: *Guipúzcoa y San Sebastián en las elecciones de la II República*, Fundación Social y Cultural Kutxa, Donostia-San Sebastián, 1994. Villa, Roberto: *Las elecciones de 1933 en el País Vasco y Navarra*, Universidad Rey Juan Carlos/Dykinson, Madrid, 2007.

[182] *Euzkadi*, 18-XI-1933. Cf. Granja, *El nacionalismo vasco*, capítulo 5. Tápiz, *El PNV*. Ugalde, Mercedes: *Mujeres y nacionalismo vasco. Génesis y desarrollo de Emakume Abertzale Batza (1906-1936)*, Universidad del País Vasco, Bilbao, 1993. Ansel, Darío: *ELA en la Segunda República. Evolución sindicalista de una organización obrera*, Txalaparta, Tafalla, 2011.

derechas y de algunos clérigos navarros, que les tildaban de *masones* y de ser peores que las izquierdas; pero tampoco esta vez consiguieron el respaldo de monseñor Muniz, quien prohibió la inclusión de un sacerdote en la lista del PNV y, en cambio, no criticó la presencia de un religioso, el dominico José Gafo, en la coalición derechista, encabezada por la Comunión Tradicionalista del conde de Rodezno y en la que figuraba Raimundo García, el director del *Diario de Navarra*. Si el manifiesto del Bloque de derechas hacía hincapié en la defensa de la Iglesia, contra el laicismo de la legislación republicana, y de «nuestros Fueros dentro de la unidad de España», el programa del PNV se centraba en los dos postulados de su lema JEL, a saber: «La Religión Católica y la libertad de nuestra patria», defendiendo las peculiaridades forales de Navarra y su incorporación a la autonomía vasca: «No reputamos al Estatuto solución definitiva, sino parcial. Pero, la apoyaremos con toda lealtad, porque es camino de libertad, de derecho, de soberanía y reintegración foral plena». Tal era la concepción gradual que tenía Aguirre sobre el Estatuto: lo consideraba *un paso transitorio* en la ruta de las reivindicaciones del nacionalismo vasco[183].

En Álava, Bizkaia y Gipuzkoa, el PNV no acordó su estrategia electoral hasta conocer el resultado del plebiscito, por lo que su decisión se retrasó hasta apenas una semana antes de los comicios. Tras descartar rehacer la «unión de los católicos», preconizada una vez más por *La Gaceta del Norte*, barajó diversas alianzas relacionadas con el Estatuto: una denominada «candidatura estatutista», que reuniese a las derechas y las izquierdas; una coalición con ANV, el Partido Radical y el católico Ricardo Bastida en Bizkaia; y el frente nacionalista con ANV, propugnado por el semanario *Jagi-Jagi* y anatematizado por los aranistas más ortodoxos, como Ceferino Jemein y el propio Luis Arana, por su inquina a la aconfesional ANV. Después de consultar el BBB a los exdiputados y algunos asesores, el PNV decidió no aliarse con nadie, titulando a toda plana su diario oficial el 12 de noviembre: «Por dignidad, por lealtad, por decoro, el Partido Nacionalista Vasco va solo a la lucha electoral por las cuatro regiones vascas». En tal decisión debió pesar que la ausencia de coalición hacía más factible lograr su objetivo de constituir una minoría en las Cortes, para lo cual eran necesarios diez diputados, siendo mu-

---

[183] *Diario de Navarra* y *El Pensamiento Navarro*, 22-X-1933. *La Voz de Navarra*, 24 y 25-X y 14-XI-1933. «Informe sobre persecuciones de orden religioso sufridas en Nabarra por el PNV», elaborado por el NBB en 1934 y conservado en el Archivo de Ramón Goñi. Chueca, *El nacionalismo vasco*, pp. 200-218. Dronda, *Con Cristo*, pp. 358-366.

cho más difícil de conseguir si cedía escaños a partidos minoritarios como ANV y el Radical en Euskadi. Su estrategia tuvo éxito, pues estos partidos no se presentaron en Bizkaia e incluso ANV le acabó otorgando su apoyo. El PNV contó también con la valiosa propaganda de *La Gaceta del Norte*, que, además, estuvo a punto de conseguir la retirada de la candidatura derechista en Bizkaia, compuesta por los tradicionalistas y los monárquicos de Renovación Española, cuyo líder era José Calvo Sotelo. Entonces, a pesar de la gran distancia ideológica que les separaba, el partido de Lerroux y el diario católico de Urquijo compartieron un mismo interés: hacer todo lo posible para que el PNV derrotase a su «enemigo común», que era la potente candidatura izquierdista en Bilbao, integrada por el expresidente Azaña, sus ministros Prieto y Domingo y el exdiputado Zugazagoitia[184].

En esta ocasión, el enfrentamiento dialéctico entre Prieto y Aguirre tuvo lugar en el mismo escenario, el frontón Euskalduna de Bilbao, que fue abarrotado por miles de sus respectivos seguidores en sendos mítines celebrados los días 16 y 17 de noviembre. En el primero intervinieron los citados candidatos de la Conjunción republicano-socialista. Si Azaña advirtió: «Autonomía detrás de la cual esté un jesuita no es la mía», Prieto se negó a utilizar el Estatuto como «un cebo a las apetencias electorales» e identificó al PNV con aldeanería y clericalismo. En el segundo hablaron el poeta *euskaldun* Esteban Urkiaga (*Lauaxeta*) y los candidatos Aguirre, Careaga y Robles Aranguiz, presidente de ELA-STV. En su discurso, Aguirre atacó duramente a Prieto y abogó por el Estatuto, «con el que iniciaremos el camino de la libertad», mientras que Careaga concluyó el suyo con este grito: «Por Dios, por Euzkadi, por la justicia social», muy similar al eslogan utilizado por Aguirre en las elecciones de 1936: «Por la civilización cristiana, por la libertad de la patria, por la justicia social». En noviembre de 1933, el PNV tendió a ubicarse en el centro político («no somos derechas ni izquierdas»), se presentó como *la candidatura del Estatuto* y se identificó con el País Vasco: «Nuestros candidatos son Euzkadi». «Votarles es votar a Euzkadi. No votarles es renegar de Euzkadi». Además, se vinculó con la religión católica y, a través de ella, buscó atraerse el voto de las mujeres: «Emakume [...]: Ten la seguridad que en la causa del Partido Nacionalista Vasco está la única defensa eficaz de la santa religión que tú profesas»[185].

---

[184] *Euzkadi, Tierra Vasca* y *El Liberal*, 10/19-XI-1933. *La Gaceta del Norte*, 8/19-XI-1933 y 31-I-1936. *Euzkadi*, 1 y 7-II-1936. AN, PNV, 202-12, 219-10 y 308-11.
[185] *El Liberal*, 17-XI-1933. *Euzkadi*, 16/19-XI-1933.

Para ello, movilizó a su nutrida organización femenina (*Emakume Abertzale Batza*), aunque no incluyó a ninguna de sus dirigentes en sus listas, a diferencia de las derechas y las izquierdas, que concurrieron con cuatro mujeres en Vasconia: la monárquica Pilar Careaga, la carlista María Rosa Urraca Pastor, la socialista Julia Álvarez y la comunista Dolores Ibárruri (*Pasionaria*).

El resultado de las elecciones del 19 de noviembre de 1933 fue considerado por Aguirre un triunfo espléndido del PNV, que revelaba «un avance formidable del Nacionalismo vasco»[186]. Esto era notorio en Euskadi, donde se convirtió en la primera fuerza política, al lograr doce de los diecisiete diputados en liza: seis en Bizkaia (cuatro por la capital y dos por la provincia), cinco en Gipuzkoa (incluido el independiente Rafael Picavea) y uno en Álava (Javier Landaburu). Fue la primera vez en su historia que en unos comicios legislativos derrotó a la izquierda en Bilbao, ganó en Gipuzkoa y sacó un escaño por Álava. En contraposición, sólo obtuvo el 9 por 100 de votos en Navarra, donde el Bloque de derechas venció de forma arrolladora (con el 71 por 100) y copó los siete diputados. A ellos sumó otros tres por las provincias vascas: los tradicionalistas Marcelino Oreja (Bizkaia-provincia) y José Luis Oriol (Álava) y el escritor monárquico Ramiro de Maeztu (Gipuzkoa). Sin duda, los grandes perdedores fueron las izquierdas, que apenas tuvieron dos diputados: Indalecio Prieto y Manuel Azaña por Bizkaia-capital, debido al desgaste de sus dos años de Gobierno y a su fragmentación, penalizada por una ley electoral de tipo mayoritario, mucho más que al sufragio femenino. Este resultado coincidió con el del conjunto de España en el descalabro de las izquierdas y el ascenso del centro y las derechas, pero no en los partidos vencedores: el Partido Radical de Lerroux y la CEDA de Gil Robles, que sumaban más de dos centenares de diputados en las nuevas Cortes, no sacaron ningún escaño en Vasconia[187], en flagrante contraste con los doce del PNV y los seis de la Comunión Tradicionalista. En esta ocasión, José Antonio Aguirre fue diputado por Bizkaia-provincia con 39.882 votos, 500 más que su compañero Heliodoro de la Torre (futuro vicepresidente de ELA-STV y consejero del primer Gobierno vasco), mientras que en Navarra no consiguió más que 14.166 votos, 900 menos que Manuel Irujo, mucho más enraizado que él en el Viejo Reino.

---

[186] Aguirre, *Entre la libertad*, pp. 407-408.
[187] La Unión Navarra del diputado Rafael Aizpún, fundada en 1933 y miembro del Bloque de derechas, no se integró en la CEDA hasta 1934, año en que este partido se organizó en las provincias vascas con distintos nombres.

Dado que el nacionalismo, «la fuerza autonomista por excelencia», había hecho del Estatuto su principal bandera electoral, el PNV consideró que su victoria representaba «el triunfo del Estatuto», según escribió Engracio Aranzadi, el ideólogo *jelkide* más influyente después de Sabino Arana. Asimismo, su hermano Luis, que lo había apoyado públicamente en el plebiscito, reconoció que la misión de sus diputados era «propugnar por el Estatuto vasco en la Cámara española». Ésta no tenía nada que ver con las izquierdistas Cortes Constituyentes del primer bienio republicano, que habían aprobado la autonomía de Cataluña. A las nuevas Cortes correspondía tramitar, debatir y aprobar o rechazar el proyecto de las Gestoras recién refrendado por la sociedad vasca. ¿Cuál sería su porvenir en ese Parlamento de neta mayoría de centro-derecha? El diario de Prieto, en su análisis poselectoral, no dudó en pronosticar con rotundidad: «El Estatuto ha muerto». Ya el 21 de noviembre, al conocer el resultado de los comicios, publicó un editorial con este título significativo: «Los nacionalistas ganan la elección y pierden el Estatuto vasco». En él argumentaba que «los vientos políticos ya no le son propicios. Los diputados nacionalistas no podrán hacer nada para modificarlos», porque «la nueva Cámara no querrá ni oír hablar de nuevas autonomías», al prevalecer en ella las derechas centralistas[188]. El diputado José Antonio Aguirre, tras su doble éxito en las urnas, no estaba de acuerdo con ese vaticinio tan negativo y esperaba que no se cumpliese, para lo cual debía jugar bien las bazas disponibles: tales eran mantener la entente cordial con el Partido Radical, llamado a gobernar la República, y formar un bloque parlamentario autonomista. A esta tarea se aprestó enseguida como flamante líder de la minoría nacionalista vasca de doce diputados, cuyo objetivo político prioritario era lograr la autonomía para Euskadi. En ese momento de euforia no podía imaginar el largo trecho que aún le quedaba por recorrer hasta alcanzarla en 1936.

---

[188] *Euzkadi*, 22 y 23-XI-1933. *El Liberal*, 21 y 23-XI-1933, contestado por *Tierra Vasca*, 22-XI-1933: «El nacionalismo gana las elecciones y gana el Estatuto».

CAPÍTULO IV

LA CONSOLIDACIÓN DEL LIDERAZGO (1933-1936)

> A partir del II Bienio de la República, nuestra posición en el Parlamento era tal que nuestros amigos eran las izquierdas y nuestros enemigos las derechas (Manuel Irujo)[1].

I. EL BLOQUEO PARLAMENTARIO DEL ESTATUTO

Esta cita de Manuel Irujo muestra con claridad meridiana el notorio cambio de posición del PNV en las Cortes inauguradas en diciembre de 1933. Si en las Constituyentes sus seis diputados actuaron con las derechas frente a la mayoría de izquierdas, encabezada por el PSOE, en las Cortes del segundo bienio sus doce parlamentarios se aproximaron a las izquierdas frente a la mayoría de derechas, dominada por la CEDA, una vez que comprobaron que su entente con el Partido Radical no bastaba para aprobar el Estatuto, que quedó bloqueado en junio de 1934. Este año representó el punto de inflexión o de no retorno en la importante evolución política del PNV durante la II República. Reflejo de ello fue su cambio de principal interlocutor en Cataluña, que dejó de ser la Lliga y pasó a ser la Esquerra, según prueban las gestiones de José Antonio Aguirre con esos dos grandes partidos catalanistas, muy enfrentados entre sí.

A mediados de septiembre de 1933, enviado por el EBB a la *Diada* de Cataluña, Aguirre se entrevistó en Barcelona con sus máximos dirigentes y constató que Macià era más favorable que Cambó a la idea de formar un bloque autonomista en el Parlamento español. Este último no quería que Galeuzca fuese un pacto permanente, sino solo una «inteligencia circunstancial». Pero ni siquiera llegó a ser esto, pues a finales de ese mismo mes el propio Irujo, su gran defensor, sentenció: «Ga-

---

[1] Ibarzabal, *50 años de nacionalismo vasco*, p. 28.

leuzca virtualmente ha muerto»[2]. Y realmente pereció tras las elecciones de noviembre: la ausencia de diputados galleguistas, al no lograr ningún escaño el Partido Galleguista de Alfonso R. Castelao, hacía imposible la formación del Galeuzca parlamentario. Tampoco era factible la alianza nacionalista vasco-catalana (Euzca) por la intensa rivalidad existente entre los catalanistas: la Esquerra gobernaba la Cataluña autónoma con la Generalitat de Macià y —tras su muerte el día de Navidad de 1933—[3] de Companys, quien había sido ministro de Azaña, mientras que la Lliga acababa de vencer a la Esquerra en las elecciones a Cortes e iba a estar próxima a los Gobiernos del segundo bienio, en algunos de los cuales contó con un ministro. Aguirre lo intentó con Cambó, pero fracasó. Nada más conocer su triunfo electoral, el 21 de noviembre le envió un telegrama «deseando firme unión Cataluña-Euzkadi enfrente centralismo español amenazante». Y una semana más tarde, le escribió una carta proponiéndole constituir una gran coalición autonomista en las nuevas Cortes:

> Si Vds. tienen aún por ventilar la magna cuestión de la implantación de la autonomía, no menos importante es para Vds. y para nosotros la aprobación en las Cortes del Estatuto Vasco. ¿Será llegado el momento de preparar el gran grupo autonomista, estatutista, nacionalista o como quiera llamársele, para ofrecerlo como instrumento a cambio de concesiones o de la aceptación de una política estatutista? [...]
> Si se repite la historia de las Constituyentes marcharemos al fracaso.
> [...] es la hora de todos, del frente único ante la incomprensión española.

El líder de la Lliga rechazó enseguida la propuesta de Aguirre por considerarla contraproducente, con este argumento[4]:

> La formación de un grupo parlamentario autonomista o estatutista, provocaría, inmediatamente, la formación de un grupo anti-autonomista

---

[2] «Raport de las gestiones realizadas en Barcelona por el diputado Sr. Agirre» al EBB, septiembre de 1933, en CDMH, PS Bilbao, 215. Aguirre, *Entre la libertad*, p. 382. Escrito de Irujo al EBB, 26-IX-1933, en Archivo Manuel Irujo, 1.º, 46.

[3] En la sesión de las Cortes del 4 de enero de 1934, Aguirre hizo un gran elogio fúnebre de la figura de Macià, recordó que era afiliado de honor del PNV y vio en él «al hombre de ideal, que luchó por su patria, como nosotros luchamos por la nuestra, y al hombre que muere, al fin, con el Cristo en sus manos».

[4] Cartas de 28 y 30-XI-1933, en CDMH, PS Barcelona, 286, publicadas por Aguirre en su libro citado, pp. 414-415. Su telegrama a Cambó se encuentra en el Archivo Manuel Irujo, 1.º, 45.

o anti-estatutista. Y la misión de este grupo sería la de obstruccionar la aprobación del Estatuto Vasco.
>
> Creo que no hay que establecer ninguna agrupación ostensible entre los distintos grupos autonomistas. [...]
>
> Yo espero lograr que no haya ni un solo partido español que proclame la doctrina anti-estatutista.
>
> Precisa evitar las batallas frontales, que se pierden casi siempre.

Ante esta negativa, Aguirre informó a la dirección de su partido y desistió de su proyecto. Empezó entonces su distanciamiento de Cambó y su acercamiento a Companys, del que acabó siendo amigo en la Guerra Civil. En cambio, la Esquerra sí era favorable a formar una amplia «minoría estatutista», que reuniese a los nacionalistas, regionalistas y autonomistas de las Cortes. A principios de 1934, su diputado José Tomás Piera se lo propuso a los parlamentarios *jelkides*, pero éstos no hicieron nada por llevarlo a la práctica, al reputarlo difícil «ante la actitud de la Lliga con relación a la Ezquerra [*sic*], apartada del Parlamento catalán y viviendo de lleno en el de Madrid»[5].

Ciertamente, en noviembre de 1933, Cambó erró en su esperanza de que ningún partido español proclamase la doctrina anti-estatutista. En su opinión, «la política de la Esquerra es, para el Estatuto [catalán], peligro mucho más grave que las expresiones del Señor Royo Vilanova [*sic*]»[6]. Este diputado agrario era enemigo furibundo de los Estatutos, pero no era el único enemigo, pues casi todas las derechas españolas compartían su rechazo a las autonomías, tal y como remarcó Irujo en 1934[7]:

> En las actuales Cortes «se masca» el desafecto, la oposición, el odio al Estatuto.
>
> [...] con estas Cortes tenemos para sacar el Estatuto tanta dificultad como facilidad hubiéramos tenido en las anteriores. [...] nuestros enemigos de hoy son las derechas: los tres grupos, CEDA, agrarios y monárquicos de ambas ramas y de un modo más calificadamente peor los monárquicos.

Como fue habitual en la República, la visión pesimista de Irujo servía de contrapeso a la muy optimista de Aguirre, quien esperaba

---

[5] Escrito de Irujo titulado «Contactos autonomistas parlamentarios», en su Archivo, 1.º, 47.

[6] Declaraciones de Cambó al diario barcelonés *La Vanguardia*, 23-XI-1933. Antonio Royo Villanova dejó patente su oposición: «Estaré enfrente del Estatuto vasco con igual fervor y entusiasmo que me mantuve enfrente al Estatuto catalán» (*El Liberal*, 11-I-1934).

[7] Escritos de Irujo en su Archivo, 1.º, 47, y en *Euzkadi*, 13-IV-1934.

que «el próximo Parlamento sea el del Estatuto Vasco», según escribió el 2 de diciembre de 1933 en una carta al sacerdote catalán Luis Carreras, estrecho colaborador del cardenal Francesc Vidal i Barraquer, arzobispo de Tarragona[8]. Para conseguirlo, una vez descartado el bloque autonomista por la división derechas/izquierdas en el seno del catalanismo, el PNV de Aguirre tenía que jugar a tope la carta de su buen entendimiento con el Partido Radical de Lerroux, quien formó Gobierno el 16 de diciembre. Una semana antes, coincidiendo con la apertura de las Cortes, se produjo una violenta insurrección anarquista, que fue secundada en un pueblo de la Rioja alavesa (Labastida). Ante ella, la minoría nacionalista vasca apoyó al todavía ejecutivo de Martínez Barrio. A renglón seguido, el jefe de la minoría, el veterano José Horn, visitó al presidente Alcalá-Zamora; se trataba de un hecho significativo, pues era la primera vez en la historia que un representante del PNV evacuaba consulta con el jefe del Estado español sobre la formación de un Gobierno. Fue el presidido por Alejandro Lerroux y contó con el voto de confianza de los doce diputados *jelkides*, que con este gesto buscaban facilitar la aprobación del Estatuto. Nunca hasta entonces el partido fundado por Sabino Arana —uno de cuyos dogmas era el antiespañolismo— se había implicado tanto en la política española. Esto dio lugar a que fuese tachado de *colaboracionista* y *españolista* por diarios tan opuestos como el aeneuvista *Tierra Vasca* y el monárquico *El Pueblo Vasco* de Bilbao, y también por el grupo más radical e independentista del aranismo, que lideraba Elías Gallastegi y se expresaba a través del semanario *Jagi-Jagi*.

La política estatutista y parlamentaria de los diputados fue respaldada siempre por el EBB y fue ratificada por la Asamblea Nacional del PNV en Vitoria el 28 de enero de 1934. Esta reunión coincidió con la disidencia de *Jagi-Jagi*, que el día anterior suspendió su publicación por no querer someterse al control ideológico del BBB. Cuando reapareció meses después, se hallaba fuera del PNV y era el órgano de la Federación de *Mendigoizales* de Bizkaia. Las causas de este cisma tuvieron que ver sobre todo con la controvertida figura de Gallastegi, quien ya había encabezado la escisión del PNV *Aberri* en 1921 y se había dado de baja del partido en diciembre de 1933. Algunas causas tenían relación con Aguirre: la mencionada polémica sobre AVASC, el estatutismo y la actuación de los diputados en Madrid, que fue criticada por Gallastegi y *Jagi-*

---

[8] CDMH, PS Barcelona, 286.

Jagi: «No llevará nuestro asentimiento todo gesto político de acercamiento a España, toda colaboración que presten al Gobierno español los hombres nacionalistas a quienes revestimos de la investidura de diputados»[9]. En esta confrontación entre ambos líderes carismáticos —el de la crisis de la Restauración y el de la República— se impuso netamente Aguirre, porque la dirección del PNV apoyó su labor socialcristiana como presidente de AVASC y, en especial, su política autonomista como diputado. Esta segunda escisión independentista de Gallastegi careció de la importancia de *Aberri* en la década de 1920: *Jagi-Jagi* fue sólo un pequeño grupo de presión, circunscrito a Bizkaia, sin fuerza suficiente para convertirse en partido y concurrir a las elecciones, por lo que no representó una alternativa política sólida al estatutismo constante del PNV (así como de ANV) a lo largo de la República, a pesar de los retrasos y las vicisitudes que padeció el proceso autonómico vasco.

Éste se reanudó los días 21 y 22 de diciembre de 1933, cuando la Comisión de los Dieciocho —acompañada por diputados, gestores provinciales y alcaldes vascos— entregó en Madrid el texto plebiscitado a los presidentes de las Cortes, del Gobierno y de la República, quienes lo acogieron con mucho mejor talante que su frío recibimiento del proyecto de Estella dos años antes. En esos actos solemnes se recordó el Pacto de San Sebastián, en el cual participaron Lerroux y Alcalá-Zamora y cuyo anfitrión fue Fernando Sasiain, alcalde de dicha ciudad en la República y en ese momento presidente de la citada Comisión. Todos ellos tuvieron palabras muy favorables para el Estatuto vasco. Por su parte, Santiago Alba, el presidente de las Cortes, prometió su rápida presentación y ofreció toda clase de facilidades para su discusión y aprobación[10].

Empero, el mismo día 22 de diciembre empezaron las dificultades para su debate parlamentario, al presentar el diputado carlista Oriol a Alba y a Lerroux un escrito de una denominada «Comunidad de Ayuntamientos Alaveses» (de la cual era presidente honorario), que decía representar a 57 de los 77 municipios de la provincia. En él manifestaba que la mayoría de Álava no había aprobado el Estatuto en el referéndum y, por ello, renunciaba a formar parte de la región autónoma vasca. Inmediatamente, el otro diputado ala-

---

[9] *Jagi-Jagi*, 27-I-1934. AN, PNV, 200-4 y 5 (actas del BBB en 1933 y 1934), 224-21 y 271-7. Granja, *Nacionalismo*, pp. 465-469. Aguirre ignoró a Gallastegi en sus memorias de la República.

[10] *Tierra Vasca, Euzkadi* y *El Liberal*, 22 y 23-XII-1933. Aguirre, *Entre la libertad*, pp. 410-412.

vés, el *jelkide* Landaburu, negó la existencia legal a dicha Comunidad y la descalificó como «una maniobra política de tipo caciquil», reafirmando el apoyo de este territorio al Estatuto. Eso no impidió que Oriol plantease el problema de Álava, como cuestión previa a la deliberación del texto, desde la primera sesión de la Comisión de Estatutos de las Cortes en enero de 1934. Aguirre, vicesecretario de ella, refutó la tesis de Oriol y su citada Comunidad, basándose en dos estudios jurídicos redactados por el joven abogado Javier Landaburu[11]. Entre los 21 miembros de dicha Comisión, que representaban a todas las minorías parlamentarias, había conspicuos enemigos de las autonomías en general y de la vasca en particular: además de Oriol, estaban el mencionado Royo Villanova y el monárquico Antonio Goicoechea, a los cuales se sumaron los cinco representantes de la CEDA. Aguirre fue consciente de ello desde el primer momento, mas no manifestó públicamente su preocupación por el porvenir del Estatuto, salvo en reuniones de su partido, según reflejan estas palabras[12]:

> Se ha constituido la Comisión de Estatutos, con un ambiente adverso formidable. Allí están convencidos de que el Estatuto es separatismo. Existe un ambiente muy malo, y con este ambiente fuimos recibidos. Constituida la Comisión, el Sr. Oriol, planteó el problema de la separación de Álava. Aquello se acogió con gran júbilo en la Comisión de Estatutos por todos los sectores, excepto la Lliga y la Ezquerra [sic] Republicana de Cataluña.

En realidad, era indudable que los principales impulsores de los Estatutos en la República eran los nacionalistas vascos y catalanes, pero había que diferenciar —como demostró el tema de Álava— entre la animadversión de casi todas las derechas y la pasividad o el relativismo de la mayoría de los republicanos y los socialistas, que podían apoyarlos o no en función de sus intereses coyunturales y de considerarlos progresistas o reaccionarios. Ahora bien, lo que interesa resaltar aquí es que, de cara al exterior, Aguirre continuó dando muestras de su constante optimismo; valga, como botón de muestra, lo que escribió a un amigo el 9 de enero de 1934:

---

[11] *Euzkadi*, 17-XI y 23-XII-1933, 21, 24 y 25-I-1934. El mejor estudio sobre esta cuestión es el de Santiago de Pablo en su libro citado *Álava y la autonomía vasca durante la Segunda República*, capítulo VIII. En él demuestra que los Ayuntamientos que apoyaban la separación de Álava del Estatuto vasco eran 46, que representaban el 38,8 de la población de la provincia y eran de derechas (p. 265).

[12] AN, PNV, 219-13.

El Estatuto a Dios gracias marcha bien. Hemos producido el hecho político que tanto anhelábamos y al fin el caso vasco es un problema ante el Estado Español que hay que resolverlo.

Los peores como siempre los monárquicos de todas castas. Lerroux dispuesto a aprobar el Estatuto rápidamente. ¡Qué contrasentidos guarda la vida![13].

A lo largo de los meses siguientes, estando el Estatuto en el alero, el optimismo de Aguirre fue asumido por sus compañeros y por *Euzkadi*, tal y como corroboran afirmaciones como éstas: «Los parlamentarios vascos se muestran optimistas». «La impresión existente acerca del Estatuto vasco es francamente optimista». «Ni que decir tiene que con el desarrollo de los trabajos de la Comisión las impresiones optimistas sobre su tramitación siguen siendo fundamente optimistas». Era obvio que tanto optimismo —que recordaba al de Aguirre con Navarra dos años antes— no se correspondía en absoluto con la crudeza del debate parlamentario, en el transcurso del cual Álava estuvo a punto de abandonar el proceso autonómico y su cuestión quedó irresuelta. De esta forma el diario oficial y los diputados del PNV buscaban preservar la ilusión por el Estatuto entre su militancia, en un momento crítico por la escisión del grupo *Jagi-Jagi*, que podía atraer a sectores desanimados por su tardanza, sobre todo en las Juventudes Vascas, si se frustraba la vía autonómica, y repetirse el cisma de *Aberri* en 1921, tras la fallida política autonomista de la Comunión Nacionalista Vasca (nombre adoptado por el PNV en 1916). No en vano la actitud contraria —el pesimismo estatutario— implicaba reconocer el fracaso de la principal estrategia política desarrollada por la dirección del partido (el EBB y los cuatro Consejos Regionales), desde abril de 1931 hasta entonces, bajo el liderazgo de José Antonio Aguirre, secundado primero por los alcaldes y después por los diputados *jelkides*: dotar a Euskadi de una autonomía, aunque ya no fuese la de máximos de los proyectos de 1931, sino la más reducida del texto plebiscitado en 1933. De su logro iba a depender en buena medida su consolidación como líder indiscutido del nacionalismo vasco. Por eso, no resulta extraño que en marzo de 1934, ante la *importancia singular* de la discusión sobre el Estatuto, Aguirre declarase, refiriéndose a sí mismo y a sus compañeros parlamentarios[14]:

---

[13] Carta de José Antonio Aguirre a Ángel Arizmendi, en CDMH, PS Barcelona, 286. Con sus últimas frases Aguirre refleja la paradoja de que Lerroux aprobase el Estatuto a pesar de que el lerrouxismo se había caracterizado por su nacionalismo español y su anticatalanismo, además de ser un populismo anticlerical.

[14] *Euzkadi*, 18-III-1934.

Nuestro espíritu está en mayor tensión que nunca; nos hallamos percatados de nuestra responsabilidad y dispuestos a merecer en todo momento el bien del pueblo que nos confió sus anhelos y aspiraciones.

[...] que todos tengan fe en los mandatarios que eligieron, y, mientras tanto, que acumulen en sus corazones un espíritu patriótico y capaz de las mayores empresas.

Así pues, los nacionalistas debían de tener fe en sus diputados y mantener la esperanza en el Estatuto, que Aguirre creía aún susceptible de ser aprobado por esas Cortes de mayoría de derechas, a pesar de su carácter refractario a las autonomías regionales, a las que identificaban con la Constitución republicana, el Estatuto catalán y el Gobierno de Azaña, cuyas reformas pretendían paralizar o anular. Aun otorgando suma relevancia a la aprobación del Estatuto, Aguirre dejaba claro que se trataba sólo de un primer paso en el camino hacia la soberanía plena de Euskadi, a la que aspiraba el PNV, y que podía servir de trampolín para dar un salto adelante y avanzar hacia esa meta final. Tal concepción instrumental y gradualista del Estatuto venía bien para aglutinar a las bases del partido, en el que convivían —con tensiones y enfrentamientos— moderados y radicales; pero contribuía a aumentar el rechazo de las derechas, que veían en el Estatuto vasco un peligro para la unidad de España, dogma sagrado de su nacionalismo. Nada mejor que la lectura de su correspondencia privada, en la que se explayaba sin tapujos, para conocer dicha concepción de Aguirre; he aquí dos buenos ejemplos de ella[15]:

A mi juicio el Estatuto es un hecho, ahora bien se discutirá su cuantía, pero al fin marcharemos adelante habiendo conseguido en primer lugar el reconocimiento de la personalidad y [en] segundo lugar una estructuración estatal que con su Parlamento y Gobierno propios nos dará medios de defensa, y de ataque necesarios para ir más allá.

Me dice Vd. —le contesta al liberal vasquista José Orueta— que espera de nosotros cierta elasticidad. En efecto, dentro del problema *estatutista* cuanta sea precisa. Estamos dispuestos a las mayores cesiones para conse-

---

[15] Cartas de Aguirre a Ángel Arizmendi, 9-I-1934, y a José Orueta, 13-IV-1934, en CDMH, PS Barcelona, 286. A este último le escribe con rotundidad: «Nosotros que sentimos el impulso nacional vasco exclusivamente, nos encontramos ante un pueblo inferior que es España. Nuestra demanda costará tiempo conseguirla pero se conseguirá». La concepción de Aguirre fue la oficial del PNV en la República, sintetizada por su portavoz así: «El Estatuto no sólo no es aspiración doctrinal del nacionalismo, sino que ni tan siquiera es obra exclusiva suya, ni mucho menos. El Estatuto no es para nosotros sino un punto mínimo de convergencia de los sectores políticos. Es un programa mínimo y solamente circunstancial para el Partido Nacionalista» (*Euzkadi*, 9-V-1934).

guir este primer avance en orden a la libertad de nuestra Patria. En este aspecto no parecemos nacionalistas. Porque el Estatuto no es nuestro programa sino algo que hallándolo en el camino lo aprovechamos gustosos y decididos.

Ahora bien, elasticidad en nuestro ideario nacionalista, no. Seguiremos rectamente nuestro camino. Parecerá romántica nuestra postura pero el pueblo viene cada día más compacto hacia nosotros.

Pero hoy tratamos del Estatuto y en este problema admitimos mucha elasticidad. Pero que no nos lo saquen de quicio.

Poco faltó para que en 1934 las Cortes lo sacasen de quicio a costa de Álava; de ahí la trascendencia de su debate parlamentario. La suerte del Estatuto se jugaba en la cuestión alavesa: su retirada supondría dar la puntilla a la autonomía vasca, que estaría herida de muerte si quedaba reducida territorialmente a Bizkaia y Gipuzkoa. De ello eran conscientes todos, tanto sus mayores detractores, los monárquicos (Goicoechea: «La eliminación de Álava, siguiendo a la de Navarra, significa el fracaso definitivo del Estatuto vasco»), como sus mayores defensores, los *jelkides* (Aguirre: apartada Álava, «el Estatuto hubiera sufrido un golpe mortal»). Por ello, a sabiendas de que esta provincia se había convertido en el talón de Aquiles de Euskadi, el PNV organizó su tercer *Aberri Eguna* en Vitoria el 1 de abril de 1934, en vísperas de una sesión decisiva en las Cortes. En el mitin de dicha fiesta, todo el protagonismo político recayó en los diputados. Los discursos de Landaburu, Monzón, Irujo y Aguirre se centraron en remarcar el carácter vasco de Álava y la necesidad de su salvación, contando con la ayuda de las provincias hermanas (sobre todo de Bizkaia y Gipuzkoa, de donde procedían la mayoría de los miles de asistentes), porque «Álava está en peligro», en palabras de Landaburu. Sin embargo, Aguirre le rectificó con un tono oratorio de *franco optimismo*[16]:

> [...] yo os digo que ni Álava ni Euzkadi entera están en peligro porque cuando un pueblo entero, con una voluntad firme y decidida dice que quiere ser libre, ya pueden ponerse enfrente pequeños caciquillos, pequeños poderes y grandes poderes. España entera frente a Euzkadi, yo os digo que Euzkadi será libre porque Euzkadi así lo quiere, y llegará un día en que los designios de la Providencia se cumplirán con nuestra Patria [...]: los vascos queremos ser libres y Euzkadi será libre.
>
> Compatriotas: No temáis; que en vuestros pechos ilumine el optimismo. El caciquismo hoy se tambalea y mañana esos que hoy aparecen engañados militarán con nosotros.

---

[16] *El Pueblo Vasco* (San Sebastián), *Euzkadi* y *La Voz de Navarra*, 3-IV-1934.

Como en los anteriores *Aberri Eguna*, la intervención de Aguirre se caracterizó por su impronta radical. Además, su providencialismo y su sempiterno optimismo no le impidieron reconocer que el «momento presente [...] es sumamente grave», pues las Cortes aún no habían decidido sobre el futuro de Álava, dentro o fuera del Estatuto.

Esta cuestión previa fue debatida primero en la Comisión parlamentaria y después en el pleno de la Cámara durante el primer cuatrimestre de 1934[17]. Se discutió mucho el aspecto jurídico (la interpretación de los artículos 11, 12 y 22 de la Constitución), pero sobre todo se trató de un problema político, que dejó patente el posicionamiento de los partidos no sólo ante la cuestión alavesa, sino también ante las autonomías en general. De forma esquemática, cabe distinguir entre los entusiastas de ellas, que propugnaban la continuidad de Álava sin más requisitos; sus enemigos, que pretendían su exclusión automática del Estatuto; y los que tenían una actitud intermedia, que veían la necesidad de que Álava decidiese de nuevo si quería formar parte de la región autónoma vasca o no, por considerar que no estaba clara su voluntad tras su elevada abstención en el plebiscito. En el seno de la Comisión, estas tres posiciones se concretaron, respectivamente, en el voto particular de José Antonio Aguirre, apoyado por los catalanistas; el voto particular de Federico Salmón (dirigente de la CEDA), respaldado por las derechas; y el dictamen mayoritario, aprobado por los radicales y los socialistas, que proponía la celebración de un nuevo referéndum en Álava.

En realidad, la discusión de la cuestión alavesa se convirtió en un debate sobre el Estatuto vasco en el pleno de las Cortes, que sirvió para clarificar las posturas de las minorías y tuvo dos partes. La primera se desarrolló los días 27 y 28 de febrero y se dedicó al voto particular de Salmón, que fue defendido por toda la extrema derecha: los tradicionalistas Oriol y Esteban Bilbao, el agrario Royo Villanova, el jefe de Renovación Española, Antonio Goicoechea, y el único diputado falangista, José Antonio Primo de Rivera. En contra de él se pronunciaron diputados del PNV, el PSOE, la Lliga y la Esquerra, además de un republicano conservador y el único comunista, sin que interviniese ninguno del Partido Radical. Por la minoría nacionalista vasca hablaron Landaburu

---

[17] Para lo que sigue nos basamos en estas fuentes primarias: las actas de las sesiones de la Comisión de Estatutos, conservadas en el Archivo del Congreso de los Diputados (legajo 582), y los discursos de los diputados, publicados en el *Diario de las Sesiones de Cortes* (sesiones de 27 y 28-II y 5-IV-1934). Nos centramos en la actuación de Aguirre, quien dedicó a este tema el capítulo XV de sus tantas veces citadas memorias. Además, hemos consultado la prensa de la época, en especial *Euzkadi* y *El Liberal*.

y Aguirre. Éste puso de relieve las contradicciones de Oriol: combatía «un Estatuto minimalista», como era el de las Gestoras, resultado de una transacción, y había aprobado el Estatuto de Estella, mucho más amplio en facultades autonómicas; abogaba (al igual que Esteban Bilbao y Goicoechea) por la reintegración foral, que —a juicio de Aguirre— era infinitamente más que la autonomía, porque carlistas y monárquicos veían «incompatibilidad entre Fueros y República» (cosa que no sucedía con los Estatutos, previstos en la Constitución). Para Aguirre, no se trataba de un problema de voluntad de Álava, sino de un caso de dominación de Álava por el caciquismo, en referencia al capitalista José Luis Oriol, quien lo negó y le interrumpió varias veces. Las Cortes rechazaron el voto particular de Salmón por tan sólo once votos de diferencia: 136 frente a 125. En este resultado fue clave que Gil Robles dejase en libertad de voto a los cedistas y una parte de ellos votase en contra de la propuesta de su compañero Salmón: tal fue el caso de los diputados de la Derecha Regional Valenciana de Luis Lucia, periodista democristiano próximo a Aguirre por su vinculación a la Acción Católica y por su regionalismo. Esto supuso la no exclusión de Álava, por lo que fue considerado un éxito por el diario *Euzkadi* y los diputados *jelkides*, que pasaron de la ansiedad, e incluso la angustia, a estallar de alegría, según reconoció el mismo Aguirre[18].

Sin embargo, el tema no estaba ni mucho menos resuelto y la permanencia de Álava seguía estando en el aire. El 5 de abril tuvo lugar la segunda parte del debate, en el que volvió a intervenir Aguirre, en defensa de su voto particular, que fue rechazado por una clara mayoría de diputados: 158 *versus* 87. Los doce del PNV contaron con los sufragios de los catalanistas y algunos radicales, mientras que votaron en contra las derechas, muchos radicales, los republicanos de izquierda y los socialistas, a pesar de los requerimientos a Prieto (para Aguirre, se trató de un «error político considerable» del diputado bilbaíno). Restaba por votar el dictamen de la Comisión, que disponía de apoyos suficientes para ser aprobado; pero, inopinadamente, el presidente en funciones de la Cámara, el cedista Cándido Casanueva, abrió un turno de debate de totalidad sobre el Estatuto. Lo consumió en contra de él el vitoriano Ramiro de Maeztu (RE), ideólogo de un nacionalismo español exacerbado como director de la revista *Acción Española*, que sostuvo que «los alaveses no sabemos lo que es Euzkadi». Y le replicó Jesús María Leizaola, quien explicó «el voto de los nacionalistas vascos a favor de la propuesta de la Comisión», la cual contemplaba la celebración de un nuevo

---

[18] *Euzkadi*, 1 y 2-III-1934.

plebiscito en Álava, cosa que aceptaba el PNV como mal menor. Entonces Casanueva decidió suspender el debate sin someter a votación el dictamen, lo que provocó la *enérgica protesta* de los diputados *jelkides*, que abandonaron el hemiciclo, por creer que se trataba de una maniobra de la CEDA. Aguirre estaba convencido de que, si continuaba al día siguiente, el dictamen sería aprobado y podría continuar la discusión del Estatuto en la Comisión. Mas no fue así: las Cortes nunca votaron ese dictamen y, por consiguiente, nunca se celebró el referéndum alavés. De haberse llevado a cabo, habría sido un nuevo escollo que hubiese podido hacer naufragar la nave del Estatuto en el proceloso mar en que se había convertido el proceso autonómico vasco. Por ello, a la larga resultó mejor para el PNV que no se aprobase dicho dictamen, aunque en ese momento no lo viesen así sus diputados, que estaban indignados, hasta el punto de que Telesforo Monzón «anunció que no volvería más al Parlamento».[19] Pero sí volvió, junto con sus correligionarios.

Paradójicamente, pese a quedar irresuelta esta cuestión previa tan relevante por afectar al territorio, la Comisión de Estatutos reanudó la deliberación sobre el articulado del texto el 11 de abril y en los dos meses siguientes aprobó la mayor parte de él con algunos cambios. Ello hizo que Aguirre continuase «siendo optimista» en sus declaraciones a la prensa: «Exceptuada la parte económica, la Comisión, antes de las vacaciones de [las] Cortes, terminará su labor dictaminadora»[20]. Pero, una vez más, su previsión no se cumplió y su anhelo se frustró debido a un nuevo problema surgido en junio de 1934: la retirada de las Cortes por parte de las minorías de la Esquerra y del PNV (que veremos enseguida) paralizó el trabajo de dicha Comisión durante un año entero, aunque retornaron en octubre. Por fin, el 26 de junio de 1935 aprobó el dictamen del proyecto (salvo la cuestión previa de Álava y el régimen de relaciones tributarias y económicas), al cual Aguirre formuló dos votos particulares significativos, con sendas reivindicaciones constantes de su partido: la derogación de la controvertida Ley de 25 de octubre de 1839 sobre los Fueros (meta oficial del PNV desde 1906) y la no renuncia a «la restauración foral íntegra»[21]. Empero, el Estatuto vasco seguía durmiendo el sueño de los justos, sin pasar al pleno de la Cámara, cuando el Gobierno de Manuel Portela Valladares disolvió las Cortes de mayoría radical-cedista el 7 de enero de 1936, al cabo de más de dos años de legislatura, con lo cual se cumplió el vaticinio de *El Liberal* de Prieto tras las elecciones de 19 de noviembre de 1933.

---

[19] *Euzkadi* y *El Liberal*, 6-IV-1934.
[20] *Euzkadi*, 25-V-1934.
[21] *Euzkadi*, 27-VI y 6 y 7-VII-1935. *El Liberal*, 7-VII-1935.

El debate parlamentario sobre el caso de Álava tuvo consecuencias importantes en la estrategia política del PNV en la República. Fue entonces cuando se percató de que los mayores enemigos de la autonomía vasca eran las derechas en su conjunto; esto es, no sólo los monárquicos de Renovación Española y la Comunión Tradicionalista, sino también los católicos de la CEDA. Su portavoz, *El Debate* de Madrid, pasó de elogiar al PNV en el primer bienio republicano por su defensa de la Iglesia a atacarle en 1934 por la cuestión autonómica, llegando a describir «fantásticos relatos sobre la "esclavitud a que se quería someter a Álava"», según constató el propio Aguirre[22]. Por ello, la prensa *jelkide* tildó de ser «hoy el más solapado y peligroso enemigo del Estatuto Vasco» al diario de José María Gil Robles y Ángel Herrera Oria (futuro cardenal)[23]. Estos destacados dirigentes de la Acción Católica Española habían tenido muy buena relación con Aguirre y habían participado en actos de propaganda religiosa con él, cuando presidía la Juventud Católica de Bizkaia.

La cuestión alavesa, además de provocar la ruptura del PNV con la CEDA, coadyuvó al final de la entente cordial entre el PNV y el Partido Radical. Su matrimonio de conveniencia, contraído en el otoño de 1933 al aunar el plebiscito y los comicios, se disolvió con su divorcio por mutuo disenso en junio del año siguiente, cuando ambos contrayentes comprobaron que ya no les servía para nada: el partido de Lerroux no precisaba de los doce diputados *jelkides* para gobernar con mayoría parlamentaria, para la cual eran imprescindibles los 115 diputados cedistas; y los votos de confianza de aquéllos a dos Gobiernos de Lerroux no habían sido suficientes para sacar adelante el Estatuto en las Cortes, ni siquiera para solventar el problema de Álava.

A diferencia del catalanismo, que disponía de ministros y de unos 40 diputados (sumando la Lliga y la Esquerra), el nacionalismo vasco carecía de la fuerza parlamentaria necesaria para que dependiese tanto de él un Gobierno republicano como para hacer cuestión de gabinete la aprobación del Estatuto vasco, como hizo el presidente Azaña con el catalán en 1932. Y el PNV rechazaba toda posibilidad de tener un ministro en alguno de los numerosos Gobiernos españoles anteriores a la Guerra Civil, porque el aranismo continuaba siendo su ideología

---

[22] «Álava y Navarra contra el Estatuto», *El Debate*, 24-I-1934. Aguirre, *Entre la libertad*, p. 416, y «El problema político moral de los vascos», p. 205: «Aquellas alabanzas que el año 1931 recibíamos los [nacionalistas] vascos de periódicos como *El Debate*, órgano de la Ceda, se trocaron súbitamente en ataques fortísimos contra los que pretendíamos "romper la unidad española" según se expresaban».

[23] *El Día*, 8-IV-1934. *Euzkadi*, 10 y 11-IV-1934.

predominante, pese a la renovación política democrática que le aportó la generación encabezada por Aguirre e Irujo, quienes no consiguieron reemplazar por uno nuevo el viejo manifiesto de 1906, que sintetizaba la doctrina fundacional de Sabino Arana basada en el lema JEL, aun creyendo que se había quedado obsoleto[24].

Al llegar el verano de 1934, el PNV había roto con las derechas católicas y con el centro lerrouxista ante la inviabilidad de lograr su objetivo autonómico en esas Cortes radical-cedistas; de ahí que iniciase su marcha hacia las izquierdas republicano-socialistas, con las que los militantes *jeltzales* ya no se batían violentamente en las calles, como había sucedido durante el primer bienio republicano, y a las que ya no atacaba la abundante prensa del PNV. Ésta ahora dirigía sus columnas contra los diarios derechistas y contra los mayores enemigos del Estatuto, a saber: Royo Villanova, Maeztu, Esteban Bilbao y, sobre todo, Oriol.

La primera prueba fehaciente del viraje político del PNV hacia la izquierda se produjo el 12 de junio de 1934, cuando sus diputados se retiraron de las Cortes, siguiendo a los de la Esquerra, en solidaridad con la Generalitat de Companys. Recuérdese que en octubre de 1931 los *jelkides* dejaron sus escaños por la cuestión religiosa en compañía de los diputados de la Lliga. Desde 1934 ésta fue sustituida por la Esquerra como el interlocutor preferente del PNV en Cataluña. Situado en el centro político, el partido de Aguirre se alejó de la derecha y se acercó a la izquierda, al decantarse por la Generalitat en el tenso conflicto que enfrentaba a las dos grandes fuerzas catalanistas. En abril, el Parlamento autónomo había aprobado una ley de contratos de cultivo, rechazada por la Lliga, que consiguió que el Gobierno de Ricardo Samper (sucesor de Lerroux y también del Partido Radical) la recurriese ante el Tribunal de Garantías Constitucionales, el cual la anuló el 9 de junio. En protesta por ello, el Parlamento catalán volvió a aprobar la misma ley y la minoría de la Esquerra abandonó las Cortes. El ejecutivo de Companys pidió al PNV que hiciese lo mismo, y el EBB dejó, una vez más, la decisión final a sus diputados, quienes acordaron unánimemente hacer causa común con la Esquerra, «después de elevar nuestras plegarias al Dios que preside nuestras actuaciones», según es-

---

[24] Carta de Manuel Irujo a José Antonio Aguirre, 2-I-1933: «Creo absolutamente preciso que se piense en algo que sustituya al actual Manifiesto programa que, hoy *no puede publicarse*, que no encaja con la Organización, que no recoge [*sic*] nuestra actual realidad, que no mira a lo futuro, que tiene un corte tradicionalista vasco que no corresponde a nuestra vitola racial nacionalista de raza remozada y de pueblo en renacimiento» (CDMH, PS Barcelona, 286).

cribió Aguirre. Y fue él quien explicó en las Cortes que se marchaban por solidaridad nacionalista, sin que les ligase pacto alguno con la Esquerra y sin prestarse a «ninguna clase de maniobras políticas». Se refería a que hubiese detrás una estratagema de las izquierdas para debilitar al Gobierno radical. Empero, el PNV fue más lejos que el PSOE de Prieto y la Izquierda Republicana de Azaña, que se solidarizaron con la Generalitat, pero no dejaron sus escaños. Los *jelkides* sabían que su retirada traería aparejada la interrupción del estudio del Estatuto vasco en la Comisión, como de hecho sucedió desde ese mismo día; pero aceptaban ese *gran sacrificio* «por tener la convicción de que a Euzkadi le interesa tanto como a Cataluña el que no prospere la maniobra contra los sentimientos autonómicos», según declaró Aguirre, que esperaba volver a las Cortes en cuanto se arreglase el asunto («Yo no pierdo nunca el optimismo»). Además, la solidaridad del PNV se plasmó en que algunos de sus diputados acompañaron a los de la Esquerra a Barcelona, donde fueron aclamados por la multitud, concentrada ante el Palacio de la Generalitat, y recibidos por el presidente Companys[25].

El 19 de junio, nuestro biografiado escribió una extensa carta a Joaquín Reig, diputado de la Lliga, justificando su posicionamiento: la adhesión del PNV a la Generalitat había hecho fracasar la «maniobra de izquierdas», que atribuía a Prieto, de modo que este movimiento se había hecho autonomista; y le instaba a llegar a un arreglo amistoso entre los catalanes y a una concordia entre la Generalitat y el Gobierno español, porque estaba en juego «la libertad de Cataluña y de Euzkadi, que se volverá a conquistar, pero Dios sabe a trueque de cuantas lágrimas y sacrificios». Cuatro días más tarde, le contestó Reig, lamentando que «la cuestión de Cataluña se convierta en un pleito de derechas e izquierdas» y reprochándole haber optado de forma tan neta por uno de los dos partidos catalanes[26]:

> [...] vosotros no debisteis seguir a la Esquerra en su retirada si la Lliga permanecía en el salón. Faltando la unanimidad en los dos grupos catalanistas, vosotros debisteis haber marcado un criterio, pero sin dejar el Parlamento.
> [...] ningún pueblo ibérico podrá recobrar plenamente el derecho a disponer de sus propios destinos si se divide a impulsos mezquinos en dos mitades dispuestas solo a entredevorarse [sic] mutuamente.

---

[25] *Diario de las Sesiones de Cortes*, sesión del 12-VI-1934, pp. 3604-3613. Aguirre, *Entre la libertad*, pp. 451-457. *Euzkadi*, 12/17-VI-1934. *El Liberal*, 13 y 14-VI-1934. *El Pueblo Vasco* (San Sebastián), 14-VI-1934. Discurso de Manuel Azaña: «Cataluña es el baluarte republicano que hoy nos queda» (*El Liberal*, 2-VII-1934).

[26] Cartas de 19 y 23-VI-1934, en CDMH, PS Barcelona, 286, y PS Bilbao, 10.

Así pues, en junio de 1934 quedó patente tanto la gravedad de la confrontación interna del catalanismo, que había contribuido a la desaparición de Galeuzca a finales de 1933, como la decantación del PNV contraria a la Lliga y favorable a la Esquerra. Esto le llevaba a coincidir políticamente con las izquierdas y ahondaba la brecha abierta con las derechas por su oposición a las autonomías. Además, ahora se desmarcaba de ellas también en la cuestión social. La ley catalana de contratos de cultivo era una reforma agraria moderada, en absoluto revolucionaria[27], hasta el punto de ser «una aplicación de los principios cristianos que propugna la sociología cristiana», según Aguirre. El diario oficial *jelkide* la consideró una ley «de tendencia justa y cristiana», concorde con la doctrina social de la Iglesia, y resaltó que la había aprobado la Unió Democràtica de Catalunya (UDC), el pequeño partido democristiano de Manuel Carrasco Formiguera (amigo de Aguirre), quien la defendió en conferencias que pronunció en Gipuzkoa. Así, el PNV asumía postulados de un reformismo social que le conducía hacia la democracia cristiana, como la UDC, que era el partido más próximo ideológicamente al PNV, pero que no era comparable con éste por su escasa implantación (sin representación en las Cortes y con un único diputado en el Parlamento catalán). Se trataba de un motivo más del agrio enfrentamiento del PNV con la derecha católica conservadora (CEDA) y la extrema derecha monárquica, cuya prensa tildaba de *socializante* y *anarquizante* dicha ley. Entonces, los diarios integristas *El Siglo Futuro* y *La Constancia* volvieron a atacar frontalmente al PNV en estos términos: «Los nacionalistas vascos, uncidos a la carreta de la revolución contra Dios y España», apoyan el «movimiento que inicia la Esquerra masónica, con la complicidad del socialismo internacionalista». No era más que el comienzo de graves acusaciones que irían *in crescendo* a lo largo de 1934 y a las que pronto se sumaría *La Gaceta del Norte* (el diario de Urquijo había guardado silencio durante el debate sobre la cuestión de Álava, lo que le reprochó Aguirre)[28].

El 1 de octubre de 1934 regresaron a las Cortes los diputados *jelkides*, junto con los de la Esquerra, cuando el pleito catalán se hallaba en vías de solución por la negociación entre la Generalitat de

---

[27] Esa ley proporcionaba estabilidad contractual y acceso a la propiedad de las tierras que cultivaban, ejerciendo un derecho de compra, a los *rabassaires* o viticultores aparceros a largo plazo. Fue rechazada por los propietarios, agrupados en el Instituto Agrícola Catalán de San Isidro y apoyados por la Lliga.
[28] *El Siglo Futuro*, 14-VI-1934. *La Constancia*, 15-VI-1934. *Euzkadi*, 17/28-VI-1934. Aguirre, *Entre la libertad*, pp. 441-442 y 452.

Companys y el Gobierno de Samper. Para entonces, éste había tenido que afrontar un duro conflicto en el País Vasco durante el verano, que confirmaría la ruptura definitiva del PNV con las derechas y su correlativa aproximación a las izquierdas.

II. GIRO A LA IZQUIERDA

El verano de 1934, muy tenso y «caliente» en toda España, transcurrió entre dos grandes huelgas generales, pues vino precedido en junio por la huelga de la cosecha de los campesinos, secundada sobre todo en Andalucía y La Mancha, y fue seguido por la huelga revolucionaria de octubre, cuyos focos principales radicaron en Asturias y Cataluña. El País Vasco se convirtió en el epicentro de la conflictividad política en el mes de agosto y los primeros días de septiembre, al mismo tiempo que los socialistas preparaban la revolución, mientras la CEDA presionaba a Alcalá-Zamora y a Lerroux para entrar en el Gobierno y reemplazar al débil ejecutivo presidido por Samper. Éste contaba con dos ministros del Partido Radical claramente antiautonomistas: el de Gobernación, Rafael Salazar Alonso, y el de Hacienda, Manuel Marraco. La vulneración del Concierto económico por parte de este último originó la movilización y la protesta de los alcaldes y concejales vascos, que fueron represaliados por Salazar Alonso y sus gobernadores civiles, dando lugar a un conflicto de orden público, que tuvo fuerte repercusión política y amplio eco mediático dentro y fuera de Euskadi.

El problema, surgido por la negativa del Ministerio de Hacienda a concertar los nuevos impuestos de la renta y del lujo, se agravó en junio, cuando Marraco apoyó el denominado *Estatuto del vino*, que prohibía cualquier gravamen al consumo de vinos españoles para dar salida a los *stocks* acumulados por la caída de las exportaciones provocada por la crisis económica mundial. El Concierto vasco —nacido en 1878 y renovado en 1925— se sustentaba en el impuesto sobre los consumos, en especial sobre el consumo de vino, que constituía la mayor fuente de ingresos de los Ayuntamientos: la mitad, aproximadamente, para los guipuzcoanos y vizcaínos; un tercio en el caso del Ayuntamiento de Getxo, del cual continuaba siendo concejal Aguirre, aunque de hecho apenas participase en la gestión municipal. Por tanto, la aplicación de esa desgravación fiscal iba a suponer la ruina de las haciendas locales vascas. Inicialmente, la oposición a esa medida partió de las Diputaciones provinciales, por ser las instituciones encargadas de gestionar el Concierto con el Estado; pero pronto quedó de manifiesto que no podían defenderlo suficientemente por estar en manos de las Comisiones Gestoras nombradas por los gobernadores civiles y controladas por el Partido Radical, cuya implantación era mínima en Euskadi. Así se planteó otro problema: la falta de representatividad de tales Gestoras, debida a la ausencia de elecciones provinciales en la República; de ahí que fuesen muy criticadas por el PNV, que se negó a participar en todas las ocasiones en que le ofrecieron cargos en ellas. Esta situación motivó que en julio los Ayuntamientos sustituyesen a las Gestoras en el rechazo al Estatuto del vino, designasen una comisión interina y acordasen elegir el 12 de agosto la «Comisión permanente en defensa del Concierto económico y de la autonomía municipal». La prohibición de esa elección por Salazar Alonso trajo como consecuencia la *rebelión del vino*, protagonizada por la mayoría de los alcaldes y concejales vizcaínos y guipuzcoanos y una minoría de los alaveses, contando con la solidaridad de algunos navarros.

José Antonio Aguirre otorgó suma relevancia tanto al Concierto, por considerarlo un vestigio foral y un pacto con el Estado español, como al movimiento municipal de 1934, hasta el punto de compararlo con el movimiento de los alcaldes liderado por él en 1931. En sus memorias proporcionó un relato muy detallado de este pleito, en el cual intervino —más como diputado y abogado que como concejal— y procuró resolverlo negociando con el presidente Samper; pero no lo logró por la actitud intransigente del ministro de la Gobernación, quien ofreció una versión antagónica de lo sucedido en su libro *Bajo el signo de la revolución*, publicado a finales de 1935, medio año después que el de Aguirre[29]. Ambos movimientos tuvieron varios elementos comunes: el protagonismo de los Ayuntamientos, la reivindicación de la autonomía (política en el caso del Estatuto, económico-administrativa en el caso del Concierto) y la intensa participación del PNV; pero también hubo diferencias significativas. La principal estribó en que este partido había cambiado de compañeros de viaje: las derechas en 1931, las izquierdas en 1934. Además, fueron distintos sus líderes: José Antonio Aguirre, alcalde de Getxo, en la primavera de 1931; los republicanos Ernesto Ercoreca, alcalde de Bilbao, y Fernando Sasiain, alcalde de San Sebastián, en el verano de 1934. Se

---

[29] Aguirre, *Entre la libertad*, capítulo XVI. Salazar Alonso, Rafael: *Bajo el signo de la revolución*, Librería de Roberto de San Martín, Madrid, 1935, capítulo XVI. Además, hemos utilizado los principales periódicos vascos, que prestaron gran atención a la *rebelión del vino* y polemizaron con acritud entre ellos. Una síntesis de este conflicto se encuentra en Granja, *Nacionalismo*, pp. 503-521.

trataba del segundo paso dado por el PNV en la misma dirección que las izquierdas y venía a confirmar su viraje político.

El conflicto se enconó a primeros de agosto, cuando el gobernador civil de Bizkaia, Ángel Velarde, declaró clandestinas las reuniones municipales previstas para el día 12, prohibió las votaciones y amenazó con sanciones a los alcaldes que desobedeciesen sus órdenes. Justificó estas medidas en una carta a su amigo Salazar Alonso, explicándole que se trataba de una *maniobra peligrosísima* contra el Gobierno, en la que participaban nacionalistas, socialistas y republicanos de izquierda, con el apoyo de la Esquerra, para suplantar a las Gestoras de las Diputaciones por una Comisión Gestora ilegal, dando a entender que pretendían celebrar elecciones provinciales, cosa que no era cierta. Esta posición de dureza fue respaldada por el ministro y se impuso a la actitud conciliadora del gobernador civil de Gipuzkoa, Emeterio Muga, y del mismo jefe del Gobierno. De nada sirvieron diversas gestiones realizadas en agosto por los diputados José Horn y Aguirre con Samper, muy presionado por la CEDA. Gil Robles quería «una solución enérgica» por parte gubernamental, pues se hallaba convencido de que el nacionalismo vasco estaba «hábilmente manejado por Prieto». Y Salazar Alonso opinaba lo mismo: «Don Indalecio Prieto, del brazo de los nacionalistas, era el mayor agitador en aquellas jornadas»[30].

La creencia de Velarde de que el problema se reduciría a «una tempestad en un vaso de agua» y los alcaldes obedecerían sus órdenes resultó absolutamente errónea. El 12 de agosto, además de suspender un homenaje a Macià en Bilbao e iniciar un *chaparrón* de fuertes multas a los diarios *Euzkadi* y *La Tarde* por «excitación a la rebeldía de los Ayuntamientos», mandó que las fuerzas de seguridad ocupasen las casas consistoriales para impedir a los concejales que nombrasen a sus representantes en la Comisión permanente. Los disturbios más graves sucedieron en Bilbao, donde el alcalde y los tenientes de alcalde fueron suspendidos de sus funciones por el gobernador civil y desalojados del Ayuntamiento por los guardias de Asalto, que también disolvieron las manifestaciones de protesta. Ese día fueron detenidos numerosos alcaldes y concejales vizcaínos y guipuzcoanos. En Getxo, Aguirre asistió a la sesión municipal, que ter-

---

[30] Salazar Alonso, *Bajo el signo de la revolución*, p. 207. Gil Robles, José María: *No fue posible la paz*, Ariel, Barcelona, 1968, pp. 127-128. Carta de José Antonio Aguirre a José María Gil Robles, 21-II-1935: Salazar Alonso «fue el único causante de que el pleito de los Ayuntamientos no lo resolviéramos favorablemente, conforme lo habíamos convenido don José Horn y yo, con el Sr. Samper» (CDMH, PS Barcelona, 286).

minó bruscamente con la detención por la Guardia Civil de los regidores, incluso él mismo pese a su condición de aforado. Pero, en cuanto fueron puestos en libertad, se reunieron en un domicilio particular y eligieron a su representante en dicha Comisión, que fue el nacionalista Miguel Garteiz. Su nombramiento fue validado al día siguiente en el Ayuntamiento, a propuesta de Aguirre, quien resaltó en sus memorias la trascendencia de dicha jornada[31]:

> [...] el día 12 de Agosto de 1934, glorioso por lo que supuso de ciudadanía y de dignidad vascas, enfrente de la opresión y del desconocimiento gobernante.
> En más de una localidad como en Getxo [...], el pueblo acompañó y recibió al Alcalde y concejales populares detenidos con su banda de música a la cabeza demostrando con ello la adhesión popular sincera y entusiasta y de un consuelo imborrable para los que lucharon entre persecuciones, atropellos, multas y cárceles.

En el parte del gobernador al ministro, Velarde le informaba de que sólo 28 de los 115 Ayuntamientos de Bizkaia habían intentado realizar la elección prohibida y consideraba que la jornada había sido un «verdadero triunfo [del] Gobierno». Sin embargo, la realidad era muy diferente: de diversas maneras y en los días siguientes hubo votaciones en un centenar de consistorios vizcaínos, en 72 de los 89 guipuzcoanos y en 10 de los 77 alaveses. El 19 de agosto se celebró el escrutinio, cuyo resultado fue la constitución de las Comisiones intermunicipales de Bizkaia (20 miembros), de Gipuzkoa (20) y de Álava (8 de los 12 miembros previstos)[32]. Casi todos eran nacionalistas (25 del PNV y 3 de ANV), republicanos (10) y socialistas (9), estando ausentes las derechas y el Partido Radical. Entre ellos designaron la Comisión ejecutiva permanente, integrada por doce miembros (cuatro *jelkides*, cuatro republicanos, tres socialistas y un aeneuvista), incluidos los alcaldes de las capitales vascas, y presidida por el de San Sebastián, Fernando Sasiain. Estos datos demuestran que, aun siendo mayoría los Ayuntamientos nacionalistas, el movimiento estuvo encabezado por las izquierdas.

---

[31] Aguirre, *Entre la libertad*, pp. 478 y 481-485. Delgado, *José Antonio de Aguirre y Getxo*, pp. 74-75. *Euzkadi, El Liberal, La Gaceta del Norte* y *La Voz de Guipúzcoa* (afín al Partido Radical), 14-VIII-1934.

[32] La elección se hizo por distritos y no se celebró en el de Laguardia, que reunía a los Ayuntamientos de la Rioja alavesa, los cuales no se sumaron al movimiento municipalista, porque perjudicaba los intereses económicos de esta comarca vitivinícola, a la que beneficiaba la desgravación del consumo del vino. La composición de dichas Comisiones figura detallada en Granja, *Nacionalismo*, pp. 508-511.

Dicha Comisión convocó, para el 2 de septiembre en Zumarraga, una asamblea de las Comisiones intermunicipales de las tres provincias e invitó a asistir a los alcaldes navarros adheridos al movimiento y también a los diputados vascos y catalanes. Los temas a tratar en ella serían la intangibilidad del Concierto económico, varios impuestos, el Estatuto del vino y la autonomía municipal. A finales de agosto, Aguirre mantuvo intensos contactos con Samper, proponiéndole la dimisión de las Gestoras provinciales como «la única solución del problema» e intentando que no prohibiese la celebración de dicha asamblea; pero de nuevo prevaleció la política de mano dura de Salazar Alonso, quien declaró que utilizaría todos los medios a su alcance para impedirla. Al mismo tiempo, Telesforo Monzón se desplazó a Barcelona para invitar a los parlamentarios catalanes a acudir a Zumarraga, aceptando la Esquerra y rechazando la Lliga la invitación[33]. Su viaje contribuyó a aumentar las denuncias de la prensa derechista sobre la existencia de una *conjura* o *maniobra política*, tramada por las izquierdas contra el Gobierno, a la que se sumaba ahora el PNV. Aguirre salió en defensa de su amigo diputado, «calumniado y difamado como nadie», a raíz de varios viajes que había realizado a Cataluña en 1933 y 1934, de los cuales se ofrecieron relatos fantásticos y falsedades, en palabras de Aguirre.

El 2 de septiembre de 1934, Zumarraga amaneció ocupada por las fuerzas de orden público, que tenían orden de impedir el acceso al Ayuntamiento a los representantes municipales. Varios de éstos ni siquiera pudieron llegar, pues fueron detenidos al salir de su casa (caso del teniente de alcalde de Getxo) o al subir al tren (caso de los alcaldes de Bilbao y Vitoria). En esa villa guipuzcoana, arropados por sus concejales y un público numeroso, catorce parlamentarios catalanes y doce diputados vascos (once *jelkides* y Prieto), gracias a su inmunidad, se abrieron paso a empellones entre los guardias de Asalto y consiguieron penetrar en la casa consistorial, engalanada con banderas, junto con algunos miembros de las Comisiones intermunicipales, entre ellos su presidente. Sasiain no habló para no ser detenido por orden del gobernador Muga, que se hallaba presente.

---

[33] Cambó se desmarcó claramente del movimiento vasco. En un discurso, pronunciado en Barcelona el 28 de septiembre de 1934, afirmó que el socialismo «había envenenado el conflicto, minúsculo en su origen, del País Vasco con el Gobierno de la República, 'hemos visto una cosa grotesca; que el enemigo del Nacionalismo vasco, presida sus asambleas'», en referencia a Prieto. Citado por su biógrafo Pabón, Jesús: *Cambó*, Alpha, Barcelona, 1969, II, Parte Segunda, pp. 368 y 377-378. Aguirre se quejó de su falta de comprensión de la Asamblea de Zumarraga, en su carta a Cambó, 25-IV-1935 (CDMH, PS Barcelona, 286).

La asamblea, presidida por Prieto, se redujo a breves discursos de éste, de Monzón y de Miquel Santaló, jefe de la minoría parlamentaria de la Esquerra. No se debatió el orden del día, pues Prieto opinó que los diputados no podían decidir sobre temas de la competencia exclusiva de los concejales, limitándose a solidarizarse con ellos, a protestar enérgicamente por la represión gubernativa a los Ayuntamientos vascos y a agradecer la asistencia de los catalanes. Con vítores a Euskadi y a Cataluña, el acto concluyó con el canto del popular himno *Gernikako Arbola* del fuerista José María Iparraguirre. Por consiguiente, la Asamblea de Zumarraga no tuvo eficacia práctica, pero sí un alto valor simbólico al reunir a Aguirre y sus compañeros en las Cortes con Prieto y los catalanistas de izquierda, en contra del Gobierno del Partido Radical y de las derechas que lo apoyaban. Sobre su desarrollo, además de la prensa, contamos con los relatos contrapuestos de Aguirre y de Salazar Alonso, quien reprodujo el informe del gobernador civil de Gipuzkoa en su libro. Sus interpretaciones no podían ser más dispares; helas aquí[34]:

> *Recordará la historia que un día, las Municipalidades vascas defendieron al País de la desaparición de los últimos restos de su libertad y que en gesto viril no quiso soportar ni un año más de situación colonial. Once eran suficientes* (José Antonio Aguirre).
> Ya estaban unidos los socialistas y los separatistas. Prieto cantaba el «Guernikako [sic] arbola». El líder socialista no desdeñaba la compañía de la plutocracia intransigente y reaccionaria. Eran los elementos que se aprestaban a una revolución aunque para ella tuvieran que herir a la patria, levantando en rebeldía a dos regiones (Rafael Salazar Alonso).

La actitud prudente de Muga —elogiada por Aguirre— evitó que los choques entre la policía y la población en Zumarraga revistiesen gravedad. Asimismo, la excursión que al día siguiente realizaron los parlamentarios *jelkides* y catalanistas por la costa vasca transcurrió sin problemas en la parte de Gipuzkoa, salvo un pequeño incidente con

---

[34] Aguirre, *Entre la libertad*, pp. 505-510: la cursiva de la cita es de Aguirre, que alude a la ausencia de Diputaciones electas democráticamente desde 1923, debido primero a la Dictadura de Primo de Rivera y después a la negativa de las izquierdas a convocar elecciones provinciales en el primer bienio republicano, evitando así que las Diputaciones vascas fuesen controladas por el PNV y las derechas. Salazar Alonso, *Bajo el signo de la revolución*, pp. 211-214. *Euzkadi, El Liberal, La Gaceta del Norte* y *La Voz de Guipúzcoa*, 4-IX-1934. Azaña, diputado por Bilbao, no quiso asistir a la Asamblea de Zumarraga, de la que no le gustó la presencia de diputados catalanes, relacionándola equivocadamente con Galeuzca: «Salió a relucir de nuevo aquella estupidez, fruto de la monomanía de remedar con palabras, de la "triple alianza" de Cataluña, Vasconia y Galicia...» (*Memorias*, tomo II, pp. 133-134).

veraneantes monárquicos en la playa de Zarautz. Todo lo contrario aconteció durante la excursión por Bizkaia, debido a la actitud impulsiva de Velarde —aplaudida por Salazar Alonso—, ordenando el gobernador a la policía vigilar de cerca la comitiva y prohibir todo discurso. Al llegar a Sukarrieta, los diputados del PNV lograron que los agentes no hollasen el cementerio («el lugar para nosotros sagrado que encierra las cenizas de Arana Goiri», en palabras de Aguirre), depositando Santaló un ramo de flores en su tumba. A continuación, los expedicionarios fueron vitoreados por la muchedumbre en Bermeo, en cuyo Ayuntamiento el delegado gubernativo impidió hablar a Aguirre, y en Gernika, donde visitaron la Casa de Juntas y el histórico roble. En el momento en que la banda de música interpretaba el *Gernikako Arbola* entre el fervor popular, las fuerzas de seguridad cargaron violentamente contra el nutrido público congregado y obligaron a los parlamentarios a abandonar la villa foral. De estos graves sucesos proporcionaron, una vez más, versiones encontradas Aguirre y Salazar Alonso: para el diputado vizcaíno, se trató de un «brutal atropello», cometido por la Guardia Civil, «a los símbolos sagrados de nuestras aspiraciones», que fueron *profanados* el 3 de septiembre de 1934, para el ministro de la Gobernación, basándose en el parte de Velarde, sus fuerzas intervinieron al ser agredidas, llegando a acusar a Irujo de haber asestado un puñetazo a un teniente. Este hecho determinó, además de una querella de Irujo contra el gobernador, la instrucción de un sumario y la petición de un suplicatorio, imprescindible para poder juzgar al líder navarro, que fue denegado por el Congreso en marzo de 1935, al igual que varios suplicatorios a otros diputados, entre ellos Aguirre y Monzón, por un presunto delito de desorden público. Como su resolución dependía en buena medida del voto de la CEDA, Aguirre escribió a Gil Robles pidiéndole que sus correligionarios no se dejasen influenciar por «las intrigas de un Salazar Alonso» (ya exministro) y no repitiesen la *injusticia* cometida contra los parlamentarios vascos y catalanes, ultrajados por los guardias en Gernika y por las *calumnias* de Velarde en sus notas a la prensa[35].

Por estos hechos protestaron no sólo los diputados, que remitieron sendos telegramas a los presidentes del Gobierno y de las Cortes,

---

[35] Carta citada de José Antonio Aguirre a su «querido amigo y compañero» José María Gil Robles (21-II-1935). Con ella le adjuntaba la dura carta que escribió al presidente Samper dos días después de «los sucesos de Guernica». Los diputados cedistas votaron en contra de conceder estos suplicatorios. Cf. las memorias de Aguirre, pp. 510-519; de Salazar Alonso, pp. 214-219; y de Irujo, Manuel: *La Guerra Civil en Euzkadi antes del Estatuto* [1978], Kirikiño, Bilbao, 2006, pp. 38-39. *Euzkadi, El Liberal, La Gaceta del Norte* y *La Voz de Guipúzcoa*, 4-IX-1934. *Euzkadi*, 5, 6 y 20-IX-1934 y 21-III-1935.

sino también los Comités ejecutivos municipales, que acordaron «la dimisión colectiva de todos los Ayuntamientos del País Vasco» el 4 de septiembre. En los días siguientes dimitieron la gran mayoría de los consistorios vizcaínos y guipuzcoanos, además de unos pocos concejales alaveses (debido a la oposición de Oriol y su Hermandad Alavesa a este movimiento). Otros, como el alcalde de San Sebastián, fueron suspendidos de sus cargos. Los gobernadores civiles los sustituyeron por comisiones gestoras, cuyos miembros pertenecían al Partido Radical y a las derechas (incluidos bastantes monárquicos). Centenares de concejales nacionalistas y de izquierdas pagaron cara su decisión, pues sufrieron multas y procesos judiciales: muchos fueron inhabilitados y algunos, como los de Bilbao, encarcelados. Aguirre dimitió junto con la mayoría de los concejales de Getxo, que fueron juzgados y condenados en octubre a pena de inhabilitación. Como abogado, defendió al alcalde del pueblo vizcaíno de Zalla: en su informe ante el Tribunal de Urgencia hizo una síntesis del movimiento en defensa del Concierto[36]. Esta anómala situación, que trastocó sustancialmente el mapa municipal vasco, se mantuvo a lo largo de 1935, al no conseguir los diputados *jelkides* que las Cortes aprobasen una proposición de ley de amnistía, y perduró hasta la victoria del Frente Popular en las elecciones de febrero de 1936, cuando los concejales vascos sancionados fueron rehabilitados y recuperaron sus puestos en los Ayuntamientos.

La incidencia de la *rebelión del vino* no se redujo al ámbito municipal, sino que tuvo trascendencia en la historia de Euskadi en la República, porque dividió a las fuerzas políticas en dos campos antagónicos: en uno se situaron todas las derechas, que secundaron al Gobierno de Samper, y en el otro coincidieron los nacionalistas de Aguirre y las izquierdas republicano-socialistas de Prieto, que defendieron a los Ayuntamientos. Aun siendo una coincidencia coyuntural, en el verano de 1934 se configuraron políticamente los dos bandos beligerantes, que combatieron militarmente dos años después en la Guerra Civil. Con el pleito municipal se consumó la ruptura del PNV con el Partido Radical y la CEDA; pero su enfrentamiento más virulento se produjo con el sector católico representado por *La Gaceta del Norte*, que había estado próximo al nacionalismo desde la fundación de este diario en 1901 hasta las elecciones de 1933, en las que coadyuvó al triunfo *jeltzale*. Si inicialmente criticó a las Gestoras provinciales y respaldó a los Ayuntamientos en su defensa del Con-

---

[36] *Euzkadi*, 8 y 16-IX-1934. Aguirre, *Entre la libertad*, pp. 519-521, donde dio la cifra de cerca de 1.500 procesados.

cierto, desde mediados de agosto cambió radicalmente de postura: pasó a denunciar la *conjura* de Prieto, Azaña y la Esquerra, que tenían un plan subversivo de asalto al poder, con titulares alarmantes como estos: «¡Alerta, católicos y vascos! La maniobra está en marcha», «¡Con los Ayuntamientos, sí! ¡Con la maniobra, no!», «La maniobra avanza y la revolución se aproxima». El periódico de José María Urquijo atacó al PNV por su complicidad con la revolución que organizaban las izquierdas y por llevar al País Vasco «al dintel de la anarquía» con la revuelta de los concejales, llegando incluso a acusar —como había hecho con anterioridad la extrema derecha monárquica— de *concomitancias masónicas* al PNV, a raíz de su giro a la izquierda al abandonar sus diputados las Cortes en solidaridad con la *sectaria* Esquerra catalana. Se trataba de un torpedo lanzado contra la línea de flotación del partido liderado por Aguirre, para quien fue «una de las más escandalosas campañas a cargo de los periódicos monárquicos y sedicentes católico-fueristas». *Euzkadi* replicó a esos ataques con virulencia, negó que el PNV tuviese ningún pacto con las izquierdas, denunció a su vez la *maniobra monárquica* de la CEDA de Gil Robles (tachado de «alfonsino vergonzante» y «crisálida de monárquico»), con el apoyo de la oligarquía vizcaína (a la que pertenecía Urquijo), para traicionar a la República, y se pronunció con rotundidad a favor de ésta y en contra de la Monarquía[37].

Aguirre e Irujo ratificaron esta misma posición en una reunión con representantes de las izquierdas, celebrada en San Sebastián el 10 de septiembre de 1934. En ella Aguirre manifestó el encargo del EBB de que «en caso de un intento de restauración monárquica o en caso de una Dictadura, el Partido Nacionalista Vasco se enfrentará a esas dos instituciones políticas con todas sus fuerzas»[38]. Entonces el PNV fue requerido por primera y única vez a una actuación que iba más allá del conflicto de los Ayuntamientos, según narró en sus memorias, en las cuales reprodujo su informe al EBB. Los diputados *jelkides* se opusieron a participar en comités interpartidos, que sustituyeran a las comisiones municipales en la protesta contra el ejecutivo de Sam-

---

[37] Aguirre, *Entre la libertad*, pp. 488-491. Controversia entre *La Gaceta del Norte* y *Euzkadi* en los meses de agosto y septiembre de 1934. «¡Abajo la monarquía española!» titulaba el 6 de septiembre a toda plana *Euzkadi*, que polemizó también con *El Pueblo Vasco* de Bilbao, el diario monárquico de la familia capitalista Ybarra.

[38] Consideramos que esta declaración es un precedente de la decisión adoptada por el PNV ante el golpe militar del 18 de julio de 1936 en la célebre nota del BBB publicada por el diario *Euzkadi* al día siguiente: «Planteada la lucha entre la ciudadanía y el fascismo, entre la República y la Monarquía, sus principios le llevan a caer indeclinablemente del lado de la ciudadanía y la República».

per, y en actos conjuntos organizados por los partidos, pues llevaban el mandato imperativo de la dirección del PNV de *¡nada de compromisos!* Deslindaban netamente el movimiento municipalista vasco del movimiento revolucionario, de cuyos preparativos habían sido informados por el gobernador civil de Bizkaia y por el jefe del Gobierno. Sin duda, a los republicanos y socialistas presentes en dicha reunión les tuvo que sorprender la afirmación de Aguirre de que «estas Cortes pueden aprobar un Estatuto de autonomía» para Euskadi: ¿realmente se lo creía, dejándose llevar una vez más por su inquebrantable optimismo, o buscaba así desmarcarse de las izquierdas, para las cuales la autonomía vasca no era un tema prioritario en ese momento?[39]. En su libro estableció un paralelismo a propósito de los movimientos municipales de 1931 y 1934: en el primero, las derechas quisieron utilizar al PNV contra la República, mientras que en el segundo las izquierdas intentaron involucrarle en la revolución que estaban organizando, resaltando que en ambos casos el nacionalismo vasco había hecho oídos sordos a esos cantos de sirena. Empero, sus contactos dejaban patente que Aguirre —y con él su partido— había cambiado de *partenaires*: el general Orgaz y los conspiradores monárquicos, en el verano de 1931; Prieto y los revolucionarios socialistas, en el verano de 1934.

Ya hemos visto que en su relación con el catalanismo había ocurrido algo similar: la Lliga había sido reemplazada por la Esquerra. Así lo corrobora el viaje de Aguirre —acompañado por Esteban Isusi, miembro del EBB— a Barcelona a finales de septiembre, en el que no se reunió con Cambó, mientras que mantuvo varias entrevistas con el presidente Companys, los consejeros de su Gobierno en pleno y los dirigentes de la Esquerra, además de con su amigo Carrasco Formiguera. Su viaje tenía por objeto informarles de la decisión del PNV de reintegrarse a las Cortes y conocer la actitud de la minoría de la Esquerra, dado que los diputados *jelkides* se habían retirado con ella en solidaridad con la Generalitat. Considerando ésta resuelto el contencioso por la ley de contratos de cultivo, sus diputados acordaron también su regreso al Congreso, al reanudarse sus sesiones tras las vacaciones parlamentarias. Como algunos catalanistas creían inminente la crisis gubernamental y cercana la revolución de

---

[39] Aguirre, *Entre la libertad*, pp. 522-527. Como contrapunto, cabe citar las memorias del diputado socialista Juan-Simeón Vidarte, quien escribió: al chocar el PNV con el Gobierno de Samper, «José Antonio Aguirre Lecube, el líder del país vasco, quedó convencido de que solamente un gobierno republicano de izquierdas podía otorgarles el Estatuto por cuya concesión estaban luchando con tanta fe como pudieran tener en su religión» (*El bienio negro y la insurrección de Asturias*, Grijalbo, Barcelona, 1978, pp. 180-184).

las izquierdas españolas, Aguirre les preguntó si tenían algún pacto con éstas, a lo que respondieron negativamente[40].

En efecto, la crisis se produjo el 1 de octubre de 1934, nada más reabrirse las Cortes, porque la CEDA había decidido derribar al gabinete de Samper para forzar su incorporación al nuevo ejecutivo, como de hecho sucedió tres días más tarde. Al evacuar consulta con el presidente Alcalá-Zamora, la minoría nacionalista vasca le entregó una nota en la que explicaba su oposición a todo Gobierno que no facilitase la aprobación del Estatuto y no restaurase la representación democrática de los Ayuntamientos y Diputaciones del País Vasco[41]. *A sensu contrario*, habría otorgado su voto de confianza a un Gobierno que se comprometiese a apoyar la autonomía de Euskadi, a reponer a los concejales inhabilitados y a convocar elecciones provinciales, reivindicaciones políticas moderadas.

Ante la insurrección anunciada por el PSOE si la CEDA entraba en el ejecutivo, los diputados *jelkides* dieron a los de la Esquerra este consejo: «Aunque España arda por los cuatro costados, que en Cataluña restablezca el orden, porque en ella mandan los catalanes. Piensen ustedes en los vascos, hoy privados de todos sus organismos populares, y no olviden que el orden en Cataluña supondrá nuestro triunfo común». Pero no les hicieron ningún caso. Como es bien conocido, la Generalitat se sumó al proceso revolucionario: el 6 de octubre, Lluís Companys proclamó «el Estado Catalán de la República Federal Española», que fue liquidado *manu militari* por el general republicano Domingo Batet en apenas diez horas y con pocas víctimas. Su fracaso le acarreó funestas consecuencias: su encarcelamiento, junto con sus consejeros, y la suspensión indefinida del Estatuto. Esto motivó la siguiente reflexión de Aguirre, escrita unos meses después[42]:

> Los hechos nos dieron la razón. Un momento de autosugestión contagiosa determinó un paso atrás en la marcha victoriosa de un pueblo.
> Nuestro consejo no fue atendido, pero hubo sangre catalana, de jóvenes idealistas, que la derramaron por Cataluña. Esta sangre dará sus frutos. Los pueblos escriben su historia con aciertos y con errores de bulto. Sólo la Providencia sabe señalar sin equivocaciones, la hora de su libertad. A los hombres, sólo nos resta confiar en ella, luchando siempre por la justicia y por la libertad, que triunfará al fin, por encima de todas las arbitrariedades.

---

[40] Aguirre, *Entre la libertad*, pp. 528-533, donde publica el informe al EBB sobre su estancia en Barcelona, 26-IX-1934.
[41] *Euzkadi*, 3-X-1934.
[42] Aguirre, *Entre la libertad*, pp. 533-534.

De nuevo mostraba su providencialismo, al cual recurrirá en diversas circunstancias adversas a lo largo de su vida. Pese a su comportamiento antitético en octubre de 1934, la solidaridad entre el PNV y la Esquerra no se rompió sino que persistió, según reflejaron las peticiones de *clemencia* hechas por los diputados *jelkides* a las máximas autoridades de la República ese mismo mes[43], así como las declaraciones de Aguirre, Monzón e Irujo en el juicio contra la Generalitat por el Tribunal de Garantías Constitucionales, que condenó a treinta años de presidio a Companys y sus consejeros en mayo de 1935. En él, ante la acusación del carlista Víctor Pradera, vocal de dicho Tribunal, de la existencia de concomitancias entre el pleito de los Ayuntamientos vascos, la rebelión catalana y la revolución socialista, Aguirre la rechazó tajantemente, afirmando que el movimiento municipal fue *autóctono*, con una finalidad económica en defensa del Concierto, y no tuvo ninguna vinculación con el movimiento revolucionario ulterior, por lo que era un error relacionarlos, como había hecho Salazar Alonso, quien fue testigo en esa causa. Ante la flagrante contradicción entre sus testimonios, el exdiputado *jelkide* Francisco Basterrechea, que era también vocal judicial, intentó sin éxito un careo entre el exministro de la Gobernación y Aguirre. La declaración de este último fue cierta históricamente: no hubo ninguna relación causal entre ambos acontecimientos, sino tan sólo una mera secuencia temporal, dado que todavía ardían los rescoldos de la *rebelión del vino* cuando se produjo el estallido revolucionario. Por eso, tenía razón uno de los principales protagonistas de aquélla, el alcalde nacionalista de Oiartzun, Feliciano Beldarrain, al escribir en 1935: «El movimiento municipalista vasco pasará a la historia como un hecho netamente autonómico. Entre el pleito de los Municipios y la revolución de octubre no hay más relación que el [*sic*] puramente cronológico»[44]. Eso no obsta para reconocer que los socialistas de Prieto aprovecharon la protesta de los concejales vascos para acrecentar el desgaste del Gobierno de Samper, al mismo tiempo que avanzaban en sus preparativos revolucionarios, en los cuales no intervino en absoluto el PNV, a pesar de las constantes acusacio-

---

[43] Carta de los diputados Manuel Irujo y Juan Antonio Careaga al EBB, 10-X-1934, en AN, PNV, 202-3. En ella escribían: «Monzón ha tenido medio de entrevistarse personalmente con Gil Robles, en charla puramente personal. Lo ha encontrado subido por las paredes y absolutamente desafecto a cualquier solución autonómica en el momento presente. Era de esperar. Ya se le pasará».

[44] *Euzkadi*, 21-III-1935. Las declaraciones de los diputados del PNV en la causa contra la Generalitat fueron transcritas en *Euzkadi*, 29-V-1935, donde se lee: «Companys, emocionado, abrazó a José Antonio de Agirre al terminar el acto».

nes de las derechas, tanto antes como después de los trágicos sucesos de octubre[45].

En definitiva, tras el bloqueo parlamentario del Estatuto, la vulneración del Concierto y la represión gubernativa de los Ayuntamientos fueron factores que propiciaron una aproximación circunstancial entre nacionalistas e izquierdistas vascos en el verano de 1934, que había sido imposible hasta entonces por sus profundas divergencias ideológicas y sus violentas luchas políticas. Tal aproximación se truncó con la huelga general socialista, porque el PNV no estaba dispuesto a embarcarse en ninguna travesía revolucionaria, por mucho que hubiese roto los puentes con las derechas y hubiese girado su nave a babor. En octubre de 1934, Aguirre escribió a un amigo que no se fiaba de los socialistas y que «desde el primer momento veía fracasado el movimiento»[46].

Así fue: la revolución resultó fallida en toda España, aunque el ejército necesitase dos semanas para sofocar a sangre y fuego la comuna asturiana. Como había sido anunciada por el PSOE y la UGT para el caso de que la CEDA ingresase en el Gobierno, sus dirigentes lanzaron la huelga general revolucionaria el 5 de octubre, al día siguiente de la formación de un nuevo gabinete presidido por Lerroux, en el que había tres ministros del partido de Gil Robles (uno de ellos fue el diputado navarro Rafael Aizpún). A sabiendas de lo que iba a suceder, enseguida las autoridades declararon el estado de guerra y abortaron la insurrección en Madrid. Después de Asturias y Cataluña, el foco más importante fue el País Vasco, en especial los centros industriales de Bizkaia y Gipuzkoa, siendo muy escaso su eco en Álava. A diferencia de Cataluña, no tuvo ningún componente nacionalista o autonomista. Como en Asturias, si bien en un grado muy inferior, se trató de una revolución obrera, organizada y dirigida por los socialistas; a ella se sumaron con entusiasmo los comunistas y en varios sitios participaron también algunos anarquistas y nacionalistas. En Euskadi la huelga general duró una semana y tuvo un carácter muy violento, pues hubo 42 muertos (22 en Bizkaia y 20 en Gipuzkoa), sobre todo en choques ar-

---

[45] Prieto negó que existiese la maniobra marxista-separatista denunciada por Salazar Alonso, en declaraciones al *Heraldo de Madrid*, 29-VIII y 1-IX-1934. Diez días después, estuvo a punto de ser detenido *in fraganti* al incautarse la policía el famoso alijo de armas del barco *Turquesa* en Asturias. Prieto dirigió el movimiento revolucionario en Madrid y, tras su fracaso, escapó a Francia, donde asumió su responsabilidad. En 1942, estando exiliado en México, se declaró culpable por haber participado en la revolución de octubre de 1934, cuyo programa político publicó por vez primera su diario *El Liberal* el 11 de enero de 1936.

[46] Carta de José Antonio Aguirre a Mateo Olaso, 27-X-1934, en CDMH, PS Barcelona, 286.

mados entre los huelguistas y las fuerzas de seguridad. Los hechos más graves tuvieron lugar en Eibar y Mondragón, donde el 5 de octubre los revolucionarios se hicieron con el control de ambos municipios y cometieron tres asesinatos políticos en las personas de Carlos Larrañaga, jefe tradicionalista de Eibar y exalcalde de Azkoitia; Marcelino Oreja, diputado carlista por Bizkaia y presidente de la Unión Cerrajera de Mondragón, y Dagoberto Rezusta, consejero de esta empresa y gestor provincial de Gipuzkoa por el Partido Radical. La represión fue muy dura: hubo unos 1.600 presos, de los cuales más de un centenar eran nacionalistas; bastantes fueron juzgados y condenados a largas penas de prisión; los centros obreros permanecieron cerrados y los semanarios *La Lucha de Clases* (PSOE) y *Euzkadi Roja* (PCE) suspendidos hasta bien avanzado el año 1935.

¿Cómo afectaron esta revolución y sus secuelas a Aguirre y a su partido? De manera muy intensa, al implicar en ella al PNV el gobernador civil de Bizkaia, quien ya el 5 de octubre declaró *disueltas* sus organizaciones y clausuró sus centros, y durante ese mes detuvo a bastantes nacionalistas y a sus principales dirigentes vizcaínos, incluso al propio Aguirre. Éste dedicó a este acontecimiento crucial el último capítulo de su libro *Entre la libertad y la revolución*. Escrito y publicado pocos meses después, fue en gran medida su respuesta a la represión gubernamental y, sobre todo, a «la campaña injusta» orquestada por las derechas contra el PNV, como él mismo reconoció en su introducción. En su obra minimizó el alcance del movimiento en Euskadi: «La revolución marxista no tuvo ambiente en nuestro País»; «salvo en contadas localidades resplandeció la paz» y «en Bilbao no hubo ni un solo choque». Sin embargo, hubo 16 muertos en la capital vizcaína y las *perturbaciones* no se redujeron a los municipios de mayoría socialista, dado que Mondragón no lo era. A José Antonio Aguirre le dolió mucho el asesinato de su amigo Marcelino Oreja, que había sido su compañero en la Acción Católica, en AVASC y en la minoría vasco-navarra en las Cortes Constituyentes. Desde Madrid, él y otros diputados *jelkides* enviaron un telegrama de pésame a su familia y el 9 de noviembre se sumaron al homenaje que le rindió el Congreso de los Diputados[47].

---

[47] El texto del telegrama se conserva en AN, PNV, 202-3. Aguirre, *Entre la libertad*, pp. 547-548. Areilza, *Así los he visto*, p. 111: «Me encontré con Aguirre un domingo en misa [...]. Vino a mí, José Antonio, para decirme todo el horror que le causaba el alevoso crimen y en qué altísima —y merecida— estima tenía al joven ingeniero de Caminos, también ferviente católico». Oreja «se identificaba con Aguirre en tomar posición decidida en favor de una política social de avanzado contenido, inspirada en las directrices pontificias». *Euzkadi*, 12 y 28-X y 10-XI-1934.

Ante el movimiento, la dirección del PNV, tras consultar a sus parlamentarios, dio orden a sus militantes de inhibirse, tal y como reprodujo Aguirre en sus memorias: «Abstención, absoluta abstención de participar en movimiento de ninguna clase, prestando atención a las órdenes que en caso preciso serán dadas por las Autoridades». Asimismo, transcribió la consigna de ELA-STV a sus afiliados: «Allá donde pueda trabajarse sin peligro, acudan todos los trabajadores a sus labores, pero si para ello encontraran alguna dificultad o peligro, retírense sin participar en ninguna actividad no ordenada por la agrupación». Los *solidarios* vascos no trabajaron durante la semana de la huelga general en Bizkaia y Gipuzkoa, pero tampoco lo hicieron los demás trabajadores, incluidos los miembros de los sindicatos católicos. Siendo innegable la posición de neutralidad adoptada por los dirigentes del partido y del sindicato nacionalistas, la cuestión que se plantea es si sus órdenes fueron seguidas fielmente por sus bases o no; dicho en otros términos, ¿hubo *jeltzales* y *solidarios* que las desobedecieron y tomaron parte de manera *activa* en la insurrección? A diferencia del grupo *Jagi-Jagi* y de ANV, que sí reconocieron su participación, el PNV y ELA-STV la negaron tajantemente. Ello es indudable en unos sitios, como Eibar y Mondragón; en cambio, hay indicios suficientes de que sí intervinieron en otros, como la margen izquierda de la ría de Bilbao (sobre todo, en Portugalete), según diversas fuentes de la época y el testimonio de dos cuadros directivos de ELA-STV de Bizkaia, quienes afirmaron al cabo de medio siglo: «Las bases participaron en el movimiento, a pesar de las consignas de la dirección»[48].

Con la misma rotundidad con que el PNV y Solidaridad decían que no tenían «nada que ver con movimiento revolucionario de ninguna clase», las derechas los denunciaban como *cómplices de la revolución* e incluso como coautores, tal y como manifestaba el gobernador Velarde: «En el movimiento revolucionario han intervenido socialistas, comunistas y nacionalistas». Su animadversión ha-

---

[48] Testimonios de Secundino Jauregi y Matai de Maidagan publicados en VVAA: *Octubre 1934 Urria*, IPES, Bilbao, 1985, pp. 63-71. Sobre la revolución de octubre de 1934 en Euskadi, cf. Miralles, Ricardo: *El socialismo vasco durante la II República*, Universidad del País Vasco, Bilbao, 1988, capítulo VII. Barruso, Pedro: *El movimiento obrero en Gipuzkoa durante la II República*, Diputación Foral de Gipuzkoa, San Sebastián, 1996, pp. 331-344. Fusi, Juan Pablo: *El País Vasco 1931-1937. Autonomía. Revolución. Guerra Civil*, Biblioteca Nueva, Madrid, 2002, capítulo III. Granja, *Nacionalismo*, pp. 522-540. Ansel, Darío: *ELA en la Segunda República. Evolución sindicalista de una organización obrera*, Txalaparta, Tafalla, 2011, pp. 222-232. Además, hay documentación inédita sobre ella en CDMH, PS Bilbao y Barcelona, y en el Archivo del Nacionalismo.

cia estos últimos, patente en el conflicto de los Ayuntamientos, alcanzó la cúspide en octubre y noviembre de 1934, hasta que fue sustituido al ser nombrado gobernador general de Asturias. Por eso, la represión al PNV fue mucho mayor en Bizkaia que en Gipuzkoa, donde pocos de sus centros fueron cerrados. Las gestiones realizadas en Madrid por sus diputados y por Francisco Basterrechea, visitando al presidente Lerroux y a varios de sus ministros, no consiguieron «atajar los desmanes de Velarde»[49]. Éstos culminaron el 30 de octubre con la detención y la prisión de destacados dirigentes *jelkides* en Bilbao, que se habían reunido para preparar un informe que los diputados iban a entregar al ministro de la Gobernación, Eloy Vaquero, del Partido Radical. Con ellos se encontraba Aguirre, quien fue detenido «por orden de la autoridad militar» y conducido esposado a la cárcel de Larrinaga, donde fueron recibidos con júbilo por los nacionalistas presos, a los que comparó con «los primitivos cristianos». En los primeros días de noviembre fueron puestos en libertad la mayoría de ellos, incluido Aguirre. El exdiputado Manuel Eguileor y cinco de los siete miembros del BBB siguieron encarcelados hasta las vísperas de la Navidad de 1934 y fueron procesados por un delito de inducción a la rebelión, pero su causa fue sobreseída en febrero de 1935[50].

Durante esos meses, en los que todos los *batzokis* vizcaínos permanecían cerrados, el único abierto era el *Batzoki de Larrinaga*, denominado así por sus «socios», los más de un centenar de *jelkides* presos. En él celebraban misas y organizaron la velada tradicional en homenaje a Sabino Arana con motivo del aniversario de su fallecimiento el 25 de noviembre, según narró Aguirre en sus memorias, en las cuales denunció los malos tratos padecidos por detenidos *humildes*, reconociendo que ni él ni sus compañeros fueron maltratados[51]. La actitud de los *burukides* presos quedó reflejada en esta carta del presidente del BBB al de la Junta Municipal de Bilbao[52]:

> Con un espíritu pobre se trata de mortificarnos, dilatándose todas las determinaciones para que se mantenga nuestro encarcelamiento [...].

---

[49] Carta de Francisco Basterrechea a José Antonio Aguirre, 18-X-1934, en AN, PNV, 202-3. En esta misma carpeta véase la correspondencia de Manuel Irujo, Juan Antonio Careaga y Javier Landaburu, 10 y 13-X-1934. La declaración de Ángel Velarde la publicó *El Liberal*, 16-X-1934.
[50] Aguirre, *Entre la libertad*, pp. 551-558. *Euzkadi*, 31-X, 1/6-XI, 5 y 25-XII-1934, 13-II-1935. Parte del sumario judicial se encuentra en AN, Fondo Federico Zabala Allende.
[51] Aguirre, *Entre la libertad*, pp. 558-565.
[52] Carta de José María Gárate a Luis Arbeloa, 13-XII-1934, en Archivo Manuel Irujo, 1.º, 55.

[...] entendemos que Lerroux es impotente para enfrentarse con tanto elemento semi-monárquico y derechista que nos distingue con su odio y nos desea todo el daño posible. Nos parece que en todo caso nuestros diputados deben guardar su independencia pero cuidando de no hacer el juego a los monárquicos, colocándole en situación crítica a Lerroux, persona que nos ha de merecer más simpatía que ellos, y a la República que se trata de minar para volver al régimen de oprobio pasado cuyos síntomas repugnantes los volvemos a percibir ahora con el estado de Guerra y gracias a él el predominio de la autoridad del tinglado caciquil dinástico paralelo a su mayor desprestigio y raquitismo popular.

Este texto confirma el intenso antimonarquismo del PNV en 1934. Empero, no deja de resultar paradójico que su máxima autoridad en Bizkaia sintiese *simpatía* por Alejandro Lerroux, el jefe gubernamental y del partido de Ángel Velarde, el gobernador que había ordenado su detención y perseguía con saña al nacionalismo vasco. Como en ocasiones anteriores durante la República, Aguirre opinaba que la persecución, a la que estaba *acostumbrado* el PNV, le beneficiaba, porque no hacía mella en sus dirigentes y contribuía al crecimiento de sus bases, hasta el punto de afirmar que «la violencia desatada contra él es su más firme propagandista». Al mismo tiempo, resaltaba el notorio cambio producido en los motivos de represión por parte de las autoridades republicanas: en junio de 1933, gobernando las izquierdas, los miembros del BBB fueron detenidos por «aconsejar a los afiliados que engalanaran sus balcones con motivo de la fiesta del Sagrado Corazón», mientras que en octubre de 1934, con las derechas en el Gobierno, eran encarcelados por considerar que habían colaborado en la revolución socialista[53]. No en vano la posición del PNV en el espectro político había variado tras su viraje de 1934, tal y como constató el testimonio de Irujo[54]:

> Cuando nos fuimos [de las Cortes el 12 de junio] estábamos situados en el centro-derecha. Cuando volvimos, a los cuatro meses y después de la Revolución del 4 de octubre de 1934, nos encontramos situados en el centro-izquierda, junto a la Esquerra Catalana.

El presidente del BBB terminaba su misiva expresando su plena confianza en «nuestros diputados ejemplo de laboriosa ejemplaridad», corroborando el buen entendimiento existente entre la dirección del partido y su minoría parlamentaria. Mientras tanto, ¿qué

---

[53] Aguirre, *Entre la libertad*, pp. 555 y 569.
[54] Ibarzabal, *50 años de nacionalismo vasco*, p. 27.

hacían Aguirre y sus compañeros en una coyuntura tan difícil, tras el fracaso de la revolución?, ¿cuál iba a ser su comportamiento ante la investidura del nuevo Gobierno radical-cedista? Después de casi un mes de suspensión de las sesiones de las Cortes, Lerroux solicitó el voto de confianza el 6 de noviembre. Los diputados *jelkides* acordaron no abandonar sus escaños (a diferencia de las izquierdas, ausentes del Congreso) y abstenerse en la votación. En una breve intervención, Aguirre explicó la causa de su abstención: «Las represiones, puestas al servicio de odios políticos»; pero también hizo constar que no votaban «en contra del Gobierno, porque tenemos fe en los hombres que se sientan en el banco azul y principalmente en su ilustre jefe». Éste, que habló a continuación, anunció una próxima huelga general de la CNT (el sindicato anarquista que había protagonizado violentas insurrecciones contra varios gabinetes republicanos), huelga general que luego no se llevó a cabo. En tal situación, la minoría de la Lliga, que iba a abstenerse, decidió votar a favor de Lerroux y a renglón seguido hizo lo mismo la del PNV. Aguirre argumentó su cambio de actitud con estas palabras: «Si nuestra abstención se entiende como una falta de solidaridad con el Gobierno ante el anuncio inminente de nuevos desórdenes revolucionarios, nosotros retiramos nuestra abstención y damos nuestro voto de confianza al Gobierno». No tuvo que resultarle cómodo dar su apoyo al mismo ejecutivo que le había encarcelado una semana antes y mantenía en prisión al BBB; pero el PNV dejó así bien patente que no tenía nada que ver con los revolucionarios. Al día siguiente, el diario *Euzkadi* publicó una extensa explicación de la minoría nacionalista vasca, en la que justificaba su cambio, además, porque no quería votar lo mismo que los diputados de extrema derecha: los carlistas del conde de Rodezno, los monárquicos de Calvo Sotelo y el falangista José Antonio Primo de Rivera, quienes se abstuvieron. Según el órgano oficial del PNV, el significado del voto de sus diputados fue el siguiente[55]:

> Entre republicanos y antirrepublicanos, hemos ido con los republicanos. Entre autonomistas y antiautonomistas —en el discurso del señor Lerroux hubo alusiones esperanzadoras en este orden de cosas—, hemos ido con quienes, por lo menos, aceptan algo de autonomía. Entre el sindicalismo y el orden, hemos ido con el orden.

---

[55] *Euzkadi*, 6 y 7-XI-1934. *Diario de las Sesiones de Cortes*, sesión del 6-XI-1934, pp. 4568-4572. Aguirre no dio cuenta de su discurso, ni de su voto favorable a Lerroux, en su libro *Entre la libertad y la revolución*.

El orden: he ahí la clave. El PNV necesitaba reafirmar su carácter tradicional de ser un *partido de orden*, lejos de aventuras revolucionarias, y su esencia católica en un momento crucial, cuando las derechas no cejaban en su empeño de cuestionar tanto aquél como ésta con acusaciones gravísimas de *concomitancias con la revolución*, que afectaban negativamente a sus afiliados y simpatizantes, por lo menos al sector más burgués y conservador de un partido interclasista como era el PNV. Fue el más joven de sus diputados, el vitoriano Javier Landaburu, quien se percató de la gravedad de la crisis y dio la voz de alarma en una esclarecedora carta a José Antonio Aguirre, escrita el 20 de octubre, cuyo contenido no tiene desperdicio; de ahí que la citemos *in extenso* a continuación[56]:

> Te escribo con el pensamiento puesto en el interés de la patria, en la vida de nuestro partido que, seguramente, jamás ha padecido crisis como esta. No creo que mi situación de ánimo diste mucho de la de cualquiera de vosotros. Depresiones, inquietudes, amarguras, una desorientación grande que desespera mucho más por la mudez a que nos tiene sometido el estado de guerra.
> Nuestros enemigos se ceban en nosotros, nos acusan sabiendo que somos inocentes. Cada encuentro en la calle es una polémica y, lo que es peor, en nuestros amigos se advierte inquietud también, desasosiego, en los unos, porque creen que debimos hacer y, en los otros, porque tienen el miedo íntimo de que tal vez hicimos demasiado.
> Es indudable que, si no afiliados, hemos perdido ambiente. La gente de buena fe que solo oye acusaciones sin que nosotros mismos nos defendamos, recela, vacila y se nos va, es indudable, se nos va.
> Esto hay que evitarlo, a costa de todos nuestros sacrificios. Yo no sé si esos temores y esos recelos han invadido incluso el ánimo de nuestras autoridades que, al parecer, al menos, muestran en días tan graves una pasividad mortal. […] lo cierto es que a esa masa inmensa de no afiliados, le debemos explicaciones.
> Es el momento de retroceder con dignidad a nuestras posiciones clásicas y a una táctica de la que acaso no debimos salir […]. Cuando se desatan todos los odios, cuando la gente se arrincona en el fascismo o en el comunismo, hemos de ser nosotros los que volvamos a levantar la bandera de Cristo como siempre la hemos mantenido, con virilidad, sin gazmoñerías, con ese admirable sentido liberal de nuestra raza, y exigir justicia social, sacando de este trágico experimento todas las consecuencias que a favor de las prácticas evangélicas y de los mandatos pontificios se derivan. Es preciso que el partido hable, y que hable así concreta y claramente.

---

[56] CDMH, PS Barcelona, 286. La revolución, pese a su poca repercusión en Álava, tuvo importancia en la profunda crisis del PNV alavés desde octubre de 1934, según ha estudiado De Pablo, *En tierra de nadie*, pp. 211-216.

No tenemos constancia de que Aguirre contestase a esta carta de su amigo, que muestra a las claras la crisis que atravesaba el PNV por efecto de la revolución. Aunque no sufrió la dimisión de personalidades relevantes, pese al anuncio de *La Gaceta del Norte*[57], el número de sus afiliados se estancó desde 1934 y bajó en algunas localidades, siendo significativo el caso de Getxo por ser el municipio de mayoría nacionalista donde residía Aguirre y también buena parte de la burguesía vizcaína. La *Memoria* de su Junta Municipal sobre el bienio 1934-1935 señalaba que las bajas (36) superaban a las altas (19), lo cual suponía «un quebranto para la organización», y admitía que una de las causas de su *poca gestión* había sido la maltrecha situación que se encontró a consecuencia de los sucesos revolucionarios[58]:

> [...] después de la revolución de Octubre de 1934 y cuando despertábamos de aquella especie de letargo en que nos sumimos entonces, nos [encontramos] por decirlo así con los cuadros desechos [*sic*]. La persecución injusta por un lado, el cierre de nuestros centros, la inseguridad que en el ambiente español se notaba y la espada amenazadora del poder central que sobre nuestras cabezas gravitaba, determinaron que muchos de los nuestros se mostrasen un poco fríos, así hay que confesarlo.

En enero de 1936, el propio diario *Euzkadi* reconocía que el período que siguió a la revolución fue «el más difícil por el que haya pasado jamás el nacionalismo vasco», porque, «en los primeros días de octubre de 1934, el Partido Nacionalista Vasco comenzaba el calvario que la insensatez de unos [las izquierdas] y el odio de otros [las derechas] le habían de obligar a recorrer durante muchos meses». Y hacía hincapié en el *calvario moral* de sus diputados, quienes en circunstancias tan adversas acudieron a las Cortes y desarrollaron su labor parlamentaria[59].

Aguirre se quejó amargamente de las *calumnias más groseras* contra el PNV por parte de la prensa monárquica y monarquizante, que «asistía gozosa a nuestra persecución», calumnias que contribuyeron a la detención de él mismo y de los miembros del BBB. Ésta se produjo pocos días después de que *La Gaceta del Norte* apuntase direc-

---

[57] Este diario bilbaíno mencionó el posible abandono del jefe de la minoría parlamentaria, José Horn Areilza, decano del Colegio de Abogados de Bizkaia y consejero de bancos y empresas; pero él mismo lo desmintió en una carta publicada por *La Gaceta del Norte* y *Euzkadi*, 30-X-1934, y reproducida por Aguirre en sus memorias, pp. 567-568. Precisamente, Horn fue el autor del prólogo de este libro.
[58] *Memoria* de la Junta Municipal de Getxo, fechada el 19-XII-1936 (con error en el año: es de 1935) y conservada en AN, PNV, 510-7.
[59] *Euzkadi*, 11-I-1936.

tamente contra ellos: «Tenemos hecha la afirmación reiterada de que es muy grave la responsabilidad contraída por los jóvenes dirigentes del fracasado movimiento subversivo en el País Vasco», pidiendo que fuesen destituidos los «jóvenes dirigentes del PNV»[60]. Así, este diario venía a atribuir el cambio político del partido en 1934 al relevo generacional que se había producido en su dirección tras la dimisión de Luis Arana el año anterior, y también a la juventud de la mayoría de sus diputados, que eran de la generación de Aguirre. Ya no eran ninguna novedad los duros ataques de los periódicos tradicionalistas (*La Constancia* y *Pensamiento Alavés*) y monárquicos (*El Nervión* y *El Pueblo Vasco* de Bilbao), a los que se unió, desde su fundación en noviembre de 1934, *El Diario Vasco* de San Sebastián, vinculado al monárquico *ABC* de Madrid, enemigo declarado del nacionalismo vasco. Mucho más grave para Aguirre era la prensa que llamaba *monarquizante* (calificativo con el que sin duda se refería a *La Gaceta del Norte*), por tratarse del periódico católico vasco por excelencia y por haber estado próximo al PNV hasta 1934; de ahí que colaborasen habitualmente en él destacados *jelkides*, como el abogado Federico Zabala Allende. Por eso, *Euzkadi*, desde el 12 de octubre —tras la semana de la huelga general en la que no pudo publicarse— hasta el final de ese mes, dedicó bastantes artículos a replicar a las acusaciones de *La Gaceta*, prolongando su intenso enfrentamiento iniciado en agosto con motivo del movimiento municipalista.

Asimismo, el epíteto *monarquizante* podía servir para denominar a la CEDA de Gil Robles, quien relacionó al partido y al sindicato nacionalistas con los revolucionarios socialistas, tanto en un escrito de los años treinta como en sus memorias políticas editadas tres decenios más tarde[61]. Y no por casualidad fue en octubre de 1934 cuando la Confederación Española de Derechas Autónomas creó sus organizaciones en Bizkaia y Gipuzkoa con los nombres de Acción

---

[60] *La Gaceta del Norte*, 25-X-1936. Aguirre, *Entre la libertad*, p. 552.

[61] José María Gil Robles escribió en 1937: «During the summer of 1934, the Basque Nationalists collaborated with the Leftists in preparing for the revolutionary rising in October. [...] seized by the spirit of revolution, they joined forces in Bilbao with the Socialists when the rising of Asturias and Catalonia broke out. The alliance of the Basques and the Leftists had been sealed» (*Spain in Chains*, Nueva York, 1937, p. 31). Y lo remachó en 1968, recordando la revolución de 1934, así: «Ya en esta ocasión se puso de manifiesto la ayuda que el nacionalismo vasco prestó a los revolucionarios marxistas. Sin dejarse impresionar por crímenes tan reprobables como el asesinato del diputado tradicionalista Marcelino Oreja Elósegui, en Mondragón, los obreros de Solidaridad Vasca, de filiación nacionalista, secundaron la huelga revolucionaria, principalmente en Bilbao. El pacto del verano anterior había comenzado a dar sus frutos» (*No fue posible la paz*, p. 139).

Popular Vascongada y Derecha Autónoma Vasca, respectivamente. Con ellas buscaba atraerse a los católicos vascos *neutros*, que disentían del giro dado por el PNV y se identificaban con *La Gaceta del Norte*. No en vano el factótum de ésta, José María Urquijo, había sido, en 1911, uno de los principales promotores de *El Debate*, el gran diario de la Asociación Católica Nacional de Propagandistas, que había pasado a ser el órgano de expresión de la CEDA.

La revolución de 1934 y sus secuelas convirtieron la ruptura del PNV de Aguirre con las derechas en un abismo, que fue ahondándose hasta llegar a ser infranqueable conforme avanzaba el año 1935. Sus posiciones eran antagónicas: mientras las derechas abogaban por el máximo castigo a los que habían participado en el movimiento revolucionario (e incluso a los que, pese a no haber intervenido, estuvieron presos, como fue el caso de Azaña en Barcelona), reclamando la ejecución de penas de muerte, los diputados *jelkides* solicitaban —«llevados de los sentimientos cristianos»— al presidente de la República, Alcalá-Zamora, que cesasen los fusilamientos, se oponían a conceder suplicatorios para procesar a Azaña y a diputados socialistas y, como ya vimos, declaraban a favor de la Generalitat de Cataluña ante el Tribunal de Garantías Constitucionales, votando el vocal Basterrechea por la absolución de Companys y sus consejeros[62]. Todo ello daba pie a la prensa derechista para acusar de *izquierdismo* al PNV y proseguir su campaña de involucrarle en la revolución, la cual culminó en septiembre-octubre de 1935 con una serie de artículos de *La Constancia*, tendentes a probar «las nefandas concomitancias del nacionalismo con la revolución», vinculándola con la rebelión de los Ayuntamientos y criticando a Aguirre[63]. En ella se repitieron las alusiones a la masonería, y los monárquicos publicaron otro libelo antinacionalista, titulado *Textos escogidos*, similar al famoso *Nacionalismo-Comunismo-Judaísmo*. Si en la portada de éste la *ikurriña* iba acompañada de los símbolos del comunismo y la masonería, el folleto que editó *La Constancia* juntaba también tres emblemas en su cubierta: el *lauburu* rectilíneo (muy utilizado por la prensa *jelkide* y parecido a la esvástica nazi), la estrella de cinco puntas y —como en el libelo de 1932— la hoz y el martillo[64]. Así, el periódico tradicionalis-

---

[62] Escrito de 18-II-1935, en AN, PNV, 224-7. *Euzkadi*, 23 y 24-III y 29-V-1935.

[63] Recopilados en el folleto *El nacionalismo vasco con la revolución de octubre de 1934* (San Sebastián, 1936), dichos artículos polemizaban con los del *jelkide* Jesús Etayo en *El Día* y *La Voz de Navarra*.

[64] Cabría interpretar esa estrella de cinco puntas como otro símbolo comunista o como un símbolo del demonio. Sobre la variada simbología del nacionalismo vasco, desde la *ikurriña* hasta el *lauburu*, pasando por líderes como el mismo José Antonio Aguirre,

ta donostiarra mostraba gráficamente la relación que establecía entre el nacionalismo vasco y la revolución comunista, lo cual cuestionaba el catolicismo del PNV.

Tal injuria era lo que más daño moral hacía a Aguirre y a sus correligionarios, por lo que de nuevo la dirección del partido recurrió al obispo Mateo Múgica, a quien remitió un extenso informe de protesta por los ataques recibidos de las derechas desde octubre de 1934 hasta la campaña electoral de 1936, momento en el que se recrudecieron. En él, al mismo tiempo que no se arrepentía de sus *uniones circunstanciales* con las izquierdas por motivos políticos y administrativos, remarcaba la gravísima situación padecida por el nacionalismo a partir del movimiento revolucionario, según queda patente en los párrafos siguientes[65]:

> Los meses transcurridos desde Octubre del año de 1934 han sido para nuestra organización de continuo y no interrumpido martirio, acosada siempre por ambos flancos de izquierda y derecha. Máxime han logrado herirnos en lo más vivo de nuestros ideales aquellos dardos que partiendo del sector llamado «derecha española», que intitulándose católica y profesando públicamente los postulados de nuestra sacrosanta religión, no ha vacilado en acusarnos de maridajes, de enlaces, de inteligencias y alianzas con los enemigos de la religión y del actual orden cristiano [...].
>
> Toda una campaña de meses y meses ha estado orlada y perfilada por la saña y el rencor, no en el terreno político, sino que su furia llegaba a lindar las fronteras religiosas. Nuestro Credo, he ahí lo que se ponía en tela de juicio.
>
> La prensa llamada de «derecha española» no ahorró medio alguno para turbar las conciencias católicas. [...]
>
> En esta campaña de prensa merece destacarse la llevada a cabo por «La Gaceta del Norte», periódico de rancio abolengo cristiano [...].
>
> Es de todos conocida la saña, el despecho, el odio y la mala fe puestos en juego por el inspirador de «La Gaceta del Norte» [José María Urquijo] [...].
>
> El hecho que venimos anotando en relación con la conducta seguida por «La Gaceta del Norte» lo reputamos gravísimo para el porvenir religioso de nuestro pueblo y en especial para su sector de juventudes y obreros [Solidaridad de Trabajadores Vascos] [...].
>
> Queremos que se nos combata en el orden político y patriótico. Jamás en el orden religioso por personas que no tienen autoridad para ello.

---

cf. Pablo, Santiago de; Granja, José Luis de la; Mees, Ludger y Casquete, Jesús (coords.): *Diccionario ilustrado de símbolos del nacionalismo vasco*, Tecnos, Madrid, 2012.

[65] Informe de las autoridades del PNV al obispo de Vitoria, sin fecha pero de febrero de 1936, en AN, PNV, 95-2. Es un antecedente de la confrontación político-religiosa entre el PNV y las derechas en la Guerra Civil.

III. *SOLOS CONTRA DOS BLOQUES*

Tras el espectacular crecimiento y los éxitos electorales del PNV en el primer bienio republicano y tras el giro de su acción política en 1934, coincidiendo con el bloqueo del Estatuto vasco, 1935 fue un año muy crítico para el partido de Aguirre, pues se encontraba aislado políticamente, al haber roto con las derechas antiautonomistas y haberse desmarcado de las izquierdas revolucionarias. Esto coadyuvó a acentuar el centrismo de su minoría parlamentaria, que tuvo que notar su soledad: sólo eran diez diputados (por la marcha de Leizaola a su actividad profesional y el fallecimiento de Bikuña) en unas Cortes cada vez más escoradas hacia la derecha debido a la ausencia de las izquierdas después de la revolución de octubre. El mismo Aguirre lo reconocía, en cartas a sus amigos, al referirse a «este año malhadado de 1935», en el que se había puesto a prueba el *espíritu* nacionalista, «después de una formidable persecución, sin Ayuntamientos, sin Diputaciones, sin Estatuto y sin soberanía». Consideraba que el PNV —al que identificaba con el pueblo vasco— había resistido con firmeza la adversidad y que se habían esfumado las *pequeñas rencillas* internas, porque «una gran fe en Dios y en la Patria nos mueve en la empresa de liberar a nuestro pueblo»[66]. Empero, incluso con esa doble fe, constante a lo largo de su vida, por primera vez en la República Aguirre no era optimista, sino que hablaba de *pesimismo* al preguntarse, en julio de 1935, si el Estatuto se aprobaría en las Cortes radical-cedistas: «Francamente lo veo muy difícil aun cuando en política nada es imposible»[67].

Su correspondencia privada es una fuente imprescindible para conocer bien el estado de ánimo y las ideas de Aguirre en el primer *annus horribilis* de su carrera política. En estas cartas menciona su libro *Entre la libertad y la revolución 1930-1935. La verdad en un lustro en el País Vasco*, que escribió entre el último trimestre de 1934 y el primero del año siguiente, y salió a la calle en mayo de 1935[68]. Sin duda, su escasa actividad política en esa fase posrevolucionaria, cuando la

---

[66] Carta de José Antonio Aguirre al dirigente *jelkide* Jesús Zabala, 19-IX-1935, en CDMH, PS Barcelona, 286.

[67] Carta de José Antonio Aguirre al jesuita José María Estefanía, 2-VII-1935, en CDMH, PS Barcelona, 286.

[68] *Euzkadi* reprodujo el prólogo de José Horn el 19-V-1935. Tres días antes, Aguirre escribió a los presidentes de los *batzokis* ofreciéndoles su libro, editado por Emeterio Verdes Atxirika en Bilbao, que fue adquirido por bastantes *batzokis* vizcaínos (AN, PNV, 271-7, y CDMH, PS Bilbao, 181). El original de la obra había sido revisado por José María Izaurieta, miembro del BBB y del EBB, según carta de Tomás Jayo a José Antonio Aguirre, 26-III-1935 (CDMH, PS Bilbao, 11). De ello deducimos que Aguirre lo presentó a la censura previa de la dirección del PNV.

continuidad del estado de guerra impedía celebrar mítines, le permitió dedicarse de lleno a redactar sus memorias sobre la II República. Se trata de un caso excepcional, tanto por su juventud (contaba apenas 31 años) como por la inmediatez de los hechos históricos narrados en primera persona, al haber sido un destacado protagonista de ellos, siguiendo el hilo conductor de la lucha por la autonomía vasca, que él mismo lideró, según ha quedado de manifiesto en esta parte de su biografía. Casualmente, el otro político que publicó sus memorias sobre su vida política reciente también en 1935 fue un enemigo de Aguirre: el exministro Rafael Salazar Alonso; pero sus móviles eran muy distintos: este diputado del Partido Radical quería defender su gestión ministerial previa a la revolución y demostrar su inocencia al estar implicado en el célebre escándalo del estraperlo[69]. Muchos políticos del período republicano escribieron sus recuerdos después de la Guerra Civil, para justificar su actuación, y los publicaron durante el franquismo, el exilio o la Transición. Por ello, el hecho de que Aguirre editase su libro ya en 1935 le da un gran valor histórico: por su rica aportación documental y testimonial, son las memorias más relevantes que existen acerca de la historia de Euskadi en la República, sobre la cual contamos con pocos testimonios, a diferencia de la Guerra Civil, etapa de la que abundan sobremanera.

Conocemos ya la *razón principal* que impulsó a Aguirre a escribir su obra: «la campaña injusta» de las derechas, «desatada contra el Nacionalismo Vasco y sus dirigentes» y «llevada a cabo con tanta pasión y con tanto olvido de lo pasado». Su detallada crónica de la vida política vasca, desde el 14 de abril de 1931 hasta los meses finales de 1934, pretendía mostrar la *trayectoria rectilínea* y la *conducta ejemplar* del PNV, «en singular contraste con la sinuosa de los que actuaron a su derecha y a su izquierda». Y al cabo de sus casi 600 páginas, remataba su libro con la siguiente conclusión[70]:

> Hacia la libertad vamos [...]. Sin titubeos, aunque la revolución ruja a nuestro lado, unas veces a cargo de las «derechas» monárquicas [con su

---

[69] Su libro citado *Bajo el signo de la revolución* dedicó un capítulo al *affaire straperlo*. Éste fue el nombre de una ruleta trucada, inventada por el holandés Strauss y su socio Perle, quienes en 1934 consiguieron el permiso para jugar con ella en el casino de San Sebastián gracias al cohecho de varios dirigentes del Partido Radical. Tras ser prohibida, Strauss envió la documentación comprometedora al presidente de la República. Al hacerse público, este escándalo provocó la caída definitiva de Lerroux en octubre de 1935 y contribuyó al final del bienio de centro-derecha y a la debacle del Partido Radical en las elecciones de 1936.

[70] Aguirre, *Entre la libertad*, pp. 1-3 y 592-593 (la cursiva de la cita es suya y venía a remarcar el título de su obra).

conspiración contra la República en el verano de 1931], otra vez a cargo de las «izquierdas» extremas [en octubre de 1934]. Hemos luchado *entre la libertad* que queremos alcanzar como nuestra *y la revolución* que, entorpeciendo su logro, era ajena a nosotros.

De esta forma, en 1935 Aguirre resaltaba el centrismo político del PNV, que le servía para marcar las distancias tanto con las derechas, con las que se había aliado en 1931, como con las izquierdas, a las que se había acercado en 1934. Y terminaba reafirmando sus principios: su fe en Dios («único dueño del destino de los hombres y de los pueblos») y su juramento de luchar por la libertad de Euskadi con el nacionalismo, «un movimiento singular y completo», que realizaba a diario *su revolución*, «formando el alma de un pueblo que quiere ser libre, con los materiales eternos que presta la concepción cristiana de la sociedad». Esta idea concordaba con la propuesta de Landaburu —en su carta citada del 20 de octubre de 1934— de retroceder a la posición clásica del PNV y volver a «levantar la bandera de Cristo», exigiendo justicia social, frente a los extremos del fascismo y del comunismo. Fueron ellos, junto con los restantes diputados *jelkides*, quienes se aprestaron a llevarla a la práctica a través de dos proposiciones de ley que presentaron a las Cortes en 1935, mencionadas más adelante.

Con la publicación de su obra, Aguirre quiso no sólo contar la historia inmediata, sino también dar a conocer entre líneas el pensamiento nacionalista, según le confesaba a su amigo Jesús Zabala. En efecto, sus memorias reflejan bien sus ideas esenciales y rasgos de su personalidad que conformaron su ADN: así, su religiosidad y fe en la Providencia; su excesivo optimismo, que en ocasiones rayaba en la ingenuidad; su pragmatismo político y su autonomismo a ultranza, que le permitieron ir del brazo primero de las derechas (Asamblea de Estella en 1931) y después de las izquierdas (Asamblea de Zumarraga en 1934); su concepción del Estatuto como un primer paso en el camino hacia la meta: la soberanía de Euskadi mediante la reintegración foral plena; su visión aranista de la historia vasca, según la cual su secular libertad le fue arrebatada por las Cortes españolas con la ley de 25 de octubre de 1839; de ahí que considerase que la derogación de dicha ley debía ser el programa de todas las fuerzas políticas del País Vasco[71].

Ahora bien, el aspecto en el que van a hacer más hincapié los prologuistas y los comentaristas coetáneos va a ser el de la *pasión*: «His-

---

[71] Ibíd., pp. 590-591.

toriador apasionado, [...] José Antonio de Agirre ha puesto en el libro algo de pasión» (José Horn), «la obra está escrita con pasión» (José Artetxe), «no está exento el libro de una pasión patriótica que pone de relieve las arraigadas convicciones del autor» (Joan Bta. Roca), «este libro no es una historia aséptica y fría de los hechos; es un libro escrito con pasión» (Federico Zabala)[72]. Ciertamente, Aguirre sentía pasión por la política, que fue su vocación y su dedicación principal desde 1931; pero a consecuencia de ella también padeció en la República, cuando fue detenido e injuriado (tachado de *masón*), y mucho más tras su derrota en la Guerra Civil, cuando estuvo forzado a vivir en el exilio con su familia, su partido y su Gobierno hasta su muerte en 1960. En suma, fue un político apasionado, que puso la actividad política al servicio de sus dos grandes ideales vitales: la religión católica y la patria vasca.

En mayo de 1935, la aparición de las memorias de Aguirre coincidió con la reanudación de su labor de propagandista con numerosos mítines y conferencias por la geografía vasca. Como en el trienio precedente, el mitin más relevante y multitudinario fue el organizado con motivo de la festividad principal del PNV: *Aberri Eguna*. En su cuarta edición, siguiendo su rotación por las capitales, se celebró en Pamplona y tuvo notorias diferencias con los anteriores debido a las trabas gubernativas: cambió su denominación, al llamarse *Euzkadi-Eguna*, y su fecha, pues no tuvo lugar el Domingo de Resurrección, sino que se retrasó hasta el 30 de junio; al estar prohibidas las manifestaciones y las *ikurriñas*, la bandera nacionalista fue sustituida por el *lauburu*, símbolo vasquista; los actos culturales y folclóricos predominaron sobre los políticos. Al igual que en 1934 en Vitoria, los oradores fueron los diputados Landaburu, Aguirre, Monzón e Irujo. Sus discursos resaltaron la vinculación de Navarra al País Vasco, de cuyo proceso estatutario se había descolgado hacía tres años y no tenía visos de reengancharse, dada la neta hegemonía de las derechas navarras, que criticaron con acritud la fiesta *jeltzale*. En esta ocasión, la intervención de Aguirre fue breve y careció del radicalismo y del optimismo que había mostrado en los primeros *Aberri Eguna*.

---

[72] Prólogos de José Horn a la primera edición (1935) y de Federico Zabala a la segunda (1976). Ésta fue presentada en el Hotel Carlton de Bilbao, que había sido la sede del Gobierno de Aguirre en la Guerra Civil. Artículos de Artetxe y Roca, en *Euzkadi*, 5-VI y 31-VII-1935. También dedicaron artículos al libro Engracio Aranzadi, quien vio en Aguirre un «don que al Cielo debe el nacionalismo vasco», y *Gurbindo* (José Aguerre), que contestó a la crítica negativa del canónigo Hilario Yaben, en *Euzkadi*, 15-VI y 9-VIII-1935.

Ciertamente, el momento político no se prestaba en absoluto a ello. Así lo dejó patente el 2 de julio de 1935, en una extensa epístola al jesuita José María Estefanía, residente en Tournai (Bélgica), que consideramos una de las más importantes de su copiosa correspondencia, por lo que merece la pena examinarla con detenimiento[73]. En ella hace un balance muy negativo de las Cortes y los gabinetes radical-cedistas: «Un Parlamento que no funciona, un Gobierno que para vivir ha de cercenar la libertad». Su crítica más acerba se dirige contra las derechas españolas, incide sobre todo en las cuestiones autonómica y social, y alcanza incluso al problema religioso, por no haber reformado la ley de congregaciones, ni haber derogado el decreto de disolución de la Compañía de Jesús. En cambio, sí han aprobado una contrarreforma agraria, que va a dar lugar a «injustos desahucios». Según Aguirre, la derecha se identifica con *bienestar económico individual* y siente *horror* a la cuestión social por considerar que «es socialismo, aun cuando dos pontífices hayan iluminado el mundo con sus maravillosas enseñanzas», en referencia a las encíclicas *Rerum Novarum* (1891) de León XIII y *Quadragesimo Anno* (1931) de Pío XI. Basándose en ellas, la minoría nacionalista vasca elaboró una proposición de ley sobre el salario familiar, que no tuvo futuro en esas Cortes, a las cuales interesaba más atacar a Azaña por donde era inatacable (su presunta participación en la revolución de octubre), a juicio de Aguirre. Éste acertó de pleno al vaticinar que el ataque injustificado de las derechas a Azaña iba a conseguir todo lo contrario: su *apoteosis*. En efecto, tras no ser procesado, el diputado por Bilbao resurgió cual ave Fénix, en olor de multitudes, con sus tres *discursos en campo abierto*; el segundo de ellos tuvo lugar el 14 de julio en el campo de fútbol de Barakaldo y en él defendió las autonomías y los derechos históricos de los pueblos, lo que le granjeó los elogios de dirigentes de ANV. Aquí radica una de las claves del pesimismo de Aguirre en la coyuntura de 1935: ve *muy difícil* que el Estatuto se apruebe con esas Cortes de mayoría de derechas, y se lo explica a su amigo jesuita con este razonamiento:

> En otro orden, en el autonómico, es ciertamente desesperante su actitud. Nada más llegar al poder, su actuación ha sido la de colocarse enfrente de todo intento autonómico, mientras las izquierdas siguen incluyendo cada día con más fuerza los postulados autonómicos. Estas últimas las cumplieron con Cataluña. Parecía lógico que las derechas lo cumplieran

---

[73] Carta citada en la nota 67. Su texto fue comentado por Tusell (*Historia*, tomo II, pp. 99-104) y publicado por Arbeloa, Víctor Manuel: «Seis cartas de José Antonio Aguirre (1932-1936)», *Letras de Deusto*, 16, 1978, pp. 103-123.

con Euzkadi. Pero no, para que nuestras «esperanzas se agiganten» han presentado un proyectito de reforma constitucional que prácticamente arroja por la borda el problema de la autonomía. Ni enseñanza, ni justicia, ni orden público y en las demás materias grandes limitaciones. Es decir que nosotros los vascos podremos hacer lo que hoy hacemos. ¿Adónde van estos hombres con tan insensata política? Con Cataluña y Euzkadi enfrente no habrá jamás paz dentro del Estado español.

De todo ello Aguirre extraía una conclusión que no dejaba de ser desazonadora para él: «El Estatuto Vasco tendrá más dificultades cuanto más se acentúe el auge derechista, y tendrá más facilidades a medida que decrezca aumentando la izquierda. Esta es nuestra tragedia»[74]. ¿Cuál era la *tragedia* del PNV en 1935? Pensamos que se refería al hecho de que su partido católico y de orden constataba la imposibilidad de alcanzar su objetivo permanente durante la República —la autonomía de Euskadi— con las derechas, también católicas, que se habían convertido en sus enemigas acérrimas, mientras que veía factible lograrlo con las izquierdas anticlericales, a las que consideraba sectarias y que habían protagonizado recientemente una cruenta revolución. En la creciente bipolarización de la vida política española, el PNV se había desplazado al centro, con la contradicción de seguir siendo ideológicamente de derechas, pero estar ya más cerca políticamente de las izquierdas. En esa tesitura, Aguirre se percataba del aislamiento en que se hallaba el PNV y vislumbraba con clarividencia lo que sucederá más de medio año después en las elecciones generales de 1936: «De nuevo lucharemos solos contra dos bloques; uno el de izquierdas que volverá lleno de sectarismo, otro el de derechas pletórico de suicida incomprensión». Además, acertó también en sus previsiones: el triunfo de las izquierdas en España y del PNV en el País Vasco. Por eso, veía muy bien el porvenir de Euskadi y muy mal el de España, y se interrogaba: «¿Hasta cuándo hemos de seguir uncidos al carro de ese pueblo agitado por la más salvaje de las luchas entre izquierdas y derechas [...]?». De ahí que definiese su nacionalismo así: «Cada día más cristiano y cada día más separatista». En resumidas cuentas, según Aguirre, las derechas españolas habían fracasado de manera semejante a los Gobiernos de

---

[74] A continuación, Aguirre recordaba la responsabilidad de las derechas por haber hecho fracasar el Estatuto vasco en Navarra en la Asamblea de Pamplona, celebrada en «la fecha infausta» del 19 de junio de 1932. Sin las *traiciones* «de los Beunza, Rodezno, Aizpún y compañía», la autonomía hubiera puesto a Euskadi «al resguardo de este suicida y horroroso vaivén de la política española». Esa defección de Navarra había supuesto para Aguirre una dolorosa herida que aún no había cicatrizado y que nunca olvidaría.

Azaña. Sin saber entonces que restaba medio año a esa legislatura, su balance era casi tan negativo como el que acabaron haciendo las izquierdas del denominado por ellas *bienio negro* del Partido Radical de Lerroux y la CEDA de Gil Robles.

A lo largo de 1935 las relaciones del PNV con las derechas no sólo no mejoraron, sino que se fueron deteriorando aún más por motivos de todo tipo, hasta culminar en sus graves enfrentamientos verbales, tanto fuera como dentro del Parlamento, en el último trimestre de ese año. Por ello, resulta sorprendente que, por vez primera en su historia, la dirección *jeltzale* se plantease la posibilidad de que se ofreciese al PNV una cartera ministerial a finales de septiembre, cuando Alejandro Lerroux fue sustituido por Joaquín Chapaprieta como jefe del Gobierno. Ante ello, el EBB de Doroteo Ziaurritz pidió su opinión al BBB de Juan Ajuriaguerra, el cual acordó por unanimidad que «el P.N.V. no puede por principios doctrinales aceptar puestos en el gobierno español»[75]. Entonces dichos dirigentes no podían imaginar que, justo un año después, en plena Guerra Civil, darían su plácet al nombramiento de Manuel Irujo como ministro sin cartera en el Gobierno de Francisco Largo Caballero, a cambio de la inmediata aprobación del Estatuto vasco por las Cortes del Frente Popular el 1 de octubre de 1936.

En julio de 1935, Aguirre terminaba su carta citada a Estefanía mencionando que la Comisión parlamentaria había dictaminado el Estatuto, pero añadía: «Siguen las Cortes sin hacer absolutamente nada». Esto fue cierto no sólo en la cuestión autonómica, sino también en otro campo de acción de la minoría nacionalista vasca en las Cortes radical-cedistas: su propuesta de aplicación de la doctrina social cristiana, a la cual aludía también en esa carta. Con ella venía a paliar la ausencia constante de un programa socioeconómico del PNV, carencia que persistió durante la República al suspender el congreso que sobre esa temática había convocado para septiembre de 1934. Y con ella el partido de Aguirre hacía suyos algunos aspectos del programa aprobado por ELA-STV en su segundo congreso, celebrado en Vitoria en 1933. Era lógico, dado que Manuel Robles Aranguiz y Heliodoro de la Torre, el presidente y el vicepresidente de dicho sindicato nacionalista, eran diputados *jelkides*, si bien no fueron ellos sino Juan Antonio Irazusta el que defendió, en las Cortes en febrero de 1935, la proposición de ley sobre la participación de los

---

[75] Acta del BBB, 23-IX-1935, en AN, PNV, 200-6. Esta es la última acta que se conserva del BBB en la II República. En este Archivo del Nacionalismo no hay actas del EBB durante los años 1935 y 1936.

obreros en los beneficios de las industrias y el salario-subsidio familiar. Su preámbulo apuntaba la existencia de empresas que aplicaban ya tales medidas, en clara referencia a Chocolates Bilbaínos, según reconoció posteriormente Aguirre: «En la empresa de mi familia estaban para esa época en vigor todos esos beneficios sociales […] con espléndido resultado». Aun siendo una propuesta moderada y fundada en las encíclicas —mencionadas por Irazusta en su discurso—, «no se permitió por los grupos de derecha que la proposición fuera leída» y el diputado tradicionalista José María Lamamié de Clairac, terrateniente castellano, dijo airado: «Si seguís invocando las Encíclicas de los Papas para privarnos de nuestra propiedad nos haremos cismáticos»[76].

Tampoco fue tenida en cuenta otra proposición de ley, presentada por la minoría nacionalista en octubre de 1935, sobre la enseñanza del catecismo en las escuelas, a pesar de los numerosos diputados católicos presentes en las Cortes del segundo bienio republicano. Ello motivó esta queja amarga de Aguirre: las derechas «no han hecho en dos años nada, absolutamente nada, por corregir la legislación sectaria de las Constituyentes, y en cambio hacen el vacío a la proposición de la minoría vasca relacionada con la enseñanza en las escuelas»[77]. Constataba entonces otra divergencia significativa con las fuerzas derechistas: éstas rechazaban la doctrina social de la Iglesia, mientras que el PNV propugnaba la justicia social por medio de ella. Tal fue una de las aportaciones relevantes de la generación de Aguirre, que fue capaz de guiar a su partido desde el integrismo católico, predominante en 1931, hacia el reformismo social y la democracia cristiana, evidente en la labor de sus parlamentarios en 1935. Se trataba de una manifestación más del nuevo centrismo político del PNV, que coadyuva a explicar su posición pro republicana en la Guerra Civil, en cuyo transcurso el Gobierno de Aguirre asumió en su programa y puso en práctica esos postulados socioeconómicos en la Euskadi autónoma[78].

---

[76] Aguirre, José Antonio de: *Cinco conferencias pronunciadas en un viaje por América*, Ekin, Buenos Aires, 1994, pp. 238-241. El discurso de Irazusta y esa proposición de ley se encuentran en *Euzkadi*, 6 y 8-II-1935, y en el folleto *La labor del Partido Nacionalista Vasco en materia religiosa y social*, Editorial Vasca, Bilbao, 1936. Este año, imitando el ejemplo empresarial de Aguirre, el PNV implantó el subsidio familiar en las empresas editora e impresora de su diario *Euzkadi*: Euzko Pizkundia (Renacimiento Vasco) y Tipográfica General (*Euzkadi*, 25-IV y 12-V-1936).

[77] *Euzkadi*, 29-X y 26-XI-1935. El texto de la proposición sobre la instrucción religiosa a los niños figura en *Euzkadi*, 2-X-1935, y en el folleto citado en la nota anterior.

[78] Tusell, *Historia*, tomo II, pp. 88-98. Granja, *El nacionalismo vasco*, capítulo 4.

Además, las frecuentes e insalvables diferencias existentes entre el PNV y las derechas afectaron no sólo a la política española, sino también a las relaciones internacionales. El caso más palmario fue su actitud antagónica con respecto a la guerra italo-etíope. Los monárquicos (como Ramiro de Maeztu en el periódico *ABC*) apoyaron con entusiasmo a la Italia fascista de Mussolini (con cuya ayuda contaban desde 1934 para derribar violentamente a la República) en su conquista militar de Abisinia (actual Etiopía). Por el contrario, el PNV se volcó a favor de este país africano y su *negus* Haile Selassie en una intensísima campaña de prensa: su diario *Euzkadi* consagró bastantes editoriales —firmados por Engracio Aranzadi— y la mayor parte de sus primeras planas a dicho conflicto entre septiembre y noviembre de 1935. Ya el 3 de agosto, justo dos meses antes de la invasión italiana, Irujo —mucho más interesado que Aguirre por la política internacional— escribía a éste propugnando un rápido posicionamiento del PNV al lado de Abisinia: «Por la libertad, contra la dictadura y la monarquía. ¡Qué bandera! Unos telegramas a Ginebra y Addis Abeba puestos desde Hendaya y publicados en la prensa de París y Madrid definían una actitud»[79]. Por su parte, Aguirre se pronunció públicamente tanto a favor de la democracia y de Abisinia como en contra del fascismo y del imperialismo de Italia[80].

Precisamente, los diputados Aguirre e Irazusta estuvieron del 3 al 9 de septiembre de 1935 en Ginebra, donde asistieron como observadores a algunas sesiones de la Sociedad de Naciones sobre ese candente conflicto. Fue el primer viaje político al extranjero de nuestro biografiado, que hasta entonces se había dedicado a la política vasca y española y apenas había prestado atención a las relaciones exteriores, en flagrante contraste con su intensa actividad internacional a partir de 1936. El día 3 participaron en el XI Congreso de Nacionalidades Europeas (CNaE)[81] y quedaron decepcionados porque no tra-

---

[79] Carta de Manuel Irujo a José Antonio Aguirre, 3-VIII-1935, en CDMH, PS Barcelona, 286. En Ginebra estaba la sede de la Sociedad de Naciones, la organización internacional que condenó la agresión de Italia, lo cual no impidió que su ejército conquistase Addis Abeba, la capital de Etiopía, y anexionase este país al imperio colonial del rey Víctor Manuel III y del *duce* Benito Mussolini en 1936.

[80] *Euzkadi*, 3 y 17-IX-1935.

[81] Fundado en 1925, el Congreso de Nacionalidades Europeas se reunía una vez al año. El PNV ingresó en él en 1930 y desde entonces hasta 1935 tuvo representación en sus congresos anuales, salvo en 1933. Sobre su XI Congreso contamos con las crónicas de Juan Antonio Irazusta (*Jon Andoni*) en el diario *Euzkadi* (7, 8 y 11-IX-1935) y, sobre todo, con el extenso e importante *Rapport* de Irazusta y Aguirre al EBB (12-IX-1935), conservado en el CDMH (PS Bilbao, 259) y publicado por Amézaga (*El primer Aguirre*, tomo II, pp. 161-188). Las citas que siguen proceden de este documento, el que más y

tó sobre Abisinia, ni admitió su propuesta de expresar su *simpatía* por este país, amenazado por Italia, con el argumento de que su objeto «se reducía a los problemas de las nacionalidades europeas». Enseguida se percataron de que dicho Congreso se hallaba dominado por las minorías alemanas en los Estados de la Europa centro-oriental, influidas ya por la Alemania de Hitler, que lo apoyaba y financiaba en buena medida. Este era el verdadero motivo de su silencio ante el grave problema italo-etíope, tal y como constataron Irazusta y Aguirre en su detallado informe al EBB:

> Ha constituido una profunda sorpresa para los suscritos delegados, la influencia creciente del germanismo con sus ideas autoritarias entre todos los pueblos de la Europa central [...]. Su repercusión en el Congreso de Nacionalidades Europeas es significativa. Son diez millones los nacionales alemanes incorporados a otros Estados como consecuencia de las integraciones y las segregaciones a que dieron lugar los Tratados de Paz [tras la I Guerra Mundial]. Es evidente por lo tanto, la simpatía del pueblo alemán por el Congreso de Nacionalidades en el cual sus compatriotas pertenecientes a otros Estados, constituyen una buena parte, por no decir la mayoría de sus componentes. Es indudable también, que en todos estos nacionales la idea nacional-socialista ha prendido. De aquí se puede comprender cuán difícil fue dentro del Congreso expresar la posición de los grupos democráticos en problemas [...] como el de Abisinia, cuya defensa y simple expresión de simpatía venía a ser como una condenación implícita a la posible y temida incorporación violenta de Austria por parte de Alemania. Alemanes en Estonia y en Lituania, en Polonia, Checoeslovaquia, Rumanía, Austria e Italia. [...] *El problema más grave estriba* en el que el proceso de germanización intensísimo, ha plasmado en acciones políticas que entrañan indudable peligro para las Nacionalidades constituidas en Estados al final de la Guerra [Mundial].

A Aguirre e Irazusta les preocupaba extraordinariamente el problema de los millones de alemanes en los Sudetes dentro de Checoslovaquia, existiendo en Alemania «un régimen autoritario de tipo fascista», porque veían una posible similitud de aquéllos con los es-

---

mejor expone las ideas de Aguirre sobre la política internacional anterior a la Guerra Civil. Los delegados *jelkides* repartieron en Ginebra un informe sobre la situación del problema vasco (su texto, escrito en francés, está en CDMH, PS Bilbao, 185). Sobre este tema cf. Núñez Seixas, Xosé M.: «Relaciones exteriores del nacionalismo vasco (1895-1960)», en Pablo, Santiago de: *Los nacionalistas. Historia del nacionalismo vasco. 1876-1960*, Fundación Sancho el Sabio, Vitoria-Gasteiz, 1995, pp. 381-417 (en especial, pp. 400-412). Ugalde, Alexander: *La acción exterior del nacionalismo vasco (1890-1939): historia, pensamiento y relaciones internacionales*, IVAP, Bilbao, 1996, capítulo 7 (en especial, pp. 501-509).

pañoles inmigrantes en Euskadi[82]. Por ello, lamentaron no entrevistarse con Edvard Benes, ministro de Asuntos Exteriores y poco después presidente de la República checa hasta que la Alemania nazi le arrebató la región de los Sudetes en 1938. También sintieron no haber podido estar con Eamon de Valera, el presidente del Estado Libre de Irlanda. En cambio, sí saludaron al representante abisinio ante la Sociedad de Naciones, Tecle Hawariate, con cuyo país se solidarizaron conjuntamente con Josep M. Batista i Roca. Con este delegado catalanista en el CNaE hablaron de la conveniencia de dar vida a Galeuzca «en un terreno cultural», lo cual venía a confirmar la inexistencia de esa alianza en el terreno político durante el segundo bienio republicano.

En su informe, Irazusta y Aguirre constataban las netas diferencias entre los casos vasco y catalán y las minorías nacionales centroeuropeas, que se hallaban protegidas por tratados internacionales, pero muchas tenían problemas por estar dentro de Estados autoritarios, aunque tenían la ventaja de contar con Estados nacionales afines. El CNaE se ocupaba preferentemente de la autonomía cultural de esas minorías y apenas de la autonomía política de Cataluña y Euskadi. Opinaban que, al no tener España peso en el ámbito internacional, sus movimientos nacionalistas tenían poca repercusión fuera de sus fronteras, aun siendo «los mejor organizados y más potentes en su género en Europa». Cosa distinta sería si tales movimientos se desarrollasen en Francia y contribuyesen a debilitar a esta República unitaria. Empero, el temor de los dirigentes del CNaE, de origen alemán, a Francia impedía que se extendiese más a las nacionalidades del oeste de Europa. Por ello, consideraban necesario y urgente *la creación de un problema occidental* con la fundación del *Congreso de Nacionalidades occidentales*, que podría formarse con «los representantes de Cataluña, Flandes, Bretaña, Provenza, Galicia y Euzkadi (peninsular y continental)». Creían que el nacionalismo en el territorio vasco continental «produciría efectos internacionales más profundos que el nuestro»[83].

---

[82] «[...] también en Euzkadi, no ya en caso de independencia, sino en el de una simple autonomía pudiera darse el fenómeno de la unión de los elementos extranjeros con todos aquellos traidores a la raza que pudiera en un momento determinado adquirir notable influencia y en todo momento obstruccionar la labor nacionalizadora que el patriotismo vasco quisiera llevar adelante» (*Rapport* citado en la nota anterior, p. 16).

[83] Se trataba de un mero desiderátum, habida cuenta de la extrema debilidad del nacionalismo en el País Vasco francés de los años treinta, representado por el *Mouvement eskualerriste* del P. Pierre Lafitte, próximo al PNV, de carácter católico y conservador, que publicó el periódico *Aintzina* (Bayona, 1934-1937).

En esa tensa coyuntura internacional, según la visión de Aguirre e Irazusta, el PNV tenía problemas con Francia (aliada tradicional de España) y debía «estrechar las relaciones con Inglaterra», previendo que el porvenir de Euskadi estuviese «ligado a una posible lucha [...] entre países sajones y latinos». La impresión que captaron en Ginebra era que «la guerra ha de estallar tarde o temprano», que empezaría en el Mediterráneo y repercutiría rápidamente en Europa central. En tal hipótesis, si España se decantara por Italia, «es indiscutible que una declaración conjunta de Euskadi y Cataluña debilitaría en tal forma la posición española y daría tal relieve a nuestros movimientos» que podría tener una consecuencia inmediata a nivel internacional. Esta insinuación de una posible independencia de Euskadi en el marco de una próxima guerra europea fue concretada enseguida por Aguirre en su carta citada a Jesús Zabala, fechada el 19 de septiembre de 1935:

> Acabo de regresar de Ginebra adonde por orden de Euzkadi-Buru-Batzar fui como representante de Euzkadi [...]. El nombre de nuestra Patria y su problema nacional son hoy conocidos en Europa. [...] Además hoy se nos mira con mucha simpatía, 1.º por esa aureola del pueblo viejo con raza y lengua «islas» y 2.º por el índice superior de civilización que sobre España nos reconocen. ¡España sí que pesa poco en el concierto europeo! [...] Nuestra labor diplomática en Ginebra comienza a tomar cuerpo. Sólo Jaungoikoa [Dios] sabe cuando sea llegada la hora de nuestra liberación en esta Europa ensombrecida hoy por los nubarrones de una próxima y temida guerra. Pero así como numerosos pueblos oprimidos hallaron su camino salvador en la del año 1914, nadie puede predecir si no habrá sonado nuestra hora cuando la próxima hecatombe haga comprender al imperialismo que no se puede partir los pueblos a golpe de cuchillo de cancillería, ni prescindir de la naturaleza que no entiende de la arbitraria clasificación de los pueblos en esclavos y libres. Es preciso estar muy vigilantes porque se acercan acontecimientos de hondísima envergadura. Y a Dios gracias en Euzkadi hoy estamos alertas.

En su informe a la dirección del PNV, Aguirre e Irazusta proponían una mayor preocupación por la política internacional, prestando más importancia y más recursos económicos al viaje anual a Ginebra («una necesidad imperiosa»), intensificando los contactos con otras nacionalidades y buscando *valedores* en Europa. Sin duda, el principal era Inglaterra, del que se deshacían en elogios: «Inglaterra ha sabido dotar a su imperio de un régimen político envidiable», por lo que todos los pequeños pueblos lo veían con simpatía.

Esto muestra un rasgo fundamental de Aguirre en las relaciones internacionales: su profunda y constante anglofilia, como se verá en las etapas siguientes de su biografía. Lo que no esperaba Aguirre —ni casi nadie entonces— era que el conflicto bélico europeo vendría precedido de la Guerra Civil española. Ésta frustraría la paradiplomacia preconizada por él. No hubo representación del PNV en el XII Congreso de Nacionalidades Europeas, celebrado de nuevo en Ginebra en septiembre de 1936. Sí la hubo en el siguiente, que tuvo lugar en Londres en julio de 1937, cuando toda Euskadi había sido ya conquistada por el ejército de Franco; pero los delegados *jelkides* no consiguieron una declaración a favor del nacionalismo vasco y en contra del bando franquista, porque el CNaE era cada vez más un organismo dependiente de la política exterior expansionista de la Alemania nazi, aliada incondicional de Franco, junto con la Italia fascista.

Tras este *bautismo de fuego* en el escenario de la compleja situación de Europa, José Antonio Aguirre se enfrascó de nuevo en la política española, cuando el estallido del escándalo del estraperlo vino a poner el punto final al bienio radical-cedista y a adelantar las elecciones generales. Entonces, con el proyecto de Estatuto vasco paralizado en las Cortes, en el último trimestre de 1935 se consumó la ruptura total del PNV con las derechas católicas y monárquicas por su violencia verbal contra el nacionalismo vasco, tanto en varios mítines en Euskadi como en un tenso debate parlamentario en Madrid.

El frontón Urumea de San Sebastián sirvió de tribuna a los discursos de Gil Robles (20 de octubre), Calvo Sotelo (10 de noviembre) y el carlista Esteban Bilbao (22 de diciembre), así como a la réplica a los primeros por parte de Monzón, Irujo y Aguirre (24 de noviembre)[84]. Aunque el líder de la CEDA no se posicionó claramente contra el Estatuto, en ese momento su principal objetivo era cambiar la Constitución republicana, en la que recortaría las autonomías, y no tenía ninguna gana de apoyar el Estatuto vasco que creaba «un Parlamento ridículo y pequeño», en su expresión despectiva. Por esto fue criticado duramente por Irujo, que calificó a Gil Robles de «enemigo número uno de los vascos», y por Aguirre, quien exclamó ¡*No pasaréis!*, refiriéndose a la organización de la CEDA en Gipuzkoa: la Derecha Autónoma Vasca de Juan Pablo Lojendio.

Mucho más tajante fue Calvo Sotelo, que atacó al Estatuto, contraponiéndolo a los Fueros y al Concierto (renovado en 1925 por él como ministro de Hacienda de la Dictadura de Primo de Rivera), y pronunció esta célebre afirmación: «Yo, entre dos Españas, roja la

---

[84] *Euzkadi*, 22 y 29-X; 5, 12, 13, 16, 26 y 28-XI; 27 y 29-XII-1935.

una y rota por el separatismo la otra, me quedo con la España roja». La contestación de Irujo a este dirigente de Renovación Española dejó patente dos importantes postulados *jelkides*: primero, el Estatuto no era su meta sino sólo un primer paso hacia ella, porque «la libertad plena se consigue por grados, por estadios, como se van subiendo los peldaños de una escalera»; y segundo, su enorme interés en lograr la autonomía de Euskadi con aquel político que la hiciese posible: «Nosotros pedimos lo nuestro, lo que nos pertenece. ¿Que las derechas españolas nos lo niegan? Nosotros, con la confianza en Dios y en nuestro esfuerzo, bendeciremos la mano por medio de la cual nos llegue el Estatuto». Como escribió Juan Pablo Fusi, «Irujo acababa de bendecir sin saberlo la mano de Indalecio Prieto», el impulsor del Estatuto vasco en las Cortes del Frente Popular[85]. Si Irujo declaró que el PNV no era un partido como los demás, Aguirre desarrolló esta idea en su discurso de San Sebastián:

> El nacionalismo vasco [...] no es una organización meramente política. [...] es una completa civilización sobre la tierra vasca. Es una idea integral y completa, que empieza proclamando el derecho de Dios sobre todos los corazones de la tierra y termina reclamando la libertad de la patria para hacerla una patria digna de un pueblo noble.

Aún más virulenta y pasional fue la sesión parlamentaria del 5 de diciembre[86]. En ella Calvo Sotelo defendió una proposición (firmada también por el carlista Oriol) solicitando al Gobierno de Chapaprieta la ilegalización del nacionalismo por ser «un sentimiento de independencia vasca, fundado en el odio a los españoles y a la nacionalidad española, en el odio a la Historia de España», citando bastantes textos de Sabino Arana, extraídos de la antología *De su alma y de su pluma* (1932). Y concluyó con un ataque furibundo a los diputados del PNV: «invocaciones a Dios [...] en vuestros labios son una verdadera blasfemia» y «entregaros el Estatuto, en totalidad o en parte, sería un verdadero crimen de lesa patria». «¡No más hablar de Estatuto, porque sabemos que ese Estatuto será en vuestras manos un arma homicida!». De nuevo le rebatieron Monzón, Aguirre e Irujo, quienes no eludieron la confrontación dialéctica y ratificaron su ideario nacionalista entre continuas protestas y algunas interrupciones de diputados derechistas. Un ideario que iba mucho más lejos de la autonomía, pues aspiraba a la

---

[85] Fusi, *El problema vasco*, pp. 123-126.
[86] *Diario de las sesiones de Cortes*, sesión del 5-XII-1935, pp. 11126-11135. Discursos reproducidos en el libro citado *La minoría de cemento*, pp. 92-115.

reintegración foral, que para ellos era «la independencia, la soberanía plena de nuestro país», al asumir la doctrina aranista sobre los Fueros y su abolición por la ley de 1839. En esta ocasión el más explícito fue Aguirre, quien declaró sin ambages:

> Soy nacionalista vasco y por lo tanto proclamo la nacionalidad vasca. (Rumores). La nacionalidad vasca, Euzkadi, con su soberanía sobre sus propios destinos. [...]
> Nuestra aspiración política —la del Partido Nacionalista Vasco, fijaos bien, Sres. Diputados— se concreta, en cuanto al Estado español, en esto: derogación de la ley de 1839. Aspira el nacionalismo vasco, en este orden, a retrotraer la situación política de Euzkadi a lo que era un hecho en los tiempos anteriores en que esa disposición atentatoria contra su Constitución política fue promulgada.
> [...] el Estatuto es sin perjuicio de la derogación de la ley de 1839.

Al término del bronco debate, Calvo Sotelo retiró su proposición, por lo que no fue votada. Los diputados *jelkides* lo consideraron «un rotundo triunfo», al igual que el diario *Euzkadi*, que tituló su primera plana el 6 de diciembre: «Ayer, en las Cortes. Una brillante jornada para el nacionalismo vasco», reprodujo íntegramente sus discursos y le prestó gran atención durante dos semanas, publicando numerosos telegramas de felicitación a ellos[87]. Como era habitual en el PNV, al final del año los diputados hicieron el descargo de su labor en la Asamblea Regional de Bizkaia, la cual vio *con satisfacción* su actuación, sobre todo en el debate promovido por los monárquicos contra el nacionalismo, y por ello aprobó tributarles un homenaje en un mitin en el que participarían los diputados que replicaron a Calvo Sotelo[88]. El EBB lo ratificó y organizó el gran mitin celebrado en el frontón Euskalduna de Bilbao el 12 de enero de 1936, pocos días después de la disolución de las Cortes radical-cedistas por el Gobierno de Portela Valladares, por lo que constituyó el pistoletazo de salida de su campaña electoral y un auténtico baño de masas para dichos diputados, que volvieron a figurar en las candidaturas del PNV en febrero de 1936. Fue una prueba más del apoyo fervoroso a su

---

[87] *Euzkadi*, 5/19-XII-1935. Este periódico del PNV denominó repetidas veces a Calvo Sotelo «el último godo», basándose en el discurso de Irujo, quien rememoró que las crónicas de los reyes godos, uno tras otro, utilizaban la expresión *domuit vascones* (venció a los vascones), lo cual suponía que ninguno de ellos llegó a conseguirlo realmente, mientras que Calvo Sotelo se vanaglorió en su libro *Mis servicios al Estado* (1931) de haber vencido a Navarra («la vencí y la sojuzgué»), porque logró subir el cupo de su Convenio económico en 1927.

[88] Actas de la Asamblea Regional Ordinaria de Bizkaia, 29-XII-1935, y de la Asamblea Nacional del PNV, celebrada en Vitoria el 26-I-1936, en AN, PNV, 272-1.

acción parlamentaria por parte de la dirección, la militancia y la prensa *jelkides*[89].

El mismo día de ese mitin, los dirigentes del PNV conocieron la predisposición del cardenal secretario de Estado del Vaticano, Eugenio Pacelli (futuro Papa Pío XII), a recibirles en audiencia, que habían solicitado con anterioridad. A sabiendas de que no era el momento propicio por la proximidad de los comicios, decidieron que viajase a Roma una nutrida comisión al máximo nivel, integrada por seis diputados, los vocales titular y suplente del Tribunal de Garantías Constitucionales, el presidente y el secretario del EBB, acompañados por un sacerdote de Bermeo. En la capital italiana contaron con la ayuda de varios religiosos vascos, que llevaban mucho tiempo preparando esta visita al Vaticano, pues estaba prevista desde 1933 y se había pospuesto por diversas circunstancias. Con tal motivo, a lo largo de 1935 parlamentarios nacionalistas mantuvieron contactos con los obispos de Vitoria y Oviedo, Mateo Múgica y Justo Echeguren, con el arzobispo de Tarragona, Francesc Vidal i Barraquer, y con el nuncio de la Santa Sede en Madrid, Federico Tedeschini. Por mandato del EBB, Aguirre asistió a la imposición de la birreta cardenalicia al nuncio por el presidente Alcalá-Zamora, en el Palacio Nacional de Madrid, en diciembre de 1935 y unos meses antes celebró una entrevista discreta en Tarragona con el cardenal Vidal i Barraquer, de la cual sacó las *mejores impresiones* por «la sencillez, la franqueza y la simpatía hacia nosotros»[90].

Todo lo contrario fue la impresión que le causó su viaje a Roma —el segundo de carácter internacional que realizó—, al que consideró de «trascendental interés» y en el que tuvo gran protagonismo. Fue un fracaso absoluto para el PNV, tal y como reconocieron expresamente Irujo y Landaburu, aunque para el siempre optimista Aguirre resultó sólo «aparentemente fracasado». Empero, la valiosa do-

---

[89] En enero de 1936, *Euzkadi* otorgó una importancia extraordinaria a este mitin (que se mencionará más adelante), hizo grandes elogios de los parlamentarios y publicó el *Índice de las intervenciones de los diputados de la minoría nacionalista vasca en las Cortes españolas*, que fue editado en un folleto (reproducido en *La minoría de cemento*, pp. 187-190).

[90] Informe del PNV conservado en el Archivo Secreto Vaticano y publicado por el hispanista italiano Alfonso Botti en su artículo «La Iglesia vasca dividida. Cuestión religiosa y nacionalismo a la luz de la nueva documentación vaticana», *Historia Contemporánea*, 35, 2007, pp. 451-489 (en concreto, pp. 455-459). El diario *Euzkadi* resaltó, en un titular de su primera plana del 22-XII-1935, que «Agirre y Kareaga fueron los únicos diputados que asistieron al acto» solemne en honor de Tedeschini, junto con destacadas autoridades religiosas y políticas españolas.

cumentación conocida[91] demuestra de forma fehaciente que el PNV no logró formalizar su relación con el Vaticano, ni tratar allí ninguna de las peticiones concretas que figuraban en su memorándum al Papa Pío XI, a saber: la *neutralidad* de la jerarquía de la Iglesia «ante el pleito nacionalista que sostiene nuestra Patria con el Estado español, prohibiendo todo ataque directo al Nacionalismo Vasco confesional», la creación de la provincia eclesiástica vasca uniendo las diócesis de Pamplona y Vitoria, y la aplicación eficaz de las disposiciones canónicas al euskera. Además, sus representantes no fueron recibidos en audiencia por el Papa, ni siquiera por su secretario de Estado, a pesar de intentarlo varias veces durante la semana que estuvieron en Roma, entre el 18 y el 26 de enero de 1936. En su lugar, mantuvieron largas y tensas conversaciones (*desagradables*, según Aguirre) con monseñor Giuseppe Pizzardo, secretario de la Congregación para Asuntos Eclesiásticos Extraordinarios, quien para concederles dichas audiencias les impuso esta condición *sine qua non*: debían firmar un documento comprometiéndose a unirse a la coalición de derechas bajo la dirección de la CEDA de Gil Robles en las elecciones al Parlamento español (vistas por la Santa Sede como una lucha «entre Cristo y Lenin»), porque «primero es Dios y luego la patria». Fueron en vano todos los argumentos esgrimidos de palabra y por escrito por parte de Aguirre y otros miembros de la comisión, que rechazaron rotundamente esa alianza con partidos católicos que se habían convertido en sus enemigos acérrimos, hasta el punto de intentar ilegalizar al PNV. Sus dirigentes abandonaron la ciudad eterna con *amarga decepción*, sin haber rendido homenaje al Papa, ni haberle entregado personalmente un donativo de 25.000 pesetas que portaban. He aquí el testimonio de Aguirre[92]:

> Lo que no nos imaginábamos en nuestra simplicísima inexperiencia, por lo menos en la mía, era que la secretaría de Estado nos planteara como condición previa a una visita aceptada, sobre un problema conocido y serio, una exigencia política concreta y específica de carácter parti-

---

[91] El libro *El pueblo vasco frente a la cruzada franquista* (Egi-Indarra, Toulouse, 1966, pp. 105-147) publicó los testimonios de Javier Landaburu y José Antonio Aguirre, además del detallado diario del carmelita Hipólito de Larracoechea sobre sus constantes gestiones durante su estancia en Roma en enero de 1936. Este diario y bastantes documentos significativos fueron editados por Moriones, Ildefonso: *Euzkadi y el Vaticano (1935-1936). Documentación de un episodio*, Roma, 1976. «Relations du Parti Nationaliste Basque avec le Vatican», informe del PNV, sin fecha pero de 1936, en CDMH, Barcelona, 932.

[92] «Relato de José Antonio Aguirre», en *El pueblo vasco frente a la cruzada franquista*, pp. 115-122. Cf. también Aguirre, *El problema político moral de los vascos* (escrito en 1940), pp. 214-217.

dista, que entendíamos escapaba de la misión de la Iglesia, y en ninguna manera podíamos aceptar.

A continuación se preguntaba: «¿Qué había sucedido?». El PNV había querido mantener en secreto su visita al Vaticano, pero, recién llegada la comitiva a Roma, fue hecha pública por un artículo del corresponsal de *La Gaceta del Norte* titulado «A qué han ido a Roma los nacionalistas vascos». Esto provocó otra agria disputa entre *Euzkadi* y el periódico de José María Urquijo, a quien Aguirre atribuyó *la intriga* y la presión «para que el Vaticano nos amonestase, obligándonos a formar bloque con las derechas en las elecciones que acababan de convocarse». A su juicio, Urquijo influyó a través de *El Debate*, la CEDA y, sobre todo, el primado de Toledo, cardenal Isidro Gomá, no constándole la intervención del nuncio Tedeschini, quien le había recibido siempre «con afecto y simpatía». Pero no les proporcionó las cartas de recomendación solicitadas por el diputado José Horn.

Sin lugar a dudas, el hecho de que el viaje coincidiese con la campaña electoral fue muy contraproducente para el PNV, porque contribuyó a desvirtuar sus objetivos principales: establecer un contacto directo con la Santa Sede y procurar acoplar la organización eclesiástica a su concepción territorial de Euskadi, que abarcaba Navarra. La prensa rival lo vinculó a los comicios y lo aprovechó para volver a atacar al PNV, llegando *La Gaceta* hasta el extremo de acusar a *la embajada nacionalista* de ser «espías al servicio de Abisinia», en guerra con Italia, por lo que fueron vigilados estrechamente por la policía de Mussolini, según constataron Irujo y Landaburu[93]. Además, el viaje suscitó el recelo del Gobierno de Portela Valladares, que previno al Vaticano de su «verdadera finalidad política de carácter separatista» y electoral, que el PNV trataba de encubrir con cuestiones de orden religioso[94].

Ante la repercusión mediática, nada más regresar al País Vasco sus dirigentes, el 28 de enero *Euzkadi* y *El Día* publicaron una nota explicando los motivos del viaje (homenaje al Papa y aspiraciones religiosas), que había sido aconsejado por el nuncio y era conocido previamente por el secretario de Estado, y afirmando que la comisión había

---

[93] *La Gaceta del Norte*, 19/31-I-1936. *Euzkadi*, 19, 22 y 23-I-1936. Irujo, *La Guerra Civil en Euzkadi*, pp. 49-55. «Relato de Landaburu», en *El pueblo vasco frente a la cruzada franquista*, pp.106-114.

[94] Meer, Fernando de: *El Partido Nacionalista Vasco ante la Guerra de España (1936-1937)*, EUNSA, Pamplona, 1992, pp. 62-63.

sido objeto de «distinción excepcional en el Vaticano». Ocultando la realidad de lo sucedido en Roma, trataban de evitar que incidiese negativamente en el seno de la juventud nacionalista, empujándola hacia la izquierda, tal y como temía el canónigo Alberto Onaindia, quien escribió a su amigo José Antonio Aguirre en estos términos inequívocos: «Es tan grave en mi concepto lo ocurrido, que vale la pena de guardar ante todo una reserva absoluta, sin permitir que lleguen las noticias a conocimiento del pueblo, que se escandalizaría y con razón»[95]. De la misma opinión fue Landaburu, quien concluía su relato así: «A pesar del desaire recibido en el Vaticano, los diputados vascos tuvieron mucho cuidado en ocultar a su pueblo la triste realidad del fracaso de su viaje, temiendo que ese pueblo se sublevara en su conciencia contra los que tan mal habían tratado a sus representantes». Mucho más duro fue el juicio emitido sin tapujos, como era habitual en él, por Manuel Irujo en una carta a Onaindia, escrita en plena Guerra Civil, cuando aún era ministro del Gobierno de Negrín[96]:

> No me hable Vd. del Vaticano. No creo en él. Creo en Cristo y en su representante en la tierra. En todo lo que no sea hablar ex-cátedra, el Vaticano es una potencia enemiga de Euzkadi y de la República. [...] El Papa está puesto en su política al servicio de los tiranos de la tierra. Envía a Addis-Abeba su Nuncio para saludar al Imperio Romano que significa allí la opresión, la injusticia y la violencia. Reconoce a Franco. Y sigue teniendo para los vascos el mismo trato que encontramos a principios de 1936 los diputados que fuimos a Roma. Entonces nos exigió el Vaticano para ser recibidos en audiencia por el Papa, que suscribiéramos un documento incorporándonos a las fuerzas de Gil Robles y Franco. [...] Recuerdo muchas veces la frase de M. Pizzardo cuando dirigiéndose a Aguirre con ademán de hacerle una caricia en el rostro añadía: «Ya sé que Vds. son muy buenos católicos, pero no es eso. La cosa es ganar las elecciones». Ahora «la cosa es ganar la guerra» para Franco.

Mientras sus dirigentes se encontraban en Roma, el PNV debatió la actitud a adoptar ante las elecciones generales convocadas para el 16 de febrero de 1936. Una encuesta realizada por el BBB de Juan Ajuriaguerra a diversas personalidades y organizaciones *jelkides* dio

---
[95] Carta de Alberto Onaindia a José Antonio Aguirre, 3-II-1936, reproducida por Altabella, Pedro P.: *El catolicismo de los nacionalistas vascos*, Editora Nacional, Madrid, 1939, pp. 30-31. Moriones, *Euzkadi y el Vaticano*, pp. 160-162.
[96] Carta de Manuel Irujo a Alberto Onaindia, 24-VII-1938, en el Archivo Alberto Onaindia. Condicionado por el conflicto bélico, Irujo cometió el error de incluir a Franco en su mención a Pizzardo, quien no pudo citarle, pues Franco no concurría a las elecciones, ni aparece su nombre en los testimonios publicados. En el mismo archivo véase también sobre esto la carta de Irujo al cardenal Vidal i Barraquer, 21-VII-1938.

como resultado una amplísima mayoría partidaria de acudir en solitario, como en 1933; en caso de ir en coalición, el partido preferido era ANV. La decisión de ir solo el PNV fue tomada por su Asamblea Regional de Bizkaia, celebrada el 29 de enero, y asumida también en Gipuzkoa, Álava y Navarra. Si no había tenido éxito la fuerte presión ejercida por el Vaticano para que el PNV se sumase al Bloque de derechas, tampoco lo tuvieron sendos intentos en Euskadi a favor de la unión de los católicos vascos: uno fue obra de Juan Pablo Lojendio, el presidente de la CEDA en Gipuzkoa, y el otro del canónigo y exdiputado Antonio Pildain, quien, por mandato del obispo Múgica, viajó a Bilbao para entrevistarse con José María Urquijo, pero ni siquiera le recibió. Desde su ruptura virulenta en el verano de 1934, el inspirador de *La Gaceta del Norte* no quería nada con el PNV y su animadversión hacia este partido culminó en la campaña de 1936. Además, varias personalidades derechistas (desde Calvo Sotelo hasta José María Areilza, candidato por Bilbao) manifestaron claramente que era imposible su alianza con el PNV, al que tildaban de *separatista* y del que les separaba «un abismo infranqueable», en palabras de Manuel Fal Conde, el jefe del carlismo español. Asimismo, no tuvieron ninguna posibilidad de prosperar otras dos ofertas electorales al PNV: la inclusión en su candidatura por Gipuzkoa de Juan Usabiaga, exdiputado y exministro del Partido Radical, apoyada por el jefe del Gobierno, el centrista Manuel Portela Valladares, y la propuesta del semanario *Jagi-Jagi* de formar un «Frente Nacional Vasco por la libertad de Euskadi», integrado por el PNV, ANV, ELA-STV y la Federación de *Mendigoizales* de Bizkaia. El PNV ni se molestó en responder a este grupo radical, escindido en 1934, y ANV prefirió ingresar en el Frente Popular, con el que esperaba conseguir su anhelado Estatuto de autonomía[97].

El mencionado homenaje a los diputados *jelkides* hacía previsible su continuidad en las nuevas Cortes y así lo acordó la Asamblea Regional de Bizkaia, que elogió su labor. Por eso, la mayoría de los candidatos de 1933 repitieron en 1936. Los pocos puestos vacantes fueron cubiertos por jóvenes abogados o economistas, que eran miembros de AVASC y asesores de ELA-STV: era una prueba tanto de la importancia atribuida a la cuestión social como del control del partido por la generación de Aguirre. Además, volvían a presentarse

---

[97] AN, PNV, 95-2 y 272-1. *Euzkadi*, 15, 26 y 29-I, 14 y 15-II-1936. *Jagi-Jagi*, 25-I-1936. Gil Robles, *No fue posible la paz*, pp. 430-431. Iturralde, *La guerra de Franco*, tomo I, pp. 195-196 y 328-331, que reproduce un escrito de Mateo Múgica al Vaticano del 22-II-1939.

los máximos dirigentes de Solidaridad de Trabajadores Vascos: su presidente Manuel Robles Aranguiz y su vicepresidente Heliodoro de la Torre. Con tan nutrida representación del sindicato nacionalista, cuya dirección publicó un llamamiento de apoyo al PNV, quería atraerse el voto de los 40.000 *solidarios* vascos y evitar que una parte de ellos optasen por el Frente Popular debido a la radicalización de ELA-STV y a su acercamiento a los demás sindicatos desde 1934. En cuanto a Aguirre, fue de nuevo por la circunscripción de Bizkaia-provincia; pero, a diferencia de 1931 y 1933, no concurría también por Navarra. En este territorio se produjo el mayor cambio en las listas del PNV: tan sólo presentó a Irujo, por lo que su candidatura era testimonial, pues daba por sentado que no tenía ninguna *chance* de ser electo por su tierra; de ahí que, para asegurar que fuese diputado, acudiese otra vez por Gipuzkoa. Por eso, en esta ocasión Aguirre no tuvo que hacer campaña en Navarra y centró su actividad en Bizkaia por medio de bastantes mítines, la mayoría de ellos celebrados no en su circunscripción de la provincia, sino en la circunscripción de la capital, donde la contienda se presentaba muy reñida con la coalición de izquierdas y era necesaria la victoria del PNV para alcanzar su principal objetivo: sacar por lo menos diez diputados y así disponer de minoría parlamentaria, como había tenido en las Cortes anteriores.

En febrero de 1936 se cumplió el vaticinio hecho por Aguirre, en su carta citada a Estefanía, en julio de 1935: «De nuevo lucharemos solos contra dos bloques». En efecto, el PNV, situado en el centro político, se enfrentaba a dos grandes coaliciones, que aglutinaban a casi todas las fuerzas de derechas y de izquierdas: el Bloque contrarrevolucionario (Comunión Tradicionalista, Renovación Española y CEDA) y el Frente Popular (Unión Republicana, Izquierda Republicana, PSOE, Partido Comunista de Euskadi y ANV). Su prensa y su propaganda reflejaban la extrema polarización de la contienda electoral, patente en sus consignas. El manifiesto de las derechas vasconavarras predicaba la *cruzada contrarrevolucionaria*, dirigida contra «los enemigos de la Cruz y de la Patria», criticaba «una bastarda autonomía» y llamaba a votar «contra la revolución y sus cómplices», en alusión a las izquierdas y al PNV, respectivamente. Los electores tenían que «decidirse por la revolución o la contrarrevolución, por España o la antipatria, por Roma o Moscú» (este último dilema era semejante al planteado por monseñor Pizzardo a los dirigentes *jelkides*: *Cristo o Lenin*). El mismo día de los comicios, el órgano oficial del carlismo navarro apuntaba claramente a recurrir a la violencia, para la que se hallaban listos sus miles de requetés: «El que tenga un fusil que lo guarde [...] el voto es el arma de hoy, pero no lo será el de mañana, si los enemigos de Dios y de España se lanzan a la calle como en octubre de 1934»[98]. Por su parte, las izquierdas estaban «contra los ladrones y sus encubridores», en referencia al Partido Radical (por el escándalo del estraperlo) y a la CEDA. «¡Amnistía, Estatuto, ni un desahucio más!» fue el eslogan del Frente Popular de Euskadi, mientras que en Navarra iba más lejos, pues no sólo defendía el Estatuto vasco, sino también «el derecho de autodeterminación de los pueblos para disponer de sus destinos», en lo que pudo influir ANV, cuyo único candidato en las listas del Frente Popular se presentaba por Navarra (Juan Carlos Basterra)[99].

El PNV, al contrario de las dos coaliciones, no hizo público ningún manifiesto electoral. Toda su campaña giró en torno al grito lanzado por Aguirre en el citado homenaje celebrado en Bilbao el 12 de enero de 1936: «¡Por la civilización cristiana! ¡Por la libertad de la patria! ¡Por la justicia social!». Tal fue su eslogan electoral, que él mismo explicó en sus mítines, el BBB hizo suyo y el diario *Euzkadi* reprodujo, total o parcialmente, como gran titular de su primera plana nada menos que ocho días a lo largo del mes previo a los comicios. Con esa tríada el PNV pretendía consolidar su posición centrista y marcar distancias con los extremos: la civilización cristiana le servía para alejarse de las izquierdas laicas; la justicia social, para diferenciarse de las derechas antirreformistas, y la libertad de Euskadi, para criticar a ambas. Ahora bien, en ese momento el PNV estaba mucho más próximo a las izquierdas, como prueba su aceptación de la tríada del Frente Popular, tal y como tituló *Euzkadi* su editorial del 6 de febrero: «¿Amnistía? ¡Sí! ¡Por la civilización cristiana! ¿Estatuto? ¡Sí! ¡Por la libertad vasca! ¿Ni un desahucio más? Eso pedimos. ¡Por la justicia social!». También Aguirre la asumió en los discursos que pronunció en Barakaldo y Bilbao. El viraje político del PNV en 1934, liderado por él y secundado por otros jóvenes diputados y dirigentes, trajo como consecuencia que en las elecciones de 1936 la *bestia negra* del nacionalismo ya no fuese el socialista Indalecio Prieto, sino el católico José María Urquijo. Éste, que con su periódico había contri-

---

[98] El manifiesto contrarrevolucionario fue publicado por *La Gaceta del Norte, El Pueblo Vasco* (Bilbao), *La Constancia* y *Diario de Navarra*, 2-II-1936. Las restantes citas proceden de *El Pensamiento Navarro*, 16-II-1936.

[99] Los manifiestos del Frente Popular de España y de Bizkaia los publicó *El Liberal*, 16-I y 13-II-1936; el del Frente Popular de Navarra, el semanario ugetista pamplonés *Trabajadores*, 1-II-1936.

buido al gran triunfo electoral del PNV en 1933, se había convertido ahora en su mayor enemigo. No en vano los duros ataques de *La Gaceta del Norte*, junto con su decidido apoyo al Bloque derechista, propiciaron la derrota del PNV ante el Frente Popular en la importante circunscripción de Bilbao. Para evitarla, no bastaron las no menos duras réplicas de *Euzkadi*, que tachó a Urquijo de ser «el verdadero aliado de la revolución», dado que el PNV era la única fuerza católica capaz de vencer a las izquierdas, como había hecho en los anteriores comicios, cuando casi triplicó en votos a la coalición de derechas. El diario *jelkide* utilizó el miedo al comunismo para captar los sufragios de los católicos neutros, temerosos de la revolución, hasta el punto de publicar en grandes titulares: «Votar por la candidatura de "La Gaceta" es hacerlo a favor del candidato comunista» y «Si son "antirrevolucionarios", ¿cómo intentan regalar dos actas a socialistas y comunistas?». A su juicio, la elección del candidato del PCE por Bilbao (Leandro Carro, futuro consejero del Gobierno vasco en el exilio) conllevaría un inmediato crecimiento del comunismo, mal mucho más grave que el socialismo de Prieto[100].

En 1936 las cuestiones religiosa y autonómica tuvieron menor relevancia que en las elecciones de 1931 y 1933; en cambio, adquirió mayor importancia la cuestión social. Ésta enfrentaba al PNV y al Frente Popular con las derechas, que habían paralizado la reforma agraria del Gobierno de Azaña y en 1935 habían aprobado una ley de arrendamientos rústicos, cuya aplicación provocó numerosos desahucios de campesinos vizcaínos y guipuzcoanos, desalojados de los caseríos y las tierras que cultivaban, por sus propietarios. En esto el PNV sufrió la crítica de las izquierdas, que le reprochaban que sus diputados habían votado a favor de dicha ley. En varios mítines Aguirre defendió su voto con este argumento: dicha ley, obra de Manuel Giménez Fernández, ministro de Agricultura en el Gobierno de Lerroux y dirigente del ala socialcatólica de la CEDA, era justa y «de tipo cristiano», pero había sido desnaturalizada por el reglamento aprobado por su sucesor, el agrario Nicasio Velayos, al que consideraba un cacique de los terratenientes, a los cuales había facilitado el poder desahuciar a sus inquilinos. Y proclamó su ideario sobre la propiedad privada con estas palabras[101]:

---

[100] *Euzkadi* y *La Gaceta del Norte*, del 14-I al 16-II-1936.
[101] *Euzkadi*, 4 y 11/13-II-1936. Aguirre se defendió de la «campaña que se hace por los pueblos contra los diputados vascos», debido a los desahucios campesinos, en la Asamblea Regional del PNV de Bizkaia, celebrada el 29-XII-1935, según consta en su acta (AN, PNV, 272-1).

> Nosotros somos hombres de la democracia social cristiana [...] nosotros somos de un cristianismo social que primeramente y por adelantado reconoce el derecho a la propiedad. Bien entendido que con su función social inherente, no para hacer de ella lo que se quiera, sino reconocida la propiedad como estímulo y como premio para el hombre que trabaja.
> [...] Nosotros queremos que todos los inquilinos de los caseríos, todos los arrendatarios sean propietarios.

El resultado electoral de 1936 confirmó el acierto de otro pronóstico de Aguirre el año anterior y de la opinión transmitida por los dirigentes *jelkides* a monseñor Pizzardo en el Vaticano: las izquierdas unidas derrotaron al Bloque de derechas en España, mientras que el PNV fue la primera fuerza política en Euskadi. Pero, a diferencia de 1933, su triunfo fue costoso y sólo lo logró gracias a la segunda vuelta electoral, que tuvo lugar en las circunscripciones de Bizkaia-provincia, Gipuzkoa y Álava, por no haberse alcanzado el quórum requerido por la Ley electoral de 1933: el candidato más votado debía superar el 40 por 100 de los sufragios. Por fortuna para el PNV, por poco no llegaron a esa cifra Irujo en Gipuzkoa y Aguirre en Bizkaia-provincia (con 28.397 votos, 5.000 más que Heliodoro de la Torre y 8.000 más que Julio Jáuregui), pues la mayoría de los candidatos *jelkides* tuvieron menos votos que los derechistas debido a que el PNV fue al copo en Bizkaia-provincia (presentaba tres candidatos y los electores sólo podían votar dos) y al semicopo en Gipuzkoa (con cinco candidatos, los electores votaban cuatro). En cambio, el Bloque volvió a copar sin problemas los siete escaños de Navarra, pese a que los electores votaban cinco, por su neta hegemonía (con el 70 por 100 de los sufragios) sobre el Frente Popular (con el 21 por 100) y el PNV (con el 9 por 100, igual que en 1933). Y en la circunscripción de Bilbao, el Frente Popular superó ampliamente al PNV, y éste, a su vez, a la «candidatura triangular» del Bloque contrarrevolucionario, por lo que resultaron electos dos diputados *jelkides* (Manuel Robles Aranguiz y José Horn) y cuatro de izquierdas (los socialistas Indalecio Prieto y Julián Zugazagoitia, el republicano Mariano Ruiz Funes y el comunista Leandro Carro).

Ciertamente, la bipolarización de 1936 había favorecido a los extremos y había perjudicado al centro, que se hundió en España con el Partido Radical y subsistió en Euskadi con el PNV, si bien sufrió un notable retroceso al encontrarse *entre dos fuegos* y luchar *contra dos frentes*. Su prensa reconoció su fracaso y lo atribuyó al acierto del lema electoral del Frente Popular (sobre todo, la amnistía) y a la campaña derechista basada en el odio al nacionalismo vasco, en la que destacó

La Gaceta del Norte. Dicha campaña contribuyó decisivamente al transvase de votos de muchos católicos independientes, que abandonaron al PNV y optaron por las derechas. Sin duda, a éstas fueron a parar la gran mayoría de los 30.000 votos perdidos por el PNV con relación a 1933, mientras que una pequeña parte de ellos benefició a las izquierdas: tal fue el caso de los militantes y simpatizantes de ANV y de *solidarios* vascos radicalizados, atraídos tanto por la amnistía a los presos y represaliados por la revolución de octubre de 1934, como por la asunción del Estatuto por parte del Frente Popular[102].

La victoria de esta coalición provocó la desmoralización de las derechas, lo cual favoreció al PNV, que se resarció a costa de ellas en la segunda vuelta electoral, celebrada el 1 de marzo. Ahora sí tuvo éxito en Bizkaia-provincia, al copar los tres escaños en liza (esta vez Aguirre obtuvo 25.118 votos, unos centenares menos que sus compañeros De la Torre y Jáuregui), y en Gipuzkoa, donde quitó de su lista a Telesforo Monzón para garantizar su triunfo: de esta forma consiguió los cuatro diputados por las mayorías (José María Lasarte, Rafael Picavea, Manuel Irujo y Juan Antonio Irazusta), mientras que por las minorías salieron dos del Frente Popular (el republicano Mariano Ansó y el socialista Miguel Amilibia), porque las derechas retiraron su candidatura *in extremis*. En esta decisión influyó el obispo Múgica, quien, a través de su vicario Jaime Verástegui, afirmó públicamente que los católicos de su diócesis de Vitoria podían votar lícitamente tanto al PNV como al Bloque y que el PNV no había incurrido en rebeldía a las normas de la Iglesia sobre la unión de los católicos por acudir en solitario, en contra de lo que habían sostenido *La Constancia* y *El Diario Vasco* de San Sebastián[103]. Así fue como, por primera vez, las derechas monárquicas y carlistas no consiguieron ningún diputado en Bizkaia y Gipuzkoa, de modo que tuvieron que conformarse con el acta de José Luis Oriol por Álava. El segundo diputado de esta provincia fue el republicano Ramón Viguri, que superó por poco a los candidatos de la CEDA y del PNV. La derrota de Javier Landaburu obedeció en gran medida a la concurrencia del partido de Gil Robles —ausente en 1933—, que competía también por el voto de los católicos.

En suma, contando las dos vueltas, el resultado del triángulo político vasco-navarro quedó así: siete diputados del Frente Popular

---

[102] *Euzkadi*, 18 y 19-II-1936. *El Día*, 19-II-1936. *La Voz de Navarra*, 19 y 20-II-1936. *El Liberal*, 18 y 21-II-1936.
[103] *El Día* y *El Pueblo Vasco* (San Sebastián), 23-II-1936. *La Constancia* y *El Diario Vasco*, 25 y 27-II-1936. *Euzkadi*, 28-II-1936.

(tres de Izquierda Republicana, tres del PSOE y uno del PCE), ocho del Bloque contrarrevolucionario (cinco de la CT, dos de la CEDA y un independiente) y nueve del PNV (cinco por Bizkaia y cuatro por Gipuzkoa). Pese a su retroceso, el partido de Aguirre continuó siendo sin discusión el primero de Euskadi por su número de escaños, máxime teniendo en cuenta que fue el único que se presentó en solitario. Ahora bien, su revés electoral fue significativo, pues perdió tres diputados (uno por cada provincia vasca) y no alcanzó los diez necesarios para formar minoría parlamentaria. Pero sí la tuvo, gracias a que la Esquerra catalana le cedió uno de los suyos, en las nuevas Cortes de neta mayoría izquierdista.

El PNV vio con alivio la derrota del Bloque, porque «proyectaba nuestro total exterminio»[104], y con esperanza la victoria del Frente Popular, porque su líder Prieto había declarado con rotundidad en un mitin celebrado en Eibar el 28 de febrero: «La autonomía del País Vasco, reflejada en su Estatuto, ha de ser obra de las fuerzas de izquierda que constituyen el Frente Popular»[105]. Había llegado, por fin, la hora de aprobar el Estatuto, aspiración política del PNV en la Monarquía y desde el advenimiento de la II República hacía ya un lustro. Llegaba con las izquierdas, cumpliéndose en esto también el vaticinio de José Antonio Aguirre. Y, paradójicamente, llegaba gracias a su principal enemigo en el primer bienio republicano, Indalecio Prieto, cuya mano estaba dispuesto a bendecir Manuel Irujo, porque él mismo le consideraba «el hombre del Estatuto» en 1936[106].

IV. A POR EL ESTATUTO CON EL FRENTE POPULAR

El triunfo de esta coalición en las urnas el 16 de febrero, acrecentado aún más el 1 de marzo, produjo consecuencias inmediatas y relevantes en la política española, que afectaron considerablemente tanto al País Vasco en general como al PNV y al propio Aguirre en particular. El nuevo Gobierno de Azaña, compuesto sólo de ministros republicanos, aprobó enseguida un decreto-ley de amnistía, que

---

[104] Engracio Aranzadi, «Se proyectaba nuestro total exterminio», *Euzkadi*, 22-II-1936: «Han caído esas derechas cuando trataban de exterminarnos. [...] es cuestión de vida o muerte el advertirlo bien; porque es guerra a sangre y fuego, guerra sin cuartel, la que se nos ha declarado». En el mismo sentido, véase también otro artículo de Kizkitza en *Euzkadi*, 14-III-1936.
[105] *El Liberal*, 29-II-1936.
[106] Carta de Manuel Irujo a Juan Antonio Careaga, 22-IV-1936, en el Archivo Manuel Irujo, 1.º, 67.

supuso la salida de las cárceles de los numerosos presos por la revolución de octubre de 1934 y el regreso de los exiliados políticos, que fueron recibidos entre manifestaciones populares. La amnistía implicó también el restablecimiento de la Generalitat de Companys y de los Ayuntamientos democráticos vascos, cuyos concejales sancionados por los sucesos de 1934 recuperaron sus puestos. Entre ellos figuraba José Antonio Aguirre, quien fue ovacionado por el público congregado al asomarse al balcón de la Casa Consistorial de Getxo (cercana a su casa familiar) el 23 de febrero de 1936, si bien justo un mes después dejó de ser concejal para dedicarse en exclusiva a su labor parlamentaria. La dirección del PNV propuso a sus concejales que procurasen la adopción en sus municipios de los acuerdos siguientes: ratificarse en la defensa del Concierto económico, origen del conflicto del verano de 1934; solicitar al Gobierno la convocatoria de elecciones municipales y provinciales, la aprobación inmediata del Estatuto vasco y la derogación de la ley de 1839, «destructora de la libertad originaria de nuestro pueblo, contra cuya vigencia se mantiene constante protesta». En la sesión celebrada el 26 de febrero, el Ayuntamiento republicano-socialista de Bilbao asumió los acuerdos referidos al Concierto y al Estatuto, contando con el apoyo de los regidores de ANV y del PNV, cuyo portavoz, Juan Abando, concluyó su discurso con estas palabras: «Si República es conceder a nuestro país un Estatuto igual o más amplio que el de Cataluña y significa el orden y el bienestar común, señores, ¡viva la República!»[107].

Este grito en boca de un cargo *jelkide*, impensable poco tiempo antes, reflejaba el proceso de *republicanización* del PNV, propiciado por su convergencia con las izquierdas en 1934 en su defensa del Concierto y del Estatuto (temas que iban a entrelazarse en 1936), tal y como fue evidente en la actuación de la minoría nacionalista vasca en las Cortes del Frente Popular. Ésta se constituyó a mediados de marzo, siendo su secretario Julio Jáuregui y su presidente José Horn, quien pronto tuvo que ser sustituido por Juan Antonio Irazusta debido a una grave enfermedad (falleció en julio de 1936). Inmediatamente, dicha minoría intentó formar con otras un amplio *grupo autonómico* para impulsar los Estatutos catalán, vasco y gallego, e incluso de otras regiones españolas con orientaciones autonomistas. En los meses siguientes, los diputados *jelkides* coincidieron con el

---

[107] Escrito del BBB a los presidentes de las Juntas Municipales del PNV, 22-II-1936, en AN, PNV, 272-1. *Euzkadi* y *El Liberal*, 25 y 27-II-1936. Además, cumpliendo su programa electoral, el Frente Popular suspendió los desahucios de campesinos y derogó la ley de arrendamientos rústicos de 1935.

Frente Popular y discreparon de las derechas en una triple votación muy importante: primero secundaron la destitución del presidente Niceto Alcalá-Zamora el 7 de abril, después otorgaron su confianza al Gobierno de Azaña el día 16 del mismo mes, y, por último, votaron de nuevo a Manuel Azaña en su elección como nuevo presidente de la República el 10 de mayo. Si reconocieron la influencia de la minoría de la Esquerra en su rechazo a Alcalá-Zamora, el apoyo a su sucesor obedeció a «razones de índole autonomista y de esperanza de un gobierno de tolerancia», porque Azaña «ha mostrado para el problema de la libertad de los pueblos una tolerancia poco común», según declaró Aguirre[108].

Sus explicaciones no convencieron a Luis Arana —el guardián supremo de la ortodoxia aranista—, quien escribió a los diputados una carta de protesta, en la que afirmaba que los principios doctrinales del nacionalismo vasco les obligaba a la abstención: «Protesto, sí, de la intromisión de Uds. en su calidad de nacionalistas vascos en el asunto más representativo de la familia española, que en su casa de España vive, como es la elección de su Jefe», porque «ese asunto no es nuestro». «Tampoco puede ser el supuesto logro del Estatuto lo que obligue a la transgresión de nuestra doctrina. No debe ser el Estatuto el "al higuí!", "al higuí!" conque Prieto entretenga al Nacionalismo Vasco». Esta crítica coincidió con la del semanario *Jagi-Jagi* —separado del PNV—, que la aprovechó para llevar a cabo una larga campaña contra la actuación *colaboracionista* de los «Diputados Nacionalistas Vascos en Madrid», en la cual involucró al hermano del fundador, *malgré lui*, reproduciendo su carta[109].

Luis Arana acertaba al mencionar a Indalecio Prieto como el hombre clave en la próxima consecución del Estatuto, al igual que había hecho poco antes Manuel Irujo. La diferencia sustancial entre ambos políticos *jelkides* estribaba en que, mientras éste bendecía su mano, aquél continuaba viendo en el socialista Prieto al «enemigo acérrimo» del nacionalismo vasco, como había sido cuando él mismo

---

[108] *Euzkadi*, 19-III; 8, 9 y 17-IV; 8, 10 y 12-V-1936. *El Día*, 8 y 12-V-1936.
[109] Carta de Luis Arana, 8-V-1936, en *Jagi-Jagi*, 20-VI-1936. Véanse los tres últimos meses de vida de este periódico, del 18-IV al 18-VII-1936. El PNV no quiso polemizar con *Jagi-Jagi* desde el diario *Euzkadi*, sino que prefirió replicar a sus ataques por medio del reaparecido semanario *Bizkaitarra*, órgano de Juventud Vasca de Bilbao y «defensor de las doctrinas íntegras del fundador del Partido Nacionalista Vasco, Arana-Goiri'tar Sabin, que fue su propietario y director» (carta de Juventud Vasca de Bilbao a los presidentes de las Juntas Municipales del PNV, 26-III-1936, en AN, PNV, 271-7). Testimonio del *jagi-jagi* Lezo de Urreztieta en la revista *Muga*, 4, 1980, p. 19. Cf. Larronde, Jean-Claude: *Luis de Arana Goiri (1862-1951). Historia del nacionalismo vasco*, Sabino Arana Fundazioa, Bilbao, 2010, pp. 390-396.

presidía el PNV en la Restauración y en 1932-1933. No en vano el integrista Luis Arana y el *republicano* Manuel Irujo personificaron los polos extremos del *péndulo patriótico* del PNV durante la II República. Así se puso de manifiesto en octubre de 1936, cuando Luis Arana abandonó el partido en protesta por el nombramiento de Irujo como ministro en «el Gobierno hispano y sectario de Prieto y Largo Caballero» a cambio de «un mísero Estatuto español engendro del ridículo "Gobierno Vasco" de una Euzkadi rota», porque lo consideraba una *transgresión y traición* a la doctrina de su hermano Sabino. A su juicio, los diputados Aguirre e Irujo estaban «extraviados del alma de aquel Nacionalismo que nació en 1880» con el entonces jovencísimo Luis Arana. Y, según éste, eran los diputados los que dirigían el partido: «Este mal no es de ahora, sino que viene de hace ya tiempo»[110].

Prescindiendo de su valoración negativa, que no compartimos, la afirmación de que los diputados dirigían el PNV era cierta, como hemos constatado a menudo a lo largo de la República, incluyendo la breve etapa en la que Arana fue el presidente del BBB y del EBB, pues él mismo consultaba a Aguirre y a sus compañeros en las Cortes antes de tomar decisiones importantes, como las referidas al Estatuto o a la cuestión navarra, y asumía sus criterios al pie de la letra. Se trataba de un problema de liderazgo político: los principales líderes del PNV en la República no fueron sus *burukides* sino sus diputados, en especial Irujo y, sobre todo, Aguirre. Desde la revelación de éste en 1931, su liderazgo fue *in crescendo* hasta culminar en la Guerra Civil con su elección como lehendakari del primer Gobierno vasco, gracias, precisamente, al Estatuto de 1936, por el que tanto había luchado durante el quinquenio republicano y que fue fruto de su pacto con Prieto. Igualmente, *don Inda*, el otro gran político vasco de esta época, demostró su liderazgo indiscutible en el PSOE de Euskadi al conducirlo francamente por la vía del autonomismo y del entendimiento con el PNV en la primavera de 1936. Para ello hubo de superar las reticencias de sus correligionarios, que se hallaban muy alejados de los *jeltzales*, a los que siguieron criticando en su semanario *La Lucha de Clases* hasta mediados de abril. A partir de mayo esas críticas fue-

---

[110] Las cartas y los escritos de Luis Arana durante la República y la Guerra Civil se guardan en el Archivo del Nacionalismo (Fondo Luis Arana y PNV, 308-11) y en la Fundación Sancho el Sabio (Fondo Luis Arana). Cf. Pablo, Santiago de; Mees, Ludger y Rodríguez Ranz, José Antonio: *El péndulo patriótico. Historia del Partido Nacionalista Vasco*, Crítica, Barcelona, 1999-2001, dos tomos. Granja, *El siglo de Euskadi*, capítulo 11. Larronde, *Luis de Arana Goiri*, capítulo XI.

ron reemplazadas por frecuentes elogios al Estatuto, abogando por su aprobación urgente. Tal cambio significativo del órgano oficial del socialismo vasco no fue algo casual en esa fecha, sino que fue consecuencia de la *entente cordial* entre Indalecio Prieto y José Antonio Aguirre, sellada en Bilbao el 14 de abril de 1936, quinto aniversario de la proclamación de la II República.

Ese día se celebró el homenaje al expresidente Macià (el acto que fue prohibido el 12 de agosto de 1934 al coincidir con el pleito municipalista), que consistió en dar su nombre a una avenida de Deusto. En presencia de numerosos cargos públicos vascos y catalanes, los discursos de ambos líderes representaron la reconciliación de sus dos movimientos políticos, el socialismo y el nacionalismo —muy enfrentados desde su surgimiento en el *hinterland* de Bilbao a finales del siglo XIX—, y su acuerdo sobre una aspiración compartida: el Estatuto como mínimo común denominador. Prieto reconoció el derecho del pueblo vasco a la autonomía y se ofreció para conseguirla e instaurar con ella un régimen de justicia social. Por su parte, Aguirre agradeció las palabras cordiales de Prieto hacia la figura de Sabino Arana y afirmó con solemnidad[111]:

> Este acto lo reputo histórico. […] Y lo reputo histórico porque creo que aquí están poniéndose los pilares de una autonomía vasca, que es, aunque para muchos satisfacción parcial, el verdadero camino, la verdadera senda, la verdadera libertad. […]
>
> ¡Qué duda cabe que este pueblo quiere el Estatuto para realizar una obra fecunda de justicia social! […] Si Euzkadi iba a ser, con la libertad y con la autonomía, un pueblo donde se avasallara a los humildes y donde el capitalismo fraudulento prosperara sobre las conciencias humildes, […] renunciaríamos de la libertad y de la autonomía. La autonomía y la libertad han de servir para levantar a este pueblo, haciéndolo democrático, civil, libre y progresivo. Si no, no queremos libertad, ni queremos autonomía.

Ciertamente, se trataba de un hito histórico el consenso alcanzado entre los máximos líderes del socialismo y del nacionalismo —secundados por sus respectivos partidos— sobre un programa político común para Euskadi: el Estatuto. Tal acuerdo facilitaba mucho su próxima aprobación en las Cortes de 1936, ya que contaba con el apoyo de los grupos nacionalistas y del Frente Popular, que tenía mayoría absoluta en la Cámara, por lo que las minorías de derechas, contrarias al Estatuto vasco, no podían bloquearlo, como en 1934-1935, aunque sí obstaculizarlo. Aun contando con ello, en esta oca-

---

[111] *El Liberal* y *Euzkadi*, 15-IV-1936.

sión Aguirre tenía motivos suficientes para ser optimista, al igual que los demás diputados *jelkides*, incluido Irujo, quien escribía el 22 de abril de 1936: «Creo que el momento es el más propicio que pudiera lograrse en los sueños más optimistas. O ahora o nunca», refiriéndose a la posible incorporación de Navarra a la autonomía de Euskadi, dado que era respaldada por el Frente Popular navarro[112]. Empero, su sueño no se cumplió, sino todo lo contrario: las Cortes suprimieron la disposición adicional sobre Navarra del texto estatutario. Tampoco acertó la previsión de Aguirre de que sería aprobado «antes de las vacaciones parlamentarias», en pleno verano, sino que fue ratificado justo después de ellas, el 1 de octubre de 1936, iniciada ya la Guerra Civil, que no esperaba y le pilló por sorpresa[113].

Al día siguiente del homenaje a Macià, el 15 de abril, todos los diputados vascos (salvo Oriol) entregaron en las Cortes el proyecto de Estatuto, el mismo que había sido plebiscitado y presentado al anterior Parlamento a finales de 1933. Inmediatamente se constituyó la Comisión de Estatutos, la cual, en su primera sesión celebrada el día 18, designó los cargos siguientes: presidente, Indalecio Prieto (PSOE); vicepresidente, José Tomás y Piera (ERC); secretario, José Antonio Aguirre (PNV); y vicesecretario, Miguel Amilibia (PSOE). De los 21 miembros de dicha Comisión, eran ellos, junto con el galleguista Alfonso R. Castelao, los más favorables a la autonomía vasca, que tenía su mayor enemigo en José Calvo Sotelo, a quien Aguirre denominó «el obstaculizador» y «estrella oposicionista». Con todo, las actas de sus sesiones prueban que no hubo enfrentamientos verbales entre los diputados, ni siquiera entre Aguirre y Calvo Sotelo, a diferencia de la agitada sesión parlamentaria del 5 de diciembre de 1935. La labor del representante de la minoría monárquica en la Comisión se centró en oponerse todo lo que pudo al texto para mermar al máximo las competencias autonómicas; pero lo hizo sin atacar al nacionalismo vasco y sin mostrar agresividad hacia el líder del PNV[114].

---

[112] Carta citada de Manuel Irujo a Juan Antonio Careaga. El apoyo del Frente Popular de Navarra a su inclusión en el Estatuto vasco consta en *Euzkadi*, *El Liberal* y *La Voz de Guipúzcoa*, 19-VI-1936.

[113] Aguirre, «El problema político moral de los vascos», p. 219: «A pesar de que se sospechaban los intentos de sublevación por parte de las derechas españolas en unión de los militares levantiscos, no hubiésemos pensado nunca que el estallido sangriento hubiera de producirse tan pronto y que tuviera, ni la amplitud, ni las complicaciones internacionales posteriores».

[114] El Archivo del Congreso de los Diputados (legajo 670) conserva once actas de la Comisión de Estatutos en 1936: las diez primeras datan del 18 de abril al 17 de junio, mientras que la última es del 29 de septiembre. Prieto y Aguirre asistieron a las once sesiones, cuyas actas firmaron como presidente y secretario, respectivamente, de esa Comisión.

La obstrucción de Calvo Sotelo no logró impedir que la tramitación del proyecto fuese rápida, como querían Prieto y Aguirre, todo lo contrario de lo que había sucedido en las Cortes radical-cedistas. Si éstas fueron incapaces de resolver la cuestión previa de Álava en sus dos años de legislatura, la nueva Comisión de Estatutos la debatió en su sesión del 7 de mayo; en ella, frente a la opinión del diputado monárquico de que «Álava no votó a favor» del Estatuto en el referéndum de 1933, propugnando su retirada de él, casi todos sus miembros afirmaron lo contrario: «La voluntad de Álava es predominantemente estatutaria» (Prieto). Y cinco días más tarde, en la siguiente sesión, la Comisión aprobó la validez del plebiscito vasco y de la manifestación favorable al Estatuto por parte de dicha provincia, con la única oposición de Ramón Serrano Súñer (CEDA) y José Luis Oriol (CT). Éste acudió como suplente de Calvo Sotelo y no volvió a asistir a ninguna sesión más, pese a que el líder de Renovación Española faltó a varias[115].

Resuelta de una vez la cuestión alavesa, en las sesiones del 12 y 20 de mayo el presidente Prieto expuso sus criterios sobre el proyecto. A su juicio, tenía «dos defectos capitales»: uno, de forma, «su excesiva minuciosidad», y otro, de fondo, que era «poco autonomista, ya que debiera limitarse a una declaración concreta de principios autonómicos a desarrollar después por el propio País Vasco». Volvía así a explicar sus ideas de septiembre de 1932, que no fueron tenidas en cuenta por los redactores del proyecto de las Gestoras en 1933: un texto breve y semejante al catalán. Su propuesta consistía en que el dictamen de la Comisión dejase el proyecto de Estatuto vasco en unos «pocos artículos, en los que se consignen las facultades autonómicas que se conceden al País Vasco, quedando éste en libertad para estatuir sobre sus órganos legislativos y ejecutivos»[116]. Dicha propuesta, que Aguirre calificó de *plausible*, fue asumida por la Comisión, la cual para llevarla a cabo nombró una ponencia, compuesta

---

Un resumen del contenido de dichas actas se encuentra en el libro citado *José Antonio de Aguirre y Lekube*, pp. 47-64. Las denominaciones de Aguirre a Calvo Sotelo figuran en una de las «Cartas parlamentarias» que publicó en *Euzkadi*: la del 18-IV-1936.

[115] En la primavera de 1936, el mayor interés de Oriol no radicaba en su labor parlamentaria, sino en preparar la sublevación contra la República en Álava con los requetés carlistas y los militares conspiradores.

[116] Además de en el seno de la Comisión, Prieto concretó sus ideas sobre el Estatuto en un importante discurso que pronunció el 24 de mayo en Bilbao (donde declaró: «He sido siempre profundamente autonomista») y reprodujo íntegramente *El Liberal*, 26-V-1936. Y también en una serie de artículos que publicó en este diario bilbaíno los días 28-V, 4-VI, 3, 4, 5 y 7-VII-1936, cuyo *leitmotiv* era éste: «El lema que debe presidir la instauración de los órganos de la autonomía vasca ha de ser éste: sencillez, sencillez y sencillez».

por el mismo Aguirre, el socialista Amilibia y el agrario Luis Rodríguez de Viguri. En apenas unos días, estos tres diputados elaboraron un texto «muy simplificado», que recortaba enormemente el refrendado por la sociedad vasca, hasta el punto de reducir los 53 artículos de éste a tan sólo 14 del texto aprobado en 1936, convertido así en un *Estatuto de mínimos*. Esto tenía la ventaja de facilitar mucho su aprobación parlamentaria, como reconoció Prieto. En efecto, este nuevo proyecto fue discutido y dictaminado en las cinco sesiones que la Comisión celebró entre el 29 de mayo y el 10 de junio, a pesar de la constante oposición de Calvo Sotelo. En la siguiente del 17 de junio decidió suspender su trabajo, a falta sólo del título del Estatuto referido a la Hacienda del País Vasco, que había quedado desglosado mientras llegaban a un acuerdo sobre los datos tributarios los representantes de las Diputaciones vascas con los técnicos del Ministerio de Hacienda.

Fue entonces cuando surgió el último escollo relevante en el dilatado proceso autonómico vasco en la República. Si en junio de 1932 la derecha navarra utilizó el eslogan *Fueros sí, Estatuto no*, para hacer fracasar éste en su territorio, cuatro años después las derechas vascas y españolas esgrimieron otro similar: *Concierto sí, Estatuto no*, para retrasar la inminente aprobación del Estatuto vasco por las Cortes del Frente Popular. Su prensa planteó el dilema de «Concierto o Estatuto», arguyendo su incompatibilidad, de modo que el nuevo régimen autonómico supondría la liquidación del Concierto económico. Si éste era considerado un privilegio por los monárquicos españoles, sus homólogos bilbaínos lo defendían a ultranza a costa de la autonomía: «Con Estatuto o sin Estatuto, el Concierto es intangible y los vascongados no consentirán su desaparición a ningún precio. Si el Estatuto compromete la subsistencia de nuestro régimen especial, habrá que renunciar al Estatuto»[117]. El PNV y el PSOE se unieron en defensa del Concierto; como en el verano de 1934, vieron en esto una maniobra política de las derechas para boicotear la autonomía en ciernes y propugnaron la continuidad del Concierto dentro del Estatuto, con sus líderes a la cabeza: José Antonio Aguirre, para quien era un resto de la soberanía foral, e Indalecio Prieto, que había elevado el Concierto de 1925 a la categoría de ley siendo ministro de Hacienda en 1931. Para ambos se trataba no de un privilegio, sino de un derecho, y debía integrarse en la futura Hacienda autónoma vasca. Por ello, se volcaron en superar este obstáculo, escribiendo artículos

---

[117] *El Pueblo Vasco*, 21-VI-1936. *El Debate*, 20-VI-1936. *ABC*, 30-V-1936.

en sus respectivos periódicos y negociando directamente con el presidente del Gobierno, Santiago Casares Quiroga, y con su ministro de Hacienda, el republicano Enrique Ramos, a primeros de julio. El Consejo de Ministros estaba a punto de solucionar esta cuestión cuando se produjo el golpe militar del 18 de julio, que provocó la Guerra Civil[118]. Ésta hizo que el título sobre «Hacienda y relaciones tributarias» no fuese dictaminado por la Comisión de Estatutos hasta su última sesión, que tuvo lugar en Madrid el 29 de septiembre de 1936. Dos días después, siendo Prieto ministro del Gobierno de Largo Caballero, las Cortes aprobaron por aclamación el Estatuto vasco, gracias al cual Aguirre fue nombrado lehendakari del primer Gobierno de Euskadi el 7 de octubre. Dicho texto ha sido considerado con razón por los historiadores como *el Estatuto de las izquierdas*, porque se hizo conforme a las ideas de Prieto y fue ratificado por la mayoría absoluta del Frente Popular, contando también con el respaldo de los diputados nacionalistas[119]. Pero el Estatuto vasco no hubiese existido sin el impulso —constante a lo largo de toda la República— del PNV liderado por Aguirre, para el que «la implantación de la autonomía es un triunfo del nacionalismo que nadie puede discutir». De ahí que concluyamos afirmando que los padres del Estatuto de 1936 fueron Indalecio Prieto y José Antonio Aguirre, quienes con él culminaron su alianza política en la Guerra Civil contra las derechas y los generales sublevados.

¿Cómo percibió nuestro biografiado los meses previos al estallido bélico, viviendo la mayor parte del tiempo como diputado en Madrid? En 1940 escribió: «La acción de las Cortes se desarrollaba en un ambiente generalmente violento y de gran pasión. Los elementos descontentos por el triunfo de las izquierdas preparaban la sublevación armada»[120]. Aguirre, que nunca fue el jefe de la minoría nacionalista vasca, no intervino en los debates apasionados y virulentos que hubo en la primavera de 1936 en el hemiciclo, en el que sólo habló una vez durante los tres años de las Cortes del Frente Popular, cuando pronunció su breve discurso en defensa del Estatuto el 1 de octubre de 1936. Afortunadamente, disponemos de una fuente ex-

---

[118] *Euzkadi* y *El Liberal*, del 18-VI al 14-VII-1936. El sumo interés de Prieto por el Estatuto y el Concierto en 1936 lo confirma la documentación sobre este tema custodiada en su Archivo (Fondo Concha Prieto II).

[119] Fusi, *El problema vasco*, capítulo 3. Rodríguez de Coro, Francisco: *Nacionalismo vasco y Frente Popular*, Gobierno Vasco, Vitoria-Gasteiz, 1986, capítulo IV. Granja, José Luis de la: *El Estatuto vasco de 1936. Sus antecedentes en la República. Su aplicación en la Guerra Civil*, IVAP, Oñati, 1988, capítulo II.

[120] Aguirre, «El problema político moral de los vascos», p. 218.

cepcional para conocer sus impresiones y opiniones entre abril y julio: las 54 «Cartas parlamentarias. Desde Madrid», que publicó en el diario *Euzkadi* con el seudónimo de *Etxenausi'tar Joseba*, con el cual se camufló de cronista parlamentario, que entrevistaba continuamente a los diputados *jelkides*, en particular a sí mismo[121]. Ellas corroboran algunos de los rasgos característicos de su personalidad que hemos ido señalando a lo largo de estas páginas: su optimismo, justificado esta vez; su *fe* (palabra que repite a menudo) en el porvenir del pueblo vasco y en el nacionalismo para alcanzar su objetivo autonómico; su confianza en Dios, sobre la que ironizó *El Liberal* al titular un artículo, en el que desvelaba la identidad real del autor de estas *Cartas*, así: «El Estatuto, gracias a Dios»[122]; y su ferviente autonomismo, que le lleva a afirmar que el Estatuto es «el proceso histórico más relevante para Euzkadi desde el grito salvador de Arana y Goiri», para quien siempre tiene palabras de alabanza.

Sus *Cartas* cuentan el viaje que realizó a finales de abril de 1936 a Barcelona, acompañado por el jurista Francisco Basterrechea, para conocer de primera mano la experiencia de la autonomía catalana tras la restauración de la Generalitat, entrevistándose una vez más con el presidente Companys y sus consejeros, quienes le estaban agradecidos. Un año antes, Aguirre había declarado a su favor en el juicio ante el Tribunal de Garantías Constitucionales, del que era vocal Basterrechea, cuyo voto contribuyó, en marzo de 1936, a declarar inconstitucional la ley que suspendió el Estatuto de Cataluña tras su rebelión de octubre de 1934. En el transcurso de ese viaje constata «la compenetración vasco-catalana» y «una grata impresión de paz social» en la ciudad condal, llegando a esta conclusión: «Cataluña es hoy para Euzkadi un libro con las páginas abiertas»[123].

Además, sus crónicas le sirven para contestar, de forma indirecta y sin citarlos, a los duros ataques lanzados por *Jagi-Jagi* a los diputados *jelkides* por su participación en la política española y su colaboración con el Frente Popular, defendiendo con ardor su actuación pragmática en pro del Estatuto a lo largo del quinquenio republicano por considerarla beneficiosa para el País Vasco, que necesita más de realidades que de meras palabras[124]:

---

[121] *Euzkadi*, del 3-IV al 15-VII-1936. Estas «Cartas parlamentarias» fueron reproducidas por Amézaga, *El primer Aguirre*, tomo II, pp. 283-411.
[122] *El Liberal*, 22-V-1936: «Etxenausi'tar Joseba, hermano siamés, según se nos antoja, de un batallador diputado nacionalista», en clara alusión a José Antonio Aguirre.
[123] *Euzkadi*, 29-IV-1936.
[124] *Euzkadi*, 26-V-1936.

[...] la implantación de la autonomía, sin más, es un problema arduo en cuyo modo de tratarlo y llevarlo a buen término el nacionalismo vasco tiene la piedra de toque de su capacitación o no para la función gobernante de nuestra Euzkadi. Toda preparación será poca. Las palabras van a sobrar desde ese momento entrando en liza nosotros. Hay que llevar a cabo una política de realidades o toda nuestra fe ha sido vana.

José Antonio Aguirre resaltaba el contraste que existía entre la calma y la tranquilidad que vivía Euskadi (fue un efímero *oasis vasco*, al igual que el *oasis catalán*), con la violencia política y social desatada en Madrid y en buena parte de España en la llamada *primavera trágica* de 1936, cuando «el espíritu de revuelta animaba tanto a la derecha como a la izquierda [...]. Los extremismos de uno y otro bando se podían dar la mano, y las víctimas podían repartirse casi equitativamente a favor de cada uno de ellos»[125]. Confiaba en que esa situación de paz en Euskadi aumentase aún más tras la entrada en vigor del Estatuto. Era cierto que su cercanía contribuía al buen entendimiento entre el nacionalismo y las izquierdas, que tan violentamente se habían enfrentado en los primeros años de la República, y venía a pacificar Euskadi, sobre todo Bizkaia y Gipuzkoa, controladas por el PNV y el Frente Popular; pero no se debe olvidar que una parte significativa de las derechas vascas se hallaba implicada en la conspiración militar en marcha.

El domingo 12 de julio de 1936, el mismo día en que los partidos del Frente Popular de Euskadi se comprometían a «dar el mayor impulso a la aprobación del Estatuto», el PNV celebraba en Somorrostro la «Fiesta de la Encartación» (la comarca occidental de Bizkaia), en la que participó Aguirre. Su discurso recalcó su «fe en el triunfo final», porque el Estatuto era inminente, creyendo todavía que se podía lograr «antes de las vacaciones parlamentarias». Ante una multitud entusiasmada con él, afirmó que los vascos «nos enfrentaremos hoy y mañana contra todos los fascismos conocidos, sean blancos o rojos», refiriéndose a «la esclavitud de Etiopía», conquistada por la Italia fascista, a la que la Sociedad de Naciones había levantado las sanciones impuestas. En su afán por alcanzar enseguida la autonomía vasca, Aguirre no se percataba de que el fascismo no era un peligro en países lejanos, sino que existía en su propio país. Así lo confirma su *Carta* publicada ese mismo día en *Euzkadi*, en la que escribía: «Se ha conjurado estos días a la democracia para que esté alerta ante posibles acometidas del fascismo.

---

[125] Aguirre, «El problema político moral de los vascos», p. 218.

Yo esto lo veo lejano, sinceramente». En cambio, pedía a los nacionalistas que estuviesen «alerta ante las acometidas más o menos de frente o de soslayo de los enemigos de su libertad», aludiendo a la derecha española, que era «la única enemiga del Concierto económico», porque su maniobra estaba «más cerca que el peligro del fascismo»[126]. Por consiguiente, mediado el mes de julio de 1936, la máxima preocupación de Aguirre era defender el Concierto y aprobar por fin su anhelado Estatuto, que ahora tenía al alcance de la mano, sin ser consciente de la hecatombe que se avecinaba. No podía imaginar que el domingo siguiente, tras pasar toda la noche del 18 al 19 de julio reunido en *Sabin Etxea*, la sede central de su partido en Bilbao, él mismo y otros dirigentes *jelkides* vizcaínos tomarían la decisión más trascendental en la historia del PNV, al decantarse por la República y contra el fascismo, en su famosa declaración de la primera plana de su diario oficial[127].

Retrocediendo al día 12, ese domingo fue trágico en Madrid: unos pistoleros falangistas mataron al teniente de Asalto José del Castillo, socialista, y, en venganza por ello, unas horas después, en la madrugada siguiente, un grupo de guardias de Asalto raptaron a Calvo Sotelo de su domicilio y le asesinaron. «Pero con todo lo abominables que sean ambos crímenes, ni la sangre de Castillo ni la de Calvo Sotelo fue la causa de la guerra», escribió el historiador Manuel Tuñón de Lara. Aún estaban vivos cuando el periodista monárquico Luis Bolín contrataba en Inglaterra el avión *Dragon Rapide* con la misión de llevar al general Franco de Canarias al protectorado español en Marruecos, para ponerse al frente del ejército de África, que iniciaría el *alzamiento* el 17 de julio[128].

Tras el mitin mencionado, el último anterior a la Guerra Civil, José Antonio Aguirre viajó a Madrid y allí escribió su habitual «Carta parlamentaria», sin saber que sería la postrera, que fue publicada en la primera página de *Euzkadi* el 15 de julio. Desde ese día quedaron suspendidas las sesiones de las Cortes, por lo que retornó a su casa de Getxo. Por ser su último escrito conocido en vísperas del estallido bélico y por la relevancia de su contenido, que muestra su visión de esos momentos críticos y expone sus ideas políticas nacionalistas y sus arraigadas creencias religiosas, merece la pena que reproduzcamos casi

---

[126] *Euzkadi*, 12 y 14-VII-1936. *El Liberal*, 14-VII-1936.
[127] *Euzkadi*, 19-VII-1936. Véase el testimonio de José María Areilza en sus memorias citadas: *Así los he visto*, pp. 118-120.
[128] Tuñón de Lara, Manuel: *La II República*, Siglo XXI, Madrid, 1976, tomo 2, pp. 182-183.

completa dicha *Carta* a los afiliados del PNV, como colofón a esta etapa de su biografía:

> Contra lo imposible es difícil la lucha, Jeltzale amigo. Unos luctuosos sucesos que, como es natural, han causado profunda impresión, detienen por el momento la atención que se venía prestando al tema del Estatuto vasco. No puede extrañarnos. La preocupación del Gobierno español está en estos momentos circunscrita al tema que apasiona en tertulias y corrillos.
>
> Las dramáticas circunstancias en que ha ocurrido la muerte del señor Calvo Sotelo han rodeado la Cámara de un tinte de pesadumbre. Así, las conversaciones son en tono más bajo que de costumbre. Los rostros de los diputados denotan un estado de preocupación. Pero por encima de estos signos externos debemos nosotros mirar profundamente sobre el significado de unos hechos que se prestan extraordinariamente a la reflexión.
>
> La subversión es un mal endémico en España. Sigue en todo su vigor interno aquel espíritu de los viejos pronunciamientos del siglo XIX. Cambian las formas; pero en el fondo obedece a los mismos impulsos.
>
> La rebeldía contra el que manda, sea quien sea, es un acto que nace al siguiente día de que una persona ocupa el Poder de España. [...]
>
> Ayer, al señorito incrédulo y holgazán le vino sentirse marxista, sin considerar el fundamento de la doctrina y sin parar mientes a dónde le llevaba. Era esa la moda, y había que seguirla. [...]
>
> Entre esas gentes aparece hoy el fascismo como el género de novedad. Y con la misma ligereza con la que abrazaron unos ideales marxistas, hoy sienten en sus pechos vibrar con entusiasmo el Estado totalitario y sindicalista. En muchos, no lo dudo, será una reacción contra el desorden y subversión que se advierte; pero en otros es una nueva postura, un nuevo cambio, atraído esta vez por el carácter violento de la lucha, que llega a convertirse en la caza del hombre por el hombre. Y se habla de sublevaciones. Un día se cita a un jefe, al día siguiente ya suena otro. Se señalan depósitos de armas, se juega a la conjura y a la sublevación. Mientras tanto, una ciudadanía que aparecía como atrasada, recibe los últimos bandazos, que la ponen en riesgo de precipitarse en el abismo. Hasta a una parte de los resortes al servicio del Estado ha llegado la subversión y el espíritu de revancha, como lo pregonan los sucesos últimos. Así ha muerto el político más significado de la derecha española; y cuando este hecho se da, desconocido en los anales políticos modernos de Europa, el suceso da materia bastante para la meditación. El cristianismo está ausente de la sociedad, podemos afirmar sin rebozo alguno. Ausente de esos elementos que aplauden el desmán de quienes uno y otro día vienen ejerciendo la acción directa y luego se quejan de que por el lado opuesto se replique en la misma indigna manera, impropia de pueblos civiles, y sea víctima quien acaso no era culpable.
>
> Enemigo político nuestro fue el señor Calvo Sotelo. Su último acto parlamentario consistió en la firma de un documento preparando el ataque al Estatuto por el camino del Concierto. Sus ataques al nacionalismo vasco fueron sistemáticos y constantes. Fue preocupación suya borrar de nuestra Euzkadi nuestro magnífico y pujante movimiento nacional. ¡Cuántas veces

lo hemos dicho! Pasarán los hombres, pero nuestra idea, nuestro ideal, basado en verdades de contenido eterno, cimentado en la roca de la verdad, subsistirá por encima de las cosas pasajeras.

Al enterarme de su muerte, Jeltzale amigo, salió de mis labios y de mi corazón una oración a nuestro Jaungoikoa [Dios].

Si su mano se caía ante la presencia de un nacionalista vasco, si en el Urumea [frontón de San Sebastián] llegó hasta afirmaciones que por demasiado conocidas omito aquí, sabrá ahora desde la otra vida que aquellos a quienes él tanto combatió saben perdonar y rezar como cristianos y como vascos.

Deja a su patria en la incertidumbre, asesinado por sus compatriotas, y nosotros, los vascos, marchamos por el camino del logro de nuestras reivindicaciones. Es el ejemplo eterno del contraste que Dios pone en nuestro camino como advertencia. […] Los síntomas se dejan ver bastante claros. Ante ese espíritu enfermizo y femenil, el de nuestro pueblo, fuerte y viril; ante una democracia que pierde su propia esencia, la nuestra, la de nuestros padres, que hizo ejemplar a nuestro pueblo.

Y sobre todas estas cualidades y virtudes, nuestro cristianismo profundo, sentido y práctico. Con estos materiales lograremos formar un pueblo en el que no exista ni la subversión, ni la caza del hombre, ni la injusticia que los fomenta. Una democracia que pueda presentarse orgullosa como solución de tantos males que la fe humana sola es impotente para evitar.

No me acordaba ya, Jeltzale: No creas que el problema del Estatuto se ha olvidado por estos acontecimientos. Lo que sucede es que los sucesos han sido de tal magnitud que todo gira en torno a ellos. Mañana volverán los nuestros a la lid, ya que hoy, como comprenderás, era inoportuno.

Hasta mañana, pues. Te abraza en Jel [*Jaungoikoa eta Lagi-Zarra, Dios y Ley Vieja*].

Retrato de José Antonio Aguirre.
© Sabino Arana Fundazioa.

Aguirre en Madrid en 1931.
© Sabino Arana Fundazioa.

Aguirre con la Comisión de alcaldes vascos en la Asamblea de Ayuntamientos, celebrada en Estella el 14 de junio de 1931.
© Sabino Arana Fundazioa.

Discurso de Aguirre en la plaza de toros de Estella, tras la aprobación del Estatuto por los Ayuntamientos, el 14 de junio de 1931.
© Sabino Arana Fundazioa.

Despedida a los diputados de la minoría vasco-navarrra en Gernika el 12 de julio de 1931: en la foto están Jesús María Leizaola, José Antonio Aguirre, Marcelino Oreja y el canónigo Antonio Pildain.
© Sabino Arana Fundazioa.

Los quince diputados de la minoría vasco-navarra en las Cortes Constituyentes de la II República: seis nacionalistas, cinco carlistas y cuatro católicos independientes.
© Sabino Arana Fundazioa.

Aguirre con Margari y María Zabala y los sacerdotes José Ariztimuño (*Aitzol*), Luis Jauregi (*Jautarkol*) y Pío Montoya, en Alzo (Gipuzkoa) en 1932.
© Sabino Arana Fundazioa.

Boda de José Antonio Aguirre y María Zabala, en la Basílica de Begoña (Bilbao), el 8 de julio de 1933.
© Sabino Arana Fundazioa.

Portada del texto del Estatuto de autonomía del País Vasco,
editado por las Diputaciones de Álava, Bizkaia y Gipuzkoa en 1933.
© Archivo Municipal de Vitoria-Gasteiz.

Aguirre con los dirigentes del PNV Manuel Robles Aranguiz, Esteban Urkiaga (el poeta *Lauaxeta*) y Juan Antonio Careaga, en un mitin electoral en Bilbao, el 17 de noviembre de 1933. © Sabino Arana Fundazioa.

Mitin de José Antonio Aguirre durante la República.
© Sabino Arana Fundazioa.

El matrimonio Aguirre-Zabala con su hija Aintzane en 1935.
© Sabino Arana Fundazioa.

Visita de los diputados y dirigentes del PNV al Vaticano en enero de 1936.
© Sabino Arana Fundazioa.

Los diputados Indalecio Prieto y José Antonio Aguirre, en las Cortes en Madrid, el 1 de octubre de 1936, el día de la aprobación del Estatuto vasco.
© Sabino Arana Fundazioa.

III

LEHENDAKARI EN TIEMPOS DE GUERRA (1936-1939)

CAPÍTULO V

AL FRENTE DEL PRIMER GOBIERNO VASCO (1936-1937)

1936 fue un año clave no sólo en la historia contemporánea de España y del País Vasco, sino también en la vida de José Antonio Aguirre. Ante la sublevación militar iniciada en las posesiones españolas del norte de África el 17 de julio de ese año y extendida a la Península al día siguiente, el PNV tuvo que tomar la decisión más importante de su historia. La postura *jeltzale* a favor de la República cambió la vida de Aguirre para siempre. En octubre de 1936 se convirtió en el primer lehendakari vasco y, tras nueve meses de esfuerzo por defender militarmente el territorio de Euskadi, no tuvo más remedio que abandonar su tierra, a la que ya nunca podría regresar.

I. ¿DESAPARECIDO EN COMBATE?

Descansando posiblemente de las labores parlamentarias que tan ocupado le habían tenido los últimos meses en Madrid, el 17 de julio —cuando llegaron por radio las primeras noticias de la sublevación militar en África— Aguirre se encontraba en su casa de Algorta. El 18, el levantamiento se extendía a la Península, triunfando sin apenas oposición en Navarra y en casi toda Álava. Por el contrario, en Bizkaia apenas se produjo un conato de sublevación y en Gipuzkoa ésta fue derrotada en pocos días, gracias sobre todo a la reacción de las fuerzas de izquierda. En este confuso escenario, el 18 de julio se reunió en San Sebastián el EBB, acordando que el PNV se mantendría neutral ante el golpe y desautorizando la declaración a favor del Gobierno que los diputados Manuel Irujo y José María Lasarte habían emitido esa mañana por Radio San Sebastián.

Sin embargo, de inmediato las circunstancias hicieron que la neutralidad acordada por el EBB fuera imposible. Antes de que el comunicado oficial del máximo órgano del partido fuera hecho público, el BBB mandó publicar en el diario *Euzkadi* del 19 de julio una nota sin firma por la que el PNV se adhería a la República. Esta decisión fue tomada *in extremis* y, según el testimonio de su principal impulsor (el presidente del BBB, Juan Ajuriaguerra), «sin mucho entusiasmo», lo que explica las actitudes heterogéneas que los *jeltzales* adoptaron en las semanas siguientes, dependiendo a veces más de circunstancias externas que de convencimientos propios[1]. Y es que el PNV tenía tanto miedo a la revolución como al centralismo a ultranza de los sublevados, aunque esperaba obtener por fin del Frente Popular el Estatuto de autonomía, negado por la derecha, con la que sin embargo estaba vinculado por su catolicismo.

Dado que —como hemos visto en la parte anterior— el liderazgo real del partido había pasado en los años anteriores a los diputados a Cortes y en especial a Aguirre, sorprende el escaso peso que, aparentemente, tuvo la opinión del exalcalde de Getxo en esos días cruciales. Un testigo contó posteriormente que, cuando los miembros alaveses del EBB regresaron a Vitoria tras su reunión en San Sebastián, «ninguna noticia trajeron de allí acerca de la guerra, sino es que, según don José Antonio de Aguirre, el movimiento sería una maniobra del gobierno para tomar de ahí ocasión para tener una sesión parlamentaria de tonos patrióticos de donde saliera consolidada la república». Este testimonio, relacionado sin duda con el recuerdo de lo sucedido tras el fracaso del golpe de Sanjurjo en 1932, corrobora el optimismo a ultranza de Aguirre que, según otro *jeltzale*, «no pensaba seriamente en la posibilidad de la sublevación»[2].

Si las palabras antes citadas se entienden literalmente, podría concluirse que Aguirre habría asistido a la reunión del EBB en San Sebastián, aprobando por tanto el *rapapolvos* a sus compañeros de minoría (Irujo y Lasarte) por su excesivo celo republicano. Sin embargo,

---

[1] En dicha nota, el PNV proclamaba «—salvando todo aquello a que le obliga su ideología, que hoy ratifica solemnemente— que, planteada la lucha entre la ciudadanía y el fascismo, entre la República y la Monarquía, sus principios le obligan a caer al lado de la Ciudadanía y la República, en consonancia con el régimen democrático y republicano que fue privativo de nuestro pueblo en sus siglos de libertad» (*Euzkadi*, 19-VII-1936). Testimonio de Ajuriaguerra en Fraser, Ronald: *Recuérdalo tú y recuérdalo a otros. Historia oral de la guerra civil española*, Crítica, Barcelona, 1979, tomo I, p. 66.

[2] Testimonio anónimo publicado en *El pueblo vasco frente a la cruzada franquista. Documentos*, Egi-Indarra, Toulouse, 1966, p. 199; y de Antonio Gamarra, en Gamboa, José María y Larronde, Jean-Claude (eds.): *La Guerra Civil en Euzkadi: 136 testimonios inéditos recogidos por José Miguel de Barandiarán*, Bidasoa, Villefranque, 2005, p. 394.

todo indica que Aguirre no estuvo presente en persona en esa reunión, sino que posiblemente algún miembro vizcaíno del EBB transmitió a los presentes la opinión del líder de la minoría vasca, que sin duda debió ser decisiva en la desautorización de Irujo y Lasarte y en la efímera opción del PNV por la neutralidad. En efecto, si la sublevación iba a ser un fiasco como la *Sanjurjada*, no tenía sentido que el PNV quemara ningún cartucho para oponerse a ella. No obstante, la actitud de Aguirre ante la sublevación parece, más que optimista, algo ingenua, pues es sorprendente que, a pesar de estar inmerso en los ambientes parlamentarios de Madrid, no fuera consciente de la gravedad de la situación, en un momento en que el alzamiento militar era un secreto a voces.

Tampoco sabemos hasta qué punto Aguirre intervino en la decisión final del PNV a favor de la República, tomada durante la dramática noche del 18 al 19 de julio, antes de publicar la nota en *Euzkadi*. Aunque no hay acta de esta reunión, parece lógico pensar que el peso de la nueva generación de dirigentes *jeltzales* en dicha decisión fuera determinante. Algunos testimonios indican que desde Bilbao hablaron por teléfono con Irujo y que el propio Aguirre asistió a las deliberaciones. Así se desprende de las memorias del monárquico José María Areilza, que vio a Aguirre la mañana del domingo 19 en misa en la iglesia de San Vicente, justo al lado de *Sabin Etxea*:

> En esto observé que muy cerca, en un grupo, los directivos del nacionalismo también leían la prensa con ansiedad y comentaban entre ellos las últimas noticias. José Antonio Aguirre me vio y comprendió sin duda mi pesadumbre al ver que la suerte estaba definitivamente echada. Me saludó de lejos sin que hiciéramos nada por conversar ni el uno ni el otro. Las palabras habían dejado paso a las armas. Y las razones a la violencia. La guerra como una riada de incontenible dolor y de muerte —y también como un torrente dialéctico de odio y de rencores— iba a separar nuestras existencias[3].

Sin embargo, la prensa no recogió ninguna intervención pública de Aguirre favorable a la República en las semanas que siguieron al 18 de julio, una fase en la que hubo más una *coincidencia* que una *alianza* entusiasta del PNV con las izquierdas. Ésta parece que fue también la postura personal de Aguirre, que estaría más preocupado por mantener el orden público que por luchar para poner fin a la sublevación. Así lo recordaba Luis Vilallonga (católico próximo al PNV), que le

---

[3] Areilza, José María de: *Así los he visto*, Planeta, Barcelona, 1974, p. 94. Las llamadas a Irujo en Estornés, Idoia: «El PNV y el 18 de julio», *El Mundo del País Vasco*, 12-X-1995.

visitó en su domicilio el 19 de julio, para tratar de convencerle de que los *jeltzales* «se mantuvieran en actitud no beligerante respecto al uno y al otro de los dos bandos opuestos frente a frente»:

> De poco, de nada valió mi súplica de amigo probado. El joven dirigente llamado a ser figura de tanto relieve y responsabilidad, me opuso su punto de vista: para él, el ser parte de la contienda abierta era un deber, vista la necesidad, que habría de darse, de salvar vidas y bienes de buen número de gentes del país. Los dados estaban echados. Me replegué a mi casa[4].

Por tanto, para el PNV y para el propio Aguirre se trataba sobre todo de defender el orden público en territorio vasco, a la espera de un rápido final de la contienda, más que de enfrentarse militarmente a los alzados. En esta línea fueron las únicas actuaciones de Aguirre en los días siguientes, de las que tenemos noticia. El 20 de julio, varios individuos prendieron fuego a un convento de religiosas en Bilbao, que fue defendido por *mendigoizales* nacionalistas. El mismo día, dos sacerdotes fueron tiroteados a sangre fría por un guardia durante un registro en Sestao, resultando ambos heridos. Aguirre protestó por estos hechos ante el gobernador civil, «amenazando con tomar medidas drásticas ante cualquier atropello de este género». El resultado de esa protesta fue una nota de condena, firmada por el Frente Popular y el PNV, anunciando incluso el uso de armas de fuego por parte de las fuerzas del orden contra los alborotadores, si se repetían esos incidentes. Sin embargo, es significativo que estas intervenciones de Aguirre no fueran recogidas por la prensa, que sólo mencionó el nombre del futuro lehendakari entre el 18 de julio y principios de septiembre de 1936 con motivo de su asistencia a tres funerales[5].

---

[4] Vilallonga, Luis M.: *El informe Vilallonga*, Víctor Pozanco, Barcelona, 1977, pp. 55-56. Varios *jeltzales* amigos de Aguirre trataron de convencerle, posiblemente en un sentido semejante. Por ejemplo, un compañero suyo en el despacho de abogados dimitió de su cargo de presidente del PNV de Getxo en agosto de 1936 y se apartó de la política. Tras la elección de Aguirre como lehendakari, le comunicó su pesar por no haber podido hablar personalmente con él, «pues creo que algo interesante te habría dicho sobre el ambiente de la calle», aunque pedía a Dios que le iluminara «en este trance tan grave, de responsabilidad y de trascendencia para la historia». Julián Ruiz de Aguirre a José Antonio Aguirre, 11-X-1936, Archivo del Nacionalismo (AN), GE, 27/3.

[5] *Euzkadi* (21-VII-1936) y *El Liberal* (24-VII-1936). La protesta de Aguirre en Basaldua, Pedro de: *Crónicas de guerra y exilio*, Idatz-Ekintza, Bilbao, 1983, pp. 44 y 48. Esos funerales fueron los de José Horn Areilza, Ramón de la Sota Llano y el de tres jóvenes (dos de ellos nacionalistas) fusilados en Vitoria, tras haber sido apresados en el frente, en el monte Gorbea (*Euzkadi*, 31-VII-1936, 19-VIII-1936 y 25-VIII-1936).

La actitud expectante del PNV en estas semanas hizo creer a los sublevados que su decisión no era irreversible. De ahí que enseguida surgieran intentos de mediación para que los nacionalistas de Bizkaia y Gipuzkoa modificaran su postura, utilizando como enlaces a los nacionalistas alaveses que —lo mismo que los navarros, y en parte bajo la presión de los militares— habían publicado sendos comunicados desmintiendo la nota del PNV publicada en *Euzkadi* a favor de la República. Es significativo que Aguirre fuera (junto a Telesforo Monzón) el contacto elegido para esta mediación. Ello implicaba no sólo reconocer su liderazgo dentro del partido, sino quizás también que los militares consideraban más fácil convencer a Aguirre y a Monzón que a otros dirigentes, como Irujo. Así, el 3 de agosto, dos influyentes *jelkides* alaveses (Francisco Javier Landaburu y Manuel Ibarrondo) enviaron una carta a Aguirre, a requerimiento de los militares y con el visto bueno del obispo de Vitoria (Mateo Múgica), en la que pedían a sus compañeros de Bizkaia y Gipuzkoa que se limitaran «a ser guardadores de edificios y personas». Si no tomaban «las armas contra el Ejército», los nacionalistas serían respetados cuando los sublevados conquistaran ambas provincias. Landaburu pedía a su «amigo José Antonio» que considerara la necesidad de evitar «a todo trance que en nuestra tierra vuelva a abrirse el surco de una nueva guerra civil»[6].

La carta fue llevada en mano a Bilbao por dos nacionalistas alaveses, atravesando un frente todavía muy permeable. El 7 de agosto, ambos regresaban a Vitoria, confirmando de palabra que el PNV había decidido mantener su apoyo a la República. No obstante, el futuro lehendakari tampoco parece que interviniera activamente en los acontecimientos que se sucedieron de inmediato, como la polémica en torno a la pastoral de los obispos de Vitoria y Pamplona condenando la actitud del PNV (6 de agosto); la constitución en Loyola de las milicias de *gudaris* o soldados nacionalistas vascos (8 de agosto); y la entrada de los *jelkides* Julio Jáuregui y Heliodoro de la Torre en la Junta de Defensa de Vizcaya (12 de agosto).

Tras casi dos meses de postura expectante, la actitud de Aguirre y de su partido cambió por completo a partir de octubre de 1936. La obtención del Estatuto de autonomía —que el PNV venía buscando

---

[6] La carta está reproducida, por ejemplo, en Pablo, Santiago de: *En tierra de nadie. Los nacionalistas vascos en Álava*, Ikusager, Vitoria-Gasteiz, 2008, pp. 242-243. Poco después, Landaburu, temiendo ser detenido, se escondió y en 1937 pasó clandestinamente la frontera francesa. Tras la muerte de Aguirre, llegó a ser vicepresidente del Gobierno vasco en el exilio.

sin interrupción desde 1931— fue determinante en la actitud de los nacionalistas que, hasta la caída de Bilbao, en junio de 1937, se implicaron decididamente en la guerra. Del mismo modo, frente al Aguirre *missing* del verano de 1936, éste volvió a pasar a un primer plano en cuanto se iniciaron las negociaciones para implicar de lleno al PNV en la guerra, mediante la aprobación del Estatuto y la integración de uno de sus dirigentes en el Gobierno republicano. Este acercamiento era necesario para fortalecer el frente guipuzcoano, donde los alzados avanzaron sin pausa a lo largo del mes de agosto.

A finales de ese mes se iniciaron las gestiones para sustituir al Gobierno republicano de José Giral, constituido apresuradamente el 19 de julio. Indalecio Prieto fue quien tuvo la idea de incluir en el nuevo ejecutivo a un miembro del PNV, tratando de integrar definitivamente a los nacionalistas en la defensa de la República, cortando cualquier posibilidad de acercamiento a los sublevados y fortaleciendo el frente vasco. El 4 de septiembre (coincidiendo con la caída de Irún, que aislaba la zona norte republicana, extendida hasta Asturias, de la frontera francesa) se formó un Gobierno de concentración, presidido por el socialista Francisco Largo Caballero, al que se pretendía incorporar a un ministro del PNV. De hecho, la prensa llegó a publicar como definitivo un gabinete que incluía a Aguirre como ministro de Obras Públicas, aunque el diario *Euzkadi* aclaró que esa cartera le había sido ofrecida, pero que ni él ni su partido la habían aceptado «en consideración a poderosas razones, expuestas al nuevo Jefe del Gobierno en documento que le ha sido remitido». En efecto, el mismo día 4 Aguirre había recibido de Prieto el ofrecimiento para ocupar esa cartera pero, al tratarse de una decisión de gran calado, la consultó de inmediato con el EBB, obteniendo una respuesta negativa. Como alternativa, el PNV propuso la formación de un Gobierno autónomo, que a su vez designaría al representante vasco en el ejecutivo central. Siguiendo el mandato del EBB, Aguirre llamó por teléfono al Gobierno —que en esos momentos estaba reunido— para transmitir su negativa a aceptar el cargo y la contraoferta del EBB. Aguirre anunció que al día siguiente viajaría a Madrid para tratar el asunto en persona, aunque finalmente las dificultades de comunicación en plena guerra hicieron que el viaje se retrasara unos días. Mientras tanto, el cargo fue ofrecido a Irujo, quien en principio se mostró también remiso a aceptarlo[7].

---

[7] *Euzkadi*, 5-IX-1936. Todavía *The Times* (2-X-1936), al dar cuenta de la aprobación del Estatuto vasco, afirmaba que «Señor Aguirre, the Minister of Public Works, spoke for the Basques».

Tal y como había anunciado, con objeto de desbloquear la negociación, el 9 de septiembre Aguirre, junto a otros representantes del PNV, se desplazó a Madrid en un avión puesto a su disposición por Largo Caballero para negociar la entrada *jeltzale* en el Gobierno a cambio de la aprobación del Estatuto[8]. El Frente Popular estaba empeñado en que Aguirre aceptara la cartera de Obras Públicas, que de momento seguía vacante y que sin duda había sido elegida por su carácter más *técnico* que *político*. Se trataba de vencer así la resistencia *jeltzale* a entrar en un Gobierno que (en palabras de Luis Arana, el hermano de Sabino, que enseguida se iba a dar de baja en el PNV como protesta por esa decisión) sería no sólo «español», sino también «sectario», es decir, marcadamente izquierdista. El 11 de septiembre los comisionados vascos se entrevistaron con Largo Caballero pero, aunque las negociaciones continuaban «en un gran ambiente de cordialidad», no fue posible llegar a un acuerdo[9]. De hecho, el mismo día se reunió la Junta de Defensa de Vizcaya, señalando uno de sus miembros que había hablado con Prieto, quien le había manifestado que Aguirre «había condicionado su entrada en el Gobierno a la concesión del Estatuto Vasco y a la formación del Gobierno de Euzkadi». Sin embargo, tratadas estas exigencias en el Consejo de Ministros, «fue denegada la segunda, haciéndole ver que no eran estos momentos oportunos, que ahora no se trataba más que de combatir al enemigo que tenemos todos»[10]. El propio Aguirre recordaba en 1940 que las negociaciones no habían sido fáciles, pues él mismo había tenido que luchar en Madrid «contra la incomprensión española de nuevo obra de las izquierdas. Había entre ellas elementos que veían un peligro en el hecho de reconocer la libertad a los vascos»[11].

---

[8] Las fuentes [recogidas en Granja, José Luis de la: *El oasis vasco. El nacimiento de Euskadi en la República y la Guerra Civil*, Tecnos, Madrid, 2007, pp. 340-341 y Meer, Fernando de: *El Partido Nacionalista Vasco ante la Guerra de España (1936-1937)*, EUNSA, Pamplona, 1992, p. 88, p. 142] discrepan en si acompañaron a Aguirre a Madrid sólo Andrés Arcelus y Francisco Basterrechea, o también Juan Ajuriaguerra. Hay asimismo dudas sobre el día en que Aguirre llegó a Madrid (9 o 10 de septiembre).

[9] *La Vanguardia*, 12-IX-1936. La opinión de Arana en AN, Fondo Luis Arana, M19-37. Sin embargo, un informe del espionaje franquista señalaba que, cuando llegó a Madrid, «tal fue la impresión que le produjo [a Aguirre] el aspecto de la ciudad y las verdades que le contaron sus amigos, que cuando visitó a Prieto tuvo con este una escena violentísima acusándole de haberle engañado y diciendo que él, antes de haber emprendido el vuelo para Madrid, había asistido en Bilbao a un entierro con cruz alzada». Archivo del Ministerio de Asuntos Exteriores (AMAE), 1459.

[10] Centro Documental de la Memoria Histórica (CDMH), PS-Santander, C-21.

[11] Informe de José Antonio Aguirre, «El problema político y moral de los vascos», 1940 (AN, PNV, 308/5), publicado en el libro VVAA: *José Antonio de Aguirre y Lekube, 1904-1960*, Congreso de los Diputados, Madrid, 2010, p. 222.

Uno de los puntos abordados en esta negociación fue la posibilidad de que Navarra se reincorporara a la autonomía. Según un recuerdo posterior de Prieto, Aguirre e Irujo le habrían llegado a ofrecer la presidencia del nuevo Gobierno vasco, a cambio de incluir a Navarra en el Estatuto, modificando el dictamen de la Comisión de Estatutos de las Cortes, de la que él era presidente. Sin embargo, Prieto —tras hablar con Largo Caballero— se negó «rotundamente» a aceptar, «no sólo por significar la propuesta un monstruoso amaño, sino porque, cometiéndolo, suministraríamos una sugestiva bandera a los carlistas navarros ya alzados en armas contra la República»[12]. De hecho, esos combatientes navarros, muchos de ellos requetés voluntarios, estaban atacando Gipuzkoa y fueron ellos los que lideraron la conquista de San Sebastián, tomada por los rebeldes el 13 de septiembre.

Con la pérdida de la capital guipuzcoana, la situación en el frente norte se hizo desesperada para la República, acelerando las negociaciones en Madrid. El día 15 la comisión del PNV, encabezada por Aguirre, se entrevistó de nuevo con Largo Caballero, acudiendo incluso a una reunión del Consejo de Ministros. A la salida, Aguirre manifestó a los periodistas que «dentro de esta semana se resolverá el asunto de nuestra participación». En efecto, en unos días se llegó a un acuerdo de mínimos, que quizás fue posible por la buena relación personal existente entonces entre Aguirre y Prieto, tras su trabajo conjunto en las Cortes antes de julio de 1936. En cualquier caso, las circunstancias hacían necesario llegar a acuerdos con urgencia, pues, tras la caída de San Sebastián, la resistencia en Gipuzkoa prácticamente se hundió, permitiendo el avance arrollador de las tropas del general Mola, que apenas diez días más tarde llegaron casi al límite con Bizkaia. El día 17 la prensa anunciaba que en breve la cartera de Obras Públicas pasaría a manos de Izquierda Republicana, mientras Irujo sería nombrado ministro sin cartera, destacando así el carácter especial de la participación del PNV en el Gobierno. Al mismo tiempo, se ponía en marcha una ponencia interministerial para la aprobación del Estatuto vasco, que adaptó el modo de elección del lehendakari a las circunstancias bélicas. Así, ambas cuestiones (entrada del PNV en el Gobierno y puesta en marcha del Estatuto) avanzaban paralelamente, existiendo incluso cierta confusión interesada a la hora de señalar cuál de las dos se aprobaba antes. Las condiciones

---

[12] Indalecio Prieto a Rodolfo Llopis, 9-III-1957, Fundación Pablo Iglesias, ALJA 420-4, h. 4 a 6. Cf. Prieto, Indalecio: *Convulsiones de España*, Oasis, México, 1967, tomo I, p. 369.

exactas del pacto alcanzado finalmente entre el PNV y el Frente Popular no se conocen, pero incluían la aprobación del Estatuto, la formación de un Gobierno vasco y el respeto a la libertad religiosa y a la propiedad privada. Asimismo, el PNV habría pedido que las milicias vascas lucharan sólo en territorio de Euskadi, aunque resulta difícil de creer la aceptación de esta condición por el Frente Popular, de la que sin embargo existen algunos indicios documentales.

Empero, si desde el Gobierno se conocía que, a la vez que negociaba con Madrid, el PNV mantenía todavía abierta la posibilidad de conciliación con los alzados, es lógico pensar que Largo Caballero y Prieto pusieran toda la carne en el asador para atraerse definitivamente a los *jeltzales*. En efecto, hoy sabemos que, al mismo tiempo que Aguirre gestionaba el Estatuto en Madrid, representantes oficiosos del partido (el diputado José María Izaurieta y el canónigo Alberto Onaindia) llevaban a cabo nuevas negociaciones con los sublevados. Aguirre conocía estos contactos, pues Onaindia actuaba como uno de sus «hombres de confianza» para «tales menesteres, delicados y secretos por su propia naturaleza», de modo que, si las gestiones se hacían públicas, el dirigente del PNV quedaría libre de culpa ante el Frente Popular[13].

Dado que la suerte de la guerra se debatía no sólo en los frentes sino sobre todo en las cancillerías internacionales, resulta interesante que *L'Osservatore Romano* alabara expresamente la actitud reticente de Aguirre a aceptar una cartera en el Gobierno republicano. Sin duda, el órgano oficioso del Vaticano trataba así de avalar indirectamente un acuerdo con los alzados, al explicar que el PNV se debatía «entre dos fuerzas irreconciliables. El señor Aguirre, jefe de este grupo, rechaza la invitación a formar parte del ministerio social-comunista presidido hoy por Largo Caballero [...]. Esperamos en la vigilia de las próximas batallas, que la postura de este grupo haga menos sangrientas aquellas verdes colinas de Bilbao»[14]. Lo cierto es que el acercamiento del PNV a Mola tenía ya pocas posibilidades de salir adelante. Aunque Aguirre no cerrara del todo esa opción como solución de recambio, en estas fechas él ya había elegido decididamente. La estrategia pro-republicana *jeltzale* había ganado la partida en el seno del PNV y se personificaba precisamente en Aguirre e Irujo. No obstante, todavía el 27 de septiembre, Onaindia (que estaba en San Juan de Luz esperando instrucciones del PNV sobre si debía conti-

---

[13] Onaindia, Alberto: *Capítulos de mi vida. I: Hombre de paz en la guerra*, Ekin, Buenos Aires, 1973, p. 171.
[14] *L'Osservatore Romano*, 16-IX-1936.

nuar sus negociaciones con Mola, a través de personas interpuestas) envió un mensaje al BBB explicando que era urgente la «presencia aquí autoridad Partido con José Antonio Aguirre, antes mediodía mañana». Sin embargo, ni siquiera hubo contestación a este telegrama, hasta que unos días después Onaindia recibió órdenes de esperar en el País Vasco francés, para llevar desde allí un informe a Roma justificando la decisión del PNV de implicarse definitivamente en la guerra, entrando en el Gobierno central a cambio del Estatuto[15].

Mientras tanto, el 23 de septiembre el Estatuto era dictaminado en las Cortes, que, aunque numéricamente muy mermadas, habían retomado su actividad después del verano. El 25, Irujo era nombrado ministro sin cartera, lo que significaba un punto de no retorno en la decisión del PNV a favor de la República. El mismo día, las milicias nacionalistas se dirigieron por primera vez en bloque al frente, dejando en un segundo plano el mantenimiento del orden en la retaguardia, que hasta ese momento había sido su principal función. Pero, incluso en estos momentos, el PNV estaba librando una guerra diferente, dentro del conflicto español. Así lo recordaba el propio Aguirre en una reunión con el EBB en 1939, recién terminada la conflagración: «Nuestra adhesión ha sido a la libertad de Euzkadi. A la lucha no hubiéramos ido directamente, no hubiéramos ido por defender la República»[16].

No obstante, «defender la República» era el único modo de avanzar en la «libertad de Euzkadi». Un gran paso en esa dirección se estaba fraguando en ese mismo momento en Madrid, donde el 1 de octubre las Cortes de la República aprobaron por fin el Estatuto vasco. Su tramitación fue muy rápida, no sólo por los trabajos previos a julio de 1936, sino sobre todo por la necesidad que imponían las circunstancias bélicas. El Estatuto —muy diferente al refrendado en 1933— era un texto breve, del que había desaparecido la cláusula que posibilitaba la futura inclusión de Navarra y en el que se habían incluido algunas disposiciones transitorias, debidas a la situación del momento. El texto fue aprobado unánimemente por los diputados presentes en la Cámara, entre los que se encontraba Irujo, sentado ya en el banco azul. Previamente, Aguirre pronunció un emotivo discurso, en el que no escamoteó algunas de las diferencias que le separaban de sus aliados, al condenar «los excesos propios de las muchedumbres». A pesar de ello, subrayó que el PNV no tenía dudas a la hora de luchar por «la democracia contra el fascismo», por «un an-

---

[15] Onaindia, *Capítulos*, p. 178.
[16] Archivo General Militar-Fondo Gobierno de Euzkadi (AGM-FGE), 46/56/3/1.

helo de libertad latente de muchos años atrás en el pueblo vasco», por la justicia social y por un catolicismo purificado de impurezas totalitarias:

> Pero, además, quiero señalar que estamos enfrente del imperialismo y del fascismo por nuestro espíritu cristiano [...]. Estos principios, quizá en muchas ocasiones, señores diputados, harán que nos coloquemos frente a vosotros, como nos colocamos otras veces al defender con lealtad y absoluta claridad nuestro pensamiento católico; ¡ah!, pero en este momento estamos a vuestro lado por dos motivos: Primero, porque Cristo no predicó la bayoneta, ni la bomba, ni el explosivo para la conquista de las ideas y de los corazones, sino el amor; y, segundo, porque en vuestro movimiento proletario, vuestras conmociones sociales, a nosotros no nos asustan, salvando todas las diferencias, en cuanto en ellas existe de justicia y de verdad[17].

Aguirre terminó su discurso asegurando, «con entera lealtad», que «hasta vencer al fascismo, el patriotismo vasco, el nacionalismo vasco, seguirá firme en su puesto». Un puesto que, en el caso del jefe de la minoría *jeltzale*, iba a estar a partir de este momento en primera línea.

II. PRESIDENTE DE UN ESTADO VASCO EN CIERNES

Tras la votación en las Cortes, Aguirre regresó en avión a Bilbao, donde iba a ponerse en marcha el autogobierno contenido en el Estatuto. Éste preveía que, provisionalmente, el presidente o *lehendakari* sería elegido por los concejales de la zona vasca leal a la República, sumando los votos correspondientes al censo que representaban. Esta votación tuvo lugar la mañana del 7 de octubre en cuatro mesas electorales, dispuestas a tal efecto en otros tantos edificios oficiales de Bilbao. El escrutinio no tuvo ninguna emoción, pues previamente todos los partidos (los del Frente Popular y el PNV) se habían puesto de acuerdo para dar su voto a Aguirre, que obtuvo oficialmente 291.471 sufragios[18].

La emoción que había faltado en el escrutinio de la mañana afloró a borbotones en el acto de proclamación de Aguirre como «Presidente del Gobierno Provisional del País Vasco», que tuvo lugar en la Casa de Juntas de Gernika el mismo día a las cinco de la tarde. Se

---

[17] *Diario de Sesiones de las Cortes*, 1-X-1936.
[18] Sólo algún *despistado* evitó votar a Aguirre, haciéndolo a favor del republicano de izquierdas vizcaíno Ramón Madariaga, que logró 100 votos. AGM-FGE, 71/1/2/67.

trataba de un lugar simbólico, elegido *ex profeso* para enlazar el nuevo Gobierno con la tradición foral. El propio Aguirre escribiría más tarde que, en esos momentos, «siguiendo una tradición que se pierde en el amanecer de los tiempos [...], la libertad de Euzkadi resucitaba después de cerca de cien años de letargo forzado»[19]. Pese al simbolismo tradicional del entorno, el carácter constitucional republicano del acto quedó corroborado por el hecho de que fuera presidido por el gobernador civil de Bizkaia. Se trataba de un cargo que pocos años antes había sido una auténtica *bestia negra* para el PNV y para el propio Aguirre, y que ahora —en circunstancias muy distintas— ocupaba el miembro de Izquierda Republicana José Echevarría Novoa. Tras la lectura del acta de la elección matutina, Aguirre tomó de inmediato posesión de su cargo, pronunciando un juramento en euskera, cuya referencia inicial a Dios rompía el carácter totalmente aconfesional que —de acuerdo con la Constitución republicana de 1931— debía tener su investidura: «Ante Dios humillado, en pie sobre la tierra vasca, con el recuerdo de los antepasados, bajo el Árbol de Gernika, juro cumplir fielmente mi mandato»[20].

Este simbolismo religioso fue aún más claro en el acto privado que Aguirre había llevado a cabo el mismo día, a primeras horas de la mañana, junto a los miembros del EBB presentes en Bilbao. Dado que el primer lehendakari vasco tenía entonces sólo treinta y dos años y una labor muy difícil de acometer, no es extraño que, como hombre profundamente creyente, decidiera completar la toma de posesión en Gernika con una ceremonia privada de carácter religioso, que tuvo lugar en Begoña. Ese día, «todas las autoridades del P.N.V., siguiendo las indicaciones del nuevo presidente, Excmo. Sr. Don José Antonio de Aguirre y Lecube, se acercaron a la Sagrada Misa y comulgaron en la Basílica de Begoña. Inmediatamente subieron al Camarín de la Patrona de Vizcaya y allí el citado Sr. Presidente leyó este juramento»:

> Juro ante la Hostia Santa fidelidad a la fe católica que profeso siguiendo y cumpliendo las enseñanzas de la Santa Iglesia Católica, apostólica, romana; juro fidelidad a mi patria Euzkadi y en su servicio queda ofrecida mi vida, de la que dispondrán en la medida, en el momento o en las cir-

---

[19] Aguirre, José Antonio: *De Guernica a Nueva York pasando por Berlín* [1943], Foca, Madrid, 2004, pp. 35-36. Como ya hemos visto, según la interpretación de Sabino Arana, el País Vasco había sido independiente hasta la ley de 25 de octubre de 1839. De ahí la referencia a la recuperación de la libertad de Euzkadi, un siglo después de dicha ley.

[20] Traducción del propio lehendakari en Aguirre, José Antonio: *Veinte años de gestión del Gobierno Vasco (1936-1956)*, Leopoldo Zugaza, Durango, 1978, p. 32.

cunstancias que señalen las únicas autoridades legítimas del PNV o Euzkadi Buru Batzar. Así lo juro desde el fondo de mi alma ante mi Dios en la Hostia Consagrada[21].

El doble juramento y el tenor del texto de Begoña reflejan la trascendencia del momento y el deseo de Aguirre de dejar claro que él no renunciaba a sus más íntimas convicciones, a pesar de colaborar con un régimen en cuyo territorio, desde el inicio de la Guerra Civil, estaba teniendo lugar —salvo en el País Vasco— una cruenta persecución religiosa. Sin embargo, el juramento de Begoña no fue hecho público, ni siquiera en la prensa nacionalista, sin duda porque no sólo su texto, sino también su misma existencia, hubieran sido muy mal vistos por las izquierdas. En este juramento, como en el de Gernika, no había ninguna referencia a la República ni a la Constitución. Quizás, en contraste con las promesas de Aguirre en las Cortes de «entera lealtad» a la República, la única fidelidad que se reconocía era a la Iglesia y al pueblo vasco. De hecho, años más tarde Aguirre daría un sentido providencialista a su elección, señalando que «quiso Dios escogerme» para guiar al pueblo vasco «en los momentos de su mayor dolor»[22].

No obstante, a veces en un difícil equilibrio, ello no implicaba el descuido de una fidelidad a la República, que en la mente del recién estrenado lehendakari era ahora más necesaria que nunca. Así se refleja en los telegramas intercambiados en esos días con Indalecio Prieto, ministro de Marina y Aire en el gabinete de Largo Caballero. Ambos textos muestran la confianza entre dos políticos que hacía pocos años habían sido acérrimos enemigos, pero que ahora combatían juntos contra un enemigo común. Aguirre mostraba su pena porque Prieto no hubiera podido asistir a su toma de posesión y aseguraba haberle «recordado con emoción»: «Pueblo Vasco congregado hoy en Guernica, bajo árbol, entusiasmo indescriptible, no olvida ni olvidará a quien como V.E. ha hecho posible con gran generosidad que Pueblo Vasco recobre libertad». Prieto respondió felicitando a Aguirre por su nuevo cargo y agradeciendo «con toda mi alma que en momento tan solemne y emocionante como el de la proclamación de la autonomía del país Vasco y elección de su Presidente, se me dedicara el cariñosísimo recuerdo que refleja su telegrama»[23].

---

[21] Aguirre, José Antonio: *Obras completas*, Sendoa, San Sebastián, 1981, tomo II, p. 19. Las citas del escrutinio y el acto de Gernika en *Euzkadi*, 8-X-1937.
[22] Aguirre, *De Guernica*, p. 35.
[23] Archivo Fundación Indalecio Prieto. Ambos telegramas fueron reproducidos en *Abc* (Madrid), 9-X-1936.

Sin duda, el nuevo lehendakari era consciente de la trascendencia histórica del momento, así como de la difícil tarea que se le presentaba. De hecho, después de pedir la ayuda del cielo, había que bajar a tierra, pues no había tiempo que perder. El mismo día 7 de octubre Aguirre anunció en Gernika los nombres de los componentes de su Gobierno, de coalición entre el PNV y el Frente Popular. En total, estaba integrado por once consejeros: cuatro eran del PNV (Aguirre, Presidencia y Defensa; Jesús María Leizaola, Justicia y Cultura; Heliodoro de la Torre, Hacienda; y Telesforo Monzón, Gobernación); tres del PSOE (Santiago Aznar, Industria; Juan Gracia, Asistencia Social y Juan de los Toyos, Trabajo, Previsión y Comunicaciones); y con uno contaban ANV (Gonzalo Nárdiz, Agricultura), Izquierda Republicana (Ramón María Aldasoro, Comercio y Abastecimientos), Unión Republicana (Alfredo Espinosa, Sanidad) y el PCE (Juan Astigarrabía, Obras Públicas).

Desconocemos las negociaciones previas para distribuir los Departamentos entre los diferentes partidos y cómo se designaron los consejeros. Tampoco sabemos si Aguirre tuvo alguna posibilidad de elección de las personas que formaron parte de su gabinete o, si como parece más probable, éstas le fueron impuestas por los respectivos partidos. Así, después de la Guerra Civil un dirigente de ANV aseguraba, en carta privada a un correligionario, que el PNV trató de que este partido nacionalista de izquierdas no entrara en el Gobierno vasco, haciéndolo sólo finalmente gracias a la «firmeza» del PSOE. Sin embargo, esta resistencia resulta difícil de creer, dadas las buenas relaciones existentes entonces entre los dos partidos nacionalistas[24]. Tampoco sabemos si la presencia del PCE provocó algún recelo en Aguirre, lo que hubiera tenido cierta lógica, al ser la primera vez en la historia que un partido confesional católico presidía un Gobierno que incluía entre sus miembros a un comunista. Por último, del gabinete sí quedó excluida la CNT, que fue vetada por el PNV, a pesar de que la central anarquista se incorporó en noviembre al ejecutivo de Largo Caballero y también formó parte del Gobierno catalán[25].

---

[24] Tomás Echave a Juan Carlos Basterra, 18 y 22-II-1939, AN, SERE, 19-8.

[25] Según el testimonio de Manuel Chiapuso (*El Gobierno vasco y los anarquistas. Bilbao en guerra*, Txertoa, San Sebastián, 1978, p. 64), Aguirre habría estado dispuesto a que fuera la FAI (Federación Anarquista Ibérica), la que representara al anarcosindicalismo en su gabinete, alegando que los sindicatos no estaban incluidos en el mismo y que ELA-STV y la UGT ya estaban representados por medio del PNV y del PSOE. Pero, a no ser que fuera una estratagema del lehendakari para salir del paso, el carácter aún más radical de la FAI y su práctica inexistencia en Euskadi hacen poco creíble esa posibilidad. La primera colaboración gubernamental entre católicos y comunistas en Meer, *El Partido*, p. 233.

En cualquier caso, si hubo dudas o disputas a la hora de constituir el gabinete, enseguida quedaron atrás, pues el Gobierno logró un buen ambiente de trabajo y de colaboración entre consejeros de diferentes ideologías, muchos de ellos casi tan jóvenes como Aguirre. Es cierto que la mayoría (siete de once) pertenecían al Frente Popular, siendo minoritarios los *jelkides*, pero, por un lado, el PNV se había reservado las carteras más importantes, especialmente en tiempo de guerra (Hacienda, Defensa, Justicia y Gobernación); por otro, el liderazgo y la fuerte personalidad de Aguirre llevaron a una actuación casi presidencialista, no prevista en el texto del Estatuto. El intérprete ruso Constant Brusiloff escribió que la habilidad de Aguirre «para ver aprobados por unanimidad sus proyectos era extraordinaria». Ello hizo que, de hecho, el PNV controlara la actuación del Gobierno vasco, evitando disensiones de calado entre sus miembros, a pesar de que la mayoría estaban muy alejados de la ideología *jeltzale*. Por último, se acordó que todos los consejeros tuvieran derecho de veto sobre las decisiones del resto, lo que obligaba a todos a actuar unidos, pues de otro modo una coalición de seis partidos hubiera estallado en cualquier momento[26].

A pesar de reconocer expresamente que se trataba de un Gobierno nacido «en cumplimiento de los preceptos que contiene el Estatuto de autonomía de Euzkadi aprobado por las Cortes de la República española», la supremacía nacionalista quedó clara ya en el programa de gobierno que Aguirre leyó en el acto de Gernika. El propio lehendakari recordaba en abril de 1939 ante el EBB que «el programa lo hicimos nosotros, lo redactamos nosotros, y lo presentamos a los distintos Partidos; fue redactado con una habilidad que fue una sorpresa, no para nosotros sino para los demás. Hasta tal punto, que chocó a las izquierdas»[27].

En este programa (la llamada Declaración de Gernika), Aguirre se comprometía a impulsar una política de «acusado avance social», pretendiendo así integrar a las izquierdas. Empero, huía de medidas revo-

---

[26] Testimonio de Juan Astigarrabía en Otaegui, Marga y Estévez, Xosé (coords.): «Protagonistas de la Historia vasca (1923-1950)», *Cuadernos de Sección. Historia-Geografía*, 7, 1985, p. 101; Aizpuru, Mikel: *El informe Brusiloff. La Guerra Civil de 1936 en el Frente Norte vista por un traductor ruso*, Alberdania, Irún, 2009, p. 181.

[27] Acta de las reuniones del EBB y otros dirigentes del PNV en Meudon, 15/18-IV-1939 (AN, DP-15-4). Según Jemein, este programa había sido elaborado de forma «casi exclusiva» por afiliados al PNV, en especial por Alfredo Ruiz del Castaño, asesor del EBB (Leizaola [Jesús María]; Jemein [Ceferino] y Kareaga [Juan Antonio]: *El nacionalismo vasco entre dos dictaduras 1930-1937*, Alderdi, Bilbao, 1986, p. 76). El texto del programa en *Euzkadi*, 8-X-1936.

lucionarias y trataba de aplicar la doctrina social-cristiana del PNV, que el propio Aguirre, en su discurso en las Cortes del 1 de octubre, había afirmado no estar lejos de los anhelos de justicia de la izquierda obrera. La política social del Gobierno incluiría la promoción del «acceso del trabajador al capital, a los beneficios y a la coadministración de las Empresas, pudiendo llegar a la incautación y socialización de los elementos de producción que estime necesarios para organizar rápidamente la victoria». Dado que el principal objetivo del Gobierno era vencer en la guerra, se preveían medidas especiales, como la vigilancia de la retaguardia para evitar el espionaje, la depuración de los funcionarios públicos o la exigencia de indemnizaciones económicas a los implicados en el movimiento insurreccional. Pero el programa que Aguirre se disponía a aplicar dejaba clara su impronta moderada, previendo el amparo de la libertad religiosa, la defensa de los derechos individuales, el mantenimiento del orden público, mediante la formación de una Policía foral, y la regularización de la situación de los detenidos, a través de tribunales creados por la ley.

Más importante aún era el carácter nacionalista del programa. Aguirre consiguió que el gabinete en pleno se comprometiera a salvaguardar «las características nacionales del Pueblo Vasco, prestando al fomento de las mismas toda la consideración y protección a que le obliga el reconocimiento de la personalidad vasca, de la que es exponente y garantía este Gobierno, viniendo por ello obligado a la defensa de la libertad y de los valores espirituales y sociales reconocidos por la ley y sellados por la sangre». Por último, en el terreno militar, se encomendaba al lehendakari, como consejero de Defensa, el establecimiento de un mando único, con el fin de lograr «la rápida reconquista de las tierras vascas».

Comenzaba así una nueva fase de la guerra en Euskadi, caracterizada por el predominio nacionalista y por la unidad lograda en torno al nuevo Gobierno, mérito que, en buena medida, se puede atribuir a Aguirre. Éste llevó a cabo una actividad incansable, tanto desde el punto de vista normativo como práctico, a pesar de contar con un territorio mínimo (Bizkaia y una pequeña parte de Gipuzkoa y de Álava), que sólo logró mantener en su poder algo menos de nueve meses. El cese de la ofensiva franquista en el norte (gracias en parte a la llegada de armamento a Bilbao a finales de septiembre), la indefinición del texto estatutario y el aislamiento en que se encontraba su exiguo territorio permitieron una situación de «independencia de hecho», que nada tenía que ver con la letra del Estatuto, tal y como reconocería el propio lehendakari. Se creó así una compleja estructura administrativa, que no era casual, ya que se trataba de aprovechar la situación para crear un verdadero Estado vasco cuasi soberano. El propio lehendakari explicaba que nadie en el PNV dudaba de la «lealtad debida a la República democrática hasta la terminación de este conflicto», pero que «nuestro pueblo va a la guerra a través de su propia idiosincrasia»[28]. La nutrida productividad legislativa generada en esos meses incluyó atributos tradicionalmente ligados a la soberanía, como la moneda (acuñada en Bilbao ante la escasez de numerario republicano), las fuerzas armadas, las fronteras (debido al aislamiento de su territorio) y la política exterior, que dependía directamente del lehendakari.

A todo ello no fue ajena tampoco la gran capacidad de trabajo de Aguirre, que se rodeó de personas de su confianza, procedentes de la estructura interna del PNV. Así, Antón Irala fue nombrado secretario general de la Presidencia y Joseba Rezola ocupó el mismo cargo en Defensa, mientras Pedro Basaldua pasaba a ser secretario particular del lehendakari. El trabajo incansable de Aguirre se reflejó ya en su agenda en los primeros días como presidente, en los que presidió el primer Consejo de Gobierno y recibió —tal y como establecía el protocolo, pero también pensando en dar un carácter cuasi estatal a su mandato— a los cónsules acreditados en Bilbao, así como a otras autoridades locales. A la vez, organizó la infraestructura física del Gobierno que, tras ocupar provisionalmente las dependencias de la Diputación de Bizkaia, tuvo su sede en el Hotel Carlton, en pleno centro de Bilbao. También nombró una Comisión Jurídica Asesora y puso en marcha el *Diario Oficial del País Vasco*, cuyo primer número salió a la calle el 9 de octubre y que enseguida empezó a plasmar en disposiciones oficiales la inagotable actividad gubernamental vasca. Entre ellas, se decretaron los símbolos de la Euskadi autónoma, con la *ikurriña* como bandera y el *Laurak bat* (suma de los escudos de las cuatro provincias de la Vasconia peninsular) como emblema. Aunque no apareció en el *Diario Oficial*, como himno se utilizó el *Euzko Abendaren Ereserkia*, cuya letra había sido ideada, lo mismo que la *ikurriña*, por el propio Sabino Arana. Ello significaba transferir a Euskadi los símbolos del PNV, a veces haciendo cabriolas jurídicas. Así sucedió con la exposición de motivos que precedía a la adopción del *Laurak bat*, que señalaba erróneamente que el Estatuto preveía «la incorporación [...] de Navarra», para justificar la presencia de su escudo en el emblema conjunto[29].

---

[28] José Antonio Aguirre a Manuel Irujo, 20-IV-1937 (AN, GE-538/12).
[29] *Diario Oficial del País Vasco* (*DOPV*), 21-X-1936.

Ante la hiperactividad del lehendakari y de sus consejeros, no es extraño que el propio Prieto escribiera a Aguirre en enero de 1937, criticando el entramado administrativo que este último había puesto en marcha en sólo unos meses. Lo que era motivo de orgullo para el presidente vasco, tenía un sentido contrario para Prieto, que además se consideraba traicionado, como *padre de la criatura* estatutaria. El ministro lamentaba «profundamente el escandaloso desarrollo que ha dado a su burocracia el Gobierno Vasco»:

> Usted recordará, habiendo leído, como leyó, mis artículos comentando el proyecto de Estatuto, que yo aspiraba a la sencillez administrativa, es decir, a todo lo contrario de la máquina monstruosa que ustedes han montado y que, a mi juicio, no servirá, aparte de satisfacer ciertos pruritos, más que para embarazar la acción del Gobierno, echar una carga sobre el país y, a la larga, posiblemente desacreditar la autonomía[30].

En su respuesta a Prieto, el lehendakari rechazaba esta crítica, pues muchas actividades (Defensa, asistencia social, atención de los refugiados de Gipuzkoa, etc.) eran propias del tiempo de guerra y desaparecerían en cuanto se obtuviera la ansiada victoria. Además, él no había creado más burocracia que la necesaria para que la administración vasca funcionara con una dignidad que Aguirre consideraba propia del pueblo vasco:

> ¿Habla Vd. de burocracia?, ¿quién duda que la guerra la ha creado, abundante, excesiva, y si Vd. quiere abusiva? [...] ¿Que nuestros cargos se rodean de cierta dignidad y decoro? Yo soy enormemente partidario de que en las puertas de nuestros departamentos no exista el miliciano con buzo que al extranjero le causa una dolorosa y triste impresión, y sí conserjes, muy pocos, pero bien puestos, y de los que reiteradamente he oído de labios de significadas personalidades extranjeras, que causan buena impresión, dando sensación de ejemplar administración, de limpieza y de cierta aristocracia espiritual [...]. Esta política seguimos, hoy circunscrita a un territorio pequeño, pero no porque sea así deja de ser tan augusta nuestra autoridad como lo pudiera ser en tiempos normales[31].

Una vez echado a andar el nuevo Gobierno, la principal preocupación de Aguirre se volcó en la cartera de Defensa, que compatibi-

---

[30] Indalecio Prieto a José Antonio Aguirre, 13-I-1937, AGM-FGE, 69/6/1/25. También a Irujo le llegaron estos rumores, que le fueron desmentidos por el lehendakari (14-I-1937): «Administración vasca responde a necesidades guerra; no existe ningún despilfarro ni sueldos fabulosos, sino aquellos que decoro nuestras gentes están acostumbradas exige» (Irargi, Beyris, 296).

[31] José Antonio Aguirre a Indalecio Prieto, 5-II-1937, AGM-FGE, 69/6/1/41-46.

lizaba con la Presidencia del ejecutivo. Y es que el lehendakari era consciente de que todo lo demás dejaría de tener sentido si lo que quedaba de Euskadi era conquistado por las tropas franquistas. El hecho de que su gabinete fuera un «Gobierno de guerra» explica que Defensa fuera asumida por el propio lehendakari, tal y como había hecho Largo Caballero, que era a la vez presidente y ministro de la Guerra, aunque existía además un Ministerio de Marina y Aire, en manos de Prieto.

La tarea de Aguirre al frente de Defensa no era fácil. Él mismo no tenía experiencia militar previa, más allá de haber hecho el servicio militar, ni consta que anteriormente hubiera mostrado especial interés por cuestiones bélicas. Además, la politización de buena parte de las unidades castrenses que se habían ido constituyendo desde julio de 1936, agrupando a los voluntarios en torno a los diferentes partidos, hacía más difícil reconstruir una unidad operativa, que era completamente necesaria para ganar la guerra. Lo cierto es que Aguirre puso manos a la obra en esta tarea con un ímpetu y un entusiasmo arrollador. El hecho de que la ofensiva franquista se hubiera detenido a primeros de octubre y de que los alzados no volvieran a atacar el frente vasco hasta la primavera de 1937 le permitió reorganizar la estructura militar vasca.

Un decreto de 25 de octubre constituía el «Ejército de Operaciones de Euzkadi» (o «del País Vasco», pues ambas denominaciones se utilizaban indistintamente en el texto legal) y disponía la militarización de las «Milicias populares voluntarias». El decreto preveía una estructura a base de batallones (divididos a su vez en compañías), que conservarían «su peculiar organización y particulares distintivos». Esto suponía mantener la división partidista de los batallones, de los que veintiocho eran del PNV, integrados a su vez en una organización propia, *Euzko Gudarostea*. Al mismo tiempo, se preveía imponer la disciplina, evitar el uso de armas por personas ajenas al Ejército, y salvaguardar el «cumplimiento exacto de las leyes de la guerra» y el «trato humano a que tiene derecho el enemigo». Por último, el decreto obviaba la existencia de una estructura militar republicana conjunta en el norte, reservándose el lehendakari el mando sobre las tropas vascas: «Todas las unidades, Armas y Cuerpos del Ejército que operen en el País Vasco quedan bajo la autoridad superior del Consejero de Defensa del Gobierno de Euzkadi»[32].

---

[32] *DOPV*, 27-X-1936. Otras de las medidas decretadas en las primeras semanas por Aguirre como consejero de Defensa se referían a la incorporación a filas de los reemplazos de 1932-1935, la uniformización de las tropas, la creación de una «zona de guerra afecta a

Se planteaba así ya desde el principio uno de los más graves problemas a los que tendría que enfrentarse Aguirre: la coordinación entre el Ejército vasco y las tropas republicanas de Asturias y Santander, debido en parte a la pretensión del lehendakari de controlar en exclusiva a las tropas vascas, obviando el mando de Francisco Ciutat, el militar que estaba al frente del Ejército del Norte cuando se constituyó el Gobierno vasco. La reivindicación de Aguirre de convertirse en el único mando supremo militar del País Vasco produjo conflictos casi desde el inicio. Para empezar, había una cuestión semántica, que reflejaba un conflicto de más calado: el mando militar central ni siquiera reconocía la existencia del Ejército vasco, que sólo sería el XIV Cuerpo del Ejército de la República. Cuando, el 6 de noviembre, Aguirre nombró su Estado Mayor (liderado por el capitán Modesto Arambarri, como jefe de Operaciones, y el comandante Alberto Montaud, como jefe del Estado Mayor), Ciutat designó una estructura paralela semejante para el Ejército del Norte. Difícilmente podía funcionar un Ejército que, en el mismo territorio, tenía dos mandos y dos Estados Mayores a la vez. Sin embargo, como veremos, Aguirre no daría aquí su brazo a torcer: para él no era una cuestión meramente organizativa, sino política.

Para complicar aún más las cosas, había otra cuestión más acuciante, que en los meses siguientes sería objeto de máxima preocupación por parte de Aguirre: la escasez de armas y municiones con que contaban sus tropas. Si la propia República tenía dificultades para abastecerse (debido al Pacto de No Intervención, descaradamente incumplido por Alemania e Italia en su ayuda a los sublevados), más difícil aún lo tenía una Euskadi aislada por tierra de la principal zona republicana. Contradictoriamente, pese a considerarse presidente de un territorio poco menos que soberano, Aguirre era consciente de que casi la única manera de conseguir armas era pedírselas al Gobierno central. En esta petición, Aguirre utilizó siempre como intermediario a Prieto, a pesar de que el ministro de la Guerra era Largo Caballero. Ello se explica porque, por un lado, las relaciones personales entre Aguirre y Prieto, a pesar de sus diferencias políticas, se habían tornado excelentes desde la primavera de 1936[33]; por otro

---

la línea de combate», la fijación de haberes de los soldados y oficiales, la creación del Hospital General Militar y la militarización de las industrias útiles para la guerra (ibíd., 18-X-36 a 2-XI-1936). En diciembre, tras iniciarse la batalla de Villarreal, el Departamento movilizó también los reemplazos de tierra de 1931 y 1936, así como los de mar de 1930 y 1935.

[33] Es cierto que el interlocutor lógico en el Gobierno de Largo Caballero hubiera sido Irujo, pero el hecho de que Aguirre no lo eligiera a él, sino a Prieto, indica el poco peso político que el ministro sin cartera nacionalista tenía en las decisiones generales del gabinete.

lado, lo que más necesitaba Euskadi era aviación militar, que sí entraba dentro de las competencias de Prieto, por lo que resulta lógico que éste fuera su interlocutor.

Las peticiones de armamento, munición y aviación al Gobierno central por parte de Aguirre fueron inmediatas. El 23 de octubre, enviaba su primer telegrama a Prieto en este sentido, que fue respondido con una negativa —al menos parcial— por parte del ministro español, anticipando así el *rosario* de desencuentros que en los meses siguientes iba a propiciar el avituallamiento militar de la Euskadi autónoma. Aguirre pedía esos materiales con celeridad, puesto que, aprovechando la calma en el norte y con el fin de aliviar la presión sobre Madrid, que parecía a punto de caer en manos rebeldes, el Ejército vasco estaba preparando su primera ofensiva[34].

Su diseño fue obra de Ciutat, pues el Estado Mayor vasco prefería, «desde todos los puntos de vista, el militar y el político», atacar Gipuzkoa por Zumárraga. Empero, el lehendakari se dispuso a aplicarla con entusiasmo, ya que podía suponer la reconquista de parte del suelo vasco. Además, era una buena oportunidad para demostrar la capacidad de combate del Ejército vasco, cuando acababa de ser nombrado el nuevo jefe de operaciones del norte, el general Llano de la Encomienda, que en teoría mandaba sobre los cuerpos de ejército de Santander, Asturias y el País Vasco, aunque Aguirre le consideraba por debajo de su autoridad militar.

La idea inicial era efectuar un doble ataque desde Bizkaia y Santander, confluyendo en Miranda de Ebro. Las tropas vascas debían avanzar hacia el puerto de Arlabán, Murguía y Villarreal de Álava, para después tomar Vitoria y converger con las santanderinas en Miranda. Aguirre había logrado preparar en un tiempo récord (apenas dos meses) un Ejército dispuesto a atacar, bajo el mando directo de Arambarri, pero se trataba de tropas bisoñas, con escasos mandos profesionales y poca munición. Además, el espionaje franquista conocía el plan de ataque, y las discrepancias entre Aguirre y Ciutat se pusieron de manifiesto poco antes del inicio de la ofensiva, cuando éste decidió suprimir el ataque a Murguía, centrándolo en Villarreal. Pese a las protestas del lehendakari, que «discrepó profundamente», pues prefería mantener el plan inicial, la opinión de Ciutat fue deter-

---

[34] Recientemente se ha sostenido que la batalla de Villarreal no fue propiamente «una operación del Ejército vasco», sino «la primera de las ofensivas de la República, que incluyó a todo el Ejército del Norte, desde Asturias a Vizcaya» (Tabernilla, Guillermo y Lezamiz, Julen: *El informe de la República por la pérdida del Frente Norte*, Beta III Milenio, Bilbao, 2013, p. 289).

minante, iniciándose el ataque sobre esa localidad alavesa el 30 de noviembre de 1936[35].

Pero el gran problema era el abastecimiento de las tropas. De la Torre, el consejero de Hacienda, se había desplazado a París para adquirir fusiles y cartuchos, pero para hacer efectiva la operación necesitaba el permiso del Gobierno central, al tratarse de compras en divisas en el extranjero. Los comisionados vascos se encontraban además con el problema de que la República también buscaba comprar armas en París, «para atender otros frentes peor dotados que el nuestro». Como alternativa, llegaron a plantear a Aguirre la posibilidad de «tantear directamente y con dinero de Euzkadi mercado norteamericano si pedido se considera de urgencia». Aunque esta idea no se concretó, la urgencia existía realmente. El 28, tan sólo dos días antes de que comenzara la ofensiva, Aguirre telegrafió a Prieto, haciéndole ver el apremio de conseguir crédito para comprar 20.000 fusiles y 40 millones de cartuchos. Tal y como explicó De la Torre a Aguirre el día 30, esta vez Prieto dio una respuesta positiva. Sin embargo, ese material debía de llegar a Bilbao, burlando la No Intervención, por lo que no deja de ser sorprendente que la ofensiva se hubiera preparado con tanta precipitación, sin tener en cuenta el necesario avituallamiento de las tropas[36]. Por si fuera poco, la ofensiva no marchaba tal y como hubiera querido Aguirre, al haberse estancado en Villarreal. Al principio, esta localidad fue cercada por el Ejército vasco, pero el 2 de diciembre fuerzas procedentes de Vitoria rompieron el cerco. En contra de lo previsto, el frente apenas se había movido unos kilómetros y el ataque paralelo previsto desde Santander ni siquiera había llegado a efectuarse.

En los días siguientes, coincidiendo con un empeoramiento del tiempo, la desmoralización cundió entre los atacantes, pero no en Aguirre, a pesar de que éste acudía a diario al puesto de mando, para ver de primera mano las operaciones militares. El lehendakari había pedido al presidente de la Generalitat, Lluís Companys, que iniciara un ataque desde Cataluña para dispersar a las fuerzas franquistas, buscando cierta solidaridad militar vasco-catalana, que nunca se produjo. El 5 de diciembre Aguirre telegrafió de nuevo a Prieto, asegurándole que la ofensiva entraba «en fase interesantísima. Nuestra gente bátese con extraordinario arrojo. Probablemente mañana por

---

[35] Aguirre, José Antonio: *El informe del presidente Aguirre al Gobierno de la República sobre los hechos que determinaron el derrumbamiento del frente del norte (1937)* [1977], La Gran Enciclopedia Vasca, Bilbao, 1978, pp. 33-34.

[36] *Rodrigo* a Gobierno vasco, 28-XI-1936, en Aguirre, *El informe*, p. 428; y José Antonio Aguirre a Indalecio Prieto, 28-XI-1937 (AGM-FGC, 69/2/2-5).

flanco derecho estaremos situados a 7 u 8 kilómetros Vitoria. Quizás pasado mañana rompamos comunicación Sevilla-París». Su habitual optimismo le jugó aquí a Aguirre una mala pasada, confundiendo la realidad con sus deseos, pues esa línea férrea, que pasa por Irún, Vitoria y Burgos, era un objetivo totalmente inalcanzable para las tropas vascas. Sin embargo, según la información que fue enviando a Prieto, solicitando que acelerara la autorización para la compra de municiones, el lehendakari seguía confiando en el éxito. El día 7, afirmaba que el enemigo estaba «quebrantado ante empuje castigo recibido» y que sería «lamentable suspender ofensiva falta de munición». En realidad, el ataque, mal planificado, poco coordinado y peor ejecutado, ya había fracasado, aunque aún se seguía luchando por el control de algunos pueblos próximos a Villarreal.

Inasequible al desaliento, el 14 de diciembre Aguirre aún reiteró a Prieto la petición de los materiales prometidos, «imprescindibles para continuar operaciones suspendidas gran parte mientras no se asegure municionamiento abundante». La lacónica respuesta de Prieto («No hay nada disponible») debió hacer mella en el ánimo de un Aguirre que se había implicado a fondo en la ofensiva, ayudando a su ejecución y visitando en persona el frente para tratar de levantar el ánimo de las tropas. Todavía a finales de diciembre, Aguirre insistía a Prieto pidiendo al menos cincuenta aviones, preferentemente cazas rusos, que habían dado muy buen resultado, también porque los aviadores soviéticos tenían una disciplina «ejemplar»[37]. Empero, el 24 de diciembre, con las últimas escaramuzas, podía darse por concluida la batalla de Villarreal. La única ofensiva dirigida en parte por Aguirre dejó un balance de unos 900 soldados del Ejército vasco muertos, sin lograr modificar ni siquiera ligeramente el frente e incrementando el desánimo entre las tropas y la población[38]. El hecho de

---

[37] Todos estos telegramas de Aguirre a Prieto, correspondientes a las fechas señaladas en el texto, en AGM-FGE, 69/6/1/11-16 y AN, GE, 183/2.

[38] La cifra de 900 muertos es la recogida tradicionalmente por diversos historiadores militares. Como es bien sabido, la cuestión de los muertos en la Guerra Civil es una de las más difíciles de investigar, dando lugar habitualmente a exageraciones y *guerras de cifras*. Un documento inédito (AN, GE, 3/12), que por su origen y contenido parece bastante fiable, recoge los muertos y heridos controlados por Sanidad Militar en el País Vasco en cada etapa. De julio a noviembre de 1936 serían 488 (aunque no sabemos si se incluía toda Gipuzkoa). En diciembre de 1936 (es decir, en la batalla de Villarreal), 1.031; en enero de 1937 sólo hubo 39 muertos, reflejando bien la calma del frente, que continuó en buena medida en febrero (180 fallecidos) y marzo (167). En abril, con el inicio de la ofensiva, subió a 893, y en mayo, el mes más sangriento, a 1.330. No hay datos exactos de los meses siguientes, pero la suma de las bajas producidas desde el 1 de enero al 31 de julio de 1937 daría 3.551 muertos, 18.715 heridos, 14.513 enfermos y 1.666 desaparecidos.

que el lehendakari se hubiera implicado en este plan fracasado hizo que la prensa franquista le colocara el apelativo despectivo de *Napoleontxu* («pequeño Napoleón»)[39].

También algunos mandos republicanos responsabilizaron del fracaso a que el lehendakari «había dirigido personalmente el ataque», incrementándose la tensión entre éste y los militares. Ciutat llegó a afirmar que Aguirre «se opuso terminantemente a que participasen en la ofensiva tropas que no fuesen vascas», lo que habría impedido contar con más efectivos. El anarquista Chiapuso pensaba que Aguirre actuó con «decisión», pero, «sea por optimismo, sea por orgullo, por negarse a aceptar la hipótesis del fracaso», no supo «calibrar el estado real de los elementos de una situación dada». El lehendakari, por el contrario, achacaba la derrota a las «inclemencias del tiempo», a la escasez e impericia de los mandos profesionales y a la falta de avituallamiento. Según su interpretación, ésta habría sido debida a motivaciones políticas, puesto que Asturias y Santander, aisladas como Euskadi del resto de la zona republicana, sí habrían sido abastecidas:

> La operación, que comenzó brillantemente, se frustró, contribuyendo a ello el mal tiempo reinante de agua y nieve e intensísimo frío y los refuerzos enemigos que llegaron, sobre todo, de tropas de color traídas desde los frentes de Madrid [...]. Por otra parte, las demandas de munición que durante los mismos días verificaron Asturias y Santander y que fueron cumplidas, privaron al Ejército de Euzkadi del material necesario para proseguir las operaciones [...]. Yo estuve presenciándolas durante todos los días en que se desarrollaron desde el puesto de Mando de las operaciones. Pude darme perfecta cuenta de la valía de cada uno de los jefes militares encargados de las distintas facetas de la acción militar. Y ciertamente, a pesar de haberse llegado por el esfuerzo del Gobierno Vasco a una organización estimable, los mandos no estuvieron a la altura de las tropas cuya dirección se les había confiado[40].

---

[39] El diputado socialista Miguel Amilibia recordaba en 1977 que también «nuestra gente, un poco irónicamente, llamaba al lendakari Napoleontxu» (Jiménez de Aberásturi, Luis María y Juan Carlos: *La Guerra en Euskadi*, Plaza y Janés, Barcelona, 1978, p. 40). Otra leyenda, transmitida jocosamente por la propaganda franquista, decía que Aguirre había conseguido «un caballo blanco, como el de Santiago, y se dispuso a esperar la *victoria* de sus tropas para entrar él en Vitoria» (*Abc* [Sevilla], 15-VI-1937).

[40] Aguirre, *El informe*, pp. 35-36. Véase Francisco Ciutat, *Relatos y reflexiones de la Guerra de España (1936-1939)*, Forma, Madrid, 1978, pp. 43-46; Chiapuso, *El Gobierno*, p. 98.

III. COMBATIENDO CON EL FRENTE EN CALMA

A partir de estas fechas y hasta el inicio de la ofensiva final, el 31 de marzo de 1937, el frente vasco permaneció en calma. No lo hizo sin embargo Aguirre, que continuó actuando sin descanso al frente de su Gobierno, incluso en aspectos no directamente relacionados con la guerra, lo que reflejaba bien su idea de *construir nación*, aprovechando las circunstancias. Así se vio, por poner sólo un ejemplo, en la inauguración de la Universidad Vasca, cuya Facultad de Medicina comenzó sus clases en Bilbao el 1 de diciembre de 1936, con la asistencia del lehendakari. Pero, como no podía ser de otro modo, la guerra, en sus diversas facetas, fue la que absorbió la inmensa mayoría de las energías de un lehendakari que trabajó incansablemente para llevar a su pueblo a la victoria, hasta el punto de que —tal y como recordaba años más tarde— en esos meses sólo un día, el de su cumpleaños, pudo comer con su familia[41].

Para empezar, Aguirre tenía en mente la compleja situación en la que, como católico y como nacionalista vasco, estaba situado. Él era consciente de las dificultades que planteaba estar combatiendo en un bando que, en muchos aspectos, estaba muy alejado de sus creencias más profundas. No obstante, Aguirre pensaba en conciencia que no sólo su identidad nacional vasca, sino también su fe, debían llevarle a ser leal al pacto alcanzado en octubre de 1936. Así pudo verse con motivo del amago de dimisión de Irujo como ministro, que se produjo a mediados de diciembre de ese año. Empeñado como estaba en humanizar la guerra, el *jeltzale* navarro había llevado a cabo gestiones para el canje de prisioneros en el País Vasco, por medio de la Cruz Roja Internacional. Cuando Largo Caballero se enteró de esta iniciativa, reaccionó echando una «reprimenda» a Irujo, que amenazó con presentar su dimisión. El ministro consultó esta decisión con Aguirre, que le pidió que continuara en su puesto, ya que su dimisión, apenas dos meses después de alcanzado el acuerdo entre el Frente Popular y el PNV, hubiera dejado muy tocada esta alianza y, por tanto, el propio Gobierno vasco[42].

Su firmeza en la defensa del apoyo *jelkide* a la República le convirtió en blanco de la crítica de los sectores católicos que sustentaban la sublevación, incluyendo una polémica pública con el mismísimo primado de la Iglesia española, el cardenal arzobispo de Toledo Isidro Gomá, al que la guerra había sorprendido en zona sublevada. El pri-

---
[41] Aguirre, *Veinte*, p. 83.
[42] Manuel Irujo a Julio Álvarez del Vayo, 15-XII-1936, CDMH, PS-Barcelona, 314.

mado estableció su residencia en Navarra, desde donde había impulsado la pastoral de los obispos de Vitoria y Pamplona, en agosto de 1936, condenando al PNV por su alianza con «el marxismo». El origen del debate entre Gomá y Aguirre sobre el sentido religioso de la guerra se encuentra en la alocución que este último pronunció por radio el 22 de diciembre de 1936. Se trataba del primero de sus discursos de *Gabon* (Navidad), que el lehendakari seguiría pronunciando hasta el final de su vida, incluso a lo largo del exilio. En él, Aguirre señaló que Euskadi estaba sufriendo «una guerra cruenta, que no ha querido jamás, que le ha sido traída por la invasión de los militares sublevados». De este modo, reforzaba la interpretación *jelkide* de la Guerra Civil como una invasión de Euskadi por España, que Aguirre aderezaba acusando a ésta de haberse unido a sus «seculares enemigos» (los «mahometanos») para conquistar la tierra vasca, que los árabes no habían podido hollar en la Edad Media.

Después, Aguirre iba repasando los puntos del programa de gobierno aprobado en Gernika, destacando cómo se habían cumplido, respetando la libertad religiosa, manteniendo el orden público y logrando la unidad del Ejército. El discurso de Aguirre rezumaba optimismo, calificando al pueblo vasco de «invencible», a pesar de que, como ya hemos señalado, en esas fechas la ofensiva de Villarreal había terminado con un completo fracaso. En cuanto a su relación con las demás fuerzas que defendían la República, el lehendakari afirmaba que Euskadi luchaba «por la liberación nacional» y «social» y prometía «lealtad en la lucha antifascista». Empero, su afirmación de que los vascos lucharían hasta el fin por «una República democrática» podía entenderse como una advertencia ante un posible giro revolucionario dentro del bando republicano[43].

Aguirre se preguntaba cómo era posible que, si «en el pueblo vasco, el orden más perfecto ha presidido toda la actuación del Gobierno», buena parte de la opinión pública internacional fuera favorable a los sublevados. Achacaba este hecho a la creencia en que la guerra de España era una disyuntiva entre «comunismo u orden», lo que él negaba: más bien, se trataba de una lucha entre el egoísmo capitalista y «un hondo sentido de justicia social», compartido por católicos e izquierdistas. La parte

---

[43] En 1938, el propio Aguirre comentó este discurso, explicando que había señalado que «la lealtad es debida a una República democrática, no a otra forma de Gobierno. Por consecuencia, todo lo que podría constituir una dictadura de la clase que fuera, o que comportara una exclusión de la voluntad popular bajo la forma que sea, deberá contar con la oposición categórica del pueblo vasco, leal a su palabra pero nada más» (Dr. de *Azpilikoeta* [José Antonio Aguirre]: *Le problème basque vu par le cardinal Gomá et le président Aguirre*, Bernard Grasset, París, 1938, p. 110).

más importante de su discurso se centraba en la cuestión religiosa. En este aspecto, Aguirre negaba que el conflicto fuera «una guerra religiosa», sino que, por el contrario, era «de tipo económico arcaico y de un contenido social». Se trataba de un punto crucial en el pensamiento de Aguirre, pues no sólo era una respuesta indirecta a la pastoral de los obispos de Vitoria y Pamplona de agosto de 1936, condenando la actitud prorrepublicana del PNV. Era también posiblemente un descargo de conciencia de una persona creyente que, aparentemente, estaba actuando en contra de los mandatos de la jerarquía, aunque en el mismo momento estaban fracasando las presiones franquistas para que la Santa Sede excomulgara a los *jelkides*. El lehendakari basaba su afirmación en el «paganismo» de la prensa fascista, en la ayuda de «moros» y de «tropas mercenarias negras» a los sublevados, y sobre todo en el hecho de que un buen número de sacerdotes vascos hubieran sido desterrados y varios fusilados por un bando que, supuestamente, se habría levantado para defender la religión. El presidente vasco se preguntaba por qué la jerarquía católica había callado ante estos hechos, que él presentaba de forma parcial. Por ejemplo, evitaba mencionar la persecución religiosa existente en el territorio republicano o el hecho de que, incluso en Bizkaia y Gipuzkoa, donde la situación no era comparable a la del resto de la zona leal, habían muerto para estas fechas más sacerdotes que los fusilados por los franquistas[44]:

> ¡Sacerdotes asesinados en tierra vasca ocupada por los facciosos, mientras los sacerdotes y religiosos son respetados en la jurisdicción ocupada por el Gobierno Vasco! ¡Sacerdotes desterrados del territorio vasco invadido por los facciosos, mientras en el territorio ocupado por el Gobierno de Euzkadi se celebra el culto, permaneciendo abiertos sus edificios [...]. En nombre del pueblo vasco, guardador del orden, de la justicia y del derecho; en nombre de la conciencia cristiana de tantos compatriotas míos, apelo al Padre de la cristiandad para que haga cesar este silencio[45].

---

[44] Las circunstancias y el significado de los asesinatos de clérigos en uno y otro bando fueron, como es bien sabido, diferentes. Numéricamente, los franquistas fusilaron a 13 en Gipuzkoa en el otoño de 1936 y a uno en Bizkaia en marzo de 1937. Entre julio de 1936 y junio de 1937 fueron abatidos en la zona vasco-republicana 59 clérigos. De ellos, 27 o 28 (de uno se desconoce la fecha exacta) fueron asesinados en la etapa del Gobierno vasco (13 de ellos el mismo día, en el asalto a las cárceles del 4 de enero de 1937). Véase Pablo, Santiago de; Goñi Galarraga, Joseba y López de Maturana, Virginia: *La Diócesis de Vitoria. 150 años de Historia (1862-2012)*, ESET/Obispado de Vitoria, Vitoria, 2013, pp. 337-350.

[45] *Discurso pronunciado por el Excelentísimo Señor Presidente del Gobierno de Euzkadi D. José Antonio de Aguirre ante el micrófono de Radio Euzkadi, el día 22 de diciembre de 1936*, Gobierno de Euzkadi/Editorial Vasca, s.a., Bilbao (1937). Luis Arana criticó el discurso de Aguirre, calificándolo de «españolista» y censuró que no reconociera que sus aliados habían «cometido en España esos mismos crímenes, y aún en número mayor». Nota del 25-XII-1936, Fundación Sancho el Sabio, Fondo Luis Arana (FLA), 151.

Este discurso era un buen resumen del pensamiento del lehendakari, en un momento en que el PNV había ido mucho más lejos de la mera *coincidencia* del verano de 1936 para llegar a una *alianza* con el Frente Popular. Sus palabras cruzaron el frente, provocando la respuesta de Gomá, que en diciembre había sido nombrado representante oficioso de la Santa Sede ante el naciente Estado franquista, todavía no reconocido diplomáticamente por el Vaticano. Previamente, el cardenal comunicó su intención de responder al lehendakari a Franco, al secretario de Estado (el cardenal Pacelli) y a Múgica. Éste, a pesar de su apoyo al levantamiento, había tenido que abandonar su diócesis en octubre de 1936, marchando al exilio por orden de los sublevados, que consideraban al obispo de Vitoria demasiado proclive al nacionalismo vasco. La *Respuesta obligada* de Gomá a Aguirre, fechada en Pamplona el 10 de enero de 1937, estaba escrita en términos moderados, hasta el punto de considerar al lehendakari un «amigo», un hombre «bueno» y «un católico convencido que ama su tierra con el amor que sigue al de Dios y que se ha empeñado nobilísimamente en labrar la felicidad de su pueblo». Por ello, el objetivo de su respuesta era «buscar coincidencias en el fondo claro y tranquilo del pensamiento cristiano que nos informa, a usted y a mí».

Sin embargo, en el fondo la discrepancia era total. Aun admitiendo cierta «injusticia social como una de las causas remotas del desastre», recalcaba que el conflicto español era una «guerra de amor y de odio por la religión». En cuanto a la acusación de «silencio» por parte de la jerarquía, Gomá señalaba que ésta ya había hablado, aunque lo hubiera hecho en una dirección contraria a la que pretendía Aguirre, puesto que el obispo de Vitoria había firmado libremente la pastoral de agosto de 1936, condenando la alianza entre «católicos y comunistas». El cardenal lamentaba «más que nadie» el fusilamiento de los clérigos vascos por los sublevados y desmentía la afirmación del lehendakari de que la jerarquía había callado ante estos hechos. Esto correspondía con la realidad, puesto que fue la intervención personal de Gomá ante Franco la que detuvo los fusilamientos de sacerdotes acusados de nacionalistas. A su vez, el primado echaba en cara a Aguirre su silencio ante la persecución religiosa en la España republicana:

> Yo le aseguro, señor Aguirre, con la mano puesta sobre mi pecho de sacerdote, que la jerarquía no calló en este caso, aunque no se oyera su voz en la tribuna clamorosa de la prensa o de la arenga política. Hubiese sido menos eficaz. Pero yo puedo señalarle el día y el momento en que se truncó bruscamente el fusilamiento de sacerdotes, que no fueron tantos como

se deja entender en su discurso [...]. En cambio, deje que le pregunte a mi vez, señor Aguirre: ¿Por qué su silencio, el de usted y el de sus adictos, ante esta verdadera hecatombe de sacerdotes y religiosos?[46].

Pese a condenar doctrinalmente la alianza del PNV con el Frente Popular, Gomá invitaba a Aguirre a buscar coincidencias y hallar «una fórmula eficaz y suave de devolver a su pueblo la paz perdida». En una carta personal que acompañaba al escrito, el cardenal especificaba que no había sido «ajeno a la redacción del documento mi ardiente deseo de que pronto alboree la paz en la querida Vizcaya». Era por tanto una llamada a reiniciar la negociación entre los *jeltzales* y el Estado franquista para lograr una paz separada, retomando las frustradas negociaciones del otoño anterior. Si a ello añadimos la moderación de su lenguaje, no es extraño que el texto fuera criticado por los dirigentes de ambos bandos, que lo consideraron demasiado conciliador. Así, Prieto denunció su «tono mesurado y muy cortés», hasta el punto de terminar «enviando al Presidente del Gobierno Vasco su bendición». Según el ministro socialista, se adivinaba «una honda preocupación por la actitud de los nacionalistas vascos cuyo catolicismo, ciertamente muy extremado, nadie puede poner en duda». Por su parte, muchos franquistas censuraban «que el Cardenal llame amigo a quien nos combate con las armas, que le reconozca una autoridad que ni de hecho ejerce sobre sus aliados rojos, y que vuelque sobre él el carro de los elogios como si se tratase efectivamente de un buen católico»[47].

Resulta imposible saber si la respuesta de Gomá tuvo algún impacto en Aguirre. Un religioso vasco envió al cardenal algunas impresiones que le habían llegado desde Bilbao. Aquí, algunos pensaban que la carta le haría «mella a José Antonio», al ser «profundamente religioso». Sin embargo, el propio Gomá pensaba que su réplica no tendría

---

[46] Isidro Gomá: *Respuesta obligada*, Gráficas Bescansa, Pamplona, 1937; Isidro Gomá a José Antonio Aguirre, 13-I-1937, en Andrés-Gallego, José y Pazos, Antón M. (eds.): *Archivo Gomá: documentos de la Guerra Civil*, CSIC, Madrid, 2001-2007, tomo II, pp. 129-130.

[47] Indalecio Prieto a Francisco Largo Caballero, s.f. (ca. III-1937), reproducido en Largo Caballero, Francisco: «Notas históricas de la Guerra de España, 1917-1940», en Martín Nájera, Aurelio y Garrigós Fernández, Agustín (eds.): *Obras completas de Francisco Largo Caballero*, Fundación Largo Caballero/Instituto Monsa de Ediciones, Madrid/Barcelona, 2009, tomo X, p. 3821; Antonio Magaz a José Antonio Sangróniz, 4-III-1937, AMAE, R-602/3. También el informe del embajador británico a su Gobierno señalaba que Gomá «responde al Señor Aguirre en términos de afecto y moderación» (Henry Chilton a Anthony Eden, 20-I-1937, The National Archives [TNA], FO 371/21283).

«eficacia alguna», tal y como sucedió[48]. A pesar de todo, el primado no comprendía que la mezcla en su escrito de argumentos religiosos con otros propios de un nacionalismo español a ultranza impedían cualquier acercamiento en esos términos a un católico cuya fe no necesariamente estaba unida a la misma patria. En cualquier caso, seguramente para Aguirre debió ser duro enfrentarse en público a un cardenal de la Iglesia católica, por cuestiones que no eran sólo políticas, sino, en parte, morales y religiosas. Pero más bien todo indica que, en vez de ablandarle, el debate sirvió para convencerle aún más de que era posible —y necesario— un catolicismo diferente.

Así quedó claro en la respuesta de Aguirre a Gomá, de 9 de marzo de 1937, que fue publicada en forma de folleto. Éste apareció firmado con el seudónimo de «Dr. Azpilikoeta», lo que respondía al deseo del lehendakari de separar su opinión en conciencia del cargo que ostentaba. El borrador de la réplica fue preparado por varios sacerdotes próximos al nacionalismo vasco (posiblemente Alberto Onaindia, Policarpo Larrañaga, Eduardo Escárzaga y José Miguel Barandiarán), que pensaban que Aguirre debía centrarse en el plano político, dentro de las normas cristianas, sin entrar en polémicas puramente doctrinales con Gomá, que siempre contaría con ventaja en este terreno. Partiendo de este borrador, la respuesta de Aguirre volvía a recalcar las razones de la actitud del PNV ante la guerra, mucho más claras y estructuradas que en el verano de 1936. El lehendakari aseguraba que no quería polemizar con el cardenal, pero, «como cristiano y como vasco», destacaba la injusticia de la sublevación (uno de cuyos objetivos habría sido «el exterminio de nuestro pueblo»), la defensa de la libertad individual y colectiva, y el peligro de ligar a la Iglesia a una forma política determinada, en especial si se trataba de una «dictadura católica […], con espantoso quebranto de la fe en aquellos otros ciudadanos para quienes la dictadura es una forma de gobierno vituperable».

Citando expresamente a Sabino Arana, afirmaba profesar su «fe con un convencimiento tan íntimo, que mis amores patrios y la acción política encaminada a su servicio no tienen otra finalidad que la de conducir a mi pueblo hacia Dios». En este sentido, reconocía que la legalidad republicana «no era ni puede ser la nuestra», y por ello él mismo —en contra de lo afirmado por Gomá— había protestado por los crímenes contra los eclesiásticos en zona republicana. Lo cierto es que su protesta (por ejemplo, el 1 de octubre en las Cortes) había sido

---

[48] Buenaventura Recalde a Isidro Gomá, 18-I-1937 e Isidro Gomá a Eugenio Pacelli, 1-I-1937, en Andrés-Gallego y Pazos, *Archivo*, tomo II, pp. 20 y 232.

muy genérica, pero sobre todo Aguirre consideraba que había una gran diferencia entre el clero nacionalista vasco y el español. Ello le llevaba a pedir que la Iglesia estuviera «al lado del latir de las muchedumbres, que esté cerca del hogar del que sufre y del que trabaja». Frente a la posibilidad de una paz negociada propuesta indirectamente por Gomá, Aguirre planteaba como alternativa para lograr la paz la rendición de los sublevados: «Que los que invadieron mi Patria vasca, vuelvan de sus pasos dejando que este pueblo que ha sido siempre pacífico, y sobre pacífico, cristiano, desarrolle su vida»[49].

De esta forma, Aguirre no sólo precisaba su postura frente a posibles salidas negociadas, sino que comenzaba a enlazar con el catolicismo moderno europeo, que tenía en intelectuales franceses como Jacques Maritain, François Mauriac y Emmanuel Mounier sus principales defensores y que trataba de entroncar el catolicismo con la democracia liberal. Para estos católicos defensores de la República —que no necesariamente de la actuación de su Gobierno—, la actitud de Aguirre se convirtió en un ejemplo a seguir, por su respeto a la legalidad democrática, su carácter católico-social y la salvaguardia del orden público y la libertad de cultos en el territorio vasco. Una carta de Aguirre a Landaburu, escrita ya el 11 de mayo de 1938, representa probablemente el primer planteamiento explícito por parte del PNV de convertirse en un partido demócrata-cristiano y de enlazar con ese catolicismo moderno:

> Conviene exaltar mucho nuestro papel en el futuro como representantes genuinos de una democracia cristiana que fuera de Euzkadi no ha encontrado concreción política práctica en ninguna parte. Este foco, que es para mí como una pequeña metrópoli espiritual, debe ser conocido, respetado y puesto en condiciones de desenvolverse en su vida, que constituye toda una civilización y puede servir de ejemplo a pueblos territorialmente más extensos. Todas estas ideas que Maritain, por ejemplo, las comprende tan bien, deben ser advertidas a todas cuantas personas podáis ahí tratar, repitiéndolas uno y otro día, sin temor al cansancio[50].

Parte de la argumentación de Aguirre ante Gomá se basaba en que la situación en Euskadi era diferente por completo a la del conjunto de la España republicana. Es lo que ha solido denominarse el *oasis vasco* de 1936-1937, en el que no hubo, a diferencia del resto de la zona republicana, ni persecución religiosa ni revolución social. No obstante, como iremos viendo, se trataba sólo de un *oasis* relativo, en

---

[49] Azpilikoeta, *Le problème*.
[50] AN, GEC, 120/10.

comparación con las demás zonas en guerra, en ambos bandos. Así, en el terreno religioso, el Gobierno vasco se esforzó en mantener el culto y evitar la violencia contra personas y edificios eclesiásticos, aunque esto no siempre fue posible.

La propaganda gubernamental vasca de la época hizo hincapié en esta normalidad religiosa, tratando —por ejemplo, por medio del cine— de plasmar en imágenes el *leitmotiv* del oasis vasco. El propio Aguirre fue protagonista de esa propaganda, pues varios documentales mostraron al lehendakari, junto a otras personalidades, asistiendo a los oficios de Semana Santa de 1937 y al funeral religioso de José María Corta, el jefe de los capellanes del Ejército vasco, muerto en el frente de Asturias. Este cuerpo se había creado a propuesta de algunos sacerdotes nacionalistas, que en octubre de 1936 transmitieron su idea en persona a Aguirre, quien la acogió positivamente, siempre que antes resolvieran la cuestión desde el punto de vista canónico. Sin embargo, mostrando una vez más la particularidad de la guerra en Euskadi, se trató de un cuerpo *fantasma*, cuya creación nunca se mencionó en el *Diario Oficial del País Vasco*, a pesar de contar con un reglamento y una jerarquía interna, con grados asimilados a los militares[51].

Aguirre puso también un empeño especial en la normalización de la situación en retaguardia, humanizando la guerra y tratando de que los detenidos tuvieran un proceso justo. No era una labor sencilla, porque también en Bizkaia, a pesar de no haberse dado el proceso revolucionario de Gipuzkoa en el verano de 1936, la situación era muy complicada. Por poner sólo un ejemplo, tras ser nombrado lehendakari, Aguirre recibió una carta de la dirección del PNV alavés, pidiéndole que se pusiera en libertad a Faustino Bengoa, el alcalde nacionalista de Aramaio (Álava), que había sido encarcelado en Bilbao por orden del Frente Popular[52]. En este sentido, diversas entidades económicas vizcaínas, al felicitar a Aguirre por su nuevo cargo, le pidieron que concediese la libertad de los presos no sometidos a procedimiento judicial. Algunos nacionalistas fueron aún más lejos, sugiriéndole proclamar «un perdón o una amnistía, sin distinciones de

---

[51] El *Reglamento del Cuerpo de Capellanes del Ejército de Euzkadi* (Verdes, s.f., Bilbao, [1937]), editado en una imprenta privada, llevaba el escudo del Gobierno vasco, pero no incluía ningún dato oficial. El visto bueno de Aguirre en el «Diario de Luis Aguirre», en VVAA: *Historia General de la Guerra Civil en Euskadi*, Haranburu/Naroki, San Sebastián/Bilbao, 1979-1982, tomo VII, p. 34.

[52] En realidad, Bengoa no era afiliado al partido, pero había actuado como tal durante toda la República. Evaristo Martínez de Aguirre a José Antonio Aguirre, s.f. (AN, GE 26/12).

ideales» para todos los presos políticos, dando así ejemplo de generosidad[53]. Sin llegar a tanto, una de sus primeras medidas fue la liberación de más de cien mujeres que estaban presas en Bilbao, por motivos políticos o derivados de la situación bélica. La mayoría, por medio de intermediarios británicos, fueron desembarcadas en San Juan de Luz y se trasladaron a la zona franquista.

Empero, tal y como se había anunciado en el programa de gobierno, se persiguió a los considerados culpables de haber promovido la sublevación y especialmente a la *quinta columna*, acusada de colaborar con los alzados. Diversas órdenes del lehendakari, publicadas en el *Diario Oficial del País Vasco*, especificaban las personas o empresas sometidas a «expropiación forzosa total y sin indemnización». El Tribunal Popular de Euskadi dictó numerosas sentencias de muerte, aunque la mayoría de ellas correspondían a procesados que estaban *en rebeldía*. De los que sí estaban presentes en Bizkaia, diez condenas a la pena capital fueron conmutadas. Sin embargo, a Aguirre no le tembló la mano a la hora de firmar el *enterado* para diecinueve de los condenados. Entre ellos estaban varios militares sublevados en julio de 1936 y los cónsules en Bilbao de Paraguay y Austria, procesados por espionaje. Este último (Guillermo Wakonigg) había incluido entre los informes pasados a los franquistas críticas e insultos a Aguirre, uno de los «malditos cafres» que habrían llevado al País Vasco a la debacle. Aquí, el lehendakari no siguió el ruego de su amigo y consejero espiritual, el padre Onaindia, cuyo hermano Celestino se encontraba entre los sacerdotes nacionalistas fusilados por los sublevados en Gipuzkoa. El dramático tono del telegrama enviado por Onaindia a Aguirre («Fusilado por militares mi hermano Celestino ruégole con toda mi alma no fusilen Bilbao Waconig [*sic*]. Basta de sangre») no fue suficiente para convencer esta vez al lehendakari de que la piedad debía imponerse a la justicia[54].

A pesar de ello, teniendo en cuenta las matanzas que, sobre todo en los seis primeros meses de la guerra, se produjeron en ambas retaguardias, no puede decirse que la postura de Aguirre fuera especialmente dura. Observadores extranjeros confirmaban esta buena impresión de la Euskadi autónoma. Es cierto que en 1938, cuando publicó *The Tree of Gernika*, la crónica más conocida de la guerra en

---

[53] Varias entidades a José Antonio Aguirre, 7-X-1936; Eduardo Landeta e Ignacio Areilza a José Antonio Aguirre, 7-X-1936 (AN, GE, 26/12).
[54] Telegrama sin fecha en Archivo Alberto Onaindia (AAO), 150. Datos de condenados en Granja, *El oasis*, pp. 416-421. El informe de la red de espionaje en CDMH, PS-Barcelona, 812.

suelo vasco, el periodista británico George L. Steer estaba ya deslumbrado por la personalidad de Aguirre y por el nacionalismo vasco. Pero —tal y como muestra un informe diplomático coetáneo—, cuando Steer llegó a Bilbao en enero de 1937 esperaba encontrar en Bilbao «todos los síntomas de la moral deteriorada y de la desintegración social». Por el contrario, el periodista mostró «su sorpresa por la apariencia ordenada de la ciudad y de sus habitantes», gracias a la labor de gobierno liderada por el lehendakari[55].

Sin embargo, el esfuerzo del Gobierno de Aguirre por mantener escrupulosamente el orden en su territorio tuvo su déficit más grave cuando el 4 de enero de 1937, tras un bombardeo sobre Bilbao, grupos de civiles y milicianos, en su mayoría de sendos batallones de la CNT y la UGT, asaltaron cuatro cárceles y asesinaron a 224 personas. Está claro que el Gobierno vasco (y en especial Monzón, su consejero de Gobernación) actuó tarde y sin eficacia en la prevención de los asaltos. No obstante, las fuentes no permiten establecer las decisiones tomadas por los diversos eslabones de la cadena de mando, incluyendo al lehendakari, y por tanto hasta qué punto quién tuvo conocimiento de cómo se desarrollaban los hechos en cada momento o si pudo haber hecho más para evitar la tragedia. La declaración del lehendakari en el sumario abierto por los hechos fue muy breve e inconcreta, hasta el punto de que Fernando de Meer la califica de «decepcionante». Por su parte, Ramón Azkue, el comandante de los batallones nacionalistas, aseguró estar «desolado por la impericia producida desde arriba», apuntando así al Gobierno y a su presidente.

Francisco Balmisa, director interino de la cárcel de Larrinaga, declaró que cuando se produjeron los sucesos fue «llamado telefónicamente» por Aguirre. El director le puso «brevemente al corriente de la situación, demandando inmediato envío de fuerzas que pusieran fin a tal situación». El lehendakari le dio «órdenes para que inmediatamente y en su nombre reuniese a los Jefes y Oficiales de las Milicias que se encontraban en la Prisión», exhortándoles a poner fin a las matanzas. Sin embargo, éstos le «manifestaron que habían llegado hasta allí por propio impulso, sin órdenes de ninguna clase, y que veían difícil lograr lo que pretendía el Excmo. Sr. Presidente». Este testimonio indicaría que Aguirre tuvo muy pronto conocimiento de los hechos, pero otros difieren en las horas y en los detalles de su intervención. Por ejemplo, Francisco Gorritxo, al darse cuenta de lo que estaba sucediendo, acudió con doce *gudaris* a Larrinaga para

---

[55] Informe diplomático británico de 31-I-1937 (TNA, FO 371/21284).

intentar controlar la situación. Allí, uno de los funcionarios de prisiones le dijo que Aguirre quería hablar por teléfono con él. El lehendakari pidió que le informara y Gorritxo le indicó que la situación comenzaba a estar ya controlada. A continuación, pidió que le pasara con el comandante del batallón de la CNT, que resultaría ser uno de los culpables del asalto, ordenándole personalmente que era necesario hacer imperar el orden.

José Arechalde, el director de Prisiones del Gobierno vasco, declaró que, al enterarse de lo que sucedía, llamó insistentemente a Gobernación, pero, al no conseguir contactar con nadie, acudió con Leizaola a la sede de este Departamento, donde se les prometió enviar refuerzos. Arechalde se acercó entonces al Hotel Carlton, donde parlamentó con Aguirre, que ordenó al secretario de Defensa que enviara refuerzos a las prisiones para controlar los desmanes. También el espionaje franquista hablaba de una reacción de Aguirre, aunque tardía. Según esta fuente, después de que algunas tropas izquierdistas se unieran a los asaltantes, en vez de detenerlos, el lehendakari habría ordenado personalmente enviar soldados nacionalistas: «Para entonces José Antonio Aguirre que temía algo, había mandado traer con urgencia contingentes suyos (vascos) de Durango y Elorrio, pero llegaron tarde. La cosa había sido imposible de evitar, pero afirman que los culpables en los batallones de los milicianos se hallan en las cárceles»[56].

Con independencia de sus discrepancias, estos testimonios revelan que no hubo dudas en Aguirre sobre la necesidad de detener la matanza, pero sí muy poca eficacia. En sus primeros comentarios sobre los hechos, Aguirre trató en parte de echar balones fuera, minimizando la responsabilidad de su Gobierno, al dejar entrever que habían sido agentes facciosos los que habían provocado el asalto, con objeto de desprestigiar su labor. Además, el lehendakari parecía olvidar que entre el inicio de los asaltos y su control pasaron cuatro horas, lo que suponía tiempo de sobra para tomar antes medidas eficaces. El hecho de que hubiera sacerdotes entre los presos asesinados, sin que pesara ningún cargo contra ellos, suponía otro mentís a la idea de que en Euskadi la situación estaba completamente normalizada. Ello provocó problemas internos entre dirigentes del PNV y del Gobierno vasco, que alegaron que los sacerdotes estaban presos para proteger-

---

[56] Informe de la Comandancia Militar del Bidasoa, 3-IV-1937 (AGM-Cuartel General del Generalísimo [CGG], 2935/27/19). Las declaraciones de los testigos en CDMH, PS-Madrid, 175 e Irargi, Bidasoa, 15 (publicadas en Gorritxo, Francisco: *No busqué el exilio. Semblanzas de una vida*, Intxorta 1937 Kultur Elkartea, Arrasate, 2011, p. 65).

los más eficazmente de posibles desmanes, aunque en la práctica sucediera lo contrario. A veces, el propio Aguirre se sentía impotente. Por ejemplo, un sacerdote, que había estado preso en Bilbao durante esta etapa, declaró al Obispado de Vitoria en 1938 que había sido «durante cerca de diez años preceptor de verano de José Antonio Aguirre, el cual, no obstante ser Presidente de la República [sic] y haber manifestado deseos sinceros de librar a su antiguo preceptor, no pudo hacerlo por la oposición política de los suyos»[57].

En cualquier caso, los sucesos del 4 de enero de 1937 constituyeron el mayor baldón en la labor de Aguirre al frente de la Euskadi autónoma. Para él, debió ser sin duda uno de los peores días de su vida. Onaindia escribió años más tarde: «Jamás le vi, antes ni después en su vida, tan apesadumbrado, tan profundamente impresionado. [...] mostraba una expresión de horror, de pena y de vergüenza, que dejaba patente el drama íntimo que estaba sufriendo»[58]. En un gesto que le honra, el lehendakari terminó reconociendo valientemente su responsabilidad y la de su ejecutivo. Así lo admitió en varias conferencias pronunciadas en América en 1942 y en el Congreso Mundial Vasco de 1956 en París, recordando un hecho «que nos avergonzó ante el mundo» y del que «"Somos culpables nosotros". Yo el primero, en nombre del Gobierno, porque nos fallaron los resortes del mando en aquel momento»[59]. Fue en cualquier caso la conciencia de que había fallado estrepitosamente —hay que tener en cuenta, por ejemplo, que en todo el País Vasco bajo el franquismo nunca se produjo una matanza de esta magnitud— la que le hizo reaccionar a posteriori con una firmeza y rectitud imposible de encontrar en ningún otro caso en los dos bandos durante la guerra. En efecto, el Gobierno había fracasado por completo en su deseo de mantener el orden, pero fue ejemplar en su represión posterior, para la que se nombró un juez especial (el diputado del PNV Julio Jáuregui) que procesó a los responsables. Consciente de que era suya la principal responsabilidad, el EBB pidió el cese de Monzón, pero Aguirre se

---

[57] Informe de N.N., 1-III-38, Archivo Histórico Diocesano de Vitoria, 8275. Esta misma fuente señala que otro *jeltzale* subalterno de Aguirre, Enrique Orueta (comisario general de Orden Público) en «aquella noche fatídica —son palabras suyas— "no pudo cerrar ojo *pensando sobre todo en los sacerdotes fusilados* y lloró más que en el día en que se le murió la madre"» (cursiva en el original).

[58] Onaindia, *Capítulos*, p. 132.

[59] Aguirre, José Antonio: *Cinco conferencias pronunciadas en un viaje por América*, Ekin, Buenos Aires, 1944, p. 155; íd., *Veinte*, pp. 86-88. No obstante, Aguirre seguía sembrando la «duda» sobre «quiénes fueron los incitadores», al indicar que las emisoras alemanas habían anunciado dos días antes el asalto a las cárceles, lo que no corresponde con la realidad (ibíd.).

negó a prescindir de él, contestando «que él lo quería conservar, y que de echarlo él dimitía. Hizo un chantaje al Partido»[60]. Esto provocó la dimisión del presidente del BBB, Ajuriaguerra, que después fue retirada, con el fin de no abrir una crisis interna en el partido, en un momento muy delicado.

Aunque en el asalto también participaron milicianos de la UGT, la *bête noire* del lehendakari fue la CNT. Como ya hemos visto, el PNV había vetado su entrada en el Gobierno y, en la medida en que la censura lo permitía, los anarcosindicalistas no dejaron de ejercer una acerba crítica a la labor del lehendakari, cuya labor consideraban «pobre, sin iniciativas y, sobre todo, ineficaz», especialmente en lo referente a la humanización de la guerra: «Una guerra jamás es humanitaria. Sólo el débil habla en esos tonos». Esta tensión se puso especialmente de manifiesto a finales de marzo de 1937, cuando el Gobierno trató de que el diario comunista *Euzkadi Roja* se tirara en los talleres del periódico adquirido por los anarquistas para la edición de *CNT del Norte*. Varios miembros del Comité Regional vizcaíno de la CNT llegaron a ser detenidos. En respuesta, los batallones anarquistas abandonaron el frente y se dirigieron a Bilbao, aunque antes de entrar en la villa fueron detenidos por tropas enviadas por Aguirre. Finalmente, el enfrentamiento pudo resolverse en unas horas, tras conferenciar sus implicados con el lehendakari, que desactivó las protestas anarquistas, llegando a una solución de compromiso[61].

Por el contrario, las relaciones de Aguirre con todos sus compañeros de gabinete fueron muy cordiales, existiendo entre ellos, en palabras del propio lehendakari «un verdadero afecto personal». Teniendo en cuenta la heterogeneidad del ejecutivo, se trata casi de un *milagro*, al que sin duda contribuyó el carisma personal de Aguirre, puesto que no siempre los grupos políticos a los que pertenecían los consejeros apoyaron su gestión, hasta el punto de que algunos fueron acusados por sus correligionarios de haberse convertido en *aguirristas*. De hecho, en los innumerables roces que, como veremos, se produjeron entre los Gobiernos central y vasco, por cuestiones de com-

---

[60] Testimonio de Elías Etxeberria, en Irargi, Blasco Olaetxea, 6/2. Para coordinar la acción del PNV y del Gobierno vasco, el EBB acordó que los consejeros nacionalistas del Gobierno se reunieran todos los viernes con este organismo en *Sabin Etxea*. Pero, en el caso de Aguirre, se preveía que le sustituyeran Irala y Rezola, pues se entendía que le sería imposible acudir semanalmente y que incluso, cara a sus aliados, una excesiva dependencia podía ser contraproducente (EBB a Telesforo Monzón, 23-III-1937, AN, GE, 182/1).

[61] Las opiniones son de Chiapuso, *El Gobierno*, pp. 61-62. Este dirigente de la CNT añade que Aguirre llegó a proponerles entrar en su Gobierno, para intervenir en sus decisiones (ibíd., pp. 146-147).

petencias, Aguirre contó casi siempre con el apoyo unánime de su ejecutivo. Los consejeros entendían que no se trataba de aplicar consideraciones de estricta legalidad, sino de procurar la mayor eficacia militar, que se conseguiría respetando la especificidad vasca. El propio Aguirre decía que era la única forma de que el pueblo vasco siguiera luchando, ya que «la idiosincrasia de Euzkadi es de tal naturaleza que ella va a la guerra a través de su propia fisonomía, con sus iglesias abiertas y con los sacerdotes por las calles»[62].

Por ejemplo, los tres consejeros socialistas apoyaron al cien por cien la decisión del lehendakari, en noviembre de 1936, de crear la Marina Auxiliar de Guerra vasca, armando provisionalmente unos *bous* (barcos bacaladeros), con una tripulación propia, para suplir de esta forma la insuficiencia de la Armada republicana en el Cantábrico. Algunos habían acusado al Gobierno vasco de querer suplantar así la autoridad del Gobierno central en el control de la Escuadra, pero Aguirre aseguró a Prieto que los consejeros socialistas no discrepaban con él en esto «ni en una sola letra». El ministro replicó al lehendakari rechazando esta medida, hablándole «con cierta crudeza». Aunque reconocía que la creación de ese cuerpo de «Voluntarios del Mar» —que ha pasado a la historia por su heroica actuación en la batalla de Matxitxako, del 5 de marzo de 1937— había sido «un éxito», su creación se basaba «en una interpretación profundamente arbitraria» del Estatuto vasco. Mucho más «inadmisible» aún había sido la orden de Aguirre disponiendo que «todas las embarcaciones auxiliares de la Armada y dotaciones de las mismas que operan en aguas del País Vasco y hayan sido o sean incautadas por el Gobierno Vasco quedan bajo la autoridad superior del Consejero de Defensa del Gobierno de Euzkadi».

De hecho, el jefe de la Marina Auxiliar había enviado órdenes al de las Fuerzas Navales del Cantábrico, que éste —de acuerdo con Prieto— se había negado a aceptar, pues reglamentariamente estaba por encima en la cadena de mando. Por ello, Prieto concluía: «El establecimiento de dos jurisdicciones como las que de hecho ahí actúan, será un semillero de conflictos. Y ni hay fundamento legal en qué apoyarlo ni puede haber ningún motivo de conveniencia». Incluso algunas órdenes directas de Prieto habían sido desobedecidas, invocando la autoridad de Aguirre. El ministro llegaba a afirmar que por parte del presidente vasco había ganas de «desprestigiar al Gobierno Central», en vez de afán por «coordinar nuestros esfuerzos».

---

[62] Aguirre, *Veinte*, p. 32 e informe de José Antonio Aguirre, 13-I-1937, AN, GE, 27-3.

Lo cierto es que Aguirre pensaba exactamente lo contrario —que desde Valencia se trataba de denigrar al Gobierno vasco—, pero Prieto concluía que el lehendakari, como «hombre inteligente», comprendería «que estos derroteros nos pueden conducir a situaciones graves y dañosísimas». La unanimidad lograda en torno a Aguirre en el seno del Gobierno vasco demostraba, según Prieto, la «habilidad política» de su presidente, pero en la práctica el ansia por incrementar las atribuciones de Euskadi no traía como consecuencia más que falta de unidad y, por tanto, una previsible derrota en la guerra. Aguirre, por el contrario, negaba las acusaciones de descoordinación con la Armada republicana, reduciéndolas a «habladurías»[63]. Lo cierto es que el propio Aguirre reconocía en una carta a Prieto que existía «una superación constitucional» por parte del Gobierno autónomo. Sin embargo, ésta habría sido «impuesta por las circunstancias» y, en contrapartida, en Euskadi se luchaba «con una fe y con un entusiasmo enormes»:

> De aquí que cualquiera cortapisa o cualquiera resolución que se adopte fuera de los organismos de Gobierno, o cualquiera actitud obstaculizadora, caen mal, porque el pueblo no en vano ve que en la parte social se ha superado extraordinariamente la Constitución y en la parte autonómica es donde se producen principalmente las interpretaciones legales[64].

Por el contrario, Prieto pensaba que lo que Aguirre, «con un eufemismo abogadesco», llamaba «superación», eran verdaderas «vulneraciones constitucionales». No es extraño que cuando Aguirre pidió a Prieto que en las Embajadas españolas hubiera un representante del Gobierno vasco, «que pueda intervenir en las cuestiones internacionales», el ministro socialista se negara en redondo, criticando «esos pujos a que se sienten ustedes tan inclinados de adquirir internacionalmente una personalidad como Estado. La senda es peligrosísima». Y es que, en el fondo, no se trataba de una cuestión meramente legal o burocrática sino de la unidad necesaria para la victoria. Y si Aguirre aplicaba

---

[63] José Antonio Aguirre a Indalecio Prieto, 29-XII-1936, Indalecio Prieto a José Antonio Aguirre, 13-I-1937 y José Antonio Aguirre a Indalecio Prieto, 5-II-1937 (AGM-FGE, 69/6/1/11-16, 25 y 41-46).

[64] José Antonio Aguirre a Indalecio Prieto, 29-XII-1936 (AGM-FGE, 69/6/1/25). En 1939, Jáuregui reconocía que la misma existencia del Departamento de Defensa del Gobierno vasco era contraria a la Constitución: «Empieza por salirse de lo corriente el hecho de que un Gobierno autónomo tenga un Departamento de Defensa, ya que, constitucionalmente, el Ejército, la Marina y el Aire corresponden al Gobierno Central. Pero, es lo cierto, que la división territorial que la línea de fuego creó entre el Gobierno Central y el Gobierno Vasco hizo absolutamente indispensable la constitución de un Departamento de Defensa» (Julio Jáuregui a Tomás Bilbao, 15-VII-1939, AN, GE, 210/9).

esta idea a Euskadi, Prieto hacía lo mismo con España, por lo que el Gobierno vasco dejaba de ser un símbolo de lucha unitaria para convertirse en un elemento de discordia en el esfuerzo conjunto para derrotar a los sublevados. Se trataba —en palabras de Prieto— de una «desavenencia [que] nos puede llevar a la catástrofe»[65].

No era Prieto el único dirigente socialista preocupado por el deseo de Aguirre de aprovechar la situación para incrementar el poder real de la Euskadi autónoma. También era el caso del periodista y miembro de la Comisión Ejecutiva del PSOE Francisco Cruz Salido, que en el otoño de 1936 llegó a Bilbao para dirigir el periódico *El Liberal*, iniciando —a juicio del lehendakari— una campaña contra la visión exclusivamente vasca de la guerra que tenía del PNV. El diario socialista llegó a afirmar que discrepaba «en casi todo» con los *jeltzales*, pues lo único que les unía era la lucha contra un enemigo común. Por si fuera poco, anunció que el triunfo definitivo de la causa republicana sería también «el epílogo de las aspiraciones de Euzkadi». Aguirre temía que la nueva línea editorial de *El Liberal*, impuesta por alguien llegado desde Madrid, pusiera en cuestión la unidad de todos los partidos vascos, incluido el socialista, en torno a su Gobierno. De momento, el lehendakari ordenó extremar la censura en la prensa, para conservar «la elevada unidad moral que el Gobierno mantiene en la población civil y en los frentes». Sin embargo, en buena medida, la acusación de Cruz Salido en torno al excesivo particularismo *jeltzale* era cierta, aunque fuera rebatida por *Euzkadi*. Así, en 1939 Aguirre reconoció que, si el Gobierno español se hubiera empeñado en «hacer españolismo» en Euskadi, «nuestros soldados hubiesen dejado las armas en el suelo»[66].

En este marco, los conflictos de Aguirre con el general Llano de la Encomienda (jefe de operaciones del norte) fueron constantes. En diciembre de 1936, ambos crearon casi a la vez dos Escuelas Militares en Bilbao, una dependiente del Gobierno vasco y otra del central. Llano elaboró un documento «reservado» en el que proponía armonizar ambas Escuelas, «dentro de la necesaria eficacia». Mostraba

---

[65] Indalecio Prieto a José Antonio Aguirre, 13-I-1937 (AGM-FGE, 69/6/1/25).

[66] *El Liberal*, 22-XII-1936 y 14-I-37. La última afirmación de Aguirre en AN, GE-182/13. Sobre la censura, José Antonio Aguirre a Indalecio Prieto, 29-XII-1936 (AGM-FGE, 69/6/1/11-16). Aguirre se implicó a veces directamente en la censura de prensa. Por ejemplo, ordenó que se clausurara durante cinco días el diario *Lan Deya* (de ELA-STV), «conminándole con la suspensión definitiva, caso de que se repita la desobediencia», por haber publicado «un suelto relativo al cañoneo de la retaguardia», a pesar de las órdenes de la Consejería de Defensa (José Antonio de Aguirre a Telesforo Monzón, 2-VI-1937, AN, GE 66/34).

además su perplejidad ante la falta de coordinación y preguntaba si el armamento, el equipo y las municiones de los combatientes eran «de Euzkadi o del Norte»; si la oficialidad profesional del Ejército dependía de él o de Aguirre; y si se reconocía su propia autoridad «como jefe el Ejército del Norte, constituido por los tres cuerpos de ejército de Euzkadi, Santander y Asturias». El 13 de enero se reunió el Gobierno vasco, acordando «unánimemente» responder a Llano que el ejecutivo —en palabras de Aguirre al general— había decidido «continuar la política que venía acordando hasta ahora»:

> Todas las cuestiones vinculadas con la guerra, relativas a la utilización de los efectivos humanos y de los recursos materiales en el territorio de Euzkadi a excepción de la dirección de las operaciones militares, son competencia directa del gobierno de Euzkadi y de su ministro de guerra.
> Esto no debilita ni la necesaria coordinación de los refuerzos militares ni la necesaria acción conjunta con las fuerzas de Santander y Asturias, que con las de Euzkadi, constituyen el Ejército del Norte[67].

Un nuevo conflicto se produjo a principios de enero de 1937, cuando Largo Caballero designó comisarios de guerra para el Ejército vasco, al igual que para el resto de las fuerzas armadas republicanas. La protesta de Aguirre fue inmediata, explicando que se había visto sorprendido por esta medida, pues esos comisarios habían sido «nombrados para ejercicio funciones jurisdiccionales en su territorio sin su conocimiento»[68]. Estos nombramientos no eran sino una más de las decisiones de Largo Caballero que afectaban al Ejército vasco que no habían sido al menos consultadas previamente a Aguirre, por lo que éste planteaba la cuestión en su conjunto. Paradójicamente, si el Gobierno vasco aprovechaba su aislamiento para incrementar sus atribuciones, también se quejaba de sentirse abandonado por Valencia, pues ningún ministro había visitado —ni visitaría— la Euskadi autónoma durante toda la guerra. Aguirre, con el apoyo unánime de su gabinete, pidió que algún ministro, y expresamente Prieto, se acercara al País Vasco[69]. El lehendakari le comunicó en confianza que

---

[67] Francisco Llano de la Encomienda a Francisco Largo Caballero, 9-I-1937 y José Antonio Aguirre a Francisco Llano de la Encomienda, 13-I-1937, en Salas Larrazábal, Jesús: *Guerra aérea, 1936/39. Tomo II. La campaña del Norte*, IHCA, Madrid, 1998, pp. 48-49.

[68] Ya en mayo de 1937 Aguirre creó el Comisariado General de Guerra de Euskadi, con el fin de «consolidar la disciplina militar» (*DOPV*, 19-V-1937).

[69] El 5 de febrero de 1937, Aguirre reiteraría a Prieto su ofrecimiento para «pasar unos días con nosotros, como amigo y como político, al que el país debe tanto y quiere así testimoniárselo», con objeto de que conociera de primera mano la situación (AGM-FGE, 69/6/1/41-46).

podía «crearse situación muy grave si persisten errores políticos debido sin duda a informaciones equivocadas». Sin embargo, en su respuesta a Aguirre, Largo Caballero se mostró inflexible, pues el nombramiento de comisarios correspondía, según el marco legal vigente, al Gobierno central. Se producía así un *choque de trenes* entre el presidente español y el vasco, que pretendía tener bajo su mando el conjunto del organigrama militar de Euskadi.

En este pulso, Aguirre siempre guardaba en la manga el as de la unidad en torno a su ejecutivo. No es casual que eligiera a tres consejeros no nacionalistas (el republicano Aldasoro, el socialista Gracia y el comunista Astigarrabía) con el encargo de marchar a Valencia el 13 de enero para transmitir que el Gobierno vasco entendía «que toda la administración de la guerra es de incumbencia suya, no por consideraciones de tipo legal que en este caso están de más, sino por servir con mayor eficacia a la causa que en estos momentos debemos servir con ardor y entusiasmo»[70]. El hecho de que quienes defendieran esta idea en Valencia, incluso reconociendo su carácter inconstitucional, representaran al Frente Popular y no al PNV era una muestra de la destreza política de Aguirre, pues a ninguno de ellos se les podía acusar de falta de lealtad a la República.

A pesar de haber tomado el lehendakari la precaución de no enviar a Valencia a ningún consejero *jeltzale*, su visita fue totalmente ineficaz. Al parecer, Largo Caballero, harto de la desunión que según él promovía Aguirre, llegó a afirmar que «no hay Ejército del Norte; no hay más que milicias mejor o peor organizadas en Euzkadi, Asturias y Santander». Cuando Aldasoro, Gracia y Astigarrabía regresaron a Bilbao, Aguirre interpretó en sentido literal estas palabras y decidió aplicarlas, escribiendo una nota oficial a Llano de la Encomienda en la que indicaba:

> Este Gobierno de mi presidencia ha considerado el caso de las relaciones entre el supuesto Ejército del Norte y Estado Mayor y el Gobierno de Euzkadi. Habiendo manifestado, clara y rotundamente, el Sr. Largo Caballero que ni existe Ejército del Norte ni Estado Mayor del Norte, se deduce, en consecuencia, que para el Gobierno Vasco ni para las unidades que de él exclusivamente dependen, no existe jurisdicción alguna nacida de aquellas supuestas Instituciones.

Aguirre añadía, eso sí, que presentarían «una proposición de coordinación de las fuerzas militares que existen en Asturias, Santan-

---

[70] Informe de José Antonio Aguirre, 13-I-1937, AN, GE, 27-3.

der y Euzkadi [...], debiendo abstenerse toda otra autoridad y organismo de ordenar nada hasta tanto la nueva organización entre en vigor». Ante la incredulidad de Llano de la Encomienda, la contestación de Largo Caballero fue que él había querido decir precisamente lo contrario, es decir, que se había lamentado de que, en la práctica, nadie hiciera caso a las indicaciones que partían del Gobierno central. No es extraño que, en sus memorias sobre la guerra, escritas en 1940, el primer ministro republicano se preguntara: «¿Cómo imponer al Gobierno Vasco la disciplina? ¿Encarcelándolo?»[71].

Pero Aguirre (respaldado por su gabinete, pero no por el PSOE vizcaíno, que en una reunión del Frente Popular defendió al Gobierno central frente al lehendakari), seguía en sus trece. El 28 de enero comunicó a Llano que consideraba que sobre las unidades militares vascas no existía «ningún poder jurídico» por parte del «Ejército del Norte y su Estado Mayor, formados arbitrariamente». A la vez, el lehendakari aseguraba a Largo Caballero que las tropas vascas «se encontrarán a disposición directa y en subordinación absoluta del ministro de la Guerra del mencionado Gobierno [vasco]. Por ello, todo otro poder o institución deben abstenerse de dar cualquier orden». Aunque Aguirre se comprometía a coordinar su acción militar con Asturias y Santander, Llano estaba asombrado, por haber recibido una nota del lehendakari, conminándole a «abstenerme de dar cualquier orden». En espera de recibir órdenes de Valencia, Llano trasladó su Estado Mayor a Santander y pidió a Largo Caballero que le confirmara «si existe o no el Ejército para cuyo mando tuve el honor de ser designado»[72].

Aunque Aguirre sostuviera que la resistencia del pueblo vasco iba a hacer cambiar el curso de la guerra, y prometiera coordinarse con el resto del norte republicano, la pregunta de Llano era realmente patética y mostraba cómo la particularidad vasca hacía muy difícil una acción conjunta. La preocupación del general era comprensible, pues estaba a la espera de la respuesta de Aguirre a su solicitud de apoyo a las operaciones militares que estaba preparando en Asturias, para el mes de febrero, con el fin de liberar el cerco de Oviedo. Se trató de uno de los momentos más tensos en las tormentosas relaciones entre lehendakari, el PNV y sus aliados.

Hay que recordar que, según la versión nacionalista, su acuerdo con la República en octubre del año anterior había incluido el com-

---

[71] Martín Nájera y Garrigós Fernández, *Obras*, tomo X, p. 3780. La carta de Aguirre a Llano de la Encomienda (28-I-1937) en ibíd., p. 3775.
[72] Correspondencia entre José Antonio Aguirre, Francisco Llano de la Encomienda y Francisco Largo Caballero en AGM, 853/2, cit. en Salas Larrazábal, *Guerra*, pp. 49-50.

promiso de que las tropas vascas no lucharían fuera del territorio de Euskadi. Por tanto, pedir a Aguirre que enviara tropas a Asturias era un *tour de force* para saber hasta dónde llegaba la lealtad del Gobierno vasco y del PNV a la República. Años más tarde, el propio lehendakari interpretaba que la finalidad de la orden era «saber si los batallones compuestos por nacionalistas querían o no ir a Oviedo». Es decir, no se trataba sólo de una cuestión militar, sino política. Tal y como recordaban un año más tarde dos mandos militares *jeltzales*, se habría querido así «probar la lealtad del Ejército Vasco hacia la República, obligando a las fuerzas vascas y entre ellas a batallones nacionalistas vascos a salir de su territorio patrio y colaborar en Asturias. El PNV, contrario a ello, y comprendiendo la maniobra que contra él y sus unidades se tramaba, se opuso, pero al final, por evitar una crisis de fondo en el Gobierno de Euzkadi tuvo que ceder y consentir que se desplazara a Asturias la Brigada Vasca expedicionaria, compuesta de cuatro batallones del PNV y uno de ANV»[73].

Dentro del Gobierno, fue Leizaola quien defendió la postura oficial *jeltzale* de negarse a enviar sus tropas a Asturias. En este caso, no hubo unanimidad en el seno del ejecutivo, por lo que Aguirre, para evitar una crisis, propuso pedir unidades voluntarias, presentándose entre ellas tropas nacionalistas, hasta alcanzar los alrededor de 5.000 hombres que se desplazaron a Asturias. Se había salvado así lo que podía haber sido una grave crisis aunque, tal y como indicaba el comandante Casiano Guerrica-Echevarría, Aguirre había tenido que superar «muchas opiniones en contra de ese envío, sobre todo en su Partido, porque al salir la columna me dijo "sólo Dios sabe el sacrificio que hago al mandar estos batallones nacionalistas a Asturias, pero los mando para que vean hasta dónde llego". Por muchos nacionalistas fue criticado este acto del Presidente». En telegrama a Prieto del 10 de febrero, el propio lehendakari señalaba que la salida de Euskadi de los *gudaris* había supuesto un gran esfuerzo: «Una de las Brigadas más compañía ametralladoras son fuerzas nacionalistas que por primera vez salen de su patria a combatir tierras asturianas. Comprenda Vuecencia hasta qué grado alcanza sacrificio». Además, el fracaso de estas operaciones en Asturias hizo que se deteriorara aún más la confianza entre Aguirre y los mandos militares de la República, ya quebrada en Villarreal. Para el lehendakari, una decisión

---

[73] La afirmación del lehendakari en Aguirre, *El informe*, p. 52; Informe de Víctor Lejarcegui e Iñaki Ugarte al EBB, 25-VIII-1938. AN, EBB, 94/3, publicado en Garitaonandia, Carmelo y Granja, José Luis de la (eds.): *La Guerra Civil en el País Vasco 50 años después*, Universidad del País Vasco, Bilbao, 1987, pp. 441-467.

vista con recelo por su propio partido no había servido más que para desgastar en vano las fuerzas vascas, que tan necesarias iban a ser en breve en su propio territorio. La idea de Aguirre era, una vez terminada la ofensiva de Asturias, «iniciar una fuerte operación por Guipúzcoa, que es lo que ansía aquí nuestra gente con interés y reiteración extraordinarios». Sin embargo, pronto se dio cuenta de que sus tropas no podían atacar nuevos objetivos y que su única opción era prepararse para la defensa[74].

En efecto, Aguirre había aprovechando la calma de los primeros meses de 1937 para profundizar en la organización del Ejército vasco. Previendo un futuro ataque enemigo, desde octubre del año anterior el Departamento de Defensa estaba construyendo el *Cinturón de hierro*, una línea defensiva en torno a Bilbao, con la que el lehendakari esperaba convertir a la villa en inexpugnable. La idea terminaría convirtiéndose en un nuevo fracaso, no sólo porque no estaba terminada en el momento en que se produjo el ataque, sino porque dos ingenieros militares encargados de su diseño y construcción apoyaban secretamente al bando sublevado: el primero (Pablo Murga) sería fusilado por traición y el segundo (Alejandro Goicoechea) se pasaría al campo franquista. Pero, incluso de no haberse producido estos hechos, la *línea Maginot* vasca tampoco hubiera sido infranqueable, al estar pensada para un tipo de guerra similar a la de 1914, sin tener en cuenta las particularidades del combate moderno, en la que era necesario contar también con aviación y artillería.

El contar con aviación, armas y municiones para su Ejército fue la gran preocupación de Aguirre en los meses previos a la ofensiva franquista. Las peticiones de Aguirre a Prieto fueron constantes. Este último reconocía que «la escasez de aparatos es ahí extraordinaria, pero hay regiones enteras muy amenazadas, más amenazadas aún que las provincias norteñas, y en las que se están combatiendo intensamente, que no disponen de un solo avión». Del mismo modo, Prieto era consciente de que había en Euskadi «un contingente enorme de hombres encuadrados e instruidos militarmente y sin armas. No es un caso aislado. Esto ocurre en toda España». Tratando de superar estas dificultades, en enero el Gobierno republicano autorizó al vasco a comprar directamente fusiles y cartuchos en el extranjero, comprometiéndose a devolver el dinero a posteriori. El 5 de febrero, Aguirre comunicó a Prieto que esta noticia le había «alegrado infinitamente». De inmediato escribió a la Delegación vasca en París, a la

---

[74] José Antonio Aguirre a Indalecio Prieto, 10-II-1937, AGM-FGE, 46/54/2/2; Testimonio de Casiano Guerrica-Echevarría, Irargi, Bidasoa, 11.

vez que pedía a Valencia que el Ministerio de Hacienda no retrasara el reembolso de esos fondos, porque «estamos viendo como nosotros adelantamos nuestros pobres y escasísimos recursos para compras imprescindibles y urgentísimas (cartuchos, carbón, trigo, etc.) y tardan días y hasta meses en ser repuestos por el Gobierno de Valencia».

El lehendakari seguía pensando que el Gobierno central trataba a Euskadi como un *hermano pobre*: «Nosotros, los vascos, contamos con un ejército superior en número, y no digamos en organización, a los de Asturias y Santander juntas; y, sin embargo, ellas tienen una cantidad muy superior en elementos al que poseemos nosotros». El hecho de que esta información —en palabras de Aguirre— hubiera causado «verdadera impresión en mis compañeros de Gobierno», indica hasta qué punto el lehendakari había encandilado a los consejeros no nacionalistas, que apoyaban sin fisuras sus peticiones. Por el contrario, es significativo que incluso Irujo, que respiraba más el *aire* de Valencia, se situara en ocasiones de lado del Gobierno republicano y criticara el *victimismo* de Aguirre. Así, en marzo de 1937, negaba que la República dejara indefenso al País Vasco: «No puede decirse con verdad que solamente se reciben del Gobierno Central órdenes tipo negativo, con emplear constantemente esa literatura acabaremos porque no nos haga caso nadie [...]. Peor que a Euzkadi tratan a Cataluña y Madrid. Pero no perdamos nosotros la ponderación»[75].

No había más remedio que seguir tratando de conseguir pertrechos en el extranjero, para lo que, casi a diario, Aguirre telegrafiaba a Prieto con nuevas peticiones de fondos colocados en París. Era un tema clave en la subsistencia de la Euskadi autónoma, por lo que, aunque en teoría dependía del Departamento de Hacienda, las negociaciones con Prieto las llevó siempre Aguirre en persona. Así, el 17 de febrero solicitó al ministro de Marina y Aire que el Estado depositara en París un millón de libras a nombre de la Delegación vasca, prometiendo a cambio garantizar «la inexpugnabilidad del País Vasco». Sabiendo que sus peticiones no solían ser atendidas, Aguirre anunciaba que, si era necesario, continuaría enviando telegramas cada día «machaconamente». Por si fuera poco, Juan Negrín, el ministro de Hacienda, había planteado la cuestión jurídica y de competencias en cuanto al uso de divisas (incluyendo reservas de oro) por parte del Gobierno vasco. Aguirre no entendía que, en momentos en

---

[75] Indalecio Prieto a José Antonio Aguirre, 13-I-1937 (AGM-FGE, 69/6/1725); José Antonio Aguirre a Indalecio Prieto, 5-II-1937 (AGM-FGE, 69/6/1/41-46); Manuel Irujo a José Antonio Aguirre, 8-III-1937 (Irargi, Beyris, 296).

que el peligro de una nueva ofensiva «amenaza estrangularnos», Negrín pensara en cumplir la letra de la ley. Los telegramas cursados entre Prieto y Aguirre en esos días de febrero revelan un diálogo de sordos. El lehendakari insistía en que era absurdo discutir la cuestión desde un punto de vista puramente legal, mientras Prieto recalcaba que esta competencia correspondía al Ministerio de Hacienda[76].

El 25 de febrero, Aguirre telegrafió a Prieto en un tono tan dramático que éste lo interpretó como una amenaza. Ante la falta de munición, el «Gobierno vasco ha declinado ya toda responsabilidad. Mida Gobierno Valencia cual pueda ser la suya caso no puedan quedar ultimadas compras armamento verificadas imprescindibles». Ante la respuesta airada de Prieto —que comprendía el «dolor» y la «angustia» que movía las peticiones de Aguirre, pero no el tono de su telegrama—, el presidente vasco tuvo que rectificar, aclarando al ministro que a pesar de todo mantenía la «serenidad». Por fin, el 8 de marzo Prieto comunicaba a Aguirre que se había «conseguido casi plenamente cuanto ustedes deseaban en orden al suministro de divisas, lo mismo para material de guerra que para materias primas [...]. Al éxito ha contribuido mucho la gestión tenaz de Irujo, que ha actuado como un martillo pilón sobre el Ministro de Hacienda»[77].

Sin embargo, era sólo la calma que precedió a una nueva tormenta en las relaciones entre el Gobierno central y el vasco. En el Consejo de Ministros del 11 de marzo, Largo Caballero criticó airadamente las gestiones de Irujo para humanizar la guerra, realizando canjes de prisioneros, y la actuación del ejecutivo de Aguirre, al margen del Gobierno central, para conseguir divisas en el extranjero. Se criticaba especialmente —interpretándolo como un síntoma de traición— que pretendieran centrar en Bilbao, a través de la Delegación del Gobierno vasco en Bayona, «la correspondencia bancaria procedente de las sucursales establecidas en la zona dominada por los militares rebeldes». En el mismo momento, Irujo preparó una carta de dimisión, que leyó a continuación a sus compañeros de gabinete. En ella se identificaba plenamente con la actuación de Aguirre y protestaba por la afirmación de Largo Caballero de que su gestión «inducía a desconfianza». El ministro vasco no comprendía que «en los angustiosos momentos actuales, cuando Euzkadi, abandonada a sus fuerzas», resistía «bajo el pabellón de la República [...], pueda fundarse una desconfianza política en actos tan subalternos como una correspondencia bancaria, un pasaporte, una gestión de evacuación o can-

---

[76] José Antonio Aguirre a Indalecio Prieto, 18-II-1937 (AGM-FGE, 46/54/2/2).
[77] Indalecio Prieto a José Antonio Aguirre, 8-III-1937 (AGM-FGE, 69/6/1/56).

je». Aunque Irujo reconsideró de nuevo su dimisión y continuó en el Gobierno de Largo Caballero, las tensiones entre ambos ejecutivos, con el ministro *jeltzale* haciendo equilibrios para mantener su fidelidad a Aguirre sin dejar de lado a Largo, continuaron en las semanas siguientes. En cualquier caso, pronto el lehendakari tuvo cosas más urgentes de las que ocuparse.

IV. INASEQUIBLE AL DESALIENTO

Después de varios meses de calma, el 31 de marzo de 1937 las fuerzas franquistas iniciaban la ofensiva sobre Bizkaia. Ante la absoluta supremacía aérea de Franco se repitieron las peticiones de Aguirre al Gobierno de la República solicitando una aviación que apenas llegó con cuentagotas. Aunque el lehendakari estaba convencido de que, si recibían aviones, podrían derrotar al enemigo, el acento de sus mensajes se fue haciendo más trágico, a medida que los atacantes iban conquistando cada vez más metros de territorio vasco. Tal y como escribía el mismo 31 de marzo, dando cuenta a Prieto del bombardeo de Durango, su mayor preocupación era que la sensación de indefensión, motivada por la ausencia de aviones propios, produjera «desmoralización» entre los *gudaris* y milicianos.

Lo cierto es que, aunque hay discrepancias en algunas cifras, las fuentes existentes confirman los motivos de la desazón del dirigente vasco, que sólo tendría a su disposición en ese momento ocho cazas, frente a 40 enemigos, además de los bombarderos. Empero, no era sencillo solucionar este problema. Por un lado, la República tenía mucha menos aviación que Franco; por otro, era difícil hacer llegar aparatos a una zona aislada de las principales bases aéreas republicanas. Además, Santander contaba con mejores aeródromos que Euskadi, debido a la dificultad para habilitar los campos de Lamiako y Sondika. Por otro lado, la descoordinación entre el Gobierno vasco y el Ejército del Norte suponía un grave problema añadido.

A pesar de todo, Aguirre siguió en las semanas siguientes jugando la baza de la tenacidad en sus peticiones a Prieto, prácticamente diarias y cada vez más angustiosas. El 1 de abril reiteraba la «muy delicada» situación, repitiendo «con angustia peticiones ayer». Sólo si llegaba «aviación en masa» podrían derrotar al enemigo. Prieto respondió admitiendo su «impotencia» ante la gravedad de la situación, que había transmitido al Estado Mayor Central del Ejército, a quien correspondía la distribución de fuerzas aéreas[78]. Al día siguiente, Aguirre hablaba de un «espectáculo [...] deprimente tropas resistiendo pegadas tierra teniendo encima todo el día numerosos aparatos aviación enemiga descargando bombas y ametrallando». Para complicar aún más las cosas, el mando franquista conocía —por haber interceptado sus mensajes y por medio de informantes— la zozobra de Aguirre y sus malas relaciones con Llano de la Encomienda. El lehendakari pensaba que los aviones que llegaran de refuerzo podían aterrizar en Bizkaia, mientras los mandos del norte comunicaban a Valencia que, por motivos técnicos, sólo podían hacerlo en Gijón. El 4 de abril, Aguirre enviaba el mismo telegrama a Irujo, Largo y Prieto, informando de la «situación gravísima» por la «desmoralización tropas», debido a la aviación enemiga, lo que podía originar una «catástrofe».

Si la desmoralización cundía ya entre las tropas, ¿cuáles eran las convicciones íntimas de Aguirre en esos graves momentos? Los testimonios son contradictorios, pero más bien apuntan a que el lehendakari mantenía su optimismo a ultranza. No obstante, un informante pasado al enemigo revelaba el 15 de abril que «en una conversación que sostuvo con Aguirre no pudo disimular este su decaimiento y depresión». Poco antes, el consulado de Italia informaba de que el lehendakari estaba preocupado no sólo por la fuerza del ataque, sino por las dificultades de la retaguardia, en especial con los anarquistas: «Aguirre deja entender en qué dificultades se encuentra para afirmar su propia autoridad frente a los elementos de la extrema izquierda. De hecho él amenaza con las más graves sanciones contra "todas las provocaciones y todas las represalias de los que quieren suplantar al gobierno en el ejercicio de su poder"». Ello era debido a que subsistía «el odio entre los elementos nacionalistas y los sindicalistas, a pesar del ataque común de que son objeto». Pero incluso en estas circunstancias, sus enemigos reconocían que Aguirre y los nacionalistas conservaban el mando «con más autoridad que antes»[79].

Este informe partía del discurso que el lehendakari había pronunciado el 7 de abril, al cumplirse los seis meses de su ejecutivo. En él, Aguirre destacó la «unión fraterna entre los diferentes componentes

---

[78] José Antonio Aguirre a Indalecio Prieto, 31-III-1937 y 1-IV-1937, en Aguirre, *El informe*, 1978, pp. 77-79.

[79] Informe del SIM, 15-IV-137 (AGM-CGG, 2506/1563); Informe del Consulado de Italia en San Sebastián, 13-IV-1937. Archivio Storico-Diplomatico del Ministero degli Affari Esteri, Ufficio Spagna (ASDMAE-US), 437-13/14/15, cit. en Olazábal, Carlos María: *Pactos y traiciones. Los archivos secretos de la Guerra en Euzkadi*, Fundación Popular de Estudios Vascos, Bilbao, 2009, tomo I, p. 364.

del Gobierno» y «la disciplina ejemplar de nuestro pueblo», que habría logrado un «orden público perfecto». Pedía que nadie se tomara «la justicia por su mano» y, utilizando un léxico religioso, apelaba a luchar con «Unidad, fe y esperanza» y agradecía el «heroísmo de nuestros gudaris», pero también de los soldados asturianos que estaban ayudando a defender Euskadi «palmo a palmo». El lehendakari no podía menos que reconocer el «duro trance» por el que estaban pasando, provocado por la «superioridad» del enemigo. Sin embargo, echando mano de elementos historicistas mitificados, recordaba cómo también los godos y los árabes habían querido invadir Euskadi, pero el «viejo pueblo vasco» los había derrotado[80].

A la vez que trataba de alentar a los defensores con su visión esperanzada, Aguirre intentaba mejorar su maquinaria militar, para hacer frente a la ofensiva. Así, el 9 de abril ordenaba reorganizar el Ejército vasco en brigadas, con el fin de hacerlo más operativo, abandonando la antigua disposición en frentes y sectores. El 26, se completaría esta nueva reestructuración, creando el «Ejército Regular de Euzkadi», dividido en 4 brigadas y 14 divisiones, sobre la base de los batallones ya existentes. De este modo, según la exposición de motivos del decreto, se trataba de unificar el mando en el consejero de Defensa, que recibía «toda la autoridad precisa para reorganizar el Ejército de una forma regular y definitiva». El texto legal instaba a cumplir «rápidamente» las decisiones del consejero; prohibía «toda clase de enseñas e insignias, a excepción de las oficialmente reconocidas» y ordenaba a las organizaciones políticas y sindicales que comunicaran a Defensa el nombre de los mandos de sus batallones, con el fin de revalidarlos, «formando el escalafón definitivo»[81]. Pero nada de esto serviría si seguían faltando aviones y barcos, tal y como incansablemente le recordaba Aguirre a Prieto cada día. Éste respondía que hacía «todo lo posible», pero el 15 de abril el lehendakari reconocía ya que la situación era «crítica»:

> Creo llegado momento exponer con toda serenidad pero energía máxima necesidad presencia rapidísima aviación suficiente y desplazamiento escuadra costas Cantábrico. Resistencia tropas llegado límite heroísmo en contraataques nocturnos pero moral debilítase por diaria

---

[80] *Euzkadi*, 8-IV-1937.
[81] El 9 de mayo una orden reorganizaba el Estado Mayor y estructuraba de nuevo la ordenación de brigadas y divisiones que se había introducido apresuradamente a finales de abril. Dos días antes, Aguirre había decretado la llamada a filas de nuevos reemplazos. Ya el 11 de junio, a la desesperada, ordenaría el alistamiento de los reemplazos de 1922-1924 de tierra y de 1921-1923 de mar (*DOPV*, 9-VI-1937).

persistencia acción aviación contraria ante total indefensión [...]. Apelo Gobierno República señalando importancia causa general conservación territorio vasco.

Por si fuera poco, el 20 de abril Aguirre se enteró de que un barco con aviones desmontados, armas y munición para el norte había sido apresado por la armada franquista. A pesar de todo, el Ejército vasco seguía «resistiendo ataque aéreo continuo terrible». Según el lehendakari, dos días después —en una jornada en la que se habían producido seis bombardeos sobre Bilbao— ellos sólo tenían un caza disponible. El 23, el lehendakari prometía «resistir brutalmente», pero reiteraba sus quejas a Prieto:

> Situación militar hácese gravísima cada momento sin que baste heroísmo tropas que puede derrumbarse rápidamente. Llevamos veintitrés días ofensiva resistida heroicamente ante cansancio extraordinario tropas indefensas totalmente medios aéreos sin poder nosotros verificar un solo bombardeo [...]. Con máxima serenidad dígole que pueblo no comprende orfandad aérea causa irritación tropas población vista manifiesta indefensión. Gobierno anima disciplina manteniéndose pero todo tiene límite. CNT aprovecha circunstancias comienza plantear conflictos contenidos fuerza autoridad primeros momentos. Requiero gobierno República considere importancia territorio vasco futuros destinos guerra. Estamos dispuestos no dejar pasar enemigo pero República tiene obligación venir urgentemente rápidamente con máximo sacrificio nuestra ayuda[82].

De hecho, aunque mucho más lentamente de lo previsto por Mola, las tropas vascas se batían en retirada casi desde el inicio de la ofensiva. Euskadi se encontraba, en palabras de Aguirre, a «merced aviación enemiga». La prueba palmaria de la indefensión aérea fue el bombardeo de Gernika, que tuvo lugar el 26 de abril. La crueldad del bombardeo, el carácter simbólico foral de la villa y el hecho de que Franco negara de plano la autoría de la destrucción de la ciudad, atribuyéndola a un supuesto incendio provocado por sus defensores, provocaron una batalla informativa y propagandística de gran magnitud, en la que el lehendakari tuvo gran protagonismo. El 27 de abril, *Euzkadi* publicó en primera plana «Una nota de S.E. el señor presidente», denunciando que «aviones alemanes al servicio de los facciosos españoles han bombardeado Gernika, incendiando la histórica villa que tanta veneración tiene entre los vascos».

---

[82] José Antonio Aguirre a Indalecio Prieto, 15-IV-1937 y 23-IV-1937; Indalecio Prieto a José Antonio Aguirre, 13-IV-1937, en Aguirre, *El informe*, pp. 91-97.

Aunque hoy sabemos que la aviación alemana trató de ensayar en Gernika las tácticas de bombardeo de terror que aplicaría a gran escala durante la II Guerra Mundial, el lehendakari interpretaba el ataque como una agresión directa a la identidad nacional de los vascos, a los que habrían tratado de «herir en lo más sensible de nuestros sentimientos patrios». De inmediato, la prensa franquista acusó a Aguirre de haber «lanzado la mentira infame —porque es un delincuente común— de atribuir a la heroica y noble aviación de nuestro Ejército Nacional, ese crimen». El lehendakari replicó con una nueva nota en la que juraba «ante Dios y ante la Historia» que los alemanes habían bombardeado Gernika «con saña desconocida»: «Pregunto al mundo civilizado si se puede permitir el exterminio de un pueblo que ha tenido siempre como su ejecutoria más preciada la defensa de su libertad y de su secular democracia que Gernika, con su árbol milenario, ha simbolizado en los siglos»[83].

Pero, mientras la polémica sobre la destrucción de la villa foral se extendía por el mundo, Aguirre tuvo que hacer frente a la situación crítica en que se encontraba el Ejército vasco. El 28, se reunió con los componentes de su Gobierno y con los jefes militares. Al parecer, «todos se mostraron unánimes en apreciar que si en el término de cuarenta y ocho horas no llegaba la aviación todo estaba irremisiblemente perdido y era muy difícil hacer nada». Hubo un jefe militar que predijo que Bilbao sólo resistiría dos días; los más optimistas hablaban de un máximo de ocho. Algunos mandos, como Montaud, propusieron un repliegue táctico hacia el *Cinturón de hierro*, pero el lehendakari, siguiendo las indicaciones de su consejero militar personal, el francés Robert Monnier, decidió seguir defendiendo el frente donde se encontraba. Según algunos expertos, fue una acertada decisión por parte de Aguirre, que quizás logró así retrasar cuarenta días la conquista de Bilbao[84].

Había otros factores que dificultaban la resistencia, incluyendo la descoordinación entre el Gobierno vasco y el conjunto de la República. El 27 de abril Largo Caballero conminó a Aguirre a reconocer el mando militar de Llano de la Encomienda como jefe del Ejército del Norte. Por su parte, el lehendakari solicitó a Prieto que lograra la

---

[83] *Euzkadi*, 27 y 29-IV-1937 y *La Voz de España*, 27-IV-1937.
[84] Vargas Alonso, Francisco Manuel: «Los batallones vascos. Del derrumbamiento del frente de Gipuzkoa a la estabilización del frente», en Urgoitia Badiola, José Antonio (dir.): *Crónica de la Guerra Civil de 1936-1939 en la Euzkadi peninsular*, Sendoa, Oiartzun, 2002, tomo IV, p. 240. No obstante, también fue decisiva la llegada de refuerzos desde Asturias y Santander. Aguirre, *El informe*, pp. 103-104.

sustitución de Llano, al que consideraba ineficaz y vendido a los comunistas, por otro general, proponiendo los nombres de Sebastián Pozas y José Asensio. Asimismo, comunicó a Largo Caballero que estimaba a «Llano de la Encomienda incapaz mandar sesenta mil hombres», por estar condicionado por «determinada tendencia política». Ante la negativa del Gobierno central a cambiar la jefatura militar del norte, el lehendakari tomó una decisión arriesgada y sorprendente.

Con el apoyo unánime de su gabinete, el 5 de mayo decidió hacerse cargo personalmente del «mando militar del Ejército» vasco, tal y como publicó su *Diario Oficial* el día 10. Un informe diplomático británico interpretaba esta decisión como un intento de Aguirre de ostentar «poder dictatorial incluyendo mando del Ejército». Sin embargo, *The Times* señaló que la decisión había sido «bien recibida aquí, donde la popularidad del Presidente es alta. Sus nuevos deberes le dan un papel semejante al que antes tenía el general Miaja en Madrid». La comparación entre el lehendakari y el héroe de la defensa de Madrid en noviembre de 1936 quizás era excesiva, pero lo cierto es que sus primeros momentos en el puesto fueron acompañados por triunfos momentáneos. Así, el diario londinense destacaba el exitoso contraataque llevado en Sollube, aunque los insurgentes seguían llevando la iniciativa[85].

Como era de esperar, la decisión de Aguirre provocó la protesta de Llano de la Encomienda —que se negó a reconocer el cargo para el que se había autonombrado el lehendakari— y de Largo Caballero, pero también del mismo Irujo. Éste envió un telegrama a Aguirre «en el que censuraba nuestra decisión, acusándome de comprometer el prestigio de mi cargo y señalando como malo el camino emprendido». Si en otras cuestiones podía haber dudas sobre la constitucionalidad de las medidas del lehendakari, en este caso él mismo sabía que se trataba de una extralimitación, que para él sería obligada por las circunstancias. Ya el 7 de mayo, antes de hacerse oficial la medida, Largo telegrafiaba a Aguirre:

> He de participarle a V. que como Ministro de Guerra desapruebo dicho acuerdo Gobierno autónomo. Ni el Presidente del Gobierno de Euzkadi ni el Consejero de Defensa del mismo, están autorizados legalmente para ejercer mando militar. Éste corre a cargo del General Jefe Ejército de Operaciones Norte mientras no sea destituido ostenta la representación

---

[85] TNA, 371/21291, *The Times*, 12-V-1937. Según este diario, el Gobierno vasco habría ejecutado a algunos de los soldados que habían abandonado dicha posición unos días antes.

legal y directa del Ministro de la Guerra. Estas decisiones no hacen sino perturbar la acción militar general del Gobierno[86].

Largo Caballero —que acababa de hacer frente a los graves enfrentamientos en la retaguardia republicana producidos en Barcelona— no se fiaba de Aguirre, al que años más tarde acusaría en sus memorias de «insubordinación» y de ser el responsable de «todo lo que ocurría en el Norte», por no querer obedecer «al mando representante del Gobierno de España»[87]. Además, el presidente español conocía los rumores sobre negociaciones entre el PNV y los sublevados, de los que pronto iba a tener pruebas documentales. Por otro lado, según el propio Aguirre, quien más empeño había puesto en que él mismo asumiera el mando militar vasco había sido el consejero soviético en Bilbao, Josef Tumanov. Éste le había visitado «para rogarme con todo encarecimiento que me hiciera cargo del Ejército para evitar una situación que estimaba desastrosa». Es posible que Tumanov animara a Aguirre a dar ese paso, para reforzar la lealtad del PNV a la República y lograr su apoyo a la crisis que estaban labrando en el Gobierno central, con objeto de hacer caer a Largo Caballero. Su idea era formar un ejecutivo más fuerte, con un Ejército controlado por los comunistas, única fuerza que —por su unidad y por el apoyo de la Unión Soviética— podía tener opciones de ganar la guerra[88].

Dos semanas después, una vez producida la sustitución de Largo por Negrín, Aguirre explicó a Prieto, en una «carta verdaderamente confidencial», por qué había decidido asumir personalmente el mando del Ejército. Lo había hecho al «verse rodeado de la incompetencia y de la intriga», pero también porque los nacionalistas, «que son la mayoría del Ejército, no podían bien estar entregados a hombres que ni comprenden el pueblo ni lo sienten ni lo quieren. Los rusos me decían: a un problema nacional como el de aquí existe, un mando nacional». Según Aguirre, Llano no había «comprendido jamás la singular idiosincrasia del pueblo vasco», pero sobre todo era «la personificación de la incompetencia», hasta tal punto que el Frente Popular vizcaíno le había pedido su sustitución. Lo cierto es que, incluso historiadores militares contrarios al nacionalismo vasco, como Martínez Bande, reconocen que «probablemente la decisión tomada

---

[86] Francisco Largo Caballero a José Antonio Aguirre, 7-V-1937, en Aguirre, *El informe*, p. 102.
[87] Martín Nájera y Garrigós Fernández, *Obras*, tomo X, pp. 3785 y 3788.
[88] Aguirre, *El informe*, p. 105.

[por Aguirre] era lógica por la torpe actuación de los mandos profesionales», comenzando por Llano de la Encomienda[89].

En cualquier caso, el lehendakari seguía pensando que el gran problema era no disponer de defensa aérea. El 8 de mayo reiteraba «con apremio angustioso [...] urgentísimo envío aviación. Imprescindible para contener catástrofe inminente». Además, el bloqueo naval impuesto por la Armada franquista estaba dificultando sobremanera la llegada de barcos con alimentos a Bilbao. Sólo con la ayuda de buques de guerra del Reino Unido, que no reconocía el bloqueo franquista, pudieron salir las expediciones de niños que el Gobierno vasco envió a diversos países europeos en estas fechas, con objeto de alejarlos de los horrores de la guerra. Entre los niños evacuados se encontraba precisamente Aintzane, la hija mayor del lehendakari.

Por fin, algunos aviones lograron llegar a Santander, pero otros, enviados a través de Francia directamente a Euskadi, tuvieron que regresar a Cataluña desde Toulouse, por orden de las autoridades francesas. Aguirre pensaba que era posible traerlos en vuelo directo y no entendía por qué no se enviaban más aparatos, cuando en Bilbao se estaba jugando la suerte de la guerra. El 12 de mayo exigía «ayuda inmediata», previendo en caso contrario «consecuencias irreparables para todos». El 16 —en plena crisis ministerial— volvía a telegrafiar a Prieto hablando de la «injusta indefensión» en que estaba Euskadi y exigiendo, en «nombre pueblo vasco, inmediata puesta práctica auxilios prometidos reiteradas veces que no llegan»[90].

Aguirre consideraba que —más allá de los problemas técnicos— la indefensión vasca era una maniobra política. Esta acusación resulta imposible de probar, aunque es avalada por algunos testimonios, como el del militar republicano José Martín Blázquez, que recordaba haber oído en Valencia que había que dejar a «los vascos cuidar por sí mismos. ¿De qué les habría de servir tener una república independiente?». Según él, entre las razones para no enviar más aviación a Euskadi estaría también la impericia de Aguirre: «No se les ha enviado nada porque el jefe del gobierno no reunía las condiciones para esa tarea»[91]. De ser cierta, esta acusación demostraría la ineptitud de Largo Caballero. Con independencia de la política interna del bando

---

[89] José Antonio Aguirre a Indalecio Prieto, 24-V-1937, en Aguirre, *El informe*, pp. 107-113; Martínez Bande, José Manuel: *Vizcaya*, San Martín, Madrid, 1971, p. 128.

[90] José Antonio Aguirre a Indalecio Prieto, 12-IV-1937 y 16-IV-1937, en Aguirre, *El Informe*, pp. 123-125. La evacuación de la hija de Aguirre en AGM-FGE, 25/6/15/56.

[91] Martín Blázquez, José: *I Helped to Build an Army*, Secker & Warburg, Londres, 1939, p. 339, cit. en Meer, *El Partido*, p. 390.

leal, la pérdida de Euskadi y del frente norte era, a medio plazo, una sentencia de muerte para la República, pues desequilibró la guerra a favor del bando franquista. Otros testigos insistían en que Aguirre no era experto en el arte de la guerra, aunque sí había logrado con su optimismo levantar el ánimo de las tropas y hacer más lenta la ofensiva. Un asesor militar de Azaña que visitó Bilbao reconocía que la reacción vasca, que había logrado «disminuir el ritmo del avance», había sido «provocada en gran parte por el Presidente (hombre bien intencionado, aunque quizás por su inexperiencia, hija de la falta de edad, no ha sabido rodearse de elementos eficaces)»[92].

Pero el esfuerzo bélico en Euskadi, liderado por Aguirre, tenía que hacer también frente a otros problemas. A pesar de que la postura a favor de la República del PNV ya había quedado clara en octubre de 1936, con la formación del Gobierno vasco, todavía en los meses siguientes continuó habiendo negociaciones de paz, como las que parecía querer impulsar el cardenal Gomá en su *Carta abierta*. Sin embargo, todos los datos que tenemos indican que, mientras otros miembros del PNV no desechaban mantener contactos con los alzados para llegar a una paz separada, el lehendakari se mostraba remiso a estas gestiones. Así, un informe del espionaje franquista de noviembre de 1936 indicaba que «en el Gobierno de Vizcaya, se dibujan dos tendencias; la que representan Aguirre y Monzón es la de la lucha a "outrance" [*sic*] y la de los elementos deseosos de la transacción, Leizaola, Heliodoro de la Torre y Jáuregui». En diciembre, otro informante confirmaba la firmeza de Aguirre a favor de la República, al indicar que el cónsul británico había tratado «de sondear a Aguirre para ver si era posible llegar a un acuerdo para la rendición de Bilbao y regresó muy desilusionado de sus gestiones». También el embajador argentino, Daniel García Mansilla, se había desplazado desde San Juan de Luz a Bilbao: «Aguirre en un primer momento se negó a recibirle y sólo después de fuertes insistencias del Embajador le ha concedido una entrevista»[93]. Asimismo, los italianos pensaban que la única forma de comenzar unas conversaciones con fundamento para la rendición de Euskadi sería sustituir a Aguirre por el «moderado» Jáuregui[94].

---

[92] Francisco Buzón a Manuel Azaña, 2-VI-1937 (AGM, Ejército del Norte, 684/7/3).

[93] Informe al Cuartel General del Generalísimo, 16-XI-1936 (AGM-CGG, 2506/10-4). Informe diplomático italiano de 18-III-1937 (ASDMAE-US, 3.37-28 y 29, cit. en Olazábal, *Pactos*, tomo I, p. 311). Este documento añadía: «El Embajador ha definido a Aguirre como "un pobre hombre" tanto por su inteligencia como por su situación política».

[94] Informe de la Embajada de Italia en Roma, s.f. (ASDMAE, US, 2-37-11 y 12, cit. en Olazábal, *Pactos*, tomo I, p. 271). Hay un error en el original, que habla de sustituir a Jáuregui por Aguirre.

El lehendakari recibía también visitas de ciudadanos vascos que le pedían que llegara a un acuerdo de paz con los militares. Por ejemplo, un jesuita, el padre Lojendio, habría visitado a Aguirre para decirle que llevaba a su pueblo al engaño. Según esta versión, el lehendakari se puso de rodillas, besó un crucifijo y le dijo: «Esto me dice que voy yo a salvar a mi pueblo». Con independencia de la veracidad de este y otros testimonios, sí reflejan la fe religiosa de Aguirre, a la que se aferraba en momentos difíciles, contrastando con el ambiente reinante en la España republicana. Así, Onaindia hablaba al obispo de Vitoria de «nuestro Presidente, en cuya mesa preside el crucifijo y ante el cual recibe a comisiones anarquistas, y casi siempre aprovecha la ocasión para hablarles del Crucificado». Esos mismos informes reconocían que en Euskadi el pueblo estaba convencido de la victoria, lo que indica que Aguirre no sólo era optimista, sino que sabía transmitir esta confianza en la victoria a los ciudadanos[95].

Pese a sus reticencias, Aguirre estaba al tanto de los múltiples contactos que se llevaban a cabo en Francia para llegar a un acuerdo entre el PNV y Franco. En ellas, el padre Onaindia fue el principal enlace de los *jeltzales*, actuando a través de personas interpuestas, como el padre Pereda o el nuncio del Vaticano en Francia. Aunque se desconoce a qué fecha se refiere exactamente, pudiendo oscilar entre febrero o abril de 1937, el propio Onaindia recordaba años más tarde las propuestas que él hizo a Aguirre para iniciar conversaciones de paz:

> José Antonio aceptó esa postura pero su pregunta surgió rápidamente. ¿Con quién íbamos a tener estas relaciones? Yo nunca dudé en decirle que con el Vaticano. No le pareció mal [...]. Me puse en contacto con el Nuncio de España [*sic*] en París, Monseñor Valerio Valeri [...]. Nosotros queríamos saber si en el caso de que hubiera mediación, el Vaticano estaría dispuesto a intervenir. Y así se lo expuse. Al principio no decía ni que sí, ni que no. Finalmente, después de algunas conversaciones, quedamos de acuerdo en que nosotros les entregaríamos todos los documentos relacionados con Franco, y ellos le comunicarían a Franco que los tenían [...]. José Antonio Aguirre había aprobado esto[96].

Estos contactos continuaron después del inicio de la ofensiva. El 15 de abril el sacerdote y futuro obispo de Bilbao Casimiro Morcillo

---

[95] Informe de los agentes franquistas en San Juan de Luz, 12-XII-1936 (AGM-CGG, 5/291/11/29); Alberto Onaindia a Mateo Múgica, 2-IV-1937 (AAO 116).

[96] Blasco Olaetxea, Carlos: *Diálogos de guerra. Euskadi 1936*, San Sebastián, edición del autor, 1983, pp. 90-91.

recordaba a Onaindia «lo convenido en nuestras conversaciones de París. Espero, que a la mayor brevedad, cumplirá su promesa de ir a Bilbao, hablar con Aguirre, instarle hasta persuadirle y finalmente avisarme para recibir la contestación». En sus memorias, Onaindia recuerda cómo al principio no dio importancia a lo que parecía una «conversación en tertulia de amigos» y por eso no escribió sobre ello al lehendakari, sino sólo a su secretario, Irala. Sin embargo, el 23 de abril, aprovechando un viaje a Bilbao, expuso a «Aguirre las sugestiones hechas por el Sr. Morcillo. No le atribuyó él excesiva importancia y me aconsejó prestar siempre oído atento a semejantes intervenciones e informarle con el mayor detalle», aunque ni siquiera se molestó en contestarle[97].

Hubo también otra mediación, en la que intervino el expresidente mexicano Francisco de la Barra, que estuvo en Bilbao a finales de abril, para gestionar la liberación de un yerno suyo, preso en la Euskadi republicana. Dado el interés del lehendakari en las relaciones internacionales, De la Barra cenó con Aguirre, hablando al parecer de una posible mediación. A principios de junio la diplomacia italiana informaba que De la Barra había hablado en París con monseñor Pizzardo, un alto cargo vaticano, acerca «de las condiciones en las que Aguirre estaría dispuesto a tratar con el General Franco»:

> En su viaje a Lourdes Monseñor Pizzardo, se ha encontrado con el Cardenal Primado de Toledo y debe haberle comunicado las intenciones del Señor Aguirre el cual pedía, como es conocido, el secreto más absoluto y estar en condiciones de no aparecer como traidor ante el Gobierno de Valencia. La respuesta del Gobierno de Burgos ha llegado esta mañana al Vaticano. El General Franco se ha declarado dispuesto a facilitar la fuga de Aguirre si depone las armas, y nada más. Monseñor Pizzardo juzgaba la decisión del Gobierno de Burgos demasiado intransigente y tal que no facilitaría la rendición de los vascos[98].

Precisamente en este contexto tuvo lugar un nuevo intento de mediación entre los franquistas y el PNV. Su importancia radica, por un lado, en su origen especial, al venir directamente del Vaticano y no, como en ocasiones anteriores, de otras potencias neutrales o de particulares; por otro, en que el destinatario directo de esa mediación no fue la dirección del partido sino el propio Aguirre. En efecto, el 6 de mayo, el secretario de Estado, cardenal Pacelli, telegrafió a Gomá:

---

[97] Onaindia, *Capítulos*, p. 187.
[98] Bonifacio Pignatti a Ufficio Spagna, 5-VI-1937 (ASDMAE, US-234, cit. en Meer, *El Partido*, p. 442).

«Es vivo deseo del Santo Padre que V.E.R. se dedique con todo empeño a obtener del General Franco la promesa de ahorrar a los asediados de Bilbao. Stop. Cualcosa fuese concedido el Santo Padre procuraría actuar cerca del Señor Aguirre para aconsejarle cesar en la resistencia». Es decir, se trataba de preguntar a Franco qué concesiones podía ofrecer para lograr de Aguirre que Euskadi cesara en su resistencia.

El 7 de mayo, Gomá se entrevistó con el general Mola en Vitoria, obteniendo, tras hablar con Franco, la promesa de que —si Bilbao se rendía— la ciudad se conquistaría sin excesos ni destrucciones, los soldados y afiliados serían respetados, salvo los que fueran reos de delitos (que serían juzgados), se permitiría la salida al extranjero de los dirigentes y se concedería a Bizkaia una «autonomía administrativa». Aunque Gomá no tenía mucha esperanza en conseguir que Aguirre —con su gran «testarudez»— aceptara la súplica del Papa Pío XI, dichas condiciones fueron trasladadas al Vaticano.

El 8 de mayo, Pacelli enviaba un telegrama a Aguirre transmitiendo las condiciones acordadas con Franco y Mola para la rendición inmediata de Bilbao, confiando en que Aguirre oyera la exhortación del Papa. En el telegrama se explicaba que ambos generales habían sido «interrogados expresamente» y habían «hecho conocer ahora a la Santa Sede las condiciones de una eventual rendición irnmediata [sic] de Bilbao», que eran las señaladas en el párrafo anterior. Y concluía con una apelación directa de Pío XI a Aguirre: «Confiando en los generosos sentimientos de Vuestra Excellencia [sic] y de esos queridos hijos el Santo Padre exhorta a Vuestra Excellencia a tomar en atento y solícito examen dichas proposiciones con el deseo de ver finalmente cesar el sangriento conflicto».

Para entender el embrollo que siguió al envío de este telegrama, hay que tener en cuenta las especiales circunstancias que la guerra imponía a las comunicaciones, especialmente si llegaban a la España republicana a través un cuerpo telegráfico *hostil*, como era el servicio telegráfico italiano, que utilizaba el Vaticano. Así, el mensaje fue remitido primero a París y de ahí —en vez de redirigirse a Londres, de donde partía un cable telegráfico submarino hasta Bilbao—, fue enviado a Barcelona. Era una decisión sorprendente, clave para el futuro de la mediación pues, si el mensaje era conocido en la España republicana, antes de llegar a Bilbao, perdería lógicamente toda su utilidad. Todo indica que los telegrafistas franceses vinculados al Partido Comunista, que ejercían una especie de *censura* sobre los telegramas que pasaban por París (única forma de conectar las dos zonas de España), pudieron intervenir en la decisión de enviar el cable a Barcelona y no a Bilbao. Lo cierto es que, al recibirse en Barcelona, el jefe de Telégrafos decidió no cursarlo a Euskadi, sino darlo a conocer a su superior: «Para conocimiento Gobierno República a continuación transcribo telegrama recibido de París que queda sin curso hasta que se me autorice especialmente si se considera conveniente llegue a su destino».

Efectivamente, el mismo día 8 Largo Caballero tenía el telegrama encima de la mesa de su despacho. Existen discrepancias sobre el modo en que actuó el presidente del Gobierno. Está claro que no sacó el tema en el Consejo de Ministros del 9 de mayo, pero sí que lo comentó con algún ministro. Entre los que estaban al tanto no se encontraba Irujo, para evitar que, por medio de una filtración, Aguirre tuviera conocimiento del telegrama. También hay testimonios contradictorios sobre si lo comentó con Prieto, que, como hemos visto, se encargaba personalmente de las relaciones con Aguirre. En cualquier caso, Largo Caballero, con toda lógica, decidió que el telegrama no se cursara a Bilbao y lo mismo se hizo el 12 de mayo cuando, al no recibir contestación, desde el Vaticano volvió a cursarse el mismo cable por segunda vez.

Según la versión clásica de este acontecimiento, ni Aguirre ni ningún dirigente del PNV se habrían enterado de la existencia del telegrama hasta febrero de 1940, cuando se publicó un artículo en la *Revue de Deux Mondes* sobre los intentos de mediación entre el Vaticano y el Gobierno vasco. Sin embargo, Fernando de Meer ha demostrado que Aguirre tuvo conocimiento inmediato de la mediación vaticana y, aunque posiblemente no recibió físicamente el telegrama, sí supo de su contenido. El 9 de mayo, se telegrafiaba desde Bilbao a Irujo el siguiente texto: «Suponemos telegrama Pacelli es apócrifo. Gobierno Valencia conoce mejor que nosotros si puede evitar caída Bilbao dependiente mantenga actual indefensión absoluta mar aire conquiste superioridad en ellos. En Gobierno Vasco nadie piensa rendiciones. Presidente Euzkadi». Al día siguiente, la Delegación de Euskadi en Valencia desmentía, tras haber «consultado con la Presidencia de nuestro Gobierno», las noticias que algunos corresponsales de prensa extranjeros habían recogido, «de haberse dirigido la Secretaria de Estado del Vaticano al Gobierno Vasco con traslado de condiciones para la entrega de la zona leal de Euzkadi a los militares españoles sublevados».

Además, el servicio de contraespionaje franquista informó de que el 10 de mayo se había cursado desde Bilbao un cable al Vaticano, en el que Aguirre pedía que repitieran el telegrama «no recibido aquí». Eso indica que, o bien el lehendakari no tenía en su poder el mensaje, aunque sabía de su existencia; o que lo había recibido pero dudaba de su autenticidad y pedía confirmación[99]. Años más tarde, el consejero comunista Astigarrabía recordaba que a Aguirre «el Vaticano le envió un telegrama exhortándole a que se separara de las "hordas marxistas". Este telegrama me fue filtrado. Yo esperaba una prueba de lealtad por parte de Aguirre y confiaba en su transparencia política. A los pocos días el lehendakari me puso al corriente del telegrama del Vaticano y me dijo: "no se preocupe usted, *Asti*; esto no va a variar en nada las cosas"».

En efecto, ni siquiera la petición del Papa hizo cambiar la decisión del lehendakari de continuar luchando contra los sublevados. Su reacción fue no darse por enterado del telegrama, en un momento en que estaba plenamente comprometido, con sus aliados, en la defensa de Bilbao. La personalidad de Aguirre hacía difícil de aceptar una maniobra así, en la que él aparecería como traidor a aquello en lo que estaba comprometido.

También hay que preguntarse por qué Aguirre no reconoció durante el resto de su vida que ya en 1937 conocía el telegrama. Para un católico convencido, hacer caso omiso de una petición formal del Papa de que negociara para disminuir el sufrimiento de la población civil debió suponer un problema de conciencia. Sin embargo, si no había recibido el mensaje como tal, aunque lo conociera, podía seguir afirmando que no había visto el telegrama, aunque hubiera sabido algo de su contenido, pues siempre podía dudar de su autenticidad o de lo exacto de la transcripción. Por otro lado, Aguirre pensaba probablemente que, al igual que había sucedido con el obispo de Vitoria en agosto de 1936, la Secretaría de Estado no estaba bien informada de la realidad vasca. Por último, siempre podía recordar que el Vaticano —a pesar de las fuertes presiones franquistas en este sentido— nunca había condenado a los *jeltzales* por su actitud en la guerra. De hecho, podía pensar que el Papa proponía una cuestión *política* (que Aguirre negociara para salvar vidas humanas, puesto que Euskadi ya tenía perdida la guerra), pero dejaba a salvo la actitud *moral* del lehendakari que, como en otros momentos, puso en primer

---

[99] Todas las referencias de este episodio están recogidas en Meer, *El Partido*, pp. 415-448. *El Socialista* (11-V-1937) y *La Lucha de Clases* de Bilbao (12-V-1937) mencionaron, para negar su autenticidad, el telegrama, citando textualmente algunos fragmentos del mismo. Con seguridad, estas noticias tuvieron que ser conocidas por Aguirre, a través de sus secretarios o de otras personas.

lugar su lealtad a Euskadi, a veces en difícil equilibrio con su compromiso con la República y con su fe católica.

No obstante, el hecho de que los intentos de mediación fueran conocidos por Largo Caballero ahondó aún más las reticencias entre el PNV y la República. El que Franco también supiera de ellos podía hacer pensar a éste en que los *jeltzales* apenas tenían voluntad de lucha. Un informe diplomático italiano del 13 de mayo señalaba que el jefe del Nuevo Estado era «escéptico» ante la mediación vaticana, aunque esperaba poder retomar las negociaciones en el futuro. Según Franco, «Aguirre está ahora completamente sometido al poder de los rojos y aunque animado de las mejores disposiciones para hablar de la rendición, no tiene la posibilidad de hacerla aceptar». Todavía el 3 de junio, Magaz (el representante oficioso de la España franquista ante el Vaticano) transmitía el deseo de la Secretaría de Estado de que Franco considerara a Aguirre un «adversario leal», lo que permitiría reiniciar las gestiones. La respuesta del bando franquista fue una rotunda negativa, pues no podía «aceptar reconocimiento de lealtad para quien arrastró a gentes sencillas a la destrucción de su propio país y que sacrifica hoy a una postura personal la paz y la tranquilidad del pueblo vasco»[100].

Tras superar una mediación que podía haber cambiado el rumbo de la guerra en Euskadi, la relación entre Aguirre y el Gobierno central mejoró después del nombramiento de Negrín como presidente y de Prieto como ministro de Defensa, el 17 de mayo de 1937. Se trató —según Aguirre— de un «cambio afortunado», al dotar a la República de una mayor centralización política y militar, lo que en muchos casos significó un incremento de la influencia comunista, apartando a la CNT. En este nuevo gabinete, Irujo fue nombrado ministro de Justicia, un puesto clave en el mantenimiento de la legalidad republicana y la libertad religiosa, en la que estaba empeñado el PNV[101]. El 23 de mayo recomenzó de nuevo la ofensiva de las fuerzas de Mola, detenida unos pocos días. Aguirre telegrafió a Prieto con las malas noticias de la pérdida de varias localidades próximas al frente y explicando que la población civil llevaba dos días sin pan. El 26, el lehendakari —que no se fiaba de la lealtad de los jefes del Ejército del Aire— solicitó a Prieto que también la aviación dependiera directamente del lehendakari, cuando actuara en cielos vascos. Pero de nada

---

[100] Antonio Magaz a José Antonio Sangróniz y viceversa, 3-VI-1937 (AMAE, Telegramas Reservados, 1106/10-R); Commodoro Bossi a Ufficio Spagna, 13-V-1937 (ASD-MAE, US, 234, cit. en Meer, p. 436).

[101] AN, GE, 56-1.

servía discutir sobre la cadena de mando y sus implicaciones políticas si no había nada sobre lo que mandar.

En los últimos días de mayo, el presidente vasco reiteró la petición de aviones de modo angustioso: «Desde primeras horas madrugada están nuestras líneas bajo efectos horrorosos aviación preludio nuevos ataques notándose presencia diez nuevos aparatos trimotores tipo no conocido hasta hoy que lanzan cantidad bombas inusitada». Aguirre había sido personalmente testigo de un «espectáculo parecido volcán erupción con la angustia de la indefensión pensando en estos hombres que mueren destrozados por la metralla». En sus informes, no dudaba en ningún momento del heroísmo de sus tropas, pero auguraba un «periodo peligrosísimo porque resistencia tiene límite y manifiéstase gran desencanto por falta auxilios posibles». Ante la «indefensión aérea», salvaba su responsabilidad, aunque aseguraba seguir manteniendo la esperanza en la victoria[102].

Ante lo desesperado de la situación, el Gobierno republicano terminó accediendo a las peticiones que Aguirre había trasmitido a Prieto en las últimas semanas. El 31 de mayo, éste le comunicaba que se había aprobado la creación del «Cuerpo de Ejército del País Vascongado». Sería un ente «separado», independiente del resto del norte, mandado por el general Mariano Gamir Ulíbarri, que el 3 de junio empezó a desempeñar su nuevo cargo[103]. El lehendakari cesaba en su efímero puesto al frente del Ejército vasco y se quitaba por fin de en medio a Llano de la Encomienda, cuya autoridad quedaba oficialmente sólo circunscrita a Santander y Asturias. Las relaciones de Aguirre con Gamir fueron mucho mejores, tal y como se vio ya en la comida que organizó para darle la bienvenida. De inmediato el lehendakari hizo saber a Prieto que había «causado buena impresión», como «hombre inteligente y organizador»[104].

Además, agradeció a Prieto estas medidas, que Aguirre consideraba un gran acierto, aunque aprovechó para pedirle un paso más. Buscando «efectos políticos muy interesantes que Vuecencia compartirá plenamente», pidió al ministro que él fuera «representante directo suyo» en las funciones que le competían como ministro de Defensa Nacional[105]. Incluso a esta petición accedió Prieto, por en-

---

[102] José Antonio Aguirre a Indalecio Prieto, 29-V-1937, en Aguirre, *El informe*, pp. 128-129.

[103] Indalecio Prieto a José Antonio Aguirre, 31-V-1937 y 1-VI-1937 (AGM-FGE, 69/6/1/80).

[104] José Antonio Aguirre a Indalecio Prieto, 10-VI-1937 (AGM-FGE, 69/6/1-86).

[105] José Antonio Aguirre a Indalecio Prieto, 1-VI-1937 (AGM-FGE, 69/4/1-1).

contrarla «interesante», aun buscando un modo que no contradijera la legalidad vigente. La fórmula legal que se le ocurría era conferir a Aguirre su representación como «Comisario político general del País Vasco, lo cual permitiría, sin incompatibilidad alguna con mando militar, desempeñar funciones provechosísimas, no reñidas con la legalidad impropias del alto cargo que al frente del País Vasco ejerce V.E.»[106].

Frente a la solución propuesta por Prieto, Aguirre tenía otra visión. El 10 de junio le respondió explicando que no se había atrevido a hacer público ese nombramiento, al estimar «que ello sólo habría de ser visto como un título que no corresponde a mi categoría de Presidente del País Vasco», especialmente por «la gran masa nacionalista que lucha con fe inigualable». Pero, aunque fuera un cargo *in pectore*, el lehendakari pedía a Prieto que su puesto de comisario abarcara tanto las fuerzas de tierra, como las de aire y mar, cuando estas dos últimas —que tenían una estructura común para todo el norte— estuvieran en territorio vasco. Además, a pesar de su buena acogida, denunció ante Prieto que también Gamir llevaba «instrucciones» para «que no se permita de ninguna manera la creación de un Ejército nacional vasco, sino que sólo exista el Ejército español. Al mismo tiempo parece que se pretende anular el Departamento de Defensa del Gobierno Vasco». Aguirre aseguraba que no le interesaban «las pequeñas ventajas que corresponden a la política menuda, y que en estos momentos pudieran conseguir [...]. Todo cuanto nosotros hemos hecho, y que puede diferenciarse de disposiciones dictadas por el Gobierno de la República ha sido siempre mirando a la eficacia, y la realidad viene a darnos la razón».

En este aspecto, criticaba la relación directa que existía entre Gamir y Prieto, pues, en «materias ordinarias, la relación del Mando debe ser a través mío. Evitaríamos con ello una especie de doble poder, que en las circunstancias de paz puede no tener mayor importancia, pero que en circunstancias de guerra, y de una guerra eminentemente política, la tiene y muy grande». Todo ello podía dar lugar a «un conflicto político grave», que según el lehendakari podría evitarse si Prieto delegaba en él las atribuciones que ejercía como ministro: «En una palabra, que el Consejero de Defensa del Gobierno Vasco, con su Departamento, sea una Delegación del Ministro y del Ministerio de Defensa Nacional, sin perjuicio, como es lógico, de las facultades del Ministro».

---

[106] Indalecio Prieto a José Antonio Aguirre, 2-VI-1937 (AGM-FGE, 69/4/1-4).

Para evitar malentendidos, el lehendakari aclaraba que esta idea había sido apoyada por su gabinete y concluía asegurando que en estas cuestiones no había «ni una tilde de inmodestia personal o de ridículo encumbramiento», pues no tenía «ningún apego a la Jefatura militar que sólo el deber me hizo ocupar». No deja de ser significativo que Aguirre se empeñara en cuestiones de competencias cuando estaba sufriendo un tremendo ataque, que iba a terminar con la conquista de Bilbao en pocos días. Sin embargo, la argumentación del lehendakari era la contraria, pues sólo si Euskadi luchaba a su manera y bajo su mando sería posible la resistencia. Sincerándose con Prieto, afirmaba que, gracias a que él había asumido el mando militar en mayo, Bilbao seguía resistiendo. Las tropas habían recibido su designación «con extraordinario entusiasmo» y en su «efímero mandato militar» se habían reconquistado varias posiciones enemigas y se había restablecido la moral de los combatientes, «quebrantando al enemigo muy duramente». Aguirre interpretaba su decisión desde una perspectiva casi providencialista: «Cuando un pueblo ve acercarse su final, pronosticado por los mandos militares, el jefe de ese pueblo, si puede, tiene el deber de salvarlo»:

> Y yo, que no he nacido para General en Jefe, pero que tengo absoluta y total confianza, tan grande como merecida en este maravilloso pueblo, y que tengo un optimismo rabioso en la victoria, me hice cargo de este Mando, en circunstancias cuya tragedia sólo nosotros conocemos [...]. Y todo el apoyo que recibimos entonces del Gobierno de Valencia fue la más terminante de las desautorizaciones cursada por el Ministro del Guerra a la vez Presidente del Gobierno de la República[107].

En esta carta a Prieto del 10 de junio, Aguirre pronosticaba que la ofensiva iba «a arreciar extraordinariamente», y en efecto así fue. El 11 de junio se iniciaba el asalto al *Cinturón de hierro*. Aguirre había podido «contemplar espantoso ataque aviación artillería enemigas» y estimaba que la situación era «peligrosísima si inmediatamente no se presenta en masa aviación»[108]. Al día siguiente visitó de nuevo el frente, ya muy cerca de la capital, e informó a Valencia de la ruptura del *Cinturón*, tras un «horroroso ataque». Aguirre se había quedado sin adjetivos para calificar la situación. No es que no hubiera aviación; según él no había ni siquiera tropas y la «resistencia hácese imposible». Venciendo el desánimo, el 13 de junio Aguirre dio instrucciones a Gamir para defender Bilbao. Si se perdían las posiciones en

---

[107] José Antonio Aguirre a Indalecio Prieto, 10-VI-1937 (AN, GE, 65-3).
[108] José Antonio Aguirre a Indalecio Prieto, 11-VI-1937 (AGM-FGE, 69/4/1-57).

los montes que rodeaban la villa, había que habilitar «como fortín los edificios más fuertes, ligándolos convenientemente con obras fortificadas, y en último caso, preparando desde hoy una obra fortificada en la margen izquierda de la ría, con preparación de voladura de puentes»[109].

Sin embargo, no todo el mundo compartía la tenacidad del lehendakari. El mismo día, el EBB acordaba que Aguirre, los otros tres consejeros del PNV e Irujo presentaran la dimisión, «ante la indefensión en que se ha dejado a Euzkadi por parte del Gobierno». El máximo órgano del PNV exigía, para retirar su amenaza, que «el Gobierno de la República envíe inmediatamente a Euzkadi la aviación y demás elementos de guerra necesarios». Aguirre convenció finalmente al EBB de que su dimisión, en el momento trágico en que se decidía la suerte de Bilbao, sería contraproducente, pero sin duda la orden debió hacerle aún más consciente no sólo de que se acercaba el final, sino también de su soledad. En un postrer intento por recibir apoyo en el exterior, ese día envió un telegrama a los presidentes de 24 países, denunciando que tropas alemanas, italianas y marroquíes estaban desatando su «ira exterminadora» contra Euskadi. Ésta no estaba sufriendo una guerra civil, sino un conflicto internacional, contra un pueblo «que desde tiempo inmemorial se ha distinguido por su pacifismo y laboriosidad, que ha sido la cuna de la democracia más antigua del mundo». Era un telegrama dramático, que terminaba preguntándose si aún quedaba «humanidad en la conciencia universal para evitar que se consuma la injusticia más espantosa de que hay memoria en la historia del mundo»[110].

A partir de ese momento, la preocupación de Aguirre fue más la evacuación de la población bilbaína, para evitar represalias, que la defensa de la villa, que él mismo terminó reconociendo como imposible. El día 14, con Bilbao ya casi cercada por completo, Aguirre escribía al Gobierno republicano pidiendo buques para sacar a la población, en «evitación exterminio nuestro pueblo». Sin embargo, ni siquiera en estos momentos el lehendakari tiraba la toalla. Según un informe del espionaje franquista del 15 de junio, el presidente vasco «pensaba morir si es preciso en la lucha desesperada en plena calle», defendiendo la ciudad «con todo tesón», «calle por calle y barricada por barricada». Empero, podría pensarse

---

[109] José Antonio Aguirre a Indalecio Prieto, 13-VI-1937 (AGM-FGE, 69/4/1-57); Órdenes de José Antonio Aguirre, 13-VI-1937 (AN, GE, 178/19).
[110] AAO, 225.

que este empeño contrastaba con el hecho de que algunos familiares de Aguirre salieran de Bilbao en esas fechas, desplazándose al País Vasco francés[111].

El 16 de junio, se reunían casi todos los consejeros del Gobierno vasco y los principales mandos militares. La situación era ya desesperada, pues el enemigo había ocupado Punta Galea y las defensas del río Ibaizabal, por lo que podía «intentar el envolvimiento de Bilbao», cortando la retirada a las tropas vascas que aún estaban en la margen derecha. Pese a la presencia del Estado Mayor, el consejero *jeltzale* Leizaola fue el que llevó la iniciativa, exponiendo que Bilbao no podía ser defendido como lo habían sido Oviedo o Madrid, una vez perdidas las crestas montañosas que lo rodeaban. Gamir se mostró de acuerdo con él, pues la situación militar era «dificilísima». Si se completaba el avance enemigo por las crestas del sur de Bilbao, la defensa sería «militarmente imposible, no cabiendo más opción que la de morir». Además, merecía la pena salvar el Ejército para «defender otras líneas que pudiera establecerse a retaguardia de Bilbao». Es significativo que en esta reunión ni siquiera hablara el lehendakari, que quizás prefería expresar su asentimiento a la retirada más con su silencio que con sus palabras.

Una vez resuelto que Bilbao no se defendería, había que decidir qué destrucciones era necesario hacer en la ciudad antes de retirarse. El acta de la reunión tampoco recoge la opinión del lehendakari, pero sí «el criterio del Gobierno [vasco] de que deben limitarse a lo militarmente razonable [...], ya que el aniquilamiento total de la industria y de la edificación sería organizar el hambre para el momento de la victoria». Los militares aceptaron esa propuesta, que suponía limitarse a destruir los puentes sobre la ría, dejando intactas las fábricas, que podían ser utilizadas por los franquistas en su esfuerzo bélico[112]. La decisión tomada ese día contravenía expresamente las órdenes trasmitidas por Prieto a Gamir, para que no se abandonara Bilbao y, en caso de que tuvieran que retirarse por una «situación desesperada», se inutilizaran «cuantos elementos industriales no puedan ser trasladados»[113].

---

[111] Información de la Comandancia Militar del Bidasoa, 15-VI-1937 (AGM, Brigadas de Navarra, 1540/5); José Antonio Aguirre a Juan Negrín, 14-VI-1937 (AGM-FGE, 69/2/2-171). Ya en diciembre de 1936, Luis Arana se había quejado de que Aguirre hubiera puesto a su familia «en lugar seguro, fuera de aquí» (Nota del 25-XII-1936, Fundación Sancho el Sabio, FLA, 151).

[112] Acta de la reunión de 16-VI-1937 (AN, GE, 178/18).

[113] Indalecio Prieto a Mariano Gamir, 16-I-1937 (AGM-Ministerio de Defensa Nacional, 259/9/5-2).

Los informes sobre el ánimo de Aguirre en esos difíciles momentos son contradictorios y a veces poco fiables, al provenir todos de fuentes franquistas o italianas. Uno de ellos señalaba que muchos atribuían «a Aguirre el propósito de resistir en Bilbao»; otro añadía que el lehendakari, «aunque desanimado», continuaba en la villa con algunos miembros de su Gobierno, mientras otras personalidades ya habían huido a Francia. Por el contrario, había quien aseguraba haber visto al presidente vasco «muy depresivo y que daba vueltas como alucinado con un crucifijo en las manos»[114]. Pese a su natural optimismo, seguramente Aguirre estaba abatido, pues la decisión tomada el día 16 suponía el principio del fin de la Euskadi autónoma. No obstante, todavía ese día se dirigió por radio a sus soldados, pidiéndoles un último esfuerzo para permitir la salida de quienes se retiraban hacia Cantabria[115].

No es extraño que, en estos momentos en que Bilbao estaba a punto de ser conquistada, volviera a surgir una posible mediación con el PNV para entregar la ciudad a las tropas franquistas, evitando represalias por ambos bandos, en la retirada y en la conquista de la villa. De hecho, estas gestiones —paralelas a los acontecimientos bélicos que acabamos de explicar— apenas se habían abandonado, pues a mediados de mayo, tras el fracaso de la mediación vaticana, le tocó el turno a la Italia fascista. En torno a estas fechas, el cónsul italiano en San Sebastián, Francesco Cavalletti, contactó en el sur de Francia con el padre Onaindia y con el presidente del EBB, Doroteo Ziaurritz. Éste ofreció trasladarse a Bilbao para comentar en persona el ofrecimiento a Aguirre, pero finalmente fue Onaindia quien, el 11 de mayo, se desplazó a la capital vizcaína para dar a conocer al lehendakari las propuestas italianas.

Dos días después, Onaindia estaba de nuevo en San Juan de Luz con la respuesta oral de Aguirre, que incluía un agradecimiento genérico a Italia por su interés por Euskadi. Sin embargo, el lehendakari estaba seguro de contar con su pueblo, por lo que jamás aceptaría una negociación en la que apareciera la palabra «rendición». Por último, se mostraba dispuesto a recibir en Bilbao al cónsul de Italia, sin que tuvieran conocimiento de este viaje los conse-

---

[114] Francesco Cavalletti a Ufficio Spagna, 16-VI-1937 (ASDMAE, US-FM 6.6, cit. en Olazábal, *Pactos*, tomo II, p. 171); Secretaría General del Jefe del Estado al Estado Mayor, 16-VI-1937 (AGM-CGG, 2506/17-23); Nota para el mando de las tropas italianas, s.f. (Archivio Ufficio Storico dello Stato Maggiore dell'Esercito, F6/12/6/02, cit. en ibíd., tomo II, p. 175).

[115] Aguirre, *De Guernica*, p. 60.

jeros «rojos» del Gobierno vasco, lo que indicaba, según Cavalletti, que «las negociaciones se desarrollarán de espaldas de las izquierdas». Esta idea (bastante peregrina, puesto que, al fin y al cabo, Bilbao era para Italia una zona enemiga) nunca se hizo realidad, aunque Onaindia siguió informando a Aguirre de sus gestiones. El 8 de junio escribió una «Nota personal al Presidente de Euzkadi» de parte de Cavalletti:

> Quiere que yo le comunique a V. que Bilbao puede reclamar por requerimiento intervención italiana a favor de Euzkadi, pero muy pronto, ya que si las operaciones militares avanzan y llegan a romper por alguna parte el cerco, será de todo punto difícil llegar a establecer un contacto, porque a ello se negarían los militares [...]. Habla de posible alta protección italiana durante varios años sobre Euzkadi haciendo la rendición a mando italiano. Incluso regular entrada tropas con garantías. Todo esto me ruega se lo comunique, y lo hago, para que le sirva de factor de juicio[116].

¿Cómo era posible que Aguirre compatibilizara el conocimiento de estas negociaciones con sus promesas de lealtad a la República y sus deseos de resistir? Las fuentes no nos permiten ir mucho más allá, pero los testimonios de Leizaola, Ajuriaguerra y Onaindia coinciden al señalar que el lehendakari no conocía los detalles de las negociaciones con los italianos. Onaindia escribió que de este modo pretendían «liberar al Presidente de toda otra preocupación para que pudiera concentrar todas sus energías en la dirección de la guerra». Lo mismo recordaba Leizaola en 1981, señalando que Ajuriaguerra asumió la responsabilidad de la mediación y de ese modo «Aguirre quedaba con las manos libres para las eventualidades que se presentasen»[117]. Es decir, podía prestar todo su esfuerzo a la guerra y mantener —sin temor a ser acusado de traición— su relación con el Gobierno de la República. Un informe diplomático, tras una visita a Bilbao de un asistente al consejero militar de la Embajada británica, entre el 6 y el 9 de junio, confirmaba que «el presidente señor Aguirre niega toda posibilidad de llegar a un acuerdo con Franco». El lehendakari no se fiaba de la palabra del *Caudillo* porque éste «odiaba a los vascos», debido tanto a su empeño de implantar un Estado centralizado como a que éstos, «los más devotos de los

---

[116] Irargi, Bidasoa, 21.
[117] Blasco Olaetxea, Carlos: *Conversaciones. Leizaola*, Idatz Ekintza, Bilbao, 1982, p. 103; Onaindia, Alberto: *El «Pacto» de Santoña. Antecedentes y desenlace*, Laiz, Bilbao, 1983, p. 176.

católicos», le habían estropeado su pretensión de ser «el campeón de la Cristiandad contra el Poder de las Tinieblas»[118].

Los escritos de Aguirre en esta época que se conservan parecen confirmar esta idea. Así, el 11 de junio enviaba un telegrama bastante críptico a Onaindia, indicándole que saliera para Roma cuanto antes «con el fin de deshacer todas cuantas informaciones tendenciosas están llegando al Vaticano con fines que no podemos comprender, pero que nos hacen ver cómo la pasión ciega hasta los cerebros que teníamos por privilegiados». Esta parte del mensaje parecía un mentís a las negociaciones, pero al mismo tiempo le pedía que le tuviera «al corriente de todo, hasta en los más pequeños e insignificantes detalles. Todo lo que se relaciona con la cuestión internacional y los derroteros que puedan seguir las diversas potencias, nos es altamente necesario y hasta indispensable conocer». Aparte, indicaba que no se oponía a un «canje de prisioneros italianos y vascos una vez solventados compromisos adquiridos», pero no explicitaba cuáles eran estos *compromisos*.

El 13 de junio Cavalletti se trasladó a San Juan de Luz para entrevistarse con Andrés Irujo, en representación del Gobierno vasco. El cónsul sugirió que una disminución de la resistencia vasca en las zonas por donde atacaban tropas italianas podía favorecer el mantenimiento del orden y evitar la destrucción de la ciudad por los «rojos». Según Cavalletti, Irujo había informado telegráficamente a Aguirre de esta propuesta. El día 14, Onaindia pedía al lehendakari que enviara un telegrama a Mussolini como señal para dar inicio a conversaciones oficiales, o que le autorizara a hacerlo en su nombre. La respuesta de Aguirre fue un lacónico «Daré instrucciones momento oportuno»[119]. Una semana después, el procónsul británico en Bilbao informó a su ministro de una conversación con Aguirre: «El Presidente del Gobierno personalmente le dijo que había recibido una comunicación del Gobierno italiano ofreciendo "paz y protección a los vascos". El Presidente le dijo que no había respondido a ese ofrecimiento»[120]. Todo ello indica que Aguirre no se tomaba en serio la posibilidad de pactar con los italianos.

Por el contrario, Ajuriaguerra fue mucho más lejos, telegrafiando a Onaindia para concretar ya un pacto con las fuerzas expedicionarias de Mussolini. El 17, Cavalletti informaba de que el presidente del BBB, «sin contar con Aguirre», había decidido que los

---

[118] Informe al Foreign Office, 9-VI-1937 (TNA, Londres, FO 371/21295).
[119] AAO, 222 y 229; Onaindia, *El «Pacto»*, p. 50.
[120] Mensaje del procónsul británico en Bilbao al Foreign Office, 25-VI-1937 (TNA, FO 371/21338).

batallones nacionalistas permanecieran los últimos en Bilbao para evitar violencias. La idea era que fueran los italianos quienes entraran en la villa y que se garantizara la ausencia de represalias, excepto para los «criminales». De inmediato, se organizó una reunión entre mandos italianos y representantes del PNV, ya a espaldas del lehendakari. A la vez, los batallones de *gudaris* en Bilbao trataban de que los izquierdistas no destruyesen más de lo acordado por el Gobierno vasco. El mismo día, Aguirre y la mayoría de sus consejeros se trasladaron a Turtzioz, localidad vizcaína en el límite con Santander. Sólo quedaron en Bilbao, para organizar la retirada, Aznar, Astigarrabía y Leizaola. Este último, con algunos grupos de *gudaris*, se encargó de poner por obra el último gesto humanitario del gabinete de Aguirre, acordado al parecer «secretamente» el 15 de junio[121]: la puesta en libertad de unos 2.000 presos, que fueron entregados a las tropas atacantes en Artxanda, para evitar que se repitieran las matanzas del 4 de enero. En la práctica, se estaba cumpliendo el *Pacto de Bilbao* entre el PNV y los italianos, aunque Aguirre había dado la orden de liberar a los presos y evitar las destrucciones en la villa por sus convicciones acerca de la necesidad de humanizar la guerra, y no por existir un acuerdo con los representantes de Mussolini.

El 19 de junio, las tropas de Franco entraban en Bilbao. Un testigo recordaba años después que Monnier, «viendo a la mañana que en el Carlton ondeaban aún las banderas republicana y de Euzkadi, recogió esta segunda y la entregó a D. José Antonio Aguirre». El mismo día, las tropas victoriosas retiraron del hotel el cartel de «Lendakaritza-Presidencia» y las demás huellas del uso que durante casi nueve meses había tenido el Carlton. Poco antes, algunos soldados se dirigieron al domicilio familiar del lehendakari en Algorta, que fue custodiado por la Guardia Civil. Un reportero franquista escribió que la casa de Aguirre —«desolada, en desorden [...], prisionera de las fuerzas nacionales, perdidas todas sus esperanzas»— se había convertido en un símbolo de la derrota de Euskadi[122].

El lehendakari aún tuvo tiempo para regresar a la margen izquierda de la ría, muy cerca de la zona ya ocupada por sus adversarios. El día 20 recorrió los casi cuarenta kilómetros que separan Turtzioz de Barakaldo. Sobre los motivos de este viaje relámpago existen dos ver-

---

[121] Testimonio de Luis Arredondo, en Gamboa y Larronde, *La Guerra*, p. 375.
[122] Ibíd., p. 376; la retirada del cartel en el documental *Liberazione di Bilbao* (Italia, 1937/38); Cossío, Francisco de: *Guerra de Salvación. Del Frente de Madrid al de Vizcaya*, Librería Santarén, Valladolid, 1937, p. 141.

siones contradictorias, ambas de mandos del Ejército vasco. Según Sabin Apraiz, Aguirre regresó para dar la «orden expresa» de no destruir Altos Hornos de Vizcaya ni otras industrias pesadas, situadas en ese municipio vizcaíno. Por el contrario, Pablo Beldarrain sostiene que esa visita estuvo «motivada por el hecho de que un emisario de la División italiana, que se hallaba frente a nosotros al lado de la ría, en Erandio, había tenido la osadía de atravesarla y amenazar con no dejar piedra sobre piedra en el caso de que no se entregaran las fuerzas que defendían el área fabril». Al enterarse Gamir y Aguirre, se presentaron en Barakaldo, mandando «cortar con los italianos y obedecer las órdenes»[123]. De ser cierta esta segunda versión, demostraría que el lehendakari seguía decidido a no aceptar ninguna rendición, a pesar de que —gracias al *Pacto de Bilbao*, gestado entre Ajuriaguerra y Cavalletti— algunos batallones nacionalistas, que habían esperado en Bilbao y Barakaldo para evitar desórdenes en la retirada, se rindieron a las tropas italianas.

El 28 de junio, Gamir informaba a Prieto de que el Ejército vasco estaba «próximo al desmoronamiento». Perdido Bilbao, empujados hacia Cantabria y con cada vez menos territorio de Euskadi en su poder, los *jeltzales* se habían quedado sin un objetivo por el que luchar. El general pensaba que, dejando a un lado la cuestión nacional, el PNV era más afín al franquismo que a la República, y eso se notaba en su derrotismo y en los numerosos contactos que sostenía con el enemigo. Sin embargo, Gamir salvaba a Aguirre de la *quema*, colocándolo enfrente del sector del PNV proclive a pactar una paz separada con los italianos: «De nada sirvió las promesas que al Presidente Aguirre y a mí, nos hicieron, de lealtad la noche anterior los Jefes de los Batallones»[124]. La desconexión entre Ajuriaguerra y Aguirre era cada vez mayor.

El lehendakari recibió un nuevo mazazo al saber que su consejero de Sanidad, el republicano Alfredo Espinosa, había sido fusilado en Vitoria el 26 de junio. Unos días antes, el avión que lo transportaba de Francia a Santander había aterrizado en Zarautz, seguramente por la traición de su piloto, José María Yanguas, un aviador civil que trabajaba para el Gobierno vasco. Antes de su muerte, Espinosa escribió una carta a Aguirre, en la que abogaba por la defensa de la legalidad, el perdón y la reconciliación. Concluía la misiva con un «¡Gora Euzkadi! y ¡Viva la República!», y enviando un «Abrazo de

---

[123] Testimonio de Sabin Apraiz en Jiménez de Aberásturi, *La Guerra*, p. 77; «Pablo Beldarrain responde a Sabin Apraiz», *Muga*, 2, 1980, pp. 84-85.
[124] Mariano Gamir a Indalecio Prieto, 28-VI-1937 (AGM-Ejército del Norte, 2488/92).

amigo y de hermano» a su presidente[125]. El día 30, empujado por la ofensiva franquista, Aguirre se dispuso a abandonar el territorio vasco. En Turtzioz hizo público un manifiesto, pensado sin duda para ser recordado a lo largo de la historia. En él, el lehendakari defendía la actuación humanitaria del Gobierno vasco y protestaba contra la represión franquista y la intervención extranjera en la guerra:

> He llegado con las tropas vascas hasta el límite de Euzkadi. He permanecido entre ellas admirando el temple de nuestro pueblo, cuyo espíritu jamás será vencido. Y antes de salir de Euzkadi, protesto en su nombre ante el mundo del despojo que con los vascos se verifica en pleno siglo XX privándonos de nuestra Patria, a la que tenemos derecho por ser nuestra y porque la amamos entrañablemente [...]. El territorio habrá sido conquistado; el alma del Pueblo Vasco, no; no lo será jamás[126].

A pesar de la gravedad del momento, en el *Manifiesto de Trucíos* Aguirre trató de mantener viva su esperanza y la de sus seguidores. Aseguró que los vascos miraban «el futuro con ilusión» y que volverían «a recobrar el suelo de nuestros padres». A continuación, se retiró hacia la provincia de Santander. Entre el 1 y el 2 de julio, todo el territorio vasco quedaba en poder de las tropas de Franco.

---

[125] Alfredo Espinosa a José Antonio Aguirre, 25-I-1937, en Aguirre, *Veinte*, pp. 60-62. Según Azaña, el lehendakari le confió en julio de 1936 que tenía «mucha confianza en Yanguas. Varias veces le había dicho a Aguirre que esperaba tener la satisfacción de llevarlo en algún viaje. Cree ahora Aguirre que tenía intención de entregarlo» (Azaña, Manuel: *Diarios completos. Monarquía, República, Guerra Civil*, Crítica, Barcelona, 2000, p. 1046).
[126] Reproducido en Aguirre, *Obras*, tomo II, p. 632.

CAPÍTULO VI

ENTRE SANTOÑA, BARCELONA Y PARÍS
(1937-1939)

Aunque la Guerra Civil española no llegó a su fin hasta el 1 de abril de 1939, en el País Vasco las operaciones militares terminaron a principios del verano de 1937 con la derrota gubernamental, tal y como acabamos de ver. Empezaba por tanto lo que para los nacionalistas vascos era su primer exilio, aunque éste tuviera lugar, al menos en parte, en territorio republicano español y no, como sucedería a partir de 1939, en otros países europeos y americanos. Para Aguirre, aun manteniendo la esperanza de que la guerra no estuviera definitivamente perdida, comenzaba una etapa muy diferente a la anterior. Si entre octubre de 1936 y junio de 1937 su labor como consejero de Defensa había ocupado buena parte de su tiempo y de sus preocupaciones, enseguida iba a ser el presidente de un Gobierno sin Ejército, pero también sin territorio y con unos ciudadanos reducidos en número y geográficamente dispersos.

En una primera fase, durante el verano de 1937, el lehendakari había perdido su tierra pero aún contaba con fuerzas armadas, replegadas hacia Santander en los últimos días de junio. El qué hacer con ese Ejército fue su principal preocupación en los dos meses que mediaron entre la caída de Euskadi y su abandono definitivo de la cornisa cantábrica, el 24 de agosto. A partir de esta fecha, con Aguirre viviendo a caballo entre Barcelona y París, la cuestión militar pasó a un segundo plano. En el año y medio que transcurrió hasta abril de 1939, el lehendakari se ocupó sobre todo del mantenimiento de su Gobierno, de la atención a los refugiados vascos en Cataluña y Francia, la propaganda en el exterior, las relaciones internacionales y la política interna de la República, cada vez más dividida y abocada a la derrota final.

I. SALVAR AL SOLDADO VASCO

A finales de junio de 1937, cuando aún continuaban las operaciones militares en el límite de Cantabria con Bizkaia, Aguirre trasladó su residencia a la ciudad de Santander. Su nuevo centro de operaciones, asignado por las autoridades locales, era un chalet situado en la costa, cerca del Cabo Mayor. El lehendakari se sintió menospreciado en su primera salida como tal fuera de su jurisdicción, pues tanto él como sus lugartenientes sufrieron «vejaciones y desprecios». Según Azaña, a Aguirre no le gustó que les alojaran «en una casa próxima a una batería de la costa, lo que les ha valido ya algún bombardeo»[1].

Además, el presidente vasco se topó con un ambiente muy diferente al de Euskadi. En Cantabria, el desorden reinante, previo a su conquista por las tropas sublevadas, se cebó especialmente con los refugiados procedentes de Bizkaia. Tal y como denunció a Gamir el propio Aguirre, varios funcionarios de su Gobierno, así como unos cuantos militantes nacionalistas, socialistas y republicanos vascos, fueron asesinados en Santander en los primeros días de julio. El propio secretario de Defensa, Rezola, llegó a ser detenido, sin que la documentación oficial que portaba le sirviera de escudo protector. Tal y como Irujo explicó a Prieto, lo peor era que no se trataba de hechos «incontrolados», sino de una estrategia orquestada por la policía de Santander. Según Aguirre, a ello hubo que añadir las «detenciones verificadas en plena calle por hablar el euzkera» y «las burlas a los soldados heridos porque tenían escapulario en los Hospitales de Santander». Ante hechos de este cariz, no resulta extraño que el lehendakari explicara semanas después a Azaña que los *gudaris* se preguntaban «quién era su enemigo, si el que estaba enfrente o el que estaba a sus espaldas»[2].

De momento, la principal preocupación de Aguirre fue sacar de Santander a los combatientes vascos heridos, que en telegrama a Irujo el 29 de junio él mismo cifraba en unos 5.000, «sin hospitalizar, en pésimas condiciones». Desde Valencia, Negrín reaccionó con rapi-

---

[1] Azaña, *Diarios*, p. 1047. También cuando, el 17 de julio, voló hacia Valencia, Aguirre consideró vejatorio que la policía retuviera varias horas su avión, hasta saber si era necesario revisar su equipaje o no. El gobernador civil de Santander pidió disculpas al Gobierno vasco por esta actuación policial, que Aguirre contraponía con los honores que le rindieron en ese viaje en Valencia y Barcelona, e incluso en la escala en Toulouse (ibíd.).

[2] Aguirre, *El informe*, pp. 194-207. Entre los asesinados estaba el chófer del consejero Aldasoro, de Izquierda Republicana. Gamir condenó los hechos y prometió al lehendakari que la justicia actuaría contra los responsables, promesa que —dadas las circunstancias— nunca se cumplió.

dez, tratando de elevar la moral del Gobierno y de las tropas vascas, para que siguieran combatiendo. El 6 de julio telegrafió a Aguirre prometiendo facilitar la evacuación de heridos, ancianos, mujeres y niños. Además, le proponía el traslado a Valencia del Gobierno vasco, donde podría «realizar la labor que le corresponde», manteniendo así su «prestigio». Por último, el presidente español anunciaba a su homónimo vasco que ponía «todos los organismos de la República» en la franja cantábrica bajo el mando de Gamir y creaba una «Junta Delegada del Gobierno en el Norte», con representantes de Asturias, Santander y Euskadi (este último, el propio Aguirre o la persona en quien delegara).

El lehendakari respondió a Negrín el 12 de julio. Significativamente, incluso tras la derrota de Euskadi, Aguirre seguía empeñado en mantener su particular pulso con el Gobierno central a favor de las prerrogativas autonómicas. Así, entendía que era «peligrosísima» la decisión de dar plenos poderes en el norte a Gamir, por encima de las autoridades civiles, lo que supondría que su Gobierno quedaría bajo el mando del general. Además, Aguirre se negaba a participar en la Junta Delegada, pues ello desvirtuaría sus atribuciones, al igualar a Euskadi con Santander y Asturias. Asimismo, aunque agradecía la decisión de proceder a la evacuación de la población civil vasca, pedía que fuera el propio Gobierno autónomo quien la organizara, dada la «vejación experimentada por nuestro pueblo» en Santander. Por último, reconocía que era «indispensable» la salida del norte de su ejecutivo, pero prefería esperar a efectuar dicho traslado, para evitar la desmoralización del Ejército vasco y prestar a la población «la protección moral» necesaria frente al ambiente que percibía en Cantabria[3].

A mediados de julio, Aguirre decidió trasladarse a Valencia, para informar personalmente a Negrín de la situación y proponerle la alternativa que él consideraba más acertada para garantizar la eficacia del Ejército vasco. El día 17, el lehendakari marchó de Santander hacia Valencia, vía Toulouse y Barcelona, utilizando en su desplazamiento el *Negus*, un pequeño avión propiedad del Gobierno vasco. Para entender el objetivo principal de este viaje, hay que recordar las múltiples negociaciones llevadas a cabo en las semanas anteriores a la rendición de Bilbao entre las autoridades italianas y las del PNV, encabezadas por Ajuriaguerra y Onaindia, ante las que Aguirre había mantenido una postura ambigua. Esas conversaciones no cesa-

---

[3] Ambos telegramas y el anterior del lehendakari a Irujo en Aguirre, *El informe*, pp. 191 y 200-204.

ron tras la caída de Bilbao. Al contrario, en muchos dirigentes *jeltzales* se incrementó la convicción de que, perdido el territorio vasco, la lucha ya no tenía ningún sentido para sus tropas, nada proclives a batirse por una tierra y un ideal que no eran los suyos.

A principios de julio, Onaindia y otro dirigente del PNV, Pantaleón Ramírez de Olano, se entrevistaron en Roma con el conde Ciano, ministro de Asuntos Exteriores italiano. Ambos iban en representación oficial del Gobierno vasco, tal y como lo demuestran los documentos que el lehendakari les firmó el 3 de julio, para que expusieran «el problema nacional vasco y la situación actual de Euzkadi ante el Jefe de Gobierno italiano». Fruto de estas gestiones fue la petición de Mussolini a Franco de que actuara generosamente con los batallones nacionalistas que se rindieran. Éstos serían considerados «prisioneros de las tropas italianas» (y no de las franquistas), no se les obligaría a luchar contra la República y se respetaría a la población civil, permitiendo la evacuación por mar de los responsables políticos nacionalistas. La rendición, que dos meses más tarde dio lugar al llamado *Pacto de Santoña*, debía escenificarse como una victoria militar italiana y no como una mera rendición, para evitar problemas entre el PNV y la República[4].

La respuesta de Franco a Mussolini, fechada el 7 de julio, dejaba abierta la posibilidad de aceptar lo propuesto, aunque en el fondo pensaba que iba a ser imposible llevarlo a cabo, ya que el rápido avance de su Ejército imposibilitaría una rendición parcial en el norte. Además, añadía que consideraba «difícil que las fuerzas vascas obedezcan las órdenes de Aguirre, ni que los rojos le dejen darlas». En un informe coetáneo, la diplomacia italiana señalaba que Franco había declarado que el lehendakari había «sido tomado preso por los santanderinos, los cuales, dispuestos todavía a resistir, no permitirían jamás a Aguirre entablar negociaciones de rendición de los batallones vascos. Si lo llegaran a saber llevarían al paredón al mismo Aguirre»[5].

Lo cierto es que organizar en pleno teatro de operaciones la rendición de los batallones nacionalistas a las tropas italianas, de modo que

---

[4] Onaindia, *El pacto*, 1983, p. 70. El propio Aguirre había telegrafiado a Onaindia en este sentido el 7 de julio, recordándole que era importante un «secreto absoluto», haciendo «todo bajo forma operación militar sin dejar sospechar nada». ASDMAE-US, 39, cit. en Meer, *El Partido*, p. 494.

[5] Ibíd., p. 493. Fernando Gelich al mando de las tropas italianas en el norte, s.f., Archivio Ufficio Storico dello Stato Maggiore dell'Esercito, F6, 12 7.77, cit. en Olazábal, *Pactos*, tomo II, pp. 338-339. Un telegrama de Guido Viola, embajador de Italia en Salamanca, a su Ministerio de Asuntos Exteriores, del 17-VII-1937, añadía que «el propósito del Generalísimo de tener hacia los vascos la clemencia aconsejada por el Duce» no impedía «su desprecio por Aguirre». ASDMAE-US, FM, 7.23 y ss. (ibíd., tomo II, pp. 379-380).

pareciera un descalabro militar, y sin que los izquierdistas se dieran cuenta, era ciertamente difícil. Tampoco facilitaba la puesta en escena el que Aguirre, tal y como ya había hecho en las conversaciones previas a la conquista de Bilbao, mostrara una postura ambivalente y desconcertante. Así, el 15 de julio un mando militar italiano explicaba a Ciano que, frente a la postura favorable a la rendición de los dos comisionados vascos en Roma, el lehendakari daba «largas, no respondiendo a las concretas cuestiones que se le dirigen». La diplomacia italiana pensaba que esta actitud del presidente vasco se debía en parte a que éste había recuperado su optimismo, gracias al contraataque republicano en Brunete, cerca de Madrid, y a la suspensión de la ofensiva franquista en Santander. Todo ello les hacía pensar que «Aguirre esté animado en estos momentos por intenciones dilatorias [...], en espera de ver qué sucede en Madrid». El 16 de julio, Onaindia transmitió a los italianos la contestación del lehendakari a la propuesta de pacto, pero era tan inconcreta que aquéllos no supieron a qué atenerse[6]. Al día siguiente, Aguirre abandonó Santander rumbo a Valencia, por lo que el contacto con sus dos delegados e, indirectamente, con los italianos, quedó momentáneamente interrumpido.

Como se ve, Aguirre estaba al tanto de las negociaciones, aunque con seguridad no de todos sus detalles, de acuerdo con la estrategia, ya mencionada, de dejarle al margen del asunto, para que quedara con «las manos libres». Todo indica que, frente a la idea de Ajuriaguerra y de otros dirigentes del PNV de pactar la rendición con los italianos, el lehendakari intentaba ganar tiempo para evacuar por barco a la población civil y sobre todo para sacar a las tropas vascas de la *ratonera* de Cantabria. En efecto, ésta fue la principal meta del viaje de Aguirre a Valencia, donde el 19 de julio expuso a Azaña, el presidente de la República, su idea de evacuar por barco al Ejército vasco al completo y trasladarlo a Cataluña. Aguirre pensaba que el norte era militarmente indefendible, pero sobre todo que sus tropas lucharían mejor en Cataluña, que tenía una «posición espiritual distinta a la de Santander». Según él, la llegada del Ejército vasco elevaría la moral de las fuerzas catalanas y se podría afrontar la conquista del norte de Aragón, para *liberar* Navarra, objetivo que «levantaría su espíritu». Dado que trasladar a un contingente de miles de soldados directamente por mar de Santander a Valencia era imposible, la alternativa del lehendakari era que los barcos llevaran las tropas al sur de Francia, de donde pasarían por tierra hasta la frontera catala-

---

[6] Ettore Bastico a Galeazzo Ciano, 15-VII-1937, ASDMAE-US, 45, cit. en Meer, *El Partido*, p. 502.

na. Obviamente, un traslado así debería ser aprobado por el Gobierno francés, lo que contravenía el tratado de No Intervención. Inasequible al desaliento, el presidente vasco proponía que sus hombres atravesaran Francia como «heridos» y lógicamente sin armamento, puesto que éste les sería confiscado por las autoridades francesas.

Según el lehendakari, Azaña le comprendió perfectamente, respondiendo que, para aprobar su plan, sólo hacía falta «saber geografía». Por el contrario, Azaña —aun reconociendo que Aguirre estuvo con él muy «afectuoso»— recoge en su diario una versión completamente opuesta. Aguirre reconoció que algunas tropas se habían rendido al enemigo tras la caída de Bilbao, que había producido el «desmoronamiento de la moral del ejército. Perdida la tierra, ya nada tenían que hacer». Frente a esta actitud derrotista, el lehendakari recalcó que no estaba «conforme con eso; hay que defender el País fuera de él». Sin embargo, la propuesta de Aguirre —líder de un «Gobiernito Vasco, derrotado, expulsado de su territorio, sin súbditos, apenas con tropas, y desmoralizadas»— le pareció a Azaña ridícula y casi *racista*, propia de un «particularismo violento»:

> Pretende Aguirre que el Gobierno de la República conceda al Gobierno vasco una especie de jurisdicción particular sobre los fugitivos del País. No creo que pueda ni deba hacerse, porque los emigrados de Vizcaya no son una tribu peregrinando por tierra extranjera. La pretensión es significativa, por el sentimiento de que procede. El de no «contaminarse». Hay un no sé qué de hebraico en todo eso. Como no cuenten con la promesa de que Dios separe las aguas del Cantábrico para que los vascos vayan a pie enjuto desde Santander a Burdeos [...].
> Aguirre me pregunta qué tal estaría traer unas divisiones vascas a Huesca, para emplearlas en esa zona. Sin pararme a examinar los motivos de la propuesta (si es que tales divisiones no hacen falta donde están, cosa poco creíble; o que no quieren batirse fuera de su tierra; o que los bilbaínos no gustan de defenderse de Santander), le opongo la imposibilidad de realizarla: «¿Por dónde iban a venir? Por mar, es imposible, y por Francia no lo consentirían». «¿Qué se yo? Como heridos...» «¿Heridos? También son combatientes, si no quedan inútiles. Y a nadie le haría usted creer que íbamos a transportar quince o veinte mil heridos de una región a otra». «Pues lástima. El cuerpo de ejército vasco, ya reorganizado, rehecha su moral, se batiría muy bien poniéndolo sobre Huesca. Se enardecería en cuanto le dijésemos que íbamos a conquistar Navarra». «¿Navarra?» «Sí. No es que tengamos el designio político de dominarla nosotros. Pero ha sido desleal a la causa vasca. El ir sobre ella entusiasma a nuestra gente». No dije nada. Recordé las frívolas expansiones de Irujo, este invierno, cuando para después de tomar Vitoria y Miranda, me prometía la conquista de Navarra[7].

---

[7] Aguirre, *El informe*, p. 208; íd., *Veinte*, p. 106; Azaña, *Diarios*, pp. 1045-1048.

A continuación, Aguirre se entrevistó en Náquera, a 30 kilómetros de Valencia, con Negrín, que estuvo acompañado por Irujo y por el socialista Julián Zugazagoitia, el ministro de Gobernación. Aunque el lehendakari afirmó más tarde que había tratado su propuesta con el presidente del Gobierno, lo cierto es que ni siquiera se menciona en la minuta que Irujo tomó de esta conversación. Posiblemente, el lehendakari reservó sus fuerzas para convencer en Madrid a Prieto, el ministro de Defensa, que era quien debía autorizar la operación. Tras cuatro horas de diálogo, Aguirre salió de esta entrevista con una «grata impresión», hasta el punto de que, al pasar por Valencia para despedirse de Azaña, aseguró a éste «que Prieto ha encontrado bueno el proyecto de traer al frente de Aragón unas divisiones vascas, y que le ha autorizado para que busque los medios de realizarlo». Sin embargo, Azaña no creía que el ministro hubiera avalado esos «fantásticos proyectos» y además desconfiaba de Aguirre, quien, según anotó en su diario, no le había «dicho más que una mínima parte de lo que sabe»[8].

Desde la ciudad del Turia, el lehendakari escribió a Prieto, insistiendo con testarudez en su idea, de la que estaba «cada vez más encariñado. Malo es que a mí se me meta una cosa en la cabeza». En esta carta pedía autorización para fletar en el extranjero barcos para el transporte de tropas, hablando veladamente de «lo muchísimo que puede evitar y que sabe Vd. tengo tanto miedo». Obviamente, con esta última frase Aguirre se refería a la rendición por separado de los batallones nacionalistas, que mientras él estaba fuera seguían negociando los dirigentes *jeltzales*. Lo que sí parece claro es que el lehendakari iba en serio. Según un informe del espionaje franquista, en Bayona se había recibido una orden suya instando a todos los vascos residentes en Francia a cruzar la frontera catalana, porque «Se defenderá Euzkadi desde Cataluña»[9].

El 22 de julio, Aguirre salió hacia Barcelona, donde comunicó su plan a Companys. Esta entrevista era especialmente importante puesto que, según él, la presencia de los vascos en Cataluña hubiera «devuelto al territorio republicano la fisonomía que era necesaria para presentarse ante Europa». El apoteósico recibimiento de que fue objeto el lehendakari, en contraste con las vejaciones sufridas en Santander, tenía un hondo sentido político. En un momento en que la Generalitat trataba

---

[8] Azaña, *Diarios*, p. 1050. Minuta de Irujo en Aguirre, *El informe*, pp. 208-209.

[9] José Antonio Aguirre a Indalecio Prieto, 22-VII-1937, AGM, CGG, 2488/9/12; Nota del Servicio de Información. Comandancia del Bidasoa, 9-VII-1937, AGM, Brigadas de Navarra, 1540/11-35.

de defender sus atribuciones frente al Gobierno central, Euskadi era un buen aliado en esa disputa, hasta el punto de que Aguirre dejaría entrever en 1943 que Prieto había rechazado su plan para evitar que Cataluña y Euskadi lucharan «por la defensa de su nacionalidad amenazada». Fue además el inicio de una relación de amistad personal entre Aguirre y Companys, que no existía antes de 1936, y de unas estrechas relaciones entre ambos Gobiernos. Ya el 26 de julio, nada más terminar este primer viaje oficial de un lehendakari a Cataluña, varios dirigentes socialistas contaron a Azaña que las atenciones dispensadas a Aguirre significaban el inicio de un «eje Barcelona-Bilbao»[10].

De hecho, la primera frase que pronunció Aguirre, nada más pisar el aeródromo de Reus, fue un sonoro «¡Visca Catalunya!». A lo largo de su visita, según *La Vanguardia*, el lehendakari fue constantemente «ovacionado por la multitud», resultando un viaje «realmente triunfal». En la capital catalana fue recibido con todos los honores por el alcalde de la ciudad, Hilari Salvadó, y por el presidente Companys. En los días siguientes, el lehendakari —acompañado casi siempre por el presidente de la Generalitat y por Irujo— asistió a un festival de *Ajut Català* en Montjuich, en el que se interpretaron danzas catalanas y vascas; visitó el monasterio de Montserrat, de gran valor simbólico para el nacionalismo catalán, y el campo de instrucción de la denominada Brigada Vasca en Pins del Vallés[11].

Tras tres días de agasajos, tocaba volver al tajo. El 25 de julio, Aguirre se desplazó a París, con el fin de obtener de las autoridades permiso para el paso de las tropas vascas por territorio francés y de obtener fondos para el flete de los barcos. El que el lehendakari (al que acompañó el embajador español, el republicano católico Ángel Ossorio y Gallardo) pudiera entrevistarse en persona con el ministro de Asuntos Exteriores, Yvon Delbos, era ya un éxito de la paradiplomacia vasca. Aguirre, siempre optimista, llegó a afirmar más tarde que la respuesta de Delbos fue «afirmativa», a expensas de lo que decidiera finalmente el pleno del Consejo de Ministros[12].

La realidad, sin embargo, era muy otra. Pronto pudo verse que Aguirre no se había enterado, o no había querido enterarse, de la nula disposición a apoyar su idea de los que debían autorizarla. Prieto co-

---

[10] Aguirre, *De Guernica*, pp. 63-64; Azaña, *Diarios*, p. 1060.
[11] *La Vanguardia*, 23 y 24-VII-1937. El documental cinematográfico *El President d'Euzkadi, hoste d'honor de Catalunya* (1937), producido por Laya Films, es la mejor fuente sobre este viaje.
[12] Aguirre, *Informe*, pp. 210-211; íd., *Veinte*, pp. 106-107.

mentó más tarde que ya en Madrid le había formulado «serios reparos», pero su respuesta escrita, fechada el 30 de julio, supuso una negativa definitiva. El ministro lo había «meditado mucho» y lo había consultado con dos miembros del Consejo Superior de Guerra, que se habían mostrado «resueltamente opuestos al proyecto», por motivos de «imposibilidad material». Prieto explicaba a Aguirre que el Gobierno francés jamás consentiría la operación y que existía «el riesgo de llevar hacia el territorio extranjero a unas tropas no repuestas aún de la conmoción sufrida por la caída de Bilbao. Nos expondríamos a que algunos grupos de esas unidades, viéndose en territorio extranjero, decidieran quedarse en él, sin que nosotros dispusiéramos de resorte alguno de autoridad para hacerlos continuar viaje». Por su parte, Negrín pensaba que «trasladar a los vascos, y no a los asturianos o santanderinos, habría sido injusto» y que todo parecía una estratagema «para quitarse bonitamente de en medio»[13].

Esta carta, que fue interceptada por los sublevados, no llegó a su destino, por lo que Aguirre continuó haciendo gestiones en París en relación con el flete de los barcos. Además, pudo ponerse al tanto del desarrollo de las conversaciones para el pacto con los italianos, que era condición *sine qua non* para poder sacar las tropas de Cantabria. El 25 de julio, el diputado *jeltzale* Lasarte telegrafió a Ajuriaguerra indicándole que salía «enseguida París para enseñar a Presidente todo el dossier e interesarle por todo». Esto demuestra que Aguirre seguía informándose de las negociaciones, pero, en vez de detenerlas, las utilizaba para ganar tiempo y tratar de sacar la mayor cantidad de tropas posibles. Hartos de dilaciones, los italianos presionaban a los intermediarios para que Aguirre tomara una decisión definitiva. El 1 de agosto, Onaindia visitó al lehendakari en París, proponiéndole que se entrevistara con un alto jefe militar o con el embajador de Italia en Francia. Una entrevista personal con una autoridad de ese nivel era un paso excesivo en la estrategia de Aguirre, por lo que éste contestó con una negativa. Además, hay que recordar que los italianos seguían pensando que Ajuriaguerra y Aguirre iban de la mano para rendir los batallones nacionalistas y desconocían por tanto que ambos tenían estrategias diferentes[14].

---

[13] La carta en AGM, GE, 69/6/1-99. Testimonio de Negrín en Azaña, *Diarios*, p. 1112.

[14] Aunque ambos estaban colaborando en el flete de barcos, según Ajuriaguerra éstos debían servir para evacuar a mandos, responsables políticos y a civiles que pudieran ser objeto de represalias, pues los soldados se rendirían. Por el contrario, Aguirre quería los barcos para sacar a las tropas y seguir combatiendo en Cataluña. José María Lasarte a Juan Ajuriaguerra, 25-VII-1937, en Onaindia, *El pacto*, p. 114.

Mientras tanto, las tropas nacionalistas apostadas en Cantabria habían recibido órdenes de mantenerse «semineutrales», «sin prestar ninguna colaboración al resto del Ejército del Norte», lo que efectivamente hicieron, provocando graves problemas de indisciplina. Incluso el único contraataque republicano —realizado contra la ermita de Kolitza, a finales de julio— fracasó al recibir órdenes los batallones *jeltzales* de «hacer que hacían y no hacer nada». En las primeras semanas de agosto, en que la ofensiva militar sobre Santander estuvo paralizada, el tiempo transcurrió entre el apremio de los italianos para concretar la rendición y la actitud pasiva de los *jelkides*, que se limitaban a ganar tiempo[15].

Por fin, el 17 de agosto, tras un mes de gira, el lehendakari aterrizó de nuevo en Santander, que estaba próxima a ser conquistada por los sublevados. Era un acto de valor por parte de Aguirre, aunque años más tarde recordaría que él veía las cosas de otro modo: «Era el deber y ante el deber no hay valentía». Puesto que no había recibido más comunicaciones desde Valencia, el lehendakari aún pensaba en llevar adelante su plan. Ese mismo día telegrafió a Prieto, indicándole que cuatro barcos fletados desde Londres habían recibido la orden de salida para recoger a los soldados y solicitando permiso para comenzar la operación. El comisario del Ejército vasco Luis Ruiz de Aguirre (ANV) se entrevistó con el lehendakari en Cabo Mayor, quien le explicó que «había logrado convencer al Gobierno de Valencia para que permitiera la evacuación del Ejército Vasco». Para llevar a cabo el plan, le pidió que preparara el repliegue de las tropas hacia la zona de Santoña y Laredo, situada entre la capital cántabra y el límite con Bizkaia. Le anunció incluso que el transatlántico *Habana* iba a llegar a Santander como un *cebo* para que los santanderinos trataran de huir en él, mientras los barcos *de verdad* llegaban a Santoña[16].

Preso de un activismo apabullante, el mismo día Aguirre envió un telegrama a Irujo en el que, tras afirmar que Gamir estaba de acuerdo con la operación, pedía al ministro *jeltzale* que presionara a Prieto y consiguiera «como sea» su consentimiento, puesto que era proba-

---

[15] Informe de Víctor Lejarcegui e Iñaki Ugarte al EBB, 25-VIII-1938. AN, EBB, 94/3.
[16] Aguirre, *Veinte*, p. 107; *Sancho de Beurko* [Luis Ruiz de Aguirre], «Prólogo», en Aguirre, *El informe*, p. 8. Una copia mecanografiada de un diario personal, conservada en Irargi (Bidasoa, 13/01), confirma el optimismo del lehendakari en esas fechas: «El día 17 de agosto llegó José Antonio Aguirre de su viaje a Valencia y Francia: Interrogado acerca del resultado de sus entrevistas, manifestó que aunque en principio fue recibido con frialdad [...], tiene la autorización de Prieto para evacuar el Ejército Vasco para lo cual ya se contaba con seis o siete barcos mercantes».

ble que los primeros barcos hubieran salido ya de Londres. La respuesta de Prieto, recibida telegráficamente al día siguiente, mostraba su perplejidad por la insistencia de Aguirre, pues pensaba que ya había recibido su carta anterior. Empero, ante la porfía del lehendakari, Prieto había reunido al Consejo Superior de Guerra, que por unanimidad se había mostrado «contrario en absoluto a pretensión formulada por el Presidente Gobierno Vasco respecto a traslado de tropas vascas a otros frentes»[17]. La cuestión se discutió también en el Consejo de Ministros, aduciendo tanto Negrín como Prieto que jamás se les había pasado por la cabeza asentir al plan del lehendakari. Por si fuera poco, se leyó un mensaje del embajador en París transmitiendo que el Gobierno francés prohibía el traslado de tropas, de acuerdo con el tratado de No Intervención[18]. Prieto telegrafió a Gamir, confirmando la negativa ministerial, que fue acogida por Aguirre con «pesar». El 19 de agosto, éste envió un mensaje a Azaña, protestado contra la decisión y augurando que las tropas vascas se volverían «contra la República», por lo que declinaba toda responsabilidad en lo que pudiera ocurrir. El lehendakari seguía sosteniendo que tanto Prieto como Azaña se habían mostrado a favor de su plan, aunque habían manifestado algunas dudas prácticas, que él creía poder superar. En un nuevo telegrama a Prieto, fechado el día 21, Aguirre afirmaba que la negativa suponía un «grave error político», al despreciar el «sacrificio» de los vascos. Utilizando un argumento bastante peregrino, llegaba a afirmar que la decisión daba «argumentos a Franco diciendo a los vascos que Valencia prescinde de ellos mientras fascistas respetan Brigadas Nabarra que constituyen grupo más brillante del Ejército faccioso»[19].

En realidad, el traslado del Ejército vasco a Cataluña era una operación completamente irrealizable. Una vez más, su optimismo y su idealismo extremos le hacían situarse en un escenario utópico. Por un lado, Francia jamás habría permitido el paso de miles de combatientes por su territorio; por otro, desde el punto de vista logístico era una maniobra imposible. Por último, si Aguirre quería que los *guda-*

---

[17] AGM, GE, 69/5/2-28.

[18] Según Irujo, en este Consejo de Ministros Prieto también protestó porque las fábricas de Bilbao estaban trabajando a pleno ritmo para los rebeldes, cuando Aguirre había anunciado que en un año no podrían funcionar, debido a las pequeñas destrucciones efectuadas. Éste replicó que era una información falsa, promovida por los franquistas (Manuel Irujo a José Antonio Aguirre y viceversa, 19 y 21-VIII-1937, *El informe*, pp. 213-214).

[19] AGM, GE, 69/2/1. Las Brigadas de Navarra eran un cuerpo del Ejército franquista, compuesto mayoritariamente por voluntarios carlistas navarros, que actuó con gran eficacia en el norte y en otros frentes.

ris siguieran luchando para «defender el País fuera de él», el mejor lugar era precisamente el norte, cuya rápida conquista por Franco fue muy negativa para la República. Además, los propios dirigentes del PNV tampoco creían en el plan, tal y como recordaba Onaindia: «Jamás oí nada parecido a Ajuriaguerra ni a ninguna de las Autoridades del Partido Nacionalista Vasco. Dudo que los vascos hubieran aprobado la continuación de unidades vascas de combate para el frente de Cataluña»[20].

Mientras Aguirre, a punto de ser copado en Santander, apuraba las opciones para hacer realidad su sueño, las negociaciones con los italianos daban sus últimos pasos. El 18 de agosto, Ajuriaguerra se había entrevistado en San Juan de Luz con representantes fascistas, que le comunicaron que las tropas vascas que se presentaran antes de las 24 horas del 24 de agosto serían «tratadas según las condiciones en su tiempo convenidas»: es decir, permaneciendo como prisioneros de guerra de los italianos, permitiendo la salida por mar de los dirigentes (en los barcos que estaba fletando el Gobierno vasco), evitando los fusilamientos y no obligando a nadie a luchar en el Ejército de Franco. Por el contrario, todos los que se rindieran después de ese plazo serían tratados como prisioneros ordinarios. El 22, el PNV pidió a los italianos la concreción de algunos aspectos del pacto, que finalmente fue aceptado por ambas partes. El problema era que apenas había tiempo para ponerlo en práctica sin despertar sospechas.

El mismo día, los jefes militares y políticos del norte (incluido Aguirre) se reunían en Santander bajo la presidencia de Gamir, para decidir si se defendía la ciudad o si era mejor retirarse hacia Asturias, buscando reducir el frente. En el ambiente flotaba ya la actitud levantisca de los batallones del PNV, por lo que todo el mundo esperaba la opinión de Aguirre, que sin duda debió pasarlo mal, al tener que representar una *comedia* ante sus aliados. De hecho, su intervención fue muy imprecisa. Recalcó que la situación no era «desesperada» y que, si todos obedecían al mando militar, tenía una «fe ciega» en que las cosas podían arreglarse. Lo cierto es que el escenario sí era desesperado, hasta el punto de que no se tomó una decisión clara, aunque de hecho se abandonó Santander y comenzó la retirada hacia Asturias[21]. Sin embargo, la mayor parte de los batallones nacionalistas incumplieron las órdenes y comenzaron a concentrarse entre Laredo y Santoña, adonde se trasladó Ajuriaguerra desde el sur de Francia para quedarse como responsable de la rendición.

---

[20] Irargi, Bidasoa, Onaindia, 19/1.
[21] El acta de la reunión en AN, GE, 418/19.

La situación del lehendakari entre el 23 y el 24 de agosto fue realmente comprometida. Él mismo recordaría después esos «días de angustia que difícilmente podré olvidar». A las 11 de la noche del día 23 Aguirre recibió una llamada de Gamir diciéndole que en Santoña se estaban sublevando los batallones nacionalistas. En un informe posterior, el lehendakari llegó a escribir que la noticia le «sorprendió profundamente», lo que quizás indica que trató de actuar como si le sorprendiera, tomando la decisión de enviar a Rezola a Santoña para conocer la situación exacta. Todo indica que la estratagema funcionó, pues Gamir declararía en el proceso judicial que siguió a la caída del norte que Aguirre había mostrado siempre «una gran lealtad y buena voluntad para la Causa». Según la versión del lehendakari, a las 3 de la mañana recibió la visita del general y de otros militares y dirigentes políticos de Santander, que le pidieron que «pusiese en juego toda su influencia y prestigio en evitación de que llegase a sus últimos extremos el movimiento que se había iniciado en Santoña por determinados batallones nacionalistas vascos». Temían incluso que esas tropas atacaran Santander, extremo que Aguirre negó, ofreciéndose él mismo como rehén. Alegó además que él ya no tenía autoridad sobre los batallones y les aseguró que no había ninguna «relación entre el acto de Santoña y esta Presidencia». Onaindia llegó a escribir que «se temieron represalias [...] por parte del Ejército Republicano» contra Aguirre y los dos consejeros que le acompañaban[22]. Es más, es posible que su regreso a Santander dificultara el cumplimiento del *Pacto de Santoña*, puesto que, mientras el lehendakari siguiera allí, las tropas nacionalistas debían disimular aún más sus verdaderas intenciones, para evitar represalias contra él.

A las 9 de la mañana del día 24, Gamir ofreció a Aguirre subir al submarino que iba a transportar al general y a las demás autoridades a Asturias, pero el lehendakari se negó, pues quería permanecer con los suyos. Poco después, recibió la visita de varios dirigentes del PNV, que le instaron a salir hacia Francia, porque su misión era «continuar la lucha por nuestra libertad desde el extranjero y usted es el indicado para dirigirla». Con Santander ya casi sitiada y sin apenas medios de transporte disponibles, el problema era encontrar el modo de salir de allí. La imprevista llegada desde Biarritz del *Negus* facilitó una solución que Aguirre no dudó después en calificar de providencial. A la 1 de la tarde del 24 de agosto, «entre el tiroteo de la fusilería que ya se oía cercano y el estampido de los aviones», el lehendakari y los úni-

---

[22] Aguirre, *De Guernica*, p. 68; íd., *El informe*, p. 230; El testimonio de Gamir en Tabernilla y Lezamiz, *El informe*, p. 43; Onaindia, *El pacto*, p. 131.

cos dos consejeros que quedaban en Cantabria (los *jeltzales* Monzón y De la Torre) salieron rumbo a Biarritz[23]. Aquí, Aguirre pudo reunirse con su mujer y con su hija Aintzane, de sólo dos años de edad, que habían sido evacuadas unos meses antes desde Bilbao. Además, uno de los primeros en saludarle fue Onaindia, quien recuerda que él y sus consejeros estaban «muy fatigados y no habían tenido tiempo de afeitarse siquiera aquella mañana [...]. El Lendakari se interesó, sobre todo, por saber cuándo llegaban los barcos de evacuación a Laredo. Nunca olvidaré la impresión de disgusto que manifestó cuando le dije que no sabíamos absolutamente nada del movimiento de los barcos que estaban contratados con ese objeto»[24].

En efecto, los barcos supuestamente contratados —que, salvo dos, nunca llegaron— habrían permitido evacuar al menos a 10.000 combatientes. Ante la respuesta negativa, el lehendakari debió ya temerse lo peor. Seguramente le entraron también remordimientos por no haberse quedado él en vez de Ajuriaguerra, aunque lo cierto es que aguantó casi hasta el final en Santander y, si abandonó a sus hombres, fue porque los dirigentes del PNV se lo ordenaron. Sin embargo, su visión de la realidad seguía siendo muy parcial. Ya desde el día 24 se sabía en Valencia que los batallones *jeltzales* se habían insubordinado, aunque todavía el 26 Aguirre telegrafió a Irujo culpando al Gobierno central de la caída de Cantabria e indicándole que era necesario resaltar «que sólo un reducto queda en Santander y es defendido por vascos»[25].

Mientras tanto, en Santoña, el hecho de que los barcos no hubieran llegado y la dificultad para organizar técnicamente la entrega de miles de hombres provocó una gran confusión. Los plazos de entrega no pudieron cumplirse y el 25 de agosto los italianos marcharon sobre Laredo y coparon definitivamente a los batallones nacionalistas, cuya rendición consideraban ya incondicional. Además, Franco se negaba ahora a aceptar pacto alguno, ya que, según él, éste se había

---

[23] Aguirre, *De Guernica*, pp. 68-69. El relato de Aguirre adolece con seguridad de exceso de imaginación, para dar mayor dramatismo a su salida. Por ejemplo, indica que su casa fue asaltada horas después de su marcha, cuando Santander se tomó el día 26. En los momentos de la caída de esta ciudad y, más tarde, de Asturias, Aguirre intentó sacar a Francia al mayor número de responsables políticos. El que, junto a estos, seleccionara a su chófer y a otros servidores próximos fue objeto de críticas por parte del socialista Zugazagoitia. Aguirre lo justificó porque «esos leales servidores, que me habían acompañado en los momentos de mayor peligro, tenían también derecho a ser evacuados», para evitar represalias (Aguirre, *El informe*, p. 217; Julián Zugazagoitia a Manuel Irujo, 27-VIII-1937, en ibíd., p. 504).

[24] Irargi, Bidasoa, Onaindia, 19/1.

[25] Aguirre, *El informe*, p. 235.

hecho efectivo cuando a los vascos ya no les quedaba otra salida. Ante el desconcierto de los dirigentes del PNV —que no sabían si se estaba o no cumpliendo el pacto—, varios miles de miembros del Ejército vasco (casi todos nacionalistas, pero también frentepopulistas que habían creído en la promesa *jelkide* de salvarlos por mar) fueron hechos prisioneros de los italianos[26]. El 4 de septiembre, éstos se retiraron, entregando el *botín* a Franco. El *Pacto de Santoña* había acabado en un fiasco absoluto, en una capitulación, tal y como lo denominó inicialmente Onaindia en sus memorias, tituladas «Antecedentes de la capitulación de Santoña».

El PNV consideró que los italianos habían traicionado el pacto y puso todo su empeño en presionar a nivel diplomático para que se cumpliera, denunciando la hipocresía fascista. Además, trató de depurar responsabilidades por la ausencia de barcos, de la que se iba a encargar el Gobierno vasco, lo que apuntaba, indirectamente, a Aguirre[27]. Por otro lado, éste tenía que evitar que en Valencia llegara a saberse que, incluso mientras hablaba con Azaña, Negrín y Prieto, él estaba al tanto de las negociaciones con los italianos, aunque fuera con un propósito distinto al que buscaba el PNV. Para el lehendakari debió ser especialmente duro mantener la pantomima ante su amigo Irujo, el único *jeltzale* que había sido dejado completamente al margen, para evitarle responsabilidades como ministro.

Para darle una explicación coherente de los hechos, Irujo fue convocado de inmediato por las autoridades del PNV a la sede del partido en Anglet, en el País Vasco francés. El EBB, con el conocimiento de Aguirre, encargó a dos comisarios *jeltzales* del Ejército vasco que prepararan un informe falso para Irujo: «Como Ziaurriz y Aguirre nos habían advertido que Irujo desconocía las gestiones llevadas a cabo entre Italia y los delegados del Partido, y para que él justificara ante el Gobierno de Valencia nuestra actitud, le entregamos un "rapport" [...] en el que ocultábamos la verdad de la rendición, ampliando nuestra información en dos entrevistas que celebramos con Irujo en presencia del Presidente del Gobierno Vasco»[28].

---

[26] Se desconoce el número exacto de soldados vascos capturados en Santoña. Hasta hace años se solían calcular en algo menos de 30.000. Hoy está claro que debieron ser bastantes menos e incluso las investigaciones recientes de Francisco Manuel Vargas Alonso, aún inéditas, los rebajan a sólo unos 7.000.

[27] El EBB pidió más tarde a Aguirre un «rapport sobre las gestiones» realizadas, ya que tenía «abierta una información para determinar las responsabilidades, si las hubiera, por la falta de barcos que se tenían solicitados para la evacuación» desde Santoña. EBB a José Antonio Aguirre, 10-II-1938. AN, GE 73/5.

[28] Informe de Víctor Lejarcegui e Iñaki Ugarte, 25-VIII-1938. AN, EBB, 94/3.

El 27 de agosto Aguirre se reunió con Irujo, Onaindia y los consejeros del PNV y de ANV en el Gobierno, dejando al margen al resto de su ejecutivo. Según el testimonio de Onaindia, el lehendakari explicó que la capitulación había sido concertada por el PNV, y no por el Gobierno, pero que, ante los hechos consumados, éste debía tomar una decisión. Nárdiz, el representante de ANV, planteó que el Gobierno aprobara la actuación del PNV y presentara la dimisión, propuesta que al parecer fue apoyada en un principio por los consejeros *jelkides*, aunque nunca se hizo efectiva. De acuerdo con esta misma fuente, «días más tarde, el Presidente informó de modo análogo al Gobierno Vasco en pleno, obteniendo su total conformidad»[29]. De hecho, finalmente el pacto no provocó ninguna crisis de Gobierno, a pesar de que los consejeros no nacionalistas habían sido completamente dejados de lado. Sin embargo, sí fue la gota que colmó el vaso de la relación entre el consejero comunista Astigarrabía y su partido, que estando todavía en Santander le ordenó que dejara el Gobierno. Esta decisión fue confirmada en noviembre de 1937 por el Comité Central del PCE, que además expulsó del partido a Astigarrabía, acusándole de apoyar «la política reaccionaria y claudicante de Aguirre [...] de franco apoyo al capitalismo»[30].

Mucho más dura fue la reacción del Gobierno de la República, que muy pronto se preguntó cuál era la responsabilidad del lehendakari en este asunto. A finales de septiembre, Prieto planteó en el Consejo de Ministros la «actitud intolerable» del Gobierno vasco, que estaba negociando con Franco, a través de la Embajada de Chile en Londres, para que cumpliera lo pactado con los italianos. Negrín pidió que se aplazara la discusión hasta tener más datos, pero Irujo reaccionó amenazando una vez más con su dimisión, en solidaridad con Aguirre[31]. Sin embargo, al final la rendición de Santoña tampoco tuvo efectos importantes en la relación entre el ejecutivo de Aguirre y el Gobierno central. Aunque el prestigio del Gobierno vasco disminuyó, la comprometida situación de la República hacía poco aconsejable un nuevo pleito interno y, en el plano de la propaganda internacional, le interesaba seguir aprovechando el respaldo del PNV para tratar de obtener el apoyo de las democracias occidentales. A esto se unió el hecho de que toda la negociación la hubiera llevado a cabo el PNV —y no Aguirre, ni mucho menos Irujo—, por lo que el lehendakari pudo aparecer exento de responsabilidad. A ello hay que añadir la actitud completa-

---

[29] Irargi, Bidasoa, Onaindia, 19/1.
[30] Resolución del Comité Central del PCE, 15-XI-1937, AN, GE 113/3.
[31] Manuel Irujo a José Antonio Aguirre, 28-IX-1937, AN, GE, 389/4.

mente pro-republicana de Aguirre y de Irujo en la etapa 1937-1939, que sirvió para desmentir cualquier suspicacia al respecto.

Hubo, sin embargo, un intento de exigir responsabilidades, cuando se abrió un proceso en el Tribunal Supremo para dirimir las causas de la derrota militar en Euskadi y en el conjunto del norte, incluyendo entre los posibles responsables al lehendakari. Aunque, tal y como señalaba Irujo, Gamir prestó declaración «en términos de elogio» para Aguirre, en febrero de 1938 éste recibió una requisitoria para que enviara una declaración escrita. Al conocer este hecho, el EBB indicó que el lehendakari debía responder «acusando al Gobierno de la República de falta de asistencia y haciendo acusaciones gravísimas contra el Sr. Prieto». El final de la guerra impidió que el proceso judicial concluyera, en parte porque el propio Aguirre retrasó el envío de su exposición, a pesar de serle requerida, con el fin de demorar el procedimiento[32].

En cualquier caso, la sensibilidad de Aguirre sobre este tema estaba a flor de piel, como lo demuestra que el 22 de febrero de 1938 escribiera a Irala pidiéndole que le enviara copia de unos documentos sobre el frustrado flete de barcos para Santander, «excepto las cosas secretas del asunto malhadado de Santoña». Asimismo, el lehendakari mostró su «disgusto» al EBB, en septiembre de 1938, «al enterarse de que la documentación relativa al pacto con los italianos ha sido entregada por el Sr. Alberto de Onaindia a D. Bonifacio de Etxegarai» (un magistrado del Tribunal Supremo y asesor del Gobierno vasco, no afiliado al PNV), ya que Aguirre había dado la orden de que esos papeles los conservara el PNV, pues «el Gobierno Vasco no tiene nada que ver en este asunto»[33].

También es significativo que, cuando Onaindia envió al EBB en 1967 el manuscrito de su libro sobre la capitulación de Santoña, que no se publicaría hasta quince años después, indicara que la «responsabilidad principal recae sobre el Lendakari, nuestro querido José Antonio de Aguirre y sobre el Partido Nacionalista Vasco. Considero que aquella conducta de los patriotas vascos fue noble, arriesgada y digna de que el pueblo la conozca. Habrá sus críticas. Es natural, pero el hecho pasará a la historia como algo que honra a sus principales ejecutores»[34]. ¿A qué se refería el sacerdote al decir que la responsabilidad recaía

---

[32] Actas del EBB, 22-II-1938, AN, DP-16 (todas las actas citadas corresponden a esta signatura).

[33] José Antonio Aguirre a Antón Irala, 22-II-1938, AGM, GE, 46/54/11 y Actas del EBB, 10-IX-1938.

[34] Alberto Onaindia al EBB, 4-III-1967, AN, EBB, 58/22.

principalmente sobre Aguirre? Aunque no contamos con fuentes completas, está demostrado que el lehendakari conocía y aprobó las líneas maestras de las negociaciones con los italianos, dirigidas por Onaindia y Ajuriaguerra. Pero, mientras éste pensaba sin más en llegar a una paz separada con los italianos para atenuar la represión, una vez perdido el objetivo por el que luchaba el PNV, todo indica que Aguirre trataba de aprovechar el acuerdo para llevar a la práctica su plan de salvar al Ejército vasco, trasladándolo a Cataluña. Este utópico proyecto es un reflejo de la pasión con la que Aguirre vivía su misión, pero también de cómo a veces eso le impedía poner los pies en el suelo. Y es que, si Aguirre —que nunca quiso ni oír hablar de la palabra *rendición*— quería ser leal a la República y sobre todo luchar por Euskadi desde fuera, la mejor opción hubiera sido contribuir a la resistencia en el norte, al menos hasta el invierno de 1937, cuya llegada hubiera imposibilitado la continuación de la ofensiva.

Por último, ni la pérdida de Euskadi ni Santoña mermaron tampoco el prestigio de Aguirre entre sus correligionarios. Así, cuando en noviembre de 1937 el lehendakari visitó a un grupo de *gudaris* desplazados a Cataluña, un funcionario vasco explicó que «la unanimidad de sentimientos hacia el Presidente, Sr. Aguirre, es absoluta y son varios los que al referirse a él, le han calificado de 'Nuestro Padre'». En la misma fecha, un informe sobre los *jeltzales* que vivían en la Navarra franquista señalaba que estaban muy «animados. Confían en el triunfo sin saber cómo explicarlo. Su mayor confianza la depositan en Aguirre». Poco después, el diario *Euzkadi*, editado ahora en Barcelona, recalcaba que el lehendakari se había convertido en un símbolo:

> Es ahora cuando más que nunca necesitan los vascos el hombre que les una en la dispersión, la mano que les ayude en la desgracia, el hombre que les sirva de símbolo común, la voz que les aliente a todos en la esperanza de un mañana mejor. Todo eso es para nosotros José Antonio Aguirre[35].

II. UN LEHENDAKARI LEJOS DE SU TIERRA

Ya en el *Manifiesto de Trucíos* Aguirre había anunciado que, a pesar de abandonar el territorio vasco, su Gobierno seguiría actuando, interpretando así «el sentir de un pueblo, que no ha sido vencido,

---

[35] *Euzkadi*, 7-XII-1937. Las citas anteriores en Informe de M. Alfaro, 13-XI-1937, AN, GE 63/6; Informe anónimo, 10-XI-1937, AN, EBB 94/3.

sino temporalmente avasallado y ultrajado». A la vez que el norte republicano caía definitivamente en manos franquistas —con la toma de Gijón y Avilés el 21 de octubre de 1937—, el lehendakari se dispuso a hacer realidad esta promesa. Tres días antes, el ejecutivo vasco decidió establecerse oficialmente en Barcelona, instalando su sede en el Paseo de Gracia, en la antigua Delegación General de Euskadi en Cataluña. La idea inicial, propuesta por Negrín a través de Irujo en julio, cuando Aguirre estaba aún en Santander, era la de trasladar el Gobierno vasco a Valencia. Ante este ofrecimiento, el lehendakari había quedado en «fijar definitivamente su criterio», una vez que se conociera «el inmueble o inmuebles a que haya de concretarse»[36]. La decisión final de Aguirre de elegir Barcelona como sede de su Gobierno tenía un gran contenido político, pues —como la frustrada idea del traslado de tropas— suponía crear un eje vasco-catalán y hacer funcionar al Gobierno de Euskadi bajo el *paraguas* de la Generalitat.

El lehendakari llegó por primera vez a su nueva *capital* en noviembre de 1937, aunque en el año y medio siguiente residió de hecho más tiempo en París que en Barcelona, con varias estancias, no muy largas, en la Ciudad Condal[37]. Esta discrepancia entre la sede de su Gobierno y su residencia habitual no era casual. Al tomarse la decisión de elegir Barcelona como centro de operaciones, el EBB ordenó que Aguirre viviera habitualmente en París. No se trataba sólo de aprovechar la centralidad de la capital francesa para que el Gobierno difundiera propaganda e influyera a nivel internacional, sino también de evitar que un organismo controlado por el PNV se *contaminara* de la política española[38]. De hecho, mientras algunos consejeros residían habitualmente en Barcelona, otros lo hacían en Francia o Bélgica. Esta dispersión geográfica dificultó la acción conjunta del Gobierno, pero a la vez supuso un fortalecimiento de su presidencialismo y del control del mismo por parte del PNV.

A ello contribuyó el hecho de que el ejecutivo hubiera visto mermados sus efectivos y por tanto su representatividad política. Al fu-

---

[36] Manuel Irujo a Julián Zugazagoitia, 21-VII-1937, en Aguirre, *El informe*, pp. 208-209.

[37] En una de estas visitas, los servicios vascos de información alertaron de un posible plan de agentes franquistas para asesinar al lehendakari, del que en realidad nunca más se supo. Se decía que era posible que un visitante dejara en la sede del Gobierno «un pequeño paquete [...], que será una bomba de gran potencia». Otra posibilidad era que, en un trayecto por la ciudad, «el coche de nuestro Presidente encontrará otro coche parado como si estuviese averiado y aprovecharán este momento para atentar contra el Presidente de Euzkadi» (Informe sin fecha ni firma, AN, GEC, 123/33).

[38] Actas del EBB, 19-X-1937.

silamiento de Espinosa (Unión Republicana) y la salida de Astigarrabía (PCE) se unió la expulsión de Aldasoro de su propio partido (Izquierda Republicana), por un Comité al que el consejero había negado toda autoridad. Por amistad personal con Aguirre, Aldasoro se mantuvo en el Gobierno, sin que quedara claro si tenía o no representación oficial de Izquierda Republicana. Lo que sí quedó claro fue que Aldasoro era cada vez más *aguirrista*, y lo mismo sucedía con Nárdiz, el representante de ANV que, como aquél, estaba encandilado por la personalidad del lehendakari. Además, la vacante de Espinosa en Sanidad no se cubrió, y Aguirre asignó esta consejería al *jeltzale* De la Torre, que ya ocupaba Hacienda. Por todo ello, los únicos que podían haber hecho de contrapeso a los *jelkides* en el seno del Gobierno eran los consejeros socialistas (Gracia, Aznar y Toyos). Sin embargo, los tres se mostraron fieles a Aguirre en esta etapa y rechazaron las críticas de los dirigentes del PSOE, en el sentido de que el lehendakari había convertido al Gobierno vasco en un patrimonio *jelkide*[39].

La fuerte personalidad y el liderazgo de Aguirre se pusieron también de manifiesto en sus relaciones con el PNV. Aunque el lehendakari se jactaba en febrero de 1939 de que el «EBB y los miembros nacionalistas del Gobierno han obrado al unísono y no ha habido entre nosotros ni luchas ni discrepancias», no parece que esto correspondiera siempre a la realidad. Por ejemplo, en julio de 1938, Aguirre resolvió un conflicto con el Gobierno de la República (sobre la propiedad de unos valores depositados en el extranjero) en contra del criterio del EBB, lo que provocó la dimisión de Juan Manuel Epalza, uno de sus asesores jurídicos. Éste declaró que, «como afiliado al Partido, no puede seguir dependiendo como Funcionario de un Gobierno cuyo Presidente, contra el criterio de sus Consejeros nacionalistas y de la autoridad suprema del Partido, ha realizado un acto gravemente disconforme con el criterio patriótico en que Gobierno y Presidente deben inspirar sus actos». En otoño de 1938, el EBB se enteró de que Aguirre había incluido al republicano Aldasoro en la comisión de propaganda vasca que iba a realizar un viaje por América. El máximo organismo del PNV amonestó al lehendakari, porque esa comisión debía «ser nacionalista enteramente», para lograr «los fines de la propaganda que nos interesa realizar; la de presentar el caso vasco totalmente aislado del de España». Empero, Aguirre —con su don de gentes— logró convencer

---

[39] Pablo, Santiago de; Mees, Ludger y Rodríguez Ranz, José Antonio: *El péndulo patriótico. Historia del Partido Nacionalista Vasco, II: 1936-1979*, Crítica, Barcelona, 2001, pp. 48-52.

al EBB, explicándole que «las izquierdas plantearon en Consejo este asunto y, como mal menor», había decidido incluir a Aldasoro «que, aunque republicano, es de sentimientos enteramente vasquistas». Todavía en enero de 1939, el EBB decidió recordar al lehendakari que no era de recibo que presentara los hechos «como consumados», pues su política general debía ser aprobada por el máximo organismo del PNV[40].

A pesar de estas dificultades, el Gobierno de Aguirre llevó a cabo una actividad muy intensa desde su traslado a Barcelona hasta el final de la guerra. Ello fue debido en parte a la ayuda de un nuevo aliado, que no fue otro que la Generalitat y su presidente, Lluís Companys, con el que el lehendakari llegó a tener en esta época una profunda amistad. Al carecer de territorio, algunos dirigentes republicanos pensaban que el Gobierno vasco debía desaparecer, por no tener ya razón de ser. Para evitar este ataque a su gabinete, Aguirre se puso bajo la salvaguardia de la Generalitat, «en aquellos apartados en los que el Gobierno Vasco no tiene la jurisdicción al perder el territorio». En enero de 1938, el EBB fue informado «del acuerdo adoptado por los Sres. Companys y Agirre de defender conjuntamente los derechos de Cataluña y Euzkadi», en un momento en que la propia Generalitat se sentía amenazada por la política centralizadora del Gobierno de Negrín[41].

Esta unidad de acción vasco-catalana hizo que continuaran las discusiones por cuestión de competencias entre Aguirre —que trataba de seguir manteniendo el mayor número de atribuciones de su etapa anterior— y el Gobierno central. El lehendakari hablaba de los «entorpecimientos y dificultades [que] nos ponen los señores del Gobierno de la República, que no acaban de comprender que las cosas tienen que marchar con rapidez y eficacia». Por el contrario, Prieto pensaba que la política particularista de Cataluña y Euskadi podía «poner en peligro una victoria, sin la cual todas las aspiraciones autonomistas [...] se derrumbarían definitivamente»[42].

En este intento de mantener la estructura cuasi-estatal del Gobierno vasco, el Ejército era una pieza fundamental. Tras fracasar su idea de trasladar a sus fuerzas armadas en bloque, en octubre de 1937 Aguirre solicitó a Prieto que los combatientes vascos que afluyeran a

---

[40] José Antonio Aguirre al EBB, 15-II-1939, AGM-GE, 55/6/2; Actas del EBB, 10-IX-1938 y 21-IX-1938.

[41] Actas del EBB, 22-I-1938.

[42] José Antonio Aguirre a Julio Jáuregui, 29-VI-1938, AN, GEC 121/5; Indalecio Prieto a Joan Comorera, 5-XII-1937, AN, GEC 123/14.

la zona leal constituyeran una unidad militar, dependiente del Gobierno autónomo. Se trataba, en palabras de Aguirre, de «constituir a base de unidades vascas un nuevo cuerpo de Ejército que responda con su espíritu a aquel que luchó en Euzkadi». Sin embargo, tanto Prieto como el Consejo Superior de Guerra se pronunciaron en contra de esta idea, «por entender que ellas marcaban una pretensión improcedente con respecto al resto de las fuerzas militares»[43]. Ello no impidió que el lehendakari, de acuerdo con su nuevo secretario de la Presidencia, Julio Jáuregui, siguiera intentado durante toda la guerra que se constituyera alguna unidad formada por vascos. Ésta debía ser la encargada de la «reconquista» del territorio vasco-navarro desde el frente del Pirineo aragonés, evitando los «estragos y barbaries en nuestra Patria», que se producirían si eran tropas españolas las que entraban en Euskadi. Esta idea de usar a los combatientes vascos para evitar alteraciones del orden recordaba la actitud *jeltzale* en el verano de 1936. Aguirre, empeñado en normalizar la vida en la retaguardia y en evitar el descrédito republicano, la aplicaba incluso a Cataluña. Así, en 1938 propuso concentrar en Barcelona fuerzas vascas, «para contener los ímpetus de los alborotadores en un caso de apuro», reforzando «el orden público» en un momento en que para muchos la conquista de la capital catalana por Franco parecía próxima[44].

Dado que ese objetivo de contar con un Ejército propio nunca se logró, Aguirre centró su actividad en otras cuestiones sobre las que sí tenía jurisdicción: la atención a los refugiados y la propaganda internacional. Perdido el territorio, los refugiados fueron la principal razón de ser del Gobierno vasco. Su número exacto resulta difícil de calcular. Por motivos propagandísticos, llegó a hablarse al principio de 200.000 refugiados vascos en Francia y en Cataluña, pero con seguridad esta cifra fue muchísimo más reducida. Las investigaciones más recientes cifran en 79.500 el número de evacuados a Francia tras la caída del norte, aunque no es posible comprobar la exactitud de

---

[43] Nota de Presidencia del Gobierno vasco, s.f., AN, GEC 123/17. Indalecio Prieto a José Antonio Aguirre, 30-X-1937, AGM, GE, 69/5/2 30. La Brigada 142, denominada «Vasco-Pirenaica», no puede considerarse el fruto de este empeño de Aguirre, pues en realidad tenía una composición variada, con sólo un batallón vasco, y sufrió diversos avatares a lo largo de la guerra. Lo mismo sucede con otras unidades creadas a lo largo de la guerra, como la llamada «Brigada Vasca», que hemos mencionado con ocasión de la visita de Aguirre a Pins del Vallés en julio de 1937, o las «Milicias Vascas Antifascistas».

[44] Informe de Julio Jáuregui a José Antonio Aguirre, Barcelona, 23-II-1938, AN, GEC 121/5; José Antonio Aguirre a Julio Jáuregui, 1-IV-1938, AN, GEC 121/5 y s.f., AGM, GE, 54.

este dato. Dado que Francia intentó pronto quitarse de encima el problema que suponía su presencia en territorio galo, la mayoría (alrededor del 60 por 100) regresaron al País Vasco en poder de los franquistas, mientras otros (en torno al 30 por 100) pasaron a Cataluña. Así, a mediados de 1938 podrían quedar en Francia unos 19.000 refugiados controlados por el Gobierno vasco, cifra que en la primavera de 1939 habría subido, según diversas fuentes, a 25.000 o 31.000, debido a la afluencia de exilados desde Cataluña, tras su reciente conquista por las tropas franquistas[45].

En cualquier caso, tanto los desplazados a Cataluña —en esta etapa, mayoritarios— como los que permanecían en Francia suponían muchas bocas a las que alimentar, vestir y dar alojamiento y cuidados sanitarios. El Gobierno de Aguirre realizó una meritoria labor en este campo, muy superior a la del exilio republicano en general, que le sirvió para aglutinar a la población vasca e incrementó su prestigio internacional. Tratando de estar cerca de su pueblo, el lehendakari acudió con frecuencia a visitar refugios y hospitales, como *La Roseraie* (Bidart), la colonia infantil de Mas-Dorca (Arenys de Munt) o el Hospital Euzkadi, en Barcelona. En esta labor, Aguirre se fio plenamente de sus consejeros, incluido el socialista Gracia, su principal encargado, al ser el titular de Asistencia Social. No obstante, al estar los fondos económicos en manos del titular de Hacienda (De la Torre), algunos sectores de la izquierda acusaron al lehendakari de intentar controlar así este importante campo de acción, evitando que fuera capitalizado por los socialistas. Según ellos, «todo el Gobierno Vasco es hoy Hacienda, y Hacienda, ante todo y sobre todo, es nacionalista y como nacionalista procede»[46].

Sin embargo, las fuentes muestran que el talante conciliador del lehendakari se mostró también ahí donde, en el ambiente a veces crispado del exilio, se producían controversias políticas o personales entre los evacuados. Por ejemplo, ya en 1939 varios *jeltzales* escribieron a Aguirre denunciando que en el refugio de Lurbe-Saint Christau, en el sur de Francia, Asistencia Social les había impedido que celebraran la fiesta del Corpus Christi, alegando que los actos religiosos estaban prohibidos, al tratarse de un establecimiento dependiente de la

---

[45] Las cifras —que, como sucede con casi todas las de la guerra, no son exactas ni pueden comprobarse con fuentes totalmente fiables— en Jiménez de Aberásturi, Juan Carlos: *De la derrota a la esperanza: políticas vascas durante la Segunda Guerra Mundial (1937-1947)*, IVAP, Oñati, 1999, pp. 10-24.

[46] Ambrosio Garbisu a Ramón María Aldasoro, 16-IX-1937, AN, GE, 103/20. Véase Arrien, Gregorio y Goiogana, Iñaki: *El primer exilio de los vascos. Cataluña, 1936-1939*, Fundació Ramon Trias Fargas/Fundación Sabino Arana, Barcelona, 2002.

República española. Los firmantes, por el contrario, argüían que esos actos «no ofenden ni pueden ofender a nadie que esté refugiado por cuenta de nuestro Gobierno», liderado al fin y al cabo por un político católico convencido. La respuesta de Aguirre no entraba al fondo del asunto, puesto que dicha festividad ya había pasado y no era necesario por tanto tomar una decisión en torno a si debía o no celebrarse en el refugio. En cualquier caso, el lehendakari trataba de calmar los ánimos y evitar las disputas entre los refugiados, asegurando que en su Gobierno no existía «sectarismo alguno», por lo que sus ideas religiosas serían respetadas, haciéndolas compatibles con el respeto a la legalidad republicana[47].

La cuestión religiosa estuvo también muy presente en la propaganda, el otro gran foco de atención de Aguirre en esta etapa. Así, en su segundo mensaje de *Gabon*, el presidente aprovechó las festividades navideñas para agradecer «a Dios el don inmenso de la Fe que ha querido concederme y en la que quiero morir». En alusión al franquismo y a la jerarquía de la Iglesia que lo apoyaba, criticó a quienes comprometían esa fe, mezclando a la Iglesia en banderías humanas, y dio las gracias al Papa Pío XI —que un año antes había publicado la encíclica *Mit brennender Sorge*, condenando el nazismo— por su resuelta oposición a «la corriente anticristiana, antihumana y tiránica del paganismo fascista»[48].

Se trataba de una batalla importante, porque la suerte de la República dependía de la ayuda exterior y, tal y como lo expresaba un informe interno de finales de 1937, el Gobierno vasco podía llegar, mucho mejor que el de la República, a «la democracia templada y al campo inspirado en principios cristianos [...]. Para esta acción, el Gobierno de la República cuenta con la colaboración del Gobierno Vasco en sus dos aspectos, en el de atraer al elemento demócrata inspirado en principios cristianos y en el de lograr ordenar las relaciones con la Iglesia Católica»[49].

Los medios fundamentales de esta propaganda fueron la prensa, la edición de libros y folletos, el cine y las giras de grupos artísticos y deportivos. Aguirre se implicó personalmente en todos estos campos,

---

[47] Varios refugiados a José Antonio Aguirre, 10-VI-1939 y respuesta del 24-VI-1939; AN, GE-409/1. Ese talante conciliador se demostró incluso con sus adversarios políticos. Uno de ellos, José María Areilza, recordaba años después cómo Aguirre, en una fecha tan temprana como 1938, se había atrevido a decir en público: «Maldito sea aquel que en su corazón tenga un sentimiento de venganza». Para el político monárquico, eran palabras «que honran la memoria de un hombre» (Areilza, *Así los he visto*, p. 94).

[48] *Euzkadi*, 22-XII-1938.

[49] Nota de Presidencia del Gobierno vasco, s.f., AN, GEC 123/17.

tal y como demuestra su nutrida correspondencia al respecto entre 1937 y 1939. Por ejemplo, el propio lehendakari tuvo la idea de organizar el coro *Eresoinka* y se preocupó de que no sólo fuera un eficaz medio de propaganda, sino de que resultara viable económicamente. En marzo de 1938 escribía a uno de sus colaboradores: «Me preocupa mucho el asunto "Eresoinka". Su déficit económico es, ciertamente, digno de prestarle una atención muy detenida. Es una gran lástima que pudiera malograrse la tremenda labor de propaganda —a mi juicio, la más eficaz y penetrante realizada hasta la fecha— por un desequilibrio económico». A los componentes del equipo de fútbol Euzkadi, que se enfrentó a diversos clubes y selecciones de Europa y América a partir de 1937, les encarecía «que la ejemplaridad resplandezca, porque esto es más propaganda, incluso, que ganar partidos»[50].

Por poner sólo otro ejemplo, Aguirre también estaba muy encima de la propaganda cinematográfica. En diciembre de 1937, con motivo del estreno de un documental promovido por el Gobierno vasco, escribió a Irala para que transmitiera a los delegados en América que «esperamos mucho de ellos y que con la película *Guernika* han de hacer una gran propaganda. Que cuiden también el aspecto económico, puesto que no podemos permitirnos gastos superfluos». La correspondencia muestra un Aguirre capaz incluso de fijarse en los detalles para que la propaganda manifestara el particularismo de Euskadi, tal y como le recordaba a Irala a propósito de las imágenes filmadas por un noticiario sobre una visita suya al frente catalán: «En lo que respecta a la película de nuestra visita al frente, habéis de añadir para la casa Metro o la que ponga la película en la pantalla, que tenga en cuenta que los soldados que rodean al Presidente son vascos que siguen en lucha defendiendo desde lejos a su pueblo invadido. Ya comprendes la intención que encierra esta advertencia»[51].

Por medio de la propaganda en el exterior, Aguirre buscaba sobre todo hacerse necesario para una República que buscaba desesperadamente aliados a nivel internacional, para ganar la guerra o —cuando se vio que esto era materialmente imposible— al menos para llegar a una mediación entre los dos bandos contendientes. Y es que, mientras la mayor parte de los dirigentes del PNV llevaban a cabo una estrategia aislacionista con respecto a la política interna española durante la guerra, el lehendakari pensaba que había que estar presente donde se co-

---

[50] José Antonio Aguirre a Luis Zarrabeitia, 1-III-1938, AN, GE 23/3 y s.f., AN, GE-295/1.

[51] Estos y otros detalles en Pablo, Santiago de: *Tierra sin paz. Guerra Civil, cine y propaganda en el País Vasco*, Biblioteca Nueva, Madrid, 2006, pp. 79-200.

cinara el futuro de la democracia española y de la libertad vasca. Dado que esos *fogones* se encontraban tanto en Valencia y Barcelona como en París y Londres, en esta etapa Aguirre se implicó de lleno en las relaciones internacionales y en la política española, aunque esto último provocara a veces, como ya hemos visto, suspicacias en el EBB.

El hecho de que el presidente vasco hubiera salido indemne del *affaire* de Santoña facilitó que los diferentes sectores políticos que apoyaban a la República siguieran confiando en él. El problema era que esos sectores estaban muy divididos, básicamente entre los *negrinistas* y los seguidores del *partido de la paz*. Los primeros (el PCE y el sector del PSOE agrupado en torno a Negrín) eran partidarios de la resistencia a ultranza con el fin de enlazar con la previsible guerra europea; los segundos (Azaña, Prieto y otros dirigentes republicanos y socialistas) pretendía llegar a una mediación internacional y a una negociación con Franco, pues pensaban que la guerra estaba irremisiblemente perdida.

En esta disputa, Aguirre se posicionó en general a favor de Negrín, pues su optimismo a ultranza le hacía tener fe en la victoria de la República, en contra del derrotismo de Prieto. Por el contrario, el EBB apoyó más bien a Azaña para conseguir el final del predominio comunista en el Gobierno y una salida negociada a la guerra. De hecho, Aguirre era el nacionalista que mejores relaciones tenía con el presidente del Gobierno, hasta el punto de que Leizaola le acusaría después de la guerra de que, «por seguir la suerte de Negrín», el lehendakari había frenado el apoyo a la mediación por parte del PNV. En efecto, en una fecha tan temprana como el 2 de noviembre de 1937 Aguirre había rechazado una propuesta de Leizaola —según él, con el apoyo de Aldasoro y Nárdiz— para lograr la paz a través de la mediación. También públicamente el lehendakari se manifestó siempre a favor del presidente del Gobierno y en contra de todo tipo de «componendas». Asimismo, apoyó en la prensa los *Trece puntos* de Negrín (el programa de su nuevo Gobierno, constituido en abril de 1938, en el que Prieto dejó de ser ministro de Defensa). Con objeto de favorecer la unidad, hizo incluso una interpretación parcial de alguno de esos puntos, acercándolos a las ideas del PNV. Por el contrario, reconocía en privado que, «conforme a nuestra ortodoxia eran muy débiles y alguno totalmente rechazable», aunque «la interpretación que yo les doy en nombre de todos los vascos subsana aquellas deficiencias»[52].

---

[52] Nota de Presidencia del Gobierno vasco, 5-V-1938, AN, GEC, 123/17; AGM, GE, 54. Declaraciones de Aguirre a favor de la resistencia en *Euzkadi*, 27-XI-1938 y 9-XII-1938.

Esto se manifestó también en el constante apoyo de Aguirre a la permanencia de Irujo en el gabinete de Negrín. Así, cuando en diciembre de 1937 el *jeltzale* navarro dejó el Ministerio de Justicia (con motivo de la creación de unos tribunales especiales, que consideraba impropios de un sistema democrático), sólo la mediación de Aguirre logró que Irujo aceptara continuar en el ejecutivo, aunque fuera al frente de otro Ministerio. Aquél pensaba que siempre sería preferible seguir en el Gobierno para garantizar un mínimo de legalidad, por lo que se entrevistó con Negrín, quien al principio prometió entregar a Irujo la cartera de Marina Civil o Abastecimientos. Aunque al final éste permaneció como ministro sin cartera, resulta significativo que, frente a la visión más magnánima de Aguirre, el EBB le indicara que prefería que Irujo se encargara de Abastecimientos, para lograr así una mejora en el suministro «de los compatriotas que residen en la zona leal a la República»[53].

Sin embargo, el *negrinismo* de Aguirre no era incondicional. Por ejemplo, en febrero de 1938 criticó en privado a Negrín —haciendo suyas unas palabras que le había comunicado Prieto— por hacer «cuanto le da la gana sin dar cuenta a nadie». En abril, el EBB informó de que «Negrín parece que todo el dinero del Estado español lo ha puesto en Francia en Bancos Rusos, con lo que de resultar vencedor Franco y hecha la paz, se crearía un problema de hambre en toda España. Tanto José Antonio [Aguirre] como Companys consideran este hecho como un despojo general hecho al Estado»[54].

El que Aguirre no había dado un cheque en blanco a Negrín y que tampoco renunciaba a una posible mediación internacional pudo verse con motivo de la salida definitiva de Irujo del Gobierno, en agosto de 1938. La causa de su dimisión fue la solidaridad del PNV con los catalanistas, cuyo representante había dejado el ejecutivo como protesta por la nacionalización de la industria armamentista catalana, ordenada por Negrín, que se interpretaba como una ofensiva gubernamental contra la Generalitat[55]. La entrada en el nuevo Gobierno del miembro de ANV Tomás Bilbao, en sustitución de Irujo, fue considerada una traición por parte del PNV, pues con ese minúsculo partido de izquier-

---

[53] Actas del EBB, 22-I-1938.

[54] José Antonio Aguirre a Jesús María Leizaola, 23-II-1938 y Actas del EBB, 19-IV-1938.

[55] El secretario general de ANV, Tomás Echave, sostuvo más tarde que la dimisión de Irujo no habría sido debida a la solidaridad con la Generalitat, sino a la intención de provocar una crisis para facilitar un nuevo Gobierno más proclive a hacer una paz separada. Como veremos más adelante, Echave culpaba a Aguirre de estar también involucrado en esta maniobra, aunque ninguna otra fuente confirma esta interpretación. Tomás Echave a Juan Carlos Basterra, 18 y 22-II-1939, AN, SERE, 19-8. Véase De Pablo, Mees y Rodríguez Ranz, *El péndulo*, II, pp. 60-61.

das se cubrían las apariencias de una participación nacionalista vasca en el gabinete de Negrín. Leizaola llegó a presentar su dimisión como consejero, por considerar incompatible la actitud de ANV con su permanencia en el Gobierno de Euskadi. Al parecer, Leizaola fue apoyado por Monzón, De la Torre e incluso por Nárdiz, el representante de ANV en el ejecutivo vasco. Una vez más, Aguirre tuvo que intervenir con su don de gentes para que estas dimisiones no se produjeran, logrando así evitar una crisis, que hubiera sido muy contraproducente.

A medida que la guerra se decantaba a favor de Franco, Aguirre fue siendo cada vez más consciente de que una mediación internacional era la única salida alternativa a la derrota absoluta de la República. Para ello, era necesario ganarse la confianza de las potencias democráticas, por lo que el 11 de noviembre de 1938 propuso a Negrín que modificara su gabinete, haciéndolo más moderado. El lehendakari pensaba que este cambio —unido a alguna medida simbólica, como «la descolectivización de las empresas, la apertura de dos o tres Iglesias y la supresión del saludo del puño en el Ejército»— serviría para recabar el apoyo de Gran Bretaña y Francia, para que «ciertos métodos recientes» fueran aplicados en España. Con esta expresión, el presidente vasco se refería al pacto de Múnich de septiembre de 1938, en el que Francia y Gran Bretaña cedieron ante las apetencias nazis sobre los Sudetes (una región checa de población mayoritariamente alemana), con el fin de evitar una conflagración mundial. Aunque esta parte no se la explicara a Negrín, Aguirre pensaba que, en caso de existir negociaciones para acabar la guerra, el Gobierno vasco debía participar en ellas, dada su personalidad moral y política y «porque la paz que haya de alcanzarse deberá ser equitativa, constructiva y estable [...] y estos fines no se obtendrán sin resolver el problema vasco»[56].

Esta posible mediación internacional, de la que Euskadi debía sacar partido, en aras de su libertad, estuvo omnipresente en la agenda del lchendakari en los últimos meses de 1938 y primeros de 1939. Pero, en realidad, Aguirre no hizo más que dar continuidad a su interés por las relaciones internacionales, presente ya durante la etapa del Gobierno vasco en Bilbao, lo que hizo que desde el Gobierno central se le imputaran «extralimitaciones» competenciales. El presidente vasco se movió con cierta fluidez en este campo, sobre todo en Francia, donde en esta etapa logró entrevistarse con el nuevo ministro de Exteriores, Georges Bonnet, o con el presidente de la Cámara de los Diputados, Édouard Herriot. A veces no era el presidente vas-

---

[56] Memorándum del Gobierno vasco, París, octubre de 1938. AN, GE 25/11.

co el que se acercaba a ellos, sino a la inversa, como sucedió en diciembre de 1938, cuando un alto cargo del Gobierno del Frente Popular, Claude Bourdet, solicitó su ayuda para promover una mediación en España, promovida por Francia, en contra de los intereses de la Alemania nazi[57]. Un instrumento básico en este terreno fue la *Ligue Internationale des Amis des Basques*, constituida definitivamente en Francia en diciembre de 1938. Se trataba de un organismo de solidaridad con Euskadi, tanto a nivel asistencial y cultural como político y propagandístico, que permitió a Aguirre codearse con muchas personalidades francesas, mayoritariamente católicas, y disfrutar de una plataforma legal para su acción en Francia.

Esta acción paradiplomática tuvo muchas manifestaciones. Por ejemplo, en febrero de 1938, representantes de la oposición portuguesa se entrevistaron con Aguirre. Su idea era aprovechar la guerra española para hacer caer la dictadura en Portugal y pedían la ayuda vasca, con el fin de llegar a una Confederación Ibérica de Estados libres, aliada del eje franco-británico, en la que Euskadi y Cataluña podrían tener la misma consideración que Portugal. Aguirre consideraba difícil llegar a esta solución, pero no descartaba, si se presentaba la ocasión, la opción iberista, lo que refleja su disposición a explorar todas las posibilidades para ampliar la libertad de Euskadi. El lehendakari actuó también al otro lado del Atlántico, como lo demuestra la carta personal que envió al presidente norteamericano Franklin D. Roosevelt en la primavera de 1938. Sin embargo, a veces tropezó con el escaso conocimiento de la cuestión vasca en algunos países. Por ejemplo, los políticos conservadores británicos Anthony Eden y Winston Churchill denegaron una entrevista a Aguirre en abril de 1938, pensando que se trataba de un periodista[58].

Estas confusiones debieron ayudar a que Aguirre pusiera los pies en el suelo, lo que no era sencillo para una personalidad tan idealista como la suya. Ya en junio de 1937, nada más abandonar Bilbao, el lehendakari había expresado a un diplomático británico que «el Gobierno Vasco está como mínimo esperando un ofrecimiento de un hogar a los vascos en una de nuestras colonias»[59]. Esta idea refleja el

---

[57] Alberto Onaindia a José Antonio Aguirre, 10-XII-1938, AN, GE 156/9. Las acusaciones sobre las competencias en Azaña, *Diarios*, p. 1171.

[58] Actas del EBB, 28-IV-1938. La carta a Roosevelt, en Manuel Ynchausti a Jesús María Leizaola, 16-IV-1938, AN, GE, 156/9.

[59] Informe del procónsul británico en Bilbao, 25-VI-1937, cit. en Meer, *El Partido*, p. 478. Se trata con seguridad de una referencia al «hogar nacional judío» prometido por el Gobierno británico en la *Declaración Balfour* de 1917. Había quien defendía su creación no en Palestina sino en alguna otra colonia británica, como Uganda.

quijotismo de Aguirre y fue considerada absurda por la diplomacia del Reino Unido, para la que el problema vasco tenía escasa trascendencia. De forma más realista, Aguirre trató de aprovechar los planes de mediación que se desarrollaron a lo largo de 1938 para crear una España federal o con entes autónomos en Cataluña y en el País Vasco, ligados a la política exterior francesa e inglesa, aun sin descartar la independencia de Euskadi.

Ya en febrero de 1938 Aguirre pensaba que «Inglaterra va derecha a una fórmula mediante la cual ninguno de los dos bandos gane la guerra», que había que aprovechar para «afirmar nuestra personalidad». El lehendakari se mantuvo en contacto constante con José Ignacio Lizaso, el delegado del Gobierno vasco en Londres, al que el 7 de abril de ese año pidió que le transmitiera «diariamente, a ser posible, todo cuanto haya». Desde junio, Lizaso y el delegado catalán Josep Maria Batista i Roca presentaron al Gobierno británico diversas peticiones de mediación, que incluían soluciones autonómicas para Euskadi y Cataluña. El *Foreign Office* estaba dispuesto a intervenir en este sentido, y les pedía a cambio que influyesen sobre la República para lograr la retirada de voluntarios extranjeros. Aguirre animó a Irujo a que favoreciera en el Consejo de Ministros esa retirada, que los Gobiernos autonómicos presentarían ante Gran Bretaña como un éxito de su política. El 22 de julio, Aguirre telegrafió eufórico a Irujo, transmitiéndole noticias sobre una reunión de diplomáticos británicos en torno a la mediación en España, en la que éstos habían pedido expresamente la intervención de los delegados del Gobierno vasco y de la Generalitat: «Es la primera vez que vascos y catalanes son llamados directamente Foreign por interés Inglaterra propia iniciativa. Doy al acto trascendencia política»[60].

El optimismo de Aguirre afectó también a su interpretación esperanzada del pacto de Múnich. El 3 de octubre envió un telegrama al *premier* británico Neville Chamberlain felicitándole —en nombre del «pueblo vasco, víctima él mismo de una agresión injusta»— por el éxito de la conferencia de Munich, que según su interpretación serviría «para salvar la paz, la civilización y la libertad de los pueblos»[61].

---

[60] José Antonio Aguirre a Jesús María Leizaola, 23-II-1938, AN, GE, 275/21; José Antonio Aguirre a Manuel Irujo, 22-VI-1938, CDMH, PS-Barcelona 893.

[61] Aguirre *barría para casa*, interpretando el pacto de Munich a favor de sus aspiraciones. De hecho, Chamberlain también recibió una felicitación similar de Falange Española de las JONS (firmada en realidad por la Delegación Nacional de Asistencia a Frentes y Hospitales) por sus «exitosos esfuerzos […] para preservar la paz» (30-IX-1938). Significativamente, según la documentación conservada, Chamberlain ni siquiera respondió a

El día 12, Lizaso presentaba un memorándum de Aguirre al *Foreign Office* (paralelo a otro de Companys), en el que, basándose en el reconocimiento al derecho de autodeterminación de los Sudetes, supuestamente aprobado en Munich, solicitaba que Gran Bretaña mediara para el cese de hostilidades en España, reconociendo el derecho de autodeterminación de Euskadi y de Cataluña.

Muy diferente fue la iniciativa que, en noviembre, llevó a cabo Luis Arana Goiri, el expresidente del PNV, partido del que —como hemos visto— se había dado de baja en 1936, en protesta por la aprobación del Estatuto y la entrada de Irujo en el Gobierno español. El memorándum que entregó al *Foreign Office*, olvidando soluciones parciales, pedía sin más que Gran Bretaña ayudara a Euskadi a conseguir su independencia. Aunque Aguirre no compartía este maximalismo —puesto que en esta época pensaba que la recuperación de la libertad vasca estaba vinculada a que la República española, aun siendo incapaz de vencer a Franco, al menos no fuera derrotada por completo—, apoyó la iniciativa de Arana, tal vez dispuesto a no cerrar las puertas a ninguna posibilidad. Así, el EBB reconocía que el lehendakari estaba «enterado del proyecto de D. Luis [Arana] de hacer un viaje a Inglaterra para presentar un Memorándum al primer Ministro inglés, Mr. Chamberlain, sobre el futuro de Euzkadi. El presidente ha dado instrucciones a su Delegado, Sr. Lizaso, para que preste toda la ayuda necesaria a fin de que D. Luis logre su objeto», lo que obviamente no se consiguió[62]. Por otro lado, de forma completamente irreal, el lehendakari preveía que aún era posible cambiar la situación por medio de la declaración de un «movimiento insurreccional [...] en la retaguardia enemiga». El 9 de noviembre solicitó permiso a Negrín para crear «una organización exterior pirenaica con finalidades de penetración en el territorio vasco apoyando los movimientos insurreccionales del interior». Estos utópicos planes no pasaron de la teoría, en parte por no aceptarlos el propio PNV[63].

En enero de 1939, tras la derrota en el Ebro y con las tropas franquistas avanzando por Cataluña, la situación se hizo aún más angustiosa para la República, hasta el punto de que ni Negrín creía ya en privado en la posibilidad de ganar la guerra. Los intentos de mediación no pretendían ya una solución intermedia entre ambos bandos,

---

Aguirre; mientras que sí dio acuse de recibo —aunque con palabras «vagas» y por medio de un alto funcionario— a la organización falangista (TNA, FO, 371/22699).

[62] Actas del EBB, 21-X-1938. La documentación de este episodio en Fundación Sancho el Sabio, FLA, 80 y 154; AN, FLA, M19-37 y GE, 275-21; TNA, FO 371/22699.

[63] José Antonio Aguirre a Juan Negrín, 8-XI-1938, AGM, GE, 55/5/2.

sino atenuar la represión. En ellos se vio implicado directamente el lehendakari, que el 7 de enero envió un telegrama desde París a Jáuregui, que se encontraba en Barcelona, para que visitara inmediatamente a Negrín, con objeto de concertar una entrevista entre ambos presidentes en un «sitio cercano frontera parte francesa o española pues necesito exponerle urgentemente asunto puede ser trascendental», en relación con la «situación actual internacional y España»[64]. Aunque no parece que la reunión llegara a celebrarse, sin duda este telegrama tenía que ver con las conversaciones que tuvieron lugar en esas semanas entre el presidente del EBB y Aguirre e Hipólito Finat, el marqués de Carvajal, un antiguo monárquico liberal que vivía en Francia, tratando de mediar para terminar la guerra con un acuerdo entre ambos bandos. El acta del EBB del 8 de enero recoge «las proposiciones que este señor hizo en orden a la terminación de la guerra de España»:

> El Sr. Ziaurriz trasladó el resultado de estas gestiones a J.A. de Agirre y Leizaola, manifestando entre otras cosas que Negrín había dado a José Antonio atribuciones para llevar adelante gestiones en orden a la pacificación de España y término de la guerra. Da cuenta así mismo de la última entrevista a la que asistió J. A. de Agirre y en la que éste pidió el nombre del Delegado con quien tratan directamente a lo que Carvajal contestó pidiendo un plazo de seis días para pasar la nota al otro campo, quedando en contestar seguidamente[65].

En realidad, la suerte de la República estaba ya tan echada que no quedaba tiempo para mediaciones de ningún tipo. El propio lehendakari, olvidando por una vez su optimismo, escribió al EBB el 16 de febrero de 1939, reconociendo que la guerra estaba perdida. Frente a otros protagonistas que desde hacía mucho tiempo entendían que la República iba hacia una derrota segura, Aguirre confesaba «claramente» que había sido algo imprevisto, «por lo menos para mí». Con un planteamiento totalmente fuera de la realidad, explicaba que, «hasta hace mes y medio, la situación política, incluso en el campo internacional, era extremadamente favorable. Las disensiones intestinas en el campo de Franco eran cada día más conocidas». Por si fuera poco, esta vez el lehendakari pensaba que ese *repentino* cambio de rumbo desfavorable para la República no habría sido debido a la incapacidad española sino a que Cataluña, falta de espíritu de com-

---

[64] AN, GEC 123/16.
[65] Actas del EBB, 8-I-1939; Jesús María Leizaola a José Antonio Aguirre, 12-XII-1938, AGM, GE, 55/6/1.

bate, no había resistido como lo había hecho Euskadi en 1937, defendiendo heroicamente durante más tiempo un territorio mucho más pequeño[66].

En esta ocasión, Aguirre no deseaba ni oír hablar de «recuerdos desagradables que no quiero vuelvan a repetirse», por lo que previó desde abril de 1938 —cuando las tropas franquistas llegaron al Mediterráneo, cortando en dos la zona republicana— los «procedimientos más a propósito para poner a salvo nuestra gente»[67]. Como veremos a continuación, Aguirre en persona se trasladó desde París a Figueres (Girona) el 27 de enero, para organizar la retirada de los refugiados vascos. Por lo menos, esta vez no se repetiría el desconcierto de Santoña. Cuando el lehendakari abandonó por última vez territorio español, el 5 de febrero de 1939, los refugiados vascos que habían decidido seguir el camino del exilio habían atravesado ya la frontera. Muchos de ellos, como el propio Aguirre, jamás volverían a pisar su patria, al sur del Bidasoa.

---

[66] AGM, GE, 55/6/2. Según Astigarrabía, Aguirre siguió pensando entre 1937 y 1939 en un rápido regreso a su tierra, lo que una vez más demuestra lo alejado que el lehendakari se encontraba de la realidad. Cuando el exconsejero comunista coincidió con él en París, en una fecha indeterminada de 1938-1939, se encontró con que seguía siendo un «tremendo optimista. Él, en aquel momento, pensaba que, como medida preventiva, el Gobierno francés invadiría Euzkadi» (Ibarzabal, Eugenio: «Juan Astigarrabía, comunista y "euskadiano"», *Muga*, 21, 1982, p. 49).

[67] José Antonio Aguirre a Julio Jáuregui, 1-IV-1938, AN, GEC 121/5.

Retrato de José Antonio Aguirre como lehendakari, con dedicatoria y firma autógrafas.
© Sabino Arana Fundazioa.

Aguirre pronuncia su juramento como lehendakari en Gernika, el 7 de octubre de 1936. © Sabino Arana Fundazioa.

El Gobierno vasco al completo, en el interior de la Casa de Juntas de Gernika, el día de su constitución (7 de octubre de 1936). © Sabino Arana Fundazioa.

Primera reunión del Gobierno vasco, el 9 de octubre de 1936, en el Palacio de la Diputación de Bizkaia.
© Sabino Arana Fundazioa.

Fotografía oficial del lehendakari Aguirre, en su despacho del Hotel Carlton de Bilbao (11 de octubre de 1936).
© Sabino Arana Fundazioa.

Aguirre, vestido de campaña, inspecciona un escenario del frente de guerra, en noviembre de 1936.
© Sabino Arana Fundazioa.

El lehendakari y consejero de Defensa, rodeado de varios mandos del Ejército vasco. Noviembre de 1936.
© Sabino Arana Fundazioa.

Balcón de la sede oficial de la Presidencia del Gobierno vasco, en el Hotel Carlton de Bilbao (noviembre de 1936). Asomados, Aguirre y su secretario particular, Pedro Basaldua.
© Sabino Arana Fundazioa.

Aguirre, junto a varios consejeros del Gobierno vasco y el secretario de Defensa Joseba Rezola, en el palco de San Mamés, asistiendo al partido de fútbol «Pro avión *Euzkadi*», el 7 de febrero de 1937.
© Sabino Arana Fundazioa.

Instantánea tomada tras la celebración del funeral por el comandante Cándido Saseta, el 27 de febrero de 1937. Aguirre, flanqueado por los consejeros Telesforo Monzón y Heliodoro de la Torre.
© Sabino Arana Fundazioa.

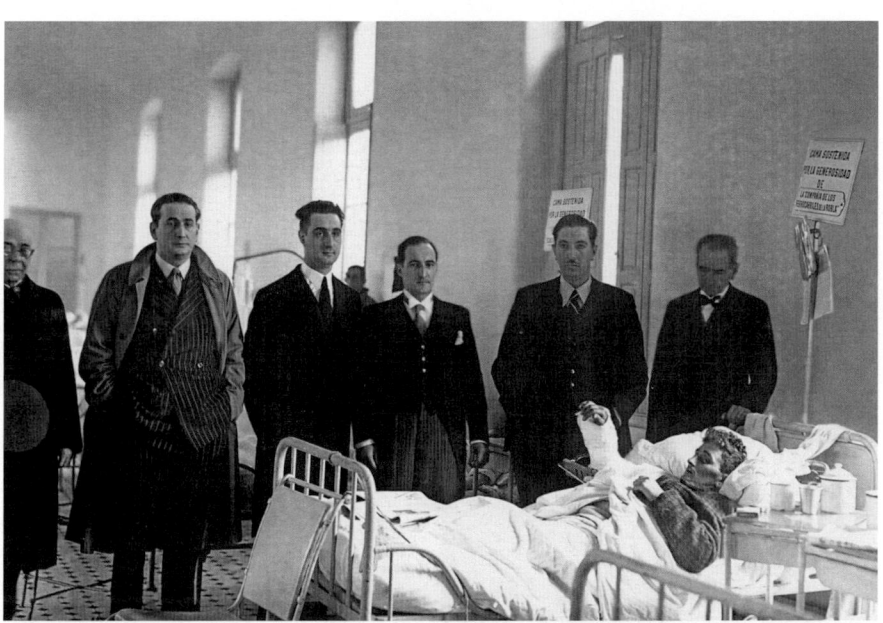

Visita a heridos de guerra en Bilbao (25 de abril de 1937). De izquierda a derecha, Aldasoro, Leizaola, Aguirre, Espinosa y el alcalde de Bilbao, Ernesto Ercoreca.
© Sabino Arana Fundazioa.

Aguirre en Cabo Mayor (Santander), acompañado por los consejeros Aznar, Monzón y Nárdiz, en el verano de 1937.
© Sabino Arana Fundazioa.

El presidente de la Generalitat catalana, Lluís Companys, acoge al lehendakari el 25 de julio de 1937, en su primera visita oficial a Cataluña.
© Sabino Arana Fundazioa.

En Cataluña, visitando el frente de Lleida. Junto a Aguirre, entre otros, Manuel Irujo, Pedro Basaldua y Telesforo Monzón.
© Sabino Arana Fundazioa.

Aguirre junto a Teresa Azkue, presidenta de la agrupación femenina nacionalista *Emakume Abertzale Batza*.
© Sabino Arana Fundazioa.

IV

EL IMPOSIBLE RETORNO:
POLÍTICAS DEL EXILIO (1939-1960)

IV

CAPÍTULO VII

LA DERROTA COMO OPORTUNIDAD
(1939-1945)

De las dos décadas largas que el lehendakari José Antonio Aguirre tuvo que pasar en el exilio, el primer sexenio fue, sin duda alguna, el más turbulento tanto en el plano político como en el personal. Fueron seis los años en un largo tobogán de emociones, en que los momentos de frustración, dolor y miedo dejaron paso a otros de esperanza, alegría y alivio, y viceversa. Se pasó de una guerra a otra, y de un exilio a otro. Pero la segunda guerra, que a partir de diciembre de 1941 adquirió una dimensión mundial, también desencadenó una gran esperanza que en la mente del lehendakari; más que esperanza, fue una firme convicción: la convicción de que en la contienda bélica la democracia se impondría frente al fascismo y que, en consecuencia, con Hitler y Mussolini, también iba a caer Franco. En la biografía política de Aguirre, estos turbulentos años fueron importantes, y en cierto sentido excepcionales, por tres razones. La primera era la más elemental: era un período en el que en más de una ocasión la vida del presidente vasco estuvo en grave peligro. Pudo haber muerto, pero sobrevivió, y sobrevivió, vistas las circunstancias, casi milagrosamente. Y de ahí nació la segunda razón para explicar la importancia de esta primera fase del exilio: esta, para muchos milagrosa, supervivencia del lehendakari elevó su ya existente carisma a unas alturas realmente extraordinarias. Para los suyos, Aguirre dejó de ser un político querido y respetado para mutar en un dirigente mítico, intocable y venerado, un hombre aparentemente protegido por la Providencia y llamado a conducir a su pueblo desde la miseria, la represión y el exilio hasta la democracia, la libertad y el autogobierno. Esta mutación en la forma y la intensidad del liderazgo iba acompañada de un proceso de maduración política, con lo que queda mencionado el tercer elemento que contribuyó a hacer de estos primeros años del exilio un período excepcional en la vida política del primer presidente vasco. Es la única fase en su biografía en la que adoptó un pensamiento nacionalista radical, aislacionista y con ansias de hegemonía. Son cinco o seis años en los que, poco a poco, las pésimas consecuencias de este radicalismo, así como la enriquecedora experiencia como hombre de Estado bien relacionado en el ámbito internacional, terminaron por generar un replanteamiento en la política de Aguirre: al final abandonó esta actitud radical, moderó su pensamiento estratégico y recuperó su talante más pragmático, conciliador y forjador de complicidades que le va a caracterizar durante el resto de su vida, una vida que pudo haber acabado en febrero de 1939.

I. UN PELIGROSO GESTO DE SOLIDARIDAD VASCO-CATALANA

En el duro invierno de 1938/39, las esperanzas de todos aquellos que habían defendido a la República y que desde el inicio del levantamiento militar se habían opuesto a que la caprichosa decisión de unos cuantos generales lograra imponer su voluntad a una democracia legitimada por el plebiscito popular, quedaron definitivamente congeladas. Desde que a finales de diciembre comenzara la ofensiva franquista sobre Cataluña, no había manera de parar el avance de las tropas sublevadas y su firme decisión de no cejar en el empeño hasta hacerse con la *joya de la corona*: Barcelona, la capital catalana. Más que un objetivo estratégico-militar, la conquista de Barcelona debía tener un nada desdeñable valor añadido simbólico, pues era la «capital de los tres gobiernos», el lugar que había reunido a las fuerzas políticas y sus expresiones institucionales leales a la República: el Gobierno republicano, la Generalitat y el Gobierno vasco. Por ello, la caída de Barcelona podría ser transformada propagandísticamente en la caída del triunvirato «rojo-separatista» que se estaba oponiendo a la *Cruzada* de Franco. Cuando el 14 de enero las tropas franquistas entraron en Tarragona, la pregunta ya no era si la capital catalana podía aún ser defendida, sino cuándo iba a caer.

El canónigo Alberto Onaindia fue una de las personas más cercanas al presidente Aguirre durante todo el exilio. En París, todos los domingos solía acercarse al domicilio de la familia Aguirre para participar en el almuerzo familiar, al que a menudo también acudía Manuel Irujo. Aunque Onaindia y Aguirre mantuvieron una relación de mutuo respeto expresado también en las formas —se hablaban de «usted»—, establecieron una relación de confianza íntima: los consejos que Aguirre solía pedir frecuentemente a Onaindia traspasaban ampliamente el ámbito personal o religioso, para adentrarse también en asuntos de alcance político. El canónigo, víctima del franquismo y exiliado para escapar de la represión —en varios casos, como el de su hermano Celestino, incluso mortal— que otros clérigos vascos no afines a los sublevados y su ideología habían padecido, no tenía duda alguna sobre su posicionamiento en la guerra. Pero durante aquellas semanas en las que la derrota republicana parecía cada vez más previsible, en la mente de este asesor personal de Aguirre volvían a aparecer —tras el episodio de la rendición de Santoña— las tentaciones de aceptar una mediación para acabar cuanto antes con la guerra. Y volvían también las reticencias de un hombre profundamente católico que se sentía incómodo yendo de la mano de gente de izquierdas que, en el mejor de los casos, eran laicistas, y, en el peor, anticlericales dogmáticos. Onaindia compartía estas inquietudes con otra víctima del golpe franquista: Mateo Múgica, exobispo de la diócesis de Vitoria, despojado de la misma y exiliado en Bélgica. Un día antes de la caída de Tarragona, Múgica expresó a Onaindia su clara oposición a todo totalitarismo, pero dejando claro al mismo tiempo que tampoco deseaba «el TRIUNFO del Ejército republicano, porque si éstos triunfaran definitivamente en la guerra, tampoco ganaría la causa o la religión católica». Para él, la solución del conflicto «sería la mediación, la paz justa y cristiana con la concesión a las regiones de sus justas reivindicaciones». Onaindia coincidía con esta apreciación, manifestando su esperanza en una intervención diplomática de los Gobiernos de Francia e Inglaterra: «Tiene V.E. razón de que no conviene para el porvenir de la Iglesia, y yo añado, ni para el porvenir del País Vasco, ni el triunfo fascista en España ni el del Gobierno republicano. Creo que hay que evitar ambos extremos. Esta última hipótesis está descartada y es la primera la que hay que procurar evitarla, y en este sentido trabajan mucho en París y Londres los Gobiernos de Francia e Inglaterra». A vuelta de correo, el obispo desterrado resumió más claro aún este pensamiento compartido por ambos clérigos y que giraba en torno al trinomio de antifascismo, antirrepublicanismo y mediación:

> [...] nosotros nada hemos querido, ni queremos con los verdaderos rojos, [...] y a pesar de todo [«las muchas barbaridades que los nacionales habían cometido en las provincias vascongadas y Navarra, fusilamientos de sacerdotes, seglares, etc.»], si Franco ha de traer ventajas positivas para los intereses religiosos, naturalmente pedimos por su triunfo; yo lo hago así: todo ello, por supuesto, en relación con el triunfo de los rojos, siempre

> horrible. Mas a medida que ha transcurrido el tiempo y he ido sabiendo con todo detalle las enormidades que han cometido los consabidos, después recé por aquel que sea destinado en los planes de Dios.
> Cuando hablaban de la MEDIACIÓN, convencido de que esa es la solución mejor para todos, porque no es posible que ningún vencedor y Jefe de Estado pueda gobernar una nación, levantando en ella un trono, rodeado por todas partes de mares de sangre, apuntalado con centenares de millares de cadáveres, mutilados, etc., etc. [...] como le sucederá a Franco, al triunfar y arruinado por una guerra civil, suscitada, dirigida por él, y terminada con ayuda extranjera de dos naciones, enemigas del PAPA; entonces he rezado implorando del Señor la mediación con libertad religiosa, abolición de las leyes enemigas de ella, etc. [...] la mediación era la única solución, si la gente ha de convivir en España; la única solución, si el País Vasco ha de lograr lo que justamente desea.

Pocos días después de este cruce de confidencias entre los dos clérigos, Onaindia tuvo ocasión de observar las reacciones del lehendakari ante la llegada de las malas noticias desde Barcelona. Aunque la sede oficial del Gobierno vasco estaba en la ciudad condal, el presidente se encontraba en la delegación parisina sita en la Avenue Marceau, desde donde había realizado cinco o seis desplazamientos más bien breves a Barcelona durante los 15 meses que transcurrieron desde que en octubre de 1937 se decidió el traslado oficial del Gobierno vasco. Cuando se supo que se habían iniciado los preparativos para la evacuación del Gobierno, Aguirre tomó la decisión de que él debía viajar a Cataluña, no sólo para estar cerca de su gente en esos momentos dramáticos, sino también para simbolizar con su presencia la solidaridad con el pueblo catalán, su Gobierno y su presidente Lluís Companys, a quien había prometido que «en las últimas horas de su patria me tendría a su lado»[1]. Iba a hacer el viaje junto con su amigo Manuel Irujo, quien ya había llegado desde Londres. A nadie se le escapaba el peligro que conllevaba semejante aventura viajera, cuyo desenlace era absolutamente incierto en un contexto militar marcado por la inminente caída del frente catalán. En una conversación privada, Irujo confesó a Onaindia sus pocas ganas de ser «carne de cañón» y autoinmolarse: «Prefiero que no me maten. Aunque sea el último, querría salir de la frontera de España, para donde saldré mañana». Aguirre llevaba, como tantas veces en su vida, la procesión por dentro, y prefirió no exteriorizar sus dudas y preocupaciones. La descripción que dejó Onaindia de la última

---

[1] Aguirre, José Antonio: *De Guernica a Nueva York pasando por Berlín*, Axular, Saint-Jean-de-Luz, 1976, p. 82.

cena antes de la salida de los dos amigos refleja bien a las claras el dramatismo del momento:

> El día 24 ceno con el Presidente y con Irujo, momentos antes de partir los dos para Catalunya. Al Presidente le noto muy pensativo, y durante toda la cena se dedica a estar con sus dos niños. Tenía que partir, y con una serenidad admirable, cuando su señora le despedía llorando, le dijo: «No te apures. Voy a cumplir con mi deber, y esto te debe de alegrar». Al salir, en la puerta, le dijo Irujo: «Mira, si tu mujer no lloraría [sic], no sería tu mujer. Esa es la intimidad de la familia, y tu sacrificio así es mayor».

Pero la cena no terminó con estas manifestaciones de la comprensible emoción familiar, sino con una afirmación política que evidenció que, en esta ocasión, Aguirre no parecía dispuesto a compartir los pensamientos de Onaindia y su entorno. Sigue así el relato:

> Los dos, serenos y alegres, empezaron a hablar de lo grande que es el pueblo vasco y de los valores morales que encierra el sufrimiento que hoy padece. En uno de estos momentos, me dice el Presidente: «Si el Gobierno Central hace un acuerdo de rendición, espero decir al Sr. Negrín que entonces levantaré yo la bandera de Euzkadi independiente. Hace ya más de un año no tenemos territorio, pero tenemos a todo el pueblo con nosotros. A mí no me eligió Negrín; me eligió Euzkadi. El único límite que tendré en estas manifestaciones, será el bien de mi pueblo, a quien no quiero dañar en nada con mi actitud personal».

Es probable que una buena parte de esta afirmación tan categórica, en la que Aguirre anunciaba la independencia vasca para el caso de que el Gobierno republicano decidiera entregar las armas, no se debía a una exigencia intransigente de mantener la lucha hasta el final, sino a una reacción espontánea al ambiente de emoción patriótica sentida por el lehendakari en aquel momento, en el que no podía saber seguro si volvería a ver a su familia. De hecho, tal y como ya hemos visto, la trayectoria de Aguirre en el tema de la mediación durante la guerra había sido un tanto contradictoria y a merced de los vaivenes históricos. Había sido marginado por su partido en la negociación que llevó al Pacto de Santoña y, más tarde, había defendido ante Prieto y Azaña el plan de llevar las tropas vascas al frente de Cataluña. Pero en 1938 también había hecho llegar, en estrecha colaboración con la Generalitat, sendos memorandos al *Foreign Office* británico con el fin de iniciar una mediación con Franco. Sin embargo, en enero de 1939, por fin incluso Aguirre tuvo que darse cuenta de una realidad que ya en el otoño de 1938 era patente, aunque entonces el presidente vasco no la quiso aceptar: la realidad de que nadie en el *Foreign Office* iba a mover un dedo por una causa que ya se suponía perdida, máxime cuando este gesto podría molestar a Hitler. Y si no hay nada que se pudiera lograr con una mediación, ¿para qué perder tiempo pensando en la misma?

Con todo, Aguirre no era un hombre dado a derrumbarse fácilmente ante las situaciones adversas. Al contrario: su innato optimismo le llevaba a reinterpretar estas situaciones para llegar siempre a unas conclusiones positivas que muchos observadores coetáneos hubieran tildado de ilusorias e ingenuas. Reinterpretar y actuar: poco después de llegar a Figueres (Girona), donde se encontró con Negrín y Companys, mandó instrucciones concretas a la Delegación del Gobierno vasco en París, en las que, entre otras cosas, ordenó a su consejero Monzón realizar gestiones ante los responsables franceses para facilitar el paso y la acogida de los refugiados vascos y a Alberto Onaindia intervenir ante las autoridades eclesiásticas para informarles de la «barbarie inconcebible» que se estaba llevando a cabo contra miles de refugiados desprotegidos. El escrito finalizaba con una arenga típicamente *aguirrista*, destinada a levantar el ánimo a su gente en una situación de desesperanza absoluta:

> Estamos en el periodo de una lucha que comienza. Todavía estamos solos. Ya llegará el momento en que estemos acompañados. Que sigan sus trabajos con más ardor que nunca. Todo lo que hagamos ahora será fructífero para el mañana. El que esté pesimista que se vaya a casa. Trabajar y trabajar. Dios hará lo demás, porque dependemos de Él y de la justicia. [...] No hay más autoridad y prestigio que el de Euzkadi. Estamos perfectamente enterados con enlaces, etc. de la situación enemiga. Vosotros trabajad por nuestro pueblo, para que nos distingan y nos reciban bien. Pero que nadie nos apremie. Estamos bien y decidlo así a nuestros familiares para que no se apuren[2].

Lo de «estamos bien» era un eufemismo que significaba: aún estamos vivos, porque en realidad Aguirre y sus acompañantes no estaban nada bien. Barcelona ya había sido ocupada el 26 de enero y sólo la decisión de los sublevados de tomarse unos días de descanso permitió a vascos, catalanes y republicanos españoles respirar un poco y

---

[2] «Nota de José Antonio Aguirre para la Delegación de París», s.l., 31-I-1939. Este documento, como los demás que se han citado, proceden del Fondo Documental Alberto Onaindia. En el Archivo del Nacionalismo (AN) existe una copia transcrita de todos los documentos, mayoritariamente correspondencia, del fondo que hemos podido consultar. Cf. las cartas de Mateo Múgica a Alberto Onaindia, Gooveind-Westwezel, 13-I-1939 y 18-I-1939; Alberto Onaindia a Mateo Múgica, París, 16-I-1939, así como el «Informe sobre la partida de José Antonio Aguirre a Catalunya», s.l., 24-I-1939.

organizar el definitivo abandono del territorio catalán. En esta situación, Aguirre, Companys, Negrín, Azaña y Martínez Barrio, presidente de las Cortes, decidieron cruzar la frontera juntos, simbolizando —pese a los graves conflictos de los últimos meses— su firme decisión de salvaguardar la unidad antifranquista. Cuando los presidentes vasco y catalán llegaron a la hora convenida a La Vajol, donde residía Azaña, fueron informados de que las autoridades republicanas ya habían salido sin esperarles. Más tarde, Azaña reveló que el causante de esta salida precipitada había sido Martínez Barrio[3]. Así, Companys y Aguirre tan sólo vieron a Negrín, cuando éste regresó a pie a España tras acompañar a Azaña hasta el primer pueblo al otro lado de la frontera. Durante esta marcha por el monte, en medio de esta «inmensa caravana de gente sin patria y sin hogar» a la que le esperaban «los campos de concentración como toda hospitalidad», el lehendakari avanzaba lentamente entre sentimientos en los que se cruzaban la compasión, el dolor, la solidaridad y la rabia contenida causada por las consecuencias desastrosas de lo que para él no era otra cosa que «el abandono más absoluto por parte del mundo»[4]. Al cruzar la frontera, no sabía que este paso iba a ser definitivo y que jamás volvería a emprender el camino de vuelta a un país libre y democrático. Había salvado el peligro derivado de su gesto de solidaridad con el presidente catalán, pero ni el franquismo ni su aliado nazi estaban dispuestos a dejar escapar gratuitamente a dos dirigentes antifascistas tan señalados como Companys y Aguirre. Cuando puso pie en el territorio francés, no pudo imaginarse Aguirre que no pasaría mucho más de un año hasta que llegara la revancha e impactara con toda su brutalidad y en forma de una trampa letal en la vida de los dos amigos. Lo que sí sabía el líder vasco en estos duros momentos del invierno de 1939 era que el partido en el que se enfrentaban el totalitarismo y la democracia aún no había terminado, puesto que —tal y como escribió en su libro de memorias ya citado— «las victorias militares» no dejaban de ser «derrotas espirituales». Ahora se trataba de convertir esta derrota espiritual en una derrota política que abriría la puerta a la recuperación de la democracia y de la liber-

---

[3] «Martínez Barrio no se había olvidado de Companys, pero como el séquito del Presidente de la Generalidad le pareció a Martínez Barrio demasiado numeroso y abigarrado, creyó mejor que no saliese en nuestra compañía. Citó a Companys en La Vajol, pero con una hora de retraso; así, cuando llegase, ya habríamos salido nosotros y él seguiría el mismo camino». Cf. la larga carta de Azaña a Ángel Ossorio, Collonges-sous-Salève, 28-VI-1939, publicada en Azaña, Manuel: *Memorias políticas y de guerra*, Crítica, Barcelona (4.ª ed.), 1981, vol. II, pp. 425-449, cit. p. 447.

[4] Aguirre, *De Guernica*, p. 82.

tad en España y en Euskadi. Y él estaba dispuesto a invertir toda la energía y todo el capital político del que disponía para alcanzar este objetivo, aunque fuera desde el exilio. Para ello contaba con un valioso instrumento: su Gobierno. Desde que lo había formado en aquel acto solemne bajo el Árbol de Gernika en octubre de 1936, se había convertido en el símbolo de la solidaridad antifascista de todos los demócratas vascos, una solidaridad que trascendía fronteras ideológicas y que se articulaba en torno al indiscutido liderazgo de su presidente, cuya autoridad era respetada sin fisuras por todos los consejeros. Sin embargo, el desenlace final de la guerra había creado una situación novedosa en la que emergían con nitidez una amenaza y una oportunidad. Por una parte, los gravísimos enfrentamientos entre las diferentes fracciones del republicanismo español durante los últimos meses de la contienda bélica podían fácilmente mutar en un virus capaz de dar al traste con la solidaridad y cohesión entre los partidos en el Gobierno vasco. Y, por otra, la defunción de la II República, de su entramado jurídico-administrativo y de sus instituciones, liberaba al Gobierno vasco de unas ataduras, con las que Aguirre y los nacionalistas vascos nunca se habían sentido demasiado cómodos. Ahora se abría una nueva perspectiva: si, a juicio de los nacionalistas vascos, era cierto que el Gobierno vasco y el Estatuto de autonomía jurídicamente entroncaban con la Constitución de 1931 y derivaban del procedimiento fijado por la normativa republicana (votación de los Ayuntamientos, referéndum y votación en las Cortes), no era menos cierto que con la sustitución del régimen republicano por la dictadura franquista también se había cortado el nexo de la autonomía vasca con la República y su Constitución. Por todo ello, además de organizar la ayuda humanitaria para los miles de refugiados vascos que habían huido del terror franquista, tras su regreso a París Aguirre tuvo dos objetivos inmediatos: uno, blindar la cohesión de su Gobierno, y dos, definir la estrategia política para el nuevo escenario posbélico. Aun tratándose de dos objetivos diferenciados, pronto quedará claro que para el lehendakari y los *jeltzales* existía una estrecha relación entre uno y otro, de manera que nadie concebía la posibilidad de tratarlos por separado.

II. EL SUEÑO DE LA PUREZA NACIONAL

Meudon era una pequeña localidad en la periferia suroeste de París. Tenía unos 20.000 habitantes y era conocida por su tranquilidad y sus amplias zonas verdes, además de por haber sido la última residencia del célebre escultor impresionista Auguste Rodin, cuyos restos descansan en la villa desde su fallecimiento en 1917. En 1939, Meudon entró en la historia del nacionalismo vasco —y en la del lehendakari Aguirre— puesto que fue el escenario de algunas de las reuniones más importantes que los responsables del PNV realizaron durante los años del exilio. En su Rue des Galons, número 63, el EBB tenía un amplio local que se usaba para reuniones cuando era necesario mantener una estrecha y fluida comunicación con los representantes peneuvistas en el Gobierno vasco, cosa que en la Villa Endara de Anglet (País Vasco francés), donde desde julio de 1937 estaba registrada la sede oficial del EBB, resultaba bastante más complicada. En abril de 1939, y con el fin de fijar las directrices políticas de la política nacionalista para el futuro, Doroteo Ziaurritz, el presidente del EBB, convocó en Meudon a los directivos del partido y todos sus cargos públicos disponibles en esos momentos, incluido el lehendakari Aguirre. Recordemos algunas claves del contexto político en el que se desarrollaron estas reuniones: el 1 de abril había terminado oficialmente la guerra con el parte final de Franco. El colapso de la República iba parejo con el derrumbamiento de sus instituciones. En febrero había dimitido Manuel Azaña, el presidente de la República. Diego Martínez Barrio, el presidente de las Cortes, se había negado a asumir este cargo vacante. Por otra parte, Juan Negrín, quien —en el exilio francés y luego londinense— formalmente seguía siendo el presidente del Consejo de Ministros, ya había sufrido una notable merma de su autoridad al verse abiertamente cuestionado por el sector del Partido Socialista liderado por Indalecio Prieto. Si en esta situación el Gobierno republicano en el exilio no era mucho más que una entelequia, la Generalitat prácticamente estaba ya disuelta, puesto que los consejeros de la Esquerra se negaban a cooperar con los comunistas del PSUC. Los socialistas vascos, por su parte, no se salvaron del desastre: el Comité Central Socialista de Euskadi, constituido en enero de 1937 tras la fusión de las Federaciones de Bizkaia y Gipuzkoa —no existía en Álava— y presidido por Paulino Gómez Beltrán, funcionaba bajo mínimos por haber sufrido huidas al exilio, golpes policiales y los efectos del enfrentamiento entre los diferentes sectores del socialismo español. Finalmente, aunque una guerra había terminado, cada vez existían más indicios de que Europa se encontraba en la antesala de otra contienda bélica mucho más impactante: al menos desde la famosa Cumbre de Munich (finales de septiembre de 1938) y la invasión alemana de lo que quedaba del Estado checoslovaco en marzo de 1939 había quedado claro que la política del *appeasement* no había podido frenar las ansias expansionistas de Hitler. Y si efectivamente se producía la guerra entre Alemania y las democracias europeas, nadie dudaba de que un conflicto de semejante envergadura tendría consecuencias para la situación en España y el País Vasco.

En medio de este contexto marcado por crisis e incertidumbres múltiples, el Gobierno vasco todavía parecía un faro de solidez y eficacia. Era la única institución republicana que, con las pocas excepciones ya comentadas en un capítulo anterior, no había perdido ninguno de los apoyos políticos con los que contó cuando había sido creado en octubre de 1936. Su labor asistencial para los miles de refugiados —que un sacerdote nacionalista en mayo de 1939 cifraba en un total de 31.000 «ciudadanos vascos; de ellos euzkotarras unos 20.000, los demás son maketos»[5]— estaba cosechando el reconocimiento de los contemporáneos y permitía a los refugiados vascos afrontar su nueva situación vital desde una perspectiva algo más optimista que el resto de los colectivos de exiliados republicanos. La estabilidad del Gobierno vasco fue posible básicamente por tres razones. Por una parte, la clara hegemonía del PNV en su seno frenaba el surgimiento de planteamientos críticos y estrategias alternativas. En segundo lugar, la histórica debilidad del republicanismo en Euskadi, así como la gran influencia que Indalecio Prieto ejercía en el socialismo vasco, fueron factores que amortiguaron el impacto de las luchas fratricidas entre los republicanos españoles. Y, finalmente, el lehendakari José Antonio Aguirre ejercía un liderazgo carismático e integrador que trascendía ampliamente los límites del nacionalismo vasco y abarcaba a todos los sectores demócratas vascos y españoles.

Este era el contexto en el que tuvieron lugar las reuniones de Meudon. Tras una primera ronda de consultas con sus cargos y excargos, el 2 de abril el EBB adoptó una serie de acuerdos genéricos para su desarrollo y concreción posterior. En el primero de estos acuerdos dio por cancelados todos los compromisos con la República:

> El Partido Nacionalista Vasco no tiene ningún compromiso ni con el Gobierno de la República, ni con los Partidos, ni con las organizaciones sindicales que la apoyaban, llamados del Frente Popular español.
> El Partido tiene plena libertad de acción, pudiendo mantener las relaciones de pura cortesía que puedan convenirle.

---

[5] Carta de Policarpo de Larrañaga a Alberto Onaindia, Baiona, 26-V-1939, AN, Fondo Alberto Onaindia.

Pero fue en el cuarto punto de la lista de decisiones donde se formuló la consecuencia de esta nueva libertad de acción que el PNV decía haber conquistado: había llegado la hora de aprovechar el descalabro de la República y de sus organizaciones para imponer una línea más nacionalista al Gobierno vasco y, particularmente, a sus componentes no nacionalistas:

> El Partido Nacionalista procurará como base mínima, para que el resto de los Partidos colaboren en el Gobierno vasco, el que todos ellos firmen una declaración de principios proclamando su filiación nacional vasca, y su independencia de orientación respecto a los organismos españoles. Al mismo tiempo se significará una política de dureza con aquellos elementos pertenecientes a Partidos vascos que en su actuación política hayan manifestado doblez de intenciones.

Por si faltaba algo para dejar claro que el destinatario principal de estas decisiones eran los socialistas vascos, en otro punto de este documento se expresó el deseo de proponer al lehendakari Aguirre la remodelación o incluso disolución del Departamento de Asistencia Social gestionado por los socialistas[6].

Con estos antecedentes, a mediados de abril comenzaron las reuniones de los dirigentes del partido con sus cargos políticos. Las actas de estos encuentros reflejan un sorprendente consenso casi unánime entre todos los asistentes en torno a las propuestas adelantadas por el EBB[7]. Las ya clásicas dos almas del PNV parecían haberse fusionado en una: el alma más radical y más nacionalista. Para el consejero de Justicia y Cultura Jesús María Leizaola no había duda de que «la Constitución republicana y el Gobierno de la República son hechos que ya han desaparecido del mapa» y que, por ello, la nueva línea política debía tener un «carácter de mayor reivindicación nacional». El exministro Manuel Irujo se mostraba de acuerdo, añadiendo su opinión de que «hay que ir al frente vasco a todo trance». Para ello era necesario no que los demás partidos asumieran los principios del lema JEL [«Jaungoikua eta Lagi Zarra», Dios y Ley Vieja], cosa que para el navarro era hartamente improbable, sino que «todos los partidos políticos y organizaciones sindicales de Euzkadi sean nacionalistas y actúen en nacionalismo», constituyéndose «en forma independiente de los partidos españoles de igual significación». Y el diputado José María Lasarte fue más claro aún:

---

[6] Escrito del presidente del EBB a los consejeros nacionalistas del Gobierno, Meudon, 2-IV-1939, AN, GE-258-4.

[7] Todas las citas que se reproducen a continuación provienen de las actas de reuniones levantadas en Meudon entre el 15 y el 18 de abril de 1939 (AN, DP-15-4).

> Hay que procurar, mejor dicho, hay que forzar a que esa gente venga al Nacionalismo definitivamente. Tenemos que forzar un poco a todo el mundo. La declaración que se pide al Partido Socialista puede tener importancia el día de mañana. No creo que podamos estar con remilgos distinguiendo entre forzar y romper; esas cosas hay que hacerlas; hay que forzarlas, con toda la energía necesaria [...]. Para firmar el documento no habrá oposición más que en determinadas personas; cuando haya una oposición, tenemos que obrar con habilidad para eliminarla. No hay oposición en la masa, sino en algunos dirigentes, pero nosotros lo menos que podemos sacar de la guerra es esto: traer al Nacionalismo una corriente que antes no era del Partido. Hay que eliminar los obstáculos que puedan eliminar eso.

La jugada no podía ser más clara: la guerra como oportunidad para convertir a los socialistas en nacionalistas, forzando esta conversión con todos los medios al alcance y eliminando todos los obstáculos en este camino sin piedad. Aquí es donde apareció la única matización en todo este debate: Manuel Irujo, quien ya había advertido que era ilusorio pensar que los socialistas pudieran llegar a abrazar el lema JEL, no quiso poner en riesgo la supervivencia del Gobierno vasco en caso de que los socialistas se negaran a firmar la mencionada declaración: «Exponer al Gobierno a su disolución sería una insigne torpeza y una responsabilidad en la que no quiero tener parte de ninguna naturaleza». En opinión del navarro, había que jugar el órdago ante los socialistas, pero prever también la posibilidad de una retirada ordenada si no salía la jugada: «Si no firman, hay que sostener el Gobierno; a todo trance, hay que hacer lo posible para sostener el Gobierno».

Hasta este momento, el lehendakari Aguirre había estado callado para dejar hablar a los demás. Ahora, cuando ya se discutía sobre la continuidad o la disolución del Gobierno, tenía que sentirse directamente interpelado. Aprovechó su intervención para presentar un largo análisis sobre la evolución de los acontecimientos desde que el 7 de octubre de 1936 presentara su primer programa de gobierno, firmado por todos sus integrantes. Según Aguirre, el prestigio que su Gobierno había logrado se debió a que había actuado no según criterios partidistas, sino como «nacionales vascos». Si en octubre de 1936 se había conseguido incorporar la reivindicación nacional tan sólo en un único punto del programa, ahora era necesario abrir otra puerta y avanzar en el camino de la cohesión nacional de todos los que constituían el Gobierno vasco: hasta ahora, se había tenido una situación con «un Estatuto en el que lo nacional aparecía veladamente dicho; no era el punto principal del Gobierno, sino el punto final del programa. Hoy lo nacional debe ser lo principal. No debe haber Partido vasco que no tenga un sentido nacional». Para poder seguir trabajando como presidente, Aguirre necesitaba este cambio: «Necesito una declaración de este tipo. Necesito el principio de orientación independiente respecto de todos los Partidos españoles», aunque admitía la posibilidad de que, una vez asegurado que «la orientación sea sólo vasca y circunscrita a los límites geográficos de Euzkadi», el Partido Socialista de Euzkadi decida «que me confedero con el Partido Español». En definitiva, y así concluía el lehendakari su larga intervención, ahora se trataba de «abrir una puerta que estaba a medias». Y el significado de esta acción era evidente: «Realmente, lo que estamos haciendo [...] es Euzkadi contra España».

Aguirre dejó entrever que estaba dispuesto a correr el riesgo de una disolución de su Gobierno en caso de una negativa socialista, aunque, después de unas conversaciones sobre el tema con Paulino Gómez Beltrán, se mostró optimista de que los socialistas finalmente accedieran a la petición. Además, insinuando la posibilidad de una confederación con el «Partido Español», Aguirre flexibilizó algo las posturas más intransigentes mostradas previamente por sus correligionarios. Con todo, y pese a estos matices, la imagen de Aguirre que emerge tras la lectura de estas actas no es la de un presidente de un Gobierno multipartidista obligado a mantener una cierta distancia con respecto a las posturas de los partidos políticos, y también del suyo. Al contrario: estos primeros meses posteriores a su definitivo establecimiento en el exilio probablemente marcan el período histórico en su biografía en el que más próximo se encontraba a un nacionalismo radical, ortodoxo y con ansias de hegemonía. El Gobierno era un instrumento para hacer política nacionalista, o mejor dicho, la política nacionalista que definía el PNV. Cuando Leizaola puntualizó que a los vascos no sólo se les distinguía, tal y como había dicho el lehendakari, por ser «nacionales vascos», sino también por ser católicos, Aguirre contestó: «Claro, [...] un vasco se confunde con vasco-católico», añadiendo lo siguiente: «El Gobierno y el Partido yo entiendo que son dos cosas inseparables».

Sin embargo, esta imagen de un lehendakari como ideólogo y líder de la versión más ortodoxa y radical del nacionalismo vasco no debió ser compartida por todos los reunidos en Meudon. Una vez acordado el tema de la declaración de nacionalidad que había que exigir a los demás partidos como condición para poder seguir en el Gobierno, hubo otros asuntos a debatir en sucesivas reuniones en las que quedó patente que, pese a su demostración verbal de ortodoxia y radicalidad, para algunos de sus compañeros Aguirre seguía siendo un nacionalista demasiado individualista y no suficientemente sumiso a la política del partido. Y curiosamente, el portavoz de esta corriente crítica con la política del lehendakari fue su consejero Jesús María Leizaola, un hombre con un perfil más bien moderado y no muy dado a las grandes polémicas. En su ataque frontal al lehendakari, Leizaola le reprochó haberse dedicado demasiado a la propaganda, mientras que «has abandonado la política». Lo que al principio aún parecía una acusación un tanto nebulosa, poco a poco se iba aclarando y concretando en una dura crítica a Aguirre, quien se habría entregado plenamente a Juan Negrín, el presidente del Gobierno republicano desde mayo de 1937. Por estar dedicado a la propaganda, a Aguirre se le habría olvidado el hecho de que «los grandes enemigos de Euzkadi son Negrín y Prieto». El consejero de Justicia concretaba su crítica con dos revelaciones. En primer lugar, «y por estar atados a Negrín», Aguirre había rechazado una propuesta que Leizaola le había transmitido de forma escrita el 2 de noviembre de 1937, en la que le pidió trabajar para que «se impulsara la guerra de España hacia la mediación y la paz», porque, tal como le escribió entonces Leizaola, tenían «tanta obligación de buscar la paz como de hacer la guerra». Y, en segundo lugar, en septiembre del mismo año, el lehendakari también había rechazado —nuevamente por estar «obsesionado(s) con la marcha política de Negrín»— otra propuesta de lanzar en la prensa nacionalista la idea del plebiscito para determinar la forma de Estado (republicano o monárquico) en una España democrática. Aparentemente, Leizaola no se encontraba solo con estas reticencias hacia esta política del presidente vasco. En otra reunión dos días más tarde, Aguirre no dio crédito a lo que estaba escuchando cuando el EBB le propuso crear en el organigrama del Gobierno una «Secretaría General de la propaganda, política interior y política exterior», a ocupar por Leizaola, para asegurar que «la política exterior del PNV y del Gobierno [fueran] de acuerdo».

El lehendakari agarró un monumental enfado, denunciando la censura a la que le querían someter: «Me parece que lo que se está haciendo, realmente, es residenciarme». No se opuso a una modificación del organigrama del Gobierno, pero dejando claro que el que mandaba y decidía seguiría siendo él mismo: «Entre yo y la política exterior no puede haber intermediarios. [...] Por cuestión de eficacia, yo concibo la cosa jerarquizada». Estas palabras contundentes surtieron su efecto. Al final, ni Leizaola ni nadie del EBB se atrevió a cuestionar este principio de autoridad y la cosa se quedó en un gran disgusto del lehendakari. Y sus compañeros del partido habían aprendido una lección: la personalidad de este hombre y su concepción de liderazgo eran absolutamente incompatibles con cualquier pretensión de limitar su ámbito de actuación y convertirlo en un mero instrumento ejecutor de las directrices del partido.

Y pronto se presentó otra ocasión para comprobar que el lehendakari no se había asustado por este toque de atención que recibió en Meudon. Allí, y en consonancia con la idea de que ya no existían lazos que ataban a los nacionalistas con las instituciones republicanas, se había decidido retirar a los representantes del partido del organismo que Negrín había creado para financiar la asistencia social a los cientos de miles de refugiados (SERE: Servicio de Evacuación de los Republicanos Españoles). Aguirre había solicitado —con éxito— el aplazamiento de esta decisión para tener algo más de tiempo de negociación con el SERE a sabiendas de que el mantenimiento de la labor asistencial del Gobierno de Euskadi a los refugiados vascos iba a ser imposible sin los fondos que proporcionaría el convenio con el SERE. Las cosas se complicaron aún más no sólo por la demora en las negociaciones, sino por la fundación a finales de julio de 1939 de la JARE (Junta de Auxilio a los Republicanos Españoles) por Indalecio Prieto, la *bestia negra* de los *jeltzales*. Ahora el grave conflicto entre los dos líderes del exilio republicano español ya no era tan sólo político, sino que se había extendido al terreno económico para convertirse en una guerra abierta por el control de las finanzas del exilio. ¿Cómo debía reaccionar el PNV? ¿Debía ser fiel a sus ideas y negar la cooperación con cualquiera de los dos organismos? ¿Entonces, cómo se podía garantizar el alto nivel de asistencia a los refugiados? ¿Había que permanecer en el SERE porque reconocía oficialmente al Gobierno vasco y no entrar en la JARE porque su fundador no reconocía la personalidad nacional del Gobierno? Mientras se sucedían las interminables reuniones sobre este tema entre los dirigentes y cargos nacionalistas, el lehendakari —que defendía una postura menos ideologizada y más práctica, condicionada por la preocupación presupuestaria— decidió pasar de las palabras a los hechos, sin esperar a la conclusión del debate interno. Movió ficha y, sin informar a las autoridades del partido, impulsó las negociaciones con ambos organismos. Obviamente, la información sobre estas negociaciones no tardó en llegar al EBB, cuyo presidente Ziaurritz tuvo que amenazar al lehendakari con la retirada de la solidaridad de su partido en el caso de un acuerdo con Prieto y su JARE, lo que para los dirigentes del PNV no era otra cosa que una «capitulación» ante el líder socialista por la vía de la sumisión a la Constitución de 1931 y la consiguiente «limitación» de las aspiraciones del partido[8].

Pronto el problema se enredó un poco más al saberse que los catalanistas, para el lehendakari unos aliados *natos*, habían entrado en la JARE, habiendo sido designado presidente el representante de Acció Catalana, Lluís Nicolau d'Olwer, y cuando Prieto ofreció, a través de Aguirre, el puesto de secretario general de la JARE a Manuel Irujo. Al final se impuso el criterio de Aguirre y su política de hechos consumados. Se llegó a un acuerdo con el SERE que, a finales de 1939, sería cancelado unilateralmente por Aguirre para evitar que el Gobierno vasco se viera salpicado por los problemas que el SERE estaba teniendo con las autoridades francesas. Tras conocerse el pacto germano-soviético, el Gobierno francés intervino y más tarde prohibió el SERE por sus relaciones con los comunistas españoles. En febrero de 1940, el PNV entró en la JARE. Para dulcificar esta decisión a los miembros del EBB y como única concesión, Aguirre e Irujo rechazaron la oferta hecha al navarro de ocupar la secretaría del organismo. En la línea de lo decidido en Meudon, Irujo lo explicó a su «querido amigo» Prieto por la decisión del partido de restringir la gestión política «a medios propios y dirigida a finalidades adecuadas a nuestro carácter nacional vasco». No dejó pasar la oportunidad para hacer hincapié en el derecho del pueblo vasco a cobrar «la porción que le corresponde sobre los caudales públicos de referencia» y para rogar a Prieto que pusiera fin «al espectáculo poco edificante de otra guerra civil», la guerra entre los organismos de auxilio para los refugiados. En su respuesta, Prieto lamentó la decisión, señaló la contradicción que a su juicio suponía la ausencia —más tarde corregida— del PNV de la JARE, defendió su postura frente a la de Negrín como única ajustada al derecho y citó el aval que decía tener de Aguirre, quien antes había ofrecido a Negrín la creación de una Junta independiente para la gestión de los recursos, que, en opinión de Prieto, no era otra cosa que la JARE[9]. De nuevo, el EBB se había visto desbordado por el activismo imparable del lehendakari, a quien la grave amenaza de la retirada de la confianza presentada por Ziaurritz no había impresionado lo más mínimo. De nuevo, a Doroteo Ziaurritz no le quedó otro desahogo que el de lamentar ante los su-

---

[8] Cf. la carta de Doroteo Ziaurritz a José Antonio Aguirre, París (Meudon), 28-VII-1939, citado en Ludger Mees: *El profeta pragmático. Aguirre, el primer lehendakari (1939-1960)*, Alberdania, Irún, 2006, pp. 30 ss.

[9] Copias de las dos cartas (9-VIII y 14-VIII-1939) se encuentran en el Archivo Indalecio Prieto.

yos que «los consejeros nacionalistas se encuentran handicapados y faltos de energía ante José Antonio de Agirre» y que éste no consultaba «nunca los problemas con el PNV, y éstos se nos dan siempre como hechos consumados»[10].

El problema no radicaba tanto en la existencia de importantes desacuerdos políticos, ideológicos y estratégicos o en que el lehendakari desoyera las directrices de su partido. Como hemos visto, en los temas discutidos no había discrepancias de fondo. Se trataba más bien de un problema de velocidades y de perspectivas. Aguirre se desesperaba cuando tenía la impresión de que los debates se eternizaban y que no se llegaba a conclusiones prácticas; y se enfadaba cuando veía cómo el dogmatismo ideológico obstaculizaba la búsqueda de soluciones a problemas que desde su perspectiva de gestión resultaban reales y apremiantes, pero que para los líderes del partido quizás no eran lo suficientemente relevantes como para aguar determinadas convicciones ideológicas. Sin embargo, el Aguirre de 1939/1940 era un dirigente no carente de contradicciones. Si en el tema de SERE/JARE había adoptado una postura posibilista y pragmática, en el otro gran tema de la llamada *obediencia vasca* se había erigido en el ideólogo e impulsor de la línea más ortodoxa y radical. Recordemos que fue Manuel Irujo, no Aguirre, quien había advertido del riesgo de una quiebra del Gobierno vasco. El lehendakari, como tantas veces impulsado y —como se verá— engañado por su optimismo, después de unas cuantas conversaciones, dio por hecho que los socialistas iban a ceder y que, por lo tanto, en este hipotético caso no se produciría ninguna contradicción entre la exigencia ideológica («todos nacionalistas») y su consecuencia práctica (fortalecimiento de un Gobierno vasco más cohesionado). Aguirre, empero, erró con estas previsiones. La pretensión del PNV de imponer a todos los partidos, y particularmente a los socialistas, un giro nacionalista generó críticas y resistencias curiosamente no sólo entre los socialistas vascos, sino también dentro del otro partido nacionalista en el Gobierno. Gonzalo Nárdiz, el consejero de ANV, era un fiel *aguirrista* y no mostró discrepancia alguna. Sin embargo, la correspondencia entre altos cargos del partido demuestra que incluso dentro de ANV la nueva línea de Aguirre y de su partido, cuyos consejeros habían presentado su dimisión a finales de 1939 para poner más presión sobre los socialistas, había provocado el rechazo de destacados líderes, entre los que se encontraba Tomás Echave, su secretario general. Para

---

[10] Cf. el acta de la reunión del EBB del 18-I-1940, AN, DP-16-4.

empezar, Echave se basó en experiencias del pasado reciente para no fiarse ni del PNV ni del lehendakari. Según el relato del secretario general de ANV, la dimisión de Manuel Irujo como ministro del gabinete Negrín en agosto de 1938 no se había producido por la solidaridad con la Generalitat catalana, tal y como sostenía la versión oficial, sino con el fin de provocar en el Gobierno «una crisis para derribar al gabinete Negrín, cuyo signo era la resistencia, y dar entrada a una solución capitulacionista». Por lo tanto, las durísimas críticas que el PNV y Aguirre habían vertido después sobre ANV por haber accedido a la petición de Negrín de nombrar a su dirigente Tomás Bilbao como sustituto de Irujo en el Gobierno, a juicio de Echave, no fueron otra cosa que elementos de una estrategia de «engaño» orquestada por «nada menos que el propio Presidente de nuestro Gobierno». Un año antes ya se había producido otro ejemplo de las «antipatías», en ocasiones de «virulencia extrema», con las que, según Echave, el PNV solía distinguir a ANV. En otra carta a su compañero Juan Carlos Basterra cuenta que en octubre de 1936, y con la intención de «procurar por todos los medios nuestra desaparición», el PNV había puesto trabas «para que no tuviéramos un consejero», lo que al final sólo se pudo lograr gracias a la «firmeza del Partido Socialista». Con estos antecedentes, Echave se preguntó cuál era el auténtico motivo detrás de las presiones del PNV y de Aguirre a los socialistas: «la vasquisación [sic] de determinadas agrupaciones españolistas» o «desplazar a los socialistas de los puestos que en la actualidad tienen en el Gobierno de Euzkadi». Y aun en el caso de que la «vasquisación» —bien vista por Echave— fuera el motivo, «la táctica de la intransigencia» no era la adecuada y debía ser rechazada por ANV:

> Sus resultados, cuando se obtienen, corren el riesgo de ser efímeros y circunscritos a un ficticio, por forzado éxito de momento [...]. La intransigencia, en particular cuando por estar ligada a una situación de privilegio encierra además una imposición, suele dar lugar a reacciones con efecto negativo.
> Vamos a suponer, pues, que el Partido Socialista, el más directamente emplazado con la actitud del Partido Nacionalista Vasco, rechaza sus pretensiones. En el seno del Gobierno de Euzkadi los nacionalistas cumplen su amenaza y dimiten, y dimiten también los socialistas. Acto seguido, aunque no se dieran las dimisiones de Izquierda Republicana y de Acción Nacionalista Vasca, nuestro Gobierno Autónomo desaparece, porque sería irrisorio continuara funcionando con esas sólo dos exiguas representaciones [...]. De la colaboración de los socialistas no puede prescindirse, [...] sin calcular bien las consecuencias de su alcance venidero, que Acción

Nacionalista Vasca tiene el deber de prevenir velando por el futuro de nuestro Pueblo[11].

Concluyendo, el secretario general de ANV adujo tres razones para oponerse a la transformación de «nuestro Gobierno Autónomo en Gobierno Nacional Vasco»: los verdaderos motivos escondidos del PNV y de Aguirre, la utilización de la intransigencia en lugar del convencimiento, y los graves peligros para el Gobierno vasco derivados de esta operación. Aunque en este tema Echave no logró imponer su criterio al resto de sus compañeros de partido, que secundaron sin reticencias la estrategia de los *jeltzales*, aparentemente tuvo una visión más realista que el lehendakari. Durante los meses siguientes, su pronóstico de que la presión a los socialistas vascos podría generar importantes resistencias y conflictos —algo que en el otro lado Manuel Irujo también había intuido—, se iba a confirmar. La lectura optimista que Aguirre había hecho de sus conversaciones con algunos socialistas vascos, a los que veía dispuestos a ceder, poco a poco desaparecía en el olvido para dejar paso a una cierta sensación de perplejidad ante la configuración de un escenario oscuro, en el cual se estaba desarrollando el primer acto de lo que con el tiempo llegaría a ser la mayor crisis interna del Gobierno vasco durante la presidencia de José Antonio Aguirre. Sin embargo, las primeras señales que Aguirre y los dirigentes del PNV estaban recibiendo todavía parecían apuntalar su optimismo. De los tres consejeros socialistas en el Gobierno, dos (Santiago Aznar y Juan Gracia) estaban más o menos a favor de firmar la declaración, y sólo el tercero, Juan de los Toyos, mostraba más reticencias, quizás también debidas a que Toyos estaba ya muy *quemado* con los *jeltzales* por la intromisión de otros consejeros nacionalistas, sobre todo de Telesforo Monzón, en su ámbito de actuación como responsable de la colocación de los refugiados vascos en el mercado laboral francés. También Paulino Gómez Beltrán, el presidente del CCSE, había dado muestras de su inclinación favorable, aunque había pedido tiempo para consultar a otros compañeros y organismos del partido, y esto —aunque no lo explicitara— no significaba otra cosa que contactar con la persona más influyente en el socialismo vasco. Y desde su lejana residencia en México, Indalecio Prieto inmediatamente contestó por carta a sus compañeros con dos indicaciones

---

[11] Véanse las cartas de Tomás Echave a Juan Carlos Basterra, Capbreton, 18 y 22-II-1939, AN, SERE-19-8. Las fuentes no permiten comprobar la veracidad de su relato sobre hipotéticos conflictos a la hora de componer el primer Gobierno vasco.

claras. En primer lugar, argumentó que era imposible tomar semejante decisión en las circunstancias que corrían, pues una firma socialista en el documento presentado tendría una «tan extraordinaria trascendencia que no podría afrontarla por sí el Comité Central Socialista de Euzkadi» y que, por otro lado, no se encontraba en condiciones de consultar a todos los afiliados vascos; y en segundo lugar, si al final se firmara algo, debía ser un texto modificado que ya no incluyera «la separación de los socialistas vascos del Partido Socialista Obrero Español». Estas directrices del líder socialista iban a misa y sentaban doctrina entre la mayoría de sus correligionarios. De hecho, meses más tarde, el propio Gómez Beltrán le aseguró que la actuación y la negociación del partido se estaba llevando a cabo «teniendo en cuenta la contestación que nos diste en abril del pasado año». En el correo de vuelta, Prieto le felicitó por la firmeza en «vuestro nuevo choque con los nacionalistas vascos», añadiendo esta valoración personal: «Encuentro justo, perfecto y atinadísimo vuestro documento. Creo que hay detrás de las pretensiones de los nacionalistas vascos, tan obstinadamente sostenidas desde hace cerca de un año, mucho más que una simple declaración retórica sin consecuencias. Éstas podrían ser gravísimas. Precisamente en el discurso mío de que antes te hago referencia aludí a este asunto». En el mencionado discurso, quizás el discurso más fervientemente nacionalista español de toda su larga trayectoria política, Prieto había denunciado ocultas maniobras separatistas contra la unidad de España a las que él prometía oponerse con todas sus fuerzas[12].

Con Prieto ya de lleno metido en la *mêlée*, la situación se iba complicando para el lehendakari. Por una parte, el EBB no estaba dispuesto a relajar sus exigencias. Es más, en noviembre de 1939 todavía envió una consulta al interior para recibir orientaciones sobre la «forma de dividir al P.S., forma de evitar que el P.S. sea allí una fuerza al servicio de España contra Euzkadi». La idea, expresada sin tapujos en el acta de la reunión, era clara: «Es preciso llegar a la formación del Partido Socialista Vasco y estudiar la forma de conseguirlo». No era extraño, por lo tanto, que Ziaurritz rechazara una propuesta

---

[12] Carta de Paulino Gómez Beltrán a Indalecio Prieto, París, 16-III-1940, y la respuesta de Prieto, México, 28-IV-1940, ambos documentos se encuentran en el Archivo Indalecio Prieto; carta de Indalecio Prieto al Comité Central Socialista de Euzkadi, México, 3-V-1939, Archivo Fundación Pablo Iglesias. El discurso del Círculo Pablo Iglesias está reproducido en Indalecio Prieto: *Discursos en América, I: Con el pensamiento puesto en España 1939-1944*, Fundación Indalecio Prieto y Editorial Planeta, Barcelona, 1991, pp. 49-51.

de modificación de la declaración, en la que se pretendía mantener el vínculo con el PSOE. Esta actitud intransigente, lejos de doblegar a los socialistas más reticentes, surtió el efecto contrario. El CCSE contraatacó con una resolución dirigida al EBB en la que exigía una mayor participación de los consejeros vascos en las decisiones del Gobierno, así como la intensificación de los contactos con los responsables republicanos en el exilio, anunciando que, si no se cumplían inmediatamente estas exigencias, dando fin al «partidismo acentuado de la gestión», sus consejeros no iban a poder continuar en el Gobierno[13].

Por estas mismas fechas, el consejero Juan de los Toyos ya había decidido dimitir, aunque al final tardó unos años en hacer efectiva esta decisión. Eran claros avisos de que el vaticinio de Echave (e Irujo) estaba a punto de materializarse y que la permanencia del Gobierno vasco estaba en peligro. Ante este panorama, le tocaba mover ficha al lehendakari. El primer órdago estaba a punto de fracasar y el instrumento político que Aguirre consideraba imprescindible no sólo para simbolizar la firmeza de la voluntad popular vasca en la situación adversa del exilio y de la dictadura, sino también para liderar a los vascos en el camino hacia la democracia y la libertad, había entrado en una fase agónica. Para reflotarlo y evitar su desaparición parecía necesario rebajar las exigencias y buscar fórmulas más aptas para el consenso, cosa que, aparentemente, se consiguió. Las fuentes no nos permiten aclarar todos los detalles, pero todo parece indicar que a primeros de mayo de 1940 los socialistas aceptaron la propuesta del nuevo programa de gobierno que el lehendakari les había remitido días antes. No se ha encontrado el documento definitivo de este programa (con las firmas correspondientes), pero sí un borrador previo con anotaciones escritas del propio lehendakari. En este borrador se mantenía la esencia del texto inicial, pero con una importante diferencia: ya no había referencia alguna a la «independencia» de los socialistas vascos con respecto al PSOE. Como contrapartida, el programa exigía para el futuro democrático el reconocimiento a la «voluntad nacional del pueblo vasco», se comprometía a colaborar en el establecimiento de una «situación peninsular» democrática, dejaba toda la política exterior en manos del lehendakari y solicitaba —sin mencionar ni la República ni la Constitución— la «restauración de aquellos principios o instituciones democráticas fundamentales de carácter general im-

---

[13] La resolución del CCSE (sin fecha) en AN, PNV-93-5. El acta de reunión del EBB (7-XI-1939) en AN, DP-16-4.

prescindibles, sin perjuicio de las revisiones que estos conceptos puedan experimentar más tarde»[14].

Aguirre había cedido en el punto más polémico para salvar a su Gobierno, pero esto no significaba que ni él ni su partido hubieran abandonado el verdadero objetivo de esta campaña de presión, que no era otro que el de domesticar y satelizar a los socialistas vascos. Pero aquí no conviene adelantarnos a los acontecimientos que se producirán después de aquel fatídico 8 de mayo de 1940, día en el que el lehendakari emprendió viaje a Bélgica, contento por haber podido cerrar el nuevo programa de gobierno y feliz por el reencuentro familiar que era el fin del viaje. En los meses previos a este viaje no tuvo que ocuparse tan sólo del conflicto con los socialistas. Y es que la agresión de la Alemania nazi contra Polonia el 1 de septiembre de 1939 había confirmado por fin los rumores sobre el inminente comienzo de una guerra en Europa. Dos días más tarde, Francia y el Reino Unido declararon la guerra al Tercer Reich. Aguirre y el Gobierno vasco se encontraban en suelo francés y tuvieron que reaccionar. Aguirre lo hizo publicando un manifiesto en el que ofrecía al Gobierno francés la solidaridad de todos los vascos demócratas, haciendo un llamamiento a sus compatriotas, a los que exhortaba a que acudiesen a la *Ligue Internationale des Amis des Basques* (LIAB), un organismo creado, como ya se ha visto, a finales de 1938 sobre todo por políticos e intelectuales franceses en cooperación con el Gobierno vasco con el fin de apoyar y dar cobertura a sus actividades asistenciales en Francia y el resto del mundo[15], para registrarse como voluntarios a disposición del Ejército francés. Este manifiesto fue atrevido, porque el lehendakari sabía que su ofrecimiento de solidaridad activa no contaba con el consentimiento de todos sus correligionarios. Así, la víspera de la invasión alemana de Polonia, el sacerdote Alberto Onaindia escribió desde Inglaterra, donde se encontraba haciendo una sustitución y aprendiendo inglés, una carta a Antón Irala, secretario general de la Presidencia del Gobierno vasco, con la petición de que Irala trasladara sus ideas y pensamientos al presiden-

---

[14] Más detalles sobre las negociaciones que condujeron a este nuevo programa de gobierno en Pablo, Santiago de; Mees, Ludger y Rodríguez Ranz, José Antonio: *El péndulo patriótico. Historia del Partido Nacionalista Vasco, II: 1936-1979*, Crítica, Barcelona, 2001, pp. 100 ss.

[15] Otra razón más inmediata fue el deseo de anticiparse a la restricción de la actividad política de las organizaciones del exilio español en Francia creando una especie de tapadera para asegurar la continuidad de la labor del Gobierno vasco. Cf. Larronde, Jean-Claude: *Exilio y solidaridad. La Liga Internacional de Amigos de los Vascos*, Bidasoa, Villefranque, 1998.

te Aguirre. Onaindia preveía el comienzo de la guerra e incluso la neutralidad de España, desaconsejando para este caso la implicación militar de los exiliados vascos: «No creo que nuestra juventud quiera luchar en caso de neutralidad de Franco. Ha habido mucha guerra para de nuevo luchar no siendo por Euzkadi [...]». En vez de luchar «por intereses en los que no va envuelto nuestro interés nacional», habría que fomentar el regreso de los exiliados, lo que en opinión del clérigo pronto sería posible, puesto que Franco iba a necesitar mano de obra. Tras la publicación del manifiesto del lehendakari, también el consejero Monzón se hizo eco del rechazo que el llamamiento de Aguirre había provocado entre importantes sectores del exilio vasco. Esta «viva reacción de protesta» se debía, según Monzón, a que entre los refugiados reinaba un «ambiente poco favorable al heroísmo». Como la gente se había acomodado a vivir razonablemente bien gracias a las ayudas del Gobierno vasco, no era fácil «pasar de una mentalidad de asilo a una mentalidad de epopeya».

A la vista de estas críticas de personas tan cercanas a él, el lehendakari se asustó. Decidió trasladarse a Bayona para explicar a los dirigentes de su partido *in situ* los motivos de su decisión. La reunión se convirtió en un largo monólogo de Aguirre, quien desde el principio dejó bien claro que no pensaba cambiar bajo ningún concepto su actitud de apoyo activo a Francia, porque en esta guerra se jugaba también el futuro de Euskadi:

> Declarada la guerra, nuestra situación es distinta, ha cambiado completamente. [...] Hoy nuestra causa se confunde con la de los países democráticos; el triunfo del nazismo, de los pueblos totalitarios, sería nuestro silencio absoluto, quizá durante muchos años.

Frente a la propuesta de Monzón, de que, si llegaba la guerra, «todos debíamos volver a Euzkadi, pasara lo que pasara, pues era preciso salvaguardar la raza, logrando la máxima unidad en el país, con un acercamiento a los carlistas-requetés, anti frente popular», Aguirre defendió su «ofrecimiento sin condiciones» como primer paso hacia la independencia:

> Las democracias van a ganar la guerra; tenemos la obligación de apoyarlas, dejándonos de sentimentalismos y cuestiones prácticas, reparando únicamente en el criterio puro. Nuestra actuación debe ser tal que la victoria de los aliados coincida con la nuestra. La victoria aliada significa la victoria contra todos los totalitarios, estén donde estén y sea lo que sea el estado sobre el que se halle implantada [*sic*]. Nuestro deber como pueblo es colocarnos al lado de las democracias. Lo que sacaremos nosotros, en

primer lugar, es la derrota de los totalitarios, primera base de nuestro camino por la independencia.

Concluyó con una para él típica exhibición de su liderazgo presidencialista defendiendo su actuación unilateral porque «no puedo dejar a la voracidad de los partidos políticos resoluciones de este tipo» y advirtiendo que no toleraría que nadie boicoteara sus instrucciones, por ejemplo aconsejando que la gente «se vuelva a Euzkadi»[16].

Tras esta emotiva y vehemente intervención, cuyo contenido además conectaba muy bien con el ambiente de nacionalismo radical que entonces reinaba en la cúpula del PNV, se cortó todo debate. Una vez más, el que mandaba era el lehendakari y había que actuar en consecuencia. La vía estaba libre para la colaboración activa con los aliados y una de sus consecuencias fue la creación de una unidad militar vasca a través de su alistamiento por la LIAB. Pero pronto las cosas se iban complicando por el miedo del Gobierno francés a que España podría abandonar su neutralidad en la contienda si se sentía provocada por las actividades del exilio español. Para evitar esta reacción, el Gobierno francés, lejos de agradecer la solidaridad de los vascos y su disposición a implicarse en la defensa del país como combatientes, mano de obra y agentes de espionaje, recrudeció las medidas contra los colectivos del exilio español y vasco. De repente, Aguirre y su gente se mutaron de aliados antifascistas en elementos sospechosos y potencialmente peligrosos para los intereses del país. Personalidades como José Félix Lequerica, el embajador franquista en París, o Jean Ibarnegaray, el diputado derechista y pro-franquista por el distrito vasco-francés de Mauléon, maniobraron hábilmente para impulsar esta transformación del ambiente político. La clausura de los locales de la LIAB o la deportación de muchos refugiados vascos al campo de internamiento de Gurs (Bearne) fueron las consecuencias más visibles de esta nueva política.

En este clima de abierta hostilidad resultaba cada vez más difícil hacer política o, por decirlo de forma más precisa, política vinculada al republicanismo y al antifascismo. Poco antes, el lehendakari había lanzado una iniciativa que se salía de este ámbito referencial y apuntaba a los sectores que en la Guerra Civil habían estado en el otro lado de las trincheras. Recordemos que en las reuniones que el EBB

---

[16] Acta de reunión del EBB con Aguirre, 26-IX-1939, AN, DP-16-4; Alberto Onaindia a Antón Irala, Southampton, 31-VIII-1939, AN, Fondo A. Onaindia; De Pablo, Mees y Rodríguez Ranz, *El péndulo II*, pp. 105-107.

y sus cargos habían celebrado a lo largo del año 1939 habían aparecido propuestas de dirigentes cualificados e influyentes como Leizaola, Monzón o Robles Aranguiz, que plantearon abiertamente no sólo cancelar todos los compromisos con la República —un planteamiento compartido por todos—, sino sustituir la estrategia de la resistencia por una de cauta aproximación, cooperación e infiltración con determinados sectores del régimen franquista. En este pensamiento influyó, por una parte, el temor a que la no presencia o pasividad de los nacionalistas en el interior condujera con el tiempo a la «desaparición de la raza». Para evitar que los empresarios vascos «nos llenen de maquetos las fábricas», era preciso fomentar el regreso de los exiliados a sus lugares de origen y colocarlos en las fábricas, o, en palabras del líder sindical Manu Robles Aránguiz: «Haríamos bien en instalarnos en nuestros caseríos para no dejar entrar a los extraños». El siguiente paso consistiría en una silenciosa aproximación a sectores del régimen que, debido a su descontento con la dictadura y/o por sus latentes afinidades vasquistas, parecían susceptibles de poder ser ganados para la causa nacionalista. Leizaola identificaba a los requetés, a los carlistas en general, a algunos monárquicos e incluso a la Falange como posibles objetos de esta nueva estrategia. Pero claro, para que este planteamiento pudiera surtir efecto, era necesario abandonar la rebelión y el enfrentamiento: «Trabajar y no protestar es la conducta a seguir».

Sin embargo, no hubo quórum para este cambio radical de la estrategia política que se topó con el rechazo frontal de otros dirigentes, cuyo portavoz era Manuel Irujo. Irujo lanzó una crítica demoledora contra su colega Leizaola, ridiculizando su propuesta:

> En estas frases está condensada la integridad de tu preocupación espiritual: sofocar el espíritu de rebeldía de Euzkadi, para reintegrarse a la España de Franco. Cabalmente, ir por impotencia, por acomodo a derrumbar el espíritu de rebeldía y de protesta. Haciendo que todos los nacionalistas entren en Falange o en el Requeté, que se vistan de moros o de traidores, lo que interesa es mudar el ropaje. [...] Más entiendo que nuestra política en Euzkadi va en ese orden. Lo primero es la libertad. No podemos perder una ocasión de liberar a Euzkadi atendiendo a la incomodidad de los vascos ni a su desazón económica; ni podemos desarmar sus emociones de patria y libertad, por un equivocado concepto de tipo conservador que nos llevará a la ineficacia[17].

---

[17] Todas las citas proceden de las actas que recogen el contenido de las reuniones celebradas en Meudon durante el mes de abril de 1939. AN, DP-15-4.

Durante el debate de este punto Aguirre se mantuvo discretamente en un segundo plano, también con el fin de no tener que desautorizar a su consejero Leizaola, con quien ya había tenido un fuerte encontronazo con anterioridad. Lógicamente, la idea maestra que guiaba toda su política, a saber: la de crear con el Gobierno vasco un instrumento operativo para aglutinar a toda la oposición antifranquista de Euskadi y canalizar, tanto en el interior como en el exilio, la lucha por la libertad, se encontraba en las antípodas de la postura colaboracionista defendida por Leizaola. No necesitaba intervenir, puesto que Irujo hablaba por él afirmando que, para lograr la libertad de Euskadi, era imprescindible «forjar el instrumento, el que ya funciona» —una evidente referencia al Gobierno— y preparar incluso «un sistema de acceso a Euzkadi, por las armas». Ésta era la visión institucional del lehendakari, y esta visión era la que se impuso al final.

Con todo, Aguirre era un hombre firme en sus convicciones ideológicas, pero flexible en sus planteamientos estratégicos. Como político *pura sangre*, procuraba no dejar sin explorar ninguna vía si ésta contaba con una mínima posibilidad de conducir a la meta. Así, meses después de estos acalorados debates sobre la postura a adoptar ante el régimen, el lehendakari sorprendió a todos con una iniciativa que, de alguna manera, era deudora de los planteamientos que Leizaola había defendido sin demasiado éxito, aunque tenía sobre todo un sentido simbólico. El 25 de octubre de 1939, día del centenario de lo que en el imaginario nacionalista era la ley abolitoria de los Fueros, el lehendakari había enviado a «Su Excelencia el General Franco» un mensaje personal que circulaba clandestinamente en el interior y había sido repartido también en las embajadas de las potencias aliadas. El contenido moderado y el tono reverencial del texto causó desasosiego y estupor entre muchos *jeltzales*. En su escrito Aguirre aceptó la idea de una unión entre Euskadi y España, puesto que «el pueblo vasco aceptó mediante pactos solemnes como suya la Corona de España», aunque esta unión permitiera el desarrollo de lo que para el lehendakari era «la independencia de las instituciones y de los pueblos respectivos». Llama la atención que el presidente vasco apenas hablara de la autonomía. Y cuando lo hizo, en la única referencia, fue para recordar que «en la Asamblea precursora de la autonomía vasca reclamaban que constatase claramente que la autonomía se aceptaba sin perjuicio de la reclamación fundamental vasca contenida en la derogación de la ley de 25 de octubre de 1839». El texto terminaba en este mismo sentido, no pidiendo a «Vuecencia» la restauración de la autonomía, sino del «derecho que nos es debido a los vascos»[18].

Este polémico mensaje personal a Franco, y particularmente la marginación de la autonomía en él, tenía dos explicaciones. Por una parte, encajaba a la perfección con el *mainstream* aislacionista que se había apoderado de los dirigentes *jeltzales*, que habían decidido finiquitar todos los compromisos con la República y su entramado institucional y jurídico, todo ello para explorar nuevos caminos que debían conducir a metas más allá del Estatuto del 36. Por otra parte, el discurso fuerista, acompañado de oportunas referencias religiosas, enlazaba con una corriente ideológica vasca con la que los sectores de la derecha tradicionalista, católica y a menudo moderadamente vasquista-regionalista podían sentirse cómodos: los sectores, en definitiva, a los que se había referido Leizaola. Así se lo explicó Aguirre al diputado José María Lasarte, quien ya le había informado de los problemas que el mensaje había causado a diferentes correligionarios:

> Su redacción no era fácil a primera vista, porque dirigido a Franco, debía ser redactado en tonos en los que la energía no estuviese reñida con la natural cortesía, que leído en nuestro País, donde seguramente ha de ser repartido con profusión, causará buena impresión al elemento carlista y monarquizante; de aquí que su redacción al principio tiene un sesgo histórico con una teoría fácilmente aceptable por todos[19].

Aguirre, empero, no quiso conformarse con un panfleto propagandístico con inciertos réditos políticos. Durante los primeros meses de 1940, además de estar volcado en las negociaciones con los socialistas, el lehendakari reveló a sus colaboradores que estaba trabajando para establecer contactos directos con el rey Alfonso XIII, quien, como es sabido, no abdicó en su hijo don Juan hasta el año de su muerte en 1941. Pese a mostrarse «escéptico» con respecto a una hipotética alianza con los monárquicos opuestos al franquismo, con-

---

[18] Una copia de este mensaje personal, que no está reproducido en las *Obras Completas* de Aguirre, se encuentra en AN, GE-258-1. En realidad, la ley del 39 no abolía los Fueros. Al contrario, su artículo 1 fijaba que «se confirman los Fueros de las provincias vascongadas y Navarra». Sin embargo, la ambigua coletilla que venía a continuación («sin perjuicio de la unidad constitucional de la Monarquía») abría la puerta a la intromisión del Gobierno y medidas adoptadas con el fin de «constitucionalizar» los Fueros vascos. Para el significado de esta ley como un símbolo de la libertad perdida en el imaginario nacionalista, cf. Rubio, Coro: «25 de Octubre de 1839», en Pablo, Santiago de; Granja, José Luis de la; Mees, Ludger y Casquete, Jesús (coords.): *Diccionario ilustrado de símbolos del nacionalismo vasco*, Tecnos, Madrid, 2012, pp. 786-800.

[19] José Antonio Aguirre a José María Lasarte, París, 27-X-1939, Archivo General Militar (AGM), GE, 54.

tó que, tras haber recibido informaciones y facilidades por parte de círculos monárquicos autorizados, se había logrado establecer una vía de comunicación que con seguridad acabaría «en conversaciones directas con la cabeza. Y además, de cabeza a cabeza»[20].

De momento, sin embargo, estos contactos no prosperaron. Tampoco importaba demasiado, puesto que la entente con los monárquicos o con la derecha tradicionalista no figuraba entre las prioridades estratégicas del lehendakari durante este largo primer año de su exilio. Era, simplemente, una de las múltiples iniciativas y actividades que el presidente vasco había desarrollado en ese período de tiempo. Cuando el 8 de mayo se montó, junto con su esposa y sus hijos Aintzane y Joseba, en el tren que les llevaría desde París a Dunkerque, lo pudo hacer con la sensación de haber cumplido: la asistencia a los miles de refugiados estaba funcionando razonablemente bien, lo que había incrementado el prestigio de su Gobierno; éste se había dotado de un nuevo programa, que, en buena medida, seguía las pautas ideológicas establecidas por Aguirre y el EBB; los socialistas habían pasado por el aro, aunque mantuvieran sus vínculos con el PSOE y la unánime ubicación de los demócratas vascos al lado de las democracias y en contra de la agresión nazi abría nuevas oportunidades para el futuro de Euskadi. En todos estos temas, Aguirre había estado en la primera fila. Salvo en el conflicto con los socialistas, donde su gran contrincante Indalecio Prieto le había infringido una derrota parcial, los puntos de vista que se habían impuesto eran los que el lehendakari había defendido. Con apenas 36 años recién cumplidos, ya ejercía un liderazgo que nadie desafiaba públicamente. A puerta cerrada, las controversias, polémicas y críticas no habían hecho mella en su autoridad. Por todo ello, cuando Aguirre miraba por la ventanilla del tren y veía desaparecer los suburbios de París, entre sus sentimientos se confundían la alegría por estar con la familia, la satisfacción por el trabajo bien hecho, la preocupación por el desarrollo de la guerra, la esperanza en un futuro mejor para su país, así como la inquietud del inagotable activista que deseaba volver cuanto antes a su despacho de la Avenue Marceau para ponerse de nuevo al timón de la política vasca. En estos momentos no podía saber que tardaría seis años en volver a pisar el palacete en la Avenida Marceau donde estaba la sede del Gobierno vasco. Y no podía saber, obviamente, que pronto a todo este cóctel emocional se le añadiría otro ingrediente sentimental mucho más desagradable: el miedo a morir.

---

[20] José Antonio Aguirre a José Ignacio Lizaso, París, 5-III-1940, AN, GE-391-3.

III. DESPISTANDO A LA GESTAPO

La familia Aguirre viajó a Bélgica para que, después de todo un año, las dos abuelas que vivían allí pudieran volver a ver a sus dos nietos: Joseba, nacido en París y a punto de cumplir dos años, y Aintzane, nacida en Getxo y con cinco años recién cumplidos. La familia, además de otro medio centenar de vascos residentes en Bélgica, se reunió en la pequeña población de La Panne, cerca de la frontera francesa y a unos 25 kilómetros de Dunkerque. Dos días después de su llegada, mientras los niños se estaban divirtiendo en la playa, Hitler ordenó la ofensiva sobre Francia, Bélgica y Holanda. La *Luftwaffe* no tardó en destruir el ambiente placentero y alegre que reinaba entre los vascos de La Panne. El lehendakari se había creído los rumores de un inminente ataque alemán contra Yugoslavia, pero cuando se despertó por la noche tuvo que darse cuenta de que estos rumores no habían sido más que una finta de Hitler:

> En la madrugada del 10 de mayo fuimos despertados por un intenso bombardeo. Cuando salí a la calle, negras humaredas cubrían el cielo que empezaba a iluminarse con la luz del amanecer. Los alemanes habían bombardeado los depósitos de gasolina de Dunkerque provocando enormes incendios. La guerra se acercaba de nuevo a nosotros amenazándonos con nuevas zozobras[21].

A partir de este momento comenzó una larga y peligrosa aventura para el grupo vasco atrapado entre los frentes. Y todo el mundo era consciente de que el peligro para el lehendakari como responsable político era inmenso. Así, un sacerdote francés, al enterarse de la identidad del hombre que actuaba como portavoz del grupo, se lo dijo claramente: «¡Aguirre! Pero ¿qué hace usted aquí? ¿No sabe que si le detienen, le fusilan?»[22]. Sin embargo, el presidente no quiso abandonar a su familia y al resto del grupo con la idea de intentar regresar conjuntamente o bien a París, o bien, por vía marítima, al sur de Francia o a Inglaterra. Los primeros intentos de cruzar la frontera se frustraron, porque la policía al principio se limitó a abrir la frontera a refugiados provenientes de los países beligerantes, no así a los vascos, todos ellos provistos de un pasaporte de la República española concedido por el Gobierno vasco. Después de unos días de angustia a la intemperie, al final cruzaron la frontera con la idea de dirigirse a Calais. Tras haber recorrido unos cuantos kilómetros a pie, y en medio de una situación de caos absoluto

---

[21] Aguirre, *De Guernica*, p. 89. Las citas que vienen a continuación proceden de esta misma fuente.
[22] Ibíd., p. 105.

provocado por el pánico de miles de refugiados civiles y la llegada desordenada de cada vez más soldados holandeses y británicos —muchos de ellos completamente alcoholizados— en retirada, Aguirre se enteró de que los alemanes habían llegado ya al Canal de la Mancha, por lo que también la escapada a través de Calais estaba cortada. Así, cercados por los blindados alemanes, en las playas de Dunkerque y alrededores se estaba formando una enorme bolsa humana de unos 380.000 soldados y civiles que desesperadamente estaban esperando una posibilidad de ser evacuados por mar. Entre ellos estaba el lehendakari, su familia y el grupo de los vascos. El 20 de mayo, Aguirre logró por fin mandar un telegrama a la Delegación del Gobierno vasco en París informando de su situación desesperada y ordenando el envío de un autobús para rescatarlos. Nada más llegar este cable a la capital francesa, comenzaron las gestiones para conseguir sacar de la ratonera al lehendakari y su gente. Por testimonios presenciales sabemos, empero, que estas gestiones no fueron del todo idóneas. En un largo informe del *jelkide* navarro Miguel José Garmendia a Manuel Irujo, escrito casi un año más tarde, cuando Aguirre todavía no había reaparecido, pocos de sus compañeros con responsabilidad en el Gobierno y el partido se salvan de la acusación de incompetencia y falta de iniciativa. El siguiente extracto del texto no puede ser más expresivo:

> La frontera estuvo abierta muy poco tiempo. Pero lo importante de esto es que la Delegación, por desidia, por incompetencia, por división de los dirigentes que quedaran en París, en una palabra por el fracaso de su organización, que prácticamente no existía, no se ocupó del L. [lehendakari] con la emoción que lo debía haber hecho. Las visitas a que hacemos referencia se hacían por iniciativa exclusiva del Sr. Onaindia. Yo realicé las visitas a las Embajadas, cuando debía haber sido el propio Leizaola quien las hiciera. Esos famosos servicios, tan misteriosos de la Liga [Internacional de los Amigos de los Vascos], fueron el fracaso más ruidoso. Se carecía de todo y no se conocía a nadie. No existía el menor resorte para mover cables y tenderlos en favor de nuestro L. Todo estaba en manos de Pezet [senador democristiano y secretario general de la LIAB], y éste se encontraba en Centro-Europa, y los demás dormitando [...]. Nadie de los que debía haber intervenido, intervino. Para colmo de los males, Pezet llegó tarde y con miedo cerval. Incapacitado para hacer absolutamente nada. De esto soy testigo de mayor excepción. [...] Falta de entusiasmo para principiar la salvación del L. [...] Landaburu [Javier Landaburu, delegado del Gobierno vasco en París y promotor de la LIAB] se movía mal y con lentitud. No vivía por el miedo y el convencimiento de nuestra derrota. Riñó con Irala [secretario de la Presidencia del Gobierno vasco] y para animarse, cogió de compañero de viaje a Zarrabeitia [Luis Zarrabeitia, miembro del EBB] y con él se fue a La Rochelle.

En estas circunstancias, según Garmendia, no se logró fletar el bus que Aguirre había pedido y ni siquiera mandar algún coche: el coche oficial del lehendakari estaba averiado y el coche del partido no salió porque «nadie [fue] capaz de obtener permiso para que pudiera ir a Bélgica [...]. Ni siquiera se intentó hacer esto. Estábamos chóferes con carnet, dispuestos a ir. Dijimos esto, pedimos y protestamos. Se nos contestó con el silencio de los hombres importantes, que escudan así su ineficacia, y no sé qué, que se percibía, que es indefinible, algo así como resistencia a hacer»[23].

La escasez de fuentes no permite contrastar este testimonio directo con otros de las personas mencionadas. En todo caso, probablemente habrá que matizar algo estas duras críticas. La absoluta confusión que reinaba al tenerse noticias de la ofensiva alemana y de su aplastante y supersónico triunfo en esta *Blitzkrieg* no facilitaba precisamente una reacción fría, calculada, rápida y eficaz. El miedo —un atributo tan humano— campaba a sus anchas. Se sabía que el lehendakari estaba bien y, más o menos, dónde se encontraba, pero no se sabía muy bien cómo llegar a él. No hay que olvidar que los intensos bombardeos de la aviación alemana habían destruido una buena parte de la red ferroviaria y muchas carreteras que comunicaban Francia y Bélgica, cosa por la que el propio Aguirre había tenido que desistir de la idea de llegar a Dunkerque para coger el tren de vuelta a París. Fuera como fuere, lo cierto es que la ayuda no llegaría por parte de los compañeros de Aguirre en París, sino desde Estados Unidos. Allí Manuel Ynchausti, el mecenas nacionalista de origen vasco-filipino, residente en una localidad cercana a Nueva York, había sido informado inmediatamente del peligro en el que se encontraba el lehendakari. Ynchausti era un hombre muy bien relacionado con diferentes sectores y personajes de la alta política americana, incluso con la familia del presidente Roosevelt. Nada más saber lo que le había pasado al presidente vasco, Ynchausti comenzó a tocar todas las teclas de las que disponía, aunque tampoco él sabía muy bien cuál podría ser la vía más segura para salvar a Aguirre y su gente. El 22 de mayo, cuando el lehendakari todavía vagaba entre Calais, Dunkerque y La Panne, escribió una carta a Eleanor, la esposa de Franklin D. Roosevelt, solicitando la intervención de la Casa Blanca o del *State Department* para facilitar el traslado del lehendakari[24].

---

[23] Informe de Miguel José Garmendia, Buenos Aires, 4-III-1941, AN, Fondo Onaindia.

[24] Para las gestiones de Ynchausti en Estados Unidos es importante el estudio de Jiménez de Aberásturi, Juan Carlos y Moreno, Rafael: *Al servicio del extranjero. Historia del Servicio Vasco de Información (1936-43)*, Antonio Machado Libros, Madrid, 2009, sobre todo pp. 369-399.

Esta carta fue tan sólo un primer paso, nacido de la desesperación y de momento sin respuesta. Pero, en la medida en que en Bélgica las cosas se iban aclarando, seguirían otros que serían más decisivos, aunque para que las iniciativas de Ynchausti pudieran surtir efecto, le tocaba al propio lehendakari tomar una decisión importante: tenía que salir como fuera de lo que él mismo llamaba «la ratonera alemana». No era posible volver a París, tampoco parecía probable conseguir embarcar en alguno de los barcos —la preferencia la tenían los militares—, y los alemanes estaban a punto de tomar La Panne, acompañados por fuertes bombardeos, en los que perdió la vida Encarna, una hermana de José Antonio Aguirre. La situación no podía ser más dramática: había que prepararse para lo peor. Después de que uno de los curas les advirtiera de que «Dios parece haber dispuesto que nuestra última hora ha llegado», todos los vascos reunidos nuevamente en La Panne recibieron la absolución colectiva *in extremis*. Pero, cuando ya estaban llegando los primeros soldados alemanes a la localidad, al lehendakari todavía se le presentó una última oportunidad para desafiar el destino que parecía inminente y fatal. Por un cúmulo de circunstancias, Aguirre conoció a un refugiado catalán que había huido en coche con su mujer de Bruselas. Al ver que el camino hacia el sur de Francia y a Inglaterra estaba cortado, decidieron volver a la capital belga. Este catalán invitó al jesuita vasco Luis Chalbaud a acompañarle en su regreso a casa. La razón, según cuenta Aguirre en su libro, era evidente: era masón y buscaba la compañía del clérigo porque pensaba que «la sotana del jesuita podía servirle de salvavidas entre los nazis». Chalbaud aceptó con la condición de que se llevara también a Aguirre. Éste ya se había visto obligado a abandonar la idea de permanecer con el grupo vasco, si quería salvar su vida. Y había llegado a una conclusión que a primera vista podría parecer un tanto estrambótica. Reflexionando sobre cómo encontrar una situación algo más segura, un miembro de su familia le sugirió al lehendakari la posibilidad de trasladarse a Berlín. Después de pensar que se trataba de una broma de mal gusto, Aguirre recapituló: «Pensé que la mejor manera de salvarme del peligro nazi era meterme en él». Y con esta idea confusa y arriesgada en su mente se apuntó al viaje a Bruselas.

En la capital belga se escondió primero en un colegio de los jesuitas. Aquí empezó a transformar su físico, dejándose bigote y llevando gafas con cristales sin graduación. Mientras, Chalbaud realizó diferentes gestiones con varios diplomáticos latinoamericanos. Poco antes de que los alemanes empezaran a registrar los centros religiosos de Bruselas, Aguirre prosiguió su huida hasta Amberes, donde encontró cobijo en la casa de un vasco fallecido. Finalmente, gracias a la mediación del cónsul mexicano, pudo entrar en contacto con el homólogo panameño de éste, Germán Gil Guardia Jaén, quien tenía fama de pro-nazi, pero sin embargo sentía una gran simpatía por los vascos. Gil Guardia Jaén le consiguió un pasaporte falso con el nombre de José Andrés Álvarez Lastra, ciudadano panameño, doctor en Leyes y propietario de fincas, cuyas iniciales eran las mismas de José Antonio Aguirre Lekube.

Aguirre permaneció seis meses en Bélgica, divulgando la idea de que se encontraba en Inglaterra: el Manifiesto de Gabon (Navidad) que solía publicar todos los años, lo escribió en Bélgica, pero puso «Inglaterra» al lado de su firma. De hecho, Aguirre tuvo mucha suerte, porque la policía española y sus informantes anduvieron completamente despistados con respecto a su verdadero paradero. Él, sin embargo, mantenía informados —también gracias a la valija diplomática— tanto a algunos hombres de su Gobierno y partido en Francia (Landaburu, Ziaurritz), como a Manuel Ynchausti en Nueva York. Obviamente, esto era todo un logro después de que los alemanes hubieran entrado en París obligando a los dirigentes nacionalistas a una nueva huida. Así, los círculos más próximos al lehendakari estaban más o menos informados, aunque —también por razones de seguridad— no conocían los detalles. Desde Inglaterra, el canónigo Alberto Onaindia, quien también se había enterado de la muerte de Encarna Aguirre, lo expresaba así en una carta: «De José Antonio no tenemos noticias directas, pero sin embargo tenemos indirectas noticias de que se encuentra bien. Ignoramos exactamente dónde»[25].

Por suerte para el lehendakari, sus canales de información guardaron todos los secretos y evitaron todo tipo de filtración que pudiera haber llegado a los franquistas o a la Gestapo. Aguirre era una presa demasiado valiosa como para dejarla escapar. Así, poco después de conocerse el dato de la desaparición del lehendakari, el embajador de España en Berlín envió un telegrama a su homólogo en Bélgica rogándole que comprobara la veracidad de los rumores según los cuales Aguirre «se encontraba refugiado en la Legación de Chile» en Bruselas. Afortunadamente, el representante de Franco en Bruselas era un hombre muy ocupado y sin ganas de perder mucho tiempo en la búsqueda del presidente vasco. Así se limitó a comprobar que los diplomáticos chilenos no tenían ninguna relación con este tema. Si se hu-

---

[25] Alberto Onaindia a José Camiña, Southampton, 7-IX-1940, AN, Fondo Onaindia.

biera interesado por las legaciones de Venezuela y Panamá, desde donde Aguirre sí recibió protección, esto podría haber conducido a la captura del prominente refugiado vasco. Así, Antonio Magaz, el embajador español en Berlín, pudo enviar un informe tranquilizador al ministro de Asuntos Exteriores de su país. Llama la atención la mezcla de informaciones exactas sobre la primera parte de la aventura de la familia Aguirre y la muerte de Encarna con diferentes indicaciones erróneas sobre el paradero del lehendakari:

> [...] según todos los informes, José Antonio Aguirre está fuera de Bélgica desde antes de estallar la guerra en aquel país. Su madre y siete hermanos suyos estaban en La Panne, donde había también algunos otros vascos separatistas. En uno de los bombardeos sufridos en aquella ciudad resultaron muertos una de las hermanas de Aguirre y un individuo apellidado Asporosa [Cesáreo Asporosa], que tuvo bastante intervención en nuestra guerra. La madre de Aguirre, con sus seis hijas restantes, continúa en la Panne, aunque trata de pasar a Amberes. Entre los vascos que se encuentran en Amberes figuran Martín Lasa y Ercilla, anti-español cien por cien, que intervino mucho en tráfico de armas para los rojos. En ningún momento desde que ha estallado la guerra, ha habido en la Legación de Chile en Bruselas refugiados españoles.

Poco antes, el propio embajador español en Bruselas ya había escrito personalmente al general Juan Beigbeder, quien a la sazón era ministro de Asuntos Exteriores hasta ser reemplazado en octubre de 1940 por Ramón Serrano Súñer, para asegurar que «el citado Aguirre no está en Bruselas, ni al parecer en Bélgica. [...] Aguirre, según mis noticias, estaba en Francia desde bastante antes de empezar la guerra en Bélgica»[26].

Pero la desinformación no reinaba únicamente en las filas franquistas. También llegó hasta el *State Department*. El 22 de junio de 1940, Cordell Hull, el secretario de Estado, informó a su embajador en Chile de que había sabido por fuentes vascas que «Aguirre ha sido detenido por alemanes en Bélgica y ahora se encuentra bajo la custodia de la embajada de España en Bruselas. Desgraciadamente no es posible que nuestros representantes intercedan por él ante las autoridades alemanas o españolas»[27].

---

[26] Felipe Ximénez de Sandoval al Excmo. Señor Ministro de Asuntos Exteriores, Bruselas, 6-VII-1940, y Antonio Magaz al Excmo. Señor Ministro de Asuntos Exteriores, Berlín, 12-VIII-1940, ambos documentos en el Archivo del Ministerio de Asuntos Exteriores (AMAE), R 1268, 27.

[27] Citamos la traducción del mensaje publicado en Jiménez de Aberásturi y Moreno, *Al servicio del extranjero*, p. 374.

¿Cómo podía el propio secretario de Estado difundir semejante leyenda sin haberla previamente contrastado? ¿No le habían llegado aún las informaciones más concretas de Ynchausti o había sido víctima de una información falsa que los círculos vascos habían lanzado deliberadamente con la idea de crear este ambiente de desinformación y despiste con el fin de proteger al lehendakari? Las fuentes disponibles no nos permiten adelantar una respuesta concluyente a estas preguntas, a las que se podría añadir una más: ¿se hubieran salvado Lluís Companys, el presidente de la Generalitat, o el diputado socialista vasco y ministro en la Guerra Civil, Julián Zugazagoitia, si alguien hubiera conseguido sembrar pistas falsas sobre su paradero? Como es bien sabido, ambos fueron capturados por la Gestapo, entregados a la policía franquista, condenados a muerte y fusilados en 1940.

En todo caso, y pese a esta para Aguirre bendita confusión de sus perseguidores, con el tiempo su refugio belga cada vez era más inseguro. La Gestapo había empezado a registrar diferentes conventos católicos, por lo que el lehendakari, ahora ya convertido en José Andrés Álvarez Lastra, recuperó su inicial idea de meterse en la boca del lobo para intentar desde Berlín dar con alguna posibilidad de viajar a la Unión Soviética vía Grecia y embarcar en algún pueblo en el Pacífico hacia América[28]. Y así comenzó su particular huida hacia adelante, para lo que, en primer lugar, tuvo que solicitar a la policía alemana en Bélgica un visado para Alemania. Su argumento era que se tenía que encontrar con el ministro de Asuntos Exteriores de su país, que a la sazón estaba en Berlín, pues éste le quería enviar a un puesto diplomático en Extremo Oriente. Para ello Aguirre pasó varios interrogatorios en compañía del cónsul panameño Gil Guardia. Al final, haciendo gala de una enorme frialdad y de un férreo control de sus nervios, Aguirre superó todos los controles, también los de la Gestapo, y consiguió el permiso para trasladarse a Alemania. Después de pasar las Navidades con su familia, que se ocultaba en Lovaina, en enero de 1941 Aguirre viajó en tren a Colonia, y de allí a Hamburgo. Desde Hamburgo realizó varios viajes a Berlín con el fin de lograr, a través de diplomáticos latinoamericanos, un visado para la Unión Soviética o algún otro país más seguro. Pese a la protección que le brindaron los diplomáticos, inicialmente las gestiones no avanzaban, por lo que tuvo que regresar a Hamburgo. De vuelta ya definitivamente a Berlín, Agui-

---

[28] Además, Aguirre cuenta en su libro (pp. 155 ss.) que escuchó en la emisión castellana de Radio Berlín la noticia de que él se encontraba en la Embajada de Chile en Bruselas. La Gestapo también había detenido e interrogado a su hermano Juan.

rre escribió una carta a su correligionario Francisco Javier Landaburu, quien se había quedado en el París ocupado por los nazis. Con un lenguaje bastante codificado, pero perfectamente entendible para el receptor de la carta, Aguirre le autorizó a mantener contactos con los responsables nazis en Francia, exigiéndole máxima cautela y firmeza en los principios democráticos[29]. Estos contactos con los alemanes pudieron tener objetivos más puntuales, como el de intervenir a favor de los detenidos en una gran redada que la policía franquista había llevado a cabo en contra de la red de resistencia vasca dirigida por el *jeltzale* Luis Álava en diciembre de 1940. La red había sido descubierta gracias a una lista de sus integrantes que la Gestapo había encontrado en lo que quedaba de los archivos del Gobierno vasco en su sede de la Avenue Marceau. Pero también hubo contactos con los oficiales nazis en la Francia ocupada que tenían una finalidad más política y que estaban destinados a explorar una posible cooperación entre los nacionalistas vascos y la Alemania nazi en la nueva Europa a configurar tras la victoria alemana en la guerra. De hecho, el Dr. Werner Best, un alto cargo de las SS y hasta noviembre de 1941 de facto máximo responsable de la administración militar alemana en Francia, era un ideólogo de la reordenación de Europa bajo la hegemonía alemana según criterios más «naturales», es decir, étnicos o, por usar el término en boga, «völkisch». Por ello, Best buscó la cercanía de los nacionalistas bretones —ideológicamente afines y colaboracionistas— y de algunos nacionalistas vascos. Tal y como se ha analizado en otro lugar, estos contactos con los nacionalistas vascos, pese a haber sido autorizados con cautela por el lehendakari, nunca alcanzaron la dimensión que habían logrado en el caso bretón[30]. Además, esta estrategia demasiado romántica de Best no encajó en los fríos cálculos de Hitler, quien no tuvo interés alguno en incomodar a su aliado, el Gobierno de Vichy, por unas relaciones con determinados separatistas sin ningún beneficio político o estratégico inmediato. Finalmente, Hitler decidió quitar de en medio al *outsider* Best trasladándolo a Dinamarca. Y como el otro aliado —real, aunque no formal— era Franco, tampoco convenía hacer ningún trato con los que le habían combatido en la guerra de España. Así, tras la marcha de Best, Aguirre y los nacionalistas vascos volvieron a su estatus inicial en el imaginario de los responsables nazis: unos peli-

---

[29] Esta carta está reproducida en Agirre Lekube, José Antonio: *Diario 1941-1942*, Fundación Sabino Arana, Bilbao, 2010, pp. 234 ss.
[30] Mees, Ludger: «The Völkisch Appeal: Nazi Germany, the Basques, and the Bretons», en Ott, Sandra (ed.): *War, Exile, Justice, and Everyday Life, 1936-1946*, University of Nevada, Reno, 2011, pp. 251-283.

grosos rojo-separatistas y, por lo tanto, enemigos a los que había que eliminar en el camino hacia la construcción del nuevo orden mundial. En consecuencia, no hubo lugar a acuerdos o pactos políticos, y si hubo contactos para salvar la vida de Luis Álava, éstos no surtieron efecto: Álava fue condenado a muerte y ejecutado en 1943.

Sin embargo, no conviene adelantar acontecimientos. La carta a Landaburu, como otra a Doroteo Ziaurritz, el presidente del PNV, o al colectivo de los presos vascos, demuestra que, dentro de lo que le permitía su precaria situación, el lehendakari seguía manteniendo abiertos los canales de información con su gente y que no había dejado de mandar, aunque lo hacía ahora desde la clandestinidad, como cuando autorizó a Landaburu a hablar con los alemanes. Pero, por muchos contactos que pudiera mantener, no mejoraba su propia situación. Aún continuaba en Berlín llevando una vida de penuria: como cuenta en su diario, el dinero ni siquiera le llegaba para cambiar sus zapatos agujerados. Mientras esperaba con cierta ansiedad si alguna de las gestiones para conseguir un visado para escapar de las garras nazis prosperaba, pasaba sus días yendo al cine, a misa o frecuentando las embajadas amigas, donde incluso compartía mesa con diplomáticos franquistas. También tuvo tiempo y el necesario arrojo para asistir a una comparecencia pública de Hitler con el ministro de Asuntos Exteriores japonés. El comentario recogido en su diario refleja muy bien el carácter positivo del líder vasco, que no perdía el humor ni siquiera en una situación tan delicada:

> Yo estaba a unos cincuenta metros. He presenciado de visu la célebre salida al balcón de la Cancillería. Tenía en mi mano unas banderolas nazis y japonesas que nos han repartido "gentilmente" unos miembros de la SS. He disfrutado mucho[31].

Mientras tanto, Ynchausti seguía moviendo los hilos en Nueva York y en Washington. Tras saber que el lehendakari había elegido Berlín como su lugar de residencia habitual, resultaba más fácil hacer planes para su evacuación. Ynchausti, preso ya de la ansiedad, apuntaba cada vez más alto en sus gestiones. En febrero envió una carta al secretario de Estado Cordell Hull, proponiéndole montar una expedición a Europa, financiada por Ynchausti, para evacuar a Aguirre. Lógicamente, ante semejante idea un tanto descabellada, la respuesta tenía que ser negativa. Un mes más tarde, otra carta le llegó al propio presidente Roosevelt, quien fue informado del peligro en el que se

---

[31] Aguirre, *Diario*, p. 44 (27-III-1941).

encontraba «la vida del presidente del País Vasco, la democracia más antigua del mundo, la vida de un hombre con verdadero coraje y extraordinario valor en defensa del Cristianismo y la democracia»[32]. La respuesta del jefe de protocolo de la Casa Blanca también fue cortésmente negativa, pero le ofreció al millonario vasco-filipino reunirse con un alto cargo del Departamento de Estado para hablar del tema. En esta entrevista Ynchausti se dio cuenta de que el Departamento, a través de su consejero para Asuntos Políticos en Berlín, ya estaba perfectamente informado de la situación de Aguirre, lo que causó un nuevo problema: no hay que olvidar que a la sazón Estados Unidos oficialmente todavía no se encontraba en guerra con Alemania y, por lo tanto, pese a sus simpatías por Aguirre y entender su solicitud de que el Gobierno americano interviniera ante diferentes países latinoamericanos y ante el Gobierno de la URSS con el fin de facilitar la concesión de visados al presidente vasco, el *State Department* creía que no podía presionar a favor de un visado a sabiendas de que el pasaporte del solicitante era un documento fraudulento. Finalmente, y tras recibir otras cartas enviadas por diferentes personalidades de la política y la cultura norteamericanas, el Gobierno dio un giro en su postura. A comienzos de mayo, el propio secretario de Estado Hull envió a su embajador en Berlín el siguiente cable:

> Gobierno dominicano informa Departamento de forma extra oficial que José Andrés Álvarez Lastra con pasaporte panameño ha recibido permiso para entrar en República Dominicana para residencia permanente, viaje arreglado desde Gotemburgo a Estados Unidos en tránsito a Santo Domingo. Por favor considere petición de visado de tránsito. Personas pueden ser encontradas a través de los ministros de Panamá o República Dominicana[33].

Por fin, el incansable Ynchausti podía registrar un éxito, también gracias a la solidaridad mostrada por los diplomáticos latinoamericanos en Berlín, así como a la —un tanto sorprendente— suerte de que en todos estos contactos entre Berlín, Nueva York y Washington no se hubiera producido ningún tipo de *chivatazo* por parte de alguno de los múltiples políticos o diplomáticos derechistas o filo-nazis que por aquellas fechas pululaban en y alrededor de las embajadas americanas en Berlín. El 14 de mayo, tras recibir la información pertinente, y con la idea de embarcar en Suecia con el fin de alcanzar el continente americano vía Rusia y Japón, el lehendakari consiguió reunirse en Berlín

---

[32] Cita según Jiménez de Aberásturi y Moreno, *Al Servicio*, p. 377.
[33] Ibíd., p. 379.

con su mujer e hijos provistos de falsos pasaportes venezolanos. Nueve días más tarde, la familia Aguirre logró finalmente salir de la capital alemana y dirigirse a Gotemburgo en la neutral Suecia. Desde allí resultaba mucho más sencillo y, en teoría, menos peligroso establecer contactos por telégrafo o incluso teléfono con Estados Unidos, lo que Aguirre aprovechó. También envió varias cartas llenas de optimismo a correligionarios y familiares suyos. Pero, de nuevo, las cosas se torcieron de forma dramática. Aguirre lo relató en su diario el día 22 de junio de 1941 con una entrada que es una de las pocas en las que exterioriza, aunque sea únicamente a sí mismo, sus sentimientos más íntimos. Nuevamente, en la mente y el corazón del líder vasco se solaparon la angustia con el optimismo y la fe cristiana:

> Ha comenzado la guerra entre Alemania y Rusia. Instintivamente dos golpetazos se sienten en mi ánimo, uno de gozo: Hitler está perdido; otro de sentimiento: ¿por dónde saldremos Dios mío? ¿Se cerrarán definitivamente las comunicaciones marítimas hoy suspendidas? ¿Será complicada Suecia en la guerra y veremos de nuevo aquí a los alemanes y a la Komandantur [de la Gestapo]? Todas estas angustiosas dudas se agolpan en nuestro espíritu. Yo sin embargo siento una tranquilidad interior que me hace presagiar alguna solución para mi caso particular (que no es tan particular) a no ser que lo confunda con el agrado con que se ve asegurar el triunfo de la libertad en el que no he dudado un momento. En fin, como siempre Dios dispondrá lo más conveniente.

¡Y volver a empezar! Volver a hablar con Ynchausti y otros, repensar los planes de huida, buscar rutas alternativas. Va pasando el tiempo: más de dos meses de tensión máxima, en los que quedaron descartadas opciones como la huida en avión a Londres. Pero el particular ángel protector del lehendakari, léase Manuel Ynchausti, no cejó en su empeño. Al final, todos estos esfuerzos surtieron el efecto deseado. El 31 de julio, la familia pudo embarcar y emprender viaje a Brasil, siendo consciente de que el peligro no había desaparecido: había que pasar controles en alta mar, así como sortear las múltiples minas y submarinos alemanes. También en este viaje, la suerte le acompañó al lehendakari y su familia. Después de un mes de viaje, el barco y sus pasajeros llegaron sanos y salvos a Río de Janeiro. Aquí, empero, esperaban más problemas: había que poner en orden la documentación personal y decidir el país en el que vivir. Pasó otro mes y medio interminable hasta que las cosas empezaran a moverse favorablemente. Poco a poco, la opción propuesta por Ynchausti de fijar la residencia en Estados Unidos iba ganando enteros. Pero para ello era necesario cumplir un requisito: los norteamericanos no quisieron dejar entrar al lehendakari con su falsa identidad y su pasaporte fraudulento. La solución que se buscó fue la siguiente: tenía que abandonar clandestinamente Brasil, viajar a alguno de los países de su entorno, recuperar allí su verdadera identidad y regresar a Brasil para emprender desde allí el viaje a Estados Unidos. Por esta razón, Aguirre decidió realizar una especie de mini-gira a Uruguay y Argentina. A su llegada al primero de los dos países, se afeitó el bigote y se quitó las gafas: ya no era José Andrés Álvarez Lastra. Había renacido José Antonio Aguirre Lekube. Y estaba otra vez con su gente, que le preparó un recibimiento apoteósico. Es en estos momentos cargados de emoción y entusiasmo, que acompañaban a su milagrosa reaparición en la escena pública, cuando se fragua la imagen de un dirigente no sólo carismático —ya lo era—, sino también mítico. Para muchos de sus seguidores, un hombre que había logrado semejante proeza, al salir con vida de su larga odisea por la Europa dominada por los nazis, debía contar sin duda con fuerzas sobrenaturales y con la protección de la Providencia. Y un hombre así también sabría guiar a su gente hacia la libertad. Bajo su liderazgo los vascos terminarían con éxito su larga travesía del desierto. Él era el llamado a alejarles de las guerras, la represión y el exilio para poder regresar a su patria y vivir en una Euskadi libre, democrática y autogobernada. Los testimonios guardados en los archivos están llenos de palabras que reflejan muy bien este ambiente de éxtasis que generaban estas primeras apariciones públicas del lehendakari en Uruguay y en Argentina:

> ¡Todos estábamos tan emocionados que las lágrimas asomaban a los ojos! No hay palabras que reflejen la realidad de tal maravilla. Todo ello culminó con la despedida que se le tributó al salir el barco: el enorme público, los txistularis, las poxpoliñas [bailarinas], los cantos, los goras [vivas] no pueden ser relatados en estas pocas palabras. La emoción era tal que todos, *todos* llorábamos al ver a nuestro Lendakari saludar desde el puente, teniendo a su lado a su esposa con las lágrimas en los ojos, teniendo también en sus brazos a sus dos niños. En fin, ha sido un acontecimiento inolvidable que jamás pudimos pensar en que tuviésemos la dicha de presenciarlo. Y no sólo los nuestros, sino todos, absolutamente, han sentido como nosotros al ver al hombre providencial que tan dignamente representa a nuestra raza y a nuestros derechos.

La palabra «providencial» se va repitiendo una y otra vez en los testimonios escritos. De hecho, daba la impresión de que el lehendakari estaba pasando por una mutación: dejaba de ser un carismático líder político para convertirse en un misionero o en un profeta, y los seguidores que le recibían y despedían ya no eran simples exiliados vascos, sino fieles de alguna comunidad religiosa. Así exactamente describió otro testimonio anónimo la misma despedida de Aguirre en Buenos Aires a la que ya se refería la carta antes citada. Aguirre, este «símbolo acabado de la pujanza y moral de nuestra estirpe», les había transformado a todos: «Partió el barco y aquí nos quedamos nosotros como los fieles de las religiones, es decir, con propósitos de ser cada vez, sino mejores, al menos, menos malos»[34].

Lo cierto era que allá donde aparece el presidente vasco durante esta primera gira por Uruguay y Argentina provoca una enorme expectación. Como si de una gran estrella de cine se tratara, consigue una espectacular presencia mediática y el acceso a las altas esferas políticas de cada país. En Uruguay es recibido por el presidente, el general Alfredo Baldomir, y en Argentina por su homólogo Roberto Marcelino Ortiz Lizardi, un político de origen vasco-navarro. Esta popularidad no pasó desapercibida a los observadores, entre ellos el embajador estadounidense en Buenos Aires, Norman Armour. En un largo informe a su secretario de Estado llamó la atención sobre las potencialidades políticas del «líder de los ultra-católicos y conservadores nacionalistas vascos»:

> Aguirre y las comunidades vascas en las naciones americanas y en todo el mundo podrían ofrecer el mejor método para contrarrestar la actual propaganda fascista y nazi que intenta convencer a las naciones católicas como las latinoamericanas, de que Hitler es un moderno campeón de la Cristiandad y que Gran Bretaña y los Estados Unidos se encuentran en la misma categoría antirreligiosa que los comunistas.

Como muestra del ideario de Aguirre, Armour citó unas frases pronunciadas por el lehendakari durante su estancia en Buenos Aires:

> Por esa razón creo en que la libertad igual que la justicia, es eterna porque Dios es el único que existe siempre y en todas las cosas. Es suficiente ser creyente para ser un demócrata, y no es posible querer a Dios y reverenciar al totalitarismo, que busca reemplazar a Dios en su infinita grandeza. Yo soy un liberal, porque tengo fe en la justicia, soy un antitotalitario porque amo a mi vecino como a mí mismo y el totalitarismo es implacable en su odio y destrucción[35].

---

[34] Cf. la carta sin firma a José Garmendia, Buenos Aires, 20-X-1941, AN, EBB 304-13, y la de Ixaka [López Mendizabal] a Eli Etxeberria, Buenos Aires, 20-X-1941, AN, EBB 122-6.
[35] Citamos el informe de Armour (27-X-1941) según la traducción en Jiménez de Aberásturi y Moreno, pp. 38 ss.

En este informe vuelve a aparecer la imagen de Aguirre y de los nacionalistas vascos durante la Guerra Civil y su función para la causa republicana: se trataba de demostrar que el discurso de la fusión natural entre el catolicismo y la dictadura totalitaria no era más que propaganda, pues había muchos católicos que se oponían a los movimientos totalitarios para defender la democracia. Ahora, en otro contexto geopolítico, Aguirre estaba a punto de recuperar esta función como ejemplo para la convivencia entre democracia y catolicismo. Como veremos, el informe de Armour no cayó en saco roto en el Departamento de Estado.

Sin embargo, Estados Unidos todavía no había entrado en la guerra y, por tanto, quería evitar a toda costa cualquier tipo de provocación que pudiera poner en peligro la neutralidad española. A la vista del revuelo generado durante su primer viaje por América Latina, y una vez dispuestos a conceder el permiso de residencia al presidente vasco y su familia, el *State Department* puso una condición que no agradó en absoluto al lehendakari: su entrada en los Estados Unidos debería producirse de forma casi clandestina, sin cobertura mediática o política. Ynchausti le transmitió esta decisión, que se concretó en la propuesta de abandonar la idea de viajar por mar hasta Nueva York y, en su lugar, volar desde Trinidad vía Puerto Rico hasta Miami. El lehendakari se mostró consternado por lo que consideró una «indigna cobardía diplomática americana»: «¡Dice que Washington prefiere que desembarque calladamente en Trinidad y sin decir nada a nadie me vaya a Miami como un delincuente que tiene que esconderse!». Aguirre no estaba por la labor de asumir este papel que, a su juicio, no era otra cosa que una «humillación para mi Patria vasca [...]. Yo soy un instrumento, un ave de paso, pero mi Patria es Euzkadi y Euzkadi ha de ser respetada hasta en los Estados Unidos»[36]. Sin embargo, tras recibir sendos telegramas de Ynchausti y de Manu de la Sota, el delegado del Gobierno vasco en Nueva York, el lehendakari tuvo que darse cuenta de que no estaba en condiciones de imponer nada al Gobierno norteamericano y que su entrada y residencia en el país tenía un precio. Al final, tras recibir de Ynchausti el dinero para poder pagar los vuelos, se plegó a las exigencias y realizó el viaje, con diferentes escalas, tal y como estaba previsto, mientras su familia continuó en el vapor rumbo a Nueva York. El 4 de noviembre, el avión del lehendakari aterrizó en Miami, procedente de Antilla (Cuba). Por fin, había terminado la odisea y su —inesperadamen-

---

[36] Véanse las entradas del 27 y del 28-X-1941 en el ya citado diario.

te larga— prórroga. Desde su nueva residencia en la localidad de White Plains, cerca de Nueva York, el presidente pudo comenzar una nueva vida y recuperar la iniciativa política. La milagrosa reaparición de este hombre, a quien muchos —como Onaindia— consideraban «insustituible» por ser «nuestra mejor joya», había suscitado el delirio de sus seguidores. Todos los ojos estaban puestos en él y él estaba preparado para desempeñar su función de líder carismático y casi mítico. Después de haber sabido escapar de las todopoderosas garras nazis y todavía impresionado por las emotivas muestras de auténtica veneración por parte de sus seguidores en América Latina, no ha de extrañar que Aguirre mismo empezara a creerse este papel de líder con unas facultades extraordinarias y para nada cotidianas. No debe entenderse, sin embargo, este curioso mecanismo de autodefinición del presidente vasco como una consecuencia de la arrogancia o de un narcisismo desmesurado. Aguirre era un hombre con un carácter fuerte, pero, como buen católico, no atribuía sus virtudes a sí mismo, sino a la «Providencia» que le protegía y le había elegido para cumplir —a través de su actividad política— una misión histórica: la de conducir a su gente hacia la libertad. Sus escritos de estos meses contienen numerosas muestras de este espíritu que se había apoderado del lehendakari. A su consejero republicano Ramón María Aldasoro, quien desde Argentina se había quejado de la escasa cooperación de los vascos residentes en ese país, Aguirre le contestó que no debía dar importancia a esas anécdotas triviales y sin trascendencia alguna. Lo que importaba era ser consciente de que «escribimos entre todos páginas de historia de cuyo alcance no podemos hoy darnos cuenta». Aldasoro debía ser consciente de que «te has incorporado a la Historia de Euzkadi» y que nada podía fallar, puesto que «la Providencia ha querido colocarme en situación privilegiada para apreciar quizá como ninguno qué es lo que se puede y lo que se debe hacer». Al delegado del Gobierno en México le llegó el mismo mensaje: «La Providencia ha querido que haya llegado a los Estados Unidos en circunstancias y condiciones excepcionales». Pero no estaba todo hecho, pues aún no se podía asegurar «el porvenir de nuestra libertad». Aguirre, empero, sabía perfectamente qué hacer: «Sabré en todo momento si el camino emprendido es acertado o si conviene cambiar de ruta»[37].

---

[37] José Antonio Aguirre a Francisco de Belausteguigoitia, Nueva York, 21-XI-1941, AN, PNV-117-2; ibíd. a Ramón María Aldasoro, s.l. [Nueva York], 27-XI-1941, AN, EBB-304-8; Diario de Alberto Onaindia, entradas del 14-XI-1941, y Alberto Onaindia a Juan Ajuriaguerra, s.l., 25-VII-1941, AN, Fondo Onaindia.

Y esta particular relación preferencial entre Aguirre y la Providencia parecía seguir funcionando. Cuando todavía había pasado tan sólo un poco más de un mes desde que el lehendakari tuviera que entrar en los Estados Unidos por la puerta de atrás para no molestar al dictador español Francisco Franco, a partir del 7 de diciembre todo cambió: en un ataque sorpresa, la aviación japonesa destruyó la flota americana del pacífico en Pearl Harbor, causando un total de 2.400 víctimas. El clamor popular contra esta agresión del aliado de Hitler y Mussolini permitió al presidente Roosevelt neutralizar el ambiente aislacionista que reinaba en la sociedad americana que mayoritariamente se oponía a una intervención militar de su país en la contienda bélica. Cuatro días más tarde, Roosevelt apenas encontró oposición cuando declaró la guerra a los países del Eje. A partir de ahora, las cosas estaban más claras: Estados Unidos ya era un país beligerante que se estaba movilizando para luchar contra el imperialismo fascista y todos sus lacayos. Era una magnífica noticia para todo el exilio republicano español y vasco, pues la impresión ampliamente compartida era que pronto Franco tenía que abandonar el antifaz de la neutralidad para implicarse de lleno al lado de Alemania e Italia. Así se habría acabado el tiempo de la «indigna cobardía diplomática», a la vez que se abría un nuevo horizonte geoestratégico para todos los demócratas antifranquistas. ¿Era pura casualidad que este cambio profundo en el desarrollo de la Guerra —ahora realmente— Mundial llegara poco después de que el lehendakari hubiera pisado tierra americana? ¿O era otro guiño, uno más, de la Providencia que perseguía a este hombre? Telesforo Monzón, el consejero y amigo íntimo de Aguirre, se inclinaba por la segunda interpretación: «Tu llegada a USA ha sido definitiva. Ya está en guerra. Toda América está en guerra, y los vascos tenemos que desempeñar nuestro papel»[38]. En la lucha por la democracia mundial, española y vasca se había abierto otro capítulo. Donde hace poco sólo se veía un imponente abismo, ahora se vislumbraba un amplio sendero para sortearlo. Era el sendero de la libertad. Y Aguirre no quiso perder tiempo para adentrarse en él.

IV. GOBERNANDO DESDE LA GRAN MANZANA

White Plains era una pequeña y próspera localidad situada a unos 45 kilómetros al norte de Nueva York. En los años cuarenta contaba con unos 40.000 habitantes, siendo uno de ellos Manuel Ynchausti, mece-

---

[38] Carta sin firma a José Antonio Aguirre, pero muy probablemente de Telesforo Monzón, México, 10-XII-1941, AN, EBB-304-13.

nas, protector y amigo del presidente Aguirre. Tras su llegada, la familia del líder vasco había encontrado cobijo en la amplia residencia de los Ynchausti, pero pronto Aguirre y los suyos se mudaron a otra casa. Tenía que ser pequeña, no sólo por la precaria situación económica de la familia, sino también por no cargar a Mari excesivamente con el trabajo de casa, puesto que, como anotaba el lehendakari en su Diario, «hemos de vivir sin servicio». En estas circunstancias, incluso asumió una tarea muy poco habitual para un hombre de su estatus social: después de cenar en casa, ayudaba a su mujer a fregar los platos de la cena, no sin causar cierta perplejidad a Mari: «En lo del fregado estoy a gran altura ante el asombro de Mary que esperaba una catástrofe. No se me ha ido ni un plato». En todo caso, le gustaba mucho la tranquilidad del lugar, que contrastaba con el ajetreo de Nueva York y que le traía recuerdos agradables: «Es para nosotros lo que era en Euzkadi Neguri, sitio de descanso y muy agradable sobre todo durante las fiestas»[39]. Era, además, el lugar en el que pronto se produciría un acontecimiento que llenaría de alegría y felicidad la vida de la familia Aguirre-Zabala: a finales de octubre de 1943 vio la luz su tercer hijo, Iñaki.

Además, White Plains estaba bien conectado por tren con Nueva York. Allí se encontraba desde 1938 la Delegación del Gobierno vasco, cuyo estatus había mejorado visiblemente: localizado al principio en dos hoteles («New Weston» y «Elysée») de medio pelo, sus responsables habían conseguido trasladarse a un elegante apartamento en la Quinta Avenida, ubicado en pleno centro de Manhattan. Éste era el centro neurálgico desde el que operaban los hombres que se repartían las responsabilidades como delegados durante esta primera fase: además de Ynchausti y de Antón Irala, secretario de la Presidencia, dos miembros de la familia del gran magnate nacionalista Ramón de la Sota Llano, cuyos negocios habían sido «nacionalizados» por Franco, solían frecuentar el local de la 5th Avenue: Ramón de la Sota MacMahon y su tío Manu de la Sota Aburto. Ya antes de la llegada del lehendakari, estos hombres habían hecho un buen trabajo para tejer una amplia red de contactos con la alta sociedad neoyorquina. Las relaciones de amistad que Ramón de la Sota había establecido durante sus estudios universitarios en Cambridge habían ayudado mucho, de manera que ahora Sota tenía acceso personal hasta altos cargos del Gobierno de Roosevelt.

Como no podía ser de otra manera en una comunidad vasca, la importancia de este eje oficial y político se complementaba con otro

---

[39] Aguirre, *Diario*, entradas del 15 y 16-XI-1941 y del 9-I-1942.

dedicado más a la sociabilidad y la gastronomía. Su epicentro, escenario de innumerables tratos de negocios económicos y políticos, cerrados gracias al ambiente de confianza y relajación propiciado tras una copiosa cena, era el restaurante Jai-Alai. Su dueño era Valentín Aguirre, un vasco americano oriundo de la localidad vizcaína de Busturia. Aguirre había inmigrado a finales del siglo XIX, convirtiéndose con el tiempo en un auténtico ejemplo del *sueño americano*: un hombre que por mérito propio había dejado de ser un simple empleado en un ferry para convertirse en un gran empresario especializado en la gestión de todos los problemas que los vascos que llegaban a la ciudad (o los que querían volver a su país) podrían encontrarse a su llegada (o partida): alojamiento, búsqueda de trabajo, transporte, manutención, problemas con el idioma, etc. Gracias, sobre todo a las dotes culinarias de su mujer, Benita Orbe, el restaurante Jai-Alai, fundado en 1922, pronto llegó a ser una de las direcciones gastronómicas más apreciadas de la Gran Manzana.

El lehendakari, por lo tanto, no estaba solo cuando arribó a Nueva York. Tenía a su disposición una amplia red de relaciones de todo tipo que ahora había que poner al servicio de la causa vasca. Pero todavía faltaba su propia contribución para ampliar aún más esta red, lo que se produciría en su vertiente universitaria. Y, nuevamente, lo pudo hacer gracias al discreto, pero efectivo apoyo de Manuel Ynchausti, quien manejó los hilos desde la trastienda. Veamos:

Para obtener un permiso de residencia en los Estados Unidos era imprescindible poder acreditar algún trabajo remunerado. Ynchausti tenía buenas relaciones con diferentes responsables de la prestigiosa Universidad de Columbia en Nueva York. De ahí que, cuando Aguirre, tras su llegada a América Latina, todavía estaba barajando dónde fijar su residencia permanente, su amigo y mecenas ya había tenido la idea de traerlo a Estados Unidos avalado por un contrato de profesor de Columbia. Tras recibir luz verde para esta idea por parte de varios cargos del Gobierno que Ynchausti había consultado, entró en negociaciones concretas con Carlton Hayes, el director del Departamento de Historia, amigo personal del presidente Roosevelt y futuro embajador en Madrid[40]. Tras recibir presiones de diferentes tipos, Hayes aceptó finalmente proponer al rector de Columbia la contratación de Aguirre, puesto que Ynchausti se ofrecía a eliminar el principal obstáculo:

---

[40] El historiador Hayes fue también uno de los primeros investigadores y teóricos del nacionalismo. Ya en 1931 había publicado la primera edición de su libro *The Historical Evolution of Modern Nationalism*. En 1960, cuatro años antes de morir, completó sus investigaciones con la monografía titulada significativamente *Nationalism: A Religion*.

el mecenas y amigo del lehendakari se mostró dispuesto a efectuar donaciones pecuniarias a esta Universidad para cubrir así el sueldo que recibiría el presidente vasco. Así, tal y como documentan los archivos de Columbia University, el dirigente vasco fue nombrado «Lecturer in History» —es decir, profesor en Historia, y no, como solía comentar el propio Aguirre, «catedrático»— el día 23 de marzo de 1942, entrando formalmente en vigor su contrato el 6 de abril del mismo año[41]. A partir de este momento y hasta el cese de su contrato por renuncia el 6 de abril de 1946, poco antes de regresar definitivamente desde Nueva York a París, Aguirre recibió 375 dólares como honorario al mes, una cantidad que su protector solía abonar con anterioridad como donación. El propio Aguirre —quizás como efecto colateral de su ego a prueba de bomba— nunca se interesó por las circunstancias previas a su nombramiento como profesor de la Columbia, creyendo en todo momento que fue nada menos que el mismísimo presidente de los Estados Unidos quien, a través de su secretario de Estado, había facilitado el contrato como condición imprescindible para obtener la residencia en el país. Ynchausti se esforzó en guardar este secreto bajo llave, instando al rector de la Universidad a hacer lo mismo para evitar un previsible enojo del lehendakari, quien, desde su ignorancia, incluso llegó a registrar en la intimidad de su *Diario* la queja de que, a su juicio, el sueldo que recibía era muy escaso y no le permitía hacer nada, ni siquiera tener un coche, lo que, obviamente, en el país de Henry Ford significaba toda una degradación social: «En el barrio soy el único que no tiene automóvil. Los obreros lo tienen, en la parroquia pequeña cada sacerdote tiene el suyo. A mí todavía no me ha llegado el turno». En todo caso, tampoco era excesiva la carga lectiva de Aguirre: daba un seminario de dos horas una vez a la semana y no tenía problemas —tras solicitar los permisos pertinentes— para cancelarlo o modificar el horario cuando, debido a sus compromisos políticos, tenía que ausentarse de Nueva York. Eso sí, todo ello le obligó a hacer un cursillo intensivo de inglés, un idioma que nunca llegaría a dominar bien, y —con la ayuda de sus amigos anglófonos— traducir sus lecciones sobre «Historia de la Península Ibérica durante los cien últimos años»[42].

---

[41] Sin embargo, ya había dado su primera clase el 2 de febrero.
[42] Queja sobre el sueldo en *Diario*, entrada del 12-I-1942; sobre su creencia en la intervención personal de Roosevelt cf. la carta a Ramón María Aldasoro, s.l. [Nueva York], 27-XI-1941, AN, EBB-304-8; el deseo de Ynchausti de mantener en secreto su mecenazgo en Jiménez de Aberásturi y Moreno, pp. 396 ss.; los datos sobre la contratación y el sueldo de Aguirre proceden de documentos hallados en el archivo de la Universidad de Columbia, cuyas copias me han llegado gracias a la amabilidad de Iñaki Goiogana, archivero de la Fundación Sabino Arana.

Con todo, la importancia del puesto de trabajo en la plantilla de la prestigiosa Universidad neoyorquina no estribaba ni en la posibilidad de practicar la conocida afición del lehendakari por la historia, ni en el valor añadido de poder aprender un idioma tan imprescindible como el inglés, ni tampoco en la remuneración que le permitía garantizar a su familia una vida sin complicaciones, aunque también sin grandes holguras. Columbia, en realidad, le servía para dos objetivos: por una parte, era la plataforma para relacionarse con la élite política, cultural, eclesiástica y económica de la sociedad americana, cuya benevolencia y apoyo se antojaban esenciales para el triunfo de la causa vasca; y, por otra, era una especie de campamento base desde el que tenía que conquistar, con el mismo fin, las cumbres de la alta política estadounidense. Y, como ya se ha indicado, desde la entrada norteamericana en la guerra, estas cumbres —especialmente el *State Department*— parecían menos lejanas y más accesibles. Para ello, el presidente vasco contaba básicamente con tres factores a su favor que le avalaban en su empeño. En primer lugar, Aguirre era uno de los pocos líderes de todo el exilio español, quizás el único, que era respetado por todos los demás y no se había quemado en la lucha fratricida que desde la Guerra Civil no había dejado de fraccionar y enfrentar a los diferentes sectores del republicanismo español. Era un líder no sólo respetado, sino carismático y querido, con una enorme fuerza persuasiva allá donde actuaba, tanto en privado como en público. En segundo lugar, era un antifascista católico que en Nueva York no tardó en relacionarse con otros católicos europeos residentes en los Estados Unidos, gente que supuestamente iba a jugar un papel muy importante en la reconstrucción de la Europa democrática tras la derrota definitiva del fascismo. A este grupo pertenecían, por ejemplo, el sacerdote Luigi Sturzo, fundador del Partido Popular italiano, del que precisamente en 1942 surgió la Democracia Cristiana; el excanciller alemán y miembro del Partido del Centro Heinrich Brüning; el político flamenco Frans van Cauwelart —durante muchos años alcalde de Amberes, ministro y presidente del Parlamento belga—; o el teólogo humanista y profesor francés Jacques Maritain, con quien Aguirre coincidía en la Columbia University. Aguirre se relacionaba con todos ellos, aunque fue quizás Dom Sturzo la persona con la que más relación personal mantuvo. Prueba de ello es el epistolario entre ellos, que abarca un amplio período entre los años 1942 y 1951. Aguirre leía los libros publicados por el italiano y, precisamente cuando estaba negociando con el Gobierno americano los términos de una cooperación con los vascos, invitaba al italiano a estrechar los contactos con el argumento de que «en estos tiempos en los que es necesario que los hombres de pensamiento católico situados al lado de la libertad y de la auténtica democracia estemos en estrecho contacto». Poco después, le reiteró esta idea, lamentando la «confusión en las mentes que la propaganda totalitaria de todos los matices se esfuerza en promover» y añadiendo una nota crítica que le debía de gustar al italiano, quien había tenido problemas con el Vaticano por lo que la Santa Sede consideraba una actitud demasiado beligerante de Sturzo con respecto al fascismo: «Lástima que la diplomacia Vaticana contribuya más de una vez al desarrollo de estas confusiones»[43]. Como se verá más adelante, en los años posteriores al fin de la guerra, estas relaciones personales de Aguirre con los católicos europeos exiliados en Nueva York entrarían en una nueva fase más formal e institucional a través de la implicación del lehendakari y de su partido en la creación y el desarrollo de la Federación Europea de Partidos Democristianos.

Y, finalmente, el lehendakari tenía una tercera ventaja que podía presentar a los responsables de la política exterior norteamericana: el Gobierno vasco disponía de una amplia red organizativa que abarcaba no sólo a la España franquista, sino también, sobre todo a través de los múltiples Centros Vascos, a los países de América Latina, un continente católico, en el que buena parte de la élite política, económica y cultural simpatizaba de forma más o menos abierta con las potencias del Eje. Con una orden de su presidente, los vascos podrían poner en marcha un esfuerzo colectivo para contrarrestar la influencia fascista en América Latina y, de paso, suministrar todo tipo de informaciones relevantes sobre las actividades propagandísticas y bélicas de los nazis y sus aliados en aquellos países.

Pese a todas estas credenciales a su favor, el presidente vasco tuvo que sortear importantes obstáculos en su camino hacia la alta política estadounidense[44]. Como no podía ser de otra manera en un hombre tan seguro de sí mismo como Aguirre, la idea inicial era la de llegar a un trato entre presidentes. El vasco intentó, tanto a través de cartas personales a Roosevelt como mediante interlocutores bien relacionados con el ocupante de la Casa Blanca, concertar alguna cita

---

[43] La correspondencia entre Luigi Sturzo y Aguirre está reproducida en Botti, Alfonso (ed.): *Luigi Sturzo e gli amici spagnoli. Carteggi (1924-1951)*, Rubbetino Editore, Soveria Mannelli, 2012, pp. 537-549. Estos contactos habían sido facilitados por Alberto Onaindia, quien ya se carteaba con Sturzo desde 1937. Cf. ibíd., pp. 461-471.

[44] Para lo que sigue, cf. el documentado estudio de Jiménez de Aberásturi y Moreno, pp. 388-513.

personal. Pero no lo consiguió. Los informes recabados por Roosevelt a su secretario de Estado Cordell Hull no otorgan ninguna importancia al tema y recomiendan el archivo de la documentación, porque el vasco —a quien en los informes no se le trata nunca con el título de «presidente»— lideraba tan sólo «un grupo pequeño que no es representativo, ni tiene relaciones con el Gobierno de Franco ni tampoco con ninguno de nuestros amigos del antiguo Gobierno republicano». O mucho peor aún fue la reacción a otra carta enviada por el lehendakari tras la agresión de Pearl Harbor, cuando un segundo informe mandado desde el Departamento del Estado a la Casa Blanca consideraba que el vasco ni siquiera debería ser considerado presidente, puesto que la «limitada autonomía» que había gobernado ya había sido abolida. Esta pretensión de «presentarse como jefe de un Estado soberano» molestaría tanto al «Gobierno español que nosotros reconocemos y con el que tenemos relaciones, como [a] los elementos españoles que ahora viven fuera de España». Y, efectivamente, este informe iba acompañado por una nota remitida por el general José Asensio, a la sazón presidente de la delegación en Estados Unidos de Acción Republicana Española, en la que tildaba a Aguirre y a su Gobierno de «separatista y anti-constitucional»[45].

Cerrado así el acceso directo a Roosevelt y a Cordell Hull, quedaban sin embargo otras vías, incluso dentro del Departamento de Estado, donde logró —nuevamente gracias a la labor mediadora de Ynchausti— reunirse varias veces con Laurence Duggan, asesor de Hull para asuntos suramericanos. Otro referente y, a la postre, valedor de Aguirre y su plan fue Henry A. Wallace, el vicepresidente del Gobierno. Como secretario de Agricultura en los primeros gabinetes de Roosevelt (1933-1940) se había hecho muy popular por su labor a favor de los agricultores norteamericanos castigados por la Gran Depresión, lo que el presidente agradeció mediante el nombramiento de su secretario como vicepresidente en las elecciones de 1940 contra la voluntad de los sectores más conservadores del Partido Demócrata. De hecho, Wallace pertenecía a su ala más izquierdista, lo que más tarde incluso provocó críticas dentro y fuera del partido por su supuesto filo-comunismo. En todo caso, era un hombre muy activo y popular: entre 1942, precisamente el tiempo en el que coincidió con el lehendakari, ningún miembro del Gobierno de Roosevelt realizó más mítines o alocuciones públicas y atrajo más atención que el vicepresidente[46]. Por consiguien-

---

[45] Ibíd., pp. 403-409.
[46] Blum, John Morton (ed.): *The Price of Vision. The Diary of Henry A. Wallace*, Houghton Mifflin Company, Boston, 1973, p. 25.

te, cuando se encontró con Aguirre, ya era un hombre controvertido, pero por suerte para este último, todavía popular y en la cumbre de su carrera política que pronto entraría en su fase decadente y terminó con la polémica sustitución, apoyada sutilmente por Roosevelt, como candidato a la Vicepresidencia por el más conservador Harry S. Truman en la turbulenta Convención Demócrata celebrada en Chicago en julio de 1944[47]. Wallace siempre había mostrado un interés en las cuestiones hispanoamericanas, hablaba español y conoció al presidente vasco en un acto organizado por diferentes exiliados españoles. Sus ideas le parecían tan importantes que le invitó a comer, dando comienzo a una relación más estrecha, lo que intensificó los ya existentes recelos y críticas en otros ámbitos del Gobierno norteamericano y del partido. Después de este primer encuentro entre ambos políticos en febrero de 1942, esta relación aparentemente se mantuvo durante un tiempo. De hecho, a mediados de noviembre del mismo año, el propio Wallace se refiere en su diario a una visita de Aguirre, en la que le informó sobre sus actividades durante la gira por América Latina, de la que acababa de regresar. Más concretamente, el presidente vasco le relató sus encuentros con los clérigos de los diferentes países que había visitado, destacando, no sin un cierto toque de orgullo, que, pese a que al menos un diez por ciento del clero suramericano era de «origen fascista», ahora en la guerra apoyaba la causa aliada[48]. El mensaje era claro: los norteamericanos habían contratado al presidente vasco y éste había cumplido su misión.

Pero, además de Wallace, todavía faltaba otro de los buenos e influyentes amigos de Ynchausti en esta lista de contactos: el magnate Nelson Rockefeller, a quien Roosevelt había nombrado director de la Oficina de Asuntos Interamericanos. A través de Max Ascoli, uno de los principales colaboradores de Rockefeller, Ynchausti y Aguirre lograron dar un paso hacia adelante con su idea de establecer una coo-

---

[47] Recientemente, la figura de Wallace ha sido recuperada y reivindicada por parte del cineasta Oliver Stone y del historiador Peter Kuznick. Cf. *The Untold History of the United States. A Book and Television Series by Oliver Stone and Peter Kuznick*, Gallery Books, Nueva York, 2012; una versión menos hagiográfica del valedor americano de Aguirre y de su defenestración en la Convención de 1944 es la de Ferrell, Robert H.: *Choosing Truman: The Democratic Convention of 1944*, University of Missouri Press, Columbia, 2000.

[48] «Aguirre told me of visiting the priests, bishops, et al., in the Latin American countries. He claimed about 10 percent of the American clergy in all of Latin America are of fascist origin and that they are friends of the Allied cause. He spoke to various Catholic meetings about the need of charity in the Catholic church. He asked why the Catholics could claim to be charitable when Franco had at least 300,000 or perhaps 500,000 people in concentration camps in Spain». Cf. Blum, pp. 132-133. Como el *Diaro* de Aguirre termina a comienzos de mayo de 1942, no recoge esta entrevista entre ambos políticos.

peración, sobre todo con vistas al subcontinente latinoamericano. Por primera vez se habló no sólo de las prestaciones vascas, sino incluso del valor de las mismas. La entrada que el lehendakari registró el 29 de enero de 1942 en su diario refleja su impresión optimista, aunque aparentemente no se fiaba del todo de Ascoli: «Nuestros proyectos han gustado en todas partes. Ahora nos dice ha llegado la hora de cifrarlos en dollars. Aquí todo se cotiza. Hemos quedado en presentarle los números. Muy amable y muy fino, sin embargo no me ha convencido del todo». Aguirre calculaba que para poner en marcha los servicios de información haría falta una financiación inicial de 30.000 dólares y una subvención para el periódico oficial del Gobierno vasco, *Euzko Deya*, editado en Argentina, con el fin de duplicar su tirada.

Sin embargo, las cosas no acabaron de salir. Las propuestas de cooperación vasco-americana generaron semejante polémica entre los diferentes sectores del Gobierno norteamericano que al final se impuso el argumento de que no sería bueno encargar esta labor propagandística e informativa a un «grupo regional español», «teniendo en cuenta que demasiados españoles en el Nuevo Mundo están empeñados en mantener los odios políticos que les caracterizan en su patria», tal y como rezaba un informe de la División de Asuntos Culturales del Departamento de Estado. Aguirre no sabía nada de esta polémica, pero, pese a su optimismo innato, algo debía de intuir tras darse cuenta del enésimo parón en sus negociaciones. El comentario en su *Diario* (27-III-1942) acerca del pronóstico pesimista de Max Ascoli, según el cual «sin un profundo cambio en la dirección política» del país era «difícil pensar en nada positivo», acredita esta frustración: «Jamás hubiéramos creído que el sentido reaccionario y egoísta estuviera tan en la entraña de un pueblo como éste».

Al final, tras tanto tira y afloja, el presidente recuperó su confianza en los norteamericanos y su buena voluntad y sentido de justicia. Fue la feliz coincidencia de dos factores la que desatascó las negociaciones. En este sentido cabe señalar, en primer lugar, la aparición de un nuevo e influyente defensor de una colaboración con los vascos: los servicios de inteligencia británicos. La Inteligencia británica contaba ya casi desde el comienzo de la guerra, primero en Londres y luego, tras la llegada de Manu de la Sota, en Nueva York, con un largo historial de colaboración con los servicios vascos. Gracias a esta colaboración, en diciembre de 1941 los agentes británicos lograron robar las instrucciones secretas del Gobierno español a todos los capitanes de la flota mercante española para el caso de una entrada de España en la guerra. Más tarde, el propio Aguirre grabó un mensaje dedicado a todos los marineros vascos en buques españoles, que se iba a emitir en la radio en tal hipotético caso. A mediados de 1943, después de que el lehendakari convenciera personalmente a un conserje vasco de la Embajada española en Washington, los británicos pudieron hacerse con las claves secretas que permitieron descifrar todos los mensajes que el Ministerio de Asuntos Exteriores español enviaba a sus embajadas. Gracias a estos notables éxitos, los vascos se labraron la fama de eficientes y fieles colaboradores de la causa aliada. Y puesto que los británicos, cuyos diplomáticos insistían una y otra vez que se debía hacer todo para evitar la entrada de Franco en la guerra, sacaban un gran rendimiento de esta colaboración, que políticamente no les comprometía a nada, las voces en Washington que se oponían a este tipo de cooperación iban perdiendo peso poco a poco. Resultaba difícil rechazar un trato con los vascos, cuando de hecho en la práctica ya existía: gracias a la estrecha coordinación entre británicos y norteamericanos en las cuestiones del contraespionaje, los informes sobre los logros de esta cooperación con los agentes vascos llegaban a la mesa del presidente Roosevelt.

Una función central en este tema desempeñaba William Samuel Stephenson, el máximo responsable de los servicios de espionaje británicos en Nueva York encargado sobre todo del área de América Latina y, a la vez, el representante personal de Churchill ante el presidente norteamericano. Stephenson, a la cabeza de la *British Security Coordination*, adquirió así una enorme influencia en la política americana, lo que también se reflejaba en la ubicación física de su agencia, sita nada menos que en las plantas 35 y 36 del imponente *Rockefeller Center* en el corazón de Nueva York. El británico no tardó mucho en contactar con Aguirre, quien, tras este primer encuentro, ya se mostró optimista: «Ciertamente, las cosas marchan» (*Diario*, 20-XI-1941). Tras la entrada de los Estados Unidos en la guerra, las cosas se aceleraron, tal y como acreditan las frecuentes referencias a encuentros para poner en marcha una colaboración en América Latina que el lehendakari recoge en su *Diario*. Pronto se irá reflejando la estrecha cooperación con los servicios británicos y norteamericanos también en la agenda del presidente vasco, en la que aparecen apuntes de reuniones con representantes del organismo de espionaje presidido por el coronel William J. Donovan. Con el fin de coordinar los diferentes organismos que dentro del Gobierno estadounidense se dedicaban a las labores de información y espionaje, Roosevelt le había nombrado «Coordinador de Información» adjunto a la presidencia.

Esta reordenación de los servicios de inteligencia norteamericana era el segundo factor favorable a los intereses del presidente vasco. La revisión de las viejas estructuras organizativas y la creación de otras nuevas, jugaba en principio a favor de propuestas complejas y discutidas como las que estaba presentando el lehendakari, porque nuevas estructuras a menudo significaban también nuevas personas en cargos de responsabilidad. Y una de estas nuevas personas era precisamente Donovan, quien, ¡qué casualidad!, era buen amigo de Stephenson, y había sido nombrado a propuesta de este último. Aquí se cierra el círculo que conduce a la definitiva incorporación de los vascos en el entramado de la Inteligencia norteamericana con una dedicación especial a América Latina. El 22 de mayo, Aguirre anota que «nos anuncian los americanos que nuestro trabajo debe comenzar rápidamente», además de que ya existe un acuerdo sobre la contraprestación pecuniaria: «[...] se abrirá una cuenta en un banco para que no nos falten medios para nuestros desplazamientos y los de nuestros amigos. Esto parece que va en serio. Con elementos y apoyo la acción de los vascos en América puede ser de singular importancia. Al fin lo han entendido. El Comité Donoban [sic] del Presidente Roosevelt es la organización que hemos visto trabajar con mayor eficacia hasta hoy» (*Diario*, 22-V-1942). Apenas un mes más tarde, ese Comité que menciona el dirigente vasco se convirtió formalmente en una importante agencia de espionaje bajo las siglas de OSS (*Office of Strategic Services*), antecesora de la *Central Intelligence Agency* (CIA), fundada en 1947.

Pese a las diferentes investigaciones con las que contamos, no conocemos ni la fecha exacta del acuerdo, ni la literalidad del mismo[49], ni tampoco los detalles de su implementación en los años siguientes. Por las alusiones del propio lehendakari se puede deducir que el acuerdo se cerró en algún momento después de las conversaciones de mayo de 1942. Su objeto era la labor de información, espionaje y propaganda pro-aliada por parte de los vascos en Sudamérica. La contrapartida consistía en relaciones políticas preferenciales, otros servicios de infraestructura (por ejemplo, el uso de la valija diplomática) y subvenciones económicas aparentemente sustanciosas[50]. Una

---

[49] Xabier Irujo resume el contenido de este acuerdo, pero no señala ninguna fuente. Cf. Irujo, Xabier: *Expelled from the Motherland. The Government of President José Antonio Agirre in Exile, 1937-1960*, University of Nevada, Reno, 2012, pp. 123 ss.

[50] En una carta al vicelehendakari Leizaola, Aguirre —sin mencionar en ningún momento datos o cifras concretas— presentó un balance positivo sobre las ayudas, cerrándolo con estas palabras: «Nuestra situación es francamente buena contando con sólidas y eficaces relaciones lejos de la teoría». Cf. José Antonio Aguirre a Jesús María Leizaola, s.l. [Nueva York], 24-XI-1944, AN, GE-265-4.

de las primeras consecuencias de este acuerdo fue la gran gira que Aguirre realizó entre el 15 de agosto y el 24 de octubre de 1942 por un total de diez países latinoamericanos. Era el primer encargo de sus protectores norteamericanos, y así se lo comunicó de forma confidencial al rector de la Universidad de Columbia para pedir una excedencia temporal en su tarea docente[51]. Durante esos dos meses, el presidente vasco desplegó una actividad verdaderamente frenética, impartiendo 23 conferencias universitarias y pronunciando más de cien discursos y alocuciones, que, en parte, eran retransmitidos en directo por las estaciones de radio nacionales de los respectivos países[52]. Además, fue recibido por los presidentes de México (Ávila Camacho), Panamá (De la Guardia), Colombia (Alfonso López), Chile (Ríos), Perú (Prado Ugarteche), Uruguay (general Baldomir) y Cuba (general Batista). El éxito propagandístico fue enorme. Y no exageró el informe anónimo, pero con casi toda seguridad redactado por los hombres de la Delegación en Nueva York, que fue entregado al Gobierno norteamericano después del regreso del lehendakari: «El éxito del viaje del Presidente Aguirre se debe a que: por ser católico, recibió homenaje de los elementos católicos más destacados; por ser demócrata, de los demócratas de todos los matices; por ser vasco y haber representado a un pueblo que llegó al máximo sacrificio en defensa de esos ideales, el respeto de todos»[53].

En los mismos días en los que el lehendakari, eufórico por su gira triunfal, estaba haciendo las maletas para regresar a Nueva York, en Madrid se estaba produciendo un acontecimiento que mostraba con toda su crudeza la otra cara de este triunfo. En una audiencia que Franco concedió al embajador británico Samuel Hoare, uno de los temas de conversación fueron precisamente Aguirre y su Gobierno. Toda la estrategia del diplomático británico estuvo determinada, una vez más, por el objetivo de asegurar la neutralidad de España en la guerra. Entre las promesas que Hoare hizo al *Caudillo* figuraba la de no inmiscuirse en ningún asunto doméstico español. En este sentido rechazó expresamente los rumores que apuntaban a un fomento del

---

[51] «I am pleased to tell you, and this is confidential, that I am also going on a mission that an agency of the U.S. Government has entrusted me». Cf. carta de Aguirre a Nicholas Murray Butler, Nueva York, 15-VIII-1942. Fondo documental Universidad de Columbia.

[52] Algunas de sus conferencias más importantes están recogidas en el libro de Aguirre, José Antonio: *Cinco conferencias pronunciadas en un viaje por América*, Ekin, Buenos Aires, 1944.

[53] «Copia de uno de los informes sobre el viaje del Presidente Aguirre por América del Sur presentado a organismos oficiales del Gobierno de U.S.A. en Washington», AN, PNV-24-5.

«separatismo en España» por parte del Gobierno británico. Es más, tal y como recoge el protocolo de la conversación con el *Caudillo*, Hoare aseguró que «se habían cursado instrucciones precisas a los Representantes de su Majestad Británica en la América Latina para que no prestaran atención alguna a las andanzas del separatista Aguirre por aquellas latitudes, ya que el Gobierno británico ni apoyaba ni le interesaba en absoluto dicha persona». En su respuesta, Franco quitó importancia al peligro del separatismo, pero, en todo caso, quiso mostrar su agradecimiento por esta «noble» actitud del Gobierno británico «al no prestar apoyo a la persona que antes había indicado»: aparentemente, pronunciar el apellido del lehendakari le provocaba náuseas al jefe del Estado español[54].

Esta descarada mentira del diplomático inglés es otra prueba más del doble juego que el Gobierno de Churchill practicaba en sus relaciones con la España franquista. El discurso oficial de un exquisito respeto de la soberanía española, desplegado con la intención de evitar una entrada del país en la guerra de la mano del Eje, iba acompañado de un aprovechamiento mucho menos cauteloso, pero sí secreto, de todos los canales de información susceptibles de suministrar cualquier tipo de conocimiento relevante para la planificación estratégica de la contienda bélica. De esta manera, un político como Aguirre, cuyos agentes trabajaban activamente y con éxito para los servicios secretos británicos y cuya labor, al parecer, resultaba lo suficientemente relevante como para recomendar la ampliación de esta cooperación al aliado norteamericano, era a la vez una persona que «no interesaba en absoluto». Cegado por su optimismo sin límite, el lehendakari tardaría todavía unos cuantos años en darse cuenta de este doble juego y el peligro que conllevaba para sus intereses. Es más, cuando Hoare fue recibido por el *Caudillo*, el presidente vasco vivió uno de los momentos políticamente más dulces de los últimos años: su gira por los países de América Latina había sido verdaderamente triunfal y, como en ese subcontinente mandaba mucho más el *State Department* que el *Foreign Office*, la obstrucción británica —si es que la hubo— no pudo mermar el rotundo éxito del viaje. Y Aguirre no dudaba de que a este primer éxito iban a seguir otros que pronto serían reconocidos y premiados por los aliados. Como, además, no llegó a conocer el contenido de la entrevista entre Franco y Hoare, y como tampoco tuvo noticia del masivo soborno con que los

---

[54] «Conversación entre su Excelencia el Jefe del Estado y el Embajador de la Gran Bretaña en Madrid Sir Samuel Hoare en la audiencia celebrada en el Palacio del Pardo el día 19 de octubre de 1942», AMAE, 2300, 4.

servicios secretos británicos, con la mediación del banquero franquista Juan March, procuraban asegurarse la neutralidad de los generales más cercanos al dictador[55], Aguirre no tuvo ningún motivo poderoso para cuestionar sus expectativas tan optimistas. Al contrario, ahora, con la tranquilidad que le daba la satisfacción por un trabajo bien hecho y la perspectiva de intensificar esta entente secreta con los aliados, el lehendakari pudo permitirse el lujo de descender de las altas esferas de las relaciones internacionales al ámbito de la política doméstica vasca y española, donde le esperaban unos cuantos problemas que requerirían su atención.

V. TODOS JUNTOS: CALMANDO A IRUJO Y TRANSACCIONANDO CON LOS SOCIALISTAS

El primero de estos problemas, que el presidente vasco no dudó en valorar como el «punto negro de nuestro exilio», estaba ubicado en Londres[56]. Su origen había sido una conflictiva mezcla entre luchas políticas, disputas financieras e incompatibilidades personales. Uno de los dos protagonistas del conflicto fue Luis Ortúzar, el antiguo jefe de la *Ertzaña* (la policía autónoma vasca), quien, tras la desaparición de Aguirre, había recibido del vicelehendakari Leizaola el encargo de establecer contactos con el Gobierno británico al margen de la Delegación del Gobierno de Euskadi en Londres. Ortúzar era, además, director y accionista de la compañía naviera *Continental Transit Ltd.*, en la que el Gobierno —así como el Partido Nacionalista Vasco— habían invertido gran parte de sus fondos en 1938.

El contrincante principal de Ortúzar fue Manuel Irujo, quien en julio de 1940 había fundado en Londres el Consejo Nacional de Euzkadi (CNE) con el propósito de asegurar la permanencia del Gobierno vasco, que, con el lehendakari en paradero desconocido, el navarro

---

[55] Diferentes historiadores han mencionado este episodio de soborno masivo para comprar la benevolencia de un importante número de generales franquistas a partir del verano de 1940. Su objetivo más inminente fue la protección de la base naval británica en Gibraltar ante una hipotética invasión española. Los detalles se encuentran en el informe escrito por el director de la OSS, William J. Donovan, enviado al presidente Roosevelt el 8 de mayo de 1942. El informe se encuentra en los fondos de la *Franklin D. Roosevelt Library and Museum* y está disponible en www.fdrlibrary.marist.edu/archives/collections/acquisitions.html. Recientemente, el tema de este soborno ha sido aireado también por la prensa española al desclasificarse documentos británicos. Cf. *El Mundo*, 26-V-2013 y *El País*, 24-V y 2-VI-2013.

[56] José Antonio Aguirre a Jesús María Leizaola, s.l. [Nueva York], 24-XI-1944, AN, GE-265-4.

había dado por muerto o, al menos, por suspendido, máxime cuando la dispersión de los consejeros y la imposibilidad de hacer política en ninguno de los dos sectores de Francia hacían altamente improbable la continuidad del gobierno bajo el mando de Leizaola. El conflicto se planteó cuando Irujo exigió a Ortúzar, con el beneplácito de los miembros del EBB que habían emigrado a Londres, la liberación de los fondos custodiados con el fin de financiar la actividad del CNE y del EBB. Ortúzar recibió el apoyo del vicelehendakari Leizaola, quien criticó a Irujo por actuar de forma precipitada arrogándose competencias políticas que no le correspondían. La titularidad del capital invertido en la compañía la ostentaba el presidente del EBB Doroteo Ziaurritz, cuyo apoderado en Londres era precisamente Irujo. Ante la negativa de Ortúzar de entregar el dinero, Irujo llevó el tema a los tribunales británicos, a sabiendas de que la publicidad así establecida iba a perjudicar la buena imagen de los vascos ante el Gobierno británico, además de proporcionarle al régimen franquista no sólo un buen argumento propagandístico, sino incluso la posibilidad de personarse en el caso y reclamar el dinero en cuestión para sí mismo.

Los detalles de este grave conflicto interno son bien conocidos. Aguirre tuvo que emplear mucha mano izquierda para no herir sensibilidades y, sobre todo, para templar el volcánico temperamento de su amigo Irujo. Éste suspendió la actividad del Consejo cuando el presidente vasco recuperó su libertad, pero también dejó claro en todo momento que la fundación del CNE no había tenido tan sólo el fin de asegurar transitoriamente la continuidad de la política institucional vasca, sino que también había perseguido un objetivo más político: para el dirigente navarro, quien a la sazón se encontraba en su fase nacionalista más radical e intransigente, la sustitución del Gobierno por el Consejo significaba también la sustitución de una política autonómica por una verdaderamente nacional, una política que no se perdía en tacticismos y compromisos, sino que apuntaba directamente a la independencia de Euskadi. Esto era posible porque, según Irujo, el Gobierno vasco dependía de la República y de su Constitución, mientras que el CNE había sido obra de la libre voluntad de los vascos. Y aquí daba lo mismo que esta voluntad era sólo la de los vascos nacionalistas:

> La unión de todos los vascos, deseada con fervor por nosotros, no constituye el bien mayor y puede convertirse en una mala política, si no es proclamada con carácter nacional [...]. Entre un gobierno «autonómico» de carácter legítimo y un organismo «nacional» de significación revolucionaria, sería preferible éste a aquel, aunque dejara de ser la bandera de

unión de todos los vascos y fuera tan sólo exponente de los vascos con sentido nacional[57].

Meses después de la disolución del CNE en 1942, Irujo siguió insistiendo en estos mismos argumentos, que ahora también adquirieron una dimensión personal. Cuando el lehendakari estaba triunfando en su gira por América Latina, el navarro criticó vehementemente la «crisis evolutiva en la política del Presidente Aguirre», a quien veía entregado a los intereses de los republicanos españoles y de las potencias anglosajonas. Según Irujo, Aguirre se encontraba «influido por el testamento de Sabino», lo que era una clara referencia a la polémica *evolución españolista* del fundador del PNV: éste era probablemente el reproche más duro que se le podía hacer a un nacionalista vasco de la categoría de Aguirre[58]. Irujo no se conformaba con plasmar estas duras críticas en informes o escritos a terceros, sino que las espetó en larguísimas cartas de 30 folios al propio lehendakari. «Sé cuánta impresión producen en ti los últimos momentos de Sabino». Estos pensamientos, según el navarro, no debían constituir «el guión de nuestra política», porque «fracasaron al ser intentados aplicar en la política catalana». Pero, además de esta peligrosa desviación de la política auténticamente «nacional», Irujo formuló otro duro reproche a Aguirre, a quien acusó de haber mostrado una actitud de total «insolidaridad» con respecto al Consejo Nacional y sus miembros por haberlos silenciado completamente en todas y cada una de sus apariciones públicas: «El Consejo Nacional no ha merecido por ti la categoría y el trato que mereció la Gestora Gubernativa de Bizkaia». El tono agrio de Irujo fue fiel reflejo de su enojo: «Pero, no olvides que quien a hierro mata, a hierro muere y el que practica la insolidaridad como norma de gobierno, cualquiera que sea la causa de esta medida, puede algún día encontrarse alcanzado por su propia doctrina»[59].

---

[57] Cita reproducida en De Pablo, Mees y Rodríguez Ranz, *El péndulo*, II, p. 116. Los estudios más documentados sobre el CNE son los de Jiménez de Aberásturi, Juan Carlos (ed.): *Los vascos en la II Guerra Mundial: El Consejo Nacional Vasco en Londres, 1940-1944 (Recopilación documental)*, Eusko Ikaskuntza, San Sebastián, 1991, e ibíd., *De la derrota a la esperanza: políticas vascas durante la II Guerra Mundial (1937-1947)*, IVAP, Oñati, 1999, pp. 308-348.

[58] Cf. el documento «Momentos de crisis» (informe sin firma, pero muy probablemente de Irujo), 19-XI-1942, AN, EBB, 213-6.

[59] Véanse las carta de Irujo del 28-I- y 20-II-1942, reproducidas en Goiogana, Iñaki; Irujo, Xabier y Legarreta, Josu (eds.): *Un nuevo 31. Ideología y estrategia del Gobierno de Euzkadi durante la Segunda Guerra Mundial a través de la correspondencia de José Antonio Aguirre y Manuel Irujo*, Sabino Arana Fundazioa, Bilbao, 2007, pp. 445-464 y 484-486.

Pese a estos cañonazos verbales lanzados por el exministro, el lehendakari se esforzó en mantener la calma. Sus largas respuestas dan fe de una enorme habilidad para defender con firmeza sus puntos de vista, a la vez que traslada al destinatario de sus críticas abiertas muestras de aprecio, estima y amistad. Leídas desde la distancia histórica, estas cartas son auténticas obras de arte dialécticas que nos presentan al lehendakari como un hombre de Estado que se encuentra por encima de las rencillas personales, no se deja provocar, sabe hacia dónde quiere ir y es capaz de empatizar con sus contrincantes. Son escritos cuya forma y contenido remiten a este rasgo característico de su personalidad que tantos testigos coetáneos han destacado en el lehendakari refiriéndose a su *don de gentes* y a la fuerza persuasiva de su discurso, lo que, en definitiva, para cualquier político es la base para ejercer un fuerte liderazgo, tal y como lo hacía Aguirre. Para empezar, el presidente vasco quiso quitar hierro a las afirmaciones de Irujo rebajándolas a la categoría de exabruptos poco reflexionados debidos más al carácter impulsivo y temperamental de Irujo que a un razonamiento político sosegado. Adoptando casi la postura de un padre ante un hombre que era 13 años mayor que él, Aguirre le rogó: «Manuel, escribe más despacio, por favor. No sabes el daño que te haces a ti mismo con estas cartas escritas tan deprisa». Y a Aguirre no le resultó fácil mantener la calma, pues, tal y como lo confesó a su consejero espiritual (y político) Alberto Onaindia, y con una evidente referencia al reproche del españolismo, las largas misivas del navarro estaban llenas de «términos y juicios impropios para mi dignidad de patriota y hasta mi representación como Presidente». La razón de ello no radicaba en ningún tipo de diferencia ideológica, sino que tenía que ver, en opinión del lehendakari, con el «eterno inconformismo o insatisfacción» de Irujo, el «aislamiento» en el que se recreaba, su «falta de contención» y su afán por «escribir demasiado» de todo tipo de temas. La preocupación del presidente era tan grande que le pidió a Onaindia que utilizara su ascendencia como sacerdote no directamente comprometido con las luchas políticas con un claro objetivo: «Tenemos que calmar a Manuel»[60].

Y, así debía de pensarlo el lehendakari, una buena estrategia para calmarlo podría ser la de mostrarle públicamente el reconocimiento por el trabajo realizado a la cabeza del Consejo de Londres mediante su incorporación como consejero al Gobierno de Euskadi. Así, además, el díscolo diputado estaría más cerca del lehendakari, quien,

---

[60] José Antonio Aguirre a Alberto Onaindia, Nueva York, 7-V-1942, AN, Fondo A. Onaindia.

desde esta cercanía física y política, podría controlarlo mejor y amortiguar algo las no deseadas consecuencias de su desbordante labia. Así, a comienzos de diciembre de 1941, Aguirre comunicó a Irujo que le había nombrado «Ministro» sin una asignación funcional concreta en su gabinete. Dos meses más tarde, el navarro le comunicó su negativa a aceptar el nombramiento. Dio tres razones para este sorprendente rechazo: la ya citada «insolidaridad» del lehendakari con respecto a los miembros del CNE, su incompatibilidad con sus hipotéticos colegas consejeros Leizaola y De la Torre, con quienes estaba enfrentado pese a militar en el mismo partido y, finalmente, su disconformidad «con las bases fundamentales de la gestión política trazada por ti»[61].

Aguirre aceptó la decisión, pero le amonestó por uno de los tres motivos aducidos: le pidió que recompusiera sus relaciones con los compatriotas con quienes había dicho sentirse incompatible. Y éste era precisamente uno de los aspectos de la gestión de Irujo como presidente del Consejo que más habían molestado al lehendakari. Sin pronunciar estas palabras, Aguirre reprochó al navarro haber actuado de forma precipitada, partidista y sectaria, de manera que, en consecuencia, había provocado las dudas y críticas de muchos vascos, sembrado así la desunión entre los sectores del exilio (y del interior) que hasta mayo de 1940 habían estado unidos bajo el liderazgo del Gobierno de Euskadi, que todos reconocían. «Lo peor de todo es la desunión», así se expresó Aguirre en la ya citada carta a Onaindia. No le había gustado la prisa con la que Irujo había dado por finiquitado el Gobierno vasco tras la desaparición del lehendakari, arrogándose la autoridad para sustituir no sólo al Gobierno, sino también a su presidente, lo que incluso se reflejó en la adopción del título de «presidente» del CNE. Aguirre mismo señaló que se había visto forzado a defender a Irujo ante críticas que habían querido ver una actuación «con aires de golpe de Estado». Tampoco había gustado el hecho de que, salvo el republicano Aldasoro, Irujo hubiese excluido del Consejo a los no nacionalistas. También la elaboración de un anteproyecto de Constitución de Euskadi (1940), así como de un mapa territorial de lo que sería la nueva Euskadi soberana, en el que se incluían regiones claramente no vascas, habían levantado ampollas no sólo entre los no nacionalistas, sino también entre algunos nacionalistas que consideraban estos proyectos demasiado importantes como

---

[61] Cf. las cartas de Irujo a Aguirre, Londres, 12-II-1942, y Aguirre a Irujo, Nueva York, 3-XII-1941, reproducidas en Goiogana, Irujo y Legarreta, *Un nuevo 31*, pp. 402-425 y 470-484.

para que un órgano supuestamente transitorio como el Consejo asumiera la responsabilidad de su elaboración. Aguirre vio con buenos ojos la idea de no permitir un vacío de poder durante la ausencia del lehendakari y la dispersión de los consejeros, asegurando además la presencia vasca en las cancillerías en los momentos clave de la guerra. Tampoco le parecía mal el acuerdo que se había firmado con la Francia Libre del general De Gaulle (1941), aunque, completamente en la línea de la política norteamericana, el lehendakari —erróneamente, como hoy sabemos— no le auguró un gran futuro político al general francés. Donde sí discrepó fue en el planteamiento político-estratégico que Irujo defendía y cuyo espíritu subyacía tras el pacto con De Gaulle: la idea de incorporar la Euskadi libre directamente a una Confederación Occidental europea, que se crearía una vez concluyera el conflicto bélico con la victoria aliada. Aunque en una carta al general francés Irujo había matizado algo sus tesis, para él era evidente que se trataba de «sacar a Euzkadi del cuadro peninsular». La ventaja de esta solución estribaba para Irujo en la posibilidad de eludir así cualquier compromiso con los republicanos españoles: por fin se lograría arrojar por la borda la Constitución del 31 y el Estatuto del 36, basado en la misma. Así, el terreno quedaría despejado para aspirar a un modelo de autogobierno más exigente.

Todo esto para Aguirre en el fondo no era otra cosa que «la creación de ilusiones políticas en arena movediza». «[...] es legítimo soñar —y yo también sueño, y mucho—, pero es preciso no confundir las cosas y sobre todo tener una idea fija». Para el lehendakari, la idea de incorporar a Euskadi directamente a una federación de naciones europeas a crear después de la guerra significaba «ir contra la Geografía y la Historia». Lo explicó así en una carta a los miembros del EBB en Londres:

> Creo honradamente que no podemos llegar a nuestra independencia ni a la integración continental, sin agotar la fase peninsular a base claro es de nuestra libertad nacional. Agotada esta fase por incomprensión o dureza con los españoles, el camino está libre y créanme que yo no me detendré por duro que parezca [...], no vaya a ser que por querer alcanzar la copa del árbol nos matemos, cuando pudimos haberla alcanzado subiendo de rama en rama. A no ser que Vs. vean la escalera. Díganme donde está para cogerla inmediatamente[62].

Desde la perspectiva histórica, este episodio polémico en torno al Consejo Nacional de Euzkadi y la actuación de su presidente Manuel

---

[62] Cita reproducida en De Pablo, Mees y Rodríguez Ranz, *El péndulo II*, pp. 122 ss.

Irujo es importante por tres razones. En primer lugar, revela nuevamente la absoluta centralidad de un concepto clave en el pensamiento político y estratégico del lehendakari durante toda su vida: el concepto de la unidad sin fisuras de todos los demócratas vascos como condición imprescindible en la lucha por la libertad. A su juicio, la actuación de Irujo, pese a los motivos nobles del navarro y la evidente necesidad de mantener y fortalecer la presencia vasca durante la ausencia de Aguirre, había puesto gravemente en peligro esta unidad lograda en octubre de 1936, y por ello debía ser censurada. El segundo punto de importancia tiene que ver con un aspecto más bien personal y humano, que marcaría la vida de Aguirre hasta su muerte en 1960. El hecho de no contestarle a Irujo con la misma moneda, *tragarse* las graves acusaciones personales, ceñirse a una respuesta política y, además, evidenciar en repetidas ocasiones la gran estima personal que sentía por el navarro fue una acertada inversión en el futuro. Irujo tardaría todavía unos cuantos meses en digerir su enfado y recuperar la calma. Pero cuando lo consiguió, lo hizo de forma muy consecuente: a partir de ese momento, Irujo se convirtió en el dirigente político que más cercano se encontraba de Aguirre, tanto en el plano político como en el personal. Ya no habría fisura alguna y, por supuesto, ni rastro de los reproches de españolismo. Es más, como se verá más adelante, Irujo acompañó fielmente al lehendakari en todas las importantes iniciativas políticas de los años siguientes, por muy polémicas que éstas pudieran resultar, aunque esta lealtad siempre iba acompañada de la franqueza y de la voluntad de no silenciar las discrepancias cuando se diera el caso. Tal fue la compenetración entre estos dos hombres que resulta imposible escribir la biografía de uno sin insertar la del otro.

Y, finalmente, el tercer punto que cabe resaltar tras este análisis del debate en torno al CNE remite a la evolución del pensamiento político y estratégico del presidente vasco durante estos años en el exilio norteamericano, una evolución que no deja de ser contradictoria. Y es que, en realidad, las mismas críticas que Aguirre había vertido sobre Irujo y su labor en la presidencia del Consejo se las podría haber aplicado en cierta medida a sí mismo. Como se ha visto antes, a partir de 1939 el lehendakari había sido el principal artífice de una política nacionalista radical y aislacionista, cuya consecuencia más problemática fue la presión a los socialistas vascos y el empeño de convertirlos en obedientes satélites del nacionalismo hegemónico. Pese a la presunta firma del nuevo programa de gobierno en mayo de 1940, esta política no había contribuido precisamente a fortalecer la unión de los demócratas vascos, sino más bien lo contrario. Es más, la profundidad de la fractura generada quedó patente con toda su crudeza tras la reaparición del lehendakari. Así, no sería exagerado afirmar que la actitud de Irujo en el CNE le permitía a Aguirre ver como en un espejo las consecuencias de su propia política, que estaba arrastrando a su Gobierno hacia el precipicio de la desunión y, por ende, de la escisión y de la insignificancia política. A la vista de los platos rotos causados por el navarro, el lehendakari tuvo la ocasión de reflexionar sobre el pleito que él mismo tenía que gestionar en su gabinete. La conclusión no podía ser otra: si la unidad de todos los demócratas y la alianza estratégica con los partidos no nacionalistas eran claras prioridades en un caso, lo debían ser también en el otro. Y así fue. Las críticas a su amigo Irujo fueron el punto de partida de su lenta transición hacia la recuperación del nacionalismo más pragmático, gradualista y pactista, y la definitiva superación de las tentaciones de forzar la asimilación política de los demás partidos en torno al nacionalismo hegemónico del PNV. Sin duda, gracias a sus múltiples contactos con gran número de políticos provenientes de diferentes ámbitos internacionales, Aguirre se había dado cuenta de que, por muy dividido y caótico que se presentara el panorama del exilio republicano español, a Washington y a Londres les interesaba mucho más lo que ocurría en Madrid que lo que pasaba en Bilbao. Por ello le debió parecer ilusorio la propuesta de Irujo de entrar en Europa directamente por la puerta grande, sin haber previamente realizado el recorrido ibérico. De este razonamiento surgió una idea clave que no abandonaría durante el resto de su vida, una idea clave que se traduciría en una estrategia secuencial compuesta por tres pasos consecutivos: primero, poner orden en el Gobierno vasco recuperando y consolidando su cohesión original; segundo, aprovechar esta solidez institucional y política para fomentar la unión del exilio español, y tercero, influir —junto con los aliados «naturales», los nacionalistas catalanes y, en su caso, gallegos— en las decisiones del exilio español y presentar a las cancillerías una alternativa gubernamental atractiva y democrática capaz de sustituir al régimen franquista sin demasiados altercados.

De hecho, antes de lo que hubiera querido, el presidente vasco se vio obligado a iniciar el primero de los tres movimientos mencionados. Cuando todavía no había regresado de su odisea, el líder socialista Indalecio Prieto, su gran contrincante político, había iniciado desde su exilio en México una vehemente campaña contra lo que él consideraba uno de los grandes peligros de España, a saber, el pretendido separatismo de los nacionalistas vascos[63]. Prieto había tenido noticia de que en noviembre de 1938 Luis Arana Goiri, el hermano del fundador del PNV, había entregado —como hoy sabemos con el beneplácito del EBB y el conocimiento del lehendakari— un memorándum al *Foreign Office* con el fin de pedir ayuda para la creación de un Estado vasco bajo protectorado británico. Prieto aprovechó este dato para arremeter contra esta pretensión de facilitar «la incorporación del País Vasco a otra nación que no fuese España», y expresar su respeto a las «diversas personalidades regionales que integran España» y su derecho a disponer de un «marco que necesitan para su desarrollo y florecimiento», pero añadiendo una condición: «Dentro de España, con España, perteneciendo a España». Tras el regreso de Aguirre, Prieto continuó desarrollando este mismo discurso revistiéndolo de un tremendismo españolista verbal que hasta la fecha no se le había conocido al líder socialista bilbaíno. Era, por una parte, un reflejo sincero, pero exagerado, de su pensamiento político. Para él, su nación era España, lo que no le impedía sentir con un fervor parecido su *patria chica*, que más que Euskadi era Bilbao, la ciudad donde se forjó como socialista. Pero, por otra parte, también perseguía un objetivo estratégico. El violento rechazo de cualquier «separatismo» era la prolongación de su intervención previa en el conflicto de la *obediencia vasca*, en el cual, pese a la firma del nuevo programa del Gobierno vasco, no quiso dar su brazo a torcer. Al ubicarse así en las antípodas de los nacionalistas vascos, Prieto marcaba una posición de firmeza y decisión, todo ello en un momento en que el socialismo vasco estaba débil y desorganizado, el PNV seguía siendo el partido claramente hegemónico en el Gobierno y la postura del lehendakari estaba ganando adeptos, incluso el consejero socialista Santiago Aznar. Aun siendo sinceras, sus altisonantes palabras dedicadas a la nación española, su emotiva declaración de amor a su patria, podían también ser leídas como un aviso a los nacionalistas vascos, y particularmente al lehendakari Aguirre, a los que estaba señalando que no temía provocarles y enfrentarse a ellos. Así, el dirigente socialista construía un fortín en medio de un territorio muy hostil con el fin de asegurarse una posi-

---

[63] Los detalles y las fuentes para lo que viene se pueden consultar en Mees, Ludger: «Confluir desde la discrepancia. Indalecio Prieto y el nacionalismo vasco en el exilio», en: Granja, José Luis de la (coord.): *Indalecio Prieto. Socialismo, democracia y autonomía*, Biblioteca Nueva, Madrid, 2013, pp. 185-212. Para el conflicto con los socialistas véase también Anasagasti, Iñaki y San Sebastián, Koldo: «Santiago Aznar y la crisis del socialismo vasco (1939-1946)», *Cuadernos de Sección, Historia y Geografía*, 10, 1988, pp. 222-282.

ción ventajosa para las negociaciones. Y esta estrategia no carecía de lógica: partiendo de posturas extremas y absolutamente incompatibles con las del adversario, resultaba más sencillo ceder algo sin abandonar los principios básicos.

Aguirre no pudo obviar este aviso de Prieto. Desde que éste se había hecho con el cargamento del *Vita*[64] y repartía fondos a través de la JARE, su influencia en el exilio español en general y entre los socialistas vascos en particular había aumentado aún más, si cabe. Además, Prieto también lanzó la primera iniciativa relevante para unir a los diferentes partidos del antifranquismo en el exilio, creando en noviembre de 1943 la Junta Española de Liberación (JEL), para la que incluso supo ganar al sector moderado de los nacionalistas catalanes. La creación de la JEL supuso un grave golpe para la estrategia del lehendakari. Aguirre y su partido se opusieron a esta iniciativa por su vinculación al marco constitucional de 1931, la concepción centralista de la fase transitoria a la democracia —con un solo referéndum en todo el Estado español y sin opción a un referéndum particular vasco— y por representar tan sólo a los partidos políticos, en vez de agrupar a las diferentes instituciones *nacionales*, entre ellas el Gobierno vasco.

El lehendakari veía, no sin razón, detrás de esta Junta, el poco disimulado intento de Prieto de acabar con lo que quedaba de las instituciones republicanas, entre ellas el Gobierno vasco, y abrir la puerta a otras soluciones en la lucha contra la dictadura franquista:

> Prieto ha querido repetir su «golpe de Estado» de París. Allí fue para vencer a Negrín creando la JARE. Aquí […] para acabar con el Gobierno vasco, es decir, con el movimiento nacional vasco organizado, cortándole las vías del futuro encerrándolo en un marco que ellos llaman constitucional. Claro es que las reglas constitucionales son siempre para los demás, porque sólo la creación de una Junta de liberación nacional es ya un órgano nuevo y por tanto extraconstitucional. […] Prieto ha querido evitar toda clase de males y envenenado de antivasquismo ha creído posible darnos al mismo tiempo un golpe de gracia […] Prieto ha demostrado ser una vez más un maniobrero hábil, pero no un político constructivo[65].

Este enfrentamiento por el rechazo nacionalista a la JEL de Prieto agravó el conflicto entre los socialistas y el lehendakari, quien, sin embargo, no dejó en ningún momento de cultivar su buena relación

---

[64] El yate *Vita* fue fletado en Barcelona para evacuar, a instancias de Juan Negrín, el último jefe del Gobierno de la República, el tesoro de la República. Cuando el barco llegó a México en marzo de 1939, Indalecio Prieto, a la sazón embajador de la República en ese país, logró hacerse con el control del barco y su valiosa carga.

[65] José Antonio Aguirre a Telesforo Monzón, Nueva York, 31-I-1944, AN, EBB-117-12.

de amistad y confianza con el líder socialista. El estudio de las fuentes de la época revela un sorprendente contraste entre la virulencia del debate público, por una parte, y la cercanía personal entre estos dos hombres, lo que se plasmaba, por ejemplo, en las frecuentes visitas que Prieto le hacía a Aguirre cuando estaba en Nueva York o las alegres y amenas sobremesas compartidas en el restaurante Jai Alai. Al final, en buena parte también gracias a que nunca se llegaran a dinamitar estos últimos puentes personales, y, sobre todo, porque el lehendakari decidió plegar velas para facilitar un consenso, no se produjo el choque de trenes que en 1943 todavía parecía inevitable, cuando el consejero socialista Santiago Aznar, quien, en palabras de Prieto, «apenas tenía más voluntad que la de Aguirre»[66], había fundado junto con algunos socialistas afines un Partido Socialista vasco con mayor autonomía del PSOE. La Comisión Ejecutiva del PSOE fiel a Prieto contraatacó prohibiendo la creación de una sección vasca del PSOE, negando la autorización del ejecutivo de Aguirre de actuar en el extranjero y amenazando con la retirada de los consejeros socialistas del Gobierno vasco. Aznar, apoyado todavía por Aguirre, se mantuvo firme, pero el otro consejero, Juan de los Toyos, amigo de Prieto, se plegó a la autoridad de su partido presentando su dimisión en abril de 1943. Dos meses más tarde, los socialistas prietistas expulsaron a Aznar por fomentar la escisión del partido, rompiendo formalmente sus relaciones con el ejecutivo de Aguirre y provocando así la crisis más grave que el Gobierno vasco iba a sufrir en el exilio.

A partir de este momento, con su Gobierno al borde de la ruptura, el lehendakari se vio forzado a retroceder y salvar lo salvable. Esta institución, tan cargada de simbolismo, estaba a punto de sufrir el mismo destino que las instituciones republicanas o la Generalitat catalana, que habían sido devoradas por la encarnizada lucha entre los diferentes sectores enfrentados del exilio, lo que el propio Aguirre no había cesado de criticar duramente una y otra vez. Así, y pese a cosechar todavía algunos triunfos puntuales entre los socialistas vascos del interior y mantener durante bastante tiempo su apoyo a Aznar, el lehendakari empezó a diseñar un giro estratégico para sustituir la confrontación por el consenso y la cooperación. Para ello también se encontró con unas condiciones favorables, puesto que los socialistas vascos del interior y del exilio francés habían comenzado a salir de su ostracismo y avanzar en la reconstrucción y unificación del partido.

---

[66] Carta sin autor [Indalecio Prieto] a Gregoria Villarías, Dakar, 5-V-1941, Archivo Prieto.

Así, el lehendakari y los dirigentes de su partido contaban con interlocutores con peso y autoridad, lo que lógicamente contribuía a reducir algo la influencia de Indalecio Prieto y sus posturas más radicales. Además, la cooperación de todas las fuerzas políticas y los tres sindicatos clandestinos (ELA-STV, UGT y CNT) en el seno del Consejo Delegado del Gobierno de Euskadi en el interior, creado por Aguirre en 1943/1944 bajo la presidencia del *jeltzale* Joseba Rezola, era un buen reflejo del clima de cooperación y confianza que seguía existiendo entre las bases de los partidos en el interior. Con todo, la evolución del lehendakari no fue lineal, sino gradual y no carente de ciertas contradicciones. Las actas de las reuniones que el Gobierno vasco realizó en Nueva York en febrero y marzo de 1945 son un fiel reflejo de esta compleja realidad. Tras haber recibido el pertinente permiso del Gobierno norteamericano, Aguirre reunió a sus consejeros Monzón, Nárdiz, Aldasoro y Aznar, cuyas decisiones recibieron el visto bueno desde Francia por parte de sus colegas Leizaola y De la Torre. En el largo análisis de la situación política y de la futura estrategia a desarrollar por el Gobierno ya no apareció el rechazo categórico de las instituciones republicanas, constatándose que la Constitución de 1931 y el Estatuto de autonomía podrían servir como «base de entendimiento». Esto sí, su aplicación práctica exigía «garantías o acaso necesidades y cambios que no pueden satisfacerse con la sola invocación legal». Por encima de la formalidad legal se encontraba la libre decisión de los ciudadanos, máxime cuando se había entrado en un «período constituyente o plebiscitario». Había que otorgar, pues, «plena libertad de expresión» a la ciudadanía, aunque se rechazaba la idea de que el ejercicio de la misma pudiera desembocar en un acto de imposición unilateral. Al contrario, se abogaba por el «acuerdo previo que elaborado con espíritu democrático evite la improvisación y la injusticia». El lehendakari recibió un «voto de confianza» para negociar estos temas en el momento oportuno. Se trataba, por lo tanto, de un reconocimiento ambiguo de la legalidad republicana y de su entramado jurídico como punto de partida para una negociación basada en el derecho a decidir de los vascos y unido al compromiso de vincular cualquier decisión derivada de este derecho a la búsqueda de un consenso previo. Esta ambigüedad, empero, desapareció en otro punto que marcó la postura del lehendakari en el conflicto con los socialistas vascos. Aguirre anunció a sus compañeros su voluntad de cubrir las vacantes del Gobierno con «representantes de organizaciones vascas que no dependen de disciplinas o Partidos políticos no vascos, que acepten el programa de gobierno»[67]. Esto era un claro regreso al radicalismo de 1939 y una contradicción con el programa de mayo de 1940, en el que —como hemos visto— ya no figuraba la exigencia de una ruptura orgánica de los socialistas vascos con el PSOE. En todo caso, todo parece indicar que la recuperación de esta exigencia ya no reflejaba la verdadera opinión del lehendakari a comienzos de 1945. De hecho, en los meses siguientes su política iba a transcurrir por otros derroteros. No hizo ningún esfuerzo serio por imponer esta condición, cuya reivindicación ante sus consejeros era más bien un guiño solidario al socialista Aznar, su fiel aliado en el conflicto.

Ahora, cuando el fascismo estaba a punto de ser definitivamente derrotado con el final de la II Guerra Mundial y en un momento en el que todas las coordenadas de la geopolítica debían ser reubicadas, en el pensamiento estratégico del lehendakari predominaba ya claramente la voluntad de consenso y de orillar los temas susceptibles de obstruir el acuerdo. El Pacto de Bayona, firmado el 31 de marzo de 1945 por todas las fuerzas políticas y sindicales vascas del exilio, fue el primer resultado de este giro. En el texto había claras referencias —más claras que en las resoluciones de Nueva York— al Estatuto vasco de 1936 y a las Cortes republicanas que lo habían votado. La reivindicación autodeterminista se escondía en la fórmula genérica del respeto a la defensa de los «deseos del Pueblo Vasco, que los expresará libremente» tras el restablecimiento de la democracia. Y finalmente, todos los firmantes manifestaban su reconocimiento del Gobierno vasco como «representación legítima del Pueblo Vasco», con lo cual, de momento, parecía desactivado el peligro del abandono socialista[68]. Para ello faltaba solucionar el problema del nombramiento de los nuevos consejeros socialistas. Aguirre intentó todavía jugar una última carta al exigir que debían ser los socialistas del interior los que habían de nombrar a los representantes en el Gobierno, todo ello con la esperanza de que así se aseguraría la permanencia de Santiago Aznar en el ejecutivo. Sin embargo, también debido al impacto de la persecución policial, la mayoría del Comité Central Socialista de Euzkadi (CCSE) del interior acabó abandonando su apoyo a la línea de Aznar para pasarse a las filas prietistas, retirándole al consejero su confianza en junio de 1945 para forzar su cese en el Gobierno. Todavía pasaría casi un año hasta que en abril de 1946 el

---

[67] Acta de reunión del 2-III-1945, AN, GE-265-4.
[68] Cf. el texto del Pacto de Bayona en Pablo, Santiago de; Granja, José Luis de la y Mees, Ludger: *Documentos para la historia del nacionalismo vasco. De los Fueros a nuestros días*, Ariel, Barcelona, 1998, pp. 129-130.

CCSE del interior diera los nombres de los tres nuevos consejeros, que acabarían siendo Fermín Zarza (Industria y Navegación), Enrique Dueñas (Seguridad Social) y Sergio Echeverria (Trabajo), en sustitución del dimitido Juan de los Toyos, del cesado Santiago Aznar y del fallecido Juan Gracia. Así, en agosto del mismo año, Aguirre pudo por fin formar su segundo Gobierno en el exilio[69]. Su giro pragmático había permitido una transacción con Indalecio Prieto para salvar la herramienta unitaria del Gobierno, símbolo de la libertad y de la democracia vascas. Pero, mientras estaba perfilando este arreglo con los socialistas, Aguirre ya había dado un paso más en su giro estratégico, esforzándose en exportar su modelo de cohesión y solidaridad vascas al campo del republicanismo español en el exilio, donde de nuevo se encontraría con su gran contrincante Indalecio Prieto.

---

[69] Los demás consejeros eran Jesús María Leizaola (Hacienda y Justicia; PNV); Telesforo Monzón (Cultura; PNV); José María Lasarte (Gobernación; PNV); Ramón María Aldasoro (Comercio y Abastecimiento; Izquierda Republicana); Manuel Campomanes (Sanidad; Unión Republicana); Leandro Carro (Obras Públicas; Partido Comunista de Euskadi); y Gonzalo Nárdiz (Agricultura; Acción Nacionalista Vasca).

CAPÍTULO VIII

LA OTRA POSGUERRA: BREVE HISTORIA DE UNA ESPERANZA (1945-1950)

Afortunadamente nuestra causa está en buen camino. Sólo Dios conoce el futuro, pero repetiré una vez más que de nosotros dependerá en grandísima parte el resultado. Las circunstancias favorables y hasta apoyos insospechados favorecerán sólo a aquellos que han sabido trabajar sin descanso. Los que esperen sentados la solución de los problemas, además de ser insensatos, verán también sentados como pasa la ocasión de las soluciones. Éste no ha de ser nuestro caso[1].

Desde luego, tal y como se ha podido observar a lo largo de las páginas precedentes una y otra vez, José Antonio Aguirre no era un hombre muy dado a «esperar sentado». Su tendencia a un activismo permanente ha quedado patente en las diferentes circunstancias y fases históricas de su vida política. Pero también es cierto que difícilmente se encontrará un período en su biografía en el que su firme convicción de que la voluntad política es capaz de determinar en buena medida el devenir del proceso histórico haya desencadenado semejante serie de iniciativas de enorme calado político como durante el quinquenio posterior al fin de la II Guerra Mundial. En efecto, durante estos cinco años Aguirre cumplió a rajatabla lo que le anunció a su consejero Monzón en la carta citada: no paró quieto en ningún momento, se multiplicó para poder estar presente en un gran número de círculos y foros vascos, españoles e internacionales y buscó explotar esas «circunstancias favorables» que pensaba haber identificado. No le frenaron dolorosos golpes como el fallecimiento por cáncer de su consejero Heliodoro de la Torre (1946) o la muerte de su madre Bernardina de Lekube Aranburu (1950). Tampoco prestó demasiada atención a los primeros avisos que su cuerpo le daba para

---

[1] José Antonio Aguirre a Telesforo Monzón, Nueva York, 5-IV-1944, AN, EBB-304-13.

señalar que el frenético ritmo de vida que llevaba, a medio o largo plazo a la fuerza debía minar la salud incluso de un exfutbolista como él. En todo caso, de su pasado deportista ya no le quedaba casi nada: llevaba muchos años fumando un cigarrillo tras otro, lo que era un inconfundible reflejo del fuerte estrés que le acompañaba permanentemente, al menos desde su nombramiento como primer lehendakari de los vascos. No faltaban voces que le advertían de los peligros de esta manera de vivir casi sin respirar, peligros agravados por la dependencia del tabaco. Su amigo Manuel Irujo fue uno de los primeros en darse cuenta de que los sucesivos achaques de salud que sufría el lehendakari y que en ocasiones le obligaban a retirarse algunos días de la vida pública y buscar la cura en alguna estación termal, no presagiaban nada bueno: «Sé que has estado de retiro. Más te valía dejar de fumar. No hagas tonterías y cuida el número uno»[2].

Pero, de momento, el cuerpo todavía aguantaba y las «circunstancias favorables» y los apoyos de los que hablaba Aguirre parecían más tangibles que nunca. El fascismo había sido derrotado y la nueva superpotencia norteamericana estaba dirigida por un Gobierno con el que Aguirre había firmado convenios de colaboración en la lucha antifascista. La muerte del presidente Roosevelt y su sustitución por el vicepresidente Harry Truman en abril de 1945, en principio, así lo creía el lehendakari, no debía alterar nada en esta estrecha relación entre el Gobierno vasco y la administración demócrata de Washington.

Por el otro lado, en la Europa de la posguerra todo estaba por decidir y reconstruir. En casi todos los Gobiernos de la Europa occidental se constituyeron amplias coaliciones entre los partidos de la izquierda con otros partidos del centro-derecha, coaliciones que llevaban el timón de la política en la fase transitoria hacia el establecimiento de los nuevos regímenes constitucionales y democráticos. Estos Gobiernos prolongaron durante un par de años la tradición de la lucha antifascista, marcada por la cooperación y la voluntad de aparcar las diferencias ideológicas hasta alcanzar el objetivo compartido. En Francia, el Gobierno provisional del general De Gaulle contaba con representantes de diferentes partidos políticos, desde el Partido Comunista hasta los democristianos del *Mouvement Républicain Populaire* (MRP), con el que Aguirre y los nacionalistas vascos mantenían una muy estrecha relación. En las primeras elecciones de octubre de 1945, el PC logró aprovechar su reputación como partido

---

[2] Manuel Irujo a José Antonio Aguirre, s.l., s.f. [diciembre 1948/enero 1949], AN, K 63-1.

fuertemente arraigado en la *Résistance* y se convirtió en el grupo político más numeroso de la Asamblea Nacional, seguido a muy poca distancia del MRP. Georges Bidault, uno de los líderes de la resistencia y entre 1949 y 1952 presidente del MRP, conocía personalmente muy bien a Aguirre y a otros representantes del exilio vasco. Bidault llegó a ser uno de los políticos más influyentes en la década de la posguerra en Francia. Figuró como ministro —normalmente de Asuntos Exteriores— en diferentes Gobiernos entre 1944 y 1954, alcanzando dos veces incluso el cargo del presidente del Consejo de Ministros (1946 y 1949/1950).

También en la Italia de la posguerra existía esta red de afinidades ideológicas y personales con los nuevos gobernantes. Aquí, el partido hegemónico era la Democracia Cristiana de Alcide de Gasperi. Hasta la ruptura de 1947, De Gasperi mantuvo en su Gobierno a los representantes de un Partido Comunista que estaba logrando unos resultados electorales realmente excelentes. El fuerte dominio de un partido ideológicamente afín al PNV de Aguirre —De Gasperi gobernó hasta 1953—, así como las buenas relaciones tejidas con algunos de los prohombres de los democristianos italianos —recuérdense, por ejemplo, los contactos entre Aguirre y Luigi Sturzo— constituyeron, sin duda, importantes motivos para el optimismo desplegado por el presidente vasco.

Y, finalmente, también en el Reino Unido hubo razones para la esperanza. Tras su rotunda victoria electoral de julio de 1945, el Partido Laborista pudo formar el Gobierno bajo la presidencia de Clement Attlee. Su holgada mayoría de casi 150 escaños frente a los derrotados conservadores de Winston Churchill dio pie a un quinquenio de grandes reformas políticas y la configuración de un *Welfare State* que se convirtió en el modelo para muchos países europeos. Aunque el Laborista era un partido de izquierdas, el principio básico de proteger a los sectores necesitados de la sociedad mediante la intervención del Estado no era ajeno al pensamiento de Aguirre. Al contrario, la filosofía de las medidas que el Gobierno laborista fue adoptando a partir de 1946, implementando y complementando así las sugerencias contenidas en el célebre «Informe-Beveridge» de 1942, se percibía también en el programa del primer Gobierno vasco que Aguirre había presentado en octubre de 1936, que en sus escuetos párrafos dedicados a la política económica y social rezumaba un claro espíritu keynesiano. Además, también en el caso británico se añadía a esta cercanía política una proximidad personal: el nombramiento de Ernest Bevin como ministro de Asuntos Exteriores —un hombre con quien los vascos mantenían buenas relaciones— presagiaba una postura menos benévola ante la dictadura franquista que la que había mantenido el Gobierno anterior bajo el mando de Churchill.

I. ¿LAZOS CON LOS ESPAÑOLES? REFLOTANDO LA REPÚBLICA

Como se ve, el optimismo de Aguirre tenía un fundamento real. El lehendakari mismo llegó a este nuevo escenario internacional lleno de esperanzas sumergido en un proceso de reubicación político-estratégica. Uno de los rasgos más característicos de su liderazgo consistía en la capacidad de sacar conclusiones de los errores cometidos, aunque para ello no fuera necesario admitir en público o en privado estos errores. Así, por ejemplo, resulta imposible encontrar referencia crítica documental alguna del presidente vasco sobre su postura aislacionista y nacionalista radical con ansias hegemónicas que había impulsado a partir de 1939. Sin embargo, la lenta evolución de su política durante los años en el exilio estadounidense es una buena prueba de que poco a poco se estaba dando cuenta de que esta estrategia estaba condenada a terminar en un callejón sin salida. Como ya se ha señalado, el conflicto con los socialistas vascos y su dirigente Indalecio Prieto había llevado al Gobierno vasco al borde de la ruptura y, por ende, de la insignificancia política. La terca actitud de su amigo Manuel Irujo a la cabeza del Consejo Nacional de Euskadi había sido otro elemento de distorsión y desunión, incluso en el normalmente sólido colectivo de *jeltzales*. Y, finalmente, en la medida en la que la victoria aliada sobre el Eje se acercaba cada vez más, y, por consiguiente, el fin de los regímenes afines como el franquista dejaba de ser una dulce utopía lejana, el aislacionismo antirrepublicano que había inspirado el discurso del PNV desde las reuniones de Meudon en la primavera de 1939 corría el riesgo de dejar al partido, al lehendakari y al Gobierno vasco en fuera de juego. Desde su arribo a Estados Unidos, el propio Aguirre se había convertido en un actor en las relaciones internacionales. Gracias a sus múltiples contactos con la política norteamericana, británica, francesa e hispanoamericana sabía que la alternativa al caducado régimen franquista se iba a plantear en Madrid, en el centro del poder español, y no en la periferia vasca o catalana, aunque una parte de este juego podría depender de lo que se pensaba y hacía en Barcelona o en Bilbao.

Pero Aguirre no era un político dado a conformarse con papeles secundarios en escenarios remotos. Su inteligencia política y el impulso que le proporcionó su fuerte ego le empujaban a buscar y ocupar posiciones desde las que podía tener la seguridad de poder ejercer una notable influencia en el guión y su escenificación. De ahí que en el lustro que se extiende desde su reaparición en América Latina hasta su retorno a Francia en la primavera de 1946 el presidente vasco irá abandonando su discurso aislacionista, radical, antirrepublicano y antiespañol para recuperar una política nacionalista mucho más pragmática, flexible, realista y pactista. El viraje no podía ser más llamativo: el mismo Aguirre que en 1939 había dado por cancelados todos los compromisos con la República y que ante sus compañeros del partido había explicado el significado de su política con el lema de «Euzkadi contra España» se transformó en el político nacionalista vasco que preparó y ejecutó lo que hasta la fecha puede considerarse el mayor desembarco del nacionalismo vasco en la política española. La implicación personal de Aguirre en esta operación fue tan decidida y absoluta que abrió una oportunidad política que, en el marco de la historia del nacionalismo vasco, era poco más que impensable: pudo haber sido el primer lehendakari vasco que saltase a la presidencia de un Gobierno español. Ningún otro político nacionalista hubiera sido capaz de reunir a prácticamente todos sus correligionarios sin fisura alguna en torno a este proyecto estratégico con la política española. La veneración de Aguirre como héroe nacional con capacidades casi sobrehumanas, junto con la enorme fuerza de persuasión que sabía desplegar en sus apariciones públicas y sus encuentros privados, le creó un blindaje ante el que cualquier posible crítica quedó abortada antes de materializarse. Y el único dirigente nacionalista que no entendía de blindajes o corazas cuando hablaba, Manuel Irujo, ya había superado su fase «jagi-jagista», así como su enfado por el tirón de orejas que Aguirre le había dado por su gestión del Consejo Nacional de Euzkadi. Lejos de criticar la política del lehendakari, el navarro estaba llamado a culminar esta evolución no menos espectacular como mano derecha del presidente vasco, transformándose en el principal adalid de la causa republicana en las filas del nacionalismo vasco.

Al comienzo de este proceso de reubicación política y estratégica se encontraba una conclusión que había ido madurando en la mente de Aguirre desde que la recuperación de su libertad de movimientos le permitía observar más de cerca la actitud de los diferentes sectores del exilio republicano español. Y es que el lehendakari tuvo que constatar con gran preocupación que durante los primeros años del exilio no se habían suavizado las grandes discrepancias que enfrentaban a los diferentes sectores del republicanismo español desde la última fase de la Guerra Civil. Al contrario: diversas iniciativas para construir algún órgano unitario habían fracasado, agravando aún más las tensiones internas entre los demócratas. Y así no había manera de lograr el apoyo de los aliados para una hipotética estrategia de derrumbamiento del régimen franquista una vez derrotado el Eje. A su juicio, la impresión que causó esta desunión en Washington no pudo ser peor: «Desde un ambiente sajón, este espectáculo produce tal náusea que lo menos a que invita es al desprecio»[3]. Además, sin un proyecto de gobierno sólido y unitario capaz de hacerse con el mando en Madrid, todas las reivindicaciones vascas (y catalanas o gallegas) no pasarían de la categoría de ensoñaciones voluntaristas. Por lo tanto, en el esquema mental del presidente vasco se repetía una situación similar a la que los nacionalistas vascos habían vivido en 1930 con el Pacto de San Sebastián o en 1936 ante la sublevación militar: una situación que exigía un compromiso con la política española como condición para defender sus intereses. En 1930, el PNV no se encontró en condiciones de ofrecer este compromiso, lo que fue uno de los factores que contribuyeron al bloqueo de la autonomía vasca durante tanto tiempo. Seis años más tarde, con Aguirre ya en la primera línea de la política nacionalista, se corrigió este error, porque había pocas dudas de que la autonomía sólo tenía futuro con la República. No pudo haber mayor compromiso con la República que la firme voluntad de defenderla —y con ella la autonomía— en las trincheras. Si en aquella situación, en la que estaba en juego no sólo la libertad sino incluso la vida de muchos vascos, hubo voces críticas con la decisión adoptada por el PNV y refrendada por el primer Gobierno vasco, la decisión que había que tomar en 1944/1945 no era menos compleja y polémica. Y es que Aguirre sabía muy bien que la profunda desunión de los republicanos españoles no se superaría con meras proclamas de adhesión y solidaridad. Para ello haría falta una activa labor de ingeniería política, capaz de construir puentes, limar incompatibilidades personales y acercar posturas distantes. No había muchas personas capacitadas para esta labor. Aguirre era una de ellas, quizás la única, pues resulta difícil encontrar a otro político no alineado con alguno de los sectores, personalmente bien relacionado con todos y, desde luego, muy respetado por encima de las fronteras ideológicas. Y el lehendakari estaba dispuesto a poner manos a la obra e implicarse a fondo en la construcción de estos

---

[3] José Antonio Aguirre a Julio Jáuregui, Nueva York, 7-X-1943, AN, EBB-304-13.

puentes entre los republicanos del exilio. Para que esta labor mediadora llegara a buen puerto, sabía que debía partir de una postura pragmática y flexible, mostrándose incluso dispuesto a superar viejos dogmas como aquel del rechazo de la Constitución del 31 como base para cualquier futura solución del autogobierno vasco, un rechazo que, al menos desde las famosas reuniones de Meudon en la primavera de 1939, se había basado en el carácter demasiado restrictivo y centralista del entramado jurídico-administrativo de la II República. Ahora, en cambio, Aguirre estaba dispuesto a ceder formalmente en este punto, siempre y cuando este paso atrás semántico abriese la puerta a un mayor respeto a la voluntad del pueblo vasco. Esta cita de una carta que el lehendakari envió en enero de 1944 a su consejero y amigo Telesforo Monzón refleja muy bien tanto su compromiso personal para superar la desunión republicana como su recuperado pragmatismo:

> La división republicana debe de preocuparnos. También en este año preciso dedicar mayor atención a este problema sobre el cual quiero vuestra opinión. Hablar de la Constitución etc. se me antoja un poco atrasado. Sabéis cuál es mi criterio por cartas anteriores y copias de otras que os he enviado. Pero es que son los grupos españoles los que no se ponen de acuerdo ni siquiera en este punto. Por eso doy yo poca importancia a lo pasado, hasta lo acepto si sirve para algo eficaz, siempre que el futuro signifique respeto a nuestra voluntad libremente expresada y no se pretenda la maliciosa picardía de que la voluntad indiscriminada del Estado español disponga de los destinos de la libertad vasca. Esto no será nunca ya más por lo menos con nuestro consentimiento[4].

Poco después de que Aguirre redactara estas líneas, surgió el escenario propicio para su intervención. Por las noticias que le llegaron a través de su gente en México sabía que la JEL, la iniciativa unitaria más seria hasta la fecha, pero no compartida por el PNV, había entrado en una fase de crisis interna y decadencia política. Las razones de la misma eran varias: la incompatibilidad política entre su presidente (Martínez Barrio) y su secretario general (Prieto), la creciente pérdida de influencia sufrida por los sectores catalanistas más moderados y favorables a la JEL en beneficio de los grupos más nacionalistas y más próximos a los planteamientos *jeltzales*, y, finalmente, la incapacidad de ganarse el necesario reconocimiento oficial en el ámbito internacional. Estos problemas cada vez más evidentes acabaron destruyendo las últimas esperanzas de que la JEL pudiera llegar a ser el organismo

---

[4] José Antonio Aguirre a Telesforo Monzón, Nueva York, 31-I-1944, AN, PNV-117-2.

unitario necesario en la lucha antifranquista, dando así alas a las voces que abogaron por una recuperación de las instituciones republicanas como vía más eficaz y operativa para la política del exilio español. Fue Diego Martínez Barrio quien tradujo estas voces en hechos, convocando para el 10 de enero de 1945 una reunión extraordinaria de las Cortes a celebrar en México. Parecía que poco a poco el exilio republicano español estaba dispuesto a dar pasos hacia una superación de su lamentable situación de desunión y confrontación. Esta impresión ya había sido reforzada por el propio Juan Negrín, pocos días antes de la iniciativa de Martínez Barrio, en un discurso muy comentado, leído en el marco de un gran mitin antifranquista en el *Madison Square Garden* de Nueva York. Negrín, quien por las trabas que le ponía el Gobierno conservador de Londres a la solicitud de visados, no pudo asistir en persona, admitió las diferencias, en su opinión «el mejor sostén de los rebeldes», pero se mostró optimista con cara al futuro: «Cuando el momento sea llegado, todos sabremos dominar pasiones y diferencias como lo hicimos en 1936. Y habrá en España una República estable, tolerante, progresiva. Una República, sin purgas ni represalias, asentada en una amplia amnistía»[5].

Ante este nuevo panorama, en el cual los acontecimientos se precipitaban, los nacionalistas vascos se vieron obligados a reaccionar, y lo tuvieron que hacer superando el problema que supuso la dispersión geográfica de sus líderes y buscando un consenso en un tema complejo y polémico. Los 27 telegramas cursados en las semanas previas a la reunión de las Cortes que se han conservado en los archivos dan fe de las dificultades de esta tarea, llevada a cabo por una comunidad *jeltzale* en la que convivían posturas muy encontradas, lo que, en cierta medida, tenía su lógica. Muy próxima estaba todavía la fase antirrepublicana y aislacionista del PNV, inaugurada en 1939. Martínez Barrio, quien había convocado la reunión de las Cortes, también había liderado la JEL, organismo repudiado por los nacionalistas vascos. Indalecio Prieto, el otro dirigente de la JEL y ahora, aparentemente al menos, de acuerdo con la iniciativa de Martínez Barrio, seguía siendo la bestia negra de los nacionalistas vascos. Su firme rechazo de las pretensiones nacionalistas en el conflicto de la *obediencia vasca* había infringido una seria derrota al lehendakari, quien se vio obligado a cambiar de estrategia para salvar la unidad de su Gobierno. Y, finalmente, la integración de un sector del nacionalismo catalán en la JEL había significado un duro golpe que, de

---

[5] Cita en Sánchez Cervelló, Josep: *La Segunda República en el exilio (1939-1977)*, Planeta, Barcelona, 2011, p. 55.

momento, impedía lo que Aguirre consideraba como una condición imprescindible para poder afrontar cualquier negociación con los republicanos españoles con cierta garantía: una acumulación de fuerzas nacionalistas periféricas en un frente común según el modelo Galeuzca, ensayado —eso sí: sin ningún rédito político— en los tiempos de la República.

Por otra parte, como ya se ha indicado, el giro hacia el plano más institucional de las Cortes restaba importancia y debilitaba a la iniciativa más partidista de la JEL, lo que obviamente debía interesar a los líderes del PNV. Además, la inminente derrota definitiva del fascismo y la subsiguiente reordenación política de Europa estaban creando un nuevo clima de unión antifascista, que en muchos países europeos dio lugar a la constitución de plataformas unitarias, en las que convivían fuerzas políticas tan diferentes como las democristianas, socialistas y comunistas, plataformas que en la posguerra aún tuvieron su continuidad, como ya se ha indicado, en la configuración de Gobiernos multipartidistas de unión nacional. Quedarse al margen de estas corrientes dominantes conllevaba el riesgo del suicidio político y esto lo sabían tanto los republicanos españoles como los nacionalistas vascos.

Puede sorprender el hecho de que el lehendakari Aguirre quisiera mantenerse al margen de este importante debate interno sobre la conveniencia de participar en la reunión de las Cortes convocada por Martínez Barrio[6]. Sin embargo, era una actitud lógica, puesto que los diputados de las Cortes eran miembros del partido y sometidos a su disciplina, y no a las órdenes del presidente vasco. Además, teniendo en cuenta el enorme peso político de Aguirre dentro de su partido, le bastaba un único telegrama —el primero de los 27— para marcar todo el debate. En tan sólo cuatro líneas, enviadas a José Ignacio Lizaso en Londres, Aguirre defendió la abstención ante la convocatoria «mientras no exista arreglo previo [de] representaciones auténticas». No eran necesarias más explicaciones para saber que la referencia a las «representaciones auténticas» aludía al reconocimiento formal del Gobierno vasco (y de la Generalitat y, en su caso, del Gobierno gallego que debía constituirse) como representantes legítimos de sus respectivas naciones en cualquier proceso de negociación política. Ésta era la postura que Aguirre había defendido siempre, la última vez para oponerse a la JEL. Ahora bien, el «arreglo» que exigía ¿significaba tan sólo este reconocimiento institucional o implicaba tam-

---

[6] Para lo que sigue, cf. Mees, *El profeta*, pp. 110-113.

bién algún tipo de concesión política más explícita? Manuel Irujo, el jefe del grupo parlamentario del PNV, quien a la sazón todavía no se había desvinculado de su postura nacionalista radical y aislacionista, ordenó a sus compañeros *jeltzales* boicotear la reunión si previamente no existían garantías de una futura «autodeterminación vasca», indicando que Aguirre compartía esta decisión. El EBB, ante el miedo de quedar marginado y sin posibilidad de influir en unas decisiones que se suponían cruciales para el futuro, no quiso desautorizar formalmente a Irujo, pero lo hizo *de facto*, dejando en manos de los diputados residentes en México la decisión final de participar o no en la reunión. Irujo cogió uno de sus ya antológicos enfados monumentales y dimitió de su cargo de presidente del grupo parlamentario.

Al final, se impuso —muy en la línea marcada por Aguirre— una postura intermedia, que fue diseñada por el diputado José María Lasarte, en compañía de otros parlamentarios gallegos y catalanes. Lasarte y sus compañeros enviaron una misiva a Martínez Barrio, en la que le pidieron el aplazamiento de la reunión, alegando que no había habido tiempo suficiente para preparar un consenso básico previo entre todos los grupos del exilio. Por si esta petición no fuera atendida, la carta incluía unas propuestas concretas para el orden del día de la reunión del día 10 de enero, entre las que figuraba en primer lugar —no como precondición, sino como el fruto de un «acuerdo mutuo»— la que Aguirre ya había formulado en su telegrama: la participación de las «autoridades representativas» de los vascos, catalanes y gallegos. El mensaje de esta carta era evidente: se señalaba que existía una clara voluntad de apoyar la iniciativa unitaria, pero se indicaba también que esta participación no iba a ser gratuita. Esta misma postura pragmática a favor de una cooperación condicionada a un acuerdo a medio plazo se plasmó también en otra misiva enviada por el grupo el mismo día, en la que los parlamentarios otorgaron a Aguirre o, en su defecto, al diputado catalán José Tomás y Piera, un poder para representarles en la reunión de las Cortes, si ésta tuviera lugar. Con todos estos antecedentes, cuando al final los diputados *jeltzales* en México decidieron no asistir a la reunión del 10 de enero, el impacto de esta decisión en el exilio español quedó amortiguado por la impresión de que la actitud que prevalecía entre los nacionalistas vascos no era ya el nacionalismo radical y aislacionista, sino la voluntad de colaboración y negociación.

A la postre, la decisión de no acudir a la reunión de México, pero dejar la puerta abierta para una futura incorporación consensuada, resultó acertada, porque las serias desavenencias entre los diputados que finalmente se reunieron evidenciaron que Aguirre y Lasarte no habían errado en su crítica de que la reunión había sido convocada de forma precipitada y sin la necesaria *labor de cocina* con el fin de acercar posturas entre los diferentes sectores del exilio. De nuevo afloró el grave conflicto entre los *negrinistas*, que pidieron el aplazamiento de las sesiones para dar opción a su líder de conseguir el visado y acercarse a México, y los *prietistas*, quienes al principio se opusieron a esta solicitud, para luego terminar boicoteando la continuidad de las sesiones con el argumento de que no existía el quórum necesario. Al final, este nuevo intento unificador acabó como el rosario de la aurora: no sólo no se vislumbró consenso alguno sobre el futuro de las instituciones republicanas, sino que, además, se habían agravado aún más si cabe las incompatibilidades políticas y personales entre los dos principales sectores del exilio. Así, todo parecía indicar que la única consecuencia posible de este fracaso era volver a la casilla de salida, que era la casilla de la JEL, la única organización existente con pretensión unitaria y pre-gubernamental. Sin embargo, la JEL también había salido tocada de la reunión de México, puesto que Martínez Barrio, su presidente, dimitió de su cargo con el fin de liberarse de la presión de Prieto y poder dedicarse con mayor autonomía desde su cargo institucional como presidente de las Cortes a un nuevo intento de revitalizar las instituciones republicanas.

Y éste fue el momento en el que Aguirre pudo entrar en escena. Y lo hizo como lo solía hacer cuando estaba firmemente convencido de una cosa: con toda su fuerza, energía y carisma personal. Su ausencia en la reunión de las Cortes le había permitido mantener una cierta equidistancia y no *mojarse* apoyando a uno u otro de los dos bandos enfrentados. Por ello, pudo mantener una fluida relación política e incluso de amistad y confianza con ambos lados opuestos, sobre todo con Prieto. Es más, y aunque parezca paradójico, este nacionalista vasco fue el único político de rango y prestigio que todavía gozaba de reconocimiento y respeto entre todos los sectores enfrentados del exilio republicano español. Si aún no estaba todo perdido, y si realmente existía todavía la posibilidad de consensuar una estrategia común entre aquellos que, más que a hablar y negociar, se habían dedicado a ningunearse o, en no pocas ocasiones, a tirarse los trastos a la cabeza, no había otra persona con las necesarias credenciales como para afrontar una labor mediadora con las suficientes garantías de éxito. Había, pues, un contexto favorable (debilitamiento de la JEL, *impasse* tras el fracaso de México y derrota del fascismo), una persona dispuesta a asumir el reto y, además, un escenario internacional propicio para la tarea: la conferencia fundacional de la Organización de Naciones Unidas (ONU), convocada para el 25 de abril de 1945 en San Francisco. A sus sesiones, que se prolongaron durante dos meses, acudieron representantes de la JEL (Álvaro de Albornoz, Félix Gordón Ordás, Antonio María Sbert), incluido el propio Prieto, pero también Juan Negrín y su exministro de Estado, Julio Álvarez del Vayo. Aguirre se trasladó desde París, donde se encontraba de viaje, que básicamente tenía dos objetivos. Por una parte, se trataba de superar definitivamente las importantes divisiones que habían lastrado todo el exilio vasco durante los años previos. Antes de desplazarse a San Francisco y lanzarse a la política española e internacional, Aguirre hizo sus deberes en casa, culminándolos con la firma del ya mencionado Pacto de Bayona el 31 de marzo. Su segundo objetivo, a saber, fomentar la restauración de la Generalitat en el exilio, todavía no fue coronado con éxito. Pero sí pudo registrar un éxito parcial: desde que amplios sectores del catalanismo en el exilio habían expresado la confianza en Josep Irla, el último presidente del Parlament antes de su disolución, Aguirre contaba con un aliado institucional con rango para la entente vasco-catalana (y gallega) que él consideraba imprescindible como poderosa palanca de presión en cualquier proceso de negociación con los republicanos españoles. De hecho, una de las primeras acciones conjuntas entre Irla y Aguirre fue un telegrama que ambos dirigentes enviaron en mayo, antes del viaje a San Francisco, a Martínez Barrio instándole a proseguir con sus esfuerzos de restaurar las instituciones de la República.

Por todo ello, Aguirre pudo aparecer en San Francisco como un hombre que había logrado en pequeño (Pacto de Bayona), lo que ahora pretendía lograr también en grande (¿*Pacto de San Francisco*?). Todas las fuentes disponibles sobre lo ocurrido en la conferencia fundacional de la ONU, en la que se consiguió aprobar una resolución en contra de la adhesión de España al nuevo organismo internacional, coinciden en subrayar dos aspectos: en todos los documentos se destacan la labor mediadora de Aguirre y, por ende, su notable implicación personal en la política del exilio español. Pero, al mismo tiempo, dan fe de que esta implicación personal del lehendakari aparentemente no estaba reñida con una firme defensa de sus postulados políticos a favor de la autodeterminación de los vascos. Así, por ejemplo, en una crónica posterior, el republicano Félix Gordón Ordás, quien años después accedería a la presidencia del Gobierno español en el exilio, dejó constancia de que «el motivo de la presencia del señor Aguirre era trabajar el reconocimiento del derecho de autodeterminación de su pueblo, tema que era por entonces obsesivo entre los más prominentes políticos vascos»[7]. Siendo cierta esta afirmación de Gordón Ordás, no era menos cierto que el presidente vasco había preparado su labor mediadora entre los republicanos a conciencia. De hecho, antes de partir rumbo a San Francisco había aprovechado una estancia en Londres para mantener dos largas conversaciones con Negrín. Y, pese a verle «titubeante» y mal informado sobre algunos de los asuntos comentados en las conversaciones, Aguirre le ofreció su intervención personal para construir puentes, expresándole su convicción de que «por mi posición imparcial en la contienda podría ser útil a ambos grupos divergentes». El lehendakari dejó Londres con la promesa del último jefe del Gobierno de la República de que deseaba «verse en San Francisco con diferentes *leaders* [sic] republicanos para llegar a un principio de acuerdo»[8]. Con este as en la manga, Aguirre se reunió en San Francisco inmediatamente con la representación de la Junta. No tardó nada en darse cuenta de la escisión que dividía a sus interlocutores en «dos estados de espíritu»: «uno, el representado por Prieto en actitud intransigente, otro el resto de la Junta en actitud conciliadora». Con el fin de acercar posturas, Aguirre defendió su propuesta de entablar conversaciones con dos argumentos: uno, la actitud «responsable y moderada» de Negrín y su disposición a buscar acuerdos; y, dos, la necesidad de defender la causa de la democracia en España en un foro internacional tan importante como era la asamblea de San Francisco de forma conjunta y solidaria, para no repetir el espectáculo de la confrontación ante los Gobiernos que asumirían la responsabilidad de reestructurar la Europa de la posguerra. Para reforzar estos argumentos, añadió una información directa que le había llegado desde sus contactos en el Departamento de Estado de Washington, según la cual la «pugna» entre republicanos estaba causando un «mal efecto», y todo ello en un momento en el que la postura del Gobierno norteamericano había girado últimamente «en favor de la República», lo que podría empezar a exteriorizarse «si se llegase ahora en San Francisco a algún acuerdo entre los republicanos disidentes». Y con el fin de facilitar un primer encuentro sin tener que entrar en el debate de las complicadas cuestiones protocolarias —tan intrínseca-

---

[7] Gordón Ordás, Félix: *Mi política fuera de España*, México D.F., sin ed., 1967, p. 728.
[8] La fuente directa más importante sobre la actividad de Aguirre es una larguísima carta (¡13 páginas mecanografiadas!) suya escrita a Telesforo Monzón nada más regresar de San Francisco (Nueva York, 23-VI-1945, AN, PNV-117-2). Las citas que siguen proceden también de este documento.

mente unidas a los sentimientos de autoestima y orgullo personal de cada uno de los implicados—, Aguirre ofreció una solución muy vasca: dar comienzo a las conversaciones con un «acto que pudiéramos llamar social que abrirá la posibilidad a posteriores deliberaciones». Dicho de manera menos críptica: Aguirre se ofrecía a organizar una buena comida con todos los ingredientes sólidos y líquidos necesarios para crear un clima menos tenso, que iba a permitir el tránsito a unas conversaciones políticas más sustanciosas. Fue Indalecio Prieto quien se encargó de que este truco del presidente vasco no colara. Las razones esgrimidas para rechazar a Negrín, incluso como comensal en una comida informal, fueron muy variadas: que Negrín no representaba a nadie, que era un agente comunista al servicio de Moscú —cosa que no agradaba en Estados Unidos— y que, además, como afiliado disciplinado, él debía respetar la decisión de la dirección de su partido de que sólo el presidente y el secretario general del Partido Socialista estaban autorizados a tratar con Negrín. Este relato de Aguirre coincide plenamente con el testimonio ya citado de Gordón Ordás, según el cual la propuesta de Aguirre tuvo una acogida favorable, salvo en el caso de Prieto, quien «se negó terminantemente a tener relación de ninguna clase con el doctor Negrín. "Con ustedes yo como cuando quiera y donde quiera —le dijo al Presidente Aguirre—, pero en modo alguno lo haré con el otro señor"»[9].

Por lo tanto, la comida no se llevó a cabo, pero, como los demás miembros de la JEL le habían instado a Aguirre a que no cesase en su mediación, el dirigente vasco se reunió dos veces con Negrín y otras tantas con Álvarez del Vayo, quien también le pidió que siguiera con su labor de mediación. Esta vez Aguirre encontró a Negrín más fatigado y «evasivo»: tampoco Negrín accedió a la misma propuesta de tertulia gastronómica que le había hecho el vasco, alegando tener que desplazarse a Washington para celebrar allí entrevistas importantes, lo que era cierto y no una mera excusa para no ver a su contrincante Prieto. En todo caso, en estos encuentros con el lehendakari, éste le arrancó una concesión importante, que pocos meses más tarde iba a traer consecuencias. Para combatir las críticas, según las cuales Negrín «quería alzarse con el santo y la limosna sin obedecer a ninguna clase de organismos fueran Partidos, fueran Cortes», Negrín confesó

---

[9] Gordón Ordás, *Mi política*, p. 728. El mismo Prieto confirmó esta versión: «[...] en cuanto a Negrín, la Comisión Ejecutiva del PSOE acordó [...] que fuese su presidente y su secretario quienes le oyesen primeramente, ellos y nadie más, mientras la Ejecutiva no resuelva, acuerdo al que me atengo». Cita reproducida en Cabezas, Octavio: *Indalecio Prieto. Socialista y español*, Albaba, Madrid, 2005, pp. 511 ss.

a Aguirre que él «deseaba ardientemente que no fuera designado jefe del futuro Gobierno» y que su voluntad era respetar la normativa y cesar de su cargo formalmente ante el presidente de la República. Al haber muerto Manuel Azaña, Aguirre vio que cualquier solución pasaba por la elección de su sucesor. El lehendakari trasladó esta novedad a los miembros de la Junta, que reaccionaron de forma previsible: «Esta manifestación convenció —excepto a Prieto— al resto de los miembros de la Junta calificándola Gordón Ordáx [sic] de muy importante y totalmente satisfactoria». Como se verá más adelante, esta vez Prieto no anduvo muy descabellado al sospechar que detrás de estas palabras había algún tipo de maniobra propagandística de Negrín, a quien simplemente no le creía su abnegada disposición a renunciar sin contrapartidas a la Jefatura del Gobierno. Aguirre, en cambio, no lo veía así. Aunque en su largo informe a Monzón repartía críticas a ambos dirigentes, como acérrimo defensor de la política institucional —y no partidista—, Aguirre entendía mejor la postura de Negrín, el último legítimo jefe del Gobierno, que la intransigente terquedad de Prieto, quien aparentemente se sentía más a gusto en organismos extraparlamentarios de nuevo cuño, como la JEL, que en unas instituciones que él no llegaba a controlar del todo. Si un poderoso dirigente como Prieto se cerraba categóricamente incluso a la propuesta de compartir mesa con su gran adversario, a juicio de Aguirre, esta actitud no podía tener su origen en ningún razonamiento político, ideológico o estratégico, máxime cuando la propuesta provenía de un hombre neutral como el presidente vasco, con quien el socialista mantenía una estrecha relación de amistad y confianza, que había superado todos los desencuentros y conflictos que ambos habían tenido desde los tiempos de la II República[10]. La explicación de la actitud de Prieto la encontró Aguirre en una mezcla de amor propio, pasión incontrolada, profunda envidia y centralismo españolista. Así narró sus impresiones en la última reunión que mantuvo con Prieto poco antes de regresar a Nueva York:

> Allí se descubrieron una serie de motivos que ya nosotros sospechábamos, pero que no creíamos que pudieran ser expuestos por un hombre inteligente si no está dominado por la pasión. Entre otros, apareció claro su profundo disgusto por el prestigio vasco que es comprendido por todos menos por él, así como la irritación que le produce vernos con un carácter de mediadores que responde a una política que en el futuro va a tener repercusiones incluso en la propia estructura peninsular. ¿Pero qué empeño tiene Ud. en mezclarse en la política española?, me dijo. Me lo expresó con

---

[10] Véase para ello Mees, «Confluir».

rotundidad ante el visible disgusto de sus propios compañeros que ven en toda nuestra acción un apoyo positivo razonablemente ofrecido, avalado por una realidad que les ha sido expuesta en más de una entrevista. Para Prieto mi posición personal, así como la del Presidente catalán, sería la de unos funcionarios de aduanas sujetos a leyes establecidas y estáticas sin tener en cuenta que representamos cuerpos vivos y en desarrollo y progreso constante y a quienes interesa directamente la solución del caos que él muy principalmente contribuyó a crear.

Con todo, la pregunta que Prieto le había hecho era perfectamente lógica: ni Aguirre, ni ningún otro nacionalista vasco antes se había implicado personalmente tanto en la política española, una actitud que, al contrario, para el *mainstream jeltzale* era poco menos que un crimen de lesa patria. Y el propio lehendakari hasta hacía poco había estado en otra onda: en lugar de esforzarse por resucitar la República, la había declarado muerta. Quien ahora buscaba la unidad de todos los demócratas antifranquistas, antes había abogado por una estrategia de *splendid isolation* vasca. Quien ahora había aprendido que la alianza con los *españoles* era necesaria para poder influir en la futura reordenación de la «estructura peninsular», no mucho antes consideraba los lazos que le unían con la República como una camisa de fuerza que abortaba cualquier intento de desarrollar la libertad nacional vasca.

Pero en el momento histórico en el que se encontraba, el lehendakari no tenía tiempo para este tipo de reflexiones autocríticas. Era un momento para actuar y no para reflexionar. Aguirre volvió de San Francisco con dos ideas claras. La primera resumía la secuencia de pasos que a su juicio había que dar en los meses posteriores para resolver finalmente el problema institucional y personal que se interponía en el camino a la restauración del Gobierno republicano. Se trataba de realizar una nueva convocatoria de las Cortes en México, pero esta vez tras haber llegado a un acuerdo entre todos sobre: *a*) el cese de todas las disputas públicas; *b*) acudir todos a la reunión del Parlamento; *c*) admitir la presencia de Negrín y los ministros que resten en el banco azul; *d*) elegir a Martínez Barrio presidente de la República; *e*) pedir al presidente que elija a una persona para la formación de un Gobierno de coalición «sin exclusiones de ningún tipo»; *f*) diseñar un plan de acción urgente para ofrecer a las cancillerías una alternativa viable al régimen franquista, y *g*) trasladar el nuevo Gobierno a Francia «para iniciar la reconquista democrática». La segunda idea o, mejor dicho, convicción que el lehendakari albergó tras su regreso a Nueva York era la de sentirse ampliamente respaldado en su esfuerzo mediador. De momento, los sectores más tradicionalistas del partido mantenían la calma y desde fuera no llegaban más que alabanzas. La excepción era Prieto, pero esta piedra en su zapato no le impedía caminar y avanzar. Desde México, donde debía desarrollarse el segundo acto del guión, el diputado *jeltzale* Julio Jáuregui le confirmó las impresiones sumamente positivas:

> Tus gestiones en favor de la unión con los republicanos tanto en Londres como en San Francisco y que la prensa de aquí ha publicado con bastante amplitud, han causado excelentes impresiones entre todos los republicanos de todas las tendencias. Muchos nos preguntan, si vas a venir a México, cuando lleguen otros políticos que están en los Estados Unidos y todos desean que vengas, pues creen que puedes ser un elemento constructivo en la unión que se desea[11].

El lehendakari ya había anunciado a Monzón su voluntad de trasladarse a la capital azteca «si mi presencia es necesaria y puede contribuir a la solución del asunto». Sabía que Martínez Barrio en persona había enviado a Gordón Ordás un telegrama en el que «le pedía con insistencia que yo fuera a México». Intuía que Prieto no iba a poder mantener su postura intransigente contra la marea unitarista que estaba afectando incluso a personas cercanas al dirigente socialista bilbaíno. Y, efectivamente, en una visita a Prieto, quien se estaba recuperando en Nueva York de una intervención quirúrgica en un ojo y, por ello, no pudo estar en México, Aguirre supo que el líder socialista había ordenado a sus diputados en México asistir a las reuniones de las Cortes por considerarlas importantes para el futuro. Pero aún faltaba otra pieza en el puzzle. Ésta no tardó en aparecer con la noticia de que Negrín había llegado a México el día 12 de julio con el fin de poner en marcha la operación institucional que había adelantado al lehendakari. Entonces Aguirre llegó a la conclusión de que la situación estaba lo suficientemente madura como para emprender el viaje a México con ciertas garantías. Lo hizo con algo de retraso, el 22 o el 23 de agosto[12], pues antes quiso acudir nuevamente al Departamento de Estado para tomar el pulso a la política de la administración Truman en la cuestión española. Permaneció en México doce días.

Cuando llegó Aguirre, los acontecimientos ya se habían precipitado. Tras una larga serie de consultas llevadas a cabo por Martínez

---

[11] Julio Jáuregui a José Antonio Aguirre, México, 15-VI-1945, AN, EBB-304-13.
[12] La fecha exacta de su llegada no está clara, pero sabemos que llegó cuando Giral ya había recibido el encargo de formar el Gobierno (21 de agosto) y antes de que éste anunciara la composición de su gabinete (26 de agosto).

Barrio y Negrín, las Cortes se habían reunido en sesión extraordinaria el 17 de agosto para elegir a Martínez Barrio como nuevo presidente de la República, ante quien Negrín, cumpliendo así la prescripción constitucional, había ofrecido su dimisión y la de su Gobierno. Pocos días después, casi coincidiendo con la llegada del lehendakari, Martínez Barrio había encargado a José Giral, el jefe de la minoría parlamentaria de Izquierda Republicana, la formación del nuevo Gobierno. Este nombramiento era un gesto evidente en la dirección de Indalecio Prieto, de quien ahora se esperaba una actitud más flexible y constructiva como contrapartida a la decisión de impedir la llegada de su máximo rival a la presidencia del Consejo de Ministros. Pero con esta decisión no estaba todavía nada solucionado. Todo el mundo sabía que el Gobierno sin el apoyo de Prieto iba a quedar cojo; pero lo mismo era cierto con respecto a Negrín. Con el fin de establecer este imprescindible equilibrio entre ambos sectores, Martínez Barrio había previsto para Negrín el cargo de vicepresidente y la cartera de Asuntos Exteriores en el gabinete de Giral. Ahora se trataba de convencer a un hombre que, muy previsiblemente, se había visto agredido y herido en su orgullo personal, para que aceptara esta propuesta. Y para esta labor complicada y muy sensible, al nuevo presidente de la República se le ocurrió un solo nombre: el del lehendakari. Según relató éste, Martínez Barrio le hizo el encargo «por creer que era la única persona —así me lo dijo— capaz de llevarla [la misión de mediación importante] a cabo por la conducta y autoridad que nuestra representación tenía ganada ante todos los sectores»[13].

De hecho, el descarte de Negrín para la presidencia del nuevo Gobierno había sido una sorpresa para muchos, incluidos los nacionalistas vascos. Ya se ha indicado que el lehendakari consideraba a Negrín el legítimo último presidente del Consejo de Ministros, pese a la reprobación que la Diputación Permanente de las Cortes, a instancias de Indalecio Prieto, había decidido contra Negrín y su Gobierno en julio de 1939. Por lo tanto, aunque fuera por mera cortesía, debería haber figurado en la lista de candidatos en primer lugar. Y los nacionalistas vascos, efectivamente, habían trabajado con la hipótesis de que Negrín sería el nuevo jefe del Gobierno. Así, Julio Jáuregui había recibido el encargo del lehendakari de negociar con Negrín las condiciones para un apoyo de los nacionalistas vascos al nuevo Gobierno en el exilio. Antes del nombramiento de Giral, las negociaciones habían avanzado bastante en dos de los tres puntos: el establecimiento de una «fase tran-

---

[13] José Antonio de Aguirre a Manuel de Irujo, s.l., 17-IX-1945, AN, PNV-117-2. Esta —otra vez— larguísima carta es la principal fuente para lo que viene en el texto.

sitoria» de autogobierno vasco, una vez derrocada la dictadura, en la que el límite de este autogobierno no debía ser la «letra de la Constitución», sino la «realidad de esta etapa»; y, el segundo, la incorporación de Navarra, siempre dependiendo de la voluntad libremente expresada por los propios navarros. Sólo en el tercer punto, el ejercicio del derecho de autodeterminación, no se había producido un acercamiento de las posturas[14]. Todavía dos días antes de la reunión de las Cortes, José Ignacio Lizaso, el delegado del Gobierno vasco en Londres y hombre muy cercano a Manuel Irujo, había señalado otro argumento más a favor de Negrín: la debilidad de éste facilitaría el «regateo» de las reivindicaciones nacionalistas, mientras que Prieto contaba con «apoyos suficientes» tanto en el interior como en el exterior como para oponerse a los planteamientos del PNV[15]. Pero no fueron sólo los nacionalistas vascos los que creían que Negrín debería ser el primer candidato a formar el Gobierno. En la ya citada carta a Irujo, Aguirre comenta que el propio Martínez Barrio también había sido de la misma opinión. El nombramiento de Giral lo justificó con su voluntad de deshacer las sospechas —aireadas por los círculos cercanos a Indalecio Prieto— de que existía un pacto entre él y Negrín, según el cual éste cobraría el precio del nombramiento como jefe del Gobierno por su apoyo a la elección de Martínez Barrio como presidente de la República.

Esta vez Aguirre no logró nada en las diferentes reuniones que mantuvo con Negrín. El anterior presidente del Gobierno no aceptó ni la Vicepresidencia, ni ningún otro tipo de responsabilidad institucional en el nuevo Gobierno de Giral. El lehendakari se quedó estupefacto ante su incapacidad de derrumbar este muro del «no», ni siquiera con el argumento de que una férrea negativa de este tipo le colocaría al mismo nivel de irresponsabilidad que su contrincante («cerrazón a lo Prieto»)[16].

Pero la intervención de Aguirre no terminó aquí. Cuando trasladó a Martínez Barrio el resultado de sus entrevistas con Negrín, se enteró de que el flamante nuevo presidente de la República todavía guardaba un plan B, con el que, finalmente, hubiera aupado a Negrín a la presidencia del Gobierno. Y lo haría de la mano de Aguirre. La propuesta era la siguiente: ante la negativa de Negrín a entrar en el Go-

---

[14] Más detalles en Mees, *El profeta*, pp. 120 s.
[15] Cf. el telegrama de Lizaso a Aguirre, Londres, 15-VIII-1945, AN, GE-651-7.
[16] Más tarde, explicó esta cerrazón con el miedo que supuestamente sentía Negrín de que, si hubiera entrado en el Gobierno, tendría que haber desmontado su amplia red de intereses económicos y tendría que haber rendido cuentas de toda su gestión económica. Cf. José Antonio Aguirre a Manuel Irujo, Nueva York, 19-IX-1945, AN, EBB-304-13.

bierno de Giral, Aguirre debía convencer a los responsables de su partido de que un gabinete Giral sin el apoyo del sector negrinista nacería muy debilitado y, por lo tanto, no podía ser una solución. En consecuencia, el PNV debía retirar su apoyo a Giral. Basándose en el argumento de que «sin la colaboración vasca la solución Giral no es solución», el presidente de la República se vería obligado a retirar la confianza a Giral y encargar a Negrín la formación del Gobierno. Lo que Martínez Barrio le estaba pidiendo en este momento no era otra cosa que «asumir prácticamente el papel del Presidente». Aguirre ejerciendo de Martínez Barrio. El lehendakari no tuvo dudas en rechazar esta propuesta maquiavélica. No quiso ser el hombre que decidiera el futuro político de la República y de su Gobierno en el exilio. Tal y como confesó a Irujo, fue una especie de melancolía patriótica la que le sobrevino y le permitió abortar esta jugada: «Te confieso que en aquellos momentos pensé más que nunca en nuestra patria Euzkadi a la que todos queremos ver discurrir por caminos claros a la luz del sol».

Para no quedar mal con Martínez Barrio, se comprometió a un último esfuerzo ante Negrín. Esta reunión, empero, no tuvo lugar, pues el 26 de agosto de 1945 Giral presentó los miembros de su gabinete. Fue un Gobierno apoyado prácticamente por todas las fuerzas políticas y sociales del antifranquismo, con la excepción del sector negrinista de PSOE y del Partido Comunista, que, sin embargo, entraría con un ministro (Santiago Carrillo) en marzo de 1946. En el gabinete figuraba como ministro de Navegación, Industria y Comercio Manuel Irujo, quien así volvió al Gobierno republicano, en el que ya había estado entre 1936 y 1938. Este nombramiento generó un considerable revuelo en la comunidad nacionalista y su gestación demuestra de nuevo dos cosas: primera, la evolución del pensamiento político del lehendakari, y segunda, su ilimitado poder de liderazgo no sólo en el Gobierno, sino también —pese a no estar sometido a la disciplina del partido— dentro del PNV. Para muchos *jeltzales* debía de resultar muy sorprendente ver el nombre de Irujo encabezando una de las carteras del Gobierno. Recordemos que, a la sazón, el navarro todavía no había salido de su fase de nacionalista radical y aislacionista. Después del encontronazo con el lehendakari por su gestión del Consejo Nacional de Euzkadi, Irujo había sido uno de los pocos nacionalistas, si no el único, que había osado denunciar ante las autoridades de su partido las veleidades españolistas que veía en la estrategia política de Aguirre. Estas críticas habían surtido efecto aparentemente entre los miembros del EBB que se encontraban en

Londres y que, a la vista del frenético activismo que el lehendakari había desplegado para unir a los republicanos españoles, se quejaron ante sus compañeros en Francia del personalismo de Aguirre, expresando su temor a quedar «anulados» y a que se diera «al traste con la autoridad del EBB»[17]. Por las mismas fechas, también Josep Tarradellas, quien para entonces ya controlaba el sector mayoritario de la Esquerra Republicana en el exilio, informó a Josep Irla sobre la postura «poco extremista» de Aguirre en el tema de la autodeterminación, que, según le había contado el lehendakari, como presidente del Gobierno vasco no podía plantear con la firmeza que podía tener el presidente de un partido político nacionalista, porque debía hacerlo «teniendo en cuenta las realidades de cada momento». Según Tarradellas, Aguirre ya no era «ni mucho menos el hombre un tanto embalado de antes»[18].

El líder catalán estaba en lo cierto cuando afirmaba que el pensamiento político del presidente vasco había «madurado». Esta maduración consistía en recuperar el equilibrio entre la firme defensa de unos objetivos políticos a largo plazo, por una parte, y el diseño pragmático, flexible y realista de una estrategia gradualista en el camino hacia la consecución de esos objetivos, por otra. Poco antes de partir a México, las instrucciones que envió a Monzón, quien, junto a Jáuregui, llevaba todo el peso de las negociaciones con los republicanos vascos en el proceso que condujo a la formación del Gobierno Giral, son un fiel reflejo de esta «maduración» del pensamiento del lehendakari[19]. En este escrito, Aguirre se pronunció sin ningún tipo de duda a favor de una participación en el futuro Gobierno republicano, siempre y cuando se dieran unas condiciones mínimas para la misma. Se trataba de colocarse en el puente de mando de una institución que, supuestamente, iba a dirigir la fase transitoria hacia la democracia en España. Y cuanto mayores fueran el peso y la influencia en el puente de mando, mayores serían también las posibilidades de intervenir en esta fase y desarrollarla en la dirección deseada. Era, por tanto, una simple pero decisiva cuestión de poder, y ante un tema de semejante envergadura objeciones de tipo ideológico debían quedar relegadas a un segundo plano o, en palabras de Aguirre, el dogma no debía obs-

---

[17] Elías Etxeberria y Luis Arredondo a sus compañeros del EBB en Francia, Redhill, 15-V-1945, AN, EBB-109-1.

[18] Josep Tarradellas a Josep Irla, s.l., 6-IV-1945, Archivo Tarradellas, Fondo Irla (el documento está escrito en catalán).

[19] José Antonio Aguirre a Telesforo Monzón, s.l. [Nueva York], 14-VIII-1945, AN, GE-265-4.

taculizar la defensa de los intereses legítimos. El párrafo siguiente quizás sea el alegato más claro y contundente a favor de una estrategia política intervencionista flexible y en contra del dogmatismo inhibicionista que se puede encontrar en todos los escritos del lehendakari:

> No insisto más en estos extremos que los someto a vuestra consideración porque me parecen lo suficientemente importantes sobre todo en un periodo incierto donde no será extraño ni la audacia, ni la improvisación. Si para eso conviene cambiar de táctica y de conducta me parece que nada se perdería porque no se trata de discutir el dogma sino de salvaguardar intereses legítimos poniendo a Euzkadi en condiciones ventajosas para la lucha inmediata y su desarrollo posterior. Comprendo los peligros de una excesiva intervención que crea obligaciones, pero temo mucho el aislamiento y el abandono de posiciones en nombre de tácticas tradicionales que no sé si en el estado actual del mundo y concretamente en los momentos que vamos a vivir, son aconsejables.

¿En qué estaba pensando el lehendakari cuando se refería a las «tácticas tradicionales» que habría que repensar? La respuesta llega en la parte del largo escrito en la que formula las dos precondiciones para una posible entrada del PNV en el Gobierno republicano. En primer lugar, debía abrirse la puerta a una futura incorporación de Navarra a Euskadi, cosa que para Aguirre dependía no tanto de la letra del correspondiente acuerdo, sino de la labor de proselitismo que debía iniciarse inmediatamente entre la población navarra, en la que el sector favorable a una unión con los vascos de Euskadi era todavía demasiado débil. Y, en segundo lugar, aparece otro tema clásico: el reconocimiento del derecho de autodeterminación. Los matices que introdujo el lehendakari son interesantes y, por su claridad, novedosos en la historia del PNV, y esto por varias razones. El punto de partida no era un máximo que luego, tras la pertinente negociación, podría ser rebajado, sino un mínimo susceptible de generar un consenso inmediato: Aguirre mencionó como ejemplo para este mínimo «la autodeterminación en los términos que se establece[n] en el pacto de Bayona», firmado por todas las fuerzas democráticas vascas pocos meses antes. Recordemos que la palabra «autodeterminación» no apareció en el citado pacto, cuyo párrafo tercero fijaba de forma ambigua y genérica que, una vez restablecida la normalidad democrática, el pueblo vasco expresará «libremente» sus deseos, y que estos deseos habrán de ser respetados y defendidos. Pero Aguirre añadió otro matiz más: si incluso esta exigencia tan rebajada y ocultada tras una terminología poco precisa produjera un obstáculo insalvable para el acuerdo, él consideraba «más prudente no plantear la cuestión como *conditio sine qua non*». El presidente vasco llegó a esta conclusión curiosamente no tanto por el problema que veía a la hora de negociar con el Gobierno central, sino porque pensaba que la mayoría de su aliado preferido, el nacionalismo catalán, no se encontraba en esta onda autodeterminista, prefiriendo su Estatuto de 1932, en lugar de arriesgar lo ya logrado en una apuesta radical cuyo éxito era más que dudoso. Y, en cuanto a los demócratas españoles, la razón que apuntaba para una posible renuncia temporal a la reivindicación de la autodeterminación vasca fue el resultado de un ejercicio de responsabilidad política, en el que se notaba la influencia de las observaciones que recibía por parte de sus contactos en el *State Department*: no convenía ahondar aún más el notable caos que reinaba entre los republicanos españoles y que dificultaba enormemente la tan necesaria constitución de organismos unitarios:

> Es cierto que podemos amenazar porque será difícil que nada se haga sin nuestro concurso, pero ¿podemos contribuir más al desorden provocado por la división española, retardando más la solución? Desde aquí, dan las cosas tal impresión de irresponsabilidad que a uno le da miedo contribuir a nada que la aumente. Y por otra parte cuanto creamos perder en estos momentos, es por el contrario terreno y autoridad ganadas [*sic*] para el futuro, incluso para adoptar actitudes definitivas si las circunstancias lo aconsejaran y favorecieran.

Y durante esta fase del exilio, lo que decía el lehendakari iba a misa, por muy heterodoxo que pudiera parecer. Por respeto y lealtad, Irujo se plegó a los deseos de Aguirre y entró en el Gobierno de Giral, eso sí, formalmente como representante del Gobierno vasco y no del PNV. La única contrapartida que se logró fue el compromiso de Giral de negociar *a posteriori* las condiciones que le habían presentado Monzón y Jáuregui. El EBB quedó al margen de todas estas decisiones. Sus miembros se enteraron del nombramiento de Irujo por la radio. Alegando la imposibilidad de poner en marcha un largo y complicado proceso de consulta dentro del partido en un momento crucial, en el que la toma de una decisión urgía, Aguirre había convocado a los representantes de los partidos vascos en México. Ninguno se opuso al nombramiento de Irujo, quien, a partir de este momento y culminando así una tímida evolución iniciada en los años finales de la II Guerra Mundial, abandonó por completo su nacionalismo radical y aislacionista para convertirse durante el resto de su vida en el más republicano entre todos los nacionalistas del PNV. Ahora ya con el apoyo de un representante nacionalista dentro del Gobierno republicano, Monzón y Jáuregui retomaron las negociaciones con Giral. El clima de mutua confianza que la decisión de Aguirre de entrar en el Gobierno, incluso sin exigir ningún tipo de peaje previo, había generado, facilitó el acercamiento de las posturas. Así, la declaración ministerial que Giral leyó en las Cortes recogía de una u otra forma casi todos los puntos planteados por los nacionalistas vascos, aunque las múltiples referencias a la Constitución del 31 y a los Estatutos de autonomía procuraban establecer el necesario equilibrio para que la declaración no generara reacciones contrarias en el resto de los campos políticos. Así, en concreto, se abría la puerta a la tan deseada incorporación de Navarra, a la aprobación del Estatuto gallego y una interpretación generosa de las facultades autonómicas en la fase transitoria a la restauración de la democracia en España. El único punto no señalado, ni directa ni indirectamente, fue el tema de la autodeterminación, lo que, según el testimonio personal de Irujo, efectivamente fue debido, tal y como pronosticó el lehendakari, a las reticencias de un sector del nacionalismo catalán que no quería entrar en el tema por preferir pájaro en mano (Estatuto del 32) a ciento volando (autodeterminación). Aparentemente, los negociadores vascos quedaron con Giral en retomar y definir el tema bilateralmente en algún momento posterior. Aguirre veía con buenos ojos este aplazamiento, pues consideraba que «era preferible demorar el trato del tema hasta que las instituciones republicanas estuvieran establecidas en Francia y la República hubiera avanzado algún camino más en su consolidación»[20].

Esta consolidación no llegaría y el tema de la autodeterminación quedó aparcado. Pero no importaba, pues todo se había desarrollado según las previsiones del lehendakari: Aguirre y su gente habían ganado aún más en respeto y autoridad, un ministro *jeltzale* participaba en todas las decisiones importantes del Gobierno y los compromisos arrancados a Giral, pese —o quizás, gracias— a su ambigüedad, permitieron interpretaciones eufóricas como las del propio Monzón, quien quería reconocer en la declaración ministerial la «facultad de rebasar los Estatutos». De hecho, visto desde el presente, no resulta exagerado afirmar que los dos años que Irujo permaneció en el Gobierno republicano, y durante los cuales la política española se encontraba en el centro neurálgico de las actividades

---

[20] Para el testimonio de Irujo y la opinión de Aguirre véase el informe de Irujo para el EBB (31-V-1946), Archivo Irujo, 37-3. La siguiente referencia a unas palabras de Monzón también se encuentra en este informe.

del lehendakari, forman el espacio de tiempo de mayor influencia política que el nacionalismo vasco ha tenido en la *res publica* española a lo largo de toda su historia. Desde agosto de 1945 hasta el mismo mes de dos años más tarde, Aguirre e Irujo llegaron a controlar una buena parte de la política española en el exilio[21]. Esta enorme influencia se plasmó en diferentes ámbitos. Uno era el financiero, en el que la mutua dependencia entre el nuevo Gobierno republicano y el Gobierno vasco y sus estructuras llegó a ser muy notable por dos razones: porque el Gobierno vasco y la restaurada Generalitat catalana entraron en la nómina del Gobierno republicano tras haberse habilitado en los presupuestos de este último una partida para la subvención de los Gobiernos autónomos. Se trataba, en principio, de «anticipos reintegrables», pero los documentos no dejan saber con seguridad si, efectivamente, estas partidas se devolvieron o si se trataba de una subvención a fondo perdido. Además, y ésta era la segunda razón para la creciente interdependencia financiera entre el nuevo Gobierno republicano y su homólogo vasco, este último gestionó buena parte de los fondos monetarios de los que dispusieron tanto la propia República como algunos de sus máximos dirigentes (Martínez Barrio e Irla) en el exilio. Las personas claves que se encargaban de realizar unas operaciones altamente favorables, básicamente a través del tráfico de divisas, fueron Antón Irala, en la Delegación del Gobierno vasco en Nueva York, y Agustín Alberro, el director de Hacienda en la sede parisina del Gobierno. Para los observadores coetáneos no fueron desconocidos estos negocios facilitados por los agentes vascos y la relación de dependencia que así se iba generando. Tanto fue así que Indalecio Prieto se vio obligado a protestar ante el nuevo presidente del Gobierno, Rodolfo Llopis, de que «los vascos tengamos en nuestro poder los cuartos de la República»[22].

Pero aún hubo más: al menos durante estos dos años que los nacionalistas vascos participaron en el Gobierno de la República con su ministro Irujo, las Delegaciones que el Gobierno vasco había ido abriendo en el extranjero asumieron oficiosamente las funciones de Delegaciones del Gobierno republicano, lo que en esta ocasión causó la «inquietud» de Juan Negrín. Aguirre se enteró de este hecho gracias a la información que le envió Ángel Gondra, quien, junto a José Ignacio Lizaso, estaba a la cabeza de la Delegación de Londres: «[...]

---

[21] Para más detalles véase Mees, *El profeta*, pp. 128-151.
[22] Fue Manuel Irujo quien se enteró de esta queja, la que inmediatamente trasladó a Aguirre. Cf. Manuel Irujo a José Antonio Aguirre, París, 16-IV-1947, AN, GE-668-1.

el hecho de que los vascos con sus Delegaciones de Gobierno están "absorviendo" [sic] los servicios de la República, está inquietando a los del grupo del Dr. Negrín, a quienes el mundo republicano español les supone sin otras reacciones que las que tengan relación directa con sus problemas personales de empleo y sueldo y puestos futuros»[23]. Si a todo ello añadimos el hecho de que la red de los Servicios del Gobierno vasco se encargaba también de la comunicación que el Gobierno republicano y sus representantes mantenían con el interior o el nombramiento de Antón Irala como coordinador de Información y Propaganda que el Gobierno republicano creó en Nueva York en julio de 1946, queda patente que, cuando el lehendakari decidió que había llegado el momento de volcarse en la política española del exilio, lo había hecho a sabiendas de que ello necesariamente llevaría al derrumbamiento de uno de los tabúes más queridos por el nacionalismo vasco ortodoxo: el tabú de implicarse en ámbitos políticos y estrategias que, supuestamente, no tenían un nexo directo con la cuestión nacional vasca. Lo que ocurrió, empero, fue que el máximo mandatario vasco a la sazón había llegado a una conclusión completamente contraria: la conclusión de que no existía ningún atajo en el recorrido hacia la libertad vasca y que cualquier progreso en la cuestión nacional vasca pasaba necesariamente por la consolidación de la República española en el exilio y su reconocimiento internacional como alternativa política seria al régimen franquista. Así, cada parada en este camino, cada error cometido, cada oportunidad no aprovechada y cada fracaso parcial registrado en el balance de la República se convertía automáticamente en un revés para la libertad vasca. Y ésta era la lógica que empujaba a Aguirre y sus hombres más cercanos cada vez más hacia la política española del exilio.

Conociendo a Aguirre, era previsible que esta nueva estrategia intervencionista no se limitara al ámbito de las infraestructuras del Gobierno republicano, sino que pretendió, sin ningún complejo, hacer valer estas aportaciones también en el área política. Haciendo gala de una vitalidad que aparentemente no conocía límites, Aguirre se multiplicaba con el fin de estar presente en todos los foros, cancillerías o ministerios relevantes. Durante estos años, *de facto* asumió funciones de representación de la República, aunque lo hiciera de forma oficiosa. Era muy consciente de que lo debía hacer de forma «privada», ya que, como escribió a Irujo, «yo no puedo ir a ninguna

---

[23] Ángel Gondra a José Antonio Aguirre, Londres, 10-IV-1946, AN, Delegación de Londres, 651-7.

parte ni como Embajador oficial ni oficioso»[24]. Aunque fuera de forma privada y entre bambalinas, Aguirre estaba dispuesto a ir a por todas. Así, cuando poco después de la formación del Gobierno Giral se disgustó por la «pasividad» que a su juicio lastraba la labor de Fernando de los Ríos, el jefe de la diplomacia republicana, mandó a Julio Jáuregui para que le pidiera a Giral un cheque en blanco con el fin de que «me autorice a moverme libremente aun en el propio aspecto político»[25]. En los múltiples contactos que tanto el propio Aguirre como —sobre todo— Irala y Jesús Galíndez, sus dos hombres de la Delegación del Gobierno vasco en Nueva York, mantuvieron durante esos meses con representantes de diferentes Gobiernos con voz y voto en la ONU, el tema principal era la situación del Gobierno republicano y la estrategia internacional que había que adoptar frente al régimen de Franco. Y es que en aquellos momentos la flamante y recién estrenada ONU emergía como el instrumento más importante para extender la victoria de la democracia en la Guerra Mundial también a los regímenes que, como el de España, habían sido afines al fascismo. Además, este organismo internacional había decidido prestar una atención especial al caso español y, a instancias de Australia, había habilitado un Subcomité para su análisis. Al darse cuenta de que el memorando que los responsables republicanos habían elaborado para la ocasión adolecía de notables defectos y lagunas, Aguirre recibió el encargo de elaborar otro memorando complementario, con lo cual el presidente vasco entregó finalmente dos documentos oficiales: uno, en nombre propio y de su Gobierno sobre la cuestión vasca, y otro en nombre de la República española con un enfoque más genérico.

Con esta línea abiertamente intervencionista concuerda también el encargo que el lehendakari dio al delegado de Londres, José Ignacio Lizaso, de viajar a Praga y negociar el reconocimiento del Gobierno republicano por parte de su homólogo checoslovaco. Lizaso guardaba buenas relaciones personales tanto con el ministro de Asuntos Exteriores, Jan Massaryk, como con el presidente Benes. El enviado de Aguirre logró su objetivo, pero tuvo que pagar el precio de una expulsión (temporal) de su partido. Aplicando este mismo rasero ortodoxo, debería haber sido expulsado el propio Aguirre, o también sus dos hombres de Nueva York, Galíndez e Irala. Ambos habían tejido una amplia red de contactos tanto en el Departamento

---

[24] José Antonio Aguirre a Manuel Irujo, Donibane [San Juan de Luz], 3-VIII-1946, Archivo Irujo, 30-8.
[25] José Antonio Aguirre a Julio Jáuregui, Nueva York, 22-IX-1945, AN, PNV, 117-2.

de Estado como en los pasillos de la ONU, donde se movieron como peces en el agua. Con cierto orgullo Aguirre pudo informar a Juan Ajuriaguerra, el jefe de la resistencia en el interior, que sus dos hombres de confianza «son hoy, sin titubeos, los dos mejores especialistas que existen en este problema [de la ONU]», añadiendo que han «logrado fuertes amistades en el seno de la ONU», con cuyos técnicos trabajaban mano a mano en la preparación de las reuniones en las que se trataba el tema de España, todo ello hasta el punto de que «varias de las reuniones se han celebrado en la Delegación Vasca de Nueva York»[26]. No era una exageración. Y es que los dos hombres del presidente no se pararon en los escalones técnicos, en la *cocina* de la política de la ONU, sino que llegaron hasta la cumbre, hasta el despacho del secretario general, el noruego Trygve Lie. Irala y Galíndez conocían el firme pensamiento antifranquista de este político laborista y aprovecharon esta circunstancia para preparar con él un plan que preveía un boicot contra el régimen de Franco. Lie pidió a los vascos discreción absoluta para no obstaculizar sus negociaciones secretas con el fin de construir la mayoría que en la votación debía sacar adelante la propuesta. Sin embargo, si son ciertas las informaciones que envió Aguirre a Lizaso, finalmente todo se fue al traste porque Giral adelantó todos los detalles del plan a la prensa, precisamente cuando Lie había iniciado sus negociaciones confidenciales[27].

En un contexto geopolítico, en el que el mundo ya había entrado en la fase transitoria que media entre la ya finalizada *guerra caliente* y una nueva *guerra fría* en ciernes, no resultaba nada fácil construir mayorías políticas en la ONU en contra del régimen franquista. Y la cosa se complicó aún más cuando en marzo de 1946 los Gobiernos de Estados Unidos, Francia y Gran Bretaña publicaron su célebre Nota Tripartita, en la que se descartaba una intervención militar en España, dejando la solución del problema español exclusivamente en manos de los propios españoles. Según esta nota, la solución pasaba por la formación de un Gobierno interino de personalidades «patrióticas y de mentalidad liberal», al que las democracias occidentales darían su apoyo. La ausencia de cualquier referencia al Gobierno Giral fue un duro golpe para todos los demócratas republicanos españoles y vascos. El lehendakari, empero, quiso contrastar esta sensación de frustración y desaliento con una lectura positiva de la nota, destacando que, por vez primera, había un compromiso formal de las

---

[26] Etxena [seud.: J. A. Aguirre] a Julio [seud.: Juan Ajuriaguerra], s.l., 3-VIII-1946, AN, GE 663-2.

[27] José Antonio Aguirre a José Ignacio Lizaso, Donibane, 26-XI-1946, AN, GE-651-7.

potencias de apoyar la lucha de los demócratas, si éstos procedían según las recomendaciones recibidas[28]. Su conclusión era doble: por una parte, interpretando la referencia a las «personalidades patrióticas» y liberales como una invitación a ampliar el Gobierno Giral por el lado de la derecha, optó por una remodelación del gabinete en este sentido. Pero, por otra, recuperó su idea que ya hace tiempo había propuesto a los mandatarios republicanos de promover también una ampliación por la izquierda mediante la incorporación del Partido Comunista, lo que hasta la fecha ni Martínez Barrio ni Giral habían querido considerar por no chocar con el anticomunismo virulento de Prieto. Tal fue el miedo que Giral incluso se negó a visitar al ministro de Asuntos Exteriores soviético para hablar del posible reconocimiento del Gobierno republicano. Al final, como es sabido, las cosas ocurrieron según las propuestas de Aguirre: en la primavera de 1946, Giral amplió su gabinete dando entrada al comunista Santiago Carrillo y al republicano de derecha Rafael Sánchez Guerra, así como al galleguista Alfonso Rodríguez Castelao. Y Giral también se dejó convencer de que no había que dejar escapar la ocasión de hablar con Molotov y promover el reconocimiento del Gobierno republicano por parte de Moscú y de los Gobiernos afines en la Europa del Este[29]. Obviamente, no conviene atribuir el desarrollo de los acontecimientos en la dirección mencionada única y exclusivamente a la influencia de Aguirre. Pero no hay duda de que esta influencia pesó mucho y así fue reconocido por los protagonistas de la historia, cuando, por ejemplo, el propio Giral confesó en un momento de desahogo ante Irujo que, tal y como el navarro contó al presidente vasco, «en definitiva obra a tu dictado y tú al de Moscú». Irujo le recomendó que, si quería, hablara con Giral de estas valoraciones, pero que, por si acaso y para no levantar suspicacias, «no conviene que cambies esas impresiones con otras gentes»[30].

De todas formas, en realidad daba lo mismo si el presidente vasco hablaba de este asunto en público o en privado, porque a estas alturas ya no se podía esconder el fuerte compromiso personal y político de

---

[28] Esta lectura positiva de Aguirre contrastó con la amarga nota que publicó el Gobierno republicano en la que expresó la «penosa impresión» que le había causado la Nota Tripartida, el olvido del Gobierno «legítimo» de España y la renuncia a un compromiso más tangible en la lucha contra un régimen que, tal y como demostraban los documentos que estaban saliendo a la luz, había sido un claro aliado de Hitler. Cf. Sánchez Cervelló, *La Segunda República*, p. 87.

[29] Durante este período, el Gobierno republicano logró en América Latina y Europa del Este un total de once reconocimientos oficiales.

[30] Manuel Irujo a José Antonio Aguirre, París, 20-IX-1946, Archivo Irujo, 30-3.

Aguirre con la política republicana. Por mucho que intentara dar un carácter «privado» a sus gestiones, éstas llegaron a ser conocidas y comentadas. A nadie le importaba realmente si eran gestiones «privadas». Lo que importaba era que se llevaran a cabo y que era el máximo dirigente de los nacionalistas vascos quien las realizaba. En este contexto era previsible que pronto se escucharan las primeras voces que plantearan el siguiente sacrilegio en la política nacionalista vasca, un sacrilegio que se basaba en una lógica casi aplastante: si Aguirre era la persona que manejaba desde la sombra una buena parte de la política española en el exilio, ¿por qué no oficializar esta situación de alguna manera, entregando al lehendakari el mando del Gobierno republicano? Ya en la primavera de 1946 circulaban rumores en este sentido. En Bayona, un EBB que temía lo peor reaccionó inmediatamente para evitar que los rumores se convirtieran en realidades. Obviando el hecho de que como lehendakari Aguirre no se encontraba formalmente sometido a la disciplina del partido, la dirección del PNV le mandó una carta en la que le trasladó su decisión de considerar «inaceptable la propuesta de que el Presidente del Gobierno de Euzkadi forme parte del Gobierno de la República Española»[31]. Pocos meses más tarde, Lizaso trasladó a su presidente las sugerencias que había recibido en sus conversaciones con representantes significantes del Gobierno laborista británico. Según estos interlocutores de Lizaso, Giral era un hombre débil, que no ofrecía ninguna garantía de poder enfrentarse a una «situación difícil y de violencia» que una «minoría bien organizada y decidida» —evidentemente se refería a los comunistas— podría provocar en una fase de transición desde la dictadura hacia la democracia. La solución pasaba, por tanto, por un fortalecimiento del Gobierno republicano mediante un cambio personal en el puente de mando. Y esta remodelación cambiaría también la actitud anglosajona hacia el Gobierno. Y aquí surgió el nombre de Aguirre, «una persona como tú, joven y de carácter, que les ofrecería esas garantías que ellos reputan indispensables». Lizaso terminó su información para el lehendakari citando el argumento que los británicos esgrimieron ante su objeción de que Aguirre tenía «una significación singular vasca»: ellos sabían perfectamente que era así, pero insinuaron la conveniencia de que «lo vasco específico en ti representado se sacrificara por el interés general de 24.000.000 españoles»[32].

---

[31] EBB a José Antonio Aguirre, Bayona, 11-V-1946, AN, PNV-213-1. Aguirre se había dirigido previamente al EBB sometiendo el tema a la consideración de la directiva de su partido. Las fuentes no permiten concretar en qué consistía exactamente esta hipotética propuesta de la participación en el Gobierno republicano.

[32] José Ignacio Lizaso a José Antonio Aguirre, Londres, 1-VIII-1946, AN, GE-651-7.

Resulta curioso observar que en su respuesta el presidente vasco no comentara con una sola palabra esta propuesta tan llamativa y poco ortodoxa. Un año antes, cuando Martínez Barrio le entregó la llave para decidir el nombre del primer jefe del Gobierno republicano en el exilio, se había asustado y rechazado esta oferta. Ahora, cuando él mismo aparecía en las quinielas para este cargo, ni una sola palabra sobre este tema. ¿Estaba ya coqueteando con la idea de asumir esta responsabilidad? No sólo el orgullo personal, sino sobre todo la lógica de su propio pensamiento estratégico eran factores de peso que le debieron llevar por lo menos a no descartar del todo esta posibilidad. Y es que si él era la persona que supuestamente podría aglutinar a todos los sectores del exilio, que estaba bien vista en las cancillerías, que contaba con una sólida estructura política e institucional de apoyo y que por su conocida convicción democristiana ofrecía garantías tanto de poder y querer controlar a los comunistas como de facilitar la adhesión de los sectores derechistas al margen del régimen franquista: entonces, ¿por qué no dar el salto y señalar así que los republicanos españoles estaban dispuestos a recorrer el camino sugerido por la Nota Tripartita?

De momento, el motivo de estos pensamientos eran poco más que rumores volátiles y sugerencias teóricas con una base compartida: la voluntad de apuntalar a un Gobierno débil y convertirlo en una alternativa política real, susceptible de lograr el apoyo activo de las democracias. Pronto, sin embargo, lo que habían sido teoría y consideraciones hipotéticas llegó a ser realidad política cruda y dura. La debilidad del Gobierno republicano que habían constatado los interlocutores británicos de Lizaso quedó evidente cuando, en enero de 1947, Giral tuvo que presentar su dimisión. La cuestión de fondo que motivó esta decisión fue el avance de la estrategia capitaneada por Prieto e impulsada por el mensaje contenido en la Nota Tripartita. Prieto llevaba ya tiempo mostrándose crítico con la permanencia de las instituciones republicanas y abogando por un pacto con los monárquicos opuestos al régimen de Franco como instrumento para el derrumbamiento de la dictadura. Así, en enero de 1947, el líder socialista maniobró en una asamblea de su partido para que se aprobara por mayoría la decisión de retirar a los ministros socialistas del Gobierno republicano. Prieto no se encontraba solo con esta idea, que recibía también el apoyo del sector mayoritario de la CNT y de organismos de la resistencia en el interior. El nombramiento de Rodolfo Llopis, a la sazón secretario general del PSOE y uno de los dirigentes del sector «caballerista» del Partido Socialista, como sucesor de Giral, sólo aplazó unos pocos meses la crisis que había acabado con éste. Prieto siguió arremetiendo contra el Gobierno hasta conseguir su objetivo en otra asamblea de los socialistas españoles en el exilio. A finales de julio de 1947, una mayoría de los delegados decidió promover la creación de otro organismo unitario al margen del Gobierno republicano como instrumento en la lucha antifranquista. Según esta resolución, el Gobierno republicano debía ceder toda la iniciativa a la nueva Junta a crear, quedando reducida su presencia a un plano meramente simbólico. Tras sólo seis meses en el cargo, a comienzos de agosto Llopis no tuvo más remedio que dimitir. A la vista de las innumerables polémicas públicas y las dos dimisiones en pocos meses, ya nadie podía dudar de que la debilidad del Gobierno republicano era un hecho real y palpable.

En este contexto volvieron las conjeturas sobre una mayor implicación personal e institucional de Aguirre en la política republicana. Pero esta vez ya no se trataba de vagas sugerencias, sino de propuestas concretas pronunciadas, además, por la persona competente: el presidente de la República. Martínez Barrio barajó diferentes nombres para la sucesión de Llopis, pero al final se decantó por una salida que pretendía ser salomónica: para no provocar los recelos o el enfado abierto de ninguno de los sectores republicanos enfrentados, optó por una figura «neutral» como el catalanista de Esquerra Republicana Carles Pi i Sunyer, una solución que antes también se le había ocurrido a Manuel Irujo. Como Martínez Barrio era conocedor de la gran influencia que los nacionalistas vascos ejercían sobre el catalanismo en el exilio, pidió a Irujo y a Julio Jáuregui, el nuevo secretario general del EBB, que presionaran, incluso «coaccionaran» a los catalanes y a Pi para que aceptaran el encargo de formar el nuevo Gobierno. Para dar fuerza a su petición, Martínez Barrio añadió un argumento que dejó estupefactos a sus dos interlocutores vascos: si bien era cierto que los catalanes «levantan menos recelos» que los vascos para ejercer las funciones de presidencia del Gobierno, éstos tenían el hombre perfecto para esta misión, y este hombre sería el candidato para ocupar la presidencia del Gobierno en el caso de que los catalanes se resistieran:

> Los vascos [...] cuentan con una persona que reúne condiciones de tal manera preeminentes, por su carácter, nombre internacional, prestigio y autoridad, que podría compensar de esas otras circunstancias. Esa persona es el Sr. Aguirre. Ya sé las dificultades que se oponen a que el Sr. Aguirre acepte el cargo. Pero, por eso pueden Ustedes hoy presionar sobre los catalanes, porque, si el intento catalán no da resultado, entonces tendría que pedir a Ustedes que presionaran para que Aguirre lo aceptara.

Irujo y Jáuregui intentaron quitarle esta idea de la cabeza a Martínez Barrio, alegando que las dos presidencias —la vasca y la republicana— eran incompatibles y que Aguirre tenía el mandato unánime de todos los partidos vascos de seguir a la cabeza del Gobierno vasco, pero el presidente de la República no dio su brazo a torcer:

> Yo debo cumplir un imperativo de responsabilidad histórica llamando al Sr. Aguirre, en el caso de que la personalidad catalana no acepte. Comprendo los motivos que pueden excusarle, que Ustedes me refieren. Pero yo tengo los míos, a los que no puedo renunciar. Por el contrario, me veo obligado a pedir a Ustedes su ayuda[33].

Tanto Pi como Aguirre rechazaron el encargo de Martínez Barrio. El lehendakari le agradeció la confianza depositada en él, pero señaló que no podía aceptar la oferta porque no podía abandonar su cargo actual. Al final, Álvaro Albornoz, de Izquierda Republicana, fue el nuevo hombre a la cabeza del Gobierno republicano en el exilio. Para Martínez Barrio, quien no tenía una opinión demasiado favorable de Albornoz, se trataba de la solución menos mala con pocas perspectivas de éxito, teniendo en cuenta, además, que este nuevo gabinete comenzó sus actividades en una situación muy precaria por la oposición frontal de los socialistas y la decisión de los nacionalistas catalanes y vascos de abandonar sus carteras en el Gobierno[34]. No ha de extrañar, pues, que cuando en julio de 1951 el Gobierno de Albornoz se disolvió, Martínez Barrio recuperase una vez más la idea de encargar a Aguirre la formación del nuevo ejecutivo, pero también en esta ocasión la respuesta fue idéntica. Como se ve, si el lehendakari no llegó a convertirse en el jefe del Gobierno republica-

---

[33] Esta información procede de un informe sin firma, pero con casi toda seguridad elaborado por Manuel Irujo («La crisis», 10-VIII-1947), Archivo Irujo, 66-4.

[34] En una reunión con dirigentes del PNV, los representantes de los socialistas vascos les habían presionado para que secundaran la postura acordada por el PSOE durante la crisis del Gobierno Llopis, insinuando que lo contrario podría tener un efecto negativo para la cooperación entre ambos partidos, lo que no podía significar otra cosa que una amenaza de salir del Gobierno vasco: «Sin la pretensión de dar consejos a los amigos nacionalistas, que son políticamente bien mayores de edad y plenamente libres de disponer sus actividades, nos permitimos, en uso de esta cordialidad que felizmente cultivamos, indicarles que veríamos con agrado que su postura ante la crisis abierta en el Gobierno Republicano Español no fuese contraria a la orientación general adoptada por el PSOE, al que todos nosotros, los socialistas vascos estamos adscritos, bien que procediendo con amplia autonomía en los asuntos concernientes al País Vasco, y ello a fin de evitar que en nuestra "entente" puedan interferirse dificultades que vinieran a reducir aquélla contrariando anhelos nuestros que en esta ocasión de nuevo ratificamos». Cf. el protocolo de la reunión titulado «Notas», 12-VIII-1947, AN, EBB-269-9.

no, no fue por falta de oportunidades. Básicamente no dio este paso por priorizar en todo momento la presidencia del Gobierno vasco, que, tras haber desactivado el conflicto con Prieto y los socialistas vascos, parecía una balsa de aceite en comparación con las turbulencias que periódicamente agitaban al Gobierno republicano en el exilio. Pero hubo otra razón que tuvo un gran peso en esta decisión del lehendakari: él mismo había llegado ya a la conclusión de que la posibilidad de poner orden en el maremágnum del republicanismo español era cada vez más remota, con lo cual también se evaporaba el plan de crear una institución fuerte e internacionalmente reconocida. Y esta conclusión le obligó a un replanteamiento estratégico que —¡cosas de la vida!— le iba a colocar en la órbita política de su gran adversario, y sin embargo amigo, Indalecio Prieto.

II. DE LA MANO DE PRIETO: LA QUIMERA DE LOS MONÁRQUICOS DEMÓCRATAS

El líder socialista había asistido a todo el proceso de restauración del Gobierno republicano en el exilio con una actitud que oscilaba entre una indiferencia escéptica —al comienzo— y una oposición radical desplegada a partir de la formación del Gobierno Giral. En realidad, nunca escondió que él tenía otro plan para la recuperación de la democracia en España y que para este plan el mantenimiento de las instituciones republicanas era un gran obstáculo. Lo había anunciado ya en La Habana en julio de 1942, donde presentó públicamente su idea de establecer en España un régimen transitorio que no debía necesariamente ser republicano. La decisión sobre la forma jurídica del sistema democrático que se instauraría en España tras la fase transitoria quedaría fijada en un plebiscito, cuyo veredicto mayoritario habría de ser respetado. La virtud de esta propuesta radicaba, en opinión del líder socialista, en su gran atractivo para el sector político y militar afín al monarquismo y descontento con el régimen de Franco, quien había postergado la Monarquía borbónica. Así, la propuesta del plebiscito y su resultado abierto debía convertirse en un instrumento antifranquista con una enorme potencialidad, pues aglutinaría en una gran alianza a los sectores populares agrupados en los partidos republicanos y obreros y a los círculos monárquicos y aristocráticos con una gran influencia, sobre todo en el aparato militar. La fundación de la JEL en noviembre de 1943 fue un primer paso para la puesta en escena de este plan, que sólo podía funcionar al margen de las instituciones republicanas. Por ello, como ya se ha visto, Aguirre y el nacionalismo vasco se opusieron duramente a la JEL, porque entendieron, con razón, que esta nueva estrategia de Prieto apuntaría también al Gobierno vasco como una institución republicana, que había que abolir para no entorpecer la deseada entente con los monárquicos. Puesto que la iniciativa de Prieto amenazaba directamente lo único que quedaba de lo que había sido la mayor conquista política del nacionalismo vasco en toda su historia, a saber, el Estatuto de autonomía y el Gobierno vasco, y como además, desde los tiempos de Sabino Arana, los *jeltzales* nunca habían tenido buenas relaciones con los partidos o Gobiernos monárquicos, a priori no había ningún motivo para aproximarse al plan de Prieto. Así, en el Pacto de Bayona el PNV se había comprometido de forma categórica, junto con el resto de las fuerzas democráticas de Euskadi, incluidos los socialistas vascos, a luchar «contra todos aquellos intentos antidemocráticos y de restauración monárquica que pudieran surgir».

Sin embargo, este panorama iba cambiando poco a poco. Esto se explica por varios factores. En primer lugar, estaba la decisión de Franco de no considerar una restauración monárquica, al menos para el futuro próximo. Esto quedó meridianamente claro en 1941, cuando —tras la abdicación de Alfonso XIII en su hijo Juan y la posterior muerte del monarca— el dictador no quiso mover pieza alguna en este sentido. Esta perspectiva de haber perdido quizás para siempre el trono provocó, en segundo lugar, una lenta evolución del propio pretendiente don Juan y sus seguidores monárquicos en España, que se habían visto relegados en beneficio de los sectores afines a la Falange. De esta manera, primero en Lausana, luego desde Estoril, don Juan fue abandonando paulatinamente su postura identificada con los ideales del Alzamiento Nacional para ir desarrollando una actitud distante y, más tarde, también crítica con el régimen. Su conocido «Manifiesto de Lausana» (marzo de 1945) fue la primera prueba de esta evolución, que todavía no le había llevado a una concepción plenamente democrática de la vida política, pero el mero hecho de que osara criticar el funcionamiento totalitario de la dictadura, exigiera la renuncia de Franco, así como la restauración monárquica, causó un hondo impacto tanto en el propio régimen como en los círculos antifranquistas[35]. En tercer lugar, cabe señalar el hecho de que, como consecuencia de esta lenta evolución, el pretendiente mismo había comenzado a facilitar e incluso buscar encuentros con diferentes sectores del exilio antifranquista. Sus agentes estaban hablando ya con los socialistas y con

---

[35] Para la evolución de don Juan es básico Meer, Fernando de: *Juan de Borbón. Un hombre solo (1941-1948)*, Junta de Castilla y León, Valladolid, 2001.

los anarcosindicalistas, y quisieron hacerlo también con los nacionalistas vascos. El primer episodio en este sentido se produjo en diciembre de 1943, cuando Enrique Careaga, el delegado de don Juan para el País Vasco, se acercó en el País Vasco francés al *jeltzale* Ramón de la Sota Aburto, el gran capitán de la industria que había perdido todo su emporio por expropiación de los tribunales franquistas y vivía desde entonces en el exilio. Careaga quiso sondear con Sota la posibilidad de «arrastrar a la opinión nacionalista en pos de una acción favorable a don Juan». En caso de éxito de esta gestión, la recompensa para Sota sería muy generosa: un puesto en el Gobierno de don Juan y la devolución de «los millones que le arrebató Franco». Sota no quiso dejarse sobornar, rechazó categóricamente la oferta e informó de inmediato a Aguirre. Éste, al enterarse de la jugada y su desenlace, se emocionó por la incorruptible lealtad mostrada por Sota, a la vez que se indignó por el burdo intento de comprar la conciencia de una persona por no entender que «pueda perderse el dinero por millones por una causa de libertad de un pequeño pueblo»[36]. Pero, evidentemente, aquí la noticia no era el enfado del lehendakari, ni la reacción de Sota, sino el gesto inédito de aproximación realizado por un hombre de absoluta confianza del pretendiente. Y este gesto adquirió un significado aún más importante en la medida en que el Gobierno británico de Winston Churchill no cesaba de lanzar el mensaje de que la mejor solución para España no sería una violenta insurrección popular contra la dictadura, sino una lenta evolución del propio régimen, que podría desembocar en la pacífica restauración de la Monarquía y el gradual restablecimiento de un ordenamiento jurídico democrático. De repente, don Juan había conseguido un poderoso valedor internacional, a quien en esos mismos momentos Aguirre pretendía convencer de la bondad de una hoja de ruta republicana hacia la democracia en España.

Si a todo ello añadimos la ya comentada debilidad intrínseca de los gabinetes de Giral, Llopis y Albornoz, así como la para entonces ya manifiesta voluntad del lehendakari de romper cualquier tabú si lo consideraba beneficioso para el camino hacia la libertad, se comprende que en el pensamiento político y estratégico del mandatario vasco tímidamente se abriera una vía secundaria y alternativa, precisamente en el mismo momento en el que se encontraba volcando toda su energía en la reflotación del Gobierno republicano. Cuando a finales de junio de 1945 Franco reaccionó ante la ofensiva monár-

---

[36] José Antonio Aguirre a Telesforo Monzón, Nueva York, 25-V-1944, AN, PNV-117-2. En este mismo fondo se encuentra también el escrito de Sota, sin firma, fechado en «Biarritz, diciembre de 1943».

quica dando a entender por vez primera que no descartaba del todo las pretensiones de don Juan, y ante la convicción —que a la postre se demostró errónea[37]— de que Churchill, el héroe de la guerra, iba a ganar con facilidad las elecciones y determinar así la política del Reino Unido en la decisiva fase de la reconstrucción europea, Aguirre puso a trabajar a sus hombres con el fin de no quedarse marginado en el caso de que la opción monárquica tuviera un mayor recorrido político de lo que él había creído y deseado. De momento, empero, tan sólo se trataba de saber lo que se estaba *cocinando*, de estar bien informados y poder reaccionar con conocimiento de causa. A través de Leizaola, el lehendakari hizo llegar un importante encargo a Pepe Michelena, el jefe de los Servicios de Información del Interior en julio de 1945. Nótese que este encargo salió tan sólo un mes antes de la formación del Gobierno Giral:

> Creo muy necesario que sin perder tiempo se encargue Pepe de organizar en el interior del País un pequeño grupo de patriotas que tengan por misión acercarse a los núcleos monárquicos, entrando en ellos, comenzando conversaciones sobre una posible solución de tendencia monárquica y estar perfectamente informados en todo momento […]. La constitución de un grupo lo más selecto y culto posible que aparente mostrarse propicio a un entendimiento con estos elementos será útil a nuestros propósitos. Deben ser muy bien elegidos para que en ningún momento se aparten de nuestras normas y jueguen su carta a satisfacción[38].

Con todo, el lehendakari seguía convencido de que el camino a la democracia en España no pasaba por la restauración de la Monarquía, puesto que los generales monárquicos que ahora se mostraban críticos con Franco seguían siendo contrarios a la democracia. Ni siquiera valía como solución un llamado «Gobierno puente» constituido por los monárquicos menos comprometidos con el régimen y su ideología: estas personas eran demasiado débiles y carecían de raigambre popular, por lo que su gobierno muy probablemente provocaría una fuerte contestación y acabaría siendo barrido en el momento de decretar las primeras medidas liberalizadoras. Así lo explicó el lehendakari en un informe confidencial al Vaticano, defendiendo en este escrito al Gobierno republicano como el instrumento idóneo para restaurar la libertad en España. Y con el fin de desactivar los profundos recelos que existían en el Vaticano con respecto a la Repú-

---

[37] Recuérdese que en julio de 1945 el Partido Laborista ganó las elecciones contra pronóstico con una holgada mayoría.
[38] José Antonio Aguirre a Jesús María Leizaola, s.l., 5-VII-1945, AN, GE-265-4.

blica española y su presumible anticlericalismo, Aguirre mismo terminó su informe ofreciéndose para llevar a cabo unas «conversaciones absolutamente confidenciales» con el fin de «preparar un mejor entendimiento entre la Iglesia y el Estado para cuando llegue esta ocasión», un ofrecimiento que no deja de ser otra prueba más de la absoluta identificación entre Aguirre y la causa republicana[39]. Unos pocos meses después, el lehendakari había tachado de «broma» la idea de cooperar con los monárquicos: «¿Concibes que vayamos con los monárquicos? Creo que basta de bromas, ¿no te parece?»[40].

¿Y si se lograba corregir esta falta de arraigo popular de los monárquicos que el lehendakari había aducido como uno de los mayores argumentos en contra de la vía monárquica? ¿Y si los monárquicos, en contrapartida por el respaldo popular, se comprometían a respetar en todo el proceso los principios democráticos? ¿Quién sería capaz de parar una dinámica democratizadora impulsada por una alianza cuyos tentáculos abarcaban casi todo, desde los cuarteles militares hasta los barrios obreros? Ésta era precisamente la idea en la que Indalecio Prieto estaba pensando y trabajando cuando Aguirre mandó este informe pro-republicano al Vaticano. Y ésta era la idea que parecían insinuar los autores de la Nota Tripartita en marzo de 1946. El inicio de la Guerra Fría y la paranoia anticomunista que se iba implantando en las cancillerías fueron otros avisos que parecían invitar a un replanteamiento estratégico de Aguirre, que observaba cómo Prieto iba puntuando, mientras que su propia propuesta republicana se tambaleaba al sufrir un golpe tras otro. No es posible determinar con exactitud el punto de inflexión en el que el presidente vasco decidió llevar a cabo este replanteamiento y adentrarse en una senda que antes había descartado por completo. El análisis de las fuentes de estos años inmediatamente posteriores al fin de la II Guerra Mundial da más bien la impresión de que no existe este punto culminante a partir del cual cambiaron las cosas, sino que se trata de un proceso de reorientación gradual que fue madurando entre la crisis del Gobierno Giral y la de su sucesor Llopis. Y el resultado de este proceso no fue el descarte de la línea republicana a la que permaneció fiel hasta su muerte: «Yo soy republicano […], no de ésta o aquella república, sino del sistema, porque creo que hacia eso marcha el

---

[39] «Copia de nota al Delegado Apostólico», s.l., 24-VIII-1945, Archivo Irujo, 30-6. Conocemos la autoría de este informe anónimo porque en la primera página de este documento figura una anotación manuscrita que dice «De Aguirre».

[40] José Antonio Aguirre a Doroteo Ziaurritz, s.l., 16-I-1946, AN, PNV-119-4.

futuro, más que hacia la restauración de monarquías»[41]. El resultado fue tan sólo la decisión de abrir el abanico de estrategias antifranquistas y compatibilizar la estrategia clásica republicana, a la que estaba unido por la mente y por el corazón, con otra más oportunista y coyuntural, la monárquica, a la que le empujaban tanto su olfato, por oportunidades políticas que se estaban vislumbrando, como la perspectiva —que le debía causar un auténtico pánico— de quedarse inactivo, paralizado y marginado de importantes procesos de decisión. Tenía un miedo tremendo a quedarse en fuera de juego, atrapado por una estrategia obsoleta y pedaleando infructuosamente en contra de un viento cada vez más fuerte que pegaba de frente. Y este viento que soplaba a favor de la solución monárquica a ratos parecía adquirir la fuerza de un vendaval. A ello contribuyó también la amarga experiencia de que el nuevo Gobierno laborista en el Reino Unido no estaba dispuesto a cambiar un ápice la postura que Churchill había definido en la cuestión española, priorizando más sus intereses económicos en España que la defensa de la democracia y de los derechos civiles. Por ello, tampoco era posible conseguir en la ONU alguna resolución más intervencionista que la que se adoptó en diciembre de 1946 exhortando a los Estados miembros a proceder a la retirada de sus embajadores de Madrid y excluyendo al régimen franquista de todos los organismos internacionales. Era, desde luego, una resolución con alto valor simbólico, pero ahí se quedó la cosa. Londres y Washington no quisieron oír hablar ni de la ruptura de todas las relaciones diplomáticas, ni de ningún tipo de boicot comercial. El delegado del Gobierno vasco en la capital británica, José Ignacio Lizaso, muy atento a todo lo que se movía en el *Foreign Office* y habitualmente muy bien informado incluso de acontecimientos altamente confidenciales, se iba enterando de la existencia de emisarios que se dirigían a España o a Estoril con el mandato de preparar una solución transitoria pacífica, que se iniciaría con la abdicación de Franco y la creación de un Gobierno provisional dominado por personajes monárquicos en el marco de una Monarquía restaurada en la figura de don Juan. Lo que interesaba en el contexto de la Guerra Fría era asegurar el mantenimiento del orden y evitar cualquier tipo de agitación popular, de la cual los comunistas pudieran sacar provecho. Por si hiciera falta una prueba más contundente aún de esta dolorosa realidad que dominaba la política británica en el problema español, ésta llegó en la primavera de 1947. Tras el gran éxito propa-

---

[41] «Entrevista del Sr. Aguirre con el Sr. Bejarano» [*sic*], París, 3-XII-1948, Archivo Irujo, 2-6.

gandístico de la huelga general que Aguirre y su Gobierno habían organizado en Bizkaia como muestra del descontento popular con el régimen (una huelga a la que volveremos más adelante), el lehendakari tuvo que enterarse de que esta huelga no había gustado en absoluto en Londres. Aguirre se indignó y fue de nuevo Lizaso quien intentó explicarle la lógica de la postura británica:

> Me has dicho esta mañana por teléfono que te ha alarmado el que Mr. Davies[42] considerara la huelga de Bilbao como poco oportuna. Nada más lógico sin embargo. Creo que hemos de partir del supuesto de que estos amigos desean la menor perturbación del orden en España. Desean —lo creo sinceramente— que a Franco le suceda un gobierno de transición que se comprometa a restaurar la monarquía. Es éste el gobierno «caretaker» compuesto de patriotas y liberales al que prestarían su apoyo. El que la resistencia vasca marque una línea de actuación de signo nacional vasco y republicano, les molesta, creo que bastante.
>
> Aunque una vez más merezca una cariñosa reprimenda tuya y reproches mi falta de fe y confianza en estos amigos, creo que estoy en lo cierto al estimar que, por el momento, un momento largo, a mi juicio, estos amigos prefieren la solución monárquica para España, por considerar que es la única que puede garantizar un cambio con la mínima perturbación del orden. Han llegado a convencerse de que ningún cambio es posible en España sin la aquiescencia y apoyo de las instituciones armadas. Quieren que sea eliminado Franco cuanto antes. […] Quieren que la sustitución de Franco pueda producirse sin violencias y una huelga, aunque sea tan pacífica y justa como la que han hecho los nuestros, no entraba en sus cálculos. Tildada por Franco de movimiento comunista, puede agrupar en torno de él a fuerzas que estarían dispuestas a abandonarle en ciertas circunstancias y con ciertas garantías[43].

Mientras tanto, en el seno del PNV ya se había desencadenado una dura polémica en torno a la pregunta de cómo había que responder ante esta nueva popularidad de la vía monárquica, reforzada por declaraciones públicas de don Juan a favor de los principios de la democracia parlamentaria. Este debate se desarrollaba entre dos posturas opuestas y defendidas por sendos amigos íntimos del lehendakari: la primera, incondicionalmente a favor de la República, marcada por Manuel Irujo, y la otra, favorable a un entendimiento con los monárquicos, reivindicada con vehemencia por el consejero Telesforo Monzón. Al final, como casi siempre durante estos años del exilio, fue de nuevo el lehendakari Aguirre quien, sin esperar a que sus compañeros resolvieran el debate, marcó la dirección. Era el úni-

---

[42] Ernest Davies era subsecretario del *Foreign Office*, y amigo personal de Lizaso.
[43] José Ignacio Lizaso a José Antonio Aguirre, Londres, 9-V-1947, AN, GE-651-8.

co capaz de encontrar un equilibrio casi imposible entre una postura complaciente y solidaria con la República y un apoyo tácito, pero decidido, a la vía monárquica promocionada sobre todo por Indalecio Prieto. Tras el fracaso del Gobierno de Llopis en 1947, el presidente vasco mandó a Monzón, quien evidentemente estaba encantado, activar los canales de comunicación con los monárquicos. Y Aguirre lo hizo, como era típico en él: cuando se comprometía con algo, lo hacía con todas las consecuencias. No sabía funcionar a medio gas y no estaba dispuesto a dejarse frenar por las autoridades de su partido, ni siquiera por las protestas de su mejor amigo, Manuel Irujo. Y mucho menos tenía ganas de rebajar su papel y ser tan sólo el vicario de Prieto. Así que le tomó la delantera a su amigo socialista y presentó algo así como un «Plan Prieto *avant la lettre*» a Georges Bidault, ministro de Asuntos Exteriores de Francia, en septiembre de 1947, poco antes de la Conferencia de París, en la que iban a decidirse las modalidades del Plan Marshall. La propuesta de Aguirre, que conocemos gracias a un documento confidencial de los servicios de espionaje del Gobierno vasco, consistió básicamente en aprovechar la cumbre de París para reunir a una serie de personalidades españolas, entre ellas Prieto, Gil Robles —a la sazón consejero de don Juan— y otros representantes monárquicos y militares sin concretar, con el fin de establecer una estrategia antifranquista compartida y avalada por las potencias democráticas. Al ministro francés le pareció interesante la propuesta, que, según confirmó el propio Aguirre, coincidía en grandes líneas con los planteamientos del líder socialista, y se comprometió a hacérsela llegar a las Embajadas británica y estadounidense[44].

Las fuentes no permiten conocer las razones por las que esta iniciativa no cuajó. Pero el lehendakari estaba ya lanzado, ahora codo con codo con Prieto, quien a finales de septiembre llegó a la capital británica para encontrarse con Gil Robles y el ministro del *Foreign Office*, el laborista Bevin. En medio de un clima de gran expectación, Aguirre publicó su manifiesto anual del 7 de octubre para conmemorar la constitución del primer Gobierno vasco. El contenido del manifiesto impactó como una bomba, pues el presidente vasco hacía suyos, aunque con matices, todos los puntos esenciales del Plan Prieto, mencionando incluso expresamente el nombre del pretendiente, cosa muy poco habitual en los manifiestos solemnes del lehendakari[45]. Tal era ya la compe-

---

[44] Los detalles en De Pablo, Mees y Rodríguez Ranz, *El péndulo II*, pp. 159 ss.

[45] El texto del manifiesto se encuentra en Aguirre, José Antonio: *Obras Completas*, Sendoa, San Sebastián, 1981, vol. II, pp. 731-737.

netración que el líder nacionalista sentía con el socialista, que incluso expresó su temor a que Prieto, quien por la grave enfermedad de su hijo Luis tuvo que regresar a México de forma precipitada, pudiera verse afectado demasiado por el «amor paterno» y abandonar su plan, lo que, a juicio de Aguirre, tendría consecuencias fatales para todos los demócratas[46].

Esto no ocurrió, y en marzo de 1948 Prieto volvió a Europa. Con el fin de recibir información de primera mano, el PNV designó al consejero José María Lasarte como interlocutor preferencial del líder socialista, y Lasarte estableció una relación muy fluida con Prieto: entre abril de 1948 y finales de septiembre del mismo año los dos hombres se reunieron en ocho ocasiones[47]. Pero el propio Aguirre no quiso dejar pasar la ocasión de reunirse personalmente con el dirigente socialista. Nada más llegar a París procedente de México, Aguirre le invitó a comer en su residencia particular. El protocolo confidencial de este encuentro demuestra dos cosas: una, en la larga reunión político-gastronómica que duró más de tres horas, ambos políticos pusieron todas las cartas sobre la mesa, no hubo juegos tácticos y secretismos, sino una intercomunicación sincera y abierta sobre las cuestiones del momento; y, dos, esto evidencia que la vieja amistad entre los líderes se mantenía en pie, pese a todas las experiencias del pasado y pese a los caracteres tan diferentes de uno y otro. Según le contó Prieto, Aguirre fue la primera persona a la que reveló la existencia de una cláusula secreta en los acuerdos a los que había llegado con Gil Robles. Pidiéndole que mantuviera la «más absoluta reserva», le informó que se trataba de una propuesta de Gil Robles en la que «preconiza una acción conjunta del Vaticano, Londres y Washington para persuadir y, en su caso, obtener el abandono del poder de parte de Franco». Ambos políticos coincidieron en que la Monarquía no debía instaurarse sin plebiscito previo y que una especie de regencia «neutral» podría ser una solución provisional. Aguirre insistió en que la cooperación de los nacionalistas vascos y de su Gobierno «será paralela a la consideración que se guarde a los derechos del Pueblo Vasco», una postura que el socialista «aceptó como razonable». Finalmente, el lehendakari abogó por la supervivencia de las instituciones republicanas mientras no hubiera alternativa sólida, rogando a Prieto que pusiera todo de su parte para reconciliarse con Martínez Barrio y los republicanos. Para terminar, ambos políticos

---

[46] José Antonio Aguirre a Ángel Gondra, París, 30-X-1947, AN, GE-651-8.
[47] Las fechas de cada una de estas reuniones constan en un escrito del EBB a Paulino Gómez Beltrán, presidente del CCSE, Bayona, 6-XII-1949, Archivo Prieto.

se pusieron también de acuerdo en la expulsión de los comunistas del Gobierno vasco. Aguirre tranquilizó a Prieto informándole de que este «pleito» estaba ya resuelto, pero pidió un poco de tiempo para desvincular su decisión formal de los acuerdos en este sentido que el Congreso del PSOE iba a tomar en Toulouse en marzo de 1948, «porque serían muy inmensos los sectores vascos que creerían que se trata de una imposición del Congreso del Partido Socialista Español de Toulouse, atentatorio a la Autonomía Vasca en sus funciones de Gobierno». Así ocurrió: en agosto de 1946, el comunista Leandro Carro había entrado en el gabinete de Aguirre. A mediados de mayo de 1948, unos dos meses después del Congreso de Toulouse, el lehendakari le comunicó su expulsión del Gobierno. El protocolo termina señalando la «gran cordialidad» con la que se desarrolló el encuentro, que concluyó con el deseo de los dos políticos de seguir trabajando a favor de la unidad de todos los demócratas antifranquistas[48].

¡Cómo cambian las cosas! Ahora Aguirre estaba ya volcado en la exploración de la vía monárquica, buscando un contacto directo con don Juan y su círculo más cercano. Obviamente, la información sobre la entrevista entre el pretendiente y Franco en el barco *Azor* en agosto de 1948 fue un jarro de agua fría para ambos políticos, y Prieto confesó a Lasarte, en un encuentro poco después de ese acontecimiento, que se sentía traicionado por don Juan, hablando además con desprecio de su hijo, que iba a ser enviado a España: «Sobre la personalidad de éste, a quien llama D. Juanito, dice que es anormal, que hace poco se fugó del Colegio de Lausanne y le encontraron en un campo de golf recogiendo pelotas, donde había ganado 8 francos suizos»[49].

Sin embargo, la firma de Pacto de San Juan de Luz entre los socialistas y la Confederación de Fuerzas Monárquicas a finales de agosto permitió a Prieto recuperar una visión algo más optimista, aunque ante Lasarte no lograra despejar las dudas que había generado la entrevista del *Azor*. Los ocho puntos del texto recogían la exigencia del plebiscito previo a la determinación de la forma del futuro régimen constitucional, pero no aclaraban nada sobre el régimen transitorio, ni hacían referencia alguna al problema de las nacionalidades. Cuando poco después llegó a España el príncipe Juan Carlos, un niño de diez años, las dudas sobre las verdaderas intenciones de don Juan afloraron de nuevo. No parecía muy descabellada la idea de que el envío de su hijo para ser educado en España y, en su día, ser nom-

---

[48] «Entrevista Prieto-Aguirre, 22-3-48», AN, EBB-230-1.
[49] «Entrevista con Prieto», 28-VIII-1948, AN, GE-672-3.

brado rey por Franco en base a las facultades que tenía el *Caudillo* en virtud de la Ley de Sucesión de 1947, podría ser objeto de un pacto del pretendiente con la dictadura, cuyo precio sería el abandono de cualquier tipo de oposición al régimen por parte de don Juan. Prieto se dio cuenta de la gravedad de la situación y confesó: «A mí el que me importa es ese niño»[50].

Con todo, la idea de convencer a los monárquicos para un frente común antifranquista todavía tuvo un cierto recorrido en los meses siguientes. Ni Prieto ni su aliado Aguirre quisieron dar todavía su brazo a torcer. Ambos políticos estaban ya atados a la suerte de este plan, sabiendo que un fracaso significaría también el fracaso personal de cada uno de ellos. El lehendakari reforzó aún más los canales de comunicación con Estoril y facilitó que su partido aprobara en 1949 los dos documentos programáticos más importantes del exilio, la «Declaración Política» y las «Bases para una situación transitoria vasca», que pretendieron dar forma a la línea estratégica marcada por Aguirre en su alocución de octubre de 1947, una estrategia que mantenía una ambigüedad calculada entre la reivindicación republicana, por una parte, y la apertura a cualquier otra iniciativa antifranquista con visos de ser unitaria y exitosa, por otra[51].

Al final, el voluntarismo de los dos líderes no surtió efecto. Los contactos que el lehendakari mantuvo al más alto nivel con representantes de don Juan le convencieron poco a poco de que la vía monárquica se había convertido en una vía muerta, sobre todo después de que en julio de 1951 los servicios secretos del Gobierno vasco interceptaran una carta del pretendiente a Franco, en la que se distanciaba claramente de las negociaciones con los socialistas. Para entonces ya tenía claro qué veredicto merecían los monárquicos, y éste era pésimo. El mejor resumen del mismo lo escribió años más tarde, un mes antes de su muerte: «[…] ni sienten ni quieren la democracia, sino que siga el régimen dictatorial con un monárquico de frente. Es decir, quieren lo mismo que Franco cuando expresó que el movimiento sucederá al movimiento, y sobre esta plataforma asentarse la Corona que están puliendo, limando y adecuando para el día que Franco disponga»[52].

---

[50] Cita en De Meer, *Juan de Borbón*, p. 314.

[51] Sin embargo, los nacionalistas vascos se negaron a entrar en el Comité de Enlace con los monárquicos y los socialistas por la absoluta ausencia de cualquier referencia al tema de las nacionalidades en el pacto. La «Declaración Política» en De Pablo, Granja y Mees, pp. 135-138; sobre las «Bases» véase De Pablo, Mees y Rodríguez Ranz, *El péndulo II*, pp. 171-176.

[52] José Antonio Aguirre a Jesús Hinckman, París, 26-II-1960, AN, GE-652-1.

En realidad, el lehendakari nunca había tenido una idea sustancialmente mejor de los monárquicos. Entonces, ¿cómo pudo entregarse con tanta energía a la exploración de esta vía hacia la democracia liderada por su contrincante Indalecio Prieto? ¿Se dejó engañar? ¿Actuó condicionado por una notable ceguera política? La respuesta a estas preguntas se halla en dos rasgos característicos de su personalidad y de su manera de interpretar el liderazgo político. Por una parte, su indomable optimismo le servía para superar todo tipo de contrariedades, pero en ocasiones también le llevaba a realizar valoraciones de determinadas situaciones políticas demasiado favorables y poco acordes con la realidad. Así, los intereses egoístas y las escasas afinidades con los principios básicos de la democracia liberal de los monárquicos españoles, que Aguirre conocía muy bien, se le presentaban como un mal menor que podría ser corregido y compensado por la intervención de las fuerzas democráticas y la influencia de las democracias europeas. Y, por otra parte, Aguirre era un político pura sangre. Para él, el ejercicio del liderazgo desde una postura de responsabilidad política e institucional era absolutamente incompatible con actitudes basadas en la duda, la contemplación y la pasividad. A lo largo de toda su vida política, Aguirre prefería errar en sus decisiones antes que huir de las mismas, y por ello también es imposible encontrar en los archivos ningún tipo de autocrítica en momentos de fracaso político. Ambas decisiones, primero la de activar la vía republicana, y la apuesta monárquica después, fueron decisiones arriesgadas, pero el lehendakari estuvo convencido de que el contexto era tan favorable que no tomarlas significaba renunciar al uso de dos balas, quizás las definitivas, que guardaba en la recámara. Al final los tiros fallaron el objetivo, pero eran los únicos que tenía.

Las dos apuestas, ambas arriesgadas, fracasaron. En la política española y vasca todo siguió igual: Franco había consolidado su poder. No existía ningún proyecto político democrático alternativo y viable y, por ello, el restablecimiento de la libertad en Euskadi también parecía más lejos que nunca. Todo seguía igual, salvo el lehendakari Aguirre: el quinquenio que media entre 1945 y 1950/51 lo había transformado profundamente. Pasó de ser un líder nacionalista vasco carismático y respetado para convertirse en un hombre de Estado cuyo radio de acción trascendía ya ampliamente el ámbito vasco. Con su fuerte compromiso personal con las dos iniciativas políticas más relevantes del exilio republicano había unido su destino irreversiblemente al destino de la democracia española. Seguía siendo el lehendakari de los vascos, pero también era el líder que hablaba y actuaba en nombre de la República o daba cobertura a los esfuerzos por atraer a los monárquicos. Fue Manuel Irujo quien, con su habitual franqueza y crudeza, mejor definió esta transformación del lehendakari:

> El Presidente Aguirre es hoy una figura prestigiada, dentro y fuera de los límites de Euzkadi y de España. Los vascos le aclaman como un símbolo. Su autoridad es cada día mayor. La confianza que inspira a propios y extraños es indudable. Su nombre constituye hoy un capital inestimable para Euzkadi.
> Pero, ese nombre, ese prestigio y esa autoridad no nos pertenecen ya por entero a los vascos. Hoy el Presidente Aguirre es una gran figura de la República Española[53].

No es aventurado suponer que, a la vista de la historia del nacionalismo vasco y sus grandes dificultades a la hora de superar sus clásicas posturas aislacionistas, tan sólo el enorme carisma del lehendakari, multiplicado tras su milagrosa escapada de las garras nazis, evitó un cisma en el partido. Es más: aun buscando con lupa, entre las fuentes de la época apenas se encuentran rastros de posturas críticas con la política de Aguirre, esa «gran figura de la República española». Una de las voces críticas fue la del nacionalista vasco-francés Marc Legasse, quien, en una carta privada enviada al lehendakari, expresó su enfado por la arrogancia con la que, a su juicio, los vascos exiliados del sur de Euskadi estaban tratando a sus hermanos del norte. Según Legasse, el sagrado principio de la unificación territorial de todos los vascos, expresado en el lema del *Zazpiak-Bat* [en euskara: siete en uno], había sido sacrificado en los altares de la alta diplomacia, con el fin de llevarse bien con el Gobierno francés. Terminó su agrio desahogo recordando la inmaculada memoria del fundador Sabino Arana, en contraste con la decadencia de sus «discípulos», vendidos a la administración francesa y «colaborando con sus peores enemigos: los españoles»[54]. Más peso tuvo la crítica articulada por el diputado y presidente del sindicato nacionalista ELA-STV, Manuel Robles Aranguiz. Robles, que estaba pasando por una dura situación de precariedad económica, lanzó un ataque visceral contra Aguirre y los altos cargos de su Gobierno, que, según él, estaban aprovechando sus cargos para enriquecerse a costa de los demás. De la violenta crítica no se salvaba ni el propio lehendakari, a quien espetó lo que quizás era el reproche más duro y doloroso que se le podía hacer a un dirigente nacionalista del

---

[53] Cf. el «Informe» de Irujo presentado al EBB (31-V-1946), Archivo Irujo, 37-3.
[54] Marc Legasse a José Antonio Aguirre, Ciboure, 25-III-1946, AN, EBB-295-6.

exilio: el de ser un cobarde. La sentencia del dirigente de ELA fue inmisericorde: «El Sr. Aguirre debía haber muerto en Bilbao con los suyos y no haberse escapado»[55].

Como era lógico, el presidente vasco ni se dio por enterado de estas críticas. Pero cuando le escribió Doroteo Ziaurritz, el presidente y, por lo tanto, junto con Juan Ajuriaguerra, la máxima autoridad de su partido, ya no pudo mantener este silencio[56]. Con el fin de trasladar al lehendakari, de la forma más elegante y cortés posible, las dudas e inquietudes que su política estaba generando en el seno del colectivo nacionalista, Ziaurritz le pidió a Aguirre una explicación sobre «cuándo se podrán romper estos lazos y compromisos [con los españoles]». La larga respuesta de Aguirre, quien le pidió a Ziaurritz no divulgar el contenido de la misiva, es uno de sus pocos escritos que el lehendakari redactó durante estos años en el que se permitió el lujo de reflexionar sobre lo que estaba haciendo, sin dejarse llevar por el frenético ritmo y las apremiantes exigencias del día a día. Su lectura revela algunas de las claves del pensamiento político de Aguirre durante los años de su aventura republicana y/o monárquica. Para empezar, cabe destacar que toda la carta es un apasionado alegato a favor del posibilismo pactista con «los españoles» frente a un maximalismo éticamente honrado, pero políticamente fútil. El desembarco en la política española era necesario porque sin la unión de todas las fuerzas antifranquistas no había opción alguna de derrumbar el régimen y porque así se lograba dejar «el caso vasco en buen lugar y bien situado ante las posibles soluciones democráticas que pueden presentarse». Además, los compromisos adquiridos no predeterminaban para nada la política futura posterior a la caída de Franco. Evidentemente, las decisiones que había que tomar eran complicadas y arriesgadas, pero la alternativa era mucho peor:

> Lo que no se puede es lamentar las cosas y quedarse en estado de espíritu pasivo y expectante como suele ser frecuente en cierto sector de patriotas preparados para los días de bonanza, pero tristones cuando llega la hora de la pelea o de la dificultad política. Son los que ven venir todos los fantasmas, la Monarquía, los generales, o cualquier solución antipopular, porque su espíritu está preparado más para recibir consuelos, que para dar ánimos a los demás.

---

[55] «Sesión del día 26 [-VII-1947] en Solidaridad de Trabajadores Baskos [sic], Biarritz, s.f., AN, EBB-208-1.

[56] Para lo que viene a continuación véase José Antonio Aguirre a Doroteo Ziaurritz, s.l., 16-I-1946, AN, PNV-119-4.

Y por si la cosa aún no estaba suficientemente clara, Aguirre insistió en su demoledora crítica a los sectores fundamentalistas del PNV que no habían comprendido que la liberación de la patria no se conseguía «ni con gritos, ni con programas que sólo están en el papel o en las tribunas vocingleras de los mítines baratos, ni vitoreando a la Patria cuando se está desangrando la nación». Este objetivo sólo se lograría «trabajando, creando la patria y restaurando la nación en su verdadero y auténtico sentido».

Esta firme defensa del pacto con «la democracia peninsular», empero, no alteró el proyecto político de Aguirre a largo plazo: la soberanía de la nación vasca. Ésta llegaría en una tercera fase, después de haber agotado los dos períodos previos de estrecha colaboración con los demócratas españoles en la lucha contra la dictadura e incluso durante la fase transitoria hacia la democracia. Sólo entonces preveía una situación en la que se habría «asentado el poder vasco», para lo que resultaba necesario «desarrollar una política netamente vasca totalmente independiente al margen de las variaciones tan frecuentes de derecha e izquierda que se dan en España. Aquí comienza nuestra segunda y definitiva liberación cuya rapidez puede depender de nuestra inteligencia y del grado de nuestra soberanía y su ejercicio».

Estas palabras resultan interesantes y un tanto sorprendentes. Contrariamente a las concepciones más ortodoxas de la soberanía, que equiparaban el término con el de la independencia total, Aguirre introduce unos matices importantes al aceptar la idea de que la soberanía puede tener diferentes «grados» y que, lejos de definir una situación definitiva estática, debe ser entendida como un proceso dinámico, un «ejercicio» desplegado por la intervención cotidiana de los ciudadanos. Es decir: Aguirre no dejó de ser «soberanista», aunque también es cierto que no era un hombre muy dado a filosofar sobre unos hipotéticos escenarios del futuro, cuando no sabía ni siquiera cómo llegar a cumplir con todos los compromisos y retos a los que se enfrentaba en una actualidad que percibía llena de oportunidades y esperanzas. Pero su experiencia vital en el mundo de la posguerra, un mundo mucho más interconectado y globalizado, le impulsó a adoptar un concepto de soberanía más flexible y más apropiado para los tiempos que corrían. Intuía ya que la idea de la independencia absoluta era una idea del pasado y que el futuro pasaba por la interrelación, la cooperación o la confederación de sistemas políticos con distintos grados de soberanía, una intuición que más adelante, en el proceso de unificación europea, llegaría a ser convicción, tal y como tendremos ocasión de analizar. De momento sólo cabe concluir que durante los años en los que se había convertido en un hombre de Estado dentro de la política española, Aguirre seguía siendo soberanista vasco, aunque ya había empezado a deconstruir este concepto. Seguía creyendo en la futura posibilidad de una «política netamente vasca totalmente independiente», pero este nuevo estatus no lo entendía en términos de una ruptura total con España. Tal y como se lo explicó a Ziaurritz, en el futuro continuarían existiendo «lazos» que, incluso, en un momento determinado podrían hacer necesaria otra «intervención vasca»:

> La única intervención vasca debe producirse cuando por la derecha o por la izquierda se produzca un golpe militar o dictatorial con cambio violento del régimen democrático español que nos afecte directamente mientras nos liguen con el Estado español lazos federativos de cualquier clase que ellos sean. La razón es obvia porque sería la repetición del pasado, de lo que hemos hecho y de lo que han hecho los pueblos de Europa.

III. UNA DIALÉCTICA COMPLICADA: ENTRE LA RESISTENCIA EN EL INTERIOR Y LA ACCIÓN DIPLOMÁTICA

Uno de los problemas característicos que más suelen condicionar la actividad de todos los Gobiernos obligados a funcionar en el exilio consiste en la dificultad de coordinar sus iniciativas con los grupos afines que han quedado en el interior del país. Las consecuencias de esta dificultad pueden ser varias, abarcando un amplio espectro entre la paulatina distorsión del sentido de la realidad a la hora de percibir lo que pasa en el interior, la forzada acentuación de las iniciativas diplomáticas con el fin de compensar la debilidad en el interior, o incluso la definitiva disolución del Gobierno tras un largo proceso de marginación conducente a la insignificancia política. A lo largo del exilio, Aguirre y la institución que presidía se vieron afectados por todas estas consecuencias, salvo la última. Hasta su muerte el lehendakari rechazó cualquier planteamiento en este sentido con dos argumentos de peso: el ejecutivo que presidía era la última expresión libremente articulada de la voluntad del pueblo vasco y la amplia coalición que lo sustentaba era un potente símbolo de la unidad nacional de los vascos antifranquistas, que se habían juntado en la lucha por la democracia por encima de barreras ideológicas. El Gobierno vasco, por lo tanto, no se disolvió, pero sí sufrió todos los demás problemas típicos de cualquier Gobierno en el exilio, cuyo máximo objetivo consiste, por definición, en la realización de un cambio político que permita su regreso al interior. Y el presidente Aguirre tuvo que enfrentarse al mismo debate que a la fuerza se producía en cualquier otro Gobierno del exilio: el debate sobre la relación entre la lucha en el interior y el exterior, sobre el peso de cada una de estas dos vertientes de la estrategia política diseñada para alcanzar su último objetivo del regreso a casa.

En las páginas precedentes ya ha quedado claro que la respuesta que Aguirre formuló a estas preguntas se inclinó notablemente hacia el lado de la labor diplomática en el exilio. Y esta respuesta tuvo su justificación, por lo menos al comienzo, en un poderoso argumento derivado del contexto en el que el presidente vasco tuvo que llevar a cabo sus iniciativas. Y es que, conforme se acercaba la definitiva victoria aliada contra el fascismo, se iba asentando también la firme convicción de que, después de la derrota de Hitler, Europa ya no sería la misma; que el continente, por no decir el mundo entero, se encontraba a las puertas de un profundo proceso de reconstrucción y reordenación, y que este proceso sería dirigido por los triunfadores de la guerra. No había que ser un gran experto en las relaciones internacionales para llegar a la conclusión de que en este contexto fluido y cambiante de la posguerra, en el que el futuro dependería de las decisiones tomadas en los despachos de las grandes potencias, para cualquier político que quería mover algo, sus perspectivas de éxito dependían en una correlación proporcional de su capacidad de establecer influyentes vínculos de proximidad y afinidad con estas cancillerías. Todas las grandes iniciativas impulsadas por el lehendakari después de regresar de su odisea tenían su origen en este pensamiento fundamental: su pacto con los norteamericanos en la primavera de 1942, la restauración del Gobierno republicano, su apoyo al plan de Prieto o su labor ante la ONU.

Sin embargo, esta primacía de las actividades en el ámbito de las relaciones internacionales en la agenda de Aguirre no significaba un olvido o un menosprecio de la importancia de la resistencia en el interior. Tal y como atestiguan numerosos documentos de la época, al menos en el plano teórico el presidente vasco era muy consciente del peligro que corría todo su trabajo en el exilio si no contaba con un sólido respaldo desde el interior, y, puesto que en las circunstancias anormales del exilio no podían funcionar los habituales mecanismos de legitimación popular de una institución democrática, este respaldo era imprescindible para fortalecer la postura del lehendakari en sus contactos con los líderes internacionales. Existía, por lo tanto, una especie de relación dialéctica entre la lucha en el interior y la del exterior, formas de luchas que se condicionaban mutuamente y que quedarían infructuosas si una prescindía de la otra. Lo explicaba así a Juan Ajuriaguerra, el presidente del EBB en el interior:

> Creemos que es de fuera de donde ha de venir todo y esto invita al reposo y a la inacción, cuando la realidad es que fuera actuarán y ayudarán si encuentran en el Interior espíritu de lucha y clara manifestación de disgusto ante el régimen.
> Si se repite el argumento que algunas veces hemos oído de que a Franco es menester echarle pero no se dan muestras en el Interior de un deseo activo, habremos perdido de nuevo eficacia y tiempo. Es cierto también lo contrario, que sólo el Interior sin un apoyo exterior y una previsión internacional difícilmente podrá arrojar a Franco. Esta presión internacional va progresando, es menester pues, coordinar el Interior y el exterior, y repito esta idea[57].

Cabe destacar el hecho de que esta misiva enviada al jefe del PNV en el interior sobre la importancia de las dos formas de lucha data del verano de 1946, es decir, de un momento de máxima actividad del lehendakari en el ámbito internacional. No se trataba de meras palabras para contentar a un hombre como Ajuriaguerra, quien desde la implantación del régimen franquista siempre había estado estrechamente vinculado a la resistencia en el interior y contemplaba la actividad de sus compañeros en el exilio con cierto escepticismo. Al contrario, eran palabras que expresaban una idea que ambos hombres ya habían llevado a la práctica años antes, cuando en 1943/1944 se fundó el Consejo Delegado del Gobierno de Euskadi en el interior, un órgano clandestino que agrupaba a todos los partidos democráticos vascos y actuaba en estrecha cooperación con los sindicatos ELA-STV, UGT y CNT. A propuesta de Ajuriaguerra, Aguirre había nombrado presidente del Consejo Delegado al *jeltzale* Joseba Rezola, un hombre de consenso, recién salido de la cárcel y bien visto también por los socialistas. Para Aguirre, la creación de este Consejo había sido imprescindible y urgente, puesto que era el órgano encargado de asumir el poder en la fase transitoria hacia la democracia, una fase transitoria que se suponía se abriría tras la derrota definitiva del fascismo y la consiguiente caída de todos los regímenes afines como el franquista.

Cuando tras el fin de la contienda bélica quedó claro que la tan deseada fase transitoria tardaría en llegar, mientras que la resistencia

---

[57] Etxena [seud.: Aguirre] a Julio [seud.: Ajuriaguerra], 3-VIII-1946, AN, GE-663-2.

en el interior detectaba un creciente descontento popular con el régimen, Aguirre, de nuevo en estrecha colaboración con Ajuriaguerra y los hombres del Consejo Delegado, creía llegado el momento de desencadenar una acción con la finalidad que el lehendakari había descrito en su antes citada carta de 1946. Había llegado el momento de ir más allá de los actos de resistencia puntuales y aislados que se habían llevado a cabo hasta la fecha y buscar una acción de gran envergadura, capaz de revelar ante la opinión pública internacional con toda su crudeza el rechazo del régimen por parte del pueblo vasco, dar así alas a la labor de Aguirre en las cancillerías y poner en marcha una dinámica que aceleraría la caída de Franco y el comienzo de la fase transitoria. Así nació la gran huelga general iniciada el 1 de mayo de 1947 y terminada con la vuelta de los trabajadores vascos a sus puestos de trabajo el día 10 del mismo mes. El paro convocado por el Consejo Delegado y dirigido desde París por el lehendakari fue masivo en Bizkaia, donde afectó a unos 60.000 obreros de las grandes empresas, extendiéndose también a diferentes enclaves industriales en Gipuzkoa. El falangista Genaro Riestra, a la sazón gobernador civil de Bizkaia, reaccionó con duras medidas de represión y la policía llevó a cabo entre 2.000 y 4.000 detenciones. Tras ocho días sin cobrar, y pese a que el gobernador civil se negó a anular las medidas represivas adoptadas, al Consejo Delegado no le quedó más remedio que cancelar la huelga y ordenar la vuelta al trabajo.

Esta huelga fue el único ejemplo de esta estrategia dialéctica exterior/interior que el presidente vasco había explicado a Ajuriaguerra. Fue un gran éxito propagandístico que reforzó la imagen del lehendakari y de su Gobierno en todos los foros a los que acudía. Pero a la postre no fue más que una victoria pírrica, porque aquella impresionante manifestación antifranquista no tuvo ninguna consecuencia práctica: no cayó el régimen, ni siquiera se levantaron las medidas represivas, ni cambió nada en la postura de las potencias ante el denominado *problema español*. Es más, tras el descomunal esfuerzo que exigió la organización y realización de la huelga, y ante la nulidad de los resultados obtenidos, la resistencia se quedó exhausta y con pocas energías para seguir en la lucha. Gracias a ello, en Bizkaia se pudo llevar a cabo sin grandes complicaciones en julio del mismo año el referéndum sobre la Ley de Sucesión, un año más tarde la farsa de las elecciones municipales o, incluso, en junio de 1950 la visita con la que el *Caudillo* quiso celebrar en Bilbao el aniversario de su «liberación». La implacable labor de la policía también aportó lo suyo para restablecer la *normalidad,* que se había visto momentáneamente trastocada por la huelga: entre marzo y junio de 1949 logró desarticular por completo el Consejo Delegado.

Pese a todos estos contratiempos, no cabía duda de que por fin se había producido ese clamor popular contra el régimen que Aguirre había exigido a Ajuriaguerra, un gesto alabado por el lehendakari en sus comparecencias y ampliamente comentado en la prensa internacional. Pero aun así, esta exhibición del perfecto engranaje entre las dos vertientes de lucha que los antifranquistas vascos habían conseguido en la primavera de 1947 no produjo el resultado previsto: no hubo ningún tipo de «acción» ni de «ayuda» por parte de las potencias democráticas, que de momento seguían con su postura inhibicionista, cada vez más complaciente con el régimen. Y es que en la fórmula «movimiento popular de protesta en el interior más presión diplomática por el Gobierno vasco en el exterior igual a reacción antifranquista por parte de las potencias», que el presidente vasco había defendido ante el líder de la resistencia, faltaba por contemplar una variable cuya influencia no dejaba de aumentar con el paso del tiempo: la agudización de la Guerra Fría. El acto heroico de los obreros vascos tuvo lugar precisamente en una fase decisiva de la historia contemporánea, en la cual la confrontación contenida entre las dos grandes superpotencias, palpable ya desde los últimos meses de la guerra, se transformó en un agudo conflicto directo, aunque no armado, en el que el liberalismo capitalista y el comunismo estalinista se disputaron la hegemonía en el mundo. Esta nueva guerra partió el mundo en dos bloques enfrentados, sin dejar apenas espacio para matices y terceras vías. Y en esta situación de polarización y confrontación, Franco tenía todas las de ganar: su acérrimo anticomunismo era la perfecta tarjeta de visita para ofrecerse como aliado a aquellos que no hacía mucho todavía habían vertido la sangre de sus soldados para derrotar al fascismo y ahora se disponían a frenar las supuestamente ilimitadas ansias expansionistas de otro dictador, Stalin. Ante este nuevo escenario geopolítico era imprescindible repensar la fórmula que, según el lehendakari, permitiría encontrar la clave para el éxito en la lucha antifranquista. Aguirre lo sabía. Para este replanteamiento estratégico se encontraba, además, en una situación absolutamente privilegiada. Por una parte, sus múltiples contactos con personajes políticos que actuaban en la primera fila del nuevo escenario internacional le facilitaban un acceso directo a todas las informaciones que necesitaba. Por otra, con Antón Irala, su hombre en la Delegación del Gobierno vasco de Nueva York y agente en la nómina de los servicios de espionaje norteamericanos, contaba con otra inagotable fuente de información de todo tipo. Hasta su regreso al País Vasco francés en la primavera de 1949, Irala se movía como pez en el agua en los despachos del Departamento de Estado y los pasillos de la ONU. Los archivos están llenos de un sinnúmero de informes suyos enviados al lehendakari. Tenía una mente preclara capaz de interpretar y entender fácilmente la particular jerga diplomática para poder captar los mensajes que se escondían detrás. Desde un punto de vista histórico cabe subrayar la gran calidad de la mayor parte de sus informes, que, pese a tratarse de análisis realizados *ad hoc* y sin mucho tiempo para reflexionar, destacan por la frialdad en el juicio y el realismo de sus tesis. Irala era quizás la persona en el exilio que más claramente vio, y desde muy pronto, el auge del anticomunismo como nuevo factor determinante en las relaciones internacionales y, por consiguiente, el peligro de una paulatina deriva profranquista de la política norteamericana (y británica). Lo reflejaba una y otra vez en sus escritos, aunque sabía que sus tesis debían producir un notable desasosiego al destinatario de sus misivas. Irala era, sin duda, la persona que durante el segundo quinquenio de los años cuarenta mayor influencia ejercía en el pensamiento estratégico del presidente vasco. ¿Cuál fue la reacción de Aguirre? ¿Cómo respondió a las reflexiones de Irala y cómo las introdujo en su ejercicio de replanteamiento estratégico?

Para contestar a estas preguntas, conviene analizar más de cerca un ejemplo que puede considerarse prototípico. Apenas dos meses antes de desencadenarse la gran huelga general en las provincias costeras vascas, a mediados de marzo de 1947 el presidente norteamericano había pronunciado un importante discurso que más tarde entró en los manuales de historia como la «Doctrina Truman». Se trata de uno de los acontecimientos clave que marcaron el paso de la fase transitoria a la fase definitiva de la Guerra Fría. En esta alocución pública el presidente norteamericano definió el nuevo principio que a partir de ese momento iba a determinar la política exterior de su país. Era el principio del *containment*, de la contención del expansionismo comunista en todos los ámbitos de la vida. Truman anunció que el Gobierno de Estados Unidos prestaría ayuda a todos los países que luchaban en contra del ansia hegemónica de Stalin, tal y como a la sazón ya estaban haciendo Grecia y Turquía. *A priori*, la idea básica que inspiró el discurso de Truman, la división bipolar entre el mundo libre, liderado por los Estados Unidos, y el mundo totalitario, dirigido por la Unión Soviética de Stalin, no presagiaba nada bueno para los demócratas vascos y españoles, puesto que convertía al anticomunismo en el factor determinante de la política exterior de la gran potencia americana. En su informe, Irala reconocía los peligros derivados de la Doctrina Truman, sobre todo si en Washington seguían teniendo más peso los intereses militares y estratégicos que los políticos, y si los antifranquistas españoles seguían siendo incapaces de ofrecer una alternativa a Franco viable y asumible para el Gobierno de Estados Unidos. Pero también quería presentar a su presidente una lectura más positiva del discurso, ofreciéndole una manera muy particular de interpretar su contenido. Para ello echó mano de un pequeño truco que consistía en descontextualizar la alocución de Truman, omitir el sentido eminentemente antisoviético de su mensaje, y extraer determinadas frases para, una vez despojadas de su intencionalidad anticomunista, dotarlas de un significado más genérico. Y en el texto, efectivamente, había frases que invitaban a hacer esta operación semántica: por ejemplo, cuando Truman expresó su creencia de que «debemos ayudar a los pueblos libres a cumplir sus propios destinos de la forma que ellos mismos decidan» o cuando afirmaba que la lucha contra el totalitarismo debía ser una prioridad de la política americana porque «los regímenes totalitarios impuestos a los pueblos libres, por agresiones directas o indirectas, socavan los fundamentos de la paz internacional y, por tanto, la seguridad de los Estados Unidos»[58]. Para Irala, España era, sin duda, uno de esos «pueblos libres» que habían perdido su libertad por un acto de agresión, con lo cual la dictadura del general Franco debería entrar de lleno en la lista de los regímenes cuya pervivencia no era compatible ni con los principios de la ONU, ni con la seguridad nacional de los Estados Unidos. Pero hubo otro argumento más. Incluso en el caso de que el franquismo no fuera considerado como uno de estos regímenes totalitarios, su continuidad era igual de perjudicial para los intereses de los Estados Unidos, porque deslegitimaba su política y la debilitaba por la creciente falta de credibilidad: no se pueden combatir tan sólo unos determinados regímenes antidemocráticos, y otros no. Esta contradicción, empero, beneficiaría precisamente a aquella fuerza expansionista cuya «contención» se había definido como el principal objetivo de la política exterior norteamericana: el comunismo soviético. En su respuesta, Aguirre diseñó el prototipo interpretativo que marcaría todo su pensamiento en el ámbito de las relaciones internacionales durante esos años: se agarró a cualquier resquicio

---

[58] Una traducción del discurso de Truman se encuentra en Martínez Rueda, Fernando y Urquijo Goitia, Mikel: *Materiales para la historia del mundo actual*, Istmo, Madrid, 2006, vol. I, pp. 102-104.

que le permitía quedarse con una interpretación positiva, le añadió una buena dosis de voluntarismo moralizante y obvió, sin más, todos los elementos que no encajaban en su patrón interpretativo. Así, sus palabras sobre la Doctrina Truman no versan sobre *lo que significa*, sino sobre *lo que debería significar* en su opinión: «Sólo una conducta decidida, cual sería la de dar carácter universal, sin excepciones, a la doctrina de Truman, es capaz de ganar la lucha ideológica planteada. Y en esta lucha el caso de Franco es fundamental»[59].

Lo que ocurre es que a Truman le importaba bien poco la opinión del presidente vasco. Lo que realmente le importaba era la consolidación de su alianza anticomunista y con este fin decidió enviar a Madrid al diplomático Paul T. Culbertson como «encargado de negocios», sorteando de esta manera de facto el embargo diplomático contra Franco que la ONU había decidido en 1946. Tras conocerse este movimiento del Departamento de Estado, para los demócratas españoles y vascos todas las luces de alarma se encendieron. No así para Aguirre. Su reacción revela otro rasgo característico de su personalidad que influía sobre manera en su peculiar forma de registrar y procesar los vaivenes del proceso político. Como ya se ha visto en otros momentos, el dirigente vasco era un hombre con una gran facilidad para las relaciones humanas. El ambiente de cercanía y confianza que creaba incluso en sus encuentros con adversarios políticos fue una de las bases del respeto prácticamente universal que le profesaban los más diversos interlocutores. Poseía el don de ser siempre franco, abierto y directo, de nunca tener que esconder su pensamiento, pero su discurso carecía de cualquier toque de acritud, brusquedad o agresividad, que podría haber herido la sensibilidad de su interlocutor. Por ello, y quizás como consecuencia de su profundo humanismo cristiano, no concebía la política sin la ética, sin los valores humanistas y sin la credibilidad personal. Era, en este sentido, un político pre-maquiavélico. Y conviene añadir otro rasgo característico más que condicionaba notablemente su particular manera de percibir, interpretar y reaccionar ante determinadas realidades políticas: la enorme confianza que depositaba en las relaciones personales como poderosas palancas para interferir en el proceso histórico y orientarlo en la dirección deseada. O dicho con otras palabras más sencillas: para el lehendakari, la política no era tanto una compleja estructura polifacética, abstracta y a menudo fuera del alcance de la voluntad personal de cada cual, sino el cúmulo de muchas decisiones

---

[59] Informe de Irala, Nueva York, 1-IV-1947; José Antonio Aguirre a Antón Irala, Donibane, 3-V-1947, ambos documentos en AN, GE-647-2.

individuales y, por ello, hacer política pasaba necesariamente por un proceso con tres pasos sucesivos: había que identificar a los individuos con mayor capacidad de decisión en cada tema, lograr establecer un contacto personal con ellos y persuadirles no sólo por la fuerza de los argumentos, sino sobre todo por el impacto beneficioso de un clima de confianza y simpatía personal. Esta convicción era la base del activismo frenético —plasmado en un sinnúmero de visitas y reuniones— que el líder vasco desplegó nada más recuperar la libertad. En una de estas reuniones, celebradas en los despachos del Departamento de Estado, Aguirre conoció al mencionado Culbertson, de quien quedó positivamente impresionado. Era el hombre a quien había que apuntar por su importancia, pues era quien «prácticamente lleva desde hace once años toda la política occidental europea y concretamente la Ibérica en el Departamento de Estado». En esta reunión, su opinión fue la «más importante y precisa». El diplomático americano le aseguró que, en el tema español, «la causa democrática tiene toda nuestra simpatía» y que lo único que faltaba era la unidad de todos los demócratas, el cese de las permanentes hostilidades entre los diferentes sectores, para conquistar también «la confianza» de los norteamericanos. Si se lograba esto con un Gobierno fuerte, y siempre descartando una nueva guerra civil como forma de lucha antifranquista, vendría el apoyo norteamericano, pues, según explicó Culbertson, «no queremos a Franco ni a su régimen», concluyendo que «depende, pues, nuestra actitud de lo que ustedes hagan». Culbertson no concretó el tipo de apoyo prometido («estudiaremos detenidamente la forma de ayudar el cambio de régimen»), pero, cuando el diplomático terminó echando flores a su interlocutor vasco, contrastando la solidez de su liderazgo («La única seguridad que tenemos es que Ud. representa auténticamente a su pueblo») con la debilidad de los exiliados españoles, sugiriendo además una importante colaboración de los vascos «en puestos de confianza», ya se había metido al lehendakari en el bolsillo. Éste salió muy satisfecho de la reunión, no sólo por lo que había escuchado, sino por el trato que recibió («fui recibido con la mayor cordialidad») y la categoría de sus interlocutores, todos ellos, según Aguirre, «inmediatos colaboradores» del secretario de Estado Byrnes y personas «ante quienes hemos ganado nombre y estima»[60].

Éste era el Culbertson que existía en la memoria del lehendakari: un hombre entero, demócrata de pro, sincero y amigo de los vascos.

---

[60] José Antonio Aguirre a Manuel Irujo, Nueva York, 17-IX-1945, carta reproducida en Goiogana, Irujo y Legarreta, *Un nuevo 31*, pp. 817-837, cit. pp. 820 ss.

Lo que ocurrió, en cambio, es que desde esta conversación en el Departamento de Estado, poco antes de la formación del Gobierno Giral, hasta el envío de Culbertson a Madrid en junio de 1947 habían cambiado muchas cosas. En el plano geopolítico, la Guerra Fría se había desarrollado. Acontecimientos como el ya mencionado famoso discurso de Truman, la no menos célebre alocución de Churchill un año antes con su denuncia del «telón de acero» que separaba a los países de la órbita soviética del mundo de la libertad, o el Plan Marshall para la reconstrucción de Europa (junio de 1947), habían provocado la respuesta airada de Stalin. Con su tesis de que el fascismo había sido la lógica consecuencia del capitalismo y que la victoria en la guerra, por lo tanto, no era el resultado de la lucha aliada, sino de la sangre vertida por los soldados que luchaban en el Ejército Rojo, lo poco que quedaba de la alianza antifascista que había vencido a Hitler quedó definitivamente eliminado. La consecuencia lógica de esta deriva llegó poco después, cuando Andréi Zhdánov, mano derecha de Stalin, formuló su conocida teoría del mundo polarizado en dos bloques antagónicos, una teoría que en septiembre de 1947 proporcionó el fundamento ideológico de la Kominform, la coordinadora de los partidos comunistas del mundo, que Stalin creó como correa de transmisión de sus directrices a los países y partidos afines.

Por otra parte, cuando Culbertson viajó a Madrid, estaba a punto de producirse la crisis terminal del Gobierno Llopis, con lo que muchas de las expectativas de crear un instrumento antifranquista fuerte y cohesionado que Culbertson había exigido en su reunión con Aguirre, también estaban evaporándose a marchas forzadas sin que nadie supiera ponerle remedio alguno. Y esta evolución vertiginosa de los acontecimientos durante estos dos años cruciales había dejado su huella también en la mente de los responsables políticos norteamericanos en general y en la del enviado Culbertson en particular. Cuando hizo las maletas para su viaje, el demócrata antifranquista de 1945 «ya había gravitado hacia la órbita del régimen»[61]. En los esquemas mentales y políticos del lehendakari, empero, no entró la posibilidad de semejante cambio drástico. Culbertson seguía siendo el de la reunión de 1945, el hombre de confianza, el antifranquista y el amigo de los vascos, a quien el lehendakari había tratado personalmente. Aguirre se aferró a este recuerdo del hombre íntegro y no fue capaz de —o simplemente no quiso— contemplar siquiera la hipótesis de que la situación de mediados de 1947 ya no era la de mediados de 1945, así como la

---

[61] Viñas, Ángel: *En las garras del águila. Los pactos de Estados Unidos, de Francisco Franco a Felipe González (1945-1995)*, Crítica, Barcelona, 2003, p. 62.

postura norteamericana ante el régimen franquista tampoco era ya la misma. Culbertson no le iba a traicionar. Y así, cuando se enteró del viaje del diplomático americano a Madrid, el presidente vasco tuvo que inventarse una auténtica cabriola dialéctica con el fin de no dejarse impresionar por el significado indudablemente poco halagüeño de esta noticia:

> Parece lógico que después del Pacto Tripartito, del acuerdo de las Naciones Unidas y de la declaración de Truman, Culbertson no puede ir a Madrid sino a facilitar un tránsito del régimen, favoreciendo a los elementos demócratas. Es decir, hacer cumplir la doctrina proclamada solemnemente[62].

Desde la perspectiva histórica, la ingenuidad de estas palabras parece insuperable. Sin embargo, y cabe insistir en ello, en el marco del particular tipo de liderazgo político que representaba el lehendakari tenían, sin duda, su lógica. Es más, en cierta medida esta curiosa reacción ante el episodio del viaje de Culbertson puede considerarse ejemplarizante, y por ello le hemos prestado cierta atención aquí: refleja la manera en que, casi hasta su muerte, Aguirre solía reaccionar ante situaciones abiertamente adversas. En las páginas precedentes, en más de una ocasión se han resaltado los principales rasgos de este liderazgo carismático, como su inquebrantable optimismo, la enorme capacidad de levantar el ánimo de sus seguidores en momentos complicados, el imparable activismo y el firme compromiso personal a la hora de perseguir la realización de una idea o de un plan, o su reconocido don de gentes para crear situaciones de confianza y complicidad personal. Pero estos rasgos que figuraban en el haber del dirigente vasco, también tenían su precio. El incondicional optimismo podía convertirse en un férreo blindaje que impedía la penetración y el procesamiento de realidades incómodas y adversas; el papel de líder carismático en tiempos oscuros que había asumido reforzaba aún más esa tendencia a despreciar el lado más maquiavélico de la política; y la gran apuesta por las relaciones personales, los valores como la rectitud, la confianza o la justicia, así como por los réditos derivados de la empatía que trataba de generar entre sus interlocutores, podía revelarse como una trampa que impedía discernir entre las palabras y los hechos, a la vez que dificultaba reconocer una verdad tan elemental como que las personas y sus ideas no son constantes petrificadas, sino realidades moldeables y cambiantes sometidas a los

---

[62] José Antonio Aguirre a Antón Irala, Donibane, 15-IV-1947, AN, GE-647-2.

vaivenes del proceso histórico. Resumiendo, esta característica bicefalia de su liderazgo político le proporcionó al lehendakari Aguirre los mimbres necesarios para llegar a ser uno de los dirigentes políticos más reconocidos, nacional e internacionalmente, del exilio antifranquista. Pero a la vez, confundiendo a menudo sus deseos con la realidad, le causó una notable miopía analítica, que dificultaba la correcta aprehensión de la realidad circundante y, en consecuencia, limitaba el arsenal de iniciativas y estrategias políticas que Aguirre consideraba válidas.

Así, en el contexto de la Guerra Fría y en el escenario de las relaciones internacionales, este arsenal se reducía prácticamente a una sola estrategia: la de asegurar la plena consonancia con la política exterior norteamericana y la confianza de que, detrás de unas apariencias cada vez más preocupantes, se escondía alguna genial jugada minuciosamente preparada en los despachos de Washington que acabaría forzando la abdicación de Franco. Y, por ello, cuando se producía alguna de las poquísimas noticias alentadoras para las fuerzas democráticas del exilio español, Aguirre se ponía eufórico. Así ocurrió cuando quedó claro que España quedaría excluida de las ayudas económicas que el Plan Marshall anunciaba para la reconstrucción de la Europa destruida por la guerra. Tomando el Plan Marshall como *pars pro toto*, el lehendakari llegó a la conclusión categórica de que «juegan a nuestro favor las circunstancias internacionales». América estaba cumpliendo su promesa, tendiendo la mano a los demócratas españoles, pero éstos no sabían aprovechar esta oportunidad, pues padecían de una «ceguera tan ignorante y hasta criminal que se permiten jugar a rencillas y a divisiones, cuando de la unión de esfuerzos podría obtenerse un resultado —a mi juicio— definitivo». Era una referencia a la crisis del Gobierno Llopis, que, por no superar las divisiones internas, era ya «un peso muerto que arrastramos de un tiempo a esta parte, sin conseguir que depuestas sus diferencias constituyan un instrumento positivo de acción»[63].

Como era habitual en él, no quiso quedarse con el lamento, sino que lanzó una nueva iniciativa para ir a la raíz del problema de la desunión española. Aprovechando la cumbre que en julio de 1947 celebraron los diferentes Gobiernos europeos que, con la excepción del Gobierno de Franco, habían sido invitados para discutir las modalidades y la aplicación concreta de la propuesta de Marshall, Aguirre consiguió ser recibido por Georges Bidault, el ministro de

---

[63] José Antonio Aguirre a Antón Irala, París, 23-VI y 4-VII-1947, AN, GE-647-2.

Asuntos Exteriores francés. En esta importante reunión, que ya hemos comentado en otro contexto, Aguirre quiso aprovechar la palanca política del Plan Marshall con el fin de lograr el apoyo de las potencias para otra iniciativa antifranquista, una iniciativa muy en la línea con lo que a la sazón estaba proponiendo Indalecio Prieto. Basándose en el argumento de que la exclusión de España perjudicaba injustamente al pueblo español por el hecho de vivir en una dictadura, Aguirre pidió a Bidault que tomara la iniciativa, junto con Londres y Washington, para reunir a todas las fuerzas democráticas españolas, incluidas las monárquicas, impulsar la constitución de un organismo unitario conforme a lo dispuesto en la Nota Tripartita, otorgarle la confianza de la ONU y dotarle del derecho a gestionar las ayudas del Plan Marshall en caso de un cambio de régimen en España. Bidault se mostró de acuerdo y dispuesto a asumir la función de mediador ante los Gobiernos británico y norteamericano[64]. Aunque las fuentes no nos permiten saber si esta mediación al final se llevó a cabo, sí conocemos el resultado: no cuajó. En realidad, desde el comienzo era difícil que lo hiciera, puesto que, en el reparto de papeles que se había establecido entre las grandes potencias occidentales una vez terminada la guerra, en el tema español era el Gobierno británico, siempre debidamente flanqueado por el estadounidense, el que acaparaba todo el protagonismo. Francia, en cambio, pese a la cercanía geográfica, no dejó de ser un actor secundario. Y cuando se celebró la conferencia de París, ya no quedaba duda de que el Gobierno laborista de Clement Attlee no estaba por la labor de modificar sustancialmente la política filo-franquista establecida por su antecesor conservador. Y ante este muro, Georges Bidault, probablemente el dirigente político internacional más cercano a Aguirre y también el más dispuesto a secundar iniciativas antifranquistas, poco pudo hacer.

Abortada también esta vía, quedaba la lucha en la ONU, en la que Aguirre se volcó a partir del otoño de 1947. Dos eran los campos de batalla que se presentaron en las Naciones Unidas: por una parte, el debate sobre la revisión de la resolución de diciembre de 1946, que había supuesto la marginación diplomática de la dictadura, y, por otra, las propuestas lanzadas abiertamente por los sectores más reaccionarios de EEUU y de otros países de compensar la exclusión de España del Plan Marshall mediante la concesión de créditos bilaterales. Desde París, el lehendakari le otorgó a su delegado Antón Irala

---

[64] Estas informaciones se encuentran en la carta de José Antonio Aguirre a Antón Irala, Donibane, 16-VII-1947, AN, GE-647-2.

plenos poderes para actuar en su nombre en todos los foros que consideraba importantes, e Irala cumplió el mandato durante esos meses, desplegando una actividad frenética, cuya intensidad no distaba mucho de la que solía exhibir su jefe. Su radio de movimiento lo formaba un triángulo: si no se encontraba en algún despacho de la ONU, estaba en el Departamento de Estado, para desplazarse desde ahí a alguna reunión con representantes del Gobierno republicano en el exilio, liderado ya por Álvaro de Albornoz. Nada más iniciar sus contactos, Irala tuvo que darse cuenta de que, muy a su pesar, el viento había cambiado en Washington. La Guerra Fría había avanzado y ahora el auténtico enemigo a combatir era el comunismo, a cuyo lado la dictadura franquista no era mucho más que un pequeño lunar feo, pero inocuo. Irala se quedó helado cuando tuvo que escuchar por boca de altos cargos del Departamento de Estado que la línea de actuación norteamericana ante la ONU estaba ya decidida y que todo apuntaba a una clara revisión de las posturas defendidas hasta la fecha. La consecuencia de esta revisión podía resumirse en una exigencia tan categórica como aterradora para todo el exilio español: «No queremos que haya decisiones contra Franco». Para justificar esta exigencia, los representantes diplomáticos estadounidenses no tuvieron que recurrir a virguerías dialécticas. Bastó con dos argumentos simples: la política beligerante contra el régimen, plasmada en la resolución de 1946, lejos de debilitar a Franco, le había permitido asumir el papel de víctima y presentarse como el defensor de los intereses nacionales frente a unas fuerzas extranjeras deseosas de entrometerse en cuestiones que no les competían. Y el segundo argumento era más sencillo aún: dado el estado de la confrontación geopolítica, cualquier movimiento popular descontrolado contra el dictador, así como todo tipo de iniciativa internacional en este sentido, iba a ser inmediatamente instrumentalizado por Stalin y el bloque comunista, pero no con el laudable fin de encauzar el camino hacia la libertad en España, sino para fomentar el avance del comunismo en este país. La derivación lógica de este pensamiento que Irala tuvo que escuchar era obvia y conducía a un replanteamiento estratégico radical en la cuestión española: en el fondo, lo que pedían los responsables norteamericanos era sacar el tema de España de la agenda pública, evitar todo pronunciamiento incómodo que pudiera disgustar a Franco, cerrar la puerta a la intromisión soviética y emplear en todo caso vías discretas, alejadas de los focos mediáticos, para presionar al régimen y fomentar su evolución hacia la democracia. Incluso el asunto de los créditos, que los demócratas vascos y españoles querían vetar vía ONU, debía someterse a esta especie de ley del silencio: «Lo mejor es en vez de discutir las cosas en las Naciones Unidas que cuando a nosotros se nos acercan hombres de negocios y personalidades franquistas les digamos como les estamos diciendo que no hay ni habrá dinero. El efecto es el mismo».

Y éste fue precisamente el único punto de este encuentro en el que Irala creía poder arrancar alguna concesión algo más comprometedora de sus interlocutores. Retomando el argumento de que el Departamento de Estado ya estaba practicando una política opuesta a la concesión de créditos al régimen, el delegado de Aguirre sugirió que la administración de Truman no debía tener miedo a que una mayoría de los países hiciera suya públicamente esta política en la ONU. Esto, además, era conveniente, porque si se renunciaba a plantear el tema, lo harían la Unión Soviética y sus satélites, que así tendrían un poderoso argumento para sacar los colores al Departamento de Estado y poner de relieve sus contradicciones. Aparentemente, este razonamiento de Irala surtió efecto entre los diplomáticos, que tan sólo le vieron un inconveniente de peso: el «peligro de que si nosotros mostramos una posición favorable a lo que Ud. expone, esa posición podrá ser explotada por otras naciones para estirar la recomendación y llevarnos a un terreno mucho más lejos donde nos quedaríamos en muy mala situación». Irala reaccionó de forma inmediata: evidentemente, no se podía impedir que Moscú aprovechara la situación de la forma prevista, pero sí que los directamente interesados y afectados, es decir, en este caso el Gobierno republicano en el exilio, facilitara esta jugada. La propuesta del vasco consistía, por tanto, en presionar al Gobierno republicano en este sentido. El objetivo era claro: facilitar una postura más comprometida de los Estados Unidos en la ONU tras haber eliminado el peligro de una radicalización sucesiva. Irala prometió lograr del Gobierno republicano un compromiso de moderación que le llevaría a recomendar «pública o privadamente a sus amigos que ni siquiera discutan proposición que vaya dirigida en el terreno de las sanciones diplomáticas o comerciales. Esta posición del Gobierno de la República podría ser una gran novedad que echara por tierra todas las posibilidades de la maniobra que Ud. teme».

Pese a no recibir ningún apoyo directo o indirecto a su propuesta, Irala salió contento de la reunión. Como su jefe Aguirre, estaba absolutamente convencido que la política exterior de los Estados Unidos era «completamente sincera, constructiva, democrática y muy inteligente, extraordinariamente inteligente». Y, como Aguirre, pensaba que el problema no se encontraba en Washington, sino en el exilio español, que había llegado «al último grado de la estupidez colectiva», al ver que las permanentes luchas fratricidas y el radicalismo verbal impedían un compromiso más directo de los norteamericanos en la lucha contra el dictador. Por lo tanto, era aquí donde se encontraba la clave y donde había que intervenir[65].

Dicho y hecho. Irala, siempre con la autorización del presidente vasco, no perdió el tiempo. Primero convenció al delegado del Gobierno republicano en Estados Unidos, el catalanista Jaume Miravitlles, de la bondad de sus planteamientos, que se plasmaron en el borrador que ambos hombres prepararon con el fin de que el jefe del Gobierno republicano lo entregara al secretario general de la ONU y a los delegados de los diferentes países. Las ideas maestras eran las que Irala había hablado con los norteamericanos: el rechazo a cualquier debate programático y de fondo sobre el problema español y, sobre todo, la no conveniencia de plantear algún tipo de sanciones económicas o comerciales contra el régimen. Con el borrador acordado, los dos hombres fueron a presentárselo a Álvaro Albornoz, el presidente del Gobierno. Fueron necesarias dos largas reuniones, tensas y dramáticas, en las que Albornoz mostró una «reacción épica», amenazando con su dimisión, rogando «de rodillas» no insistir en esta línea de actuación y anunciando incluso que se iba a poner enfermo si le obligaban a presentar este escrito. Al final, el dirigente republicano se quedó exhausto, abandonó su postura de rechazo y asumió cada uno de los puntos incluidos en el texto, que recogía las denuncias mencionadas, a cambio de facilitar una resolución de la ONU en la que los países se comprometerían a no dar a Franco ni «apoyo moral» ni «ayuda económica en forma de empréstitos, cesiones o arriendos». Irala informó inmediatamente a los norteamericanos de este logro, presentando en su informe al jefe del Gobierno republicano como una persona completamente entregada a y manejada por Aguirre, quien, junto con los líderes del catalanismo en el exilio, se encargaría de gestionar los efectos positivos que se esperaban de la resolución adoptada por parte de la ONU: la unidad de todos los demócratas españoles, la aplicación del Plan Marshall a una futura España democrática, ocupar el Gobierno en la fase transitoria y garantizar el orden público.

Todo había salido bien. Aguirre felicitó a su delegado por su labor, criticando únicamente el trato «recio» al que se había sometido

---

[65] Toda la información está tomada de un larguísimo informe elaborado de Irala y enviado a Aguirre (Nueva York, 25-IX-1947, AN, GE-647-2).

a Albornoz, así como el hecho de haber revelado ante los americanos la situación de subordinación en la que se encontraba el jefe del Gobierno republicano, que «aparece un poco a modo de juguete en vuestras manos». Éstos eran secretos que había que guardar. No convenía «entregarse demasiado» a la política del Departamento de Estado. Pero, si al final todo había servido para despejar el camino a la aprobación de la resolución en la ONU, había merecido la pena[66]. Sin embargo, faltaba la pieza decisiva del puzzle: el beneplácito norteamericano. Y conforme iban avanzando los debates en la ONU, el propio Irala se vio obligado a enviar sus impresiones cada vez más pesimistas al jefe de su Gobierno en París. La creación de la Kominform, las agrias polémicas sobre el futuro de Alemania o las insinuaciones soviéticas cada vez más directas de poseer ya la bomba atómica fueron temas que elevaron la tensión entre los bloques a unos niveles insospechados, una tensión que se palpaba en todos y cada uno de los debates de las Naciones Unidas. En pocas semanas, el optimismo inicial de Irala se difuminó por completo: «En estas circunstancias yo estoy convencido que los anglo-sajones no apoyarán nada contra Franco [...]. Francamente, me llevaría la mayor de las sorpresas si Estados Unidos apoyara en las actuales circunstancias nuestra proposición».[67] Irala tuvo razón. El representante de los Estados Unidos se negó a apoyar una moción todavía mucho más rebajada de tono, que se conformaba con reafirmar la resolución de 1946. Tras el veto americano, la cláusula con la referencia a la resolución de 1946 quedó eliminada para dar paso a un texto mutilado, que marcó el comienzo de la rehabilitación internacional del régimen de Franco, que en 1949/1950 llevó al regreso de los embajadores a Madrid y, finalmente, con el «Golpe de Praga» contra el presidente Benes (1948), el bloqueo de Berlín (1948), la confirmación de la bomba atómica en manos de Stalin (1949), la victoria comunista en China (1949) y la Guerra de Corea (1950-1953) como trasfondo, a la revocación oficial de la resolución de 1946 en octubre de 1950.

Empero, esta nueva debacle, provocada por una apuesta arriesgada que había fracasado estrepitosamente, no alteró para nada el pensamiento estratégico de Aguirre, quien seguía manteniendo la plena confianza en la política norteamericana. No era un hombre de dudas ni de autocríticas. Afirmó que no le había sorprendido la actitud de

---

[66] José Antonio Aguirre a Antón Irala, París, 31-X-1947, AN, GE-647-2. En este fondo documental también se encuentran el informe sobre las reuniones con Albornoz y el informe al Departamento del Estado.

[67] Antón Irala a José Antonio Aguirre, Nueva York, 7-XI-1947, ibíd.

Washington en la ONU, pues ya la había previsto. Y seguía pensando que decisiones como la de mantener a Franco fuera del Plan Marshall revelaban el verdadero objetivo de la política norteamericana, que no era otro que el de sustituir al Gobierno de Franco, aunque tuvo que admitir que los halcones del Pentágono, con sus prioridades militares por encima de los intereses políticos, estaban complicando el trabajo al Departamento de Estado. Citas como la siguiente, de una de sus innumerables cartas enviadas a Irala, no necesitan comentario alguno:

> Te confieso que estoy satisfecho de la política concreta del Departamento de Estado. La creo inspirada en buena voluntad, deseosa de encontrar una solución a nuestro problema y si ella se dificulta, tanta parte o más de culpa tenemos nosotros que no sabemos encontrar todavía el camino de una solución satisfactoria [...]. Honradamente no se puede afirmar sino que son los USA los que principalmente están apretando a Franco para que abandone el poder[68].

Este esquema interpretativo ni siquiera cambió cuando a partir de mediados de 1948 quedó también en entredicho la negativa norteamericana de conceder créditos al régimen franquista. Después de negarlo una y otra vez, finalmente el lehendakari tuvo que reconocer que había errado en sus previsiones. Tras estallar la Guerra de Corea, en agosto de 1950 las dos Cámaras del Parlamento estadounidense aprobaron la posibilidad de conceder créditos al régimen franquista. El ejecutivo de Truman, quien se había opuesto a esta medida, no tuvo más remedio que habilitar una partida de 62,5 millones de dólares en la Ley General de Asignaciones de 1951 para esta finalidad. De nuevo, la realidad se mostró mucho más cruda que el panorama optimista que había dibujado Aguirre. En vez de ahogarse en un mar de desolación, empero, el dirigente vasco quiso sacar también algo bueno de esta situación. Junto con Irala y Galíndez puso en marcha un plan, coordinado con Ajuriaguerra en el interior, cuyo objetivo era movilizar a las empresas vascas para que presentaran sus solicitudes de créditos, unas solicitudes que recibirían el aval oficioso del Departamento de Estado ante el Import Export Bank, que era la entidad que decidía el reparto del dinero. Se trataba de una operación muy delicada, porque la línea divisoria entre el legítimo interés político de evitar que el dinero llegara a las empresas más directamente vinculadas con el régimen, por una parte, y el tráfico de in-

---

[68] José Antonio Aguirre a Antón Irala, París, 11-VI-1948, AN, GE-15-2.

fluencias a favor de empresarios afines al Gobierno vasco, por otra, era muy volátil. Además, ¿cómo se justificaba esta participación directa en unas operaciones financieras que durante tanto tiempo se había intentado impedir? ¿Se trataba de alguna forma de colaboracionismo? Al final, también este tiro le salió por la culata a Aguirre: la gente del interior apenas logró reunir proyectos vascos, seguramente porque los empresarios tuvieron miedo a ser represaliados o perder posibilidades de negocio en el futuro. No se atrevieron a canalizar sus propuestas por vías alternativas a las oficiales franquistas. Y, como no pudo ser de otra manera, algo trascendió de todas estas gestiones secretas de Aguirre y su gente. La crítica de Manuel Irujo, quien denunció que ese tipo de operaciones clandestinas llevaría a «acabar con la resistencia», todavía podían asimilarse. Pero también se enteró Josep Tarradellas. Este dirigente catalanista que, como se verá, nunca tuvo una buena relación con Aguirre y los nacionalistas vascos, divulgó la noticia de que «los vascos iban a administrar los 62 millones del zarandeado crédito», una noticia que más tarde aprovechó para acusar a Aguirre de «haber sido un mediador entre Franco y los Estados Unidos para estos créditos»[69].

Estas críticas debían doler, puesto que este episodio tan significativo para el rumbo de la política norteamericana en la cuestión española se había producido muy pocos meses después de que el lehendakari hubiese lanzado otra iniciativa personal más para corregir este rumbo. A comienzos de 1950 hizo un viaje a Estados Unidos y posteriormente a América Latina con el fin de recaudar fondos para la actividad de su Gobierno y, en Nueva York y Washington, demostrar con su presencia que la tesis que Dean Acheson, el titular del Departamento de Estado, había formulado en enero del mismo año, no era cierta: en una carta al senador y presidente de la Comisión de Asuntos Exteriores, Tom Connally, Acheson había expresado su convicción de que Franco estaba más fuerte que nunca y que, como no había una alternativa sólida, la única posibilidad de fomentar la democracia en España pasaba por una política que incentivara la evolución del propio régimen desde dentro, dejando de lado todas las ideas de derrumbarlo y sustituirlo. Aguirre, a la sazón todavía muy en la línea del Plan Prieto, había preparado el viaje con el líder socialista, y ambos políticos quisieron asegurar —finalmente sin éxito— también la presencia de un representante monárquico. Pese al

---

[69] «Tarradellas, 6.9.1952», informe sin firma, AN, GE-648-2; la información sobre la crítica de Irujo se encuentra en una carta de Jesús Galíndez a José Antonio Aguirre, Nueva York, 6-12-1950, ibíd.

más que evidente viraje de la política norteamericana, el dirigente vasco aparentemente seguía siendo una persona valorada en el Departamento de Estado. En Washington logró reunirse con representantes del Departamento que pertenecían al segundo escalafón inmediatamente debajo de Acheson, un hecho que desencadenó una reacción psicológica ya conocida en el lehendakari: el presidente vasco se sintió muy halagado y satisfecho en su orgullo (¿o vanidad?) por poder estar cerca de las personas que manejaban los hilos de la política exterior norteamericana en el tema de España. Esta reacción personal le creó una predisposición positiva y benevolente ante sus interlocutores, tapando en su pensamiento por momentos todos los elementos de prevención, preocupación y crítica que estos mismos hombres habían generado con sus declaraciones y decisiones. Con este trasfondo, la reunión se desarrolló prácticamente de forma idéntica a las que había tenido en años anteriores. Los americanos, amables y cordiales como siempre, se presentaron como antifranquistas convencidos y rebajaron el significado de las palabras de Acheson a una maniobra táctica, con la que el secretario de Estado había querido tranquilizar y desactivar a los sectores más reaccionarios del Gobierno, que se habían crecido por la victoria comunista en China y la denuncia del senador McCarthy de que el propio Departamento de Estado se encontraba infiltrado por un gran número de comunistas. Todas estas explicaciones quedaron flanqueadas por alabanzas al pueblo vasco y expresiones de simpatía y respeto por el Gobierno vasco y su presidente, quien, otra vez más, se quedó impresionado por la honradez de sus interlocutores, la firmeza de sus convicciones democráticas y la sutileza de su pensamiento estratégico. La conclusión era clara, igual que otras veces: «No podemos dudar ya [de] que la política del Departamento nos es favorable pues todas estas expresiones fueron hechas sin titubeos de ninguna clase». Y de crítica o replanteamiento estratégico, nada, porque era peor. Los norteamericanos no tardarían en premiar la absoluta lealtad de los demócratas antifranquistas, pues «les gusta ver que nosotros comprendemos su posición aun cuando no nos agraden algunas de sus afirmaciones de la carta o afirmaciones o declaraciones poco consistentes. Me parece que tenemos una posición de simpatía que conviene aprovechar. Es unánime la apreciación de la gravísima situación de Franco»[70].

---

[70] «Párrafos de una carta del Lendakari, fechada en New York el 27.2.1950» y «Párrafos de una carta del Lendakari, fechada en New York el 25 de marzo 1950», AN, EBB-155-17.

Pero la simpatía era una cosa y los fríos intereses geoestratégicos otra, y el lehendakari seguía sin ver demasiado clara esta diferencia. Así, cuando estalló la Guerra de Corea, su lectura adquirió rasgos un tanto extravagantes: aplaudía la intervención norteamericana y afirmaba que «nos favorece grandemente». Lejos de reconocer en esta nueva guerra *caliente* entre los dos bloques el escenario en el que el anticomunista Franco ascendería por fin al Olimpo de los defensores de la libertad, mano a mano con las democracias occidentales, el lehendakari auguró precisamente lo contrario: a su juicio, ahora, en una situación de agudizada amenaza comunista, Franco se había convertido en un grave obstáculo, cuya presencia sofocaba el fundamento ideológico de la alianza anticomunista en Europa y en el mundo. No se podía caer en la contradicción —deseada por los comunistas— de defender la democracia y luchar contra el totalitarismo permitiendo la existencia de un régimen totalitario en las propias filas. Era un punto de vista que no carecía de lógica desde una perspectiva ética, pero ésta importaba bien poco en el mundo de la Guerra Fría a comienzos de la década de los años cincuenta. Aguirre se resistió a sacar conclusiones de esta realidad, lo que a la fuerza le hubiera obligado a una revisión muy crítica de su principal estrategia política, que le estaba llevando de fracaso en fracaso. Prefirió mantenerse en su visión más humanista y ética de la política, porque era en este terreno donde él se sentía cómodo y pensaba tener un margen para la iniciativa. Sin embargo, su abierto desprecio de los ingredientes más *hobbesianos* de la política, es decir, su incapacidad o, simplemente, su rechazo a reconocer que la política no suele girar en torno a los valores y la ética, sino que se reduce a una —a menudo— violenta lucha por el poder, acabó perjudicándolo al introducir un sesgo demasiado voluntarista y, a la postre, irreal en los análisis que realizaba de las circunstancias y acontecimientos que le afectaban. Y éste era un punto débil, quizás el más débil de su liderazgo carismático. Este liderazgo no se cuestionó mientras la propuesta estratégica en la que se basaba parecía realista y contaba con posibilidades razonables de tener éxito. De hecho, durante los primeros años tras el fin de la II Guerra Mundial no hubo crítica alguna a la idea defendida por Aguirre de combinar la organización de la resistencia en el interior con una potente actividad diplomática en el campo internacional. Pero, en la medida en que se multiplicaban las sospechas de que esta última pata diplomática de la estrategia cojeaba cada vez más y que, además, el lehendakari no parecía darse cuenta de este hecho, iban apareciendo las primeras críticas, que suponían también las primeras grietas en el hasta entonces sólido e incuestionado liderazgo del primer presidente vasco. Probablemente no era casualidad que estas críticas procedieran de la única persona que, siendo diferente en casi todo, podía competir con Aguirre en el nivel de respeto e incluso veneración mostrado por la gran mayoría de los vascos —y no sólo de los nacionalistas— del exilio y del interior: Juan Ajuriaguerra, el dirigente nacionalista vizcaíno y factótum de la resistencia en el interior. Cuando Aguirre emprendió su viaje a América, ya sabía que algo le estaba pasando a Ajuriaguerra. Éste había rechazado la invitación de acompañar al lehendakari en su viaje y, además, había criticado la gestión financiera del Gobierno vasco. Ajuriaguerra censuró que al interior sólo llegase una ínfima parte del presupuesto gubernamental y que, además, nunca hubiese conseguido obtener alguna información concreta y fidedigna sobre el destino de las demás partidas del presupuesto. Pocos meses después del regreso de Aguirre, y a la vista de que la situación económica de la institución que presidía se estaba agravando debido al descenso de las donaciones procedentes de América Latina, Ajuriaguerra aprovechó una reunión de los cargos del partido con la presencia de Aguirre para explayarse a gusto y formular unas acusaciones realmente devastadoras contra el Gobierno vasco del exilio y su presidente. El acta de reunión recoge estas palabras con toda su crudeza:

> [...] el G.V. no existe. No existe como fuerza colegiada o como cuerpo colegiado. Los componentes son completamente inactivos. Las reuniones son de nulo valor. Ni toma direcciones ni coordina acciones. [...]. Si la gente de dentro supiera exactamente lo que pasa, dejaría de creer y de apoyar y desaparecería la principal razón de la existencia del G.V [...].

Una vez entrado en calor, y dejando atónitos a los demás asistentes, Ajuriaguerra lanzó otro cañonazo directamente a la línea de flotación de la estrategia defendida por el lehendakari, una estrategia a la que hasta la fecha no se había opuesto. En su opinión, era necesario mantener el aislamiento y la asfixia económica de Franco, pero a renglón seguido añadió unas reflexiones que rebajaban el significado de las palabras anteriores a una mera concesión de cortesía hacia el presidente:

> Ese trabajo es insuficiente, mejor dicho, inútil. A Franco se le va a tirar desde el Interior. Si en el Interior no se trabaja intensamente en este sentido, nada hay que hacer tampoco. Franco no caerá [...]. Debemos desprendernos de dos creencias: no se debe esperar que el Exterior tire a Franco, ni de que tome ninguna iniciativa que produzca su caída. Si no descarta-

mos esta manera de pensar, no adelantaremos nada. Tenemos que actuar en el Exterior ofensiva y no defensivamente, en que esta asfixia continúe y aumente.

No debemos pensar que en el Interior se pueda atacar a Franco de forma violenta, aunque no debemos descartar la violencia cuando sea preciso.

Y aún faltaba un tercer elemento de crítica con el que Ajuriaguerra cerró su larga intervención. Arremetió contra la idea de una colaboración con otras fuerzas políticas para constituir un órgano unitario que podría servir como alternativa al régimen franquista. Según el líder vizcaíno, esta idea se había revelado utópica y completamente irrealizable. Con otras palabras: buena parte del trabajo político que Aguirre había llevado a cabo con tanta convicción y tesón durante los cinco años posteriores a la derrota del fascismo no había servido para nada[71].

Esta situación era nueva para el lehendakari. Nadie había osado dirigirse a él en tales términos. Las críticas que recibía de sus amigos más cercanos, como Monzón y, sobre todo, Irujo, nunca cuestionaban el núcleo de su política. Otras críticas, como, por ejemplo, las relacionadas con el alcance del pactismo con los republicanos, aparecían revestidas de dudas o preguntas, tal y como había hecho Doroteo Ziaurritz, el presidente del EBB. Ahora Ajuriaguerra había roto con estos hábitos. Había empezado a desmontar la creencia de la infalibilidad del lehendakari, una creencia muy generalizada entre sus seguidores y consecuencia directa de su elevación al rango de símbolo, o incluso de mito, después de su milagrosa escapada de la Alemania nazi. Si hubiera querido, al presidente vasco no le hubieran faltado argumentos para defenderse y devolver el golpe. Le podría haber preguntado a su compañero por los logros de la resistencia posterior a la huelga de 1947. Le podría haber recordado que pocos meses antes de su encuentro, Franco se había paseado sin problema alguno por las calles de Bilbao. Le podría haber señalado que una resistencia activa y eficaz no debería haber permitido que el referéndum sobre la Ley de Sucesión o las elecciones municipales se convirtieran en actos propagandísticos del régimen sin que la oposición clandestina hubiese dado señales de vida. Aguirre, empero, no dijo nada de esto. El largo silencio que mantuvo en la reunión era una reacción muy poco

---

[71] «Extracto de la reunión celebrada el día 24 de octubre de 1950», AN, EBB-120-2. La crítica anterior de Ajuriaguerra se encuentra en una carta suya [seudónimo: J. de Axpe] a Aguirre, Bayona, 6-XII-1949, AN, GE-663-2.

habitual y mostraba que la procesión iba por dentro. Es más, en su única intervención renunció a todo tipo de defensa de su política. Dijo que aceptaba las críticas, aunque sostuvo que la mala situación económica de su Gobierno condicionaba sobremanera cualquier iniciativa. Terminó sacando conclusiones de las críticas para pasar de las palabras a las «obras y realidades». Para ello propuso de forma algo genérica la creación de una comisión con dos grupos, uno en el interior y otro en el exterior, «para dedicarse de lleno al trabajo», es decir, a la realización de actividades concretas. Esta comisión no llegó a constituirse. En realidad, se trataba de una propuesta poco operativa, más pensada para salir del paso, parar la embestida de Ajuriaguerra y recuperar su imagen como líder activo e imaginativo. Por todo ello, en la vida política del lehendakari, el año 1950 fue trascendental por dos motivos. Uno, porque tras las demoledoras críticas del líder de la resistencia y su negativa a acompañarle en el viaje a América, los principales ejes de su política habían quedado seriamente cuestionados: existía ya una enmienda, aunque todavía no una estrategia alternativa coherente. Y dos, la relación entre los dos grandes líderes del nacionalismo vasco de la posguerra quedó tocada para el resto de la vida de Aguirre. Ambos, quizás por sus caracteres tan diferentes, nunca habían sido amigos políticos íntimos, aunque siempre habían mantenido una relación de un gran respeto y una enorme consideración mutua. Entre ellos nunca faltó la confianza, sin la cual Ajuriaguerra difícilmente se hubiera expresado en este tono tan áspero, pero franco. Todo esto no cambió sustancialmente, pero a partir de 1950 la relación cordial, pero distante, se convirtió en una relación más que distante, fría. Ambos volvieron a discutir a raíz de la huelga de 1951. Dos años más tarde, harto de estos debates y de la política en general, Ajuriaguerra, tras huir al exilio francés, abandonó durante algunos meses sus cargos en el PNV y se marchó a trabajar a Lyon. Y poco antes de la muerte de Aguirre, con ocasión de la escisión del partido al nacer ETA, hubo otro encontronazo, como tendremos ocasión de ver. Pero no conviene adelantar acontecimientos. Aún estamos al comienzo de la década de los años cincuenta, en un momento en el que el liderazgo carismático del lehendakari había empezado a perder brillo. Como ocurre con todos los líderes carismáticos, este proceso es inevitable si las enormes esperanzas depositadas en él se ven minadas por la tristeza de una cotidianidad gris, que, en lugar de éxitos, no deja de registrar fracasos grandes y pequeños, uno tras otro. Así le fue a Aguirre en la política internacional de la Guerra Fría, en la lucha clandestina del interior y también con otra idea fuerza de su pensamiento político: la entente estratégica con los otros nacionalismos periféricos.

IV. UNA IDEA FUERZA Y SUS PROBLEMAS: LA ENTENTE DE LOS NACIONALISTAS PERIFÉRICOS

La idea de la acumulación de fuerzas nacionalistas periféricas como estrategia negociadora ante el poder central del Estado español no era un invento de José Antonio Aguirre. Pese a que Sabino Arana, el fundador del nacionalismo vasco, nunca había escondido su menosprecio por el catalanismo por considerarlo un mero regionalismo, las necesidades derivadas de la propia debilidad política pronto sustituyeron esta valoración negativa por un afán de buscar aliados en el campo del nacionalismo catalán y, aunque en menor medida, en el gallego. Sin embargo, la historia de los dos pactos establecidos entre diversas fuerzas de los tres nacionalismos, es decir, la Triple Alianza de 1923 y el pacto Galeuzca de 1933, revela las grandes dificultades de coordinar a tres movimientos políticos muy diferentes. Así, ni el efímero experimento de 1923, ni el Pacto de Compostela firmado en el verano de 1933 llegaron nunca a ser instrumentos políticamente operativos, siendo su valor meramente simbólico[72].

Nada más llegar al exilio, Aguirre retomó esta idea de la alianza periférica, pero le dotó de un contenido diferente, porque, a su juicio, los tiempos habían cambiado. Desde la aprobación de los Estatutos en Cataluña y en Euskadi existían ya unas instituciones autonómicas, y en Galicia sólo el comienzo de la guerra había impedido esta institucionalización. De ahí que la alianza con Cataluña y Galicia ya no podía quedarse en el ámbito de los partidos políticos, sino que debía pasar a ser una alianza a nivel *nacional*. En una situación en la que la República había desaparecido y en la que la tan esperada victoria de los aliados en la Guerra Mundial abría el escenario de una revisión y reordenación profunda de las estructuras políticas y administrativas en Europa, las naciones en la periferia del Estado español debían ir de la mano y acumular sus fuerzas si querían *pintar* algo en

---

[72] Para este tema se puede consultar Granja, José Luis de la: «Las alianzas políticas entre los nacionalismos periféricos», en: Granja, José Luis de la; Beramendi, Justo y Anguera, Pere: *La España de los nacionalismos y las autonomías*, Síntesis, Madrid, 2001, pp. 253-264, así como Mees, Ludger: «Tan lejos, tan cerca. El Gobierno vasco en Barcelona y las complejas relaciones entre el nacionalismo vasco y el catalán», *Historia Contemporánea*, 37, 2008, pp. 557-591.

este gran proceso de reordenación y no perderse en la pequeñez e insignificancia de cada una de ellas. Tan pronto como en el verano de 1939, y todavía de lleno sumergido en su fase nacionalista radical e intransigente, Aguirre ya había expresado esta idea a sus compañeros del partido de forma muy clara:

> Euzkadi es un pueblo pequeño. No nos basta la simple estimación de las potencias democráticas, es preciso contar con aquellas realidades que les demuestre o haga ver que somos además un interés para ellos, y que este interés coincida con el de ellos. Por esto nos conviene tener fuerzas a nuestro lado que nos ayuden; yo entiendo que ésta es la de Cataluña. Junto a nosotros, es separarlos de España, restándole fuerzas. Mi labor [...] es la de unirlos y lo voy consiguiendo[73].

La acumulación de fuerzas debía servir, por lo tanto, en primer lugar para ganarse el apoyo activo de las democracias. Una vez logrado este apoyo, sería más fácil hacer valer los intereses propios ante el futuro poder central en España, que gestionaría el mencionado proceso de reordenación en este país tras el derrocamiento de la dictadura. ¿Y cuáles eran estos intereses propios? ¿Cuál era el objetivo a conseguir? Resulta interesante observar que incluso durante su fase radical Aguirre no definía su meta política en términos de una mera secesión y separación de España, sino que preveía algún tipo de federación:

> La política futura e incluso peninsular ha de basarse precisamente en una acción de la periferia hacia el centro, si es que ha de haber una mínima concordia. Sobre la base indestructible de vascos y de catalanes ha de edificarse un edificio futuro de tipo confederal o como se llame, con vistas a federaciones más amplias que el futuro puede deparar. Pero siempre a base de vascos y catalanes [...]. Sobre nosotros ha de edificarse todo lo que de útil pueda edificarse en el futuro en el orden peninsular[74].

Resulta, empero, que hubo dos grandes problemas que se oponían a la realización de este plan. En primer lugar, cabe mencionar la orfandad institucional catalana. Tras la derrota en la guerra, y ante las insalvables diferencias políticas entre la Esquerra y los comunistas del PSUC, el Gobierno de la Generalitat había quedado prácticamente disuelto, siendo su presidente Companys fusilado en octubre de 1940 tras haber sido capturado en Francia por los alemanes y entregado a los franquistas. Aguirre no había disimulado su gran dis-

---

[73] «Reunión con el EBB, Villa Endara, Anglet», 26-IX-1939, AN, DP-16-4.
[74] José Antonio Aguirre a José Ignacio Lizaso, París, 5-III-1940, AN, GE-391-3.

gusto por la disolución del Gobierno catalán. Esta decisión fue consecuencia —y éste era el segundo problema— de la gran división de las fuerzas catalanistas entre sí e incluso de diferentes sectores que se combatían dentro de un mismo partido, como la Esquerra. Dejando de lado matices políticos e incompatibilidades personales, el catalanismo en el exilio quedó dividido entre un sector «legalista», partidario de la Generalitat y del Estatuto de 1932, y los «autodeterministas», es decir, nacionalistas que abogaban por una superación del *statu quo* de 1932. El lehendakari se llevaba bien con sectores de ambos bandos y gozaba de un gran prestigio allá donde aparecía. Testimonios tan cualificados como el de Jaume Miravitlles, un destacado político de la Esquerra, dan fe de esta reputación que, según él, habilitaba a Aguirre incluso a intervenir en la política catalana del exilio para poner orden y fomentar iniciativas unitarias:

> La actitud que Ud. pueda adoptar, aun dentro de los límites a que le obliga su discreción y fineza política, puede ser más importante de lo que Ud. mismo se figura para los destinos inmediatos y futuros de Cataluña. La interdependencia de los países es un fenómeno político característico de nuestra época. En el caso de Cataluña y Euskadi, esta interdependencia llega ya, casi, a la fusión. Cuando Ud. vino a México un escritor, al darse cuenta de la devoción con que los catalanes siguieron toda su actuación, aseguró que, perdido Companys, los catalanes iban sin norte ni guía y que encontraban en Ud. aun siendo vasco, a su sucesor. Yo no diré tanto. Pi Sunyer es una figura que se levanta en el firmamento catalán con todos los atributos del futuro Presidente de la Generalidad. Pero si él es nuestro padre, Ud. es indiscutiblemente nuestro padrino. Esto le da obligaciones superiores a las de un simple Presidente de un 'país amigo' o una «nación hermana»[75].

Y el líder vasco estaba dispuesto a asumir estas obligaciones. Sus esfuerzos para unir a los catalanistas del exilio y forjar una alianza bipartita, o más tarde, con la inclusión de los galleguistas, tripartita, son una constante que dejó sus huellas en el largo período que se extiende desde 1939 hasta mediados de los años cincuenta, concentrándose sobre todo en la segunda mitad de los cuarenta. Se trata de actividades que reflejan la misma evolución que ya hemos podido observar en otros ámbitos temáticos: su evolución consiste en el tránsito de una postura nacionalista más radical hacia un pensamiento y talante más flexible, pragmático y moderado. Así, inicialmente no tuvo ninguna duda en apoyar el *Consell Nacional de Catalunya* que el

---

[75] Carta de Jaume Miravitlles a José Antonio Aguirre, s.l., febrero de 1944 [no lleva fecha exacta], AN, EBB-304-13.

exconseller de Cultura Carles Pi i Sunyer había creado en julio de 1940 en Londres. Tal y como Irujo había hecho con el Consejo Nacional de Euzkadi, el Consell de Pi i Sunyer se fundó como órgano multipartidista llamado a suplir la pasividad a la que tras la ocupación alemana estaba condenado el otro *Consell Nacional* creado por el propio Companys en el exilio francés. A la sazón, Pi lideraba el sector autodeterminista del exilio catalán y se encontraba así en plena sintonía tanto con Irujo como, después de su reaparición, con Aguirre.

Sin embargo, tal y como ya se ha indicado en un epígrafe anterior, el presidente vasco pronto tuvo que darse cuenta de que Pi i Sunyer no era capaz de superar el grave enfrentamiento que dividía al exilio catalán. Esto quedó patente cuando en 1943 el sector moderado de la Esquerra, en contra del criterio de Pi y de Aguirre, entró en la JEL de Prieto y Martínez Barrio. Y en la medida en que la estrella de Pi y Sunyer como hipotético líder de todo el catalanismo exiliado y, como Miravitlles todavía pronosticó en 1944: futuro presidente de la reconstituida Generalitat, se iba apagando, emergía otra con una luz pronto bastante más brillante: la de Josep Tarradellas, el secretario general de la Esquerra Republicana de Catalunya (ERC) y nuevo hombre fuerte del partido. Durante 1944 Aguirre, sobre todo a través de Telesforo Monzón en México, todavía trabajó para impulsar la ampliación del Consell de Londres mediante la incorporación de políticos del ala moderada, pero dispuestos a aceptar el programa soberanista. En noviembre del mismo año recibió la buena noticia de que su amigo Castelao había creado en Montevideo con el *Consello de Galiza* un órgano *nacional* que podría servir como tercera pata institucional de la *entente* vasco, catalana y gallega. Y aún hubo más datos positivos, porque también las noticias que llegaban de la definitiva agonía de la JEL y de los pasos dados por Pi i Sunyer en Londres con el fin de aumentar la representatividad de su Consejo parecían indicar que las cosas se estaban desarrollando en la dirección deseada por Aguirre. Pero, como ocurre tantas veces, la realidad era más terca. Los moderados de la ERC no acabaron de sumarse al Consell de Londres. Al contrario, terminaron agrupándose alrededor de la *Solidaritat Catalana* que Tarradellas había fundado en enero de 1945 en París. Cuando este nuevo organismo recibió, además, la bendición de Josep Irla, el último presidente del Parlamento catalán y, por tanto, tras la desaparición de Companys, el heredero oficial de la legitimidad autonómica catalana, Aguirre tuvo que reconocer que su firme apuesta por Pi y su Consejo había sido a caballo perdedor. Como el grueso del exilio catalanista parecía decantarse definitivamente por la propuesta de Tarradellas, el lehendakari no tuvo más remedio que replantearse su estrategia. Se recordará que, a la sazón, estaba ya plenamente involucrado en las labores de mediación para la restauración del Gobierno republicano en el exilio, y lo que valía en el caso de los republicanos españoles también era válido para los catalanistas: la *conditio sine qua non* para cualquier labor política con posibilidades de éxito era la superación de los graves enfrentamientos internos y la realización de potentes proyectos unitarios, como el Gobierno republicano, en un caso, y el Gobierno de la Generalitat, en el otro. En consecuencia, había que priorizar estas iniciativas unitarias por encima de programas políticos concretos (¿soberanía, autonomía, estructuras federales...?), puesto que estos últimos serían meros pasatiempos terminológicos sin la implantación de las primeras. Así, a partir de enero de 1945 Aguirre comenzó a bascular hacia el sector de Tarradellas con un fin claro: facilitar la reconstitución del Gobierno de la Generalitat alrededor de la iniciativa liderada por el secretario general de la Esquerra. Para ello era necesario sacrificar al *Consell* de Pi i Sunyer, planteando ahora la tesis inversa: si los moderados no querían entrar en el *Consell* de Londres, los soberanistas debían sumarse al nuevo proyecto promocionado por Tarradellas, Irla y el diputado de la Esquerra Miquel Santaló. Aguirre sabía que la disolución del Consejo de su protegido era inevitable, puesto que Tarradellas contaba con un argumento difícilmente refutable: si el lehendakari había exigido la disolución del Consejo de Irujo tras su escapada de la Alemania nazi para recuperar el protagonismo para el Gobierno vasco, ¿por qué no había que exigir ahora también la disolución del Consejo de Pi i Sunyer y la adhesión de éste y su gente a un proyecto que se comprendía como el embrión del futuro Gobierno de la Generalitat? La investigación especializada ha revelado que las presiones de Aguirre fueron decisivas para que Pi aceptara estos planteamientos[76]. Una vez logrado este consentimiento de quien había sido su principal aliado en el nacionalismo catalán del exilio, el camino quedaba despejado. En un congreso de ERC celebrado en junio de 1945, Pi moderó su antiestatutismo con una declaración de lealtad a las decisiones adoptadas por la mayoría de los delegados. Como contra-

---

[76] «L'acostament del govern basc a la Generalitat va ser un factor clau en la dissolució del Consell de Londres. Sense el suport d'Aguirre, aquest perdia representació i força. [...] Ara, Aguirre advocava per un enteniment definitiu entre Pi i la Generalitat, i Pi va assegurar que estava disposat a pactar». Cf. Morales Montoya, Mercè: *La Generalitat de Josep Irla i l'exili polític català*, Editorial Base, Barcelona, 2008, p. 406.

partida, el dirigente recibió el encargo del presidente Irla de formar el primer Gobierno de la reconstituida Generalitat, lo que Pi agradeció con la definitiva disolución de su Consejo. Pocos meses después, tras haber recibido la negativa de varias personas a la invitación a entrar en su primer gabinete, tuvo que renunciar y pasar el testigo a Josep Irla, quien en septiembre de 1945 tuvo más éxito, siendo el nuevo presidente del Gobierno de la Generalitat en el exilio.

Por fin se habían creado las condiciones para la acumulación de fuerzas nacionalistas y el presidente vasco había jugado un papel importante en este proceso. Existían ya tres entidades nacionales, por lo que la lucha por la libertad de Galicia, Cataluña y Euskadi había entrado en una nueva fase. En esta nueva situación resulta también lógico que Aguirre desautorizara como un claro regreso la iniciativa que algunos partidos nacionalistas, entre ellos el PNV, además del sindicato vasco ELA/STV, habían llevado a cabo en México a finales de 1945 con la intención de restaurar la Galeuzca de la República: a su juicio, se trataba de una iniciativa más partidista que nacional. Fueron meses de un auténtico «resplandor galeuzcano» (X. Estévez), en los que un manifiesto seguía a otro. Ninguno de ellos, empero, trascendió lo meramente anecdótico para alcanzar algún tipo de notoriedad histórica. Por ello, no merece detenerse aquí en su escrutinio pormenorizado. Con todo, si bien es cierto que estos debates de 1945 no dejaron de ser meros ejercicios retóricos sin mayores consecuencias, sí contienen elementos importantes para retratar el pensamiento político del lehendakari en aquellos momentos tan esperanzadores tras el fin de la Guerra Mundial. Y las tonalidades que ofrece este retrato coinciden plenamente con las que hemos podido observar en otros contextos temáticos analizados anteriormente. En las discusiones sobre esta nueva edición de Galeuzca, Aguirre se nos presenta como un político que ya ha salido de su radicalismo intransigente y aislacionista, al que ha sustituido por un nacionalismo pragmático, flexible y moldeable según las exigencias de una realidad cambiante. Sigue firme en sus convicciones nacionalistas, pero estas convicciones quedan atenuadas en la práctica política por una certeza que se ha implantado en su mente: la certeza de que el pueblo vasco por sí solo es demasiado pequeño y débil para luchar por su libertad, y que, por consiguiente, depende para ello del apoyo proporcionado por alianzas en tres niveles: el internacional con las potencias democráticas, el español con los demócratas españoles y el que llamaríamos el nivel periférico con las naciones que se encuentran en una situación parecida a Euskadi. A su juicio, la búsqueda de la alianza con los republicanos españoles exigía el abandono de la idea de la incompatibilidad entre los derechos nacionales de los pueblos y el marco republicano de 1931 y desaconsejaba también plantear el reconocimiento previo del derecho de autodeterminación como condición para cualquier negociación. Este derecho entraría en vigor en un «período constituyente» posterior a la restauración de la República. En este período, Galeuzca «desea se oriente hacia la confederación republicano-democrática española o ibérica», es decir, hacia un nuevo modelo de convivencia y no hacia una solución secesionista. Es más: Aguirre defendía la moderación de sus planteamientos con el fin de evitar «todo aquello que pudiera irritar y dificultar las cosas». Así se facilitaría el consenso entre las fuerzas de Galeuzca y «los españoles», que aceptarían más fácilmente las reivindicaciones de los nacionalistas al ver que en el fondo no eran secesionistas:

> Si los españoles pensaran sin sectarismo, apreciarían y agradecerían nuestra posición positiva en orden al problema de la República y comprenderían que el resto constituye nuestro programa específico como ellos tienen el suyo. Comprenderían, además, que no es una posición separatista, incluso en su programa final[77].

Esta invitación a la moderación, al gradualismo y al pactismo no recibió ninguna enmienda a la totalidad. Viniendo de quien venía, era lógico que fuera así, porque entonces todavía todo lo que decía Aguirre iba a misa. Se aceptaba, pero no sin generar una cierta sensación de sorpresa. No hay que olvidar que el lehendakari mismo llevaba desde 1939 articulando un discurso bastante diferente y, desde luego, menos orientado hacia el consenso y la cooperación que hacia la imposición y el aislamiento. Como se ha visto, su amigo Irujo —antes de convertirse en el más republicano de todos los nacionalistas vascos— había ido aún más lejos con su radicalismo. Por ello, el navarro mantuvo una postura abiertamente crítica con los planteamientos que Aguirre había defendido para Galeuzca, sosteniendo que la propuesta del lehendakari era poco «nacional» y demasiado «dependiente de la política española»: «Nos conduce a España y sólo a España». Castelao, el más ferviente defensor de la alianza tripartita, recelaba del «oportunismo» que veía en las palabras de su amigo Aguirre, aunque decía entender «los motivos que te han inducido a rectificar en gran parte tus primeros pensamientos». Pi i Sunyer, por

---

[77] Las citas proceden de la carta de José Antonio Aguirre a Ramón María Aldasoro, s.l. [Nueva York], 20-X-1944; y del documento «Proyecto del Presidente Aguirre (17-X-1944)», ambos en AN, GE-265-4.

su parte, relata que la impresión entre sus compañeros de Londres no era demasiado favorable, porque no se compartía el «legalismo encubierto» que subyacía en el texto del presidente vasco. Como no era cuestión de enfrentarse a su máximo valedor, Pi propuso a Aguirre modificar algunas partes del manifiesto, a lo que el vasco contestó que iba a plantear estas propuestas a su Gobierno. Y no hubo más noticia de Galeuzca en la correspondencia entre los dos hombres. En los documentos de la época el tema colea todavía durante unas cuantas semanas, pero estas referencias tan sólo eran muestras puntuales de la agonía en la que el proyecto Galeuzca había entrado. Para ello hubo varias razones. La primera la mencionó el propio Pi i Sunyer en sus memorias: «En l'esprit dels bascs, altres possibilitats politiques del moment l'anaren deixant en segon terme»[78]. Efectivamente, los mismos planteamientos de moderación y pactismo que el presidente vasco estaba defendiendo para Galeuzca, estaban dando ya su fruto en el campo del exilio español. Con el Gobierno republicano de Giral existía, por fin, el instrumento unitario tan necesario para la lucha antifranquista, y Aguirre y su ministro Irujo habían logrado una gran influencia en el mismo. Y este nuevo instrumento acaparaba toda la atención de los líderes vascos. Por otra parte, la marginación de Galeuzca fue también consecuencia de las oscilaciones de poder en el seno del catalanismo en el exilio. Con Josep Tarradellas llegó un nuevo líder que, contrariamente a lo que había hecho Pi i Sunyer, nunca había creído en la idea de Galeuzca, básicamente porque no veía a los nacionalistas gallegos a la misma altura que los vascos y los catalanes, y además creía que Galeuzca suponía un «desafío» al poder central español, en este caso al Gobierno republicano, lo que «sólo podrá conducirnos a crear dificultades muy fuertes a los problemas catalán y vasco. Yo no puedo aceptar esta responsabilidad. Por eso no apoyaremos la política de Galeuzca ni aceptamos tampoco el nombre que no es muy afortunado»[79].

En el fondo, Aguirre tuvo que reconocer que no le faltaba razón al líder catalán: cuando había costado tanto reconstruir el Gobierno republicano, y encontrándose los vascos en el puente de mando del mismo, no era cuestión ahora de estropear el buen ambiente con una

---

[78] Pi i Sunyer, Carles: *Memòries de l'exili. El Consell Nacional de Catalunya 1940-1945*, Curial, Barcelona, 1978, pp. 198-200; Manuel Irujo a Jesús María Leizaola, Londres, 29-XI-1944, AN, GE-265-4; Alfonso Rodríguez Castelao a José Antonio Aguirre, 28-XI-1944, reproducida en Estévez, Xosé: *Antología de Galeuzca en el exilio 1939-1960*, J.A. Ascunce, San Sebastián, 1992, pp. 184-190.

[79] Informe anónimo, muy probablemente de M. Irujo («Nota número 86: Señor Tarradellas»), 16-XII-1946, AN, GE-668-2.

política nacionalista muy reivindicativa articulada por un frente nacionalista tripartito. Y un razonamiento parecido podía aplicarse al caso de los catalanes: tras tantos esfuerzos para restaurar el Gobierno de la Generalitat, uno de los objetivos primordiales del lehendakari, y a la vista de que el nuevo hombre fuerte del nacionalismo catalán no participaba del entusiasmo *galeuzcano*, más valía aparcar este tema y crear un clima de confianza y cooperación bilateral entre la Generalitat y el Gobierno vasco, pese a que esta decisión, como era previsible, tenía que provocar el enfado del tercer aliado, de Castelao, un hombre que, según la opinión de Tarradellas, sólo entró en el Gobierno republicano gracias a la presión de Aguirre. Y así ocurrió. El calculado aborto de Galeuzca fue la causa de que la veneración que Castelao siempre había sentido por Aguirre se convirtiera en amargura y resentimiento. Para el líder galleguista, «Galeuzca fue la idea más grande que surgió en España desde hace más de un siglo» y Aguirre la había «matado» por unos intereses espurios: la voluntad de llevarse bien con los republicanos españoles y, sobre todo, con los socialistas[80].

Pero este enfado era un mal menor si funcionaba la relación bilateral con los catalanistas y la Generalitat. Y para que esto fuera así, Aguirre estaba dispuesto a sacarse un as de la manga que no iba a garantizar una sintonía política con los nacionalistas catalanes, pero que sí la facilitaría: el dinero. Así, en primer lugar, negoció con el Gobierno Giral una partida presupuestaria para la financiación de los organismos autonómicos. Y, en segundo lugar, autorizó unos préstamos del Gobierno vasco a la Generalitat. Estos préstamos, cuyo montante total ascendió a unos dos millones de francos franceses, fueron vitales para asegurar la supervivencia de la Generalitat durante los primeros años. Para consolidar aún más esta buena relación institucional, en octubre de 1947 el PNV y la ERC firmaron el «Pacto de Montpellier», en el cual ambos partidos asumieron el compromiso de consultarse mutuamente antes de adoptar decisiones importantes con el fin de «concertar su acción política»[81].

Pero cuando se firmó este pacto, ya habían aparecido los primeros indicios de que esta cooperación entre vascos y catalanes no funcionaba como Aguirre hubiera querido. El primer aviso se produjo en el

---

[80] Cartas de Castelao a José Antonio Aguirre, París, 21-VII-1947, y a Manuel Irujo, Buenos Aires, 6-X-1947 y 3-VI-1948; estos documentos, junto con otras cartas sobre Galeuzca y otros temas, están reproducidos en Castelao: *Obras*, Editorial Galaxia, Vigo, vol. 6, 2000, pp. 451-717.

[81] Texto del pacto en *La Humantitat*, 30-X-1947.

verano de 1946 en una reunión del gabinete Giral. Debatiendo la conveniencia de seguir o no con el Gobierno republicano como el mejor instrumento de la lucha antifranquista, Irujo se opuso vehementemente a las tesis de los ministros socialistas, ya cada vez más en la línea de Prieto contraria al mantenimiento del ejecutivo, y defendió la continuidad de Giral también en nombre del ministro catalán que estaba ausente. Fue mayúscula su sorpresa cuando se tuvo que enterar, por la boca de su compañero socialista Enrique de Francisco, de que Tarradellas le había pedido a él que trasladara al Consejo de Ministros el ruego de no tratar este tema en ausencia del ministro catalán Miquel Santaló. Era una cuestión grave, porque suponía una desautorización de Irujo en toda regla. ¡En vez de acudir al *aliado* vasco para acordar la estrategia en un tema de tanta relevancia, el secretario general de la Esquerra prefirió convertir a un ministro socialista, afín a Prieto, en su portavoz! El navarro cogió un enfado tremendo y, fiel a su carácter directo e impulsivo, no tardó en trasladar su sentimiento al interesado, acusando a Tarradellas —eso sí: con un estilo contenido y respetuoso— de nada menos que de haber traicionado la clásica solidaridad vasco-catalana. Además, Irujo no quiso dejarlo en una crítica privada: terminó su carta al dirigente catalán con la nota de que había enviado copia de su escrito a Aguirre, a Irla y a los ministros catalán y gallego.

Y aquí es donde se inició la sucesiva voladura de todos los puentes que unían a los nacionalistas vascos y catalanes en el exilio. En el centro de todas las disputas siempre se encontraba Tarradellas, un hombre con un orgullo y un ego al menos tan fuertes como los del presidente vasco. Aprovechó la respuesta a Irujo para desahogarse y exteriorizar poco a poco las razones de su enfado y su malestar. En su extensa misiva, el dirigente catalán confeccionó una larga lista de agravios: que los vascos nunca habían consultado a los catalanes antes de tomar determinadas decisiones; que la política de Aguirre y de su partido estaba sumergida en la confusión y desorientación total, puesto que había pasado de un «nacionalismo romántico e intransigente» a un oportunismo sin rumbo; había dejado de ser un «movimiento de combate» para convertirse en una opción política blanda, legalista y entregada a la política española; que las diferencias entre los dos ministros catalán y vasco en el Gobierno republicano eran una cuestión de los partidos políticos, y no de los Gobiernos, ya que Irujo representaba no al pueblo vasco sino al PNV; que el catalanismo de la Esquerra no tenía nada que ver con el nacionalismo de Aguirre y del PNV, porque —y aquí citó a Unamuno— «nuestro movimiento nacionalista era el único en Europa que podía contar con la simpatía de los hombres liberales»[82].

Esto fue sólo el comienzo, porque en los meses posteriores la tensión fue *in crescendo*. Cuando el Gobierno Giral entró en crisis, los nacionalistas catalanes se unieron a las voces críticas que venían desde el campo de Prieto, pero su ministro no quiso dimitir: parecía mejor defender las asignaciones económicas a la Generalitat desde dentro que desde fuera. Cuando Giral fue sustituido por Llopis, Tarradellas se mostró muy crítico al considerar al nuevo Gobierno una mera prolongación del anterior. Cuando en agosto de 1947 quebró también este gabinete, Tarradellas forzó la salida del ministro catalán con la intención de mantener su buena relación con Prieto, obligándoles a Aguirre y al PNV a hacer lo mismo con Irujo. Pero aún faltaba el punto culminante de esta evolución. Se produjo en enero de 1948, cuando Aguirre fue informado por parte del presidente Irla de que, tras la dimisión de varios consejeros, la frágil unidad del exilio catalán se había quebrado definitivamente y que, también por las presiones de Prieto, iba a proceder a la disolución de su Gobierno manteniendo sólo la presidencia. Se trataba, sin duda, de una decisión gravísima, que chocaba frontalmente con los principios básicos de la política que el lehendakari había ido definiendo durante los últimos años. A nadie se le escapaba el hecho de que la desaparición de esta institución nacional catalana suponía un claro éxito para las pretensiones de Prieto, para quien la pervivencia de las instituciones republicanas significaba un gran obstáculo para su particular forma de entender la lucha antifranquista. Suponía también un retroceso a la situación anterior de 1945, un regreso a los tiempos de la lucha encarnizada entre los diferentes sectores del catalanismo en el exilio y, por ello, la pérdida del aliado institucional y *nacional* que Aguirre tanto había buscado. Y, finalmente, la decisión de Irla aumentaba también la presión sobre el Gobierno vasco, cuya razón de ser quedaba cada vez más en entredicho y expuesta a las embestidas de la retórica de Prieto. Esta decisión de disolver el Gobierno de la Generalitat tras una corta vida que no llegaba ni a tres años terminó con la paciencia incluso de Aguirre. Poco después de enterarse de la noticia, ordenó a sus hombres reclamar la devolución de los préstamos concedidos a los catalanes. El argumento tenía su lógica: el dinero se había concedido para un organismo muy concreto y en el momento en que dejaba de existir este organismo el préstamo perdía su justificación.

---

[82] Josep Tarradellas a Manuel Irujo, París, 28-VIII-1946, Archivo Tarradellas, sección Gobierno vasco.

Si Tarradellas ya llevaba bastante tiempo molesto y enfadado con los nacionalistas vascos, esta demanda le hizo explotar. En una larga reunión entre políticos catalanes y vascos celebrada el 20 de noviembre de 1949 —no estuvo Aguirre, pero sí Irujo, Leizaola, Lasarte y Ajuriaguerra—, que duró de las 9,30 horas de la mañana hasta las 2,30 horas de la madrugada del día siguiente, el líder catalán no dejó títere con cabeza. Su intervención reventó la reunión. El protocolo de la misma recoge la «gran violencia del lenguaje» y su «extrema dureza» hasta el punto de que el autor anónimo, aunque probablemente fue Irujo, no quiso documentar literalmente las intervenciones más comprometidas. Tarradellas se sintió chantajeado y castigado por no haber actuado según el deseo de Aguirre y los nacionalistas vascos al disolver el Gobierno: «Ya no es la fuerza de los argumentos, ni la presión de nuestra amistad, sino la palanca del dinero la que fue movilizada para forzarnos a seguir la línea política suya». Contrastó esta actitud vengativa y chantajista con la generosidad que la propia Generalitat había mostrado durante la Guerra Civil, cuando el Gobierno vasco trasladó su sede a Barcelona y se benefició de la ayuda económica por un valor de «varios millones de pesetas, que no han pensado los vascos en devolver». Por ello, concluía que «catalanes y vascos vivimos en absoluta insolidaridad. Los pactos de solidaridad son letra muerta. No sirven para nada. Los catalanes somos para los vascos los parientes pobres». Además, ellos no estaban dispuestos a seguir la política cambiante y sin rumbo reconocible de Aguirre y su partido:

> Nosotros, los catalanes, hemos seguido siempre una política recta, sin quiebros, sin vueltas de cara. Los vascos, en cambio, han pasado de una posición comunistoide a otra occidental *a outrance*. Un día están con los comunistas, empujando el presidente Aguirre cuanto puede esta solución. Otro están con Prieto. Otro están en institucionalistas como Albornoz y Martínez Barrio. Por ese camino no podemos seguirles, ni les seguiremos. [...] Los vascos son los parientes ricos, y se creen con derecho a imponer su criterio y a violentar nuestra actuación. Y eso no lo podemos aceptar ni lo aceptaremos de ninguna manera. Nos iremos a hacer una política nacional catalana [...] y les dejaremos a los vascos con Albornoz [...]. Los republicanos españoles no representan nada. Son una colección de personajes desacreditados, tras los cuales no hay nada. Son una tertulia.

Después de semejante rapapolvo, empero, ambas delegaciones curiosamente tomaron un acuerdo, el único de este encuentro tormentoso, y era un acuerdo de colaboración: pese a la retirada de los ministros, Ramón Nogués, el presidente del Parlamento y sucesor de

Irla en este puesto, abogaba por hacer un esfuerzo para «corregir el presupuesto de la República», que, según Nogués, discriminaba a la Generalitat. Con este fin acudió al día siguiente al despacho de Aguirre, quien ya estaba al tanto de todo lo ocurrido el día anterior. El catalán pidió al presidente vasco que usara su buena relación con Martínez Barrio para que convocara una reunión al más alto nivel para tratar este tema. El lehendakari no quiso echar más leña al fuego y llamó inmediatamente al presidente de la República. Al final, el resultado fue el deseado: se celebró la reunión y el tema se arregló. «Los catalanes se quedan mal tratados por Don Diego [Martínez Barrio], pero económicamente satisfechos. Y no pasa de ahí su indignación». Como se ve, una cosa era poner a caldo a Aguirre, su política y la de su partido y declarar con orgullo que no necesitaba «mendigar apoyos ajenos», tal y como había expresado Tarradellas, y otra cosa muy diferente era dar el paso de la teoría a la práctica en medio de unas circunstancias adversas y marcadas por el crónico problema económico. Y como era *vox populi* que el tan denostado Aguirre gozaba de un notable predicamento entre los dirigentes del exilio republicano, parecía más inteligente olvidarse por un momento del discurso victimista, pero orgulloso, del «pariente pobre» y valerse de los buenos oficios de mediador del «pariente rico» para salvar así una situación económicamente muy comprometida[83].

En todo caso, este pequeño gesto de buena voluntad del lehendakari no cambió para nada la trayectoria de la evolución entre los nacionalistas vascos y los catalanes en el exilio. A partir de 1949 ya casi nadie hablaba de Galeuzca y las relaciones bilaterales se estaban reduciendo a la más mínima expresión. Tarradellas hizo todo para cortar también lo último que quedaba. Aquí sólo podemos mencionar brevemente siquiera los principales hitos de esta voladura de los últimos puentes: la acusación de colaboracionismo con la dictadura por el esfuerzo de Aguirre de canalizar los créditos americanos hacia las empresas vascas; las quejas por el trato humillante y arrogante recibido por parte del presidente vasco; la denuncia por la actitud crítica de Aguirre ante la gran huelga en Barcelona (1951); la denuncia del Pacto de Montpellier entre PNV y ERC en 1952 y la abierta oposición a la continuidad del Gobierno vasco mostrada por Tarradellas en 1953, un año antes de que el catalán convirtiera su liderazgo de hecho en un liderazgo *de iure* al suceder en una polémica elección a Irla en la presidencia de la Generalitat.

---

[83] Todas las citas provienen del informe anónimo, titulado «Relaciones vasco-catalanas», 20 y 21-XI-1949, Archivo Irujo, 68-2.

Tarradellas fue una de las poquísimas personalidades de su entorno que se le resistió a Aguirre durante toda su vida. No logró establecer una relación de confianza mínima, no se produjo en ningún momento algún tipo de *química* entre ambos. No deja de ser un hecho curioso que el presidente vasco se entendía mucho mejor con algunos políticos ideológicamente muy opuestos a su pensamiento, como podían ser Diego Martínez Barrio y, más aún, Indalecio Prieto, mientras que con un hombre como Tarradellas, nacionalista como él, la relación fue distante y, al final, cortante. Existe una amplia coincidencia entre los testigos coetáneos de esta relación en explicarla con referencias psicológicas al carácter de Tarradellas. Así, Irujo, analizando el comportamiento de Tarradellas y la gente cercana a él, señaló que «observan que el Presidente Aguirre es figura prestigiosa y considerada en la esfera republicana y en la internacional como el primer valor positivo de los movimientos irredentos que viven dentro del Estado español. […] Todo esto les entristece, les contraría y les molesta. Conozco muchas reacciones suyas respondiendo a aquellos sentimientos. De manera singular y en términos republicanos, no pueden aceptar los catalanes el verse sustituidos por los vascos en la vanguardia de las fuerzas peninsulares». Castelao también opinaba que estas reacciones furibundas eran la consecuencia de tener que reconocer que «el catalanismo ofrece unas deficiencias muy grandes y está muy por debajo de la capacidad de equipo y de gestión de los vascos». Jaume Miravitlles, uno de los catalanistas más próximos a Aguirre, incluso se atrevió con un diagnóstico patológico, señalando que «Tarradellas quizás no está bien de la cabeza y tiene algunas alucinaciones». Para él, la cuestión se reducía a un «problema de celos». El propio Aguirre no quiso dar demasiada importancia a todo lo que había escuchado por parte de quien a partir de 1954 sería su homólogo catalán: sus reproches y alusiones no eran más que «groserías» y «marrullerías» que ni siquiera merecían ser respondidas[84]. Prefirió volcarse en otras cosas, seguramente también para no dejarse deprimir por el hecho de que otra de sus grandes iniciativas en el exilio, la construcción de una sólida alianza con los demás nacionalismos periféricos, había terminado con un fracaso: ¡otro fracaso más!

---

[84] «Nota de la visita del Lendakari al EBB el 16 de agosto de 1952. Estrictamente confidencial», AN, PNV-119-4; «Tarradellas. Informe de la conversación que acabo de tener con Miravitlles», 6-IX-1952, AN, GE-648-2; «Nota No. 85: Señor Castelao», AN, GE-668-2; «Nota No. 37. Los catalanes y la República», París, 13-XI-1946, ibíd.

CAPÍTULO IX

LA REBELDÍA CONTRA EL OCASO
(1951-1960)

La última década de la vida de José Antonio Aguirre fue probablemente la más triste. Los años cincuenta fueron años de grandes disgustos políticos, que evidenciaron dos cosas: primero, que ninguna de las diferentes estrategias antifranquistas que el lehendakari había impulsado había producido fruto alguno, y, segundo, que el régimen estaba más fuerte que nunca: no se vislumbraba por ninguna parte algún elemento de crisis susceptible de desencadenar la tan esperada agonía final. La firme apuesta de Aguirre por la presión internacional contra la dictadura necesitó enormes dosis de voluntarismo para no quedar completamente laminada por los fríos intereses geopolíticos que, en el marco de la Guerra Fría, no entendían de moral o de ética. Pero tampoco la resistencia en el interior estaba como para echar cohetes: la huelga de 1951, con pésimas consecuencias para muchos de sus promotores, fue su última gran aportación antes de la prematura muerte del lehendakari en 1960. Debido a todos estos golpes y contratiempos, y a la vista de que ni siquiera él parecía en condiciones de encontrar el camino para salir de la penuria, dejar el exilio y volver a una patria libre y democrática, durante la década de 1950 se produjo una transformación de su liderazgo carismático. Durante estos últimos años de su vida, el presidente vasco continuaba siendo el líder más respetado y más carismático del exilio vasco (y muy probablemente español), pero su carisma ya no contaba con esa aureola mesiánica otorgada por sus seguidores tras su milagrosa escapada de la Alemania nazi. Se trataba ahora de un carisma más humano, *cepillado* por la sucesión de circunstancias adversas, un carisma normalizado y pasado por el tamiz de la cotidianidad. Ello quiere decir que, sin duda, Aguirre seguía siendo el líder indiscutible del exilio, pero ahora ya era también un líder más vulnerable: la humanización de su figura estaba introduciendo grietas en su blindaje carismático, de manera que poco a poco dejó de ser el dirigente intocable e infalible que muchos (y muchas) habían querido ver. Continuaba siendo el líder, también porque se esforzaba en seguir haciendo *business-as-usual*, seguir haciendo política como si no hubiera pasado nada, como si todas las opciones estuvieran abiertas, como si estuviera a punto de dar con la solución en la lucha contra Franco. Y este *business-as-usual* significaba en el caso de Aguirre crear, como había hecho durante toda su vida, un ambiente de confianza y esperanza en su entorno; dar ejemplo personal, no parar de moverse y exhibir un activismo extraordinario con un sinnúmero de reuniones, viajes y visitas, que casi no cabían en la agenda; y, desde luego, significaba también parar todos los golpes adversos, sin dar lugar a que cundiera el pesimismo, el desencanto y la desesperación.

Ahora bien, esta lucha contra el destino, estos enormes esfuerzos por mantenerse fiel a las propias convicciones en un contexto adverso y esta férrea voluntad de no claudicar y seguir escenificando el papel del líder carismático, dinámico y, pese a todo, optimista, no pasaron sin dejar huella. Ocurrió lo que suele ocurrir en estas ocasiones: la salud se resquebrajaba y la bronquitis crónica que padecía Aguirre le incordiaba cada vez más, obligándole a parar unos días y buscar alivio en algún balneario termal. El tabaco que devoraba con ansiedad no le ayudaba precisamente a mejorar su estado de salud. Su hábito de fumador empedernido indica que detrás de la fachada del líder tranquilo y convencido de sí mismo había nervios, muchos nervios, inseguridad y dolor no confesado. La misma impresión transmiten las fotos de esta última fase de su vida, unas fotos que nos presentan a un lehendakari con menos pelo, a un hombre que, casi de repente, ha envejecido —cumplió medio siglo en marzo de 1954— y cuya apariencia poco recuerda al joven y vigoroso jugador del Athletic Club. En definitiva, la década de los cincuenta para José Antonio Aguirre fue una década de frustraciones, sufrimiento y declive físico. No por ello dejaron de ser también años de lucha para una persona que se negaba a quedar simplemente aplastado bajo el peso de las circunstancias, una persona que seguía reivindicando la capacidad humana de intervenir en el proceso histórico y de empujarlo en la dirección deseada. A estos dos binomios: frustración y fracaso, por un lado, y reivindicación y lucha por el otro, habría que añadir un tercero que marcó la vida política del dirigente vasco durante sus últimos años: el binomio compuesto por las palabras esperanza y futuro, palabras que para Aguirre estaban estrechamente vinculadas al gran proyecto de la unificación europea.

I. ATRAPADOS POR LA GUERRA FRÍA

Jesús Galíndez, agente en la nómina de los servicios secretos estadounidenses y sucesor de Antón Irala como delegado del Gobierno vasco en Nueva York, solía ser un hombre muy bien informado. Tanto o más que su antecesor en la Delegación, tenía acceso a fuentes de información, muchas veces confidenciales, que procedían de los pasillos o despachos de la ONU o también de sus interlocutores en el Departamento de Estado, con los que se reunía con cierta frecuencia. Aguirre le tenía en gran estima, también por sus notables cualidades intelectuales. Tras abandonar la República Dominicana y trasladarse a Estados Unidos, consiguió, como antes Aguirre, un puesto de profesor en la Columbia University, donde empezó a trabajar en una investigación —que en 1956 era admitida como tesis doctoral por dicha Universidad— sobre el dictador dominicano Rafael Leónidas Trujillo. Este hecho, así como sus estrechas relaciones con círculos del exilio opuestos a Trujillo, le convirtieron pronto en el blanco de las amenazas y persecuciones realizadas por los agentes trujillistas en Estados Unidos. Pese a esta inquietante e incómoda situación personal, agravada aún más por sus problemas económicos permanentes, Galíndez se volcó en el trabajo para el Gobierno vasco y su presidente, generando en el primer lustro de los años cincuenta una inagotable fuente de información sobre todas las cuestiones relacionadas con la política internacional. Durante este tiempo, Galíndez era el verdadero *think-tank* de Aguirre, y prueba de ello son las incontables cartas y los numerosos informes enviados a París. Y Aguirre se lo agradecía, tomándose el tiempo necesario para redactar largas respuestas con sus propias reflexiones e indicaciones. Aun manteniendo una distancia personal un tanto rara en él —le hablaba de usted—, no dejaba de mostrarle también su afecto personal, interesándose, por ejemplo, por su salud y recomendándole trabajar de forma menos intensa y más sosegada, cosa que no le hubiera venido nada mal al propio Aguirre, quien era un auténtico *workaholic*.

Pero una cosa era el afecto y el aprecio, y otra era coincidir con, y hacer suyas, las reflexiones de Galíndez. La lectura de toda esta copiosa correspondencia privada conduce a una conclusión que no puede sorprender demasiado, a la luz de lo que ya se ha comentado sobre el carácter de Aguirre en otras partes de este libro: mientras que Galíndez poco a poco se iba dando cuenta de los cambios que se estaban produciendo en la política norteamericana y de que estos cambios perjudicaban notablemente a los intereses de los demócratas vascos y españoles, Aguirre siempre encontraba alguna manera de darle la vuelta a la tortilla y ver el vaso medio lleno, en vez de medio vacío. Para Galíndez, ni siquiera era siempre necesario analizar lo que decían o escribían sus interlocutores. Intuía que algo estaba pasando, puesto que cada vez le resultaba más difícil acordar las citas con las mismas personas o cargos del Departamento de Estado que antes le recibían con las puertas abiertas. Y si añadía a estas percepciones subjetivas las informaciones que recibía, la cosa se ponía más fea aún. Así, en febrero de 1952 —un momento álgido de la Guerra Fría, en plena Guerra de Corea— se vio obligado a informar a su presidente de que el acuerdo entre los gobiernos de Washington y Madrid, del que se estaba hablando mucho, pero aún se sabía muy poco, sería poco menos que inevitable:

> Se ha llegado a la decisión de concluir un acuerdo con Franco por razones de estrategia mundial; es una decisión difícil, pero al llegar a ella tiene que seguirse; y no es posible hacer un acuerdo de esta clase poniendo condiciones políticas al mismo tiempo [...]. Predominan las consideraciones estratégicas sobre las políticas.

Faltaba todavía año y medio para la firma de los «Pactos de Madrid», y el delegado del Gobierno vasco ya sabía lo que iba a ocurrir. ¿Qué hizo el lehendakari con esta información? La recibió, la leyó, pero luego actuó como si no la hubiera recibido. Un protocolo «estrictamente confidencial» de una reunión con el EBB nos muestra al lehendakari de siempre: las cosas no iban mal; pese a las noticias que de vez en cuando se filtraban, no convenía «colocarse en posición puramente negativa», había que mantener la confianza y las buenas relaciones con los «amigos» y no adoptar «posiciones de oposición a ultranza». Además, Aguirre intentó tranquilizar a los miembros de la directiva de su partido informándoles del «fracaso de las negociaciones hispano-americanas», cuya causa estribaba en que

> [...] a los norteamericanos no les interesan ni bases españolas ni armar al ejército español. Sólo desean un permiso de amarre de los barcos americanos en algunos puertos y permiso de aterrizaje en caso de necesidad en algunos aeródromos. A cambio de ello sólo están dispuestos a ayudas limitadísimas que no resuelven nada a Franco y que a éste no le satisfacen. La postura franquista de esperar algo del cambio de actitud después de las elecciones es absurda, pues gane quien gane, la postura será la misma[1].

---

[1] «Nota de la visita del Lendakari al EBB el 16 de agosto 1952. Estrictamente confidencial», AN, EBB-119-4; Jesús Galíndez a José Antonio Aguirre, Nueva York, 1-II-1952, AN, GE-648-2.

De toda esta interpretación había una sola cosa que, como hoy se sabe, era cierta: que los norteamericanos recibieron mucho más del pacto con el Gobierno de Madrid de lo que dieron: unas ayudas militares y económicas cuyas cuantías proporcionalmente estaban bastante por debajo de las que recibieron otros países europeos. Todo lo demás en la nota del presidente vasco, empero, era, una vez más, *wishful thinking*: no habían fracasado las negociaciones, eran auténticas bases —incluso con el derecho de actuar de forma soberana en las mismas, tal y como se estableció en una cláusula secreta— lo que querían los americanos, y el cambio del Gobierno presidido por el demócrata Truman al nuevo Gobierno republicano dirigido por un destacado veterano de guerra, el general Eisenhower, aceleró aún más el proceso de acercamiento entre Washington y Madrid. Fue nuevamente Galíndez quien mejor captó el significado de la holgada, y para Aguirre inesperada, victoria electoral republicana, resumiendo su impresión en una de sus cartas al presidente con una sola palabra: «¡Catástrofe!». Tras colocar a dos hombres conocidos por sus poco disimuladas simpatías pro-franquistas en puestos clave de la nueva administración (John Foster Dulles como nuevo secretario de Estado y James Clement Dunn en la Embajada de Madrid), Eisenhower mandó señales inequívocas para dejar claro cómo sería su política con respecto al régimen. Franco supo leerlas debidamente y mandó a José Félix Lequerica, su embajador en Estados Unidos, que aprovechase la situación para cortejar y agasajar a los hombres importantes del «Spanish lobby»: según Viñas, durante los primeros siete meses de 1953, Lequerica se gastó nada menos que cien mil dólares en este empeño[2].

Y no le salió nada mal. Al contrario, 1953 fue el *annus mirabilis* para el régimen franquista, el año en el que definitivamente logró dar carpetazo a la marginación internacional, iniciada en 1946 por la ONU y continuada a partir de 1947 al quedar excluido del Plan Marshall. La llegada de Eisenhower, aupado por una nueva oleada anticomunista debida a la todavía caliente Guerra de Corea, facilitó las cosas, y el Vaticano se sumó con gusto a esta tarea revisionista con la firma del Concordato con España en agosto de 1953. Para un hombre tan profundamente católico como Aguirre, se trataba de un acontecimiento tan doloroso que le causó una reacción poco habitual en él: se alejó de su conocido guión optimista y, en lugar de silenciar las críticas y fabricar alguna interpretación positiva, se permitió, al menos en

---

[2] Viñas, *Garras*, p. 194; Jesús Galíndez a José Antonio Aguirre, Nueva York, 6-XI-1952, AN, GE-648-2.

privado, plantear una serie de dudas al respecto. Estos interrogantes se encuentran en una carta a su íntimo amigo Manuel Irujo, en la que le confiesa estar sorprendido por la firma del Concordato y que sus informantes del Vaticano le habían confirmado «hasta hace bien pocos días, que el Concordato no se firmaría»:

> ¿Qué ha sucedido para que súbitamente hayan sorprendido a todos sin excepción por su rápida aprobación? Éste es uno de los misterios que no acertamos a comprender ni sabemos cómo explicar. ¿Se trata de que está cercano el pacto Franco-América y que la Iglesia cree que el régimen sale con esto fortalecido? ¿Se trata de promesas hechas al Vaticano de estabilizar el régimen derivándolo hacia la monarquía, y en este caso Roma ha preferido tratar con los actuales gobernantes más fáciles a la concesión que no con un monarca asesorado con gente de vieja y de fuerte tradición regalista? ¿O es que Roma ha creído suficiente arrancar del Estado franquista concesiones y condiciones que no tiene[n] precedente, sobre todo en los tiempos modernos en ningún país ni ocasión parecida?

Esta es, sin duda, una misiva excepcional, pues se trata de uno de los escasísimos documentos que nos presenta a un lehendakari que plantea dudas y preguntas, en vez de ofrecer explicaciones y respuestas. Concluye con el anuncio de que, a la vista de la conocida «prudencia enorme con que el Vaticano obra en tales casos», se ha encargado un estudio para saber la causa de la actitud de la Santa Sede en este tema[3]. Aparentemente, cuando se permitía el lujo de admitir dudas en su pensamiento, Aguirre acertaba más que cuando lo veía todo clarísimo. Salvo la sospecha de que el Concordato era una hábil maniobra del Vaticano para facilitar la transición de la dictadura a la Monarquía, las demás preguntas contienen unas reflexiones muy pegadas al suelo de la realidad. Así, era cierto que el acercamiento de la Santa Sede a Franco no podía entenderse sin tener en cuenta el paulatino levantamiento de las medidas de aislamiento político y diplomático que ya se había iniciado. Y, sobre todo, era cierta también la percepción de que el Vaticano, o en este caso la Iglesia católica española, había arrancado al régimen unas condiciones absolutamente favorables. Y así era: el Estado español era explícitamente declarado confesional, figurando la religión católica como «la única de la Nación Española». La Iglesia católica obtuvo un estatus privilegiado, que le aseguraba una notable influencia en diferentes ámbitos de la vida pública y privada en España, destacando sobre todo su predominio en el sistema educativo. Además, el Estado se comprometió a

---

[3] José Antonio Aguirre a Manuel Irujo, París, 3-IX-1953, AN, Irujo-63-1.

sufragar los gastos de la Iglesia y su clero. Como contrapartida, la Santa Sede ratificó el antiguo privilegio regio del derecho de presentar los candidatos a obispo, un derecho que Serrano Súñer ya había negociado en 1941. Pero más allá de este control de la jerarquía eclesiástica, Franco logró una victoria simbólica y de imagen, ya que su régimen «se convirtió en el reducto católico más privilegiado de Europa. El apoyo del Vaticano legitimó la opción del nacional-catolicismo y significó el reconocimiento público de que el régimen de Franco representaba la más clara ortodoxia católica»[4]. Este reconocimiento público culminó con la concesión de la Orden Suprema de Cristo que Pío XII otorgó a Franco en diciembre del mismo año.

Un mes después de la aprobación del Concordato, en septiembre de 1953 se procedió finalmente a la firma del acuerdo de cooperación entre Madrid y Washington, que Galíndez llevaba anunciando hacía tiempo y Aguirre no había querido ver. Las reacciones del mandatario vasco, recogidas en documentos públicos y privados, reproducen su habitual patrón interpretativo de conjugar las sensaciones de desconcierto y molestia, la reafirmación de la inquebrantable lealtad a los «amigos» norteamericanos y la confianza en la bondad de su estrategia. Así, en el manifiesto que publicaba todos los años para conmemorar la formación de su primer Gobierno el 7 de octubre de 1936, todavía se permitió una cierta crítica de la actitud norteamericana, no por haber firmado el pacto, sino por pretender poder separar unos objetivos estratégicos —consolidar la alianza anticomunista mediante la incorporación de Franco— de unos objetivos políticos, que supuestamente seguían siendo el establecimiento de la democracia en España. Un año más tarde, en una entrevista concedida durante su viaje a América Latina, añadió el argumento de que no era el pacto o el Concordato en sí lo que había que rechazar, sino el hecho de que se trataba de acuerdos establecidos con una dictadura y sin el consentimiento popular. El carácter muy moderado de estas críticas se debió a su esfuerzo por no enturbiar de ninguna manera las buenas relaciones con «los amigos». Parecía que para el lehendakari el verdadero peligro no residía en la política norteamericana, sino en las desorbitadas reacciones viscerales anti-americanas que se estaban produciendo en el exilio español, cuando era más necesario que antes hacer política con la cabeza y no con las tripas. Así se lo explicó a Galíndez: «La línea política ha quedado sustituida por una cruzada de tipo sentimental o piadoso, cuando lo que ahora hace falta son

---

[4] Riquer, Borja de: *La dictadura de Franco*, Crítica/Marcial Pons, Barcelona, 2010, p. 362.

líneas políticas con perspectivas y no simples protestas, aun cuando tengan una profunda razón moral».

No debía caerse en la tentación de deshacer todo el camino recorrido por Aguirre desde su llegada a Estados Unidos, porque la alianza con las democracias era la única puerta al futuro, una puerta que quedaría cerrada en una situación de soledad, provocada por una actitud de aislamiento moralmente cómodo, pero políticamente estéril: «[...] nunca, y menos en política internacional, conviene perder ni los amigos ni destruir los puentes cerrando el camino de un futuro que está destinado a sufrir grandes cambios».

Aguirre cerró esta cadena de reflexiones y declaraciones con su Manifiesto de *Gabon*. Ya había expresado unas críticas muy comedidas y había reafirmado su lealtad con la política de Washington. Faltaba el tercer elemento: la revelación de que detrás de las apariencias se escondía una estrategia muy bien pensada que estaba dando sus frutos. Así, el lector del Manifiesto de *Gabon* tuvo ocasión de enterarse de que, lejos de consolidar el régimen, los Pactos de Madrid habían producido el efecto contrario. Los «atrevidos compromisos internacionales del régimen» habían generado una crisis, ante la que los principales pilares de la dictadura, y fundamentalmente la Falange, se habían visto obligados a «respaldar servilmente» dichos compromisos para así «consolidar posiciones muy deterioradas». Por lo tanto, esta discrepancia entre los diferentes sectores del régimen alrededor de la política internacional había provocado no sólo una grave «crisis interna», sino también una «crisis espiritual producida por el Pacto de los Estados Unidos con el general Franco»[5]. Aguirre no explicó más. El lector se quedó con las ganas de saber algo más sobre esta supuesta crisis del régimen que nadie había visto por ninguna parte. Lo que sí había visto, en cambio, eran actos propagandísticos de todo tipo, con los que el *Caudillo* había celebrado una y otra vez su retorno al escenario internacional. El dirigente vasco escatimó estas explicaciones, pues en el largo texto del manifiesto dedicó tan sólo cuatro líneas a los cruciales acontecimientos que se habían producido durante el año. Esta extrema brevedad, empero, era muy elocuente y el mensaje que llevaba era claro: era preciso quitar hierro a lo que había ocurrido y era hora de pasar página. Esto, empero, no era sencillo, puesto que los acuerdos de 1953 eran tan sólo hitos —eso sí: decisivos— en un dilatado proceso de reconocimiento internacional de la dictadura franquista, que se extendió a lo

---

[5] Manifiesto de *Gabon* en Aguirre, *Obras*, pp. 866-871; José Antonio Aguirre a Jesús Galíndez, París, 28-X-1953, AN, GE-648-2; entrevista en el periódico cubano *Bohemia*, 9-V-1954, AN, Irujo-63-1.

largo de toda la década de los cincuenta y tuvo otros momentos estelares, como la entrada de España en la ONU (diciembre de 1955), en la OCDE (Organización de Cooperación y Desarrollo Económico, 1958) o en el Fondo Monetario Internacional (1958). Quedó, sin embargo, un terreno en el que Franco no logró penetrar: el entramado institucional de la Europa unida, que se estaba desarrollando desde el fin de la II Guerra Mundial. Y este hecho le permitió a Aguirre llevar a cabo, muy a su manera, un replanteamiento estratégico y reaccionar así a los golpes recibidos en 1953. No hubo autocrítica alguna, se mantuvieron todos los postulados básicos de su política en el ámbito de las relaciones internacionales, no hubo lugar a la confección de alguna gran propuesta estratégica alternativa o novedosa. Como se verá más adelante, lo que se produjo a partir de 1954 fue simplemente una redefinición de las prioridades en el pensamiento político del presidente vasco con un efecto proporcional: en la misma medida en que perdía peso la apuesta por la cooperación con los «amigos» de Washington como principal palanca de la lucha antifranquista en el exilio, aumentaban, en cantidad y en calidad, las referencias al proceso de unificación europea como el arma destinada a acabar con el régimen.

Con todo, el lehendakari llegó a esta última fase de su vida, en la que Europa iba sustituyendo a la política estadounidense como referencia principal de su pensamiento estratégico, en una situación de mayor debilidad y precariedad. Como ya se ha indicado, no había manera de encontrar los recursos económicos necesarios para paliar la crisis financiera ya crónica que padecía el Gobierno vasco por la merma de las donaciones concedidas por la diáspora vasca o la cancelación de las subvenciones del Gobierno republicano y del norteamericano. Si no había suficientes ingresos, había que reducir costes, lo que llevó a las interminables discusiones sobre el necesario adelgazamiento de las estructuras gubernamentales con las subsiguientes polémicas entre los partidos políticos o entre los activistas del interior y del exilio. En este contexto no ha de sorprender que algunos de los hombres más cercanos al lehendakari optaran por abandonar la responsabilidad política para intentar reorganizar su vida en unas condiciones menos adversas. En 1951, el consejero republicano Ramón María Aldasoro se marchó a Argentina, donde murió al año siguiente. En 1952, José María Lasarte, consejero de Gobernación y uno de los hombres de confianza de Aguirre en la política europeísta, salió del ejecutivo vasco y se mudó a Caracas. Un año más tarde, Ángel Gondra, el delegado del Gobierno en Londres, dejó la política para trabajar en una empresa privada.

En 1953 se produjo también no un abandono de la política, pero sí una dimisión que personalmente le debió doler a Aguirre mucho más que las otras *huidas*: la dimisión de su consejero de Cultura y amigo desde la juventud Telesforo Monzón. Éste llevaba ya tiempo criticando lo que él consideraba una excesiva inclinación *españolista* de la política que Aguirre imprimía a su Gobierno. Por ello, creía que Aguirre era ya un dirigente más antifranquista que nacionalista porque priorizaba lo «accidental» —Franco— frente a lo duradero —la nación vasca—. Frente a las alianzas accidentales con América, Europa o la República, optaba por recuperar «un lenguaje nacional», basado en la defensa de las verdaderas esencias de la nación vasca. Para ser universales no hacía falta salir de casa: «¿Tenemos mejores medios para ser universales que ser hijos de nuestro país? Los fundamentos de la civilización occidental son las almas de los viejos pueblos de Europa»[6]. En una carta a Jesús Solaun, el presidente de su partido, Aguirre reconoció que, «como se trata de un Consejero veterano, designado en Gernika, este hecho tiene para mí mucha mayor significación que el de otros compañeros nombrados en sustitución de Consejeros fallecidos». Por ello, se esforzó durante meses en convencer a su amigo para que reconsiderase su decisión y se mantuviera formalmente en el gabinete, aunque fuera como una especie de consejero independiente y desvinculado del PNV. Monzón rechazó esta propuesta, puesto que para él no cabía la posibilidad de «seguir defendiendo dentro del Gobierno puntos de vista en oposición a los del Partido que me dio su representación». Al final, tampoco las consultas hechas al interior surtieron efecto alguno y Monzón se reafirmó en su decisión subrayando que «mi dimisión no fue improvisada». No retiró su dimisión, pero al menos consintió que no se hiciera pública hasta tres años más tarde, con el fin de evitar el gran impacto que la noticia de la dimisión de uno de los líderes históricos, y probablemente después de Aguirre el más carismático, hubiera provocado dentro de la comunidad nacionalista vasca[7].

Como se ve, para estas fechas el Gobierno vasco todavía se mantenía con todos los apoyos políticos con los que había sido fundado en 1936 (salvo el del PCE, expulsado en 1948 por la Guerra Fría, y el pequeño partido Unión Republicana, ausente desde 1937), lo que no era poco si lo comparamos con las experiencias opuestas del Gobierno republicano y la Generalitat. El Gobierno de Aguirre mantenía

---

[6] Acta de reunión del Gobierno de Euskadi, 2-II-1951, AN, Irujo-136-1.

[7] José Antonio Aguirre a Jesús Solaun, París, 8-I-1954. En esta carta, Aguirre transcribe un extracto de otra que recibió de Monzón. AN, EBB-88-4.

un pulso suficiente para sobrevivir, pero no llegaba para mucho más. Estaba en la cuerda floja y sin capacidad de hacer frente a los diferentes problemas que le acechaban. La forzada mudanza de su sede parisina en la Avenue Marceau a un edificio mucho más modesto en la Rue Singer fue un símbolo poderoso de este proceso de declive del ejecutivo vasco y de su presidente. Tras un largo litigio judicial y político, a finales de junio de 1951 el Gobierno francés decretó el desalojo de aquel edificio, ejecutando así una sentencia de 1943, que, en los tiempos anómalos de la ocupación alemana, había otorgado la titularidad del inmueble al Estado español. Previamente, el lehendakari había mantenido reuniones al más alto nivel para frenar esta decisión, pero ni siquiera sus dos encuentros personales con Robert Schuman, el ministro francés de Asuntos Exteriores y, como europeísta convencido, pionero de la unificación europea, cambiaron nada. Tampoco cambió el guión de la reacción de Aguirre, quien, como otras veces, se sintió muy halagado por haber sido recibido por Schuman y quiso transformar esta satisfacción personal en un logro político. Salió de la última reunión alabando la «amistad de nuestros amigos de este país», convencido de haber persuadido a sus interlocutores y con la esperanza de que «nos mantengamos debidamente en nuestra casa, y que caiga antes Franco que nosotros salgamos de ella»[8]. Un mes más tarde, la sede de la Avenue Marceau número 11 se encontraba precintada y su presidente tenía que buscar un nuevo local. Con el palacete emblemático de la Avenue Marceau se había perdido «ese *faro* [que] irradiaba principalmente [...] optimismo y esperanza»[9], tal y como había hecho el lehendakari tras salir de sus reuniones con Schuman. Una vez más, los «amigos» le habían traicionado, plegándose ante las amenazas de un dictador que había anunciado el cierre de todos los colegios franceses en España, además de represalias para los industriales y comerciantes franceses residentes en España, en el caso de que el Gobierno francés no accediera a la devolución del edificio de la Avenue Marceau. No era el primer golpe recibido por parte de los supuestos «amigos», ni sería el último, pero éste le causó un dolor especial y más agudo al presidente vasco. Años más tarde, Mari Zabala, su esposa y la persona que mejor conocía todas las facetas de su personalidad, contó que el año 1951 fue «tal vez la fecha más triste para José Antonio»: «Es quizá la

---

[8] Véase el relato detallado de todas estas gestiones que Aguirre ofrece a Jesús Galíndez en sus cartas del 16-V, 30-V y 15-VI-1953, AN, GE-648-2.
[9] Arrieta, Leyre: «Avenue Marceau 11 (París)», en De Pablo, Granja, Mees y Casquete, *Diccionario*, pp. 165-176, cita p. 172.

única vez que he visto a mi marido cabizbajo, triste, sin poder ocultar, como tantas otras veces, el dolor que le embargaba y sin que lograra recuperar su optimismo innato»[10].

Curiosamente, esta tristeza que Mari Zabala observó en su marido fue en parte también consecuencia de unos acontecimientos que se habían producido meses antes y que, a primera vista al menos, habían sido motivo de alegría y optimismo. Durante los meses de abril y mayo de 1951, la resistencia había organizado una nueva oleada huelguística en las empresas vascas. Esta vez, empero, hubo una notable diferencia con respecto a la gran huelga de 1947: las huelgas de 1951 nacieron ya completamente en el interior, donde las organizaciones de la resistencia, agrupadas en el Consejo Delegado del Gobierno vasco, se vieron obligadas a actuar y encauzar así el ambiente de gran malestar y descontento que reinaba en amplios sectores de la sociedad vasca, un malestar que amenazaba con explotar en cualquier momento. Fueron huelgas sin reivindicaciones políticas y limitadas a plantear diferentes propuestas para mejorar las condiciones de vida de los trabajadores. Como por esas fechas el Gobierno francés estaba ya muy preocupado por los movimientos anticolonialistas que se estaban gestando en las posesiones francesas en el norte de África, deseaba mejorar sus relaciones con Madrid. Y cuando, en un ambiente anticomunista caldeado por la Guerra de Corea, estallaron las huelgas —tildadas inmediatamente de comunistas y separatistas por el Gobierno español—, ya existía la famosa «gota que colmó el vaso» y motivó la decisión del ejecutivo francés de contentar a su homólogo en Madrid y echar a los vascos de la Avenue Marceau[11]. Aguirre valoró las huelgas como un «completo triunfo». ¿En qué consistía este triunfo? Desde luego, las consecuencias de las huelgas no fueron, ni mucho menos, triunfales. El régimen respondió con una durísima represión: la policía logró desmantelar por completo el Consejo Delegado. Las detenciones fueron masivas y acompañadas, en muchos casos, de torturas. Se organizó un juicio contra 16 encausados y muchos dirigentes, como Solaun o Ajuriaguerra, sólo se libraron gracias a su huida a Francia. Además, a observadores bien informados, como Joseba Rezola, el expresidente del Consejo Delegado, no se les había escapado el hecho de que en estas huelgas las organizaciones políticas y sindicales de la resistencia habían ido

---

[10] Entrevista con Mari Zabala reproducida en *José Antonio Aguirre. Lehen lehendakaria - primer lehendakari*, Ayuntamiento de Bilbao, Bilbao, 2003, p. 28.

[11] «Las huelgas organizadas en mayo en el País Vasco para socavar el régimen fueron la *gota que colmó el vaso*». Cf. Arrieta, «Avenue Marceau», p. 169.

más bien a remolque de una corriente masiva de descontento y protesta, de manera que en esta ocasión, a juicio de Rezola, el pueblo se había puesto en marcha «prescindiendo de los dirigentes». Ninguno de estos hechos invitaba a un juicio tan positivo como el expresado por el presidente vasco, quien, en una de sus múltiples cartas a Galíndez, dio una pista para entender su razonamiento acerca de la huelga de la primavera de 1951: «No ha habido ni una sola referencia en ninguna parte del mundo que le haya dado la menor tendencia roja»[12].

Y es que el lehendakari seguía tan aferrado a su credo estratégico de que el fin de la dictadura pasaba, no exclusiva pero sí principalmente, por la presión articulada de las democracias occidentales, que había llegado a mimetizar al menos parte de los argumentos que escuchaba una y otra vez por boca de sus «amigos» en Washington, Londres o París. Y al comienzo de la década de los cincuenta, estos argumentos se reducían a uno solo: había que evitar a toda costa que los comunistas se aprovecharan y se adueñaran de los movimientos e iniciativas antifranquistas. En marzo de 1951 había tenido ocasión de escuchar por parte de Ernest Davies, el subsecretario del *Foreign Office*, que para ellos y, sobre todo, los amigos de Washington, revueltas populares como la gran huelga y el boicot a los autobuses que acababan de producirse en Barcelona, no eran nada positivas, puesto que daban pie a que los sectores más reaccionarios agitaran el peligro comunista para legitimar una política abiertamente favorable a Franco. Aguirre salió con la lección aprendida de la reunión con Davies: «Según se interprete la huelga de Barcelona —añadió Mr. Davies— como lo que había sido, es decir, una protesta popular que denotaba la oposición al régimen, o como una revuelta manejada por los comunistas, dependía la actitud americana futura»[13]. La conclusión era clara: la única manera de impedir la influencia comunista en los movimientos populares en el interior era la configuración de una estructura de resistencia sólida y capaz de controlar y encauzar políticamente estos movimientos. Para ello, el Consejo Delegado no era suficiente, puesto que había fuerzas políticas no representadas en él —como, por ejemplo, los sectores antifranquistas de la derecha— y, además, no tenía influencia alguna en movimientos, como el de Barcelona, que se producían fuera del País Vasco. Éstas fueron las ideas

---

[12] José Antonio Aguirre a Jesús Galíndez, París, 27-IV-1951, AN, GE-648-2; para la valoración de Rezola y el contexto de las huelgas, véase De Pablo, Mees y Rodríguez Ranz, *El péndulo II*, pp. 199-201.

[13] José Antonio Aguirre a Ángel Gondra, París, 20-III-1951, AN, GE-652-1.

y propuestas que el lehendakari trasmitió inmediatamente a Juan Ajuriaguerra, cuando del interior llegaron los primeros informes sobre la enorme crispación del ambiente y la posibilidad de un estallido social en cualquier momento. No era la primera vez que Aguirre exigía la creación de un órgano unitario en el interior, llámese Junta de Liberación o Gobierno provisional. Esta vez aprovechó la ocasión para criticar a Ajuriaguerra y a determinados líderes de su partido, que, tal y como había sido informado por fuentes fidedignas, estaban obstruyendo esta iniciativa unitaria por razones ideológicas. Si pocos meses antes Ajuriaguerra había criticado la «inexistencia» del Gobierno vasco en el exilio, ahora Aguirre le devolvió la crítica:

> Observo en vuestra acción una enorme lentitud y una falta de decisión que se traduce en un temor constante al compromiso. No encuentro ninguna razón que apoye esta actitud pues para mí no cuentan las opiniones de ciertos ideólogos que se mantienen en una constante especulación de principios, sin que hayan producido jamás nada positivo para la acción política que es lo que cuenta en momentos en que se juega la vida del país. El sentido común general en nuestro pueblo rechaza el vivir constantemente en la abstracción, y la historia reciente es bastante elocuente para demostrarlo.

Añadió el ejemplo del Comité Revolucionario formado en 1930 y convertido en el Gobierno provisional de la República en 1931, que había encauzado el fervor popular antimonárquico, dándole una clara dirección política:

> Si no hubiese existido, la República no se hubiese proclamado porque la explosión popular hubiese sido sofocada poco a poco y hubiera terminado en el desprestigio. Ahora puede suceder lo mismo, si lo social se desenvuelve sin control, dirección y finalidad política. No dejemos que lo hagan otros, y menos los comunistas. Esto sería fatal. Adelantémonos a excitar a los demás a darse cuenta de la gravedad de la situación. Dado este paso, venga el golpe[14].

Ajuriaguerra apenas tuvo tiempo de contestar a todas las críticas del lehendakari, porque en el interior los acontecimientos se estaban precipitando y el dirigente nacionalista y sus compañeros del Consejo Delegado se estaban empleando a fondo con el fin de no perder toda la influencia en el movimiento huelguístico que estaba a punto de estallar. En una escueta respuesta a Aguirre, Ajuriaguerra tan sólo se mostró de acuerdo en la necesidad de impedir la intervención de

---

[14] Juan [J. A. Aguirre] a José [J. Ajuriaguerra], s.l., 31-III-1951, AN, GE-662-4.

«agentes provocadores oficiales o comunistas», pero se tomó la licencia de corregir al lehendakari afirmando que «en una dictadura toda acción de las masas no controlada por el dictador es un acto contra el régimen, un acto de grave subversión», y que, por lo tanto, las reivindicaciones sociales llevaban implícitamente la dirección política que Aguirre había exigido. Sin embargo, dejó sin respuesta el tema más polémico, el de la constitución de una Junta unitaria entre todas las fuerzas de la oposición, indicando que lo iba a tratar «con más calma» en otra carta. Esta carta no llegó, o al menos no se encuentra en los archivos, pero el mero hecho de que Ajuriaguerra necesitara «más calma» para abordar este punto indica que aparentemente no estaba del todo de acuerdo con el planteamiento de Aguirre[15].

Al final, como ya se ha indicado, Aguirre se tragó todas estas preocupaciones y críticas por la falta de voluntad y/o capacidad de su gente en el interior a la hora de controlar y dirigir los movimientos de protesta de los trabajadores vascos. De hecho, las huelgas de 1951 fueron las últimas en las que el Consejo Delegado y la resistencia del interior pudieron mantener una cierta influencia. La dura reacción represiva del régimen le dio la razón a Ajuriaguerra y su tesis de que también una huelga «social» y no explícitamente política significaba una «grave subversión». Pero para Aguirre este hecho no solucionó los problemas de la esterilidad e ineficacia de los movimientos espontáneos y su mala imagen ante unos observadores internacionales obsesionados con el peligro comunista: «No les gustan las huelgas», así insistió todavía meses después Galíndez al informar a su presidente de su última reunión con representantes del Departamento de Estado[16]. Así, el *triunfo* de las huelgas de 1951 tuvo dos importantes consecuencias en la biografía política del lehendakari. Por una parte, enfrió aún más la relación personal entre Aguirre y Ajuriaguerra, los dos grandes dirigentes del nacionalismo vasco, una relación que seguía siendo de mutuo respeto y estima, pero nada más, al no haber *química* entre ambos. Y, por otra, las huelgas y el debate sobre su conveniencia motivaron un viraje estratégico en el pensamiento del presidente vasco: si no era posible organizar y dirigir con las debidas garantías los movimientos del interior y si éstos, además de no lograr nada, obstaculizaban aún más las ya de por sí complicadas relaciones con las potencias democráticas, había que reforzar otro instrumento en la lucha por la libertad. Y este instrumento, esta última bala que le quedaba al lehendakari en la recámara, era el proceso de unificación europea.

---

[15] José a Juan, 9-IV-1951, AN, EBB-119-4.
[16] Jesús Galíndez a José Antonio Aguirre, Nueva York, 1-II-1952, AN, GE-648-2.

II. CONTRA MOLINOS DE VIENTO: PENSAR EUROPA

En octubre de 1953, el lehendakari tuvo la ocasión de pronunciar una conferencia ante unos 500 delegados del movimiento europeísta reunidos en La Haya. Eran tiempos de frustración y desesperación para el exilio antifranquista. Aún no había pasado un mes desde la firma de los *Pactos de Madrid*, dos meses desde la ratificación del Concordato y dos años desde la última oleada de protesta popular y su única consecuencia: la reacción represiva del régimen. Fue en este contexto en el que Aguirre, un hombre que se resistía a sumarse al ambiente deprimido que reinaba entre los demócratas vascos y españoles, definió la incipiente unificación europea como «la más grande de las esperanzas»[17]. Esta afirmación tenía su lógica por dos razones. En primer lugar, Aguirre era un convencido europeísta que mantenía relaciones personales con algunos de los principales pioneros de la unificación europea, entre ellos el mismísimo Robert Schuman. Y, en segundo lugar, si Europa era «la más grande de las esperanzas», lo era también por eliminación: las otras esperanzas, en especial la de la doble estrategia entre la controlada movilización del interior y la discreta, pero firme intervención de los «amigos» desde el exterior, estaban a punto de desvanecerse. Tan sólo quedaba Europa. Franco había firmado pactos con los norteamericanos y el Vaticano. Había ingresado en organismos internacionales y no le faltaba mucho para entrar en la ONU. Europa, en cambio, estaba dando los primeros pasos hacia su unificación al margen de la dictadura española, y ésta era sin duda una buena noticia. Por esta preeminencia que iba adquiriendo la idea europeísta en el pensamiento político del lehendakari parece justificado tratar este tema en un apartado dedicado a los años cincuenta. Sin embargo, en realidad se trata de una cuestión con una larga historia en la biografía de Aguirre y en la trayectoria de su partido, una historia que arrancó ya en 1933, cuando el PNV decidió celebrar su segundo *Aberri Eguna* bajo el lema de «Euzkadi-Europa». Más tarde, durante el quinquenio posterior al fin de la II Guerra Mundial, se pasó de los lemas a las realizaciones. Y, durante los años cincuenta, aunque algunas de estas iniciativas languidecieran, el proyecto europeísta terminó siendo la idea-fuerza, la última idea-fuerza de su vida, en el discurso y la actividad política del lehendakari Aguirre.

Con todo, el presidente vasco no llegó a ser un ideólogo del europeísmo. No lo fue durante los años cincuenta, ni lo había sido antes.

---

[17] *OPE (Oficina de Prensa de Euzkadi)*, 8-X y 15-X-1953.

No terminó elaborando una «doctrina Aguirre», al contrario de lo que figura a menudo en los escritos del PNV[18]. Este concepto no parece demasiado realista por dos razones. Por una parte, hubo hombres dentro del partido y muy cercanos al lehendakari que en sus escritos dedicaron la misma o incluso más atención al tema de Europa que su líder: si existiera una «doctrina Aguirre», la mayor parte de la misma se debería a las aportaciones realizadas por gente como Javier Landaburu, Manuel Irujo, José María Lasarte o Jesús María Leizaola. Y, por otra parte, si por doctrina entendemos un *corpus* de ideas, opiniones y estrategias políticas elaboradas con rigor y coherencia, este concepto no sirve para definir el pensamiento de Aguirre y sus hombres. Se trata más bien de un gran puzzle con muchas piezas que nunca encajan del todo, piezas cuyas dimensiones y colores van cambiando con el paso del tiempo y que nunca terminan de configurar la imagen del puzzle en su totalidad. No llegó a haber una auténtica doctrina coherente y acabada, sino tan sólo un conjunto de unas pocas ideas-clave, ideas no demasiado definidas, sino más bien vagas e indeterminadas. Obviamente, este carácter inacabado del pensamiento europeísta fue consecuencia del hecho de que, debido a la relativa novedad del discurso europeísta, Aguirre y su entorno no tuvieron mucho tiempo para reflexionar y diseñar el encaje de estas nuevas ideas en el marco teórico y programático clásico del nacionalismo vasco. Pero esta volatilidad del pensamiento europeísta también ofrecía la gran ventaja de poder reaccionar con flexibilidad y pragmatismo ante los vaivenes del proceso de unificación europea, así como a la evolución del propio pensamiento político, sin entrar en demasiadas contradicciones.

¿Cuáles fueron los principales ejes de este ideario europeísta defendido por el presidente vasco? Aguirre prestó muy pronto atención al tema de Europa. Estando todavía en Nueva York, a finales de 1943 la revista *Post War European Federation* publicó un largo artículo suyo titulado «Coordinación de nacionalidades europeas»[19]. Dejando de lado la copiosa correspondencia privada en la que una y otra vez aparece el tema de Europa, se trata probablemente del artículo doctrinal más relevante que Aguirre dedicó a lo largo de su vida a Europa, su

---

[18] Según Leyre Arrieta, fue Xabier Arzalluz, el expresidente del partido, quien acuñó el concepto de la «doctrina Aguirre». Cf. Arrieta, Leyre: *Estación Europa. La política europeísta del PNV en el exilio (1945-1977)*, Tecnos, Madrid, 2007, p. 81. Para lo que viene a continuación, véase también Mees, Ludger: «Aguirre, Europa y el Partido Nacionalista Vasco», *Hermes*, 37, junio de 2011, pp. 58-72.

[19] En 1944, este artículo fue reproducido por la revista *Euzkadi* de Caracas y figura también en las ya citadas *Obras Completas* de Aguirre, pp. 473-479.

función y su relación con los Estados y las naciones del continente. Este artículo destaca también porque en años posteriores el dirigente vasco lo reelaboró al menos en dos ocasiones para publicar sendos artículos en otras dos revistas internacionales: en febrero de 1945 lo hizo en *La Revue Belge* con el título de «L'Homme et la nationalité, bases de la paix future», y en una fecha indeterminada de 1949 apareció en la revista *Corps Diplomatique* su escrito titulado «Le problème des nationalités devant la Fédération Européenne»[20]. En este ensayo, Aguirre desarrolla dos ideas principales: una, que el problema de las nacionalidades sin Estado con derecho a la «autodeterminación» y al «self-government» no es un problema interno de los respectivos Estados, sino un problema internacional que debe ser solucionado en el marco de la nueva Europa federal que se avecinaba; y, dos, que —en consecuencia— Europa no puede ser una Europa de los Estados que haga caso omiso de las nacionalidades oprimidas. Al contrario, la «nueva filosofía política» que inspira el proyecto de Europa abre la puerta a la solución de los problemas planteados por las naciones sin Estado:

> No se concibe en una Europa que quiere la paz y su propio ordenamiento que queden prendidas en sus sedes nacionalidades oprimidas. La federación es un camino de libertad porque nace del compromiso entre iguales. La filosofía política que se orienta al futuro, al introducir notables modificaciones en el concepto de la vieja soberanía estatal, quiere consagrar y conjugar la libertad nacional de los pueblos haciéndola compatible con la participación en espacios político-económicos más amplios. La garantía de los pueblos, principalmente de los pequeños, reside precisamente en estas más amplias estructuras supraestatales.

En este sentido, el futuro organismo rector de la Europa federada era para Aguirre una especie de agencia tutelar con potestad para establecer las condiciones en las que una nacionalidad oprimida podría acceder a su libertad, así como para asegurar la realización de este proceso de forma democrática y pacífica. Una vez realizado este proceso de liberación, la entidad europea protegería a la nación ahora «soberana» y «autogobernada» ante cualquier intento de modificación «unilateral» y «violenta» de su estatus. Se trataba de encontrar un «encaje jurídico del problema de las nacionalidades insatisfechas» en la Europa de la posguerra partiendo del «principio de la autodeterminación y el derecho al *self-government* de todos los pueblos grandes y pequeños con características y voluntad nacionales definidas». Recordemos que, cuando Aguirre re-

---

[20] Una reproducción del artículo de *La Revue Belge* se encuentra en *Euzko Deya*, París, 211, 31-III-1945; el otro está en Aguirre, *Obras*, pp. 791-793.

dactó estas líneas, se encontraba todavía en su fase más radical iniciada tras la definitiva derrota en la Guerra Civil, cuando los nacionalistas vascos habían dado por finiquitado todo compromiso con la República. Por lo tanto, en el texto de 1943 no sorprende la reivindicación de la internacionalización del problema de las nacionalidades, como tampoco sorprende la postulación del derecho de la autodeterminación, que podría llegar hasta la «equiparación con los demás Estados», es decir, la constitución de una nacionalidad en Estado propio.

Sin embargo, el rechazo a la idea de que el problema nacional sea un asunto doméstico del respectivo Estado afectado, y la reivindicación de transferir su solución al ámbito internacional, contrasta con la polémica que el propio Aguirre había mantenido un año antes con Manuel Irujo, a quien había recriminado su pretensión de crear una Euskadi independiente en Europa sin haber agotado previamente la «fase peninsular» de este proceso. Tal y como se lo había explicado al propio Irujo y a los miembros del EBB, sólo tras un hipotético fracaso de la negociación con el Gobierno de España cabía acudir a las instancias internacionales en búsqueda de una solución para las ansias de autogobierno de Euskadi. La vía internacional directa era precipitada y no contaba con las más mínimas garantías de éxito.

Cuando el lehendakari publicó en 1945 la segunda versión de su artículo, estaba ya a punto de abandonar definitivamente su etapa previa de nacionalismo radical, intransigente y hegemónico. La visión de que la libertad de Euskadi pasaba necesariamente por la «fase peninsular» se encontraba en la base de un giro estratégico sustancial que le llevó a auspiciar el mayor desembarco del nacionalismo vasco en la política española de toda su historia, concretado en el gran protagonismo asumido en la fundación y posterior gestión del Gobierno republicano en el exilio. Ante este trasfondo, hubiera sido lógico esperar una cierta revisión de la reivindicación internacionalista en el artículo de 1945, cosa que, sin embargo, no ocurrió. El texto mantiene básicamente las mismas tesis, incluso párrafos enteros literalmente idénticos, para lamentar la laguna que existe en el ordenamiento jurídico internacional respecto a la realización del derecho de las nacionalidades a autogobernarse, una laguna que, a juicio de Aguirre, había derivado en el hecho de que «las nacionalidades que siguen un proceso de liberación o independencia no han tenido otro camino que aquel de la violencia»[21]. Como en la publicación de 1943, la única referencia a la necesidad de un acuerdo previo con el Estado que-

---

[21] Cf. el artículo «L'Homme et la Nationalité» en el antes citado número de *Euzko Deya*. La traducción es nuestra.

da subordinada a la instancia internacional que debía garantizar el ejercicio de «las autonomías o soberanías obtenidas por las nacionalidades», «incluso si han sido el resultado de una libre convención con el Estado del que forman parte».

En cambio, en la tercera edición de este artículo programático, aparecida en 1949 sí existe alguna modificación de calado. Cuando se publicó esta nueva versión del texto de 1943, el proyecto de la unificación europea estaba ya en marcha. Aguirre lo había seguido muy de cerca y había podido madurar la idea de que, de momento, los Estados seguían siendo la base de este ambicioso proyecto y que era altamente inverosímil creer que alguna instancia central europea pudiera asumir la tarea de iniciar, tutelar y blindar procesos independentistas dentro de algún Estado miembro. Como ya lo había previsto en su polémica con Irujo, sabía que el futuro de Euskadi no podía entrar en la agenda europea si previamente Euskadi no había forjado alguna alianza estratégica con los demócratas y europeístas españoles. Por consiguiente, en el texto de 1949 se suprimió un punto que muy previsiblemente hubiera provocado el rechazo de los demócratas españoles, como era la referencia al derecho de autodeterminación. En 1943 y 1945, había reivindicado abiertamente este derecho como punto de partida del proceso soberanista iniciado en el ámbito internacional: «Consagrados el principio de la autodeterminación y el derecho al *self-government* de todos los pueblos grandes y pequeños con características y voluntad nacionales definidas [...]». En el texto de 1949 esta premisa desaparece por completo y se habla en términos genéricos de «pueblos que desean la libertad», a los que habría que garantizar un procedimiento jurídico internacional para poder alcanzar esta meta. Se mantiene, por tanto, la idea básica de que las reivindicaciones de las naciones sin Estado no son asuntos domésticos del Estado en cuestión y que alguna instancia de la «Organización Federal de Europa» debería ocuparse de este tema. Pero, al mismo tiempo, se realiza un *peinado* del texto para eliminar todas las fórmulas susceptibles de provocar la contestación de aquellos con los que había que llegar a algún tipo de consenso. Recordemos que también en el verano de 1945 Aguirre había ordenado a sus negociadores no insistir en el reconocimiento explícito del derecho de autodeterminación como *conditio sine qua non* para la entrada de los nacionalistas vascos en el Gobierno de Giral. Aquí aparece de nuevo este rasgo característico que marcó la política del primer lehendakari durante buena parte de su vida: su empeño casi obsesivo en forjar consensos y mantener la unión de los demócratas. Para ello era necesario, como en este caso, ceder y hacer concesiones parciales, sin renunciar a metas más ambiciosas. Podía mantener la reivindicación de la autodeterminación en textos programáticos, como en el artículo sobre Europa en sus versiones de 1943 y 1945. Pero, cuando se trataba de bajar del terreno de las ideas al vidrioso ámbito de la lucha política del día a día, podría resultar más inteligente y eficaz suprimir la mención de este derecho o disfrazarlo detrás de fórmulas más ambiguas, si así se facilitaba el acuerdo entre diferentes.

Éste era el marco del pensamiento europeísta que el presidente vasco ya no iba a abandonar en los años que le quedaban de vida y que, no sin ciertas resistencias, consiguió imponer a su partido. En sus diferentes manifiestos programáticos, publicados regularmente para celebrar el *Aberri Eguna*, el aniversario de la constitución del Gobierno vasco el 7 de octubre o el mensaje de *Gabon*, el tema europeo es recurrente y se construye en torno a dos ejes argumentales: uno, la federación es el futuro de la historia y debe aplicarse, por tanto, no sólo en el marco europeo, sino también en el ámbito ibérico; y dos, la federación europea es el único camino para garantizar el desarrollo y el bienestar de los pueblos. Franco y su régimen son «los separatistas de Europa, los que con su permanencia tiránica en el poder ofrecen al pueblo un futuro de miseria»[22]. Por ello, Franco acabará siendo un obstáculo anacrónico al progreso y a la lógica de la historia, máxime cuando la lucha anticomunista exigía la unidad y fortaleza de toda Europa. Así lo resumió Aguirre en una carta a Jesús Galíndez de octubre de 1953:

> Aplicando todas estas consideraciones a nuestro problema particular, no ya sólo el vasco, sino el español y aun el peninsular, por implicar también a Portugal, es fácil deducir que tenemos enfrente la plataforma de una gran política que nos alcanza de lleno. Si Europa se constituye en las bases que han sido reflejadas, se producirá una conmoción general que alcanzará, sin remedio, a todos los países, quiéranlo o no sus dirigentes actuales. [...] El conjunto de estas instituciones en función nos servirá para demostrar ante nuestro pueblo, el pueblo español y también ante Europa nuestra situación de indigencia y el derecho que nos asiste a ser europeos y a pertenecer, por lo tanto, a la unión continental y recibir de ella los beneficios consiguientes. El obstáculo es el régimen dictatorial del General Franco. Nuestro programa tendrá entonces una razón de ser interior y exterior, que será entendida por todas las personas razonables, pues no será fácil entonces oponer argumentos basados en supuestos peligros comunistas u otros de índole parecida, puesto que precisamente la

---

[22] Cita del mensaje publicado con ocasión del *Aberri Eguna* de 1948, Aguirre, *Obras*, pp. 763-765.

autoridad supra-nacional constituirá la garantía más firme contra todo intento antidemocrático[23].

La solución se llamaba Europa, y Franco no era más que una triste reminiscencia del pasado que terminará cayendo por la presión de las democracias. Ni en este año tan fatídico para los demócratas antifranquistas, ni después de 1953 el lehendakari albergó duda alguna acerca de este programa. No se encuentra el más mínimo rastro de duda en sus proclamas públicas, pero tampoco en su correspondencia privada, de manera que se impone la impresión de que este optimismo no era una actitud fingida con el fin de alentar y animar a sus seguidores, sino fruto de su convicción personal. Hay una sola excepción a esta regla y, significativamente, se encuentra en el último mensaje que publicó pocos meses antes de morir. Su mensaje de *Gabon* de 1959 probablemente es su único texto en el que, junto a la ya clásica defensa de la «unión férrea de todos los vascos» como condición imprescindible en la lucha contra la dictadura, aparecen vestigios de dudas e incluso de críticas contra las democracias occidentales. Durante los últimos años de su vida, Aguirre había observado que las democracias internacionales, incluidas también las europeas, en lugar de deshacerse de Franco, lo habían admitido en las Naciones Unidas y en la UNESCO. En diciembre de 1959, el presidente norteamericano Eisenhower había visitado personalmente al dictador, visita a Madrid considerada un gran triunfo por el propio Franco. Pese a los obligados mensajes de resistencia («Los pueblos se conocen en la adversidad»), se trata de un texto triste y abatido que incluye párrafos tan poco característicos como éste:

> Nuestra lucha contra la dictadura sería más fácil si no nos viéramos ante la curiosa necesidad de defendernos contra el realismo de las democracias y sus constantes reconocimientos del dictador. Nos dirán que su filosofía no ha cambiado, pero su conducta marcha detrás del interés. No es ésta una novedad en la historia de las relaciones humanas. Como tampoco lo es el tributo que nos imponen la privación de libertad y el exilio, es decir, nuestra incapacidad momentánea; pues nada podemos ofrecer sino nuestro idealismo y nuestra fe en el futuro, moneda que no tiene curso en el mercado internacional, más atento al interés inmediato[24].

De repente, ya no hay referencia alguna al proyecto europeo como instrumento de lucha antifranquista y marco de la libertad de Euska-

---

[23] José Antonio Aguirre a Jesús Galíndez, París 28-X-1953, AN, GE-648-2.
[24] «Mensaje de Gabon 1959», en Aguirre, *Obras*, pp. 1016-1018.

di. Al contrario, Europa, junto con el «realismo de las democracias», se ha convertido en un adversario, ante el que era necesario «defenderse». Aguirre, el apasionado defensor de la unión europea, ¿estaba a punto de pasarse al bando de los euro-escépticos? No lo podemos saber, porque unos meses más tarde una aguda crisis cardiaca acabó con su vida. En todo caso, después de haber salvado su firme convicción europeísta en otros momentos de crisis y contrariedades, no parece muy verosímil pensar que esta última crisis de 1959 hubiera provocado un cambio sustancial en las ideas que Aguirre defendía desde mediados de los años cuarenta. Más que de cambio sustancial, quizás pueda hablarse de una cierta atemperación realista de su pasión europeísta, producida en un momento en el que el rostro de Aguirre revelaba claras muestras de cansancio y envejecimiento, debido también a que los proyectos europeístas concretos en los que se encontraba involucrado se habían mostrado impotentes en la lucha antifranquista y por la libertad de Euskadi.

III. CONSTRUIR EUROPA

Como es sabido, fue la traumática experiencia de la II Guerra Mundial la que dio el decisivo impulso a la idea de la unificación europea. Para evitar en el futuro semejantes matanzas entre los diferentes pueblos de Europa, había que unirlos en un proyecto común. Y si este proyecto común y su consecuencia, a saber, la cesión de determinadas parcelas de soberanía a un ente supranacional, generaba todavía demasiados recelos y resistencias en el ámbito político, había que iniciarlo en un terreno supuestamente más aséptico como el económico. El cálculo era claro: la creciente imbricación de los intereses económicos tarde o temprano despejaría también el camino a la unidad política. Fueron los pequeños Estados de Bélgica, Luxemburgo y Holanda los que en 1948 dieron el pistoletazo de salida con la supresión de los aranceles y la creación de una zona de libre comercio: el Benelux. Para avanzar, empero, hubo un gran problema: la histórica enemistad entre los dos grandes países de Europa, entre Francia y Alemania, que desde los tiempos de Napoleón se habían enfrentado en cuatro guerras. Cuando todavía no habían pasado más que unos pocos años desde la liberación de Francia, la opinión pública de este país recelaba aún mayoritariamente de cualquier tipo de acercamiento a su enemigo histórico. Sin embargo, la agudización de la Guerra Fría (golpe comunista de Praga en 1948; bloqueo de Berlín en 1948/1949; Guerra de Corea en 1950-1953), así como los preparativos para la partición de Alemania en dos Estados o para la fundación de la OTAN (1949), fueron acontecimientos que contribuyeron a que también en Francia se fuera imponiendo poco a poco la convicción de que en la cuestión alemana era imposible mantener una estrategia de aislamiento. Y si no era posible aislar a Alemania, convenía *abrazarla* para influir y controlarla en la medida de lo posible. En base a este razonamiento y recogiendo ideas y propuestas elaboradas por Jean Monnet, Robert Schuman presentó su plan de integración económica europea. Así nació en 1951 la Comunidad Europea del Carbón y del Acero (CECA), que en 1957 y a través del Tratado de Roma se convirtió en la Comunidad Económica Europea (CEE), la llamada «Europa de los seis» (los tres Estados del Benelux, Italia, Francia y Alemania Federal).

¿Qué tenía que ver José Antonio Aguirre con todo esto? Mucho más de lo que en un principio se podía pensar. En primer lugar, vivía y trabajaba en París, que a la sazón era el centro neurálgico del proyecto europeísta. En segundo lugar, tenía una relación personal con varios de los líderes europeos que se encontraban en la primera línea de este movimiento. Como ya se ha visto, tuvo acceso a los despachos sobre todo de Georges Bidault o de Robert Schuman, pero también le recibían políticos como el socialista belga y asimismo protagonista europeísta de la primera hora, Paul-Henri Spaak. En tercer lugar, Aguirre formaba parte de la corriente política que como ninguna otra puso su sello a esta primera fase de la unificación europea: como católico practicante militaba en un partido demócrata-cristiano como el PNV, compartiendo así filiación con cada uno de los seis ministros de Asuntos Exteriores que en 1951 firmaron el primer tratado de unificación europea. Y, finalmente, el presidente vasco tenía en común otro rasgo importante con algunos de los principales protagonistas de este comienzo de la unificación europea como pueden ser Konrad Adenauer, Robert Schuman o Alcide de Gasperi: vivían o provenían de una zona fronteriza de su Estado y tenían, por tanto, un vínculo más directo con otras culturas y otros idiomas. Adenauer era oriundo de Renania, que lindaba con Francia. Schuman había crecido en la región de Lorena cuando ésta formaba parte del Imperio Alemán. Cuando nació De Gasperi, su región natal de Trento pertenecía al Imperio Austro-Húngaro, por lo que realizó sus estudios en Viena. Este *background* multicultural facilitaba, sin duda, la revisión de viejos conceptos decimonónicos, como el de la soberanía de los Estados, y la búsqueda de nuevas formas de organización político-administrativa más apropiadas para la nueva realidad de la Europa que estaba naciendo durante los años de la posguerra. Aguirre era mucho más joven que los tres dirigentes mencionados, pero compartía con ellos la relativización de las fronteras: su nación vivía dividida en dos Estados y, como nacionalista vasco, aspiraba a suprimir un día la frontera franco-española y a unificar todos los territorios vascos. Debido al vínculo con *Iparralde* (País Vasco francés), el lehendakari conocía bien la cultura francesa. Hablaba francés y, aunque con dificultades, se defendía en inglés. Este nexo con Francia se intensificó mucho más desde que en 1946 se trasladara a París, donde se encontraba la sede oficial de su Gobierno.

Por todas estas coincidencias no ha de extrañar que Aguirre y su partido iniciaran sus actividades europeístas en el ámbito de los partidos demócrata-cristianos. Los principales hitos de esta política se concentran en el lustro entre 1947 y 1951[25]. Por una parte, apoyándose en sus buenas relaciones con el partido francés *Mouvement Républicaine Populaire* (MRP), en junio de 1947 una representación del PNV encabezada por Aguirre asistió al congreso constituyente de la federación de partidos democristianos denominada *Nouvelles Équipes Internationales* (NEI). El lehendakari fue elegido miembro del Consejo de Honor y Javier Landaburu entró en la directiva en representación de «Euzkadi». Los vascos, que hasta el año 1965 iban a ser los únicos representantes del Estado español en los NEI, acompañaron la actividad de esta organización desde la primera fila, ofreciendo su sede de la Avenida Marceau para las reuniones y, en 1950, incluso para la instalación del Secretariado, que antes había estado en Bruselas.

La clara vocación europea de los NEI condujo a que en mayo de 1948 una delegación vasca de esta asociación fuera invitada a asistir al bautizo del Movimiento Federal Europeo en la Conferencia constituyente de La Haya, convocada por Winston Churchill, donde se pusieron las bases para la aceleración posterior de la unidad europea. Gracias a un largo informe redactado muy probablemente por Landaburu, se conocen con detalle los problemas que tuvieron el lehendakari y los demás miembros de la delegación vasca (Landaburu y el dirigente de Acción Nacionalista Vasca Juan Carlos Basterra) para acreditarse como invitados en la Conferencia, problemas originados, según el autor del informe, por las maniobras del representante del antifranquismo conservador Salvador de Madariaga ante los sectores conservadores británicos bajo el pretexto de que «si se invitaba a

---

[25] El mejor análisis de la política europeísta de Aguirre y del PNV es el de Arrieta, *Estación*, a la que seguimos en lo que viene a continuación.

vascos y catalanes constituían, unidos, mayoría sobre los españoles»[26]. Aunque Madariaga negase posteriormente esta acusación, sabemos al menos que sus propuestas para la invitación de representantes de la España democrática no incluyeron a ningún vasco[27]. Finalmente, después de haberse perdido la sesión de apertura, gracias a frenéticas gestiones de última hora y en medio de una confusión notable, los vascos consiguieron ser acreditados como observadores invitados, lo cual fue posible, según el informe citado, merced a las presiones de los federalistas franceses y holandeses.

Estos problemas fueron más que meras anécdotas, ya que demostraron a Aguirre lo que ya había sospechado: que la Europa que se estaba creando iba a seguir siendo una Europa de los Estados y no de los pueblos. De nuevo aparecía, pues, la necesidad de poner en marcha lo que en otro contexto había descrito como la «fase peninsular», es decir, la cooperación con los demócratas españoles, una fase que no se podía soslayar si se pretendía tener voz y voto en la Europa que se estaba uniendo. De ahí que el presidente vasco impulsara con toda su energía la fundación del Consejo Federal Español del Movimiento Europeo (CFE) como órgano aglutinador de todas las fuerzas federalistas del Estado español. Así, en febrero de 1949, y esta vez en la sede del Gobierno vasco en París, se constituyó este Consejo, presidido por el mismísimo diplomático y profesor liberal-conservador Madariaga y con Irujo como vicepresidente y Lasarte como secretario general.

Pero, como ya había ocurrido en otras ocasiones, Aguirre y su grupo de París funcionaban con una velocidad, y el PNV con otra, bastante más lenta. Esto ya había ocurrido en 1945, cuando el lehendakari había impuesto la estrecha cooperación con «los españoles» dentro del Gobierno republicano. Ahora, esta nueva edición de la cooperación vasco-española, concretada en la presencia de representantes nacionalistas como miembros del Consejo Federal Español, había levantado ampollas. Las críticas provenían no sólo de los sectores más sabinianos, sino que fueron compartidas incluso por Juan Ajuriaguerra, el presidente del EBB en el interior:

> Se ha afirmado que no estamos hoy en hacer una política separatista. Nosotros, el Partido, estamos en política nacionalista, que en determina-

---

[26] «Congreso de Europa. La Haya, 7 al 10 de mayo 1948. Razones de nuestra presencia en el Congreso», documento sin fecha ni firma [probablemente de Landaburu], Archivo Irujo, 37-3.
[27] Dato recogido por Ugalde, Alexander: *El Consejo Vasco del Movimiento Europeo (1951-2001)*, Consejo Vasco del Movimiento Europeo, Vitoria-Gasteiz, 2001, pp. 83-90.

dos casos se hace claramente y en otros no. Nos estamos dejando llevar por una tolerancia y moderación excesivas que nos hacen andar en un trapecio […]. No interesa construir Europa y destruir Euzkadi[28].

Estas críticas arreciaron a raíz de unas jornadas organizadas por el CFE y con la participación de varios políticos nacionalistas, que más tarde fueron tachados por algunos correligionarios suyos de hacer declaraciones «españolistas» y anti-vascas. Para salvar la situación, se recurrió al mismo truco que ya había permitido respirar tranquilos a los *jeltzales* más ortodoxos cuando en 1945 Manuel Irujo volvió como ministro al Gobierno de la República: se consideró que Irujo entró en el Gobierno como representante de una institución supra-partidista como era el Gobierno vasco, y no como representante del PNV. Así, en 1951 se fundó el Consejo Federal Vasco, que debería representar los intereses vascos de forma colectiva dentro del CFE. Su presidente fue el consejero de Agricultura del Gobierno vasco y miembro de ANV, Gonzalo Nárdiz.

Sin embargo, las inquietudes y críticas no desaparecieron. Pero, como Aguirre todavía seguía siendo el líder carismático intocable, nadie se atrevió a desautorizar personalmente al máximo responsable de esta línea europeísta pragmática. Con el fin de encontrar un cierto equilibrio entre el respeto a la autoridad del lehendakari y el deseo de calmar a los críticos, la dirección del PNV optó por silenciar las actividades del CFE, cuyo presidente Madariaga, complicando las cosas un poco más, no mostró precisamente un cuidado especial para evitar manifestaciones susceptibles de herir las sensibilidades nacionalistas. Esta situación incómoda fue muy probablemente un motivo más para que José María Lasarte, el secretario general del CFE y consejero del Gobierno, abandonara en 1952 la política activa de primera fila y se trasladara a América Latina, como ya se ha indicado antes. Más tarde, las presiones del partido impidieron que Javier Landaburu, cuya candidatura fue apoyada por Aguirre, ocupara la vacante dejada por Lasarte[29].

En todo este conflicto, el lehendakari actuó siempre de la misma forma: primero, creando hechos consumados, y después, manteniéndose por encima de los intereses enfrentados, para escudarse preferentemente en sus colaboradores y defender a través de ellos sus postula-

---

[28] Reunión del EBB con la Comisión Política, 28-V-1950, AN, EBB, 120-2. En esta reunión, Lasarte había argumentado que no se había entrado en el CFE para hacer «política separatista», sino «antifranquista y autonomista».

[29] Sobre las declaraciones de Madariaga y el conflicto en torno al CFE, cf. De Pablo, Mees y Rodríguez Ranz, *El péndulo II*, pp. 205-212.

dos. Nunca entraba *al trapo*, criticando o desautorizando a alguien de forma directa. Sólo en la correspondencia con sus colaboradores más cercanos dejaba caer, muy de vez en cuando, alguna referencia crítica, nunca personalizada, pero siempre unívoca, como cuando, poco después de toda la polémica en torno al CFE, defendía ante Galíndez la idea de que la gente de Euskadi se sentía europea «por motivaciones muy superiores a los viejos y estrechos conceptos patrioteros»[30].

Es más, para Aguirre el CFE no era sólo una expresión de un pensamiento europeísta. Después del fracaso del Gobierno republicano en el exilio y de la entente con los monárquicos, el CFE era el tercer intento de crear el órgano unitario tan necesitado en la lucha contra Franco. Las siguientes palabras sobre la «trascendencia» del CFE son muy significativas en este sentido:

> La trascendencia a que me refiero está no sólo en la integración de tan distintas fuerzas, sino en que en un momento determinado lo que es hoy un instrumento europeísta puede convertirse, porque ese es su espíritu, en la alternativa gubernamental que se echa de menos por las Cancillerías extranjeras. Todo esto hasta hoy no es más que una experiencia, pero si los hombres que componen el Consejo y las organizaciones que le apoyan toman en serio su marcha y desarrollan todos sus trabajos de relación principalmente en el interior podemos elaborar un instrumento que sea el que cubra el período provisorio y del cual se saquen aquellos elementos que puedan constituir el Gobierno de la alternativa que falta. Ante los fracasos anteriores, uno el del Gobierno de la República imposibilitado de reunir fuerzas divergentes, y otro el del Pacto socialista-monárquico llevado en forma poco hábil por Prieto y poco leal por parte de los monárquicos, queda esta tercera tentativa que al calor de la Europa y de sus realidades tenga más posibilidades que los ensayos anteriores.

Aguirre concluyó su misiva a Galíndez con una buena definición de la idea-fuerza que había guiado su vida política:

> Yo no me hago demasiadas ilusiones para un inmediato próximo, pero siempre he sido partidario de la integración de fuerzas diversas, que se entable entre ellas el conocimiento y el diálogo, pues por ahí comenzamos nosotros realizando la experiencia vasca que ha resultado, dentro de los defectos que toda obra tiene, eficaz y utilísima[31].

Como es sabido, tampoco tuvo éxito este tercer ensayo de crear un instrumento antifranquista unitario y eficaz, al que la dirección del

---

[30] José Antonio Aguirre a Jesús Galíndez, París, 28-X-1953, AN, GE-648-2.
[31] José Antonio Aguirre a Jesús Galíndez, París, 17-X-1952, AN, GE-648-2.

partido nunca vio con buenos ojos. El problema no era la concepción más o menos federalista de Europa, o el mayor o menor papel que se les reservaba a los Estados en detrimento de las naciones, sino el viejo miedo sabiniano de contagio y de la consiguiente pérdida de la *pureza nacional vasca* a través de una relación demasiado directa y estrecha con *España*. Era una cuestión de perspectiva: mientras que para el sector más ortodoxo del partido la única virtud del proyecto europeo para los vascos radicaba en la hipotética disminución de la influencia española, Aguirre y el «Comité de París» —tal y como lo denominaba Ajuriaguerra— estaban convencidos de que ningún proyecto político para Euskadi tenía visos de ser escuchado en Europa sin el aval del Gobierno democrático español o de la entidad que lo sustituyera. Dicho de forma más gráfica: para lograr el *menos España* en el que todos los nacionalistas vascos estaban de acuerdo, era preciso pasar previamente por la «fase peninsular», una fase con *más España*, en la que había que hacer concesiones y llegar a compromisos con el Gobierno español. Pero esta idea no resultaba demasiado atractiva a muchos nacionalistas, y así el plan de reforzar los organismos europeístas del exterior con delegaciones en el interior no logró movilizar a los nacionalistas de la resistencia. Así, el «Consejo Vasco por la Federación Europea del interior», formalmente creado a finales de 1953, languideció a falta de apoyo. Al tener noticia de esta situación, Aguirre se enfadó y mandó una carta a Ajuriaguerra, que ya había regresado al interior. Pese a que el lehendakari envolviera su crítica elegantemente haciéndose partícipe de la misma, su enfado quedó patente al denunciar «nuestra falta de preocupación y nuestra incapacidad de crear movimientos adelantándonos a los demás». Si perduraba este problema y no se conseguía «resolverlo definitivamente», el lehendakari preveía consecuencias perniciosas:

> [...] si continuamos en esta inacción y falta de atención a problemas de esta naturaleza, un día nos vemos fuera de organizaciones como la federalista europea y los NEI donde entramos y nos mantenemos con carácter nacional. Bastará que otros comiencen a actuar y a adherirse para que ante nuestro vacío lo llenen ellos, echándonos fuera[32].

Aguirre no se quedó en la denuncia y la reprimenda. Había que ir al fondo del problema, y aquí aparecía la hipótesis de que esta «inacción» podía ser también en parte resultado del desconocimiento rei-

---
[32] Juan [José Antonio Aguirre] a José [Juan Ajuriaguerra], s.l., 22-IV-1955, AN, PNV-88-4.

nante entre las bases nacionalistas sobre el tema europeo. Para corregirlo, Aguirre envió al presidente de su partido un texto manuscrito en el que se esforzaba en presentar e interpretar de manera sencilla y comprensible los principales hitos del proceso de unificación europea. Aunque las fuentes no permiten conocer más detalles en torno a este documento, se trata muy probablemente de un escrito que debía ser repartido entre todos los nacionalistas interesados, sobre todo en el interior. Haciendo gala de un notable conocimiento de causa, Aguirre destaca que en el proceso de unificación europea se habían impuesto «los funcionalistas» sobre «los federalistas», al considerar que la Europa unida no iba a ser el producto de una decisión política impuesta «desde arriba», sino el fin de un largo camino «por etapas», en el que «una autoridad superior europea» asumiría poco a poco determinadas funciones. La «pequeña Europa» del Carbón y del Acero suponía la primera de estas etapas y la primera de las funciones cedidas. La siguiente, la Comunidad de Defensa, había fracasado tras el veto del Parlamento francés. Con ello también se había tumbado momentáneamente un mayor avance en la unidad política del continente, lo que Aguirre achacó a los «elementos totalitarios» que habían querido frenar la Europa democrática y unida, a sectores anticlericales recelosos ante una Europa «con predominio democrático-cristiano», así como a «los nacionalistas reaccionarios y chovinistas» que «se empeñan en vivir de las glorias pasadas». Pese a este parón momentáneo, Aguirre auguraba la continuación del proceso de unificación no en el ámbito militar, pero sí en el económico, comercial y social, todo ello basándose en unos procedimientos y «normas estrictamente democráticas», lo que tendría un efecto muy beneficioso:

> Si esta unión se verifica por métodos democráticos como es el acuerdo preestablecido, todos los problemas de la libertad y su organización tanto en el orden individual como en el de los Estados y las nacionalidades pueden tener abiertos razonables caminos de solución[33].

Pero, claro, a mediados de los años cincuenta, esta «solución» aparecía todavía muy lejana y poco tangible. La lejana e incierta recompensa que ofrecía la lucha por la Europa unida difícilmente podía funcionar como antídoto contra la frustración y desilusión de la comunidad nacionalista, que había sido tan fuertemente golpeada por una larga cadena de pequeños y grandes fracasos. Y es que, ade-

---

[33] José Antonio Aguirre a Ignacio Unzeta, París, 21-X-1955 (carta y texto manuscrito sin título), AN, PNV-88-4.

más de este cúmulo de fracasos políticos, el problema no radicaba tanto en la desinformación cuanto en la transformación de la sociedad vasca del interior que se estaba produciendo y cuyos efectos eran descritos en muchos informes que llegaban a la sede del partido y a la presidencia del Gobierno. Ahí se hablaba del crecimiento económico, de la posibilidad de hacer negocios, de la inmigración, del declive del euskara o de la aparición de nuevas formas de ocio y de sociabilidad. Resumiendo algunos de estos informes e impresiones que le habían transmitido diferentes interlocutores del interior, Telesforo Monzón le presentó un cuadro bastante desolador al lehendakari, destacando el quietismo desmovilizador que reinaba entre la gente del interior:

> [...] un cierto espíritu de decisión, *con toda la prudencia*, me parece necesario. Se halla hoy por desgracia ausente de grandes sectores del País que hace veinte años lo jugaron todo y lo entregaron todo por un ideal y que hoy se hallan desorientados, o cansados, o desengañados o en todo caso ausentes de emoción rebelde y creadora. Hay quienes se han enriquecido y se sienten conservadores de cuanto les permite seguir haciéndolo. Hay otros sectores que han sufrido mucho, lo han expuesto todo y no se han sentido luego —con razón o sin ella— suficientemente sostenidos y respaldados. Esto con el desengaño —justo o injusto— consiguiente. Existe el hecho de una juventud intoxicada de afición futbolística «prefabricada» suplente de una ausencia, mucho más prefabricada aún, de ideas e inquietudes espirituales. Y aunque el descontento es general, falta espíritu de lucha para derribar lo actual.

En este escenario de desilusión y desmovilización, Monzón salvaba la idea de Europa, «una idea que va entrando muy a fondo», así como a «muchísimos perseguidos o que llevan vida miserable» deseosos de la «revancha» y «cuyas reacciones tienen que ser necesariamente violentas»[34].

IV. UN ÚLTIMO GRITO DE REBELDÍA

En este contexto de frustración, desorientación y desmovilización nació la idea de reunir a representantes de todos los sectores de la sociedad vasca, del interior, del exilio y de la diáspora, con el fin de consolidar la unidad de todos los demócratas, fijar las estrategias y objetivos para el futuro y emitir así una potente señal de confianza y de lucha con efectos movilizadores. Fue la idea que condujo a la ce-

---

[34] Telesforo Monzón a José Antonio Aguirre, San Juan de Luz, 15-I-1957, AN, PNV-88-4.

lebración del Congreso Mundial Vasco, reunido en París entre el 23 de septiembre y el 1 de octubre de 1956. El motivo oficial para esta convocatoria fue el vigésimo aniversario de la constitución del primer Gobierno vasco. Eran veinte años de lucha, cuyo recuerdo no sólo debía servir para rendir cuentas sobre lo realizado, sino también para levantar el ánimo de los demócratas vascos de cara al futuro.

La idea del congreso venía ya de lejos. Empezó a tomar forma poco después de terminar el desastroso año de 1953, durante un viaje que el lehendakari hizo a América Latina en la primavera de 1954. Fue el último gran proyecto que tuvo ocasión de realizar y lo llevó a cabo fiel a las convicciones y objetivos que ya habían marcado su trayectoria política en los años anteriores. Para él, el encuentro debía ser un evento plural, nacional y no partidista, en el que todos los demócratas vascos —independientemente de su filiación— pudieran sentirse cómodos. De la misma manera que su Gobierno había sido —y seguía siendo— un faro de unidad democrática en la oscuridad de la dictadura, la represión y el exilio, el Congreso debía simbolizar esta unidad y la voluntad de blindarla ante el peligroso virus de la lucha fratricida que estaba devorando al exilio español. Si la unidad era imprescindible en 1936, cuando formó su primer Gobierno; o en 1945, cuando impulsó la creación del Gobierno republicano en el exilio; o en 1951, para asegurar la eficacia de las movilizaciones populares en el interior, también lo era en 1956, cuando seguía abierta la vía europea hacia la libertad y cuando una potente señal unitaria podía ser el revulsivo para una sociedad y una resistencia a punto de ceder ante las tentaciones del cansancio, de la desilusión y de la comodidad. Y como había ocurrido en todas esas situaciones anteriores, también ahora había que pagar un precio por esta unidad: el precio de la moderación en los planteamientos y, por consiguiente, de la renuncia a la formulación explícita de objetivos políticos no asumibles por otros sectores —no nacionalistas— de la sociedad vasca. Se lo explicó de esta forma a Manuel Irujo, a quien encargó la elaboración de la ponencia política a presentar en el Congreso:

> El programa del futuro [...] debe ser construido en la articulación de materias contenidas en el Estatuto de Autonomía y en los textos que le precedieron. Como Gobierno nos corresponde hacer así pues entiendo que es conveniente presentar nuestro programa de futuro en forma que sirva de base de partida para todos, aceptándolo sin dificultades todas las organizaciones políticas a las que en esta forma no se les plantea ningún pie forzado con iniciativas que alteren el compromiso político actual del

país. Esto no quita que existan proposiciones o iniciativas de toda índole que sean exposición del estado de opinión de personas o sectores que quieran exponer ideas o propuestas más avanzadas.

Irujo, quien ya era el hombre políticamente más cercano al lehendakari, aceptó esta propuesta y le felicitó a Aguirre también por su decisión de nombrar «ponente titular» al consejero de ANV Gonzalo Nárdiz. Esta decisión otorgaba al Congreso un carácter más institucional y, además, según Irujo, liberaba «al cuerpo de ponentes del monopolio del PNV, cosa que reputo conveniente. Porque no basta con que Susana sea casta; es necesario que, además, lo parezca»[35].

Uno de los primeros en recibir una invitación personal del lehendakari fue Indalecio Prieto. Aguirre sabía que el eje de la deseada unidad de los demócratas debía ser la entente entre nacionalistas y socialistas vascos, que desde 1936 venía siendo la base de su Gobierno. En su misiva, Aguirre insistió en la idea de asentar el Congreso «sobre una amplia base ideológica compatible con nuestras ideas democráticas, lo que excluye a los enemigos de la libertad sean de la derecha o de la izquierda». Además de reunir a todos los demócratas vascos, el Congreso también debía servir para facilitar «una noble confrontación con la nueva generación» y sus ideas. Pasó más de un año sin que el presidente vasco recibiera una respuesta del líder socialista. Preocupado, a finales de julio de 1956, le remitió la segunda invitación con el fin de deshacer los recelos de Prieto ante posibles «extralimitaciones» del Congreso planeado, de los que había tenido noticia por otras vías. Aguirre insistió en que no iba a haber ningún tipo de «acuerdo» o «programa», sino en todo caso «recomendaciones» que no ataban a nadie, siendo el objetivo principal el de «reafirmar la unidad vasca en la lucha». La respuesta de Prieto, que finalmente llegó, no aceptó estas explicaciones sobre la naturaleza del evento previsto. El dirigente socialista excusó su asistencia, pues veía en el Congreso «finalidades casi exclusivamente políticas», añadiendo que «yo no me considero con derecho a participar en más Congresos de esta naturaleza que los convocados por el Partido Socialista Obrero Español al que pertenezco»[36]. A la vista de todas las explicaciones dadas por parte del lehendakari, y con el antecedente del gran Congreso federalista organizado en La Haya en 1948, al que sí acu-

---

[35] Manuel Irujo a José Antonio Aguirre, Londres, 29-XI-1955, Archivo Irujo, 30-4; José Antonio Aguirre a Manuel Irujo, París, 5-I-1955, ibíd.

[36] Indalecio Prieto a José Antonio Aguirre, México D.F., 4-VIII-1956, AN, GE-710-10; José Antonio Aguirre a Indalecio Prieto, París, 8-VI-1955 y 27-VII-1956, Archivo Indalecio Prieto.

dió Prieto, no parecen convincentes los argumentos ofrecidos por el socialista. ¿Fue su postura muy crítica con la existencia del Gobierno vasco la razón que le impidió acudir a un congreso en el que se iba a dar testimonio de los veinte años de gestión desarrollada precisamente por ese Gobierno? ¿O hay que buscar el verdadero motivo de esta ausencia quizás en los celos personales de un dirigente con un gran ego ante un acontecimiento liderado por su gran contrincante y, sin embargo, amigo? Las fuentes no nos permiten aclarar definitivamente estas dudas. Lo que sí sabemos es que el Congreso Mundial Vasco fue un gran éxito propagandístico. No acudió Prieto, pero sí sus correligionarios vascos, cuya presencia se aseguró en los prolegómenos del Congreso al aceptar Irujo y Nárdiz determinadas enmiendas en el texto oficial de la ponencia. Asistieron un total de unas 400 personas, con una representación bastante nutrida venida de la diáspora y otra, menos numerosa, del interior. Se logró la unanimidad en las conclusiones que tanto había buscado Aguirre, pero era una unanimidad un tanto artificial, porque durante y después del Congreso Mundial afloraron actitudes que se salían del guion. Así, por ejemplo, volvió a aparecer el conflicto entre los republicanos, por una parte, y los seguidores de la línea antirrepublicana de Prieto y los socialistas vascos, por otra. Estos últimos, apoyados por los nacionalistas, habían rechazado en la antesala del Congreso cualquier referencia más directa y explícita a las instituciones republicanas en el texto oficial, lo que algunos dirigentes de los partidos republicanos, entre ellos el consejero Manuel Campomanes, criticaron duramente como «compadreo» entre socialistas y nacionalistas en un cruce de cartas con el lehendakari una vez terminado el Congreso[37].

Por otra parte, la primera aparición del grupo de estudiantes nacionalistas del interior, sobre los que volveremos en el siguiente epígrafe, o la alusión al empleo de la violencia como posible estrategia de la lucha antifranquista en la aportación de Federico Krutwig, dejaron entrever nuevas inquietudes, no necesariamente en concordancia con las estrategias oficiales llevadas a cabo por Aguirre, su Gobierno y su partido. Pero la mayor disonancia salió, sin duda, de la boca de un amigo íntimo del lehendakari. Telesforo Monzón, que había estado a punto de no acudir a las sesiones del Congreso, aprovechó su alocución —larga y cargada de lírica y emoción— para lanzar una dura crítica a la política de Aguirre. Uno de los puntos centrales de la crítica era conocido: la subordinación de la política vasca

---

[37] Los detalles de esta controversia en Mees, *El profeta*, pp. 329 ss.

a «una determinada solución del problema político español», léase la solución republicana. Monzón añadió otro argumento, éste más novedoso: el abandono de una política realmente nacional, diseñada para lograr el «robustecimiento de las características nacionales de nuestro país», entre las que destacó la lengua. Aguirre aprovechó las sesiones congresuales para dar a conocer oficialmente la dimisión de su consejero, decidida tres años antes, pero no quiso entrar al trapo. En su lugar y con su autorización lo hizo Manuel Irujo. Éste, fiel a su estilo personal, fue directo y duro, acusando a Monzón de «hacer obra demagógica» por no presentar una política alternativa viable. La desautorización fue categórica: «El Señor Monzón es una voz aislada que no representa en este momento al pueblo vasco en ninguno de sus sectores». Aguirre mismo, eso sí: *off the record*, se mostró dolido por las palabras de su amigo Monzón. Tachó de «bucólicos programas» las críticas de su ya exconsejero, programas que en la vida real no aportaban nada:

> que tenga cuidado de no interferirles cuando el país entero, con menos poesía pero con más sentido de la realidad, quiere acordar programas de acción común que son siempre cesión y tolerancia por parte de todos [...]. Lo importante es marchar y marchar unidos, que lo demás se nos dará por añadidura[38].

Esta carta a Irujo es un nuevo compendio del *aguirrismo* puro y duro. Sus palabras claves son ya muy conocidas para el lector de este libro: la política debía ser ambiciosa, pero siempre *realista, pragmática* y *eficaz*; su fuerza radicaba en la *unión de todos los demócratas*; y esta unión no era posible sin *cesiones* parciales, *acuerdos* temporales y *pactos* sectoriales. El problema era que, pese a la impresionante demostración de fuerza y unidad que había simbolizado el Congreso Mundial, Aguirre no había podido registrar ninguna victoria importante con esta política. Al contrario: al final de la década de 1950, la dictadura parecía más consolidada que nunca y la libertad vasca no se vislumbraba por ninguna parte. Y es aquí donde el lehendakari comenzó a sentir el implacable efecto de una de las reglas de oro de todo tipo de liderazgo carismático: cuando un líder carismático no tiene éxito y, por lo tanto, no es capaz de cumplir las (generalmente desmesuradas) expectativas de sus seguidores, este carisma empieza a erosionarse. En este sentido, el Congreso Mundial Vasco fue algo

---

[38] José Antonio Aguirre a Manuel Irujo, París, 3-I-1957, Archivo Irujo; las intervenciones de Monzón, Aguirre e Irujo se hallan en *Congreso Mundial Vasco. Euskal Batzar Orokorra. 25 aniversario*, Gobierno Vasco, Vitoria-Gasteiz, s.a. [1981], pp. 95 y 189-207.

parecido a un gran espectáculo pirotécnico, que, tras perderse la luz del último cohete en la oscuridad, dio paso a la larga noche del ocaso político y personal del lehendakari.

V. EL «HOMBRE-MITO» Y SU DECLIVE

Mont Dore es una pequeña ciudad balnearia situada en la región francesa de Auvernia en el Macizo Central. Su bucólico entorno montañoso y sus apreciadas aguas la convirtieron desde mediados del siglo XIX en el centro de un nuevo tipo de turismo de élite. A sus aguas termales acudían aristócratas, nuevos ricos, políticos, princesas de diversa procedencia, escritores y toda clase de bohemios variopintos para aliviar sus dolencias. Las termas de Mont Dore eran indicadas sobre todo para problemas respiratorios, asma y reuma. El lehendakari padecía desde hacía muchos años una bronquitis crónica. En 1947 se había sometido a un duro tratamiento de penicilina, pero no surtió efecto. Durante la década de 1950, en los registros de huéspedes de los establecimientos balnearios de la ciudad aparecía con cierta frecuencia el nombre de José Antonio Aguirre quien, durante sus breves estancias, se sometía a los mismos tratamientos que muchos años antes habían seguido célebres antecesores como Honoré de Balzac, Marcel Proust, George Sand o Georges Clemenceau. Las cartas con el membrete de los hoteles del lugar que se guardan en los archivos certifican que ni siquiera en estos momentos de relax y convalecencia Aguirre pudo o quiso desconectar del todo de su trabajo habitual. Sus breves estancias en Mont Dore fueron pequeñas escapadas de un entorno hostil, pero éste no daba tregua ni antes, ni durante, ni después de los baños. Cada vez que decidía volver a Mont Dore para sumergirse en las aguas, el paciente vasco estaba un poco peor que antes, porque su cuerpo había tenido que asimilar nuevos golpes de frustración, desilusión y dolor. Uno de estos golpes especialmente duros ya se había producido meses antes del Congreso Mundial Vasco, cuando el día 12 de marzo de 1956 Jesús Galíndez desapareció en una boca del metro de Nueva York. Como se supo más tarde, fue secuestrado y asesinado por agentes del dictador dominicano Rafael Leónidas Trujillo. Ya se ha indicado antes que, desde su nombramiento como delegado del Gobierno vasco en Nueva York, Galíndez era uno de los colaboradores más estrechos del lehendakari, quien le tenía en gran estima. Como profesor de la Universidad de Columbia y agente de los servicios secretos norteamericanos, era un hombre conocido y bien relacionado con el *establishment* estadounidense, cuya información de primera mano era quizás la fuente más importante que nutría la política del presidente vasco en el ámbito de las relaciones internacionales. Pero Galíndez cumplía también otra función para su jefe. Aparentemente, gracias a su trabajo en la Universidad de Columbia, Aguirre había encontrado gusto a la investigación histórica. Decidió elaborar una extensa *Historia del Pueblo Vasco* desde los orígenes hasta el tiempo presente, que pensaba publicar en la editorial Ekin de Buenos Aires. Una versión abreviada y traducida al inglés debía ser publicada por la Columbia, con la que había llegado a un acuerdo. Durante los años cuarenta y comienzos de los cincuenta, el lehendakari dedicó muchas noches a la redacción de los primeros capítulos, cuyos textos enviaba —una vez concluidos— a Galíndez para su revisión o su ampliación mediante la incorporación de determinados detalles, para cuya búsqueda Aguirre no tenía tiempo. Al final, con la ayuda de Galíndez, el presidente pudo escribir los primeros capítulos de la obra, que, sin embargo, quedó inconclusa y terminó con el análisis del Fuero Nuevo de Bizkaia del año 1526. La lectura de estos textos, así como de otros escritos posteriores sobre el fundador del PNV, conduce a una conclusión un tanto sorprendente. Y es que un hombre como Aguirre, que en su actividad política no tenía problema alguno para defender pensamientos y procedimientos poco ortodoxos si así lo consideraba necesario, en su análisis de la historia vasca apenas se aparta de los principios de la ortodoxia sabiniana. Tiene razón Iñaki Aguirre, su hijo menor, al definir esta parte de la obra de su padre como «literatura de combate», ya que interpretaba la historia «desde la perspectiva ideológica del nacionalismo vasco sabiniano y de sus principales tesis doctrinales, históricas, jurídicas y políticas». Quizás cabría añadir un solo matiz. Pese a insistir en la soberanía originaria de los vascos antes de la pérdida de los Fueros, el lehendakari subraya el hecho de que esta situación político-jurídica no significaba un estado de independencia absoluta, sino un régimen confederativo, fruto de un pacto con la Corona. Este pacto permitió a los vascos salvar «una soberanía amenazada consolidando un régimen de autonomía que sólo podría compararse en la época moderna a un régimen de dominio»[39].

En todo caso, con la desaparición de Galíndez, Aguirre no sólo perdió a su asesor en cuestiones históricas, sino sobre todo a su delegado en Nueva York y a un agente secreto de los servicios de espio-

---

[39] Aguirre, *Obras*, p. 632, y Aguirre Zabala, Iñaki: «José Antonio Aguirre y Lecube. Político-historiador del Pueblo Vasco (1904-1960)», *Notitia Vasconiae*, 1, 2002, pp. 579-606, cit. p. 591.

naje, que guardaba mucha documentación confidencial sobre la cooperación entre vascos y americanos, una documentación que había que recuperar como fuera. Aquí se abrió otro frente de gran preocupación para el presidente vasco, que inició un largo litigio por esta documentación, que finalmente, y al parecer con importantes lagunas debidas a la previa confiscación por parte de agentes del FBI y de la CIA, fue devuelta al Gobierno vasco.

Obviamente, este asunto de la desaparición de Galíndez fue un nuevo varapalo para Aguirre, quien sufrió el doloroso impacto personal de la pérdida de un estrecho colaborador, además de tener que enfrentarse a un problema muy complejo, como el de mantener el secreto en torno a la actividad de Galíndez como agente de los servicios de espionaje e impedir que se divulgara la información contenida en la documentación que se hallaba en su apartamento neoyorquino. Fue otro golpe más para la salud del lehendakari, que no mejoraba ni con las aguas de Mont Dore. La decisión de abandonar su hábito de fumador empedernido y de superar su dependencia del tabaco, un vicio que le había acompañado durante toda su carrera política, indica que, por fin, el hombre que tanto se solía preocupar por la salud de los demás, se estaba dando cuenta de que le había llegado la hora de cuidarse él mismo un poco. Y, desde luego, no hacía falta tener los conocimientos de un médico para saber que lo último que le conviene a una persona con importantes problemas respiratorios era devorar un cigarrillo tras otro. Pero el tabaco le había ayudado a calmar los nervios y guardar las apariencias para interpretar ese papel de hombre valiente, decidido y seguro de sí mismo que tanto gustaba a la gente.

Empero, 1958 no fue un buen año para dejar el tabaco, porque durante los dos últimos años de su vida el lehendakari tuvo que pasar por unas cuantas situaciones incómodas y complicadas, en las que sentiría, tanto como antes o más, la tentación de encender un pitillo y de expulsar los problemas con el humo. ¿Es por ello que Aguirre siguió fumando puros después de comer?[40]. Algunas de esas situaciones no presentaban grandes novedades, sino tan sólo impresiones de un triste *déjà-vu* que se repetía una y otra vez. Así, la visita que el presidente norteamericano Eisenhower hizo a Franco en diciembre de 1959 y el abrazo con el que el líder del mundo libre despidió al dictador en la base aérea de Torrejón eran unos hitos más en el ya largo camino de la rehabilitación internacional del régimen, cuya

---

[40] Veinte días antes de su muerte, Aguirre contó a un cura que le visitó que «hace algún tiempo que he dejado de hacerlo [de fumar]. Solamente fumo algún puro después de comer». Entrevista reproducida en *Euzkadi* (Bilbao), 130, 15-III-1984.

cruda realidad Aguirre no había querido reconocer, aunque en esta ocasión se viera obligado a enviar una carta de protesta a su homólogo estadounidense. Pero, como en esta fase de su vida la esperanza ya no era América, sino Europa, tampoco convenía darle demasiada importancia a dicha visita.

Además, hubo otros problemas complicados menos previsibles y más novedosos, que tuvo que afrontar el presidente vasco durante las postrimerías de su vida, problemas que tuvieron que ver directamente con su política desarrollada durante los años del exilio. Mejor dicho: con su política y la falta de éxito de la misma. Como ninguna de las estrategias que Aguirre había defendido a lo largo de su vida como presidente exiliado había dado en el blanco y Franco no había caído, ni los vascos habían recuperado su libertad, su liderazgo carismático había sufrido un proceso de lenta, pero constante erosión. Así, en consecuencia, hacia finales de la década de los cincuenta ocurrió algo que hasta entonces había sido impensable: la aparición de voces que, siendo todavía muy minoritarias, ya no quisieron esconder sus posturas abiertamente críticas con el lehendakari, su Gobierno y su política. Estas críticas afloraron sobre todo entre sectores de la diáspora, donde el carisma de Aguirre sólo pudo impactar ocasionalmente durante sus viajes y que desde París eran más difíciles de controlar. La aparición de estas críticas coincidió en el tiempo con los movimientos en el interior y los esfuerzos de algunos nacionalistas jóvenes por articular un proyecto político alternativo a la ortodoxia del PNV. En años anteriores la actividad del lehendakari en ocasiones determinadas también había generado dudas y críticas por parte de sus correligionarios. Recordemos que Doroteo Ziaurritz, el presidente del EBB, le trasladó la inquietud de sectores nacionalistas por su alianza con el republicanismo español. Ajuriaguerra criticó la pasividad de su Gobierno. Y Monzón dimitió por lo que consideraba una supeditación de los auténticos intereses nacionales vascos a proyectos políticos españoles. Estas críticas no salieron de los círculos internos o, en el caso de Monzón, tardaron tres años en trascender a un público más amplio. Ninguno de los tres llegó a cuestionar el liderazgo de Aguirre como máximo representante no sólo del exilio nacionalista, sino del exilio vasco en general. Pero esto cambió. A finales de los años cincuenta, el cúmulo de fracasos cosechados erosionó la capa protectora que su carisma le había proporcionado. El lehendakari dejó de ser una figura intocable para convertirse en un político de carne y hueso, expuesto al escrutinio crítico de sus seguidores y obligado a rendir cuentas sobre los avances, bloqueos y retrocesos en el desarrollo de su programa. Fue la revista *Irrintzi*, que a partir de 1958 publicaron *jeltzales* como Andima Ibinagabeitia y Manuel Fernández Etxeberria (*Matxari*) en Caracas, la que rompió el tabú haciendo públicas las primeras críticas duras y directas contra Aguirre y su política. Lo hizo desde una postura de un nacionalismo intransigente y aislacionista, que bebió de la tradición *jagi-jagista* y defendió una curiosa mezcla entre la recuperación de las esencias sabinianas, el rechazo sin tapujos de cualquier entente con la política española y la llamada a la acción directa contra la dictadura. La revista se estrenó con una crítica abierta y con tintes xenófobos a Aguirre, el «Presidente del Gobierno Vasco de la República Federable Española», porque éste había defendido a los obreros españoles («los coreanos») que estaban llegando a Euskadi. En su tradicional mensaje de Navidad de 1957, Aguirre había dedicado buena parte de su texto a reflexionar sobre el problema de la inmigración de miles de obreros españoles que se estaban afincando en Euskadi en búsqueda de un trabajo y una vida más digna. Guiado por un profundo humanismo cristiano y rompiendo completamente con el discurso «anti-maketo» de Sabino Arana, el presidente vasco defendió el derecho de estas personas a vivir en unas condiciones más humanas. Si venían a Euskadi, era porque el Estado central les había negado la posibilidad de salir de la «miseria» en su tierra de origen y porque en las empresas vascas hacía falta mano de obra para el desarrollo de la industria:

> Todos esos necesitados que emigran buscando en otras tierras pan que la suya les niega, son los eternos miserables, víctimas primeras de la injusticia de un Estado en el que la arbitrariedad reina, produciendo la más acusada desigualdad social. Buscan estos emigrantes el alimento a que tienen perfecto derecho [...]. Al emigrante que viene a vivir a nuestro país a incorporarse a él, haciendo suya nuestra tierra y hasta nuestra causa de libertad debe rodearle el respeto y el afecto.

Era un problema que no se resolvía «ni con odios ni con violencia», sino buscando la «convivencia» y así la «salud nacional». Los verdaderos «maketos» o «coreanos» no eran, a juicio del lehendakari, esta gente necesitada. «El coreanismo más peligroso» lo representaban los vascos autóctonos que abandonaban su idioma o no lo transmitían a sus hijos, los curas vascos que sólo predicaban en castellano, los jóvenes vascos indiferentes ante la situación de su patria o el «patrono vasco que explota al trabajador o no paga el salario justo»[41].

---

[41] El texto del Mensaje de *Gabon* de 1957 está reproducido en Aguirre, *Obras*, pp. 985-991.

Estas palabras, sutilmente iconoclastas, produjeron una sensación de amargura [«mingostasuna»] entre los responsables de *Irrintzi*, quienes no entendieron cómo y por qué podían ser merecedores de tantos «buenos deseos» aquellos «coreanos que vienen a destruir Euskal Herria». El mensaje de Aguirre fue descalificado como «romántico y sentimental». En vez de perder el tiempo con la defensa de una causa que no era la suya («las cosas de los «coreanos» ya las defendió, hace cincuenta años, el bueno de Perezagua»), el lehendakari debería haber explicado «qué se hace desde el Gobierno Vasco de la República Federable Española por derrocar a Francisco Franco, el tirano español de turno, de Euzkadi»[42].

Y, por si hubiera alguna duda, ya a partir del número 4 de *Irrintzi* quedó definitivamente claro que el rechazo al lehendakari Aguirre y su política era total y absoluto. Bajo el título «El Lendakari de todos los vascos», su autor afirmó que sólo reconocía a un lehendakari de Euskadi, que era el «lendakari» del PNV, es decir, el presidente del EBB. Ya no se trataba de una crítica de una determinada decisión o estrategia, sino de una negación categórica de la máxima institución democrática vasca y de su responsable, quien había hecho de la defensa de esta institución precisamente el eje de toda su política en el exilio. Más tarde, *Matxari* explicó que considerar al Gobierno de Aguirre como «gobierno de todos los vascos» equivalía al «genocidio»:

> Ni para el Partido ni para ningún nacionalista puede ser Presidente de todos los vascos —de ninguno— el Presidente de un Gobierno Regional Español, sino única y exclusivamente Presidente de una institución española que España y a través de su Constitución, instala en Euzkadi y que resulta más benigna para los vascos que sufrir a los Gobernadores de la España centralista. Lo genocida, y un nacionalista no puede caer en genocidios, es esforzarse por hacer ver que el Gobierno Vasco no es un gobierno neta y absolutamente español, parte integrante de la Constitución republicana española, que es en lo que están cayendo algunos que se dicen nacionalistas sin tener valor, no sabemos por qué, para no pasar de autonomistas.

Y poco antes de la muerte de Aguirre, *Irrintzi*, en un editorial con el significativo título de «Mimetismo colaboracionista», quiso ahondar en esta crítica devastadora contra el lehendakari, ridiculizado aquí como el «Hombre-Mito». Según el editorialista, con su política «colaboracionista» con los españoles, Aguirre había promovido el

---

[42] *Irrintzi* (Caracas), 1, 1958. Facundo Perezagua fue el primer líder del movimiento obrero socialista en Bizkaia a finales del siglo XIX e inicios del XX.

abandono de la política nacionalista. Sus ideas sobre la federación ibérica o la Europa unida no eran más que alucinaciones de un hombre que padecía de insomnio y que trataba de desviar así la atención de su absoluta inoperancia. Esta estrategia de confusión «apenas deja resquicio para poder apreciar la tramoya verdadera, el fondo de toda esa dislocada trastienda ibérica de las democracias nacionales de la convulsionada Piel de Toro, de las hipotéticas autodeterminaciones peninsulares, verdadero pisto cantonalista aderezado con ilusorios condimentos civilizadores del Mercado Común Europeo y con otros mil "hallazgos" occidentalistas concebidos en penosos insomnios parisinos, con los que se trata de cubrir (cosa imposible por cierto) y hasta de justificar imperdonables inoperancias, el apacible sestear gubernativo de más de veinte años y muchas cómodas situaciones en las que ha imperado el muy conocido "hacer que se está haciendo"». La conclusión no podía ser otra: «¡Basta ya de mimetismo colaboracionista y de txotxoladas [tonterías] ibéricas!»[43].

Nunca antes un nacionalista vasco se había atrevido a lanzar una crítica de semejante calibre contra el lehendakari y su política. Eran palabras que debían doler también por su tono irreverente rayando en la grosería: por ejemplo, por el uso del concepto de «colaboracionismo», un concepto que para entonces tenía ya una clara connotación peyorativa y que en este contexto insinuaba una similitud entre la política llevada a cabo por Aguirre y los colaboracionistas filofascistas durante la II Guerra Mundial. Y no, no era una broma de mal gusto, tal y como quiso dejar bien claro *Matxari* en un libro suyo años más tarde: «Transan los sedicentes rectores del nacionalismo vasco, peor que el Mariscal Pétain y el político Pierre Laval con los alemanes, con fracciones políticas españolas»[44]. Sin embargo, fiel a su estilo, el lehendakari no quiso entrar en la polémica. En los archivos no se conserva ninguna reacción suya ante estos duros reproches. Tampoco merecía la pena, porque la gente de *Irrintzi* representaba tan sólo a un sector muy minoritario del exilio nacionalista vasco. Pero también era cierto que la revista se editaba en Caracas, un lugar absolutamente estratégico para la financiación del Gobierno de Aguirre. Y era cierto también que, en el momento en el que aparecieron estos artículos tan lacerantes, estos mismos sectores minoritarios del exilio en Venezuela habían pasado de las palabras a los hechos, prestando un cierto apoyo material a los jóvenes nacionalistas que en

---

[43] Citas de *Irrintzi* (Caracas), 8 (1959) y 4 (1958).
[44] Fernández Etxeberria, Manuel [*Matxari*]: *Euzkadi, patria de los vascos. 125 años en pie de guerra contra España*, Venevas, Caracas, 1965, p. 104.

el interior estaban poniendo en tela de juicio la lealtad y la subordinación incondicionales a las autoridades del PNV. Y en esta ocasión —paradojas de la vida— Aguirre no se encontraba enfrentado a estos círculos del exilio venezolano, sino al lado de ellos, pues había ordenado a los Servicios de información del Gobierno vasco utilizar su red clandestina para hacer llegar a los jóvenes disidentes del interior el material propagandístico y la ayuda económica provenientes de Venezuela. Cuando el Consejo Directivo del PNV guipuzcoano en el interior (GBB) se enteró de que, pese a sus toques de atención, Aguirre y los Servicios no parecían dispuestos a cancelar esta ayuda logística, el veredicto fue tajante: «La conducta de Etxena [Aguirre] en todo este asunto está resultando de fomento de una rebeldía que es de temer tenga a la larga consecuencias que se han de lamentar en todos los órdenes. Por lo menos y de primeras, su prestigio entre los que tienen conocimiento de su actuación en este delicado asunto está sufriendo merma considerable»[45]. Al enterarse de estas críticas, Aguirre se enfadó y defendió su actuación con los conocidos reproches a lo que él consideraba una injustificable inoperancia del partido en el interior, unos reproches que años antes ya había formulado ante Ajuriaguerra. En todo caso, tras explicar el motivo de su decisión, recapituló y a finales de abril de 1958 se reunió con los delegados expulsados de la organización juvenil *Euzko Gaztedi* de Bizkaia (José Luis Álvarez Enparantza, *Txillardegi*, y José Manuel Aguirre). Utilizó su autoridad para reprochar a los disidentes su forma de procedimiento, que había dañado seriamente la unidad del PNV, además de significar una grave falta de respeto a la legítima autoridad del partido. Para desdramatizar esta reprimenda, el lehendakari quiso mostrar a los jóvenes una cierta comprensión hacia sus demandas, que debían ser formuladas no desde la confrontación, sino desde dentro y de forma positiva. Concluyó con un consejo, aplicando un símil de la historia religiosa: «Haced de Erasmo, desde dentro, no de Lutero que rompió la unidad»[46].

Al final, empero, no le hicieron caso. Aguirre no pudo evitar la ruptura de la unidad del partido. Desde la perspectiva histórica, la fundación de ETA en julio de 1959 supuso para el nacionalismo vasco la escisión más radical y más traumática de toda su historia. Los esfuerzos de Aguirre por evitar en el partido lo que había sabido evi-

---

[45] *Ignacio* [GBB] a *Dionisio* [EBB-exilio], 20-I-1958, AN, DP-92-8.
[46] El acta con el resumen de la reunión de París (29-IV-1958) en AN, DP-92-8. Un análisis pormenorizado de esta polémica que terminó con la fundación de ETA se encuentra en De Pablo, Mees y Rodríguez Ranz, *El péndulo II*, pp. 230-236.

tar durante todo el exilio en su Gobierno, a saber, la quiebra de la unidad, no lograron su objetivo. Probablemente, el lehendakari no fue del todo consciente de la gravedad de la situación cuando se produjo esa ruptura. De hecho, en su manifiesto fundacional la nueva organización reconocía expresamente la legitimidad del Gobierno vasco, «depositario de la fe y voluntad de nuestro pueblo, libre y legalmente manifestado». ETA decía integrarse «en la trayectoria y principios que de él dimanan».

Conociendo la gran autoestima del presidente vasco, no parece descabellado pensar que Aguirre leyera estas palabras como un pequeño homenaje respetuoso a su figura y a la institución que dirigía, una muestra afectiva que señalaba que no todo estaba perdido y que, con un poco de buena voluntad por ambas partes, podría haber una solución para recuperar la unidad. Y si él había logrado juntar a los republicanos españoles, si él se había forjado el respeto y prestigio por parte de los grandes hombres de Estado europeos y americanos, ¿cómo se le iban a resistir unos jóvenes revoltosos, máxime cuando encima les concedía una parte de razón? De hecho, en una entrevista realizada apenas veinte días antes de su muerte, mostró una cierta empatía con los «jóvenes vascos». Describió su «impaciencia» como «muy generosa» y la comparó con la de «nuestros gudaris en los parapetos». Aprovechó para informar a su interlocutor, un cura vasco, de que en esos mismos momentos su delegado y experto en cuestiones europeas Javier Landaburu estaba reunido con «jóvenes de Euzkadi», a los que había que explicar la naturaleza de la política, en la que, según el lehendakari, «es más importante la razón que la fuerza. Las razones políticas son las que quedan detrás del revés de la guerra. Ahora hay que luchar para estar presentes en el combate político de la reconstrucción de Europa». Y concluyó: «Solamente de la guerra se suele esperar la victoria final rápida y total, con la eliminación del enemigo. En el combate político hay que saber esperar más tiempo. Es muy difícil parar la impaciencia y la generosidad de los jóvenes»[47].

Había diálogo, comprensión y, por consiguiente, esperanza de reconducir el conflicto. Era una lectura voluntarista, pero no demasiado realista a la luz de las críticas demoledoras que había tenido que escuchar durante los meses anteriores. José Antonio Aguirre, empero, ya no tuvo tiempo para percatarse de que, otra vez más, había un abismo entre su visión —voluntarista y siempre optimista— de las

---

[47] Cf. la entrevista antes citada en *Euzkadi* (Bilbao), 130, 15-III-1984.

cosas y la realidad, generalmente cruda, fría y amenazante. No hubo ocasión de mediar y reconciliar. Los jóvenes no quisieron comprender la relación entre la razón y la paciencia que Landaburu, mano derecha de Aguirre, les había querido explicar. Y la Europa unida les quedaba muy lejos y poco operativa para las urgencias del día a día en un régimen dictatorial. En consecuencia, ETA pronto se desdijo de su proclama inicial y dejó bien clara su incompatibilidad con el Gobierno vasco y el nacionalismo del PNV. Aguirre no lo vio y siguió trabajando como siempre, sin parar. Durante los últimos meses de su vida, a falta de alegrías políticas, al menos pudo disfrutar en el ámbito personal por la satisfacción que le proporcionó su familia. Como padre se llenó de orgullo viendo a su hijo Joseba terminar con éxito los estudios en Cambridge y se volcó en gestiones para conseguirle la ciudadanía británica, así como un trabajo en Inglaterra. En el plano político, tuvo tiempo para polemizar educadamente con Salvador de Madariaga, el presidente del Consejo Federal Español, quien le había criticado por articular una política «que nos llevará irremediablemente a la tragedia: la sangrienta disolución de España». Aguirre aprovechó su respuesta para defender una vez más la idea de una confederación ibérica con la máxima libertad vasca como ideal realista dentro de una Europa cada vez más unida. El separatismo no era, por tanto, el proyecto político que él defendía, sino tan sólo la consecuencia de la falta de libertad y de la negación de reconocer las reivindicaciones vascas:

> Lo que sí puedo asegurarle es que el separatismo crece a medida que el régimen de dictadura se mantiene. Yo creo que la relación de los vascos con España tiene como media la libertad. A máxima libertad vasca, a mayor soberanía vasca, máxima y cordial unión con España, a supresión o mengua de la libertad, desunión y separatismo radical[48].

No tuvo tiempo para más. Apenas un mes después de enviar su respuesta a Madariaga, para José Antonio Aguirre comenzó la cuenta atrás. Todo fue muy rápido. El viernes, 18 de marzo, Aguirre sintió un cierto malestar, «algo griposo», como explicaba a las personas que estaban con él trabajando en la sede del Gobierno. Anunció que el día siguiente se iba a quedar en casa, por si acaso, y para que la gripe no fuera a más. Sin embargo, el sábado apareció como un día cualquiera en su despacho, lo que provocó una cariñosa reprimenda

---

[48] El cruce de cartas entre Madariaga y Aguirre está reproducido en *José Antonio de Aguirre. Lehen Lehendakaria-Primer Lehendakari*, pp. 223-227.

por parte de sus compañeros Manuel Irujo, Javier Landaburu y Agustín Alberro, quienes estaban preocupados por la salud del lehendakari. Éste, en cambio, les afirmó que se encontraba mucho mejor y que, además, no pensaba renunciar a la habitual cena que todos los sábados por la noche realizaba en su domicilio con Irujo y el sacerdote Onaindia. En este caso hubo otro motivo adicional para no cancelar la cena: era festividad de San José y aniversario de la ordenación sacerdotal de Onaindia. Así, los tres hombres se reunieron en el domicilio de la familia Aguirre para dar cuenta de una sabrosa cena. Como Aguirre estuvo muy a gusto y dispuesto a alargar la animada sobremesa, como tantas veces lo había hecho, hasta bien entrada la madrugada, fue Irujo quien levantó la sesión «invocando los derechos del más viejo», pero en realidad para asegurar el suficiente descanso a su amigo.

El día después, domingo, el presidente vasco oyó misa en su parroquia de Saint Pierre du Gros Caillou, pero nada más volver de la iglesia, prefirió acostarse. La noche del domingo la pasó mal, tosiendo mucho, de manera que el lunes, por fin, cumplió su promesa de quedarse en la cama y no acudir a su despacho. Por si acaso, se avisó a su médico, el doctor Laureano Lasa, quien le encontró los bronquios muy cargados y le ordenó reposo.

El martes, día 22, hacia las 10 de la mañana, Mari Zabala, la mujer del lehendakari, llamó preocupada al Gobierno: su marido había pasado muy mala noche, perdiendo el color, con deseos de devolver y sintiendo un fuerte dolor en el pecho. Pese a todo ello, Aguirre había querido levantarse para no dejar abandonado su despacho, pero al final tuvo que desistir. En la cama sudó «a chorros», una reacción bastante normal en él cuando estaba enfermo, pero esta vez la cosa era más grave: el doctor Lasa le diagnosticó una angina de pecho, aunque no creía que pudiera ser mortal. Le recetó un anticoagulante y reposo absoluto, prohibiéndole mantener conversaciones y recibir visitas. Lasa informó de su diagnóstico a la gente del Gobierno, pero prefirió ocultarlo ante Aguirre y su esposa. Después de verle el médico, el presidente vasco se sintió nuevamente mejor e incluso bromeó con el sacerdote Iñaki Azpiazu sobre los severos mandatos que su médico le había impuesto. Azpiazu quedó encargado de ir a por el medicamento y, de paso, conseguir la prensa del día. A las 13.30, el medicamento y los periódicos estaban ya en casa, y el lehendakari volvió a sentirse mejor, pero no duró mucho:

> A las cinco de la tarde del 22, Mary preguntó a su marido si le apetecía algo y José Antonio le contestó que tomaría un té con pastas, encargándo-

le que le trajera el periódico. A las 5.30, la señora de Agirre recogió el servicio y dio a su marido «Le Monde» y las gafas para que pudiera leerlo. Pocos minutos después de dejar la habitación, oyó unos extraños estertores. Volvió encontrándose a José Antonio desencajado, agonizante.

En la casa se hallaba con ella su cuñada Tere Amézaga. Mary telefoneó a sus hijos y hermanos, a la Delegación [del Gobierno vasco] y a un médico que vive en las cercanías de casa. Para cuando llegaron los primeros, José Antonio había dejado de existir. La Doctora que fue la primera en acudir a la llamada solamente pudo acreditar su defunción. Esto sucedía alrededor de las seis de la tarde.

Con distancia de minutos fuimos llegando sucesivamente Alberro y Landaburu, el Dr. Lasa, Don Alberto [Onaindia] que le dio la absolución, el coadjutor de turno de Saint Pierre du Gros Caillou que le administró la Extrema Unción, Leizaola, Aintzane [su hija], Iñaki de Agirre y su mujer, Ángel de Agirre [su hermano] y yo [Irujo]. Mary cerró sus ojos. Don Alberto, Leizaola y Landaburu lo vistieron.

Esta repentina e inesperada desaparición del gran líder carismático generó un tremendo impacto entre todos los demócratas del exilio y del interior. Antes de aquel fatídico 22 de marzo, los demócratas vascos y españoles ya sabían lo que era sentir frustración y desesperación. Después de esta fecha, en los corazones de muchos apareció otro sentimiento novedoso, pero no menos doloroso: el de la orfandad. Y es que, como se ha visto a lo largo de las páginas de este libro, quien había muerto no era un político cualquiera. En este sentido, poco se puede añadir a las palabras con las que Manuel Irujo concluyó su crónica sobre «Los últimos momentos de José Antonio» poco después de la muerte de su «mejor amigo»: «La vida de José Antonio se había extinguido para que comenzara la de su recuerdo como símbolo, enseña, mito. José Antonio entraba en la historia»[49].

---

[49] *Alderdi*, 157-158, mayo de 1960.

Aguirre, durante su odisea por la Europa nazi, caracterizado como Dr. José Andrés Álvarez Lastra (1941). © Sabino Arana Fundazioa.

A su llegada a Montevideo, en medio de numerosos simpatizantes y periodistas (9 de octubre de 1941). © Sabino Arana Fundazioa.

En el *Queen Elizabeth*, rumbo a Estados Unidos (1941). © Sabino Arana Fundazioa.

Discurso ante el Comité americano del Premio Nobel, en el Hotel Astoria de Nueva York (10 de diciembre de 1944). © Sabino Arana Fundazioa.

El Gobierno vasco en su sede de Nueva York (1945).
© Sabino Arana Fundazioa.

Aguirre en la Delegación Vasca en Londres, con Pedro María Bilbao, Eugenio Larrabeitia, Manuel Irujo, Alberto Onaindia y José Ignacio Lizaso (*ca.* 1945).
© Sabino Arana Fundazioa.

Firmando el libro de honor ante la Tumba del Soldado Desconocido en el Arco del Triunfo (París, abril de 1945). © Sabino Arana Fundazioa.

Junto a Leizaola, ante un cuadro de Ricardo Arrue, en la sede del Gobierno vasco en París (1945). © Sabino Arana Fundazioa.

Con Juan Ajuriaguerra en el despacho de Presidencia del Gobierno vasco en París (abril de 1945). © Sabino Arana Fundazioa.

Aguirre, entre el dirigente socialista Fernando de los Ríos y el jefe del Gobierno republicano en el exilio, José Giral, el 23 de mayo de 1946.
© Sabino Arana Fundazioa.

En París, en 1947, comiendo con miembros de la Liga Internacional de los Amigos de los Vascos. En la fila de atrás, de izquierda a derecha, se distingue a Javier Landaburu, Ernest Pezet, François Mauriac, Germaine Malaterre-Sellier y José Antonio Aguirre. Frente al lehendakari, Jesús María Leizaola. © Sabino Arana Fundazioa.

Aguirre en la sede del Gobierno vasco en la Avenue Marceau de París.
© Sabino Arana Fundazioa.

Con su mujer Mari Zabala y sus hijos Aintzane, Joseba e Iñaki.
© Sabino Arana Fundazioa.

Llegada del lehendakari a Caracas (marzo de 1950). Le acompaña Jesús Galíndez (con sombrero). Recibe la bienvenida de José Elgezabal, Santiago Aznar, Martín Ugalde y el Dr. Luis Bilbao. © Sabino Arana Fundazioa.

Último Gobierno de Aguirre en París (1952). © Sabino Arana Fundazioa.

Llegada a Buenos Aires, en 1954. Recibimiento por una guardia de honor y por *dantzaris* de Acción Vasca de la Argentina. © Sabino Arana Fundazioa.

Con el expresidente del Consejo de Francia Robert Schuman en Berlín (1956). © Sabino Arana Fundazioa.

En el Congreso Mundial Vasco, celebrado en París entre el 23 de septiembre y el 1 de octubre de 1956. © Sabino Arana Fundazioa.

Funeral en la Parroquia de San Juan Bautista en San Juan de Luz, previo al entierro de Aguirre.
© Kontxa Intxausti.

Cortejo fúnebre del primer lehendakari en San Juan de Luz (28 de marzo de 1960).
© Kontxa Intxausti.

Jesús María Leizaola jura su cargo de lehendakari ante el féretro de Aguirre en el cementerio de San Juan de Luz (28 de marzo de 1960).
© Sabino Arana Fundazioa.

Idoia Mendia, consejera y portavoz del Gobierno vasco presidido por el socialista Patxi López, ante la estatua de Aguirre en Bilbao, junto al alcalde nacionalista Iñaki Azkuna y dos hijos del primer lehendakari (21 de junio de 2010).
© Agencia EFE.

Cinco sucesores de Aguirre (Carlos Garaikoetxea, José Antonio Ardanza, Juan José Ibarretxe, Patxi López e Iñigo Urkullu) en el homenaje del Parlamento vasco al primer lehendakari, en octubre de 2013.
© Agencia EFE.

EPÍLOGO

> ¿Qué es mejor, ser temido o amado? La respuesta es que se deben ansiar ambas cosas; pero como resulta difícil aunar ambas, es mucho más seguro ser temido que amado, siempre que sólo sea posible una de las dos opciones.
>
> (Nicolás Maquiavelo, *El príncipe*)

> Principios son piezas de artillería giratorias: pueden disparar en todas las direcciones, siempre y cuando tengan un fundamento sólido.
>
> (Príncipe Klemens von Metternich)

> Los hombres hacen su propia historia, pero no la hacen como les gustaría hacerla; no la hacen bajo circunstancias elegidas por ellos mismos, sino bajo circunstancias ya existentes, dadas y transmitidas por el pasado.
>
> (Karl Marx, *El 18 Brumario de Luis Bonaparte*)

La repentina muerte de José Antonio Aguirre causó una situación de estupor, tristeza y desesperación en el colectivo nacionalista, pero también en muchas personas de otros sectores antifranquistas que habían tenido alguna relación directa o indirecta con el lehendakari. Las fuentes de la época están repletas de testimonios como éste de Jokin Intza, presidente de la organización de jóvenes nacionalistas en Venezuela y hombre fuerte del PNV en aquel país:

> No puedo escribir lo que siento, me siento como si me hubieran vaciado todo lo que tengo dentro de la piel. Les aseguro que es la peor noticia que he recibido en TODA MI VIDA. Y... ¿ahora qué?[1].

---

[1] Carta de Jokin Intza a Jesús Solaun, Bogotá, 24-III-1960, AN, EBB-74-12.

La perplejidad y el dolor estuvieron presentes también en el concurrido funeral celebrado en San Juan de Luz, donde se dieron cita más de 3.000 personas, muchas de ellas llegadas del otro lado de la frontera. La misa fue celebrada por dos obispos y otros 57 clérigos. Entre los asistentes se encontraban representantes de casi todos los sectores del antifranquismo. Aunque el vice-lehendakari Jesús María Leizaola aceptó inmediatamente el compromiso de suceder a Aguirre en la presidencia del Gobierno vasco, jurando su cargo aquel mismo día triste y gris bajo una lluvia inmisericorde al lado del féretro, no se pudo evitar la sensación de que se había producido el fin de una época y que el futuro se presentaba más incierto que nunca. Se sabía que Leizaola era un trabajador infatigable y un nacionalista cuya lealtad a los principios y al PNV estaban fuera de toda duda, pero Leizaola no era Aguirre. A ambos hombres les separaba un mundo. Leizaola era un meticuloso e inteligente gestor de despacho que rehuía todo lo posible las apariciones en la plaza pública, que, en cambio, era el hábitat natural de Aguirre, donde más a gusto se sentía. Leizaola no dominaba bien el registro de la oratoria que tantos triunfos había dado a su antecesor. No tenía carisma, ni realmente lo buscaba, mientras que a Aguirre, como ha quedado patente en las páginas de este libro, si algo le sobraba era el carisma dentro y fuera de la colectividad nacionalista vasca.

En todo caso, una vez asegurada la continuidad institucional y recuperada la cruda cotidianidad del exilio, y de la represión en el interior, no tardaron en aparecer las primeras valoraciones, ya más razonadas que emocionales, sobre la figura de Aguirre y su significado. Gonzalo Nárdiz, el consejero de ANV en los tres Gobiernos de Aguirre, destacaba el optimismo del lehendakari y su gran fortaleza: «Era como una roca». Se negaba a exteriorizar cualquier revés y lo hacía hasta un extremo que, a juicio de Nárdiz, podría generar la impresión de una actitud «infantil». Esta cerrazón y la costumbre de no expresar nunca sus pensamientos o sentimientos negativos o pesimistas eran corroboradas por la persona que mejor lo conoció. Mari Zabala, su mujer, afirmó que «nunca nos enterábamos de sus preocupaciones», porque nunca dejó de ser optimista. Mari Zabala explicó este optimismo no como una actitud infantil, sino como una consecuencia de la disciplina:

> En casa, de la política no se hablaba nunca, pero se sentía. Él era optimista, pero optimista por disciplina, y gracias a esto conseguía no comunicar sus preocupaciones a otros. Era lo positivo en todo, con una gran fe.

Más allá del ámbito familiar y personal, para Javier Landaburu, uno de los colaboradores más estrechos del lehendakari en París, Aguirre había sido un «innovador de los modos políticos» que había contribuido a sustituir el estilo político de antaño, representado por «hombres de cierta edad, de aire solemne, de vestimenta cuidada, de modos lentos y finos», por «aires nuevos, deportivos, más a tono en todo el mundo con una época que mandó las levitas al ropero y sobre prestigios auténticos o postizos impuso la eficacia»[2].

Como era lógico y previsible, pronto aparecieron también las comparaciones con el otro gran líder que había tenido el nacionalismo vasco: Sabino Arana Goiri, el fundador del PNV. Indalecio Prieto, el eterno rival político, y sin embargo amigo, de Aguirre, fue el primero en comparar a los dos dirigentes:

> Sabino era un apóstol y José Antonio un político. Ni José Antonio servía para el apostolado, ni Sabino tenía aptitud para la política y menos para cualquier política gubernativa.

En opinión del dirigente socialista, Arana había creado «la doctrina nacionalista», pero no había tenido resultados políticos tangibles. Gracias a la gran «flexibilidad» con que solía actuar, Aguirre, en cambio, pudo registrar grandes triunfos políticos, como la aprobación del Estatuto de autonomía, la formación de su Gobierno pluripartidista y el mantenimiento de la unidad de este Gobierno hasta su muerte. Curiosamente, esta interpretación de Prieto fue compartida por un joven nacionalista de la diáspora. Martín Ugalde, fundador de *Euzko Gaztedi* (Juventud Vasca) de Caracas, contrastaba al «patriota» Sabino Arana y al «político» Aguirre. El primero, un «visionario», había puesto el fundamento ideológico, dando «a lo vasco dimensión nacional». Partiendo de este fundamento sólido, el primer lehendakari pudo convertirse en el «primer político moderno de todo el pueblo vasco». ¿Qué era para Ugalde un político moderno? Un líder con capacidad de aglutinar a gente muy diversa en torno a su mensaje. Según Ugalde, Arana no había podido preocuparse por «conciliar las diferentes apreciaciones de lo vasco para formar un todo». Aguirre, en cambio, hizo del consenso y de la unión uno de los principios básicos de su actuación:

> Aguirre consiguió, desde la misma formación del Gobierno de Euzkadi, que su autoridad fuese aceptada por todos los vascos, aun por aquellos que pensaban en política radicalmente diferente, aun por aquellos que

---

[2] Cf. el artículo de Landaburu en *Alderdi*, 250, abril 1961; entrevista con Mari Zabala en *Deia*, 11-IV-1982; la cita de Nárdiz en *Alderdi*, 25-III-1983.

rezaban diferente, y aun por aquellos que no rezaban de todo. Y esta etapa [...] alcanza un estadio superior en el desarrollo de la madurez nacional de nuestro pueblo.

Y éste era, quizás, el rasgo característico que más se repetía en los diferentes escritos recordatorios y de homenaje publicados tras la muerte del primer lehendakari. Según su exconsejero, el comunista Juan Astigarrabía, Aguirre tuvo «la virtud de aunar voluntades, limar asperezas, rebajar aristas», y para Javier Landaburu era un «patriota rígido», pero no un «integrista». Y es que, pese a mantenerse siempre «firmísimo en sus convicciones», no las dogmatizaba, mostrándose siempre dispuesto a «hacerlas evolucionar adecuadamente al provecho de la patria y a la marcha de las ideas del tiempo»[3].

Pero la memoria del fallecido lehendakari no sólo estuvo presente en estas reflexiones de la élite política. Para buena parte de la sociedad vasca, Aguirre era ya mucho más que un extraordinario político. Se había convertido en todo un símbolo: un faro en la oscuridad del túnel franquista. Idoia Estornés ha recordado que durante los años sesenta existía la costumbre de celebrar las «misas de Aguirre», que eran atentamente seguidas por agentes de la brigada político-social y, con el fin de escapar a esta vigilancia y evitar el riesgo de posteriores detenciones, se hacían también en los montes:

> «Misas de Aguirre» al aire libre desde los panoramas más exaltantes de Vasconia, con diez o doce adolescentes y jóvenes que clavaban ikurriñas, hacían pintadas y cantaban el viejo repertorio[4].

Aguirre era asumido también como símbolo por el nuevo nacionalismo radical en torno a ETA. Pese a algunas pocas menciones críticas en sus publicaciones, pronto se olvidaba todo lo que de «pactista» y «españolista» pudo haber tenido su Gobierno para reivindicar su figura como uno de los auténticos nacionalistas cuyo legado ahora era defendido por ETA. El arraigo popular de la figura del primer lehendakari en el imaginario colectivo del pueblo vasco pesaba demasiado como para dejar escapar la posibilidad de instrumen-

---

[3] Cf. el artículo de Landaburu en *Alderdi*, 168, marzo de 1961; Astigarrabía en *Muga*, 21, 1982; Ugalde en *Euzko Gaztedi* [Caracas], III, 1965; Prieto en *Tierra Vasca*, 15-IV-1960. Este artículo «José Antonio y su optimismo» fue publicado primero en *El Socialista* (Toulouse), 14-IV-1960, y fue reproducido en *Convulsiones de España*, Oasis, México, 1967, tomo I, pp. 365-373.

[4] Estornés, Idoia: *Cómo pudo pasar esto. Crónica de una chica de los 60*, Erein, Donostia, 2013, p. 138.

talizarlo para el proyecto político propio. En la construcción de este nuevo mito jugó un papel fundamental Telesforo Monzón, el exconsejero y amigo de Aguirre, que en las décadas siguientes iba a alejarse del PNV para abrazar el nacionalismo radical y revolucionario vinculado a ETA. La siguiente cita suya de 1982, cuando ETA se encontraba en la etapa más sangrienta de toda su historia, no necesita comentarios:

> El pueblo vasco tenía la soberanía, y en esto llegaron allí unos terroristas, porque es indudable que terroristas ha habido, los hemos tenido en casa. Llegaron unos terroristas y se llevaron en un saco la soberanía de nuestro pueblo. Y entonces empezó la guerra nacional, y esa guerra nacional no ha terminado. Para nosotros Zumalakarregui en la primera guerra carlista, Santa Cruz en la segunda guerra carlista, José Antonio Aguirre en el año 36 luchando contra el fascismo internacional y ETA, lo digo claramente, son una misma guerra. Guerra cuyo origen está en que nos robaron la soberanía de nuestro pueblo[5].

Reivindicado por el nacionalismo próximo a ETA, pero alabado también por voces importantes de la derecha, Aguirre parecía aglutinar a todos los sectores de la sociedad vasca (y española). Un ejemplo significativo es José María Areilza. Como falangista fue nombrado alcalde de Bilbao tras la conquista de la capital vizcaína y criticó públicamente al lehendakari con palabras durísimas en 1937. Casi cuatro décadas después, distanciado ya del régimen franquista y en la órbita de la derecha monárquica en torno a Don Juan de Borbón, Areilza corrigió su opinión, definiendo a Aguirre como un «vascongado de alma noble y limpia y de auténtico espíritu cristiano cualesquiera fuesen sus errores y equivocaciones políticas»[6].

Tras la muerte del dictador, Aguirre sobrevivió como símbolo, compartido por todos, aunque con diferentes significados, también en la nueva sociedad vasca de la democracia. Los múltiples homenajes organizados, las calles o plazas con su nombre, las placas conmemorativas o también la estatua que el Ayuntamiento de Bilbao colocó en 2004 en su memoria en la Plaza Moyúa de Bilbao, muy cerca del hotel Carlton, que fue la sede de su Gobierno en la Guerra Civil, dan fe de esta importancia del primer lehendakari como referencia simbólica en el espacio público. Los últimos ejemplos de esta larga

---

[5] Monzón, Telesforo: *Herri baten ohia. Hitzak eta idatziak*, Mesa Nacional de Herri Batasuna, Estella, 1982, pp. 95 ss.

[6] Areilza, José María de: *Así los he visto*, Planeta, Barcelona, 1974, p. 120. Su crítica a Aguirre y los consejeros del Gobierno vasco se encuentra en el diario falangista *Hierro*, 9-VII-1937.

serie de homenajes y actos conmemorativos, que muchas veces trascendían los estrechos límites partidistas, fueron en el año 2010 la creación de la *Comisión Agirre Lehendakaria 50* en el cincuentenario de su muerte o, en 2013, el homenaje que el Parlamento vasco le brindó, así como la constitución de un centro de investigación universitaria internacional que lleva su nombre (Agirre Lehendakaria Center). La publicación de un libro de memoria por parte del Congreso de los Diputados demuestra que, como ocurrió durante su vida, Aguirre sigue contando con un notable reconocimiento también fuera del País Vasco[7].

Por todo ello, no cabe duda de que José Antonio Aguirre no fue un líder cualquiera. Fue el dirigente político vasco más influyente, más carismático y más querido del siglo XX. En este sentido, cumplió una de las recomendaciones que Maquiavelo dio al príncipe en su célebre escrito, publicado por primera vez en 1532: efectivamente, Aguirre era muy querido, y era querido también por gente de ámbitos ajenos al nacionalismo vasco. Sin embargo, no supo atenerse a la segunda recomendación porque no era temido, al menos una vez conquistada Bizkaia y disuelto el Ejército vasco. Su fuerte personalidad no era suficiente para hacerse temer y así protegerse y avanzar en la realización de los objetivos fijados. Así, durante los largos años del exilio, el lehendakari no disponía de medio coercitivo alguno, por ejemplo, para convencer a los aliados de que un apoyo a su causa era no sólo éticamente loable (por su compromiso antifascista y por la democracia), sino también estratégicamente interesante. Una breve mirada a la historia nos permite ver que, durante y después de la II Guerra Mundial, no todos los Gobiernos en el exilio sufrieron la misma impotencia. El Gobierno polaco, liderado por el carismático primer ministro Wladislaw Sikorski y, después de la trágica muerte de éste, a partir de julio de 1943 por Stanislaw Mikolajczyk, dirigió desde Londres un poderoso ejército de unos 400.000 soldados. Su situación cambió drásticamente a partir de agosto de 1944, cuando el mando de la *Armia Krajowa* decidió llevar a cabo el heroico levantamiento de la población de Varsovia en contra de las fuerzas de ocupación alemanas. El levantamiento falló y la venganza alemana fue terrible: la capital polaca quedó arrasada y el ejército polaco prácticamente eliminado.

Mejor suerte tuvo el Gobierno checoslovaco, dirigido por el presidente Edvard Benes, aunque tuvo que gobernar un Estado que formal-

---

[7] VVAA: *José Antonio de Aguirre y Lekube 1904-1960*, Congreso de los Diputados, Madrid, 2010.

mente ya no existía tras la creación del Protectorado de Bohemia y Moravia por la Alemania nazi y del Estado satélite de Eslovaquia. Pese a estas dificultades, Benes supo integrar la parte de sus tropas que se habían escapado al exilio en los ejércitos francés y británico para organizar así con el apoyo de los aliados importantes misiones de sabotaje y resistencia al Protectorado. El triunfo más espectacular de una de estas misiones fue en mayo de 1942 el asesinato de Reinhard Heydrich, el jefe de los servicios de seguridad alemanes y al mismo tiempo protector de Bohemia y Moravia. Este atentado, así como la brutal represión desencadenada después, provocaron un giro en la postura de los aliados, que exigieron abiertamente la restauración de Checoslovaquia en sus fronteras previas a 1938 y aceptaron, ahora también el Gabinete de Roosevelt, al Gobierno de Benes como interlocutor institucional legítimo de los checoslovacos. Aunque Aguirre y su Gobierno lograron montar una unidad militar que intervino al final de la guerra en la liberación de Burdeos, su situación no era comparable con la de los Gobiernos polaco y checoslovaco. Aguirre no tenía un ejército y ni siquiera disponía de armamento. No representaba a un Estado y dentro del Estado español no contaba con la suficiente influencia como para poder llegar a constituirse en una auténtica alternativa al Gobierno establecido de Franco. Y como la política siempre es también una herramienta para la conquista o la defensa del poder, o, volviendo a las palabras de Maquiavelo, la capacidad de hacerse temer por el ejercicio del poder, Aguirre no pudo ser un político en el sentido completo del término. Fue un dirigente sin alas, un hombre querido, pero no temido, un político carente de poder y de fuerza coercitiva. Esto había sido muy diferente hasta la Guerra Civil, cuando sus alas habían sido los votos de su partido, su fuerza de comunicación y persuasión y, tras el levantamiento militar y la aprobación del Estatuto, la motivación combativa de los *gudaris* y milicianos del Ejército vasco.

Pero todo cambió a partir de junio de 1937. Aguirre dejó de ser el dirigente poderoso que había sido y, durante el resto de su vida, se encontró obligado a ejercer la política en un territorio hostil y a la defensiva. Tal y como ha quedado patente en las diferentes partes de este libro, su legendario e indestructible optimismo sugiere que el lehendakari no siempre era del todo consciente de este profundo cambio de su situación. Su quizás mayor defecto durante esos años radicó en la, a menudo, exagerada sobrevaloración de su propia influencia y la ingenua creencia en la intrínseca bondad de todos sus interlocutores, así como de sus verdaderos objetivos, siempre positivos y laudables, por muy escondidos que estuvieran. Aunque nunca podremos saber la respuesta, a la luz de la actitud de Aguirre en el exilio y su eterna confianza en que, en algún momento, las potencias democráticas iban a devolver el apoyo prestado durante la Guerra Mundial, se impone una pregunta crítica: ¿qué hubiera pasado si Aguirre, y dicho sea de paso, la mayoría de los líderes del exilio español, hubiera abandonado esta esperanza bastante antes y se hubiera dedicado a buscar vías alternativas en la lucha contra la dictadura y a favor de la libertad en Euskadi y en España?

No lo hizo, pero tampoco abandonó la lucha, ni sus convicciones. Intentó en todo momento aprovechar el espacio que las «circunstancias dadas y transmitidas», de las que ya en 1852 habló el joven Marx, le dejaban en cada ocasión. Estas convicciones, firmes e inalterables a lo largo de su vida, le llevaron a una triple lucha: la lucha por la democracia, por la libertad y el autogobierno vascos, y por la implementación de la justicia social y de los valores del humanismo cristiano. Desde que adquirió notoriedad política en los prolegómenos de la II República hasta su muerte en 1960, estos principios en los que creía no sufrieron alteración alguna, aunque las vías, los métodos y las alianzas cambiasen. En este sentido, Aguirre fue un gran oportunista en el sentido positivo de la palabra: un político oportunista cuyo perfil encaja perfectamente en la descripción que el gran político austríaco, padre de la Restauración absolutista posnapoleónica en Europa, el príncipe von Metternich nos dejó. Los principios de Aguirre, efectivamente, tuvieron un fundamento muy sólido, y siendo esto así, pudo girar su artillería y disparar en todas las direcciones imaginables para ganar territorio y avanzar en la consecución de estos principios. Así, en 1931 buscó la cercanía de la derecha antirrepublicana en su estrategia hacia la autonomía. Fracasó y se acercó a la izquierda en 1936, esta vez con más éxito. Tras el fin de la Guerra Civil y al comienzo del exilio, recuperó el viejo radicalismo aislacionista e independentista a la espera de un panorama geoestratégico favorable. Cosechó un nuevo revés y tuvo que pactar con Indalecio Prieto para recuperar la unidad de los demócratas vascos y de su Gobierno. Tras un decidido compromiso con la causa de los aliados en la Guerra Mundial, pasó del aislacionismo radical y anti-español al mayor desembarco del nacionalismo vasco en la política española, siendo uno de los artífices de Gobierno republicano en el exilio formado en 1945 y controlado, al menos durante dos años, en buena parte por Aguirre y el ministro vasco Manuel Irujo. Pronto la euforia inicial dejó lugar a la frustración, porque la pretendida solidez del Gobierno republicano se reveló como una quimera, las interminables disputas entre los diferentes sectores antifranquistas volvieron a reproducirse y la Guerra Fría con su obsesión anticomunista acabó noqueándolo. Con ello, la apuesta más valiente, más heterodoxa y más arriesgada de Aguirre había fracasado, un motivo por el que cualquier político hubiera tenido razones suficientes para retirarse a casa. No así el lehendakari. Realizó otro giro drástico de 180 grados, sumándose activamente a la iniciativa de su rival Indalecio Prieto en busca de un pacto entre las fuerzas populares y los sectores monárquicos (y militares) descontentos con Franco y liderados por Don Juan de Borbón. Esta apuesta pudo tener una cierta lógica después de la Nota Tripartita de 1946, en la que las tres potencias recomendaban la formación de un Gobierno de personalidades (descartando así el Gobierno republicano como interlocutor para el futuro de España), pero pecó de una gran ingenuidad (¿infantil?) al creer que la vieja aristocracia española se dejaría convencer para compartir pancarta y trinchera con «los rojos» y «los separatistas». Fue otro fracaso más que dio paso a un nuevo replanteamiento estratégico, ahora focalizado en torno al gran proyecto de la unificación europea, que, y ésta era la nueva y última gran esperanza del lehendakari, si se hacía bien y respetando los principios democráticos, aislaría a la España franquista. Así, antes o después, se provocaría la caída del régimen y la restauración de la democracia. Aguirre tuvo tiempo para vivir al menos un éxito parcial en esta su última lucha. España quedó efectivamente marginada de este proceso de unificación europea, como antes había quedado también excluida del Plan Marshall. Su muerte le evitó tragarse una nueva y dolorosa frustración. De haber sobrevivido, se hubiera dado cuenta de que esta victoria parcial no era más que una victoria pírrica, puesto que, incluso *fuera de Europa*, Franco iba a mantenerse en el poder otros 15 años más tras la desaparición del lehendakari.

¿De dónde sacó Aguirre la fuerza para aguantar tantos golpes duros, tantos reveses que parecían definitivos? ¿Cómo pudo levantarse una y otra vez, fijar de nuevo su cañón y disparar al siguiente objetivo? Uno de los motores que le impulsó a lo largo de su vida fue la pasión. Aguirre ciertamente vivió la política como pasión, un estado emocional que le absorbió en todas las facetas de su vida, aunque procuraba, tal y como contaba su mujer Mari en la cita reproducida, dejar su vida privada al margen de sus tareas políticas. No lo consiguió realmente, porque, aunque no hablaba de la política, «se sentía». Para él, la política no era una mera profesión, un quehacer temporal con un comienzo y un fin definidos. Pudo haber hecho una carrera económica desde la gerencia de la empresa familiar, o pudo haber optado por una vida más cómoda dirigiendo algún bufete de abogados. Ni lo uno ni lo otro le atraía realmente, y por eso se lanzó al torbellino de la política vasca a una edad tan temprana, casi precoz. Pronto se convirtió en un líder con un gran objetivo: la autonomía como un primer paso hacia la soberanía vasca. Lo persiguió con todos los medios a su alcance: en los despachos, en el Parlamento, en la prensa y, sobre todo, en la plaza pública. Fue un gran orador y lo fue, porque era capaz de transmitir a cualquiera que le escuchaba esa pasión que llevaba dentro. Hablaba con pasión y provocaba pasión entre sus seguidores. Este mecanismo de motivación pasional mutua entre el líder y su público alcanzó su momento culminante después de su milagrosa escapada de la Alemania nazi. En los ojos de su gente, Aguirre dejó ya de ser el líder carismático, porque se había transformado en un héroe nacional con atributos extraordinarios, y el lehendakari mismo, por momentos, parecía creerse este nuevo papel. Muchas de las cartas privadas que escribió después de su regreso a la vida pública en el verano de 1941 desprenden este halo cuasi-trascendental. La palabra clave que aparece en estos textos es la Providencia, que se había fijado en él, le había encargado una misión y le había protegido de los peligros que le acechaban. ¿Fue, acaso, este componente altamente pasional de su política, su *flirteo* con la idea de estar desempeñando la función de una especie de profeta, una de las causas que le impidieron reconocer determinadas realidades geopolíticas con más realismo y con menos optimismo («infantil»)?

En todo caso, enseguida cabe matizar estas reflexiones. Aguirre fue un político pasional, pero no fue un iluminado. Sufrió el handicap de una cierta visión algo distorsionada de las circunstancias que le rodeaban, pero la fuerza que sacó de esta pasión compensó con creces el defecto mencionado. Y, lo que es más importante aún, su optimismo pasional iba unido a una gran capacidad de reflexión y análisis, una virtud a la que volveremos después. De ahí que en su biografía política los conceptos de pasión y razón no son antónimos, sino ingredientes complementarios de una particular manera de entender la política.

Y Aguirre necesitaba este tándem para seguir adelante, porque en muchas ocasiones de su vida, tal y como hemos visto, llegó a conocer también el otro significado que tiene la palabra pasión, un significado que a él, como católico creyente, no le resultaba ajeno: pasión entendida como dolor y sufrimiento. Recordemos algunos de estos momentos: el fracaso del Estatuto en Navarra y su bloqueo durante la República; la Guerra Civil; el asalto a las cárceles del 4 de enero y la derrota militar en Euskadi; la caída del frente catalán y el viaje sin retorno al exilio; el temor por su vida y la de su familia durante su odisea por Bélgica, Alemania y Suecia; el fracaso del Gobierno republicano en el exilio y el abandono por parte de las grandes potencias y de la ONU; el aborto del Plan Prieto por la deserción de los monárquicos; el desalojo y la pérdida de la sede del Gobierno vasco en la Avenue Marceau de París; y, finalmente, la consolidación del régimen franquista pese a haber quedado marginado del proceso de la unificación europea. Al lado de esta larga lista de golpes dolorosos, la enumeración de los hechos y logros que le permitieron sentir alegría es bastante reducida: la mayor alegría, sin duda, fue la consecución del Estatuto de autonomía y su elección como primer lehendakari; otros éxitos que le permitieron olvidar, por momentos, los sentimientos de pasión dolorosa, fueron la huelga general de 1947 o el blindaje de su Gobierno, y de la solidaridad entre los partidos que lo formaban, frente a las diferentes crisis que se produjeron durante el largo exilio. La alegría que le generaron estos éxitos, empero, no pudo ser completa, puesto que su alcance era mucho más simbólico que real en términos de eficacia política.

En todo caso, y concluyendo, la palabra clave en la vida del primer lehendakari vasco es la pasión en sus dos acepciones, una palabra que, además, nos permite construir un puente del individuo al modelo sociológico para insertar de esta manera el ejemplo de José Antonio Aguirre en el debate teórico de las ciencias sociales sobre qué es y cómo debería ser un buen político. En su ya célebre conferencia pronunciada en 1919 ante estudiantes alemanes, que se encontraban todavía bajo el impacto causado por el vendaval de pasiones políticas generadas a raíz del establecimiento de la República Soviética de Baviera y su violenta represión posterior, el sociólogo Max Weber se esforzó por explicar a sus jóvenes oyentes qué era, en su opinión, un buen político. Éste, básicamente, debía buscar un equilibrio entre la ética de la convicción y de los principios, por una parte, y la ética de la responsabilidad, por otra. Frente a un *mal* político oportunista, que entiende y desempeña su labor como un mero instrumento para la conquista o la consolidación del poder, el auténtico político, en cambio, trabaja con ahínco y pasión por la realización de sus principios. Pero para evitar el peligro de que esta lucha por los principios se convierta en un mero combate ideológico «irreal» y sin nexo con los intereses reales de la sociedad, el político debe pasar su pensamiento y su actitud de forma permanente por el filtro de la ética de la responsabilidad, preguntándose por las consecuencias de sus decisiones y estando dispuesto a asumirlas personalmente. Y para no dejar ninguna duda sobre qué tenía en mente cuando establecía esta idea de la confluencia entre la ética de la convicción y la ética de la responsabilidad que debía guiar a la primera, Weber se refirió al ejemplo concreto de la República Soviética de Baviera que había sido violentamente reprimida por la *Reichswehr* y las unidades paramilitares derechistas de los *Freikorps*. Según el gran sociólogo alemán, muy crítico con los experimentos revolucionarios realizados en Baviera y otras partes de Alemania, a muchos de los activistas socialistas y comunistas de la República Soviética únicamente les había interesado «mantener viva la llama de su conciencia pura». Si hubieran pensado de forma responsable en las consecuencias de su proceder, se hubieran percatado de que el mismo acabaría favoreciendo a la derecha reaccionaria y trayendo, por ende, una mayor represión y explotación de la clase obrera, es decir, todo lo contrario de lo que habían pretendido. Por lo tanto, Weber concluyó su alocución con la tesis de que para lograr el mencionado equilibrio entre principios y responsabilidad, un político debía aunar en su pensamiento y su ejercicio profesional tres cualidades: un agudo sentido de responsabilidad, la capacidad de observar y valorar las cosas desde una cierta distancia y, finalmente, «una pasión realista» («sachliche Leidenschaft»)[8].

Como se ha visto en los diferentes capítulos de este libro, en la vida política del primer lehendakari vasco hubo muchos momentos en los que era necesario optar por una u otra de las alternativas políticas definidas por Weber. Y en todos esos momentos, la contingencia del proceso histórico facilitaba diferentes respuestas. Así, por recordar tan sólo algunos de esos momentos cruciales en la biografía del lehendakari, en 1931/1932 podría haber optado por aferrarse al modelo autonómico definido en el Estatuto de Estella, en vez de recapitular, flexibilizar su postura y abrir el camino a la consecución del Estatuto de la mano de la izquierda. En 1936 podría haber defendido, como lo hizo, por ejemplo, nada menos que Luis Arana, el hermano del venerado fundador del PNV, la teoría de que la Guerra Civil era un conflicto «entre españoles», en el que nada se les había perdido a los vascos. Si lo hubiera hecho, además de arruinar su credibilidad como demócrata, hubiera dinamitado la aprobación del Estatuto. Entre 1939 y 1945 podría haber insistido en su inicial postura ideológica radical, manteniendo la exigencia de pedir a los socialistas vascos la desvinculación del PSOE y una declaración de *obediencia nacional vasca*. No lo hizo, porque con el tiempo llegó a corregir su radicalis-

---

[8] Weber, Max: *Politik als Beruf*, Reclam, Stuttgart, 2002.

mo, tras un ejercicio de cálculo responsable, que le permitió prever las consecuencias de la decisión tomada en 1939. Así tuvo que darse cuenta de que semejante imposición muy probablemente hubiera acabado con la cohesión de su Gobierno, causando un grave perjuicio a la lucha antifranquista de todos los demócratas en el exilio y en el interior. En 1944/1945, como nacionalista vasco, se podría haber inhibido en todo el proceso que condujo a la constitución del Gobierno republicano en el exilio. Aguirre hizo todo lo contrario, contribuyendo desde la primera fila a que se gestara una de las escasas iniciativas unitarias antifranquistas susceptibles de ganar el beneplácito activo o pasivo de las potencias democráticas. Dos años más tarde se podría haber desvinculado del Plan Prieto, alegando la nula esperanza que los nacionalistas vascos tenían en la supuesta vocación democrática (y descentralizadora) de los monárquicos españoles. De nuevo, Aguirre rechazó esta perspectiva porque no quería enterrar de antemano una nueva oportunidad, por muy limitada que fuera, en la lucha antifranquista. Y, finalmente, este mismo deseo de aprovechar cualquier posibilidad de avanzar en la lucha contra la dictadura y a favor del autogobierno vasco le hizo apostar por el proceso de unificación europea, a pesar de que se iniciara como un proceso cuyos protagonistas eran los Estados (y no las naciones), y a pesar de que el involucramiento de los vascos en la unificación europea pasase de nuevo, por lo menos en parte, por una alianza con *los españoles*.

Como se ve, Aguirre fue un político que defendió con verdadera pasión unos principios en los que creía con su mente y con su corazón. Fue un idealista apasionado, cuyo optimismo desmesurado en más de una ocasión le jugó una mala pasada, distorsionando su aprehensión de la realidad hasta convertirla en *wishful thinking*. Sin embargo, lo que primó durante las tres décadas de su andadura política no fue la pasión ciega e *infantil*, sino la *pasión realista* como elemento básico de una política que perseguía el equilibrio entre lo deseable y lo realizable, entre la convicción y la responsabilidad. Así, Aguirre pudo convertirse en el político vasco más influyente y más popular del siglo XX. Su ejemplo de hacer política sigue vigente en el siglo XXI, en el que todas las encuestas representativas no dejan de reproducir la imagen de una cada vez mayor desconfianza de la ciudadanía europea en el sistema político y en los políticos. Con este inquietante trasfondo actual, así lo creemos al menos los autores de esta obra, esta biografía del primer lehendakari vasco tiene una doble lectura: si bien trata del pasado reciente, invita al mismo tiempo también a proyectar sus reflexiones y conclusiones al presente y al futuro.

ARCHIVOS, BIBLIOTECAS Y CENTROS DOCUMENTALES

Archivio Storico-Diplomatico del Ministero degli Affari Esteri, Ufficio Spagna, Roma (ASDMAE-US).
Archivio Ufficio Storico dello Stato Maggiore dell'Esercito, Roma.
Archivo Alberto Onaindia, Derio / Bilbao (AAO).
Archivo de la Fundació Carles Pi i Sunyer, Barcelona.
Archivo de la Universidad de Columbia, Nueva York.
Archivo del Congreso de los Diputados, Madrid.
Archivo del Ministerio de Asuntos Exteriores, Madrid (AMAE).
Archivo del Nacionalismo Vasco, Bilbao (AN).
Archivo del Territorio Histórico de Álava, Vitoria-Gasteiz.
Archivo Foral de Bizkaia, Bilbao (AFB).
Archivo Fundación Indalecio Prieto, Alcalá de Henares, Madrid.
Archivo Fundación Pablo Iglesias, Alcalá de Henares, Madrid.
Archivo General de la Administración, Alcalá de Henares, Madrid (AGA).
Archivo General Militar-Fondo Gobierno de Euzkadi, Ávila (AGM-FGE).
Archivo Histórico Diocesano de Vitoria (AHDV).
Archivo Histórico Nacional-Fondo Particular de Diego Martínez Barrio, Madrid (AHN).
Archivo Histórico Provincial-Loiola (AHP-L).
Archivo Manuel Irujo, Eusko Ikaskuntza-Sociedad de Estudios Vascos, Donostia-San Sebastián.
Archivo Municipal de Bergara.
Archivo Municipal de Olite.
Arxiu Montserrat Tarradellas i Macià, Poblet, Tarragona.
Biblioteca de la Universidad del País Vasco/Euskal Herriko Unibertsitatea, Leioa y Vitoria-Gasteiz.
Biblioteca y Hemeroteca de la Diputación Foral de Bizkaia, Bilbao.
Bundesarchiv-Militärarchiv, Freiburg, Alemania.
Center for Basque Studies, Reno, Nevada, Estados Unidos.
Centre Historique des Archives Nationales, París.
Centro Documental de la Memoria Histórica, Salamanca (CDMH).
Fundación Sancho el Sabio, Vitoria-Gasteiz.
Irargi. Centro de Patrimonio Documental de Euskadi, Bergara (desde 2014, Archivo Histórico de Euskadi, Bilbao).
Politisches Archiv des Auswärtigen Amtes, Berlín.
The National Archives, Londres (TNA).

BIBLIOGRAFÍA

AGUIRRE LEKUBE, José Antonio de: *Entre la libertad y la revolución 1930-1935. La verdad de un lustro en el País Vasco*, Geu, Bilbao, 1976 [1.ª ed., 1935].
— *Discurso pronunciado por el Excelentísimo Señor Presidente del Gobierno de Euzkadi D. José Antonio de Aguirre ante el micrófono de Radio Euzkadi, el día 22 de diciembre de 1936*, Gobierno de Euzkadi/Editorial Vasca, Bilbao, s.a. [1937].
— *El informe del presidente Aguirre al Gobierno de la República sobre los hechos que determinaron el derrumbamiento del frente del norte (1937)*, La Gran Enciclopedia Vasca, Bilbao, 1978 [1.ª ed., 1977].
— *Diario 1941-1942*, Fundación Sabino Arana, Bilbao, 2010.
— *De Guernica a Nueva York pasando por Berlín*, Ekin, Buenos Aires, 1943 [reediciones: Axular, San Juan de Luz, 1976; Foca, Madrid, 2004].
— *Cinco conferencias pronunciadas en un viaje por América*, Ekin, Buenos Aires, 1944.
— *Veinte años de gestión del Gobierno Vasco (1936-1956)*, Leopoldo Zugaza, Durango, 1978.
— *Obras completas*, Sendoa, San Sebastián, 1981, 2 tomos.
AGUIRRE ZABALA, Iñaki: «José Antonio Aguirre y Lecube. Político-historiador del Pueblo Vasco (1904-1960)», *Notitia Vasconiae*, 1, 2002, pp. 579-606.
AIESTARAN, Carlos: *José Antonio Aguirre y Lecube. El fútbol: su faceta desconocida*, Diputación Foral de Bizkaia, Bilbao, 2010.
AIZPURU, Mikel: *El informe Brusiloff. La Guerra Civil de 1936 en el Frente Norte vista por un traductor ruso*, Alberdania, Irún, 2009.
AJURIA, Peru y CAMINO, Íñigo: *José Antonio de Aguirre, retrato de un Lehendakari*, Fundación Sabino Arana, Bilbao, 2004 [1.ª ed., 1990].
ALCALÁ-ZAMORA, Niceto: *Memorias*, Planeta, Barcelona, 1977.
ALTABELLA, Pedro P.: *El catolicismo de los nacionalistas vascos*, Editora Nacional, Madrid, 1939.
AMÉZAGA, Elías: *Con José Antonio*, Edigetxo, Getxo, 2004.
— *El primer Aguirre o el artífice del Estatuto*, Idatz Ekintza, Bilbao, 1988, 2 tomos.
— *El primer Aguirre, escritos (1904-1936)*, Idatz Ekintza, Bilbao, 1988, 2 tomos.
— *Lehendakari Aguirre. Una vida al servicio de su pueblo*, Gobierno Vasco, Vitoria, 1990.
ANASAGASTI, Iñaki y SAN SEBASTIÁN, Koldo: «Santiago Aznar y la crisis del socialismo vasco (1939-1946)», *Cuadernos de Sección, Historia y Geografía*, 10, 1988, pp. 222-282.

ANDRÉS-GALLEGO, José y PAZOS, Antón M. (eds.): *Archivo Gomá: documentos de la Guerra Civil*, CSIC, Madrid, 2001-2007, 13 tomos.
ANSEL, Darío: *ELA en la Segunda República. Evolución sindicalista de una organización obrera*, Txalaparta, Tafalla, 2011.
ARANA, Luis de: *Euzkadi en demanda de su soberanía*, Bilbao, 1931.
— *Formulario de los principios esenciales o básicos del primitivo nacionalismo vasco, contenidos en el lema «Jaun-Goikua eta Lagi-Zarra»*, Grijelmo, Abando-Bilbao, 1932.
ARANZADI, Engracio: *Ereintza. Siembra de nacionalismo vasco 1894-1912*, Ed. Vasca, Zarautz, 1935.
ARBELOA, Víctor Manuel: «Correspondencia inédita entre José Antonio Aguirre y Francisco Cambó (1931-1935)», *Gaiak*, 3, 1977, pp. 353-383, y *Príncipe de Viana*, 179, 1986, pp. 761-780.
— «Don Mateo Múgica, el estatuto vasco y otras campañas (1931-1933)», *Scriptorium Victoriense*, 56/3-4, 2009, pp. 519-532.
— «En torno al Estatuto Vasco-Navarro. (Correspondencia Aguirre-Irujo)», *Príncipe de Viana*, 177, 1986, pp. 223-233.
— «Notas sobre el PNV y el Estatuto Vasco-Navarro (1931-1933)», *Príncipe de Viana*, 207, 1996, pp. 225-239; 222, 2001, pp. 199-211, y 250, 2010, pp. 539-550.
— «Seis cartas de José Antonio Aguirre (1932-1936)», *Letras de Deusto*, 16, 1978, pp. 103-123.
— *Navarra ante los Estatutos. Introducción documental (1916-1932)*, ELSA, Pamplona, 1978.
AREILZA, José María de: *Así los he visto*, Planeta, Barcelona, 1974.
ARRESE, Domingo de: *El País Vasco y las Constituyentes de la Segunda República*, Madrid, 1932.
ARRIEN, Gregorio y GOIOGANA, Iñaki: *El primer exilio de los vascos. Cataluña, 1936-1939*, Fundació Ramon Trias Fargas/Fundación Sabino Arana, Barcelona, 2002.
ARRIETA, Leyre: *Estación Europa. La política europeísta del PNV en el exilio (1945-1977)*, Tecnos, Madrid, 2007.
AZAÑA, Manuel: *Diarios completos. Monarquía, República, Guerra Civil*, Crítica, Barcelona, 2000.
— *Diarios, 1932-1933. «Los cuadernos robados»*, Crítica, Barcelona, 1997.
— *Memorias políticas y de guerra*, Crítica, Barcelona, 1978, 2 tomos [1.ª ed., 1968; reedición: 1981].
Azpilikoeta, Dr. de [José Antonio Aguirre]: *Le problème basque vu par le cardinal Gomá et le président Aguirre*, Bernard Grasset, París, 1938.
AZURMENDI, José Félix: *Vascos en la Guerra Fría, ¿víctimas o cómplices? Gudaris en el juego de los espías*, Ttarttalo, Donostia, 2013.
BARRUSO, Pedro: *El movimiento obrero en Gipuzkoa durante la II República*, Diputación Foral de Gipuzkoa, San Sebastián, 1996.
BLASCO OLAETXEA, Carlos: *Conversaciones. Leizaola*, Idatz Ekintza, Bilbao, 1982.
— *Diálogos de guerra. Euskadi 1936*, Edición del autor, San Sebastián, 1983.
BLINKHORN, Martin: «The Basque Ulster: Navarre and the Basque Autonomy Question under the Spanish Second Republic», *The Historical Journal*, XVII-3, 1974, pp. 595-613.
— *Carlismo y contrarrevolución en España 1931-1939*, Crítica, Barcelona, 1979.

BLUM, John Morton (ed.): *The Price of Vision. The Diary of Henry A. Wallace*, Houghton Mifflin Company, Boston, 1973.
BOTTI, Alfonso: «La Iglesia vasca dividida. Cuestión religiosa y nacionalismo a la luz de la nueva documentación vaticana», *Historia Contemporánea*, 35, 2007, pp. 451-489.
— (ed.): *Luigi Sturzo e gli amici spagnoli. Carteggi (1924-1951)*, Rubbetino Editore, Soveria Mannelli, 2012.
CABEZAS, Octavio: *Indalecio Prieto. Socialista y español*, Algaba, Madrid, 2005.
CARMELITA SOTO, Salvador: *Colegio de los Padres Jesuitas de Orduña «Nuestra Señora de la Antigua». Segunda Etapa 1767-1932*, Memoria de Licenciatura, Universidad de Deusto, Facultad de Filosofía y Letras, Bilbao, 1975.
CASTELAO [Alfonso R.]: *Obras*, Editorial Galaxia, Vigo, 2000, vol. 6.
CHIAPUSO, Manuel: *El Gobierno vasco y los anarquistas. Bilbao en guerra*, Txertoa, San Sebastián, 1978.
CHRISTIAN, William A.: *Las visiones de Ezkioga. La Segunda República y el Reino de Cristo*, Ariel, Barcelona, 1997.
CHUECA, Josu: *El nacionalismo vasco en Navarra (1931-1936)*, Universidad del País Vasco, Bilbao, 1999.
CIUTAT, Francisco: *Relatos y reflexiones de la Guerra de España (1936-1939)*, Forma, Madrid, 1978.
Colegio de Estudios Superiores. Deusto-Bilbao. Catálogo de los alumnos. 1923-1924. Año XXXVIII del Colegio, s.l., s.a.
Colegio de Segunda Enseñanza de Nuestra Señora de la Antigua en Orduña. Anuario y solemne distribución de premios merecidos en el curso de 1919-1920, Bilbao, 1920.
Congreso Mundial Vasco. Euskal Batzar Orokorra. 25 aniversario, Gobierno Vasco, Vitoria-Gasteiz, s.a. [1981].
COSSÍO, Francisco de: *Guerra de Salvación. Del Frente de Madrid al de Vizcaya*, Librería Santarén, Valladolid, 1937.
DELGADO, Ander: *Bermeo en el siglo XX. Política y conflicto en un municipio pesquero vizcaíno (1912-1955)*, Eusko Ikaskuntza, Donostia, 1998.
— *José Antonio Aguirre y Getxo*, Ayuntamiento de Getxo, Getxo, 2010.
DRONDA, Javier: *Con Cristo o contra Cristo. Religión y movilización antirrepublicana en Navarra (1931-1936)*, Txalaparta, Tafalla, 2013.
El libro blanco del Gobierno Vasco, Gobierno Vasco, París, 1956.
El nacionalismo vasco con la revolución de octubre de 1934, San Sebastián, 1936.
El Parlamento Vasco al lehendakari Agirre. 7 de octubre de 2013. Eusko Legebiltzarrak Agirre lehendakariari. 2013ko urriaren 7a, Parlamento Vasco / Eusko Legebiltzarra, Vitoria-Gasteiz, 2013.
El pueblo vasco frente a la cruzada franquista. Documentos, Egi-Indarra, Toulouse, 1966.
ESTÉVEZ, Xosé (comp.): *Antología de Galeuzca en el exilio 1939-1960*, J. A. Ascunce, San Sebastián, 1992.
ESTORNÉS, Idoia: *La construcción de una nacionalidad vasca. El autonomismo de Eusko Ikaskuntza (1918-1931)*, Eusko Ikaskuntza, San Sebastián, 1990.
— *Cómo pudo pasarnos esto. Crónica de una chica de los 60*, Erein, Donostia, 2013.
FERNÁNDEZ ETXEBERRIA, Manuel [*Matxari*]: *Euzkadi, patria de los vascos. 125 años en pie de guerra contra España*, Venevas, Ami-Vasco, Caracas, s.a. [1965].

FERRELL, Robert H.: *Choosing Truman: The Democratic Convention of 1944*, University of Missouri Press, Columbia, 2000.

FERRER, Manuel: *Elecciones y partidos políticos en Navarra durante la Segunda República*, Gobierno de Navarra, Pamplona, 1992.

FRASER, Ronald: *Recuérdalo tú y recuérdalo a otros. Historia oral de la guerra civil española*, Crítica, Barcelona, 1979, 2 tomos.

FUSI, Juan Pablo: *El País Vasco 1931-1937. Autonomía. Revolución. Guerra Civil*, Biblioteca Nueva, Madrid, 2002.

— *El problema vasco en la II República*, Turner, Madrid, 1979.

G. GARCÍA DE CASTRO, Rafael: *La tragedia espiritual de Vizcaya*, Prieto, Granada, 1938.

GAMBOA, José María y LARRONDE, Jean-Claude (eds.): *La Guerra Civil en Euzkadi: 136 testimonios inéditos recogidos por José Miguel de Barandiarán*, Bidasoa, Villefranque, 2005.

GARITAONANDIA, Carmelo: *José Antonio Aguirre, primer lehendakari*, IVAP, Bilbao, 1990.

GARITAONANDIA, Carmelo y GRANJA, José Luis de la (eds.): *La Guerra Civil en el País Vasco 50 años después*, Universidad del País Vasco, Bilbao, 1987.

GIL ROBLES, José María: *No fue posible la paz*, Ariel, Barcelona, 1968.

— *Spain in Chains*, Nueva York, 1937.

GOIOGANA, Iñaki; IRUJO, Xabier y LEGARRETA, Josu (eds.): *Un nuevo 31. Ideología y estrategia del Gobierno de Euzkadi durante la Segunda Guerra Mundial a través de la correspondencia de José Antonio Aguirre y Manuel Irujo*, Sabino Arana Fundazioa, Bilbao, 2007.

GOMÁ, Isidro: *Respuesta obligada*, Gráficas Bescansa, Pamplona, 1937.

GORDÓN ORDÁS, Félix: *Mi política fuera de España*, México D.F., 1967.

GORRITXO, Francisco: *No busqué el exilio. Semblanzas de una vida*, Intxorta 1937 Kultur Elkartea, Arrasate, 2011.

GRANJA, José Luis de la: *El Estatuto vasco de 1936. Sus antecedentes en la República. Su aplicación en la Guerra Civil*, IVAP, Oñati, 1988.

— *El nacionalismo vasco: un siglo de Historia*, Tecnos, Madrid, 2002 [1.ª ed., 1995].

— *El oasis vasco. El nacimiento de Euskadi en la República y la Guerra Civil*, Tecnos, Madrid, 2007.

— *El siglo de Euskadi. El nacionalismo vasco en la España del siglo XX*, Tecnos, Madrid, 2003.

— *Nacionalismo y II República en el País Vasco*, Siglo XXI, Madrid, 2008 [1.ª ed., 1986].

— «La generación de Aguirre y la renovación del nacionalismo vasco», en Mees, Ludger y Núñez Seixas, Xosé M. (coords.): *Nacidos para mandar. Liderazgo, política y poder. Perspectivas comparadas*, Tecnos, Madrid, 2012, pp. 61-77.

— «Prieto y Aguirre ante la autonomía vasca en la Segunda República: de enemigos a aliados», en Granja, José Luis de la (coord.): *Indalecio Prieto. Socialismo, democracia y autonomía*, Biblioteca Nueva, Madrid, 2013, pp. 143-162.

GRANJA, José Luis de la; BERAMENDI, Justo y ANGUERA, Pere: *La España de los nacionalismos y las autonomías*, Síntesis, Madrid, 2001.

GRANJA, José Luis de la; PABLO, Santiago de y MEES, Ludger: *El lehendakari Aguirre y sus Gobiernos*, Gobierno Vasco, Vitoria-Gasteiz, 2010.

IBARZABAL, Eugenio: «Juan Astigarrabia, comunista y "euskadiano"», *Muga*, 21, 1982, pp. 36-51.
— *50 años de nacionalismo vasco 1928-1978 (a través de sus protagonistas)*, Ediciones Vascas, San Sebastián, 1978.
— *Koldo Mitxelena*, Erein, San Sebastián, 1977.
— *Manuel de Irujo*, Erein, San Sebastián, 1977.
IRUJO, Manuel de: *La Guerra Civil en Euzkadi antes del Estatuto*, Kirikiño, Bilbao, 2006 [1.ª ed., 1978].
— *La misión del nacionalismo*, I. López-Mendizábal, Tolosa, s.a. [1931].
— *Nabarra libre, dentro de Euzkadi libre*, Pamplona, s.a. [1931].
— *Navarra ante el Estatuto Vasco*, Estella, 1931.
IRUJO, Xabier: *Expelled from the Motherland. The Government of President José Antonio Agirre in Exile, 1937-1960*, University of Nevada, Reno, 2012.
Iturralde, Juan de [Juan José Usabiaga]: *La guerra de Franco, los vascos y la Iglesia*, San Sebastián, 1978, 2 tomos.
JIMÉNEZ DE ABERÁSTURI, Juan Carlos: *De la derrota a la esperanza: políticas vascas durante la Segunda Guerra Mundial (1937-1947)*, IVAP, Oñati, 1999.
JIMÉNEZ DE ABERÁSTURI, Juan Carlos (ed.): *Los vascos en la II Guerra Mundial: El Consejo Nacional Vasco en Londres, 1940-1944 (Recopilación documental)*, Eusko Ikaskuntza, San Sebastián, 1991.
JIMÉNEZ DE ABERÁSTURI, Juan Carlos y MORENO, Rafael: *Al servicio del extranjero. Historia del Servicio Vasco de Información (1936-43)*, Antonio Machado Libros, Madrid, 2009.
JIMÉNEZ DE ABERÁSTURI, Luis María y JIMÉNEZ DE ABERÁSTURI, Juan Carlos: *La Guerra en Euskadi*, Plaza y Janés, Barcelona, 1978.
JIMENO JURÍO, José María: *Navarra jamás dijo no al Estatuto vasco*, Punto y Hora, Pamplona, 1977.
José Antonio Aguirre. Lehen lehendakari – primer lehendakari, Ayuntamiento de Bilbao, Bilbao, 2003.
La labor del Partido Nacionalista Vasco en materia religiosa y social, Editorial Vasca, Bilbao, 1936.
LARRONDE, Jean-Claude: *Exilio y solidaridad. La Liga Internacional de Amigos de los Vascos*, Bidasoa, Villefranque, 1998.
— *Luis Arana Goiri (1862-1951). Historia del nacionalismo vasco*, Sabino Arana Fundazioa, Bilbao, 2010.
LEIZAOLA [Jesús María]; JEMEIN [Ceferino] y KAREAGA [Juan Antonio]: *El nacionalismo vasco entre dos dictaduras 1930-1937*, Alderdi, Bilbao, 1986.
MARTÍN BLÁZQUEZ, José: *I Helped to Build an Army*, Secker & Warburg, Londres, 1939.
MARTÍN NÁJERA, Aurelio y GARRIGÓS FERNÁNDEZ, Agustín (eds.): *Obras completas de Francisco Largo Caballero*, Fundación Largo Caballero/Instituto Monsa de Ediciones, Madrid/Barcelona, 2009, 16 vols.
MARTÍNEZ BANDE, José Manuel: *Vizcaya*, San Martín, Madrid, 1971.
MARTÍNEZ RUEDA, Fernando y URQUIJO GOITIA, Mikel: *Materiales para la historia del mundo actual*, Istmo, Madrid, 2006, vol. I.
MEER, Fernando de: *El Partido Nacionalista Vasco ante la Guerra de España (1936-1937)*, EUNSA, Pamplona, 1992.

— *Juan de Borbón. Un hombre solo (1941-1948)*, Junta de Castilla y León, Valladolid, 2001.
MEES, Ludger: «Aguirre, Europa y el Partido Nacionalista Vasco», *Hermes*, 37, junio de 2011, pp. 58-72.
— «Confluir desde la discrepancia. Indalecio Prieto y el nacionalismo vasco en el exilio», en Granja, José Luis de la (coord.): *Indalecio Prieto. Socialismo, democracia y autonomía*, Biblioteca Nueva, Madrid, 2013, pp. 185-212.
— «Tan lejos, tan cerca. El Gobierno vasco en Barcelona y las complejas relaciones entre el nacionalismo vasco y el catalán», *Historia Contemporánea*, 37, 2008, pp. 557-591.
— «The Völkisch Appeal: Nazi Germany, the Basques, and the Bretons», en Ott, Sandra (ed.): *War, Exile, Justice, and Everyday Life, 1936-1946*, University of Nevada, Reno, 2011, pp. 251-283.
— *El profeta pragmático. Aguirre, el primer lehendakari (1939-1960)*, Alberdania, Irún, 2006.
MEES, Ludger, y NÚÑEZ SEIXAS, Xosé M. (coords.): *Nacidos para mandar. Liderazgo, política y poder. Perspectivas comparadas*, Tecnos, Madrid, 2012.
MIRALLES, Ricardo: *El socialismo vasco durante la II República. Organización, ideología, política y elecciones, 1931-1936*, Universidad del País Vasco, Bilbao, 1988.
MORALES MONTOYA, Mercè: *La Generalitat de Josep Irla i l'exili polític català*, Editorial Base, Barcelona, 2008.
MORIONES, Ildefonso: *Euzkadi y el Vaticano (1935-1936). Documentación de un episodio*, Roma, 1976.
MUÑOZ, Edurne (coord.): *José Antonio Agirre: proiektu kultural bat. José Antonio Aguirre: un proyecto cultural*, Saturraran, Donostia, 2007.
Nacionalismo-Comunismo-Judaísmo, s.l., s.a. [Bilbao, 1932].
NÚÑEZ SEIXAS, Xosé M.: «Relaciones exteriores del nacionalismo vasco (1895-1960)», en Pablo, Santiago de (ed.): *Los nacionalistas. Historia del nacionalismo vasco. 1876-1960*, Fundación Sancho el Sabio, Vitoria-Gasteiz, 1995, pp. 381-417.
OLAZÁBAL, Carlos María: *Pactos y traiciones. Los archivos secretos de la Guerra en Euzkadi*, Fundación Popular de Estudios Vascos, Bilbao, 2009, 3 vols.
ONAINDIA, Alberto: *Capítulos de mi vida. I: Hombre de paz en la guerra*, Ekin, Buenos Aires, 1973.
— *El «Pacto» de Santoña. Antecedentes y desenlace*, Laiz, Bilbao, 1983.
Organizaciones: Confederal Vasca y Regional bizkaina del Partido Nacionalista Vasco, Zabalgundia, Bilbao, 1933.
ORUETA, José de: *Fueros y autonomía. Proceso del Estatuto vasco (1905-1933)*, Nueva Editorial, San Sebastián, s.a. [1934].
OTAEGUI, Marga y ESTÉVEZ, Xosé (coords.): «Protagonistas de la Historia vasca (1923-1950)», *Cuadernos de Sección. Historia-Geografía*, 7, 1985, pp. 9-222.
PABLO, Santiago de: *Álava y la autonomía vasca durante la Segunda República*, Diputación Foral de Álava, Vitoria-Gasteiz, 1985.
— *En tierra de nadie. Los nacionalistas vascos en Álava*, Ikusager, Vitoria-Gasteiz, 2008.
— *La Segunda República en Álava. Elecciones, partidos y vida política*, Universidad del País Vasco, Bilbao, 1989.

— *Tierra sin paz. Guerra Civil, cine y propaganda en el País Vasco*, Biblioteca Nueva, Madrid, 2006.
PABLO, Santiago de; GOÑI GALARRAGA, Joseba y LÓPEZ DE MATURANA, Virginia: *La Diócesis de Vitoria. 150 años de Historia (1862-2012)*, ESET/Obispado de Vitoria, Vitoria-Gasteiz, 2013.
PABLO, Santiago de; GRANJA, José Luis de la y MEES, Ludger (eds.): *Documentos para la historia del nacionalismo vasco. De los Fueros a nuestros días*, Ariel, Barcelona, 1998.
PABLO, Santiago de; GRANJA, José Luis de la; MEES, Ludger y CASQUETE, Jesús (coords.): *Diccionario ilustrado de símbolos del nacionalismo vasco*, Tecnos, Madrid, 2012.
PABLO, Santiago de; MEES, Ludger y RODRÍGUEZ RANZ, José Antonio: *El péndulo patriótico. Historia del Partido Nacionalista Vasco. I: 1895-1936*, Crítica, Barcelona, 1999.
— *El péndulo patriótico. Historia del Partido Nacionalista Vasco, II: 1936-1979*, Crítica, Barcelona, 2001.
PABÓN, Jesús: *Cambó*, Alpha, Barcelona, 1969, 3 vols.
PI I SUNYER, Carles: *Memóries de l'exili. El Consell Nacional de Catalunya 1940-1945*, Curial, Barcelona, 1978.
PLATA, Gabriel: *La derecha vasca y la crisis de la democracia española (1931-1936)*, Diputación Foral de Bizkaia, Bilbao, 1991.
PRIETO, Indalecio: *Convulsiones de España*, Oasis, México, 1967-1969, 3 tomos.
— *Discursos en América, I: Con el pensamiento puesto en España 1939-1944*, Fundación Indalecio Prieto / Editorial Planeta, Barcelona, 1991 [1.ª ed., 1944].
Reglamento de las bases de trabajo de la Sociedad Anónima «Chocolates Bilbaínos», Verdes, Bilbao, s.a. [1934].
Reglamento del Cuerpo de Capellanes del Ejército de Euzkadi, Verdes, Bilbao, s.a. [1937].
RIQUER, Borja de: *La dictadura de Franco*, Crítica / Marcial Pons, Barcelona, 2010.
ROBLES, Cristóbal: *José María de Urquijo e Ybarra. Opinión, religión y poder*, CSIC, Madrid, 1997.
RODRÍGUEZ DE CORO, Francisco: *Catolicismo vasco entre el furor y la furia (1931-1936)*, Eusko Ikaskuntza, San Sebastián, 1988.
— *Nacionalismo vasco y Frente Popular*, Gobierno Vasco, Vitoria-Gasteiz, 1986.
RODRÍGUEZ RANZ, José Antonio: *Guipúzcoa y San Sebastián en las elecciones de la II República*, Fundación Social y Cultural Kutxa, Donostia-San Sebastián, 1994.
SALAS LARRAZÁBAL, Jesús: *Guerra aérea, 1936/39. Tomo II. La campaña del Norte*, IHCA, Madrid, 1998.
SALAZAR ALONSO, Rafael: *Bajo el signo de la revolución*, Librería de Roberto de San Martín, Madrid, 1935.
SALLÉS, Anna y UCELAY DA CAL, E.: «L'analogia falsa: el nacionalisme basc davant de la República catalana i la Generalitat provisional, abril-juliol del 1931» y «La correspondencia Aguirre-Cambó, 1931-1936: unes reflexions», en González Portilla, Manuel, Maluquer de Motes, Jordi y Riquer Permanyer, Borja

de (eds.): *Industrialización y nacionalismo. Análisis comparativos*, Universidad Autónoma de Barcelona, Bellaterra, 1985, pp. 443-470 y 471-499.

SÁNCHEZ CERVELLÓ, Josep: *La Segunda República en el exilio (1939-1977)*, Planeta, Barcelona, 2011.

SERRANO, Ana María: «Las elecciones a Cortes Constituyentes de 1931 en Navarra», *Príncipe de Viana*, 188, 1989, pp. 687-776.

SIERRA BUSTAMANTE, Ramón: *Euzkadi. De Sabino Arana a José Antonio Aguirre. Notas para la Historia del nacionalismo vasco*, Editora Nacional, Madrid, 1941.

TABERNILLA, Guillermo y LEZAMIZ, Julen: *El informe de la República por la pérdida del Frente Norte*, Beta III Milenio, Bilbao, 2013.

TÁPIZ, José María: *El PNV durante la II República (organización interna, implantación territorial y bases sociales)*, Fundación Sabino Arana, Bilbao, 2001.

The Untold History of the United States. A book and television series by Oliver Stone and Peter Kuznick, Gallery Books, Nueva York, 2012.

TUÑÓN DE LARA, Manuel: *La II República*, Siglo XXI, Madrid, 1976, 2 tomos.

TURUZETA, Jon: *El Athletic Club. Origen de una leyenda o cuando el león era aún cachorro*, Txertoa, Donostia, 2012.

TUSELL, Javier: *Historia de la democracia cristiana en España*, EDICUSA, Madrid, 1974, 2 tomos.

UGALDE, Alexander: *El Consejo Vasco del Movimiento Europeo (1951-2001)*, Consejo Vasco del Movimiento Europeo, Vitoria-Gasteiz, 2001.

— *La acción exterior del nacionalismo vasco (1890-1939): historia, pensamiento y relaciones internacionales*, IVAP, Bilbao, 1996.

UGALDE, Martín de: *Biografía de tres figuras nacionales vascas: Arana-Goiri, Agirre, Leizaola*, Sendoa, Donostia, 1984.

UGALDE, Mercedes: *Mujeres y nacionalismo vasco. Génesis y desarrollo de Emakume Abertzale Batza (1906-1936)*, Universidad del País Vasco, Bilbao, 1993.

VARGAS ALONSO, Francisco Manuel: «Los batallones vascos. Del derrumbamiento del frente de Gipuzkoa a la estabilización del frente», en Urgoitia Badiola, José Antonio (dir.): *Crónica de la Guerra Civil de 1936-1939 en la Euzkadi peninsular*, Sendoa, Oiartzun, 2002, tomo IV, pp. 239-274.

VIDARTE, Juan-Simeón: *El bienio negro y la insurrección de Asturias*, Grijalbo, Barcelona, 1978.

— *Las Cortes Constituyentes de 1931-1933*, Grijalbo, Barcelona, 1976.

VILALLONGA, Luis M.: *El informe Vilallonga*, Víctor Pozanco, Barcelona, 1977.

VILLA, Roberto: *Las elecciones de 1933 en el País Vasco y Navarra*, Universidad Rey Juan Carlos/Dykinson, Madrid, 2007.

VIÑAS, Ángel: *En las garras del águila. Los pactos de Estados Unidos, de Francisco Franco a Felipe González (1945-1995)*, Crítica, Barcelona, 2003.

VVAA: «Agirre Lehendakaria», *Hermes*, 33, 2010.

— «J. A. Agirre. 25 años después», *Muga,* 41, 1985, pp. 1-43 y 62-79.

— «La Sociedad de Estudios Vascos y el Estatuto de Estado Vasco de 1936 [1931]», *Cuadernos de Sección. Derecho*, 4, 1989, pp. 7-230.

— *Conversaciones sobre José Antonio Aguirre*, Idatz Ekintza, Bilbao, 1983.

— *Historia General de la Guerra Civil en Euskadi*, Haranburu/Naroki, San Sebastián/Bilbao, 1979-1982, 8 tomos.

— *Homenaje José Antonio de Aguirre Omenaldia*, Bidasoa, Milafranga-Villefranque, 1999.
— *José Antonio de Aguirre y Lekube, 1904-1960*, Congreso de los Diputados, Madrid, 2010.
— *La minoría de cemento. El primer Estatuto vasco*, Alderdi, Bilbao, 1986.
— *Octubre 1934 Urria*, IPES, Bilbao, 1985.
ZUBEROGOITIA, Aitor: *Agirre*, Elkar, Donostia, 1997.

SIGLAS

AC	Acción Católica.
ANV	Acción Nacionalista Vasca.
AVASC	Agrupación Vasca de Acción Social Cristiana.
BBB	*Bizkai Buru Batzar* (Consejo Regional de Bizkaia del PNV).
CCSE	Comité Central Socialista de Euzkadi.
CECA	Comunidad Europea del Carbón y del Acero.
CEDA	Confederación Española de Derechas Autónomas.
CEE	Comunidad Económica Europea.
CFE	Consejo Federal Español del Movimiento Europeo.
CIA	*Central Intelligence Agency.*
CNaE	Congreso de Nacionalidades Europeas.
CNE	Consejo Nacional de Euzkadi.
CNT	Confederación Nacional del Trabajo.
CNV	Comunión Nacionalista Vasca.
CT	Comunión Tradicionalista.
DOPV	*Diario Oficial del País Vasco.*
EBB	*Euzkadi Buru Batzar* (Consejo Nacional del PNV).
ELA-STV	*Eusko Langileen Alkartasuna*-Solidaridad de Trabajadores Vascos.
ERC	Esquerra Republicana de Catalunya.
ETA	*Euskadi Ta Askatasuna* (País Vasco y Libertad).
FAI	Federación Anarquista Ibérica.
FBI	*Federal Bureau of Investigation.*
FMI	Fondo Monetario Internacional.
GBB	*Gipuzko Buru Batzar* (Consejo Regional de Gipuzkoa del PNV).
JARE	Junta de Auxilio a los Republicanos Españoles.
JCE	Juventud Católica Española.
JEL	Junta Española de Liberación.
LIAB	*Ligue Internationale des Amis des Basques.*
MRP	*Mouvement Républicain Populaire.*
NBB	*Napar Buru Batzar* (Consejo Regional de Navarra del PNV).
NEI	*Nouvelles Équipes Internationales.*
OCDE	Organización de Cooperación y Desarrollo Económico.
ONU	Organización de Naciones Unidas.
OPE	Oficina de Prensa de Euzkadi.
OSS	*Office of Strategic Services.*
OTAN	Organización del Tratado del Atlántico Norte.

PCE	Partido Comunista de España/Partido Comunista de Euskadi.
PNV	Partido Nacionalista Vasco.
PSOE	Partido Socialista Obrero Español.
PSUC	Partit Socialista Unificat de Catalunya.
RE	Renovación Española.
SERE	Servicio de Evacuación de los Republicanos Españoles.
SEV	Sociedad de Estudios Vascos.
UDC	Unió Democràtica de Catalunya.
UGT	Unión General de Trabajadores.
UNESCO	*United Nations Educational, Scientific and Cultural Organization.*

ÍNDICE ONOMÁSTICO*

Abando, Juan: 94.
Aburto, Eduardo: 79.
Acha, José María: 40.
Acheson, Dean: 535, 536.
Adenauer, Konrad: 578.
Agirre, Fortunato: 64.
Agirre Basterra, Francisco: 64.
Aguerre, José (*Gurbindo*): 148, 230.
Aguirre, G. (*el de Begoña*): 40.
Aguirre, Gabriel de: 21.
Aguirre, Jorge: 53.
Aguirre, José Manuel: 597.
Aguirre, José María (*Lizardi*): 64, 133.
Aguirre, Valentín: 444.
Aguirre Aguirrezabal, José Antonio: 22-24, 31.
Aguirre Barrenechea-Arando, Eustaquia: 22.
Aguirre Barrenechea-Arando, Pablo: 21, 22, 32.
Aguirre Barrenechea-Arando, Teodoro: 21, 22, 24-26, 30-33, 57, 81.
Aguirre Lekube, Ángel: 24, 601.
Aguirre Lekube, Ignacio: 24.
Aguirre Lekube, Iñaki: 24, 601.
Aguirre Lekube, Juan María: 24, 43, 93, 433.
Aguirre Lekube, María Cruz: 24.
Aguirre Lekube, María Encarnación: 24, 431, 432.
Aguirre Lekube, María Teresa: 24.
Aguirre Lekube, Teodoro: 24.
Aguirre Lekube, Tomás: 24.
Aguirre Mendizabal, Gorgonio: 22.
Aguirre Mendizabal, Nicolás: 22.
Aguirre Mendizabal, Romualda: 22.
Aguirre Zabala, Aintzane: 172, 276, 335, 367, 427, 601, 611.
Aguirre Zabala, Iñaki: 172, 443, 591, 611.
Aguirre Zabala, Joseba: 172, 426, 427, 559, 611.
Aguirrezabala, Ignacio (*Txirri*): 40.
Aiestaran, Carlos: 40.
Aizpún, Rafael: 110, 130, 133, 142, 158, 186, 216, 232.
Aizpuru, Mikel: 295.
Ajuriaguerra, Juan: 233, 245, 282, 287, 317, 349, 350, 352, 356, 362, 365, 367, 371, 441, 496, 515, 519-521, 534, 538-540, 552, 566, 568, 569, 580, 583, 593, 608.
Álava Sautu, Luis: 434, 435.
Alba, Santiago: 192.
Alberro, Agustín: 493, 600, 601.
Albornoz, Álvaro de: 480, 501, 504, 530, 532, 533, 552.
Alcalá-Zamora, Niceto: 95, 97, 112, 120, 125-130, 152, 156, 166, 169, 170, 175, 191, 192, 204, 214, 225, 242, 254.

---

* No se incluye a José Antonio Aguirre Lekube, ni sus seudónimos (*Álvarez Lastra, Dr. de Azpilikoeta, Etxena, Etxenausi'tar Joseba* y *Juan*), al estar todo el libro dedicado a él.

[649]

Aldasoro, Ramón María: 294, 322, 355, 373, 374, 376, 379, 393, 441, 445, 459, 466, 468, 547, 563.
Alemany y Vich, Juan: 35.
Alfaro, M.: 371.
Alfonso XIII: 36, 95, 124, 125, 425, 503.
Altabella, Pedro P.: 245.
Altube, Severo: 116.
Altzo, Miguel de: 167.
Álvarez del Vayo, Julio: 305, 480, 482.
Álvarez Enparantza, José Luis (*Txillardegi*): 597.
Amézaga, Elías: 151, 153, 235, 261.
Amézaga, Tere: 601.
Amilibia, José María: 161-163.
Amilibia, Miguel: 251, 257, 259, 304.
Ammende, Ewald: 168.
Anasagasti, Iñaki: 463.
Andrés-Gallego, José: 309, 310.
Anguera, Pere: 541.
Angulo y Martínez, José María: 35, 36.
Angulo, Dalmacio: 32.
Ansel, Dario: 183, 218.
Ansó, Mariano: 158, 251.
Ansoleaga, Fernando: 28.
Apalategui, Pedro: 36.
Apraiz, Ángel: 103.
Apraiz, Sabin: 352.
Araluze, Conchita: 37.
Arambarri, Modesto: 300, 301.
Arana, José Domingo: 68-70.
Arana, José Ignacio: 62, 64, 65, 68, 69, 101.
Arana Goiri, Luis: 104, 146, 148, 154, 155, 159, 160, 164, 165, 168, 184, 187, 224, 254, 255, 287, 307, 347, 384, 463, 632.
Arana Goiri, Sabino: 24-26, 57, 59, 63, 71, 72, 94, 108, 146, 149-151, 154, 168, 172, 187, 201, 210, 219, 240, 255, 256, 261, 287, 292, 297, 310, 503, 514, 541, 594, 623.

Aranburu Sorazu, Facunda: 21, 24.
Aranzadi, Engracio (*Kizkitza*): 25, 26, 98, 104, 134, 135, 187, 230, 235, 252.
Aranzadi, familia: 22.
Aranzadi, Manuel: 64, 110, 111, 114, 150.
Arbeloa, Luis: 219.
Arbeloa, Víctor Manuel: 138, 139, 144, 231.
Arcelus, Andrés: 287.
Ardanza, José Antonio: 619.
Arechalde, José: 315.
Areilza, Ignacio: 313.
Areilza, José María de: 7, 108, 118, 217, 246, 263, 283, 377, 625.
Areitioaurtena, Luis: 58.
Arizmendi, Ángel: 194, 195.
Ariztimuño, José (*Aitzol*): 143, 271.
Armour, Norman: 439, 440.
Arredondo, Luis: 351, 489.
Arrese, Domingo de: 102, 107, 117, 119, 126, 127, 146.
Arrien, Gregorio: 376.
Arrien, Julián: 69.
Arrieta, Leyre: 565, 566, 571, 579.
Arrue, Ricardo: 607.
Arteche y Echezuria, Manuel: 35.
Artetxe, José: 230.
Artola, Jesús: 161.
Artxanko, Pablo: 64.
Arzalluz, Xabier: 571.
Ascoli, Max: 449, 450.
Asensio, José: 333, 448.
Asporosa, Cesáreo: 432.
Attlee, Clement: 471, 529.
Ávila Camacho, Manuel: 453.
Axpe, J. de: ver Ajuriaguerra, Juan.
Azaña, Manuel: 89, 120, 123, 128, 130-132, 135, 140, 156, 157, 161, 162, 175, 177, 182, 185, 186, 189, 195, 200, 202, 209, 212, 225, 231, 233, 249, 252, 254, 336, 353, 355, 358-364, 368, 379, 382, 403, 405, 407, 483.
Azarola, Emilio: 134, 142-144.

ÍNDICE ONOMÁSTICO 651

Azkarate, Joseba: 148.
Azkue, Ramón: 93, 314.
Azkue, Teresa: 395.
Azkuna, Iñaki: 618.
Aznar, Santiago: 294, 351, 373, 394, 417, 463, 465-468, 612.
Azpiazu, Iñaki: 600.

Baldomir, Alfredo: 439, 453.
Balmisa, Francisco: 314.
Balzac, Honoré de: 590.
Barandiarán, José Miguel: 310.
Barra, Francisco de la: 338.
Barrenechea-Arando Garitano, Petra: 21, 22, 24, 32, 43.
Barriola, Avelino: 64.
Barruso, Pedro: 218.
Basaldua, Pedro: 284, 297, 392, 395.
Basterra, Juan Carlos: 248, 294, 380, 416, 417, 579.
Basterrechea, Florencio: 162.
Basterrechea, Francisco: 133, 155, 159, 162, 174, 177, 178, 215, 219, 225, 261, 287.
Bastico, Ettore: 358.
Batet, Domingo: 214.
Batista, Fulgencio: 453.
Batista i Roca, Josep Maria: 237, 383.
Bayo, Ramón: 32.
Beigbeder, Juan: 432.
Belausteguigoitia, Francisco: 441.
Belausteguigoitia, José María: 64.
Beldarrain, Feliciano: 215.
Beldarrain, Pablo: 352.
Benes, Edvard: 237, 495, 533, 626, 627.
Bengoa, Faustino: 312.
Beramendi, Justo: 541.
Berenguer, Dámaso: 60.
Berreteaga, Antonio: 42, 43.
Best, Dr. Werner: 434.
Besteiro, Julián: 128.
Beunza, Joaquín: 110, 112, 116, 129, 142, 145, 158, 232.
Bevin, Ernest: 471, 509.

Bidault, Georges: 471, 509, 528, 529, 578.
Bikuña, Ramón: 64, 66, 110, 111, 119, 132, 227.
Bilbao, Esteban: 42, 112, 197, 198, 201, 239.
Bilbao, Luis: 612.
Bilbao, Pedro María: 606.
Bilbao, Tomás: 319, 380, 416.
Bizkalaza, Catalina de: 21.
Blanco, Agustín: 101, 107.
Blasco Olaetxea, Carlos: 317, 337, 349.
Blinkhorn, Martin: 129, 145.
Blum, John Morton: 448.
Bolegi, Ángel de: 91.
Bolín, Luis: 263.
Bonaparte, Napoleón: 304, 577.
Bonnet, Georges: 381.
Borbón, Juan Carlos de: 511.
Borbón, Juan de (don Juan): 625, 629.
Borbón y Austria-Este, Alfonso Carlos de: 145.
Bossi: 342.
Botti, Alfonso: 242, 447.
Bourdet, Claude: 382.
Briñas Mac-Mahón, Luis: 25.
Brüning, Heinrich: 446.
Brusiloff, Constant: 295.
Bustinza y Lecue, José María: 21.
Butler, Nicholas Murray: 453.
Buzón, Francisco: 336.
Byrnes, James F.: 525.

Calviño, José: 162.
Calvo Sotelo, José: 185, 221, 239-241, 246, 257-259, 263, 264.
Cambó, Francesc: 119, 135, 138, 139, 167, 188-190, 208, 213.
Camiña, José: 431.
Campomanes, Manuel: 468, 588.
Careaga, Enrique: 504.
Careaga, Juan Antonio: 93, 164, 183, 185, 215, 219, 242, 252, 257, 274, 295.
Careaga, Mercedes: 150.

Careaga, Pilar: 186.
Carmelita Soto, Salvador: 27, 28.
Carrasco Formiguera, Manuel: 119, 203, 213.
Carreras, Luis: 191.
Carreres, Gerardo: 127.
Carrillo, Santiago: 488.
Carro, Leandro: 249, 250, 468, 511.
Casa-Torre, marqués de: 25.
Casanueva, Cándido: 198, 199.
Casares Quiroga, Santiago: 131, 162, 171, 260.
Casquete, Jesús: 226, 425.
Castelao, Alfonso R.: 189, 257, 497, 544, 547-549, 554.
Castells y Adriansens, Miguel: 35.
Castillo, José del: 263.
Cauwelart, Frans van: 446.
Cavalletti, Francesco (marqués): 348-352.
Chalbaud, Luis: 430.
Chamberlain, Neville: 383, 384.
Chapaprieta, Joaquín: 233, 240.
Chiapuso, Manuel: 294, 304, 317.
Chilton, Henry: 309.
Christian, William A.: 120.
Chueca, Josu: 151, 184.
Churchill, Winston: 382, 449, 451, 454, 471, 472, 504, 505, 507, 526, 579.
Ciano, Gian Galeazzo (conde): 357, 358.
Ciutat, Francisco: 300, 301, 304.
Clemenceau, Georges: 590.
Companys, Lluís: 119, 173, 189, 190, 201, 202, 204, 213-215, 225, 253, 261, 302, 360, 361, 374, 380, 384, 394, 402, 404, 405, 433, 542-544.
Connally, Tom: 535.
Corta, José María: 312.
Cossío, Francisco de: 351.
Cruz Salido, Francisco: 320.
Culbertson, Paul T.: 524-527.

D'Olwer, Lluís Nicolau: 414.
Davies, Ernest: 508, 567.

De Gasperi, Alcide: 471, 578.
De Gaulle, Charles: 460, 470.
Delbos, Yvon: 361.
Delgado, Ander: 77, 95, 163, 172, 207.
Domingo, Marcelino: 177, 182, 185.
Domínguez Arévalo, Tomás (conde de Rodezno): 110, 112, 117, 124, 125, 142, 145, 184, 221, 232.
Donovan, William J.: 451, 455.
Dronda, Javier: 111, 154, 184.
Dueñas, Enrique: 468.
Duggan, Laurence: 448.
Dulles, John Foster: 559.
Dunn, James Clement: 559.

Echave, Tomás: 294, 380, 415-417, 419.
Echeguren, Justo: 120, 135-137, 242.
Echevarría Novoa, José: 292.
Echevarrieta, Horacio: 177, 178.
Echeverría, Sergio: 468.
Eden, Anthony: 382.
Eguileor, Manuel: 58, 77, 137, 144, 157, 219.
Eguren, Enrique: 64.
Eisenhower, Dwight D.: 559, 576, 592.
Eleta, Alejo: 45.
Elgezabal, José: 612.
Elgoibar, Pedro: 69.
Elorza, Julián: 103, 108, 179.
Ercoreca, Ernesto: 99, 179, 205, 393.
Ereño, Marcelino: 45, 52.
Ernandorena, Teodoro: 168.
Escárzaga, Eduardo: 310.
Espartero, Baldomero: 144.
Estefanía, José María: 227, 231, 233, 247.
Estévez, Xosé: 295, 546, 548.
Estornés, Idoia: 96, 99, 101-104, 107, 111-113, 283, 624.
Estornés Lasa, Bernardo: 105.
Etayo, Jesús: 225.
Etxeberria, Elías: 317, 439, 489.
Etxegarai, Bonifacio: 370.

ÍNDICE ONOMÁSTICO

Fal Conde, Manuel: 246.
Fatrás, Vicente: 171.
Fernández de Trocóniz, Pablo: 64.
Fernández Etxeberria, Manuel (*Matxari*): 594-596.
Ferrell, Robert H.: 449.
Ferrer, Manuel: 111, 183.
Finat, Hipólito (marqués de Carvajal): 385.
Ford, Henry: 445.
Franco, Francisco: 124, 245, 263, 308, 331, 337-339, 342, 349, 357, 364, 367-369, 379-385, 399-403, 421-425, 434, 442, 448-454, 503-515, 519-525, 528-539, 558-565, 570, 575, 576, 582, 592-595, 629.
Fraser, Ronald: 282.
Fusi, Juan Pablo: 96, 161, 176, 218, 240, 260.

Galíndez, Jesús: 495, 534, 535, 557-562, 567, 569, 575, 576, 582, 590-592, 612.
Gallastegi, Alexander: 77.
Gallastegi, Elías: 72-74, 122, 153, 160, 191, 192.
Gamarra, Antonio: 282.
Gamboa, José María: 282, 351.
Gamboa, Marino: 69.
Gamir Ulíbarri, Mariano: 343-347, 352, 355, 356, 363, 365, 366, 370.
Gandarias, Juan Tomás: 153.
Garaikoetxea, Carlos: 619.
Gárate, José María: 174, 177, 219.
Gárate, Justo: 105.
Garbisu, Ambrosio: 376.
García, Raimundo (*Garcilaso*): 104, 110, 184.
García de Castro, Rafael G.: 152, 153.
García Mansilla, Daniel: 336.
García y Galdácano, José María: 21.
Garitaonandia, Carmelo: 324.
Garmendia, Leopoldo: 64.
Garmendia, Miguel José: 428, 429, 439.

Garmendia, Pedro: 125.
Garrigós Fernández, Agustín: 309, 323, 334.
Garteiz, Miguel: 95, 207.
Gaztañaga, Francisco: 58.
Gelich, Fernando: 357.
Gentile, Giovanni: 167.
Gil Robles, José María: 47, 55, 119, 128, 186, 198, 200, 206, 210, 212, 215, 216, 224, 233, 239, 243, 245, 246, 251, 509, 510.
Giménez Fernández, Manuel: 249.
Giral, José: 286, 485-492, 495-506, 526, 548-551, 574, 608.
Gogenuri Ibargüen, Florencia: 26.
Goicoechea, Alejandro: 325.
Goicoechea, Antonio: 124, 181, 193, 196-198.
Goiogana, Iñaki: 376, 445, 457, 459, 525.
Gomá, Isidro: 244, 305-311, 336, 338, 339.
Gómez Beltrán, Paulino: 407, 411, 417, 418, 510.
Gómez de la Torre, Enrique: 36.
Gondra, Ángel: 493, 494, 510, 563, 567.
Gonzaga, san Luis: 44, 46.
González Portilla, Manuel: 95.
González y Martínez Olaguibel, Antonio: 123.
Goñi, Joseba: 177, 307.
Goñi, Ramón: 138, 148, 150, 154, 167, 170, 184.
Gordón Ordás, Félix: 480-485.
Gorritxo, Francisco: 314, 315.
Gortari, Miguel: 110, 112, 130, 142.
Gortazar, Javier: 62.
Gracia Colás, Juan: 294, 322, 373, 376, 417, 468.
Granja, José Luis de la: 90, 93, 96, 105, 129, 138, 161, 167, 169, 171, 173, 176, 182, 183, 192, 205, 207, 218, 226, 234, 255, 260, 287, 313, 324, 425, 463, 467, 512, 541, 565.
Guardia, Ricardo Adolfo de la: 453.

Guardia Jaén, Germán-Gil: 431, 433.
Güenechea, José Nemesio: 36.
Guerrica-Echevarría, Casiano: 324.

Hawariate, Tecle: 237.
Hayes, Carlton: 444.
Herrera Oria, Ángel: 47, 55, 200.
Herriot, Édouard: 381.
Hinckman, Jesús: 512.
Hitler, Adolf: 164, 399, 404, 408, 427, 434, 435, 437, 439, 442, 497, 518, 526.
Hoare, Samuel: 453, 454.
Horn Areilza, José: 89, 112, 130, 146, 174, 178, 191, 206, 223, 227, 230, 244, 250, 253, 284.
Hull, Cordell: 432, 435, 436, 448.

Ibáñez, Policarpo: 32.
Ibarnegaray, Jean: 422.
Ibarretxe, Juan José: 619.
Ibarzabal, Eugenio: 89, 92, 108, 126, 132, 162, 177, 188, 220, 386.
Ibinagabeitia, Andima: 594.
Intxausti Peña, Kontxa: 15, 615, 616.
Iparraguirre, José María: 209.
Irala, Antón: 297, 317, 338, 370, 378, 420, 422, 428, 443, 493-496, 521-524, 527-534, 557.
Irazusta, Juan Antonio (*Jon Andoni*): 183, 233-238, 251, 253.
Irla, Josep: 480, 489, 493, 544-546, 550-553.
Irujo, Andrés María: 144, 350.
Irujo, Daniel: 24.
Irujo, Manuel: 7, 11, 24, 89, 90, 100, 106, 110-112, 125, 126, 129, 131, 132, 135-150, 158, 162, 165, 172, 173, 177, 183, 186-190, 196, 201, 210, 212, 215, 219, 220, 230, 233, 235, 239-257, 281-290, 297-300, 305, 326-329, 333, 340, 342, 346, 350, 355, 356, 359-364, 367-372, 380, 383, 384, 395, 400-403, 409, 410, 414-419, 423, 424, 428, 455-462, 470-473, 478, 486-497, 500, 501, 506-509, 514, 525, 535, 539, 544, 545, 548-554, 560, 562, 564, 571-574, 580, 581, 586-589, 600, 601, 606, 628.
Irujo, Xabier: 452, 457.
Isusi, Esteban: 213.
Izaga, Luis: 36.
Izagirre, José: 64.
Izaurieta, José María: 152, 227, 289.

Jauregi, Luis (*Jautarkol*): 271.
Jauregi, Secundino: 218.
Jáuregui, Julio: 250, 251, 253, 285, 316, 319, 336, 374, 375, 385, 386, 474, 485, 486, 491, 492, 495, 500, 501.
Jayo, Tomás: 227.
Jemein, Ceferino: 59, 67, 69, 70, 164, 184, 295.
Jiménez de Aberásturi, Juan Carlos: 304, 352, 376, 429, 432, 436, 439, 445, 447, 457.
Jiménez de Aberásturi, Luis María: 304, 352.
Jimeno Jurío, José María: 143, 152-154.
José: ver Ajuriaguerra, Juan.
Julio: ver Ajuriaguerra, Juan.

Krutwig, Federico: 588.
Kuznick, Peter: 449.

Lacoume, José María: 45.
Lafitte, Pierre: 237.
Laiseca, Rufino: 144, 148.
Lamamié de Clairac, José María: 234.
Landaburu, Francisco Javier: 7, 89, 90, 92, 181, 183, 186, 193, 196, 197, 219, 222, 229, 230, 242-245, 251, 285, 311, 428, 431, 434, 435, 571, 579, 580, 581, 598-601, 609, 623, 624.
Landaburu y Arenaza, Ernesto: 35.

Landeta, Eduardo: 313.
Largo Caballero, Francisco: 147, 233, 255, 286-289, 293, 294, 299, 300, 305, 309, 321-323, 327, 328, 332-335, 340, 342.
Larrabeitia, Eugenio: 606.
Larracoechea, Hipólito de: 243.
Larrañaga, Carlos: 217.
Larrañaga, Policarpo: 166, 310, 408.
Larronde, Jean-Claude: 254, 255, 282, 351, 420.
Larrondo, Pedro: 79.
Lasa, Laureano: 600.
Lasa y Ercilla, Martín: 432.
Lasarte, José María: 251, 281-283, 362, 409, 425, 468, 478, 479, 510, 511, 552, 563, 571, 580, 581.
Legarreta, Josu: 457, 459, 525.
Legasse, Marc: 514.
Leizaola, Jesús María: 69, 89, 93, 104, 109, 119, 127, 130, 159, 164, 183, 198, 227, 270, 294, 295, 315, 324, 336, 347, 349, 351, 379-385, 393, 409, 411, 412, 423-425, 428, 452, 455, 456, 459, 466, 468, 505, 548, 552, 571, 601, 607, 609, 617, 622.
Lejarcegui, Víctor: 363, 368.
Lekube Aranburu, Bernardina: 21, 24, 25, 81, 469.
Lekube Lizarzaburu, José Manuel: 24.
Lenin, Vladimir Ilich Uliánov: 243, 247.
León XIII: 43, 231.
Lequerica, José Félix: 422, 559.
Lerroux, Alejandro: 175-181, 185, 186, 191, 192, 194, 200, 201, 204, 216, 219-221, 228, 233, 249.
Lezamiz, Julen: 301, 366.
Lie, Trygve: 496.
Lizaso, José Ignacio: 383, 384, 426, 477, 487, 493-499, 507, 508, 542, 606.
Llaguno, Luis: 28.
Llano de la Encomienda, Francisco: 301, 320-323, 329, 332-335, 343.
Llopis, Rodolfo: 288, 493, 499, 500, 501, 504, 506, 509, 526, 528, 551.
Lojendio, Juan: 45, 51, 52, 53, 337.
Lojendio, Juan Pablo: 239, 246.
López, Patxi: 618, 619.
López de Maturana, Virginia: 15, 177, 307.
López Mendizabal, Isaac/Ixaka: 64, 129, 439, 439.
López Pumarejo, Alfonso: 453.
Lorda, Francisco: 64.
Lucia, Luis: 198.
Lutero, Martín: 597.

Macià, Francesc: 93, 95, 97, 157, 188, 189, 206, 256, 257.
Madariaga, Ramón: 101, 103, 112, 113, 139, 158, 179, 291.
Madariaga, Salvador de: 579-581, 599.
Maeztu, Ramiro de: 186, 198, 201, 235.
Magaz, Antonio (marqués): 309, 342, 432.
Maidagan, Matai de: 218.
Malaterre-Sellier, Germaine: 609.
Maluquer de Motes, Jordi: 95.
Maquiavelo, Nicolás: 621, 626, 627.
Maritain, Jacques: 311, 446.
Maroto, Rafael: 144.
Marraco, Manuel: 204.
Martín Artajo, Alberto: 47.
Martín Blázquez, José: 335.
Martín Nájera, Aurelio: 309, 323, 334.
Martínez Bande, José Manuel: 334, 335.
Martínez Barrio, Diego: 7, 175, 176, 178-182, 191, 405, 407, 475-480, 484-488, 493, 497-501, 510, 544, 552-554.
Martínez de Aguirre, Evaristo: 312.
Martínez Rueda, Fernando: 523.
Marx, Karl: 621, 628.

Maspons Anglasell, Francesc: 168.
Massanet y Sampol, Pedro: 35.
Massaryk, Jan: 495.
Maura, Miguel: 99, 120, 128.
Mauriac, François: 311, 609.
Maurín, Joaquín: 152.
McCarthy, Joseph: 536.
Meer, Fernando de: 244, 287, 294, 314, 335, 338, 340-342, 357, 358, 382, 503, 512.
Mees, Ludger: 59, 68, 90, 226, 255, 373, 380, 414, 420, 422, 425, 434, 457, 460, 463, 467, 477, 483, 487, 493, 509, 512, 541, 565, 567, 571, 581, 588, 597.
Menchaca, Pedro: 32.
Mendia, Idoia: 618.
Mendizabal Mendizabal, Josefa: 22.
Mercier, Désiré-Joseph: 153.
Merry del Val y Alzola, Alfonso: 35, 36.
Metternich, Klemens von: 621, 628.
Miaja, José: 333.
Michelena, Pepe: 505.
Miralles, Ricardo: 218.
Miravitlles, Jaume: 532, 543, 544, 554.
Mitxelena, Koldo: 92, 105.
Mola, Emilio: 288-290, 331, 339, 342.
Molotov, Viacheslav: 497.
Monnet, Jean: 578.
Monnier, Robert: 332, 351.
Montaud, Alberto: 300, 332.
Montoya, Pío: 271.
Monzón Olaso, Telesforo: 7, 30, 31, 150, 168, 171, 173, 183, 196, 199, 208-210, 215, 230, 239, 240, 251, 285, 294, 314, 316, 317, 320, 336, 367, 381, 393-395, 404, 417, 421, 423, 442, 464, 466, 468, 469, 475, 481, 483, 485, 489, 491, 492, 504, 508, 509, 539, 544, 564, 585, 588, 589, 593, 625.
Monzón Olaso Zurbano, Telesforo María: 22.

Morales Montoya, Mercè: 545.
Morcillo, Casimiro: 337, 338.
Moreno, Rafael: 429, 432, 436, 439, 445, 447.
Moriones, Ildefonso: 243, 245.
Mounier, Emmanuel: 311.
Muga, Emeterio: 206, 208, 209.
Múgica, José Gabriel: 52.
Múgica Urrestarazu, Mateo: 50, 51, 75, 99, 104, 117, 120, 133, 135, 136, 154, 155, 172, 176, 179, 226, 242, 246, 251, 285, 308, 337, 401, 404.
Muniz, Tomás: 106, 111, 136, 137, 154, 184.
Murga, Pablo: 325.
Mussolini, Benito: 124, 235, 244, 350, 351, 357, 399, 442.

Nárdiz, Gonzalo: 294, 369, 373, 379, 381, 394, 415, 466, 468, 581, 587, 588, 622, 623.
Negrín, Juan: 158, 245, 326, 334, 342, 347, 355, 356, 360, 362, 364, 368, 369, 372, 374, 379-381, 384, 385, 403-405, 407, 412-414, 416, 464, 476, 480-488, 493, 494.
Nogués, Ramón: 552, 553.
Núñez Seixas, Xosé M.: 90, 236.

O'Connell, Daniel: 117.
Olábarri, José María de: 25.
Olartecoechea, Telesforo de: 21.
Olaso, Cipriano: 45.
Olaso, Mateo: 216.
Olazábal, Carlos María: 329, 336, 348.
Olazábal, Juan: 104, 134, 144, 179.
Olazábal, Rafael de: 124.
Oleaga, Nazario de: 42.
Olivares Larrondo, José (*Tellagorri*): 40.
Onaindia, Alberto: 160, 245, 289, 290, 310, 313, 316, 337, 338, 348-350, 356-358, 362, 365-371, 382,

400-404, 408, 420-422, 428-431, 441, 447, 458, 459, 600, 601, 606.
Onaindia, Celestino: 313, 401.
Orbe, Benita: 444.
Orbe, Jesús: 55.
Orbegozo, Casto: 101.
Oreja Elósegui, Marcelino: 52, 54, 109, 112, 135, 140, 142, 145, 160, 179, 186, 217, 224, 270.
Orgaz, Luis: 123-125, 213.
Oriol Urigüen, José Luis: 92, 109, 112, 117, 142, 145, 149, 174-176, 179-181, 186, 192, 193, 197, 198, 201, 211, 240, 251, 257, 258.
Ortiz Lizardi, Roberto Marcelino: 439.
Ortueta, Anacleto: 62, 68, 69.
Ortúzar, Luis: 455, 456.
Orueta, Enrique: 77, 316.
Orueta, José: 91, 103, 195.
Ossorio y Gallardo, Ángel: 361, 405.
Otaegui, Marga: 295.
Otero Pedrayo, Ramón: 168.
Ott, Sandra: 434.

Pablo, Santiago de: 59, 68, 104, 148, 151, 175, 177, 180, 182, 193, 222, 226, 236, 255, 285, 307, 373, 378, 380, 420, 422, 425, 457, 460, 467, 509, 512, 565, 567, 581, 597.
Pabón, Jesús: 208.
Pacelli, Eugenio: ver Pío XII.
Pazos, Antón M.: 309, 310.
Pentland, Frederick: 41.
Perezagua, Facundo: 595.
Perle, Joachim: 228.
Pezet, Ernest: 428, 609.
Pi i Sunyer, Carles: 500, 543-545, 547, 548.
Picavea, Rafael (*Alcibar*): 104, 109, 130, 156, 157, 186, 251.
Pignatti, Bonifacio: 338.
Pildain, Antonio: 109, 117, 118, 127, 128, 130, 135, 246, 270.
Pío XI (Achille Ratti): 43, 47, 152, 167, 243, 339, 377.

Pío XII (Eugenio Pacelli): 242, 308, 310, 338-340, 561.
Pizzardo, Giuseppe: 243, 245, 247, 250, 338.
Portela Valladares, Manuel: 199, 241, 244, 246.
Pozas, Sebastián: 333.
Pradera, Víctor: 36, 110, 142, 215.
Pradera y Ortega, Francisco Javier: 35, 36.
Prado Ugarteche, Manuel: 453.
Prieto, Indalecio: 7, 11, 89, 93, 95, 98, 113, 114, 120-122, 126, 130, 131, 135, 141, 142, 156-163, 166, 169-171, 174, 176-179, 182, 185-187, 198, 199, 202, 206, 208-216, 240, 248-260, 278, 286-289, 293, 298-303, 309, 318-321, 324-335, 340-347, 352, 355, 360-364, 368-370, 374, 375, 379, 380, 403, 407, 408, 412-418, 426, 462-468, 472, 475, 476, 479-487, 493, 497-513, 518, 529, 535, 544, 550-554, 582, 587, 588, 623, 624, 628-633.
Prieto, Luis: 510.
Primo de Rivera, José Antonio: 197, 221.
Primo de Rivera, Miguel: 48, 57, 60, 64, 95.
Proust, Marcel: 590.

Ramírez de Olano, José Ramón: 64.
Ramírez de Olano, Pantaleón: 93, 109, 357.
Ramos, Enrique: 260.
Recalde, Buenaventura: 310.
Reig, Joaquín: 202.
Reig Casanova, Enrique: 48.
Rentería, Gorgonio de: 69.
Rezola, Joseba: 297, 317, 355, 366, 392, 466, 519, 566, 567.
Rezusta, Dagoberto: 217.
Riestra, Genaro: 520.
Ríos, Fernando de los: 495, 608.
Ríos, Juan Antonio: 453.
Riquer, Borja de: 95, 561.

Robles Aranguiz, Manuel: 58, 115, 185, 233, 247, 250, 423, 514.
Robles, Cristóbal: 122.
Roca, Joan Baptista: 230.
Rochelt, Oscar: 25.
Rockefeller, Nelson: 449.
Rodin, Auguste: 407.
Rodríguez de Coro, Francisco: 260.
Rodríguez de Viguri, Luis: 259.
Rodríguez Ranz, José Antonio: 59, 68, 183, 373, 380, 420, 422, 457, 460, 509, 512, 567, 581, 597.
Rodríguez Villachica, Jesús: 69.
Rodríguez, Celes: 152.
Romá: 111.
Roosevelt, Eleanor: 429.
Roosevelt, Franklin D.: 382, 429, 435, 442-452, 455, 470, 627.
Roosevelt, Theodore: 24.
Rotaetxe, Ignacio: 64, 66, 67, 69, 149.
Rotterdam, Erasmo de: 597.
Royo Vilanova, Antonio: 140, 190, 193, 197, 201.
Rubio Pobes, Coro: 425.
Ruiz de Aguirre, Julián: 43, 284.
Ruiz de Aguirre, Luis (*Sancho de Beurko*): 363.
Ruiz del Castaño, Alfredo: 295.
Ruiz Funes, Mariano: 250.

Sagarmínaga, Antonio: 36.
Sagastizabal y Ortueta, Carlos: 35.
Sainz de Taramona, Manuel: 65.
Sainz Rodríguez, Pedro: 124.
Salas Larrazábal, Jesús: 321, 323.
Salazar Alonso, Rafael: 204-206, 209, 210, 215, 216, 228.
Sallés, Anna: 95, 139.
Salmón, Federico: 197, 198.
Salvadó, Hilari: 361.
Samper, Ricardo: 201, 204-206, 208, 210-215.
San Sebastián, Koldo: 463.
Sánchez Cervelló, Josep: 476, 497.
Sánchez Guerra, Rafael: 497.

Sánchez Marco, José: 111, 112.
Sancho Paricio, Antonio: 24.
Sand, George: 590.
Sangróniz, José Antonio: 304, 342.
Sanjurjo, José: 125, 144, 282.
Santaló, Miquel: 209, 210, 545, 550.
Santisteban, Eugenio: 167.
Saseta, Cándido: 393.
Sasiain, Fernando: 99, 192, 205, 207, 208.
Sbert, Antonio María: 480.
Scheifler, Gustavo: 62, 69.
Schuman, Robert: 565, 570, 578, 614.
Segura, Pedro: 48, 112, 120, 123.
Selassie, Haile: 235.
Senante, Manuel: 113.
Serrano, Ana María: 111.
Serrano Súñer, Ramón: 258, 432, 561.
Sevilla, Teótico: 166, 170.
Sierra Bustamante, Ramón: 123.
Solaun, Jesús: 182, 564, 566, 621.
Sota Aburto, Manuel de la: 60, 440, 443, 450.
Sota Aburto, Ramón de la: 64, 66, 504.
Sota Llano, Ramón de la: 112, 284, 443.
Sota MacMahon, Ramón de la: 443.
Spaak, Paul-Henri: 578.
Stalin, Iósif: 521, 522, 526, 530, 533.
Steer, George L.: 314.
Stephenson, William Samuel: 451, 452.
Stone, Oliver: 449.
Strauss, Daniel: 228.
Sturzo, Luigi: 446, 447, 471.

Tabernilla, Guillermo: 301.
Tápiz, José María: 150, 183.
Tarradellas, Josep: 489, 535, 544, 545, 548-554.
Tedeschini, Federico: 48, 155, 242, 244.

ÍNDICE ONOMÁSTICO

Tomás y Piera, José: 190, 257, 478.
Torres, conde de las: 124.
Torre, Heliodoro de la: 186, 233, 247, 250, 251, 285, 294, 302, 336, 367, 373, 376, 381, 393, 459, 466, 469.
Toyos, Juan de los: 294, 373, 417, 419, 465, 468.
Trabudua, José: 32, 33.
Trotsky, León: 152.
Trujillo, Rafael Leónidas: 557, 590.
Truman, Harry S.: 449, 450, 485, 522-527, 531, 534, 559.
Tumanov, Josef: 334.
Tuñón de Lara, Manuel: 263.
Turuzeta, Jon: 39.
Tusell, Javier: 153, 231, 234.

Ucelay Da Cal, Enric: 95, 139.
Ugalde, Alexander: 236, 580.
Ugalde, Eusebio de: 23.
Ugalde, Martín de: 143, 612, 623, 624.
Ugalde, Mercedes: 183.
Ugalde, Rafael: 45, 52.
Ugarte, Iñaki: 324, 363, 368.
Unamuno, familia: 22.
Unamuno, Miguel de: 550.
Unzalu, Juan: 133.
Unzeta, Ignacio: 584.
Uriarte y Eleizgaray, José Manuel: 35, 36.
Uribe-Echevarría, Telesforo: 58.
Urkiaga, Esteban (*Lauaxeta*): 185.
Urkullu, Iñigo: 619.
Urmeneta, Aníbal: 150.
Urquijo, José María: 104, 112, 120-124, 131, 176, 185, 203, 212, 225, 226, 244, 246, 248, 249.
Urquijo, Julio: 109.
Urquijo Goitia, Mikel: 109, 523.
Urrengoechea, Luis: 64, 65, 68.
Urreta, Miguel: 64.
Urreztieta, Lezo de: 254.
Urritza, León: 77.
Usabiaga, Juan: 246.

Usabiaga, Juan José (*Juan de Iturralde*): 123.

Valera, Eamon de: 237.
Valeri, Valerio: 337.
Valiente, José María: 47, 55.
Valle Lersundi, Fernando: 105.
Vaquero, Eloy: 219.
Vargas Alonso, Francisco Manuel: 332, 368.
Vejarano, Félix: 507.
Velarde, Ángel: 206, 207, 210, 218-220.
Velayos, Nicasio: 249.
Vera Idoate, Gregorio de: 139.
Verástegui, Jaime: 251.
Verdes, José: 34-37, 41, 57.
Verdes Atxirika, Emeterio: 227.
Vicario y Calvo, Nicolás: 36.
Víctor Manuel III: 235.
Vidal i Barraquer, Francesc: 191, 242, 245.
Vidarte, Juan-Simeón: 127, 213.
Viguri, Ramón: 251.
Vilallonga, Luis María: 111, 112, 123, 124, 160, 176, 177, 283, 284.
Villarías, Gregoria: 465.
Viñas, Ángel: 526, 559.
Viola, Guido: 357.

Wakonigg, Guillermo: 313.
Wallace, Henry: 448, 449.

Ximénez de Sandoval, Felipe: 432.

Yaben, Hilario: 110, 230.
Yanguas, José María: 352, 353.
Ybarra, familia: 212.
Ybarra, Fernando María de: 25.
Ynchausti, Manuel: 382, 429-431, 433, 435-437, 440-445, 449.

Zabala, Ángel (*Kondaño*): 25.
Zabala, Constantino: 172.
Zabala, Jesús: 227, 229, 238.

Zabala, Margari: 271.
Zabala, María del Carmen: 107, 143, 172, 271, 272, 276, 565, 566, 600, 611, 622, 623.
Zabala Alcíbar-Jáuregui, Federico: 230.
Zabala Allende, Federico: 65, 112, 152, 219, 224.
Zabala Aqueche, Manuel: 43.
Zabalo, John (*Txiki*): 102.
Zamanillo y González-Camino, José Luis: 36.
Zarandona, Lorenzo: 101.
Zarrabeitia, Luis: 378, 428.
Zarza, Fermín: 468.
Zavala y Alcíbar, José María: 36.
Zhdánov, Andréi: 526.
Ziaurritz, Doroteo: 233, 348, 368, 385, 407, 413, 414, 418, 431, 435, 456, 506, 515, 517, 539, 593.
Zubillaga, Eugenio: 182.
Zugazagoitia, Julián: 162, 163, 185, 250, 360, 367, 372, 433.
Zuricalday, Martina: 31, 32.